十三經漢魏古注叢書

禮記注

〔東漢〕鄭 玄 注

徐 淵 整理

上冊

商務印書館
创于1897　The Commercial Press

商務印書館（上海）有限公司 出品
The Commercial Press（Shanghai）Co.Ltd

十三經漢魏古注叢書

總主編：朱傑人

執行主編：徐　淵　但　誠

叢 書 序

儒學的發生和發展，是與儒家經典的確認與被詮釋、被解讀相始終的。東漢和帝永元十四年（公元 102 年），司空徐防"以《五經》久遠，聖意難明，宜爲章句，以悟後學。上疏曰：'臣聞《詩》《書》《禮》《樂》，定自孔子，發明章句，始於子夏。其後諸家分析，各有異説。漢承亂秦，經典廢絶，本文略存，或無章句。收拾缺遺，建立明經，博徵儒術，開置太學。'"（〔南朝宋〕范曄撰，〔唐〕李賢等注：《後漢書》卷四十四《徐防傳》，北京：中華書局，1965 年，第1500 頁）於今而言，永元離孔聖時代未遠（孔子逝於公元前479 年，至永元十四年，凡 581 年），然徐防已然謂"《五經》久遠，聖意難明"，而強調"章句"之學的重要性。所謂"章句"，即是對經典的訓釋。從徐防的奏疏看，東漢人既認同子夏是對儒家經典進行訓釋的"發明"者，也承認秦亂以後儒家的經典只有本文流傳了下來，而"章句"已經失傳。

西漢武帝即位不久，董仲舒上《天人三策》，確立了儒學作爲國家的主流意識形態。自此，對儒家經典的研究與注釋出現了百花齊放的局面，章句之學成爲一時之顯學。漢人講經，重師法和家法。皮錫瑞曰："前漢重師法，後漢重家法。先有師法，而後能成一家之言。師法者，溯其源；家法者，衍其流也。"（〔清〕皮錫瑞著，周予同注釋：《經學歷史》，北京：中華書局，2008 年，第 136 頁）既溯其源，則兩漢經學，幾乎一出於子夏。即其"流"，大抵也流出不遠。漢章帝建初四年（公元 79 年），詔群儒會講白虎觀論《五經》異同，詔曰："蓋三代導人，教學爲本。漢承暴秦，褒顯儒術，建立《五經》，爲置博士。其後學者精進，雖曰承師，亦別名家。孝宣皇帝以爲去聖久遠，學不厭博，故遂立大、小夏侯《尚書》，後又立《京氏易》。至建武中，復置顏氏、嚴氏《春秋》，大、小戴《禮》博士。此皆所以扶進微學，尊廣道藝也。"（〔南朝宋〕范曄撰，〔唐〕李賢等注：《後漢書》卷三《肅宗孝章帝紀》，第 137—138 頁）漢章帝的詔書肯定了師法與家法在傳承儒家經典過程中不可或缺的作用，並認爲收羅和整理瀕臨失傳的師法、家法之遺存，可以"扶進微學，尊廣道藝"。

嚴正先生認爲兩漢經學家們"注重師法和家法是爲了證明自己學說的權威性，他們可以列出從孔子以至漢初經師的傳承譜系，這就表明自己的學說確實是孔子真傳"（姜廣輝主編：《中國經學思想史》第二卷，北京：中國社會科學出版社，2003 年，第 14 頁）。這種風氣，客觀上爲兩漢時代經學的發展提供了一個可控而不至失範的學術環境，有利於經學的傳播和發展（當然，家法、師法的流弊是束縛了經學獲得新的生命力，那是問題的另一個方面）。漢代的這種學風，一直影響到魏、晉、唐。孔穎達奉旨修《五經正義》，馬嘉運"以穎達所撰《正義》頗多繁雜，每掎摭之，諸儒亦稱爲允當"（〔後晉〕劉昫等撰：《舊唐書》卷七十三《馬嘉運傳》，北京：中華書局，1975 年，第 2603 頁）。所謂"頗多繁雜"，實即不謹師法。史載，孔穎達的《五經正義》編定以後，因受到馬嘉運等的批評並未立即頒行，而是"詔更令詳定"

（〔後晉〕劉昫等撰：《舊唐書》卷七十三《馬嘉運傳》，第2603頁）。直至高宗永徽四年（公元653年），才正式詔頒於天下，令每歲明經科以此考試。此時離孔穎達去世已五年之久。此可見初唐朝野對儒家經典訓釋的慎重和謹嚴。這種謹慎態度的背後，顯然是受到自漢以來經典解釋傳統的影響。

　　正因爲漢、魏至唐，儒家學者們對自己學術傳統的堅守和捍衛，給我們留下了一份彌足珍貴的遺產，那就是一系列關於儒家經典的訓釋。我們今天依然可以見到的如：《周易》王弼注，《詩經》毛亨傳、鄭玄箋，《尚書》僞孔安國傳，三《禮》鄭玄注，《春秋左傳》杜預注，《春秋公羊傳》何休解詁，《春秋穀梁傳》范甯集解，《論語》何晏集解，《孟子》趙岐章句，《爾雅》郭璞注，《孝經》孔安國傳、鄭玄注等。這些書，我們姑且把它們稱作"古注"。

　　惠棟作《九經古義序》曰："漢人通經有家法，故有《五經》師。訓詁之學，皆師所口授，其後乃著竹帛。所以漢經師之說立於學官，與經並行。《五經》出於屋壁，多古字古音，非經師不能辯，經之義存乎訓，識字審音乃知其義，是故古訓不可改也，經師不可廢也。"（〔清〕惠棟：《九經古義》述首，王雲五編：《叢書集成初編》254—255，上海：商務印書館，1937年，第1頁）惠氏之說，點出了不能廢"古注"的根本原因，可謂中肯。

　　對儒家經典的解讀，到了宋代發生一個巨大的變化："訓詁之學"被冷落，"義理之學"代之而起。由此又導出漢學、宋學之別，與漢學、宋學之爭。

　　王應麟說："自漢儒至於慶曆間，說經者守訓故而不鑿。《七經小傳》出而稍尚新奇矣。至《三經義》行，視漢儒之學若土梗。"（〔宋〕土應麟著，〔清〕翁元圻輯注，孫通海點校：《困學紀聞注》卷八《經說》，北京：中華書局，2016 年，第 1192 頁）按，《七經小傳》劉敞撰，《三經義》即王安石《三經新義》。然則，王應麟認爲宋代經學風氣之變始於劉、王。清人批評宋學："非獨科舉文字蹈空而已，說經之書，亦多空衍義理，橫發議論，與漢、唐注疏全異。"（〔清〕皮錫瑞著，周予同注釋：《經學歷史》，第 274 頁）惠棟甚至引用其父惠士奇的話說："宋人不好古而好臆說，故其解經皆燕相之說書也。"（〔清〕惠棟：《九曜齋筆記》卷二《本朝經學》，《聚學軒叢書》本）其實，宋學的這些弊端，宋代人自己就批評過。神宗熙寧二年（公元 1069 年）司馬光上《論風俗劄子》曰："竊見近歲公卿大夫好爲高奇之論，喜誦老、莊之言，流及科場，亦相習尚。新進後生，未知臧否，口傳耳剽，翕然成風。至有讀《易》未識卦、爻，已謂《十翼》非孔子之言；讀《禮》未知篇數，已謂《周官》爲戰國之書；讀《詩》未盡《周南》《召南》，已謂毛、鄭爲章句之學。讀《春秋》未知十二公，已謂三《傳》可束之高閣。循守注疏者，謂之腐儒；穿鑿臆說者，謂之精義。"（〔宋〕司馬光撰，李文澤、霞紹暉校點：《司馬光集》卷四五，成都：四川大學出版社，2010 年，第 973—974 頁）可見，此種學風確爲當時的一種風氣。但清人的批評指向卻是宋代的理學，好像宋代的理學家們都是些憑空臆說之徒。這種批評成了理學躲不開的夢魘，也成了漢學、宋學天然的劃界標準。

遺憾的是，這其實是一種被誤導了的"常識"。

理學家並不拒斥訓詁之學，更不輕視漢魏古注。恰恰相反，理學家的義理之論正是建立在對古注的充分尊重與理解之上才得以成立，即使對古注持不同意見，也必以翔實的考據和慎密的論證爲依據。而這正是漢學之精髓所在。試以理學的經典《四書章句集注》爲例，其訓詁文字基本上採自漢唐古注。據中國臺灣學者陳逢源援引日本學者大槻信良的統計："《論語集注》援取漢宋諸儒注解有九百四十九條，採用當朝儒者説法有六百八十條；《孟子集注》援取漢宋諸儒注解一千零六十九條，採用當朝儒者説法也有二百五十五條。"（陳逢源：《朱熹與四書章句集注》，臺北：里仁書局，2006 年，第 195—196 頁）這一統計説明，朱子的注釋是"厚古"而"薄今"的。

朱子非常重視古注，推尊漢儒："古注有不可易處。"（〔宋〕黎靖德輯，鄭明等校點：《朱子語類》卷六十四，《朱子全書》[第十六册]，上海：上海古籍出版社，合肥：安徽教育出版社，2002 年，第 2130 頁）"諸儒説多不明，却是古注是。"（〔宋〕黎靖德輯，鄭明等校點：《朱子語類》卷六十四，《朱子全書》[第十六册]，第 2116 頁）"東漢諸儒煞好。……康成也可謂大儒。"（〔宋〕黎靖德輯，鄭明等校點：《朱子語類》卷八十七，《朱子全書》[第十七册]，第 2942 頁）甚至對漢人解經之家法，朱子亦予以肯定："其治經必專家法者，天下之理固不外於人之一心，然聖賢之言則有淵奧爾雅而不可以臆斷者，其制度、名物、行事本末又非今日之見聞所能及也，故治經者必因先儒已成之説而推之。借曰未必盡是，亦當究其所以得失之故，而後可以反求諸心而正其繆。此漢之諸儒所以專門名家，各守師説，而不敢輕有變焉者也……近年以來，習俗苟偷，學無宗主，治經者不復讀其經之本文與夫先儒之傳注，但取近時科舉中選之文諷誦摹仿，擇取經中可爲題目之句以意扭捏，妄作主張，明知不是經意，但取便於行文，不假恤也……主司不惟不知其繆，乃反以爲工而置之高等。習以成風，轉相祖述，慢侮聖言，日以益盛。名爲治經而實爲經學之賊，號爲作文而實爲文字之妖。不可坐視而不之正也。"（〔宋〕朱熹撰，徐德明、王鐵校點：《學校貢舉私議》，《晦庵先生朱文公文集》卷六十九，《朱子全書》[第二十三册]，第 3360 頁）這段文字明白無誤地指出，漢人家法之不可無，治經必不可丟棄先儒已成之説。

這段文字還對當時治經者拋棄先儒成説而肆意臆説的學風提出了嚴厲的批評。認爲這不是治經，而是經學之賊。他對他的學生説："傳注，惟古注不作文，却好看。只隨經句分説，不離經意最好。疏亦然。今人解書，且圖要作文，又加辨説，百般生疑。故其文雖可讀，而經意殊遠。"（〔宋〕黎靖德輯，鄭明等校點：《朱子語類》卷十一，《朱子全書》[第十四册]，第 351 頁）他認爲守注疏而後論道是正道："祖宗以來，學者但守注疏，其後便論道，如二蘇直是要論道，但注疏如何棄得？"（〔宋〕黎靖德輯，鄭明等校點：《朱子語類》卷一百二十九，《朱子全書》[第十八册]，第 4028 頁）他提倡訓詁、經義不相離："漢儒可謂善説經者，不過只説訓詁，使人以此訓詁玩索經文，訓詁、經文不相離異，只做一道看了，直是意味深長也。"（〔宋〕朱熹撰，徐德明、王鐵校點：《答張敬夫》，《晦庵先生朱文公文集》卷三十一，第 1349 頁）

錢穆先生論朱子之辨《禹貢》，論其考據功夫之深，而有一歎曰："清儒窮經稽古，以《禹貢》專門名家者頗不乏人。惜乎漢宋門户牢不可破，先横一偏私之見，未能直承朱子，進而益求其真是之所在，而仍不脱於遷就穿鑿，所謂

6

巧愈甚而謬愈彰，此則大可遺憾也。"（錢穆：《朱子新學案》[第五冊]，《錢賓四先生全集》，臺北：聯經出版事業公司，1998年，第341頁）

20世紀20年代，商務印書館曾經出過一套深受學界好評的叢書《四部叢刊》。《叢刊》以精選善本爲勝，贏得口碑。經部典籍則以漢魏之著，宋元之刊爲主，一時古籍之最，幾乎被一網打盡。但《四部叢刊》以表現古籍原貌爲宗旨，故呈現方式爲影印。它的好處是使藏之深閣的元明刻本走入了普通學者和讀者的家庭，故甫一問世，便廣受好評，直至今日它依然是研究中國學術文化的學者們不可或缺的基本圖書。但是，它的缺點是曲高和寡而價格不菲，不利於普及與流通。鑒於當下持續不斷的國學熱、傳統文化熱，人們研讀經典已從一般的閱讀向深層的需求發展，商務印書館決定啓動一項與時俱進的大工程：編輯一套經過整理的儒家經典古注本。選目以《四部叢刊》所收漢魏古注爲基礎，輔以其他宋元善本。爲了適應現代人的閱讀習慣，這套叢書改直排爲横排，但爲了保持古籍的原貌而用繁體字，並嚴格遵循古籍整理的規範，有句讀（點），用專名綫（標）。參與整理的，都是國內各高校和研究機構學有專長的中青年學者。

另外，本次整理還首次使用了剛剛開發成功的Source Han（開源思源宋體）。這種字體也許可以使讀者們有一種更舒適的閱讀體驗。

朱傑人

二〇一九年二月

於海上桑榆匪晚齋

目　錄

目　錄

3

整理説明

　　《禮記》成書於西漢，就其性質來説，《禮記》諸篇是《禮》的記文，故被稱爲《禮記》。《禮》即傳世文獻《儀禮》，又稱爲《禮經》，是儒家經典《五經》之一。《禮記·雜記》載："恤由之喪，哀公使孺悲之孔子，學士喪禮。《士喪禮》於是乎書。"説明《禮》的篇目是在春秋末至戰國之際陸續書於竹帛的。有學者認爲先秦時期《儀禮》已經成書，文獻中單稱爲《禮》。《禮記·經解》云："孔子曰：'恭儉莊敬，禮教也。'"又云："恭儉莊敬而不煩，則深於禮者也。"或以爲所引"禮教"與同篇"《詩》教""《書》教""《春秋》教"並列，因此"禮"當作"《禮》"來理解，是先秦時《禮》已成書的書證。由於《經解》後文明言前舉"禮教"包括"朝覲之禮""聘問之禮""喪祭之禮""鄉飲酒之禮""昏姻之禮"等禮典，而非《禮》的篇目，故前引文不足證明《禮》在先秦時已成書。又《莊子·天運》云："孔子謂老聃曰：'丘治《詩》《書》《易》《禮》《樂》《春秋》六經。'"《天運》篇屬於《莊子》外篇，所述内容多爲杜撰。孔子見老子在三十餘歲時，此時距孔子治《易》《春秋》尚早，因此《天運》所述六經名目亦難於採信。《史記·儒林列傳》云："《禮》固自孔子時而其經不具。及至秦焚書，書散亡益多……"意謂《禮》自孔子時起，記述禮典的經書就不完整，經過秦代焚書，竹書篇目散佚的更多。這是西漢司馬遷對《禮》成書的推想，至於《禮》在戰國時代實際是以單篇形式流佈，還是以穩定篇目的成書形式傳承，無從確知。

　　《禮》至遲在西漢初年已經成書。《史記·儒林列傳》云："諸學者多言《禮》，而魯高堂生最本……於今獨有士《禮》，高堂生能言之。"《漢書·藝文志》載："漢興，魯高堂生傳士《禮》十七篇。"高堂生所傳的士《禮》即今之《儀禮》，共計十七篇。兩者大概除了篇序有所不同，篇目內容應當基本一致。（高堂生所傳士《禮》十七篇中《喪服》不含《服傳》，詳下。）高堂生所傳士《禮》十七篇，即其後漢廷立於學官的今文《禮》。

　　西漢除了今文《禮》十七篇以外，還有古文《禮》五十六篇。《漢書·藝文志》載"《禮古經》五十六卷"，"《禮古經》者，出於魯淹中及孔氏，與十七篇文相似，多三十九篇"。淹中，蘇林注云"里名"，淹中是魯地的鄉里之名。孔氏《禮古經》即魯恭王壞孔子宅所得之本。劉歆《移讓太常博士書》（《漢書·楚元王傳》）云："及魯恭王壞孔子宅，欲以爲宮，而得古文於壞壁之中，《逸禮》有三十九，《書》十六篇。天漢之後，孔安國獻之，遭巫蠱倉卒之難，未及施行。"又《漢書·藝文志》載："武帝末，魯共王壞孔子宅，欲以廣其宮，而得古文《尚書》及《禮記》《論語》《孝經》，凡數十篇，皆古字也。"鄭玄《六藝論》云："後得孔子壁中古文《禮》，凡五十六篇。其十七篇與高堂生所傳同，而字多異。其十七篇外，則逸《禮》是也。"王國維認爲《漢書·藝文志》所記《禮記》指《禮》。張富海則認爲"此'禮記'，也可能本作'禮禮記'"，即孔壁所出之書中既有《禮古經》，還有《古文記》。另外，河間獻王所得古書中亦有

2

《禮》。《漢書·景十三王傳》云："獻王所得書皆古文先秦舊書,《周官》《尚書》《禮》《禮記》《孟子》《老子》之屬,皆經、傳、説、記,七十子之徒所論。"由此,王國維認爲《禮古經》有三種文本,其一是魯淹中本,其二是魯孔壁本,其三是河間本。唯《隋書·經籍志》云："漢初,有高堂生傳十七篇。又有《古經》出於淹中,而河間獻王好古愛學,收集餘燼,得而獻之,合五十六篇,並威儀之事。"《隋書·經籍志》没有述及孔壁本古文《禮》,認爲《禮古經》乃高堂生所傳《禮》與魯淹中本的合編本,似是古今文合編的本子,與劉歆《移讓太常博士書》及鄭玄《六藝論》所述相左,不可取信。

　　河間獻王所得之《禮》雖由古文寫成,卻不能直接稱作《禮古經》。日本國東京大學藏鐮倉末鈔本《孔傳古文孝經》載題名孔安國撰《古文孝經序》。孔《序》説今文《孝經》爲"建元之初,河間王得而獻之,凡十八章",而古文《孝經》乃"魯共王使人壞夫子講堂,於壁中石函得古文《孝經》二十二章"。"建元"爲漢武帝第一个年号(公元前140年至前135年),魯恭王壞孔子宅在漢武帝末年,兩者相距約五十年(魯恭王卒於漢武帝執政早期,《漢書·藝文志》載其壞孔宅得古文書籍在武帝末,年代倒錯,不能確屬,此處姑從《藝文志》之説),前後所獲《孝經》的古今文屬性截然不同。這説明河間獻王收錄整理的前代文獻,被時人目爲與漢初所傳性質相類似的典籍,其中一部分有古文本傳世的後來還被視爲與古文本相對應的今文本;魯恭王壞孔宅壁所得的前代書籍,則多被時人視作古文典籍。河間獻王收藏整理的古書之所以一直以來被誤認爲古文典籍,主要是由於其所

獻的《周官》一書。《周官》在東漢時期被古文學家奉爲最
重要的古文經典，因此《周官》的古文性質少有人懷疑。然
而《漢書·藝文志》在著錄《周官經》六篇時，並沒有標明
此書爲"古文"。王國維認爲《漢書·藝文志》注明"古文"
者，是因爲有與之對應的今文本。若無今文本，則無須冠
"古文"二字。王氏因而認爲《漢書·藝文志》著錄的《周
官》是古文本。張富海《古文經説略》認爲《漢書·藝文志》
著錄的《周官》"早已轉寫成隸書本了"。結合前述河間獻王
所獻《孝經》流傳的情況可知，《漢書·藝文志》在《周官
經》前不冠"古文"，是由於河間獻王所獻的古籍由於整理流
傳較早，早已完成隸寫，西漢時人並未視《周官》爲古文典
籍。同理，河間獻王所得之《禮》，時人同樣不會視作《禮
古經》，將之視作高堂生所傳《禮》十七篇的今文另本的可能
性更大。只有"出於魯淹中及孔氏"的《禮古經》才是《漢
書·藝文志》著錄的"《禮古經》五十六卷"，河間獻王所得
的《禮》並非此本。《禮古經》中與高堂生所傳之《禮》相
重合的十七篇，即鄭玄注《儀禮》時所用的古文本。

漢初，魯高堂生傳《禮》十七篇，而魯徐生善於爲禮容
（儀容、服色、周還揖讓之節等）。徐生傳《禮》至其孫徐延、
徐襄。徐延及徐氏弟子著名的有公戶意滿、恒生、單次以及
瑕丘蕭奮。瑕丘蕭奮傳《禮》東海孟卿，孟卿授於東海后倉、
魯閭丘卿。《漢書·儒林傳》云：

> 倉説《禮》數萬言，號曰《后氏曲臺記》，授沛聞人
> 通漢子方、梁戴德延君、戴聖次君、沛慶普孝公。孝
> 公爲東平太傅。德號"大戴"，爲信都太傅；聖號"小

戴”，以博士論石渠，至九江太守。由是《禮》有大戴、小戴、慶氏之學。

《漢書·藝文志》載：“經（七十）〔十七〕篇。后氏、戴氏。”又云：“漢興，魯高堂生傳《士禮》十七篇。訖孝宣世，后倉最明。戴德、戴聖、慶普皆其弟子，三家立於學官。”可見，后倉、聞人通漢、戴德、戴聖、慶普所傳《禮》皆爲十七篇的今文《禮》，而戴德、戴聖、慶普三家所傳的今文《禮》學立於學官。

當戴德、戴聖、慶普立於學官之時，河間獻王所獻之《禮記》及魯恭王壞孔子宅所出之《禮記》已經面世。《隋書·經籍志》云：“漢初，河間獻王又得仲尼弟子及後學者所記一百三十一篇獻之，時亦無傳之者。至劉向考校經籍，檢得一百三十〔一〕篇，向因第而敘之。”姚振宗《漢書藝文志條理》按：“‘一’在‘十’之下，寫者亂之。”《漢書·藝文志》的撰作本於劉歆《七略》，《七略》又由删改劉向《別錄》而來。按《隋書·經籍志》的記述，《別錄》所記“《記》一百三十一篇”，當是河間獻王所得之《記》，二者篇目數量一致。王應麟《漢書藝文志考證》云：“今逸篇之名可見者有，《三正記》《別名記》《親屬記》《明堂記》《曾子記》《禮運記》《五帝記》《王度記》《王霸記》《瑞命記》《辨名記》《孔子三朝記》《月令記》《大學記》《雜記》。”姚振宗《漢書藝文志條理》注：“失注出處，又有《謚號記》，見《御覽》七十七應劭《風俗通》引。”劉向《別錄》云：“《王度記》似是齊宣王時淳于髡等所說也。”《史記索隱》引劉向《別錄》云：“孔子見魯哀公問政比三朝，退而爲此記，故曰‘三朝’，凡七篇。”《漢書·藝文志》“孔子三朝”條目顏師古注云：“今《大戴禮》有其一篇，蓋孔子對哀公語也。三朝見公，故曰‘三朝’。”王應麟《考證》云：“七篇者，今考《大戴禮》，《千本》《四代》《虞帝德》《誥志》《小辨》《用兵》《少閒》。”無論《孔子三朝記》是否如王應麟所言屬於《漢書·藝文志》所舉《記》一百三十一篇，《漢書·藝文志》之《記》的文本組合均可藉此一探究竟。《漢書·藝文志》之《記》一百三十一篇當由多組篇目多寡不同的竹書組成，《考證》舉《記》所含的諸種逸篇（如《三正記》之屬）應該各是一組屬性相近或者内容相關的文章組合，每組竹書形成一個總括的篇題。將這些篇題下單篇的文章單獨計數，總共合計一百三十一篇。前面已經説明，河間獻王所獻古書，整理流傳均在孔壁出書之前，時人並不以爲是古文典籍，以此《漢書·藝文志》所錄的“《記》一百三十一篇”不冠“古文”二字。

　　除了《記》一百三十一篇之外，根據劉向《別錄》，還錄有“《古文記》二百四篇”（《隋書·經籍志》説“二百十四篇”）之説。《經典釋文·敘錄》引劉向《別錄》云：“《古文記》二百四篇。”又引陳邵《周禮論序》云：“戴德删《古禮》二百四篇爲八十五篇，謂之《大戴禮》。戴聖删《大戴禮》爲四十九篇，是爲《小戴禮》。”《隋書·經籍志》云：“至劉向考校經籍，檢得一百三十〔一〕篇，向因第而敘之。而又得《明堂陰陽記》三十三篇、《孔子三朝記》七篇、《王史氏記》二十一篇、《樂記》二十三篇，凡五種，合二百四篇。”《隋書·經籍志》所述《古文記》二百四篇的組成，爲河間獻王所得《記》一百三十一篇，與劉向所得另外四種古書的合編本。王國維由此認爲“獻王所得《禮記》，蓋即《別錄》

之古文《記》。是大、小戴《記》本出古文"。四種《古文記》類古書最有可能的來源是魯恭王壞孔子宅而得的古文《禮記》，包括《明堂陰陽記》《孔子三朝記》《王史氏記》《樂記》等戰國篇目（上海博物館藏戰國楚竹書《天子建州》中有不少"天子、諸侯、卿、大夫之制"，或是《明堂陰陽記》的遺篇）。在劉向編寫《別錄》之前，戴德亦將《孔子三朝記》編入大戴《禮記》。到劉歆編定《七略》的時候，則將《樂記》編入《樂》類，將《孔子三朝記》編入《論語》類。班固《漢書·藝文志》因循之。無論如何，劉向所檢得的《記》一百三十一篇，即河間獻王所得之《記》的傳本，在整個西漢時期有著完整的流傳。劉向之所以將河間獻王所得之《記》視作古文《記》，大概正如《隋書·經籍志》所説"時亦無傳之者"。"無傳之者"，並不是説這一百三十一篇《記》都不爲人所知，而是説西漢學者沒有將其作爲一個整體加以傳習。在河間獻王整理轉錄這批《禮記》類文獻之後，應當有部分篇目在天下廣泛傳佈，這些流傳的篇目正是戴德、戴聖取材並編定二戴《禮記》的來源。

漢宣帝甘露三年（公元前51年）詔諸儒講《五經》異同於石渠閣，后倉弟子聞人通漢、戴聖等皆與其議。《通典》記錄了其中不少議論。從聞人通漢、戴聖所引的內容來看，確有一類直接稱爲《記》的文獻，除此之外還引有《曲禮》等篇名與《記》之名對舉。從所引《記》的內容來看，有屬於《王制》《雜記》等篇的內容，還有一些《禮記》逸篇的內容（不見於今本大、小戴《禮記》及其他禮類文獻）。可以推測，聞人通漢、戴聖在石渠閣議論時所稱的《記》，有可能是《漢書·藝文志》著錄的河間獻王所得《記》一百三十一篇。由於其中有司馬遷認爲成書於漢文帝前元十六年（公元前164年）的《王制》篇，説明河間獻王所獻的《記》並非全部爲先秦古本，其中亦有漢初成書的《禮記》類篇目。如果河間獻王所獻的《記》一百三十一篇中包含漢初所作的篇目，而劉向所謂《古文記》又包含有河間獻王《記》全部篇目，則《古文記》亦非全爲戰國古文寫成，稱其爲《古文記》，不過説明與當時廣泛流傳的《禮記》篇目來源不同罷了。1957年甘肅武威磨咀子6號漢墓出土的《武威漢簡》中有數篇《儀禮》及單獨抄寫的《服傳》甲、乙、丙本。學者據此推測《服傳》在兩漢時期主要以單篇形式流傳，並未如今本《儀禮·喪服》散在經、記文之下，直至東漢晚期方由馬融或其他學者編入《儀禮》正文。就《服傳》的性質來講，顯然也屬於《記》一類的文字。整理者曾撰文説明《服傳》的成書年代可能在西漢初年，雖然未被收錄入今傳本大、小戴《禮記》，但根據前文的分析仍可能包含在河間獻王所獻的《記》一百三十一篇之内。

　　《漢書·藝文志》著錄有《曲臺后倉》九篇，是后倉説《禮》的記錄。姚振宗《條理》按：“《明堂陰陽》《王史氏》《曲臺后倉》三書，舊時文相連屬，皆蒙上文‘記’字。”《曲臺后倉》即《曲臺后倉記》，又稱《曲臺記》。劉歆《七略》曰：“宣皇帝時行射禮，博士后倉爲之辭，至今記之，曰《曲臺記》。”（《文選·任彥昇〈齊竟陵文宣王行狀〉》注文）顏師古《漢書注》引如淳曰：“行射禮於曲臺，后倉爲記，故名曰《曲臺記》。《漢官》曰‘大射於曲臺’。”晉灼曰：“天子射宮。西京無太學，於此行禮也。”服虔曰：“在曲臺校書著説，因以爲名。”顏師古曰：“曲臺殿在未央宮。”由於西漢長安無太學，天子在曲臺行大射之禮，后倉在曲臺校書著說，故名《曲臺記》。認爲《曲臺后倉記》是專講射禮的書，恐怕無據。朱彝尊《經義考》引孫惠蔚曰：“曲臺之《記》，戴氏所述，然多載尸、灌之義，牲獻之數，而行事之法、備物之體，蔑有具焉。”王應麟《考證》云：“按《大戴·公符》篇載孝昭冠辭，蓋宣帝時《曲臺記》也。”孝昭冠辭是大戴《禮記》中《曲臺記》的遺跡。然而《曲臺記》的具體面貌如何，現在已無從知曉了。

后倉傳《禮》於聞人通漢、戴德、戴聖、慶普之後，戴德、戴聖、慶普三家立於學官。戴德、戴聖所傳的《禮》十七篇篇序頗爲不同，除了前三篇《士冠禮》第一、《士昏禮》第二、《士相見禮》第三相同之外，其後十四篇的編次完全不同。大戴《禮》後十四篇的篇序爲《士喪禮》第四、《既夕禮》第五、《士虞禮》第六、《特牲饋食禮》第七、《少牢饋食禮》第八、《有司》第九、《鄉飲酒禮》第十、《鄉射禮》第十一、《燕禮》第十二、《大射》第十三、《聘禮》第十四、《公食大夫禮》第十五、《覲禮》第十六、《喪服》第十七。小戴《禮》後十四篇的篇序爲《鄉飲酒禮》第四、《鄉射禮》第五、《燕禮》第六、《大射》第七、《士虞禮》第八、《喪服》第九、《特牲饋食禮》第十、《少牢饋食禮》第十一、《有司》第十二、《士喪禮》第十三、《既夕禮》第十四、《聘禮》第十五、《公食大夫禮》第十六、《覲禮》第十七。這兩種《禮》的編次順序與今本《儀禮》很不相同，説明戴德、戴聖對於《禮》十七篇的禮典內涵有著不同的理解和解説。

戴德、戴聖又各編有《禮記》選本。鄭玄《六藝論》云：“今《禮》行於世者，戴德、戴聖之學也。戴德傳記八十五篇，則《大戴禮（記）》是也。戴聖傳《禮》四十九篇，則此《禮記》是也。”據《隋書·經籍志》“蒼授梁人戴德，及德從兄子聖”，可知戴德與戴聖爲叔侄關係，戴德年長於戴聖，故戴德號曰“大戴”，戴聖號曰“小戴”，史稱二人所編選本爲大戴《禮記》、小戴《禮記》。大戴《禮記》與小戴《禮記》是戴德、戴聖兩家立於學官之後，他們爲學生講授《禮》十七篇而編輯的參考資料，因此來源駁雜。二戴《禮記》篇目的取材範圍，有《逸禮》三十九篇，有《記》一百三十一篇，有《王史氏記》二十一篇，有《樂記》二十三篇，有《孔子三朝記》七篇，有《曲臺后倉記》九篇，還有一些《漢書·藝文志》所錄諸子書的篇目。今本小戴《禮記》四十九篇，《奔喪》《投壺》出自《古文禮》，《王制》《雜記》出自《記》（由《通典》聞人通漢、戴聖所引推得），《曲禮》可能出自《古文記》（同前），《月令》《明堂位》出自《明堂陰陽記》，《樂記》（十一篇）出自《樂記》（二十三篇）；今本大戴《禮記》三十九篇，《朝事》《投壺》《諸侯遷廟》《諸侯釁廟》出自《古文禮》，《千乘》《四代》《虞帝德》《誥志》《小辨》《用兵》《少閒》七篇出自《孔子三朝記》，《公冠》篇末的孝昭冠辭出自《曲臺后倉記》。大戴《禮記》八十五篇，小戴《禮記》四十九篇，皆爲當時各種禮類文獻的彙編明矣。王國維説大、小戴《禮記》“本出古文”的論斷，無論從河間獻王《記》的來源、《古文記》的組成，還是大、小戴《禮記》的取材任一個角度來講都是不可信的。

　　今本大戴《禮記》餘三十九篇，闕第一至第三十八、第四十三至第四十五、第六十一、第八十二至八十五共四十六篇，與小戴《禮記》四十九篇内容很不相同，重複的篇目只有《投壺》和《哀公問》兩篇。雖然前文已述小戴删大戴

《禮記》而成小戴《禮記》四十九篇不足信，然而此説暗指大戴《禮記》所闕的四十六篇大體正是今本小戴《禮記》所傳的四十九篇（《投壺》《哀公問》兩篇重出不算，小戴《禮記》異於大戴者合四十七篇）。黄懷信《大戴禮記彙校集注·前言》説："其之所以佚失，蓋因文同而抄書者省之也。古者抄書不易，小戴書既已有其篇，則於大戴無需更抄，故抄者省之，自是情理中事。"陳振孫《直齋書録解題》云："大戴之書自隋、唐《志》所載，卷數皆與今本同。"《隋書·經籍志》《舊唐書·經籍志》《新唐書·藝文志》《宋史·藝文志》皆作大戴《禮記》十三卷。由此推測，遲至隋代，大戴《禮記》已經成爲今天的面貌，其中與小戴《禮記》重複的篇目已經不存了。戴德、戴聖禮學同出於后倉，二人對於當時流傳於世的《禮記》類文獻哪些對説明《禮》十七篇具有重要參考價值應該有著很大的共識。這種共識會體現在大戴《禮記》與小戴《禮記》重複選目之中。傳世古書所引大戴《禮記》亡佚的篇目内容有《禮器》《祭法》等篇的佚文，由此可以相信大戴《禮記》到隋代所闕的篇目，與小戴《禮記》今存的篇目有著很高的重合度。[一]

〔一〕根據上述二戴《禮記》與《漢書·藝文志》所載諸種《禮記》的關係，錢大昕《廿二史考異》認爲"小戴《記》四十九篇，《曲禮》《檀弓》《雜記》皆以簡策重多，分爲上下，實止四十六篇，合大戴之八十五篇，正協百卅一之數"的論斷難於成立。小戴《禮記》去除《曲禮》《檀弓》《雜記》分爲上下的重篇，爲四十六篇。今本大戴《禮記》的《投壺》《哀公問》兩篇與小戴《禮記》相重，去除後爲三十七篇。二者不同内容的篇目相加爲八十三篇，與一百三十一篇相減，爲四十八篇。《漢書·藝文志》所載之《記》，一百三十一篇中，重複篇目竟達四十八篇，殊不合理。故吳承仕《經典釋文序録疏證》認爲："錢説雖巧，終不足據。"根據王應麟《漢書藝文志考證》，河間獻王所得之《記》包括《三正記》《别名記》《親屬記》《明堂記》《曾子記》《禮運記》《五帝記》《王度記》《王霸記》《瑞命記》《辨名記》《孔子三朝記》《月令記》《大學記》《雜記》等名，多數不在今大、小戴《禮記》之中。因此，可知《記》一百三十一篇只是大、小戴《禮記》的取材文獻之一，並非大、小戴《禮記》的合編。

　　劉向《別錄》的編纂晚於大戴、小戴《禮記》的成書時間，因而在《別錄》中記載了全部的小戴《禮記》篇目，並對小戴《禮記》諸篇進行了分類，分類被鄭玄《三禮目錄》轉錄，存於孔穎達《禮記正義》疏文中。《經典釋文·敘錄》云："劉向《別錄》有四十九篇，其篇次與今《禮記》同，名爲他家書拾撰所取。"劉向《別錄》云："《禮記》四十九篇，《樂記》第十九。"《別錄》所記《樂記》的篇次正與今本《禮記》相同，證明小戴《禮記》的編成時代在劉向《別錄》成書之前。《漢書·儒林傳》記慶普、戴德、戴聖禮學的傳授云：

　　　　通漢以太子舍人論石渠，至中山中尉。普授魯夏侯敬，又傳族子咸，爲豫章太守。大戴授琅邪徐良斿卿，爲博士、州牧、郡守，家世傳業。小戴授梁人橋仁季卿、楊榮子孫。仁爲大鴻臚，家世傳業。榮，琅邪太守。由是大戴有徐氏，小戴有橋、楊氏之學。

　　《後漢書·橋玄傳》云："七世祖仁，從同郡戴德（按："戴德"乃"戴聖"之誤）學，著《禮記章句》四十九篇，號曰橋君學。"楊榮之學史傳無説，不知有著作與否。無論如何，小戴《禮記》在西漢時期已由其弟子注解講授，並流傳於世。

　　東漢時期，雖然二戴《禮》仍立於官學，但在崇尚古學的風氣影響下，大、小戴禮學逐漸式微。《後漢書·儒林傳》云："中興已後，亦有大、小戴博士，雖相傳不絕，然未有顯於儒林者。"今文《禮》學只有慶氏《禮》較爲興盛。《後漢書·儒林傳》載董鈞習慶氏《禮》，爲博士。又同《傳》記載"建武中，曹充習慶氏學，傳其子褒，遂撰《漢禮》"。《後漢書·曹褒傳》載曹褒"持慶氏《禮》"，又"傳《禮記》四十九篇，教授諸生千餘人"，有名於當時。曹褒所傳的四十九篇可能是慶普所編的《禮記》選本，也可能即是戴聖所編的《禮記》四十九篇本。東漢中後期，古文經學興盛，校注《禮記》的主要有馬融、盧植兩家。《經典釋文·序錄》云："後漢馬融、盧植，考諸家同異，附戴聖篇章，去其繁重及所敘略，而行於世，即今之《禮記》是也。"所謂"附戴聖篇章"，是説馬融撰《禮記注》、盧植撰《禮記解詁》均單獨成書，注文並未散入小戴《禮記》各篇之中，兩書均將小戴《禮記》四十九篇附在書後。可以想見，馬本小戴《禮記》與盧本小戴《禮記》在校勘意見及文本取捨上當有小異。《序錄》所謂"去其所敘略"是指小戴《禮記》原書之前有對每篇《記》文的"序略"。小戴《禮記》"序略"今本不存，不過鄭玄《三禮目錄》對《三禮》諸篇章均有"篇序"，小戴《禮記》的"序略"恐怕也是這一類的内容，鄭玄《三禮目錄》與其或有承襲關係。另外，《隋書·經籍志》有所謂"漢末，馬融遂傳小戴之學，融又定《月令》一篇、《明堂位》一篇、《樂記》一篇，合四十九篇"之説，紀昀《四庫全書總目提要》力駁此説，認爲馬融並没有足其三篇。從今本《禮記》中《曲禮》《檀弓》《雜記》三篇分爲上下篇來看，今本《禮記》本只有四十六篇，如果再去除《月令》《明堂位》《樂記》三篇，則難以湊足四十九篇之數，似以《提要》所論爲是。

東漢末年，鄭玄受業於馬融，爲《周官》六篇、《古經》

十七篇、小戴《禮記》三種禮書作注。所謂《古經》十七篇，實際是西漢今文《禮》十七篇在東漢的某種傳本。鄭玄將小戴《禮記》諸本相互參校，並爲之注，形成今日所見的鄭玄《禮記注》的面貌。孔穎達《禮記正義·曲禮上第一》云："鄭亦附盧、馬之本而爲之注。"王欣夫《文獻學講義》引孔疏並説："故他（鄭玄）注《禮記》用盧、馬之本校勘，發現有異文，便附入注中。"因此鄭玄注文中往往有"某，或爲'某'"，表示他本中所用之字與其擇取的不同。鄭玄校勘小戴《禮記》異文時究竟用了哪幾種舊本，現在已經無從考證，可能包括前述的小戴本、橋仁本、劉向本、曹褒本、馬融本、盧植本或其他流傳的版本。鄭玄注釋小戴《禮記》文字嚴謹縝密，要言不煩，簡約通達，注文往往與正文字數不相上下。鄭玄《注》廣採前人的意見，並以自己精深的禮學修養加以裁斷。《後漢書·鄭玄傳》給予鄭玄很高的評價，稱其"括囊大典，網羅衆家，刪裁繁誣，刊改漏失，自是學者略知所歸"。《隋書·經籍志》説鄭《注》問世之後，"唯鄭《注》立於國學，其餘並多散亡，又無師説"。自從鄭玄注《三禮》之後，小戴《禮記》便與《周禮》《儀禮》鼎足而三，成爲禮學的重要經典。

　　東漢以至於三國時期，鄭玄之學大盛，劉汝霖《漢晉學術編年》統計曹魏所立十九博士，除《公羊》《穀梁》《論語》三經外，其餘七經《易》《書》《毛詩》《周官》《儀禮》《禮記》《孝經》皆以鄭學爲宗。《禮記》首次與其他諸經共立於學官，鄭玄作注功不可没。曹魏後期，王肅不喜鄭學，徧注群經，自作《禮記注》，有意與鄭學立異。由於王肅與司馬氏有姻親關係，政治上支持司馬氏篡魏，所以王肅憑藉尊寵地位，使其所注群經"皆列於學官"，王學由是大顯。《三國志·魏書四·三少帝》記載甘露元年四月，高貴鄉公曹髦親臨太學，與諸儒生講論《易》《書》《禮記》大義。皇帝執鄭氏義，諸儒持他説對之，最終多取王氏之説。西晉建立後，推崇王學，所定禮制"一如宣帝所用王肅議"(《晉書·志第九·禮上》)，此時王肅之學遠比鄭學興盛。這樣的局面直到東晉才有所改觀。東晉時期，王學博士盡廢。晉元帝初年，精簡博士員額，《晉書·荀崧傳》云"博士舊置十九人，今《五經》合九人"。除《周易》、古文《尚書》、《春秋左傳》三經外，其餘六經今文《尚書》《毛詩》《周禮》《禮記》《論語》《孝經》皆以鄭玄注爲宗。鄭氏學重又興起，佔據了統治地位。南北朝時期，南北對峙，經學也分爲"北學""南學"，《隋書·儒林傳》云"南北所治，章句好尚，互有不同"。然而《三禮》的傳習"同遵於鄭氏"。南北朝時期的經學，《三禮》學最爲尊顯，北朝、南朝以研習《三禮》著稱的學者衆多。北朝習於《三禮》者，有徐遵明、李鉉、熊安生、孫靈暉、郭仲堅、丁恃德等，"諸儒盡通小戴《禮（記）》，於《周（禮）》《儀禮》兼通者，十二三焉"。可見北朝時期對《禮記》的重視。南朝習於《三禮》者，有何佟之、嚴植之、司馬筠、崔靈恩、孔僉、沈俊、皇侃、沈洙、戚衮、鄭灼等，對於《三禮》皆宗鄭氏之學。南北朝時期義疏解經體興起，北朝熊安生作《禮記義疏》三十卷，南朝皇侃作《禮記義疏》九十九卷，這兩部《義疏》是唐代編撰《禮記正義》的重要資料。

　　隋代統一中國後，經學也從南北分立的局面重歸統一。隋代繼承南北朝時期的學術傳統，《三禮》學仍以鄭學爲宗。以《三禮》名家者，有馬光、褚輝等人。另外，隋代大儒劉焯、劉炫皆曾"問禮於熊安生",有諸經《義疏》存世。唐代代興之初,唐太宗即詔孔穎達與諸儒編撰《五經義疏》,以統一天下經説。貞觀十六年(公元 642 年),《五經義疏》成書,共一百八十卷。其後博士馬嘉運駁正《義疏》得失,太宗詔令修訂,但未集事。直至唐高宗永徽四年(公元 653 年),才以《五經正義》之名正式頒布天下。《五經正義》包括《周易正義》十六卷、《尚書正義》二十卷、《毛詩正義》四十卷、《禮記正義》七十卷、《春秋正義》三十六卷,總計一百八十二卷。《五經正義》的問世使得漢代以後趨於分裂的經學重歸統一。《五經正義》於《三禮》獨收《禮記》,改變了漢代以《儀禮》爲經的局面,擡高了《禮記》的地位,從此之後以至於清代,小戴《禮記》的傳習都要遠盛於《儀禮》《周禮》。由於《禮記正義》所用的注文仍取鄭玄《禮記注》,所以《五經正義》的成書和頒行鞏固了鄭玄《禮記注》的地位。

兩宋時期,疑經思潮興起,宋人編輯前人經説,以己意加以裁斷,往往淹博有餘而精審不足。其中小戴《禮記》的代表注本有衛湜編集的《禮記集説》,雜採漢至宋諸家注説一百四十餘種,並不獨尊鄭氏。元代延祐二年(公元 1315 年)重定科舉之制,《禮記》仍用唐代《禮記正義》。其後陳澔纂集《禮記集説》,以朱熹之説爲主,略度數而推義理,於至治二年(公元 1322 年)成書。是書"承諸子之説而有所取捨",講解簡明,淺顯易懂,成爲元代重要的科舉參考書。明成祖時期,胡廣奉敕編纂《禮記大全》二十卷,爲《五經大全》之一。是書以元代陳澔《禮記集説》爲藍本,又採綴諸家之説共四十二家,於永樂十三年(公元 1415 年)

成書並頒行天下，成爲明代科舉的標準教科書。清代乾隆元年（公元 1736 年），乾隆帝詔令開設"三禮館"，前後由鄂爾泰、張廷玉等人奉詔纂修《三禮義疏》。其中《欽定禮記義疏》由甘汝來、李紱、任啓運等人具體承擔。《三禮義疏》歷時十年，於乾隆十年成稿，於乾隆十九年刊刻成書，於乾隆二十年頒行天下。該書徵引歷代禮説二百六十五家，依"正義""通論""餘論""總論""存疑""存異""辨證"七大義例分類輯錄，是一部歷代《禮記》注釋的集成之作，成爲清代科舉的重要參考。其後，清代學者孫希旦，綜合鄭注、孔疏以及宋元諸家的學説，於乾隆四十四年撰成《禮記集解》六十一卷。由於體量巨大，該書直至同治七年（公元 1868 年）方才刊刻成功，成爲清代晚期最有影響的《禮記》注解。清代又有朱彬所作《禮記訓纂》四十九卷，該書刊刻時間略早於《禮記集解》，於訓詁、聲音、文字之學，用力尤深，是清代樸學在《禮記》考據方面的代表作。

目前存世的唐及唐以前《禮記》及鄭玄《禮記注》本有俄羅斯科學院東方研究所聖彼得堡分所藏敦煌文獻編號爲俄敦二一七三背、俄敦六七五三背的《禮記·曲禮上》；法國國家圖書館藏編號爲伯二五〇〇、伯二五二三碎二的鄭玄注《禮記·檀弓下》，編號爲伯三三八〇的鄭玄注《禮記·大傳》《少儀》；英國國家圖書館藏編號爲斯二五九〇的鄭玄注《禮記·月令》，編號爲斯五七五的鄭玄注《禮記·儒行》《大學》。西安碑林博物館藏有唐開成年間刻成的《十二經》刻石，《十二經》中有小戴《禮記》四十九篇全文（後簡稱"唐石經"），無鄭玄注。

存世的宋代鄭玄《禮記注》本有中國國家圖書館藏南

宋淳熙四年（公元 1177 年）撫州公使庫刻本《禮記注》（後簡稱"撫州本"）、南宋婺州義烏蔣宅崇知齋刻本《禮記注》（後簡稱"婺州本"）、南宋余仁仲萬卷堂家塾刻本《禮記注》（後簡稱"余仁仲本"）、南宋紹熙年間福建刻本《纂圖互注禮記》（後簡稱"紹熙本"）等。根據王鍔《〈禮記〉版本述略》，上述婺州本與撫州本接近，屬於同一系統的版本；紹熙本與余仁仲本接近，爲另一系統的版本（見王鍔《〈禮記〉版本研究》表十六）。王鍔認爲《禮記注》版本中，撫州本最好，余仁仲本次之，紹熙本最差。八行本經注來源於撫州本，紹熙本、岳本、嘉靖本、和本及十行本經注和釋文來源於余仁仲本。由此，王鍔認爲"如果要整理《禮記注》定本，最好是撫州本或余仁仲本爲底本"。按照本叢書的體例，不收錄陸德明《經典釋文》，撫州本將《釋文》附刻在全書之後，不雜於經注文的特點與本叢書的整理要求一致（余仁仲本散在各條經注文之間），因此選取撫州本作爲本次整理的底本。以唐石經、余仁仲本、婺州本、嘉慶二十年（公元 1815 年）江西南昌府學刻《重刊宋本禮記注疏附校勘記》（後簡稱"阮刻本"）爲參校本。另參考《敦煌經部文獻合集》群經類《禮記》之屬《禮記》殘卷的相關整理成果，加以校勘整理。

清嘉慶十一年張敦仁曾影刻撫州本《禮記注》。1992 年中華書局對撫州本進行影印出版，2003 年北京圖書館出版社（今國家圖書館出版社）再次影印出版，並收入《中華再造善本》唐宋編。本次整理使用的是《中華再造善本》影印的撫州本。撫州本《禮記注》二十卷，東漢鄭玄注，一函六册，包括小戴《禮記》全部四十九篇。下面照錄王鍔《南宋

撫州本〈禮記注〉研究》對撫州本版本特徵的描述:

　　撫州本板框高20.9釐米，寬15.5釐米。半葉十行，行十六字，注雙行二十四字，白口，四周雙欄。順魚尾，版心上魚尾上分大、小記字數，下記"禮記幾"，下魚尾下記頁數，下記刻工姓名。首行頂格題"禮記卷第一"，次行頂格題"曲禮上第一"，越二格題"禮記"，又越二格題"鄭氏注"。每卷末尾標注"禮記卷第幾"，下越二至三格記經注字數，如卷一第二十八頁A面第三行頂格題"禮記卷第一"，越三格題經五千七百二十二字，注八千三百二十七字。書體在歐體外且接近顏體，大小字橫直筆一樣粗細，筆鋒內斂，藏巧於拙，刀法圓潤，古樸大方，書寫認真，刊刻精美。

　　撫州本避諱非常嚴格，避諱字有玄、泫、縣，避宋聖祖趙玄朗諱；敬、竟，避宋太祖趙匡胤祖父宋翼祖趙敬諱；殷，避宋太祖趙匡胤父宋宣祖趙弘殷諱；匡、筐、酺，避宋太祖趙匡胤諱；恒、萓、完、莞、崔，避宋真宗趙恒諱；貞、偵、楨、徵，避宋仁宗趙禎諱；讓，避宋英宗趙曙父濮安懿王趙允讓諱；樹，避宋英宗趙曙諱；頊，避宋神宗趙頊諱；桓，避宋欽宗趙桓諱；雛，避宋高宗趙構諱；慎、蜃、瑗，避宋孝宗趙眘諱，均缺末筆。本次整理時，上述避諱字闕末筆的均直接補全，不另出校記。

　　撫州本中使用了一些異體字。本次整理時，異體字的用字習慣和結構盡量遵照底本，如"棄"作"弃"，"間"作"閒"，"簡"作"簡"，"嘗"作"甞"，"萬"作"万"，

"熟"作"孰","體"作"躰","賓"作"賔","殯"作
"殯","隸"作"隷","毆"作"敺"等;部分容易産生歧
義的用字,則改爲常用字,如"巳""已""己"的互用,
"梁"作"樑","刺"作"剌","棘"作"棘","毋"作
"母","段"作"叚","椵"作"椵"等。部分常見
的異體字和俗字,則改爲常用字,如"兑"作"兗",
"説"作"説","税"作"税","鋭"作"鋭","浇"作
"浇","帨"作"帨","梲"作"梲","賛"作"贊",
"穀"作"穀","巋"作"巋","世"作"卋","泄"作
"泄","葉"作"菜","倢"作"倢","辭"作"辝",
"尤"作"尢","就"作"就","蟄"作"蟄","面"作
"面","遠"作"逺","慎"作"愼","淵"作"淵","肉"
作"肉","敬"作"敬","姊"作"姊","沛"作"沛",
"清"作"清","負"作"負","沿"作"㳂","臾"作"臾",
"喪"作"丧","擎"作"擎"等;還有部分屬於缺筆或
羡筆的異體字,則直接補全筆畫或減省筆畫,如"蚩"作
"蚩","宜"作"冝","卑"作"单","脾"作"脾","裸"作"禩",
"舍"作"舍","鬼"作"鬼","瓜"作"爪","孤"作"孤",
"狐"作"狐","瓠"作"瓠","芯"作"芯","皐"作"皋",
"厲"作"厲","冥"作"実","鄉"作"鄉","饗"作"饗",
"幼"作"幻","災"作"災","富"作"冨","社"作"社",
"徵"作"徵","具"作"具","袥"作"袥","沐"作"沭",
"纏"作"纒"等。以上除必要説明的情形,改字與不改字
皆不出校記。

    本次使用的參校本余仁仲本、婺州本均選自北京圖書館
出版社影印《中華再造善本》。阮刻本使用的是中華書局影印

清阮元校刻本《十三經注疏（清嘉慶刊本）》。

　　本次整理還參考了楊天宇譯注《禮記譯注》（上海古籍出版社，1997 年），龔抗雲整理、王文錦審定《禮記正義》（北京大學出版社，繁體豎排版，2000 年），王文錦譯解《禮記譯解》（中華書局，2001 年），呂友仁點校《禮記正義》（上海古籍出版社，2008 年），王鍔彙校《禮記鄭注彙校》（中華書局，2017 年），郜同麟點校《禮記正義》（浙江大學出版社，2019 年），王鍔點校《禮記注》（中華書局，2021 年）。

　　本次整理稿形成之後，楊詣、劉新怡、王潔鈺三位研究生同學幫忙覆覈了校記，提高了整理稿的可靠性，特此致謝。限於整理者的學識和水準，整理本中存在訛誤在所難免，懇請讀者不吝指教，以便後續不斷改進。

徐　淵

二〇二一年十二月

整理凡例

一、《禮記注》原書經、注相間，根據本叢書的體例，整理時重新排版，先列經文，鄭注以章、節後注的形式列出。

一、分節以《禮記》文義及底本原有的朱筆分節符號爲基本依據，並以孔穎達《禮記正義》、王文錦《禮記譯解》、楊天宇《禮記譯註》、王鍔點校《禮記注》的分節爲參考。

一、根據本叢書體例，整理本書名改爲"禮記注"，各卷卷首題名不做改動，仍用"禮記"題名，以存底本原貌。

一、本次整理選取中國國家圖書館藏南宋淳熙四年撫州公使庫刻本《禮記注》爲工作底本（後簡稱"底本"）。

一、本次整理選取西安碑林博物館藏唐開成刻《十二經》刻石《禮記》（後簡稱"開成石經"）、中國國家圖書館藏南宋婺州義烏蔣宅崇知齋刻本《禮記注》（後簡稱"婺州本"）、南宋余仁仲萬卷堂家塾刻本《禮記注》（後簡稱"余仁仲本"）、中華書局影印清阮元校刻本《十三經注疏（清嘉慶刊本）》（後簡稱"阮刻本"）爲參校本。

一、本次整理時，底本中出現的避諱字闕末筆的，均直接補全，不另出校記（底本所見避諱字參見《整理前言》）。

一、本次整理時，爲了盡可能保留原本面貌，底本中異

體字的用字習慣和結構盡量遵照底本；底本中部分容易産生
歧義的用字，則改爲常用字；部分常見的異體字，則改爲常
用字；還有部分屬於缺筆或羨筆的異體字，則直接補全筆畫
或減省筆畫。以上除必要説明的情形，改字與不改字皆不出
校記（底本所見異體字參見《整理前言》）。

禮記卷第一

禮記卷第一

曲禮上第一

鄭 氏 注

（一·一）

《曲禮》曰：毋不敬，[一] 儼若思，[二] 安定辭。[三] 安民哉！[四]

[一] 禮主於敬。

[二] 儼，矜莊貌。人之坐思，貌必儼然。

[三] 審言語也。《易》曰："言語者，君子之樞機。"

[四] 此上三句，可以安民。說《曲禮》者，美之云耳。

（一·二）

敖不可長，欲不可從，志不可滿，樂不可極。[一]

[一] 四者，慢遊之道，桀、紂所以自禍。

（一·三）

賢者，狎而敬之，[一] 畏而愛之。[二]

[一] 狎，習也，近也，謂附而近之，習其所行也。《月令》曰："雖

有貴戚近習。"

〔二〕心服曰畏。曾子曰："吾先子之所畏。"

（一·四）

愛而知其惡，憎而知其善。^[一]

〔一〕謂凡與人交，不可以己心之愛憎，誣人之善惡。

（一·五）

積而能散，^[一]安安而能遷。^[二]

〔一〕謂己有蓄積，見貧窮者，則當能散以賙救之，若宋樂氏。

〔二〕謂己今安此之安，圖後有害，則當能遷。晉舅犯與姜氏醉重耳而行^[一]，近之。

（一·六）

臨財毋苟得，^[一]臨難毋苟免。^[二]很毋求勝，分毋求多。^[三]

〔一〕爲傷廉也。

〔二〕爲傷義也。

〔三〕爲傷平也。很，鬩也，謂爭訟也。《詩》云："兄弟鬩於牆。"

〔一〕晉舅犯與姜氏醉重耳而行　"舅"，婺州本與底本同。余仁仲本、阮刻本作"咎"。

（一·七）

　　疑事毋質，[一] 直而勿有。[二]

　　[一] 質，成也。彼己俱疑，而己成言之，終不然，則傷知。

　　[二] 直，正也。己若不疑，則當稱師友而正之，謙也。

（一·八）

　　若夫，[一] 坐如尸，[二] 立如齊。[三]

　　[一] 言若欲爲丈夫也。《春秋傳》曰：“是謂我非夫。”

　　[二] 視貌正。

　　[三] 磬且聽也。齊，謂祭祀時。

（一·九）

　　禮從宜，[一] 使從俗。[二]

　　[一] 事不可常也。晉士匃帥師侵齊，聞齊侯卒，乃還。《春秋》
　　　　善之。

　　[二] 亦事不可常也。牲幣之屬，則當從俗所出。《禮器》曰：“天
　　　　不生，地不養，君子不以爲禮，鬼神不饗。”

（一·十）

　　夫禮者，所以定親疏，決嫌疑，別同異，明是非也。

（一·十一）

　　禮，不妄説人，[一] 不辭費。[二]

〔一〕爲近佞媚也。君子説之不以其道，則不説也。

〔二〕爲傷信。君子先行其言，而後從之。

（一·十二）

　　禮，不踰節，不侵侮，不好狎。^{〔一〕}

　　〔一〕爲傷敬也。人則習近爲好狎。

（一·十三）

　　脩身踐言，謂之“善行”。^{〔一〕}行脩言道，禮之質也。^{〔二〕}

　　〔一〕踐，履也。言履而行之。

　　〔二〕言道，言合於道。質，猶本也。禮爲之文飾耳。

（一·十四）

　　禮，聞取於人，不聞取人。^{〔一〕}

　　〔一〕謂君人者。取於人，謂高尚其道。取人，謂制服其身。

（一·十五）

　　禮，聞來學，不聞往教。^{〔一〕}

　　〔一〕尊道藝。

（一·十六）

　　道德仁義，非禮不成。教訓正俗，非禮不備。分爭辨訟，非禮不決。君臣、上下、父子、兄弟，非禮不定。宦學事師，非禮不親。班朝治軍，涖官行法，非禮威嚴不行。禱祠祭祀，供給鬼神，非禮不誠不莊。[一]是以君子恭敬、撙節、退讓以明禮。[二]

[一] 分、辨，皆別也。宦，仕也。班，次也。涖，臨也。莊，敬也。學，或爲“御”。

[二] 撙，猶趨也。

(一·十七)

鸚鵡能言，不離飛鳥。猩猩能言，不離禽獸。今人而無禮，雖能言，不亦禽獸之心乎？夫唯禽獸無禮，故父子聚麀。[一]是故聖人作[一]，爲禮以教人，使人以有禮，知自別於禽獸。

[一] 聚，猶共也。鹿牝曰麀。

(一·十八)

大上貴德，[一]其次務施報。[二]禮，尚往來。往而不來，非禮也；來而不往，亦非禮也。

[一] 大上，帝皇之世，其民施而不惟報。

[二] 三王之世，禮始興焉。

〔一〕 是故聖人作　“是故”，婺州本、余仁仲本、阮刻本與底本同。唐石經作“是以”。

（一·十九）

　　人有禮則安，無禮則危，故曰：“禮者，不可不學也。”

（一·二十）

　　夫禮者，自卑而尊人。雖負販者，必有尊也，而況富貴乎？[一] 富貴而知好禮，則不驕不淫；貧賤而知好禮，則志不懾。[二]

　　[一] 負販者，尤輕佻志利[一]，宜若無禮然。

　　[二] 懾，猶怯惑。

（一·二十一）

　　人生十年曰“幼”，學。[一] 二十曰“弱”[二]，冠。三十曰“壯”[三]，有室。[二] 四十曰“強”，而仕。五十曰“艾”，服官政。[三] 六十曰“耆”，指使。[四] 七十曰“老”，而傳。[五] 八十、九十曰“耄”。[六] 七年曰“悼”。[七] 悼與耄，雖有罪，不加刑焉。[八] 百年曰“期頤”。[九]

　　[一] 名曰“幼”，時始可學也。《內則》曰：“十年，出就外傅，居宿於外，學書、計。”

　　[二] 有室，有妻也。妻稱室。

―――――――

〔一〕尤輕佻志利　“佻”，婺州本與底本同。余仁仲本、阮刻本作“恌”。

〔二〕二十曰弱　“二十”，婺州本、余仁仲本、阮刻本與底本同。唐石經作“廿”。後仿此者皆不出校。

〔三〕三十曰壯　“三十”，婺州本、余仁仲本、阮刻本與底本同。唐石經作“卅”。後仿此者皆不出校。

〔三〕艾，老也。

〔四〕指事使人也。六十，不與服戎，不親學。

〔五〕傳家事，任子孫，是謂宗子之父。

〔六〕耄，惛忘也。《春秋傳》曰："謂老將知，耄又及之。"

〔七〕悼，憐愛也。

〔八〕愛幼而尊老。

〔九〕期，猶要也。頤，養也。不知衣服、食味，孝子要盡養道
　　　而已。

（一·二十二）

　　大夫七十而致事。〔一〕若不得謝，〔二〕則必賜之几杖，
行役以婦人，適四方，乘安車，自稱曰"老夫"，〔三〕於其
國則稱名。〔四〕越國而問焉，必告之以其制。〔五〕

〔一〕致其所掌之事於君而告老。

〔二〕謝，猶聽也。君必有命，勞苦辭謝之。其有德，尚壯，則不
　　　聽耳。

〔三〕几杖、婦人、安車，所以養其身體也。安車，坐乘，若今小
　　　車也。老夫，老人稱也。亦明君貪賢〔一〕。《春秋傳》曰："老
　　　夫耄矣。"

〔四〕君雖尊異之，自稱猶若臣。

〔五〕鄰國來問，必問於老者以荅之。制，法度。

〔一〕亦明君貪賢　"貪"，婺州本、阮刻本與底本同。余仁仲本作"尊"。

（一·二十三）

謀於長者，必操几杖以從之。[一]

　　[一] 從，猶就也。

（一·二十四）

長者問，不辭讓而對，非禮也。[一]

　　[一] 當謝不敏，若曾子之爲。

（一·二十五）

凡爲人子之禮，冬溫而夏凊，昏定而晨省。[一] 在醜夷不爭。[二]

　　[一] 安定其牀衽也[一]，省問其安否何如。
　　[二] 醜，衆也。夷，猶儕也。四皓曰：“陛下之等夷。”

（一·二十六）

夫爲人子者，三賜不及車馬，[一] 故州、閭、鄉、黨稱其孝也，兄弟、親戚稱其慈也，僚友稱其弟也，執友稱其仁也，交遊稱其信也。[二]

　　[一] 三賜，三命也。凡仕者，一命而受爵，再命而受衣服，三命而受車馬。車馬而身所以尊者備矣。卿、大夫、士之子不

─────────

〔一〕 安定其牀衽也　“安定”，余仁仲本、阮刻本與底本同。婺州本作“定安”。

受，不敢以成尊比踰於父。天子、諸侯之子不受，自卑遠
於君。

　［二］不敢受重賜者〔一〕，心也，如此而五者備有焉。《周禮》，
　　二十五家爲閭，四閭爲族，五族爲黨，五黨爲州，五州爲
　　鄉。僚友，官同者。執友，志同者。

（一·二十七）

　　見父之執，不謂之“進”，不敢進；不謂之“退”，不
敢退。不問，不敢對。〔一〕此孝子之行也。

　　［一］敬父同志，如事父。

（一·二十八）

　　夫爲人子者，出必告，反必面。〔一〕所遊必有常，所習
必有業。〔二〕恒言不稱老。〔三〕

　　［一］告、面同耳。反言“面”者，從外來，宜知親之顏色安否。
　　［二］緣親之意欲知之。
　　［三］廣敬。

（一·二十九）

　　年長以倍，則父事之。〔一〕十年以長，則兄事之。五年
以長，則肩隨之。〔二〕

〔一〕不敢受重賜者　“受重”，<u>婺州</u>本與底本同。<u>余仁仲</u>本、<u>阮刻</u>本作“重受”。

〔一〕謂年二十於四十者。人年二十，弱冠成人，有爲人父之端。
　　　今四十於二十者，有子道。《內則》曰："年二十，惇行孝弟。"

〔二〕肩隨者，與之並行差退。

（一·三十）

　　羣居五人，則長者必異席。^{〔一〕}

〔一〕席以四人爲節，因宜有所尊。

（一·三十一）

　　爲人子者，居不主奧，坐不中席，行不中道，立不中
門。^{〔一〕}食饗不爲槩，^{〔二〕}祭祀不爲尸。^{〔三〕}聽於無聲，視於
無形。^{〔四〕}不登高，不臨深，不苟訾，不苟笑。^{〔五〕}

〔一〕謂與父同宮者也，不敢當其尊處。室中西南隅謂之"奧"。
　　　道有左右。中門，謂根闑之中央。《內則》曰："由命士以上，
　　　父子皆異宮。"

〔二〕槩，量也。不制待賓客饌具之所有。

〔三〕尊者之處，爲其失子道^{〔一〕}。然則尸，卜筮無父者。

〔四〕恒若親之將有教使然。

〔五〕爲其近危辱也。人之性，不欲見毀訾，不欲見笑。君子樂，
　　　然後笑。

〔一〕爲其失子道　此句婺州本與底本同。余仁仲本、阮刻本作"爲其失子之道"，"子"
字下多一"之"字。

（一·三十二）

孝子不服闇，不登危，懼辱親也。^{〔一〕}

〔一〕服，事也。闇，冥也。不於闇冥之中從事，爲卒有非常，且
　　嫌失禮也。男女夜行以燭。

（一·三十三）

父母存，不許友以死，^{〔一〕}不有私財。

〔一〕爲忘親也，死爲報仇讎。

（一·三十四）

爲人子者，父母存，冠衣不純素。^{〔一〕}孤子當室，冠衣
不純采。^{〔二〕}

〔一〕爲其有喪象也。純，緣也。《玉藻》曰："縞冠玄武，子姓之
　　冠也。縞冠素紕，既祥之冠也。"《深衣》曰："具父母，衣
　　純以青。"
〔二〕早喪親，雖除喪，不忘哀也。謂年未二十者^{〔一〕}。三十壯，有
　　室，有代親之端，不爲孤也。當室，適子也。《深衣》曰："孤
　　子，衣純以素。"

（一·三十五）

幼子常視，毋誑。^{〔一〕}

〔一〕謂年未二十者　"二"，<u>婺州本</u>、<u>余仁仲本</u>、<u>阮刻本</u>作 "三"。

37

〔一〕視，今之"示"字。小未有所知，常示以正物，以正教之，
　　　無誑欺。

（一·三十六）

　　童子不衣裘裳。^{〔一〕}立必正方，不傾聽。^{〔二〕}長者與之
提攜，則兩手奉長者之手。^{〔三〕}負、劍，辟咡詔之，^{〔四〕}則
掩口而對。^{〔五〕}從於先生，不越路而與人言。^{〔六〕}遭先生於道，
趨而進，正立拱手。^{〔七〕}先生與之言，則對；不與之言，則
趨而退。^{〔八〕}從長者而上丘陵，則必鄉長者所視。^{〔九〕}登城
不指，城上不呼。^{〔一〇〕}

　　〔一〕裘大溫，消陰氣，使不堪苦。不衣裘裳，便易。

　　〔二〕習其自端正。

　　〔三〕習其扶持尊者。提攜，謂牽將行。

　　〔四〕負，謂置之於背。劍，謂挾之於旁。辟咡詔之，謂傾頭與
　　　　語。口旁曰咡。

　　〔五〕習其鄉尊者屏氣也。

　　〔六〕尊不二也。先生，老人教學者。

　　〔七〕爲有教使。

　　〔八〕爲其不欲與己並行。

　　〔九〕爲遠視不察，有所問。

　　〔一〇〕爲惑人。

（一·三十七）

　　將適舍，求毋固。^{〔一〕}將上堂，聲必揚。^{〔二〕}戶外有二屨，
言聞則入，言不聞則不入。將入戶，視必下。入戶奉扃，

視瞻毋回。^[三]戶開亦開，戶闔亦闔。^[四]有後入者，闔而勿遂。^[五]毋踐屨，毋踖席，摳衣趨隅。必慎唯諾。^[六]

[一] 謂行而就人館。固，猶常也。求主人物，不可以舊常，或時乏無^[一]。《周禮・土訓》"辨地物，原其生，以詔地求"其類。

[二] 警內人也。

[三] 不干掩人之私也。奉扃，敬也。

[四] 不以後來變先。

[五] 示不拒人。

[六] 趨隅，升席必由下也。慎唯諾者，不先舉，見問乃應。

（一·三十八）

大夫、士出入君門，由闑右，^[一]不踐閾。^[二]

[一] 臣統於君。闑，門橛。

[二] 閾，門限也。

（一·三十九）

凡與客入者，每門讓於客。^[一]客至於寢門，則主人請入爲席。^[二]然後出迎客，客固辭，^[三]主人肅客而入。^[四]主人入門而右，客入門而左。^[五]主人就東階，客就西階。客若降等，則就主人之階。^[六]主人固辭，然後客復就西階。^[七]主人與客讓登，主人先登，客從之，拾級聚足，^[八]連步以上。^[九]上於東階，則先右足。上於西階，則先

〔一〕 或時乏無　"或"，婺州本、余仁仲本與底本同。阮刻本作"致"。

左足。^[一○]

［一］下賓也。敵者迎於大門外。《聘禮》曰："君迎賓於大門内。"

［二］爲，猶敷也，雖君亦然。

［三］又讓先入。

［四］肅，進也。進客，謂道之。

［五］右，就其右；左，就其左。

［六］降，下也。謂大夫於君，士於大夫也，不敢輒由其階。卑統於尊，不敢自專。

［七］復其正。

［八］拾，當爲"涉"，聲之誤也。級，等也。涉等聚足，謂前足躡一等，後足從之併。

［九］重蹂跌也。連步，謂足相隨不相過也。

［一○］近於相鄉，敬。

（一·四十）

　　帷薄之外不趨，^[一]堂上不趨，^[二]執玉不趨。^[三]堂上接武，^[四]堂下布武。^[五]室中不翔。^[六]並坐不橫肱。^[七]授立不跪，授坐不立。^[八]

［一］不見尊者，行自由，不爲容也；入則容。行而張足曰趨。

［二］爲其迫也。堂下則趨。

［三］志重玉也。《聘禮》曰："上介授賓玉於廟門外。"

［四］武，迹也。迹相接，謂每移足，半躡之。中人之迹，尺二寸。

［五］武，謂每移足，各自成迹，不相躡。

40

〔六〕又爲其迫也。行而張拱曰翔。

〔七〕爲害旁人。

〔八〕爲煩尊者俛仰受之〔一〕。

（一·四十一）

　　凡爲長者糞之禮，必加帚於箕上。〔一〕以袂拘而退，其塵不及長者。〔二〕以箕自鄉而扱之。〔三〕

〔一〕如是得兩手奉箕，恭也。謂初執而往時也。《弟子職》曰：“執箕膺擖，厥中有帚。”

〔二〕謂埽時也。以袂擁帚之前，埽而卻行之。

〔三〕扱，讀曰“吸”，謂收糞時也。箕去弃物，以鄉尊者則不恭。

（一·四十二）

　　奉席如橋衡。〔一〕請席何鄉，請衽何趾。〔二〕席南鄉、北鄉，以西方爲上；東鄉、西鄉，以南方爲上。〔三〕

〔一〕橫奉之，令左昂右低，如有首尾然。橋，井上桔橰，衡上低昂。

〔二〕順尊者所安也。衽，臥席也。坐問鄉，臥問趾，因於陰陽。

〔三〕布席無常，此其順之也。上，謂席端也。坐在陽則上左，坐在陰則上右。

〔一〕爲煩尊者俛仰受之　“煩”，余仁仲本、阮刻本與底本同。婺州本作“須”，誤。

(一·四十二)

　　若非飲食之客，則布席，席間函丈。^[一]主人跪正席，^[二]客跪，撫席而辭。^[三]客徹重席，主人固辭。^[四]客踐席，乃坐。^[五]主人不問，客不先舉。^[六]將即席，容毋怍，^[七]兩手摳衣，去齊尺。^[八]衣毋撥，^[九]足毋蹶。^[一○]

> [一]謂講問之客也。函，猶容也。講問宜相對。容丈，足以指畫也。飲食之客，布席於牖前。丈，或爲"杖"。
>
> [二]雖來講問，猶以客禮待之，異於弟子。
>
> [三]撫之者，荅主人之親正。
>
> [四]徹，去也。去重席，謙也。再辭曰固。
>
> [五]客安，主人乃敢安也。講問宜坐。
>
> [六]客自外來，宜問其安否無恙，及所爲來故。
>
> [七]怍，謂顏色變也^[一]。
>
> [八]齊，謂裳下緝也。
>
> [九]撥，發揚貌。
>
> [一○]蹶，行遽貌。

(一·四十四)

　　先生書策、琴瑟在前，坐而遷之，戒勿越。^[ ]

> [一]廣敬也。在前，謂當行之前。

〔一〕謂顏色變也　此句婺州本、余仁仲本、阮刻本作"顏色變也"，"顏"字前少一"謂"字。

（一·四十五）

　　虛坐盡後，^[一]食坐盡前。^[二]坐必安，執爾顏。^[三]

　　［一］謙也。

　　［二］爲汙席。

　　［三］執，猶守也。

（一·四十六）

　　長者不及，毋僢言。^[一]正爾容，聽必恭，^[二]毋勦説，^[三]
毋雷同。^[四]必則古昔，稱先王。^[五]

　　［一］僢，猶暫也，非類雜。

　　［二］聽先生之言，既説又敬。

　　［三］勦，猶擥也，謂取人之説以爲己説。

　　［四］雷之發聲，物無不同時應者；人之言，當各由己，不當然
　　　　也。《孟子》曰：“人無是非之心，非人也。”

　　［五］言必有依據。

（一·四十七）

　　侍坐於先生，先生問焉，終則對。^[一]請業則起，請益
則起。^[二]

　　［一］不敢錯亂尊者之言。

　　［二］尊師重道也。起，若今摳衣前請也。業，謂篇卷也。益，
　　　　謂受説不了，欲師更明説之。子路問政。子曰：“先之，勞
　　　　之。”請益。曰：“無倦”

43

（一·四十八）

父召無"諾"，先生召無"諾"，"唯"而起。[一]

[一] 應辭，"唯"恭於"諾"。

（一·四十九）

侍坐於所尊，敬毋餘席。[一] 見同等不起。[二] 燭至，起。[三] 食至，起。[四] 上客，起。[五] 燭不見跋。[六]

[一] 必盡其所近尊者之端，爲有後來者。

[二] 不爲私敬。

[三] 異晝夜。

[四] 爲饌變。

[五] 敬尊者。

[六] 跋，本也。燭盡則去之，嫌若爐多，有厭倦。

（一·五十）

尊客之前不叱狗。[一]

[一] 主人於尊客之前不敢倦，嫌若屏去之。

（一·五十一）

讓食不唾。[一]

[一] 嫌有穢惡。

（一·五十二）

　　侍坐於君子，君子欠伸、撰杖屨、視日蚤莫，侍坐者請出矣。[一]

　　[一] 以君子有倦意也。撰，猶持也。

（一·五十三）

　　侍坐於君子，君子問更端，則起而對。[一]

　　[一] 離席對，敬異事也。君子必令復坐。

（一·五十四）

　　侍坐於君子，若有告者曰“少閒，願有復也”，則左右屏而待。[一]

　　[一] 復，白也。言欲須少空閒有所白也。屏，猶退也，隱也。

（一·五十五）

　　毋側聽，[一] 毋噭應，毋淫視，毋怠荒。遊毋倨，立毋跛，坐毋箕，寢毋伏。斂髮毋髢，冠毋免，勞毋袒，暑毋褰裳。[二]

　　[一] 嫌探人之私也。側聽，耳屬於垣。
　　[二] 皆爲其不敬。噭，號呼之聲也。淫視，睇眄也[一]。怠荒，放

─────────────

〔一〕 睇眄也　“眄”，底本、婺州本作“盼”，誤。余仁仲本、阮刻本作“眄”，據改。

45

散身躰也。跛，偏任也。伏，覆也。髽，髺也。毋垂餘如髽
也。免，去也。襃，袪也。髺，或爲"肆"。

（一·五十六）

　　侍坐於長者，屨不上於堂，^[一]解屨不敢當階。^[二]就
屨，跪而舉之，屏於側。^[三]鄉長者而屨，跪而遷屨，俯而
納屨。^[四]

　　[一] 屨賤，空則不陳於尊者之側。
　　[二] 爲妨後升者。
　　[三] 謂獨退也。就，猶著也。屏亦不當階。
　　[四] 謂長者送之也。不得屏，遷之而已。俯，俛也。納，內也。
　　　　遷，或爲"還"。

（一·五十七）

　　離坐、離立，毋往參焉。離立者，不出中閒。^[一]

　　[一] 爲干人私也。離，兩也。

（一·五十八）

　　男女不雜坐，不同椸、枷，不同巾、櫛，不親授。
　　嫂叔不通問，諸母不漱裳。
　　外言不入於梱，內言不出於梱。
　　女子許嫁，纓。非有大故，不入其門。
　　姑、姊妹、女子子已嫁而反，兄弟弗與同席而坐，弗
與同器而食。^[一]父子不同席。^[二]

［一］皆爲重別，防淫亂。不雜坐，謂男子在堂，女子在房也。椸，可以枷衣者。通問，謂相稱謝也。諸母，庶母也。漱，澣也。庶母賤，可使漱衣，不可使漱裳，裳賤。尊之者，亦所以遠別。外言、内言，男女之職也。不出入者，不以相問也。梱，門限也。女子許嫁繫纓，有從人之端也。大故，宮中有灾變若疾病，乃後入也。女子有宮者，亦謂由命士以上也。《春秋傳》曰：“羣公子之舍則已卑矣。”女子十年而不出嫁，及成人可以出矣，猶不與男子共席而坐，亦遠別也。

［二］異尊卑也。

（一·五十九）

男女非有行媒，不相知名。^{［一］}非受幣，不交不親。^{［二］}故日月以告君，^{［三］}齊戒以告鬼神。^{［四］}爲酒食以召鄉黨僚友，^{［五］}以厚其別也。^{［六］}

［一］見媒往來傳昏姻之言，乃相知姓名。

［二］重別有禮，乃相纏固。

［三］《周禮》，凡取判妻、入子者，媒氏書之以告君，謂此也。

［四］《昏禮》，凡受女之禮，皆於廟爲神席以告鬼神，謂此也。

［五］會賓客也。

［六］厚，重慎也。

（一·六十）

取妻不取同姓，故買妾不知其姓，則卜之。^{［一］}

〔一〕爲其近禽獸也。妾賤，或時非媵，取之於賤者，世無本繫。

（一·六十一）

　　寡婦之子，非有見焉，弗與爲友。[一]

〔一〕辟嫌也。有見，謂有奇才卓然，衆人所知。

（一·六十二）

　　賀取妻者，曰："某子使某，聞子有客，使某羞。"[一]

〔一〕謂不在賓客之中，使人往者。羞，進也，言進於客。古者
　　謂候爲進，其禮蓋壺酒、束脩若犬也[一]。不斥主人，昏禮
　　不賀。

（一·六十三）

　　貧者不以貨財爲禮，老者不以筋力爲禮。[一]

〔一〕禮許儉，不非無也。年五十始杖，八十拜君命，一坐再至。

（一·六十四）

　　名子者，不以國，不以日月，不以隱疾，不以山川。[一]

〔一〕此在常語之中，爲後難諱也。《春秋傳》曰："名，終將諱
　　之。"隱疾，衣中之疾也，謂若"黑臀""黑肱"矣。疾在外

〔一〕其禮蓋壺酒束脩若犬也　"犬"，余仁仲本、阮刻本與底本同。婺州本作"大"，誤。

者，雖不得言，尚可指擿。此則無時可辟，俗語云："隱疾難爲醫。"

（一·六十五）

　　男女異長。^[一]男子二十，冠而字。^[二]父前子名，君前臣名。^[三]女子許嫁，笄而字。^[四]

　　[一]各自爲伯、季也。
　　[二]成人矣，敬其名。
　　[三]對至尊，無大小皆相名。
　　[四]以許嫁爲成人^{〔一〕}。

（一·六十六）

　　凡進食之禮，左殽右胾。食，居人之左。羹，居人之右。^[一]膾炙處外，醯醬處内。^[二]葱渫處末^{〔二〕}，^[三]酒漿處右。^[四]以脯脩置者，左朐右末。^[五]客若降等，執食興，辭。^[六]主人興，辭於客，然後客坐。^[七]主人延客祭。^[八]祭食，祭所先進，^[九]殽之序，徧祭之。^[一○]三飯，主人延客食胾，然後辯殽。^[一一]主人未辯，客不虚口。^[一二]

　　[一]皆便食也。殽，骨體也。胾，切肉也。食，飯屬也。居人左右，明其近也。殽在俎，胾在豆。
　　[二]殽胾之外内也。近醯醬者，食之主。膾炙皆在豆。

〔一〕　以許嫁爲成人　"爲"，余仁仲本、阮刻本與底本同。婺州本作"而"。
〔二〕　葱渫處末　"渫"，唐石經、婺州本、余仁仲本、阮刻本作"㳩"。

［三］渫，烝葱也〔一〕，處醯醬之左。言末者，殊加也。渫在豆〔二〕。

［四］處羹之右，此言若酒若漿耳。兩有之，則左酒右漿。此大夫、士與賓客燕食之禮。其禮食，則宜放《公食大夫禮》云。

［五］亦便食也。屈中曰朐。

［六］辭者，辭主人之臨己食，若欲食於堂下然。

［七］復坐。

［八］延，道也。祭，祭先也。君子有事，不忘本也。客若降等〔三〕，則先祭。

［九］主人所先進先祭之，所後進後祭之，如其次。

［一〇］謂胾、炙、膾也，以其本出於牲體也〔四〕。《公食大夫禮》：“魚、腊、湆、醬，不祭也。”

［一一］先食胾，後食殽，殽尊也。凡食殽，辯於肩，食肩則飽也。

［一二］俟主人也。虛口，謂酳也。客自敵以上，其酳不待主人飽，主人不先飽也。

（一·六十七）

　　侍食於長者，主人親饋，則拜而食。〔一〕主人不親饋，則不拜而食。〔二〕

［一］勸長者食耳。雖賤，不得執食興辭，拜而已，示敬也。

〔一〕　渫烝葱也　“渫”，婺州本、余仁仲本、阮刻本作“渰”。
〔二〕　渫在豆　“渫”，婺州本、余仁仲本、阮刻本作“渰”。
〔三〕　客若降等　“若”，底本、婺州本、余仁仲本作“不”，誤。阮刻本作“若”，據改。
〔四〕　以其本出於牲體也　“體”，婺州本、阮刻本與底本同。余仁仲本作“躰”。

〔二〕以其禮於己不隆。

（一·六十八）

共食不飽，^{〔一〕}共飯不澤手。^{〔二〕}

〔一〕謙也，謂共羹飯之大器也。

〔二〕爲汗生不絜也^{〔一〕}。澤，謂捼莎也。禮，飯以手。澤，或爲“擇”。

（一·六十九）

毋摶飯，^{〔一〕}毋放飯，^{〔二〕}毋流歠，^{〔三〕}毋咤食，^{〔四〕}毋齧骨，^{〔五〕}毋反魚肉，^{〔六〕}毋投與狗骨，^{〔七〕}毋固獲，^{〔八〕}毋揚飯，飯黍毋以箸，毋嚃羹，^{〔九〕}毋絮羹，^{〔一〇〕}毋刺齒，^{〔一一〕}毋歠醢。^{〔一二〕}客絮羹，主人辭不能亨。客歠醢，主人辭以窶。^{〔一三〕}濡肉齒決，^{〔一四〕}乾肉不齒決。^{〔一五〕}毋嘬炙。^{〔一六〕}

〔一〕爲欲致飽，不謙。

〔二〕去手餘飯於器中^{〔二〕}，人所穢。

〔三〕大歠，嫌欲疾。

〔四〕嫌薄之。

〔五〕爲有聲響，不敬。

〔六〕爲已歷口，人所穢。

〔七〕爲其賤飲食之物。

〔一〕爲汗生不絜也　“生”，婺州本與底本同。余仁仲本、阮刻本作“手”。

〔二〕去手餘飯於器中　“中”，余仁仲本、阮刻本與底本同。婺州本作“衆”。

51

［八］爲其不廉也。欲專之曰固，爭取曰獲。

［九］亦嫌欲疾也。嚃，爲不嚼菜。

［一〇］爲其詳於味也。絮，猶調也。

［一一］爲其弄口也。口容止。

［一二］亦嫌詳於味也。歠者，爲其淡故。

［一三］優賓。

［一四］決，猶斷也。

［一五］堅，宜用手。

［一六］爲其貪食甚也。嚽，謂一舉盡臠。《特牲》《少牢》：“嚌之，加于俎。”

（一·七十）

　　卒食，客自前跪，徹飯、齊，以授相者。^{［一］}主人興，辭於客，然後客坐。^{［二］}

［一］謙也。自，從也。齊，醬屬也。相者，主人贊饌者。《公食大夫禮》：“賓卒食，北面取梁與醬以降也。”

［二］不聽親徹。

（一·七十一）

　　侍飲於長者，酒進則起，拜受於尊所。^{［一］}長者辭，少者反席而飲。長者舉未釂，少者不敢飲。^{［二］}長者賜，少者、賤者不敢辭。^{［三］}

［一］降席拜受，敬也。燕飲之禮鄉尊。

［二］不敢先尊者。盡爵曰釂。《燕禮》曰：“公卒爵而後飲也。”

〔三〕不敢亢禮也。賤者，僮僕之屬。

（一·七十二）

　賜果於君前，其有核者，懷其核。[一]

〔一〕嫌棄尊者物也。木實曰果。

（一·七十三）

　御食於君，君賜餘，器之溉者，不寫，其餘皆寫。[一]

〔一〕重汙辱君之器也。溉，謂陶梓之器；不溉，謂萑竹之器
　　也[一]。寫者，傳己器中乃食之也。勸侑曰御。

（一·七十四）

　餕餘不祭，父不祭子，夫不祭妻。[一]

〔一〕食人之餘曰餕。餕而不祭，唯此類也。食尊者之餘則祭，
　　盛之。

（一·七十五）

　御，同於長者，雖貳不辭，[一] 偶坐不辭。[二]

〔一〕謂侍食於長者，饌具與之同也。貳，謂重殽膳也。辭之，爲
　　長者嫌。

〔一〕謂萑竹之器也　“萑”，余仁仲本、阮刻本與底本同。婺州本作“蕉”，誤。

〔二〕盛饌不爲己。

（一・七十六）

羹之有菜者，用梜；其無菜者，不用梜。^{〔一〕}

〔一〕梜，猶箸也。今人或謂箸爲梜提。

（一・七十七）

爲天子削瓜者，副之，巾以絺。^{〔一〕}爲國君者，華之，巾以綌。^{〔二〕}爲大夫累之。^{〔三〕}士疐之。^{〔四〕}庶人齕之。^{〔五〕}

〔一〕副，析也。旣削，又四析之，乃橫斷之，而巾覆焉。
〔二〕華，中裂之，不四析也。
〔三〕累，倮也，謂不巾覆也。
〔四〕不中裂，橫斷去疐而已。
〔五〕不橫斷。

（一・七十八）

父母有疾，冠者不櫛，行不翔，^{〔一〕}言不惰，^{〔二〕}琴瑟不御，^{〔三〕}食肉不至變味，飲酒不至變貌，^{〔四〕}笑不至矧，怒不至詈。^{〔五〕}疾止，復故。^{〔六〕}

〔一〕憂不爲容也。
〔二〕憂不在私好^{〔一〕}。

〔一〕憂不在私好　此句婺州本與底本同。余仁仲本、阮刻本句下衍“惰不正之言”五字。

［三］憂不在樂。

［四］憂不在味。

［五］憂在心，難變也。齒本曰頄，大笑則見。

［六］自若常也。

（一・七十九）

有憂者，側席而坐。^{［一］}有喪者，專席而坐。^{［二］}

［一］側，猶特也。憂不在接人，不布他面席。

［二］降居處也。專，猶單也。

（一・八十）

水潦降，不獻魚鼈。^{［一］}獻鳥者，佛其首。^{［二］}畜鳥者，
則勿佛也。^{［三］}獻車馬者，執策綏。獻甲者，執胄。獻杖
者，執末。獻民虜者，操右袂。獻粟者，執右契。獻米
者，操量鼓。獻孰食者，操醬齊。獻田宅者，操書致。^{［四］}

［一］不饒多也。

［二］爲其喙害人也。佛，戾也。蓋爲小竹籠以冒之。

［三］畜，養也。養則馴。

［四］凡操、執者，謂手所舉以告者也。設其大者，舉其小者，便
　　也。甲，鎧也。胄，兜鍪也。民虜，軍所獲也，操其右袂制
　　之。契，券要也，右爲尊。量鼓，量器名。

（一・八十一）

凡遺人弓者，張弓尚筋，弛弓尚角，^{［一］}右手執簫，左

手承弣。^[二]尊卑垂帨。^[三]若主人拜,^[四]則客還辟,辟拜。^[五]主人自受,由客之左,接下承弣,^[六]鄉與客並,然後受。^[七]

[一] 弓有往來體,皆欲令其下曲,隤然順也。遺人無時,已定體則張之,未定體則弛之。

[二] 簫,弭頭也。謂之"簫",簫,邪也。弣,把中^{〔一〕}。

[三] 帨,佩巾也。磬折則佩垂,授受之儀,尊卑一。

[四] 拜受也。

[五] 辟拜,謙不敢當。

[六] 由,從也。從客之左,右客,尊之。接下,接客手下也。承弣卻手,則簫覆手與?

[七] 於堂上則俱南面。禮,敵者並授。

(一·八十二)

進劒者,左首。^[一]進戈者,前其鐏,後其刃。進矛戟者,前其鐓。^[二]進几杖者,拂之。^[三]效馬、效羊者,右牽之。^[四]效犬者,左牽之。^[五]執禽者,左首。^[六]飾羔鴈者,以繢。^[七]受珠玉者,以掬。^[八]受弓劒者,以袂。^[九]飲玉爵者,弗揮。^[一〇]

[一] 左首,尊也。

[二] 後刃,敬也。三兵鐏、鐓雖在下,猶爲首。銳底曰鐏,取其鐏地。平底曰鐓,取其鐓地。

〔一〕 弣杷中 "杷",婺州本、余仁仲本、阮刻本作"把"。

［三］尊者所馮依，拂去塵，敬。

［四］用右手便。效，猶呈見。

［五］犬齫齧人，右手當禁備之。

［六］左首尊。

［七］繢，畫也。諸侯大夫以布，天子大夫以畫。

［八］慎也，掬手中。

［九］敬也。

［一〇］爲其寶而脆〔一〕。

（一·八十三）

　　凡以弓劍、苞苴、簞笥問人者，〔一〕操以受命，如使之容。〔二〕

［一］問，猶遺也。苞苴，裹魚肉，或以葦，或以茅。簞笥，盛飯食者，圓曰簞，方曰笥。

［二］謂使者。

（一·八十四）

　　凡爲君使者，已受命，君言不宿於家。〔一〕君言至，則主人出拜君言之辱。使者歸，則必拜送于門外。〔二〕若使人於君所，則必朝服而命之。使者反，則必下堂而受命。〔三〕

［一］急君使也。言，謂有故所問也。《聘禮》曰：“君有言〔二〕，則

〔一〕　爲其寶而脆　“脆”，婺州本與底本同。余仁仲本、阮刻本作“脃”。

〔二〕　君有言　“君”，婺州本、余仁仲本、阮刻本與底本同。今本《儀禮·聘禮》作“若”。

以束帛如享禮〔一〕。”

〔二〕敬君命也。此謂國君問事於其臣。

〔三〕此臣有所告請於其君。

(一·八十五)

博聞強識而讓，敦善行而不怠，謂之“君子”。[一]

〔一〕敦，厚。

(一·八十六)

君子不盡人之歡，不竭人之忠，以全交也。[一]

〔一〕歡，謂飲食。忠，謂衣服之物。

(一·八十七)

《禮》曰：“君子抱孫，不抱子。”此言孫可以爲王父尸，子不可以爲父尸。[一]

〔一〕以孫與祖昭穆同。

(一·八十八)

爲君尸者，大夫、士見之則下之。君知所以爲尸者，則自下之。[一]尸必式，[二]乘必以几。[三]

〔一〕 則以束帛如享禮 “享”，婺州本與底本同。余仁仲本、阮刻本作“饗”。

［一］尊尸也。下，下車也。國君或時幼少，不能盡識羣臣，有以
　　告者，乃下之。

［二］禮之。

［三］尊者慎也。

（一·八十九）

齊者不樂，不弔。^{［一］}

［一］爲哀樂則失正，散其思也。

（一·九十）

居喪之禮，毀瘠不形，視聽不衰，^{［一］}升降不由阼階，
出入不當門隧。^{［二］}

［一］爲其廢喪事。形，謂骨見。

［二］常若親存。隧，道也。

（一·九十一）

居喪之禮，頭有創則沐，身有瘍則浴。有疾則飲酒食
肉，疾止復初。不勝喪，乃比於不慈不孝。^{［一］}

［一］勝，任也。

（一·九十二）

五十不致毀，六十不毀，七十唯衰麻在身，飲酒食肉，
處於內。^{［一］}

〔一〕所以養衰老。人五十，始衰也。

（一·九十三）

生與來日，死與往日。[一]

〔一〕與，猶數也。生數來日，謂成服杖以死明日數也。死數往
　　日，謂殯斂以死日數也。此士禮貶於大夫者，大夫以上皆以
　　來日數。《士喪禮》曰“死日而襲，厥明而小斂，又厥明大
　　斂而殯”，則死三日。而更言三日成服杖，似異日矣。《喪大
　　記》曰：“士之喪，二日而殯，三日之朝，主人杖。”二者相
　　推，其然明矣。與，或爲“予”。

（一·九十四）

知生者弔，知死者傷。知生而不知死，弔而不傷。知
死而不知生，傷而不弔。[一]

〔一〕人恩各施於所知也。弔、傷，皆謂致命辭也。《雜記》曰：“諸
　　侯使人弔，辭曰：‘寡君聞君之喪，寡君使某，如何不淑！’”
　　此施於生者，傷辭未聞也。說者有弔辭云：“皇天降災，子
　　遭罹之。如何不淑！”此施於死者，蓋本傷辭。辭畢，退，
　　皆哭。

（一·九十五）

弔喪弗能賻，不問其所費。問疾弗能遺，不問其所欲。
見人弗能館，不問其所舍。
賜人者不曰“來取”，與人者不問其所欲。[一]

　　〔一〕皆謂傷恩也〔一〕。見人，見行人。館，舍也。與人不問其所欲，
　　　　己物或時非其所欲，將不與也。

（一·九十六）

　　適墓不登壟。〔一〕助葬必執紼。〔二〕臨喪不笑。〔三〕揖人
必違其位。〔四〕

　　〔一〕爲其不敬。壟，冢也。墓，塋域。
　　〔二〕葬，喪之大事。紼，引車索。
　　〔三〕臨喪宜有哀色。
　　〔四〕禮以變爲敬。

（一·九十七）

　　望柩不歌。入臨不翔。〔一〕當食不歎。〔二〕

　　〔一〕哀傷之，無容樂。
　　〔二〕食或以樂，非歎所。

（一·九十八）

　　鄰有喪，舂不相。里有殯，不巷歌。〔一〕

　　〔一〕助哀也。相，謂送杵聲。

（一·九十九）

　　適墓不歌，〔一〕哭日不歌。〔二〕

〔一〕　皆謂傷恩也　“謂”，婺州本與底本同。余仁仲本、阮刻本作“爲”。

〔一〕非樂所。

〔二〕哀未忘也。

（一·一百）

送喪不由徑，送葬不辟塗潦。〔一〕

〔一〕所哀在此。

（一·一百一）

臨喪則必有哀色。執紼不笑，臨樂不歎，介冑則有不可犯之色。〔一〕故君子戒慎，不失色於人。〔二〕

〔一〕貌與事宜相配。介，甲也。

〔二〕色厲而內荏，貌恭心很，非情者也。

（一·一百二）

國君撫式，大夫下之。大夫撫式，士下之。〔一〕

〔一〕撫，猶據也。據式小俛，崇敬也。乘車必正立。

（一·一百三）

禮不下庶人，〔一〕刑不上大夫。〔二〕刑人不在君側。〔三〕

〔一〕爲其遽於事，且不能備物。

〔二〕不與賢者犯法，其犯法，則在八議，輕重不在刑書。

〔三〕爲怨恨爲害也。《春秋傳》曰："近刑人，則輕死之道。"

（一·一百四）

　　兵車不式。[一] 武車綏旌，[二] 德車結旌。[三]

　[一] 尚威武，不崇敬。

　[二] 盡飾也。綏謂垂舒之也。武車，亦兵車。

　[三] 不盡飾也。結謂收斂之也。德車，乘車。

（一·一百五）

　　史載筆，士載言。[一]

　[一] 謂從於會同，各持其職以待事也。筆，謂書具之屬。言，謂
　　　會同盟要之辭。

（一·一百六）

　　前有水，則載青旌。前有塵埃，則載鳴鳶。前有車騎，
則載飛鴻。前有士師，則載虎皮。前有摯獸，則載貔貅。[一]

　[一] 載，謂舉於旌首以警衆也。禮，君行師從，卿行旅從。前驅
　　　舉此，則士衆知所有，所舉各以其類象。青，青雀，水鳥。
　　　鳶鳴則將風。鴻，取飛有行列也。士師謂兵衆。虎，取其有
　　　威勇也。貔貅，亦摯獸也。《書》曰：“如虎如貔。”士，或
　　　爲“仕”。

（一·一百七）

　　行，前朱鳥而後玄武，左青龍而右白虎，招搖在上，
急繕其怒。[一] 進退有度，[二] 左右有局，各司其局。[三]

　［一］以此四獸爲軍陳，象天也。急，猶堅也。繕，讀曰“勁”。
　　　　又畫招搖星於旌旗上，以起居堅勁，軍之威怒，象天帝也。
　　　　招搖星在北斗杓端，主指者。

　［二］度，謂伐與步數。

　［三］局，部分也。

（一·一百八）

　　父之讎弗與共戴天，[一]兄弟之讎不反兵，[二]交遊之
讎不同國。[三]

　　［一］父者子之天，殺己之天，與共戴天，非孝子也。行求殺之，
　　　　乃止。

　　［二］恒執殺之備。

　　［三］讎不吾辟，則殺之。交遊，或爲“朋友”。

（一·一百九）

　　四郊多壘，此卿、大夫之辱也。[一]地廣大，荒而不治，
此亦士之辱也。[二]

　　［一］辱其謀人之國，不能安也。壘，軍壁也，數見侵伐則多壘。

　　［二］辱其親民不能安。荒，穢也。

（一·一百十）

　　臨祭不惰。[一]

　　［一］爲無神也。

64

（一·一百十一）

祭服敝則焚之，祭器敝則埋之，龜、筴敝則埋之，牲死則埋之。^[一]

　[一] 此皆不欲人褻之也。焚之，必已不用。埋之，不知鬼神之所爲。

（一·一百十二）

凡祭於公者，必自徹其俎。^[一]

　[一] 臣不敢煩君使也。大夫以下，或使人歸之。祭於公，助祭於
　　　君也。

（一·一百十三）

卒哭乃諱。^[一]

　[一] 敬鬼神之名也。諱，辟也。生者不相辟名。衞侯名惡，大夫
　　　有名惡，君臣同名，《春秋》不非。

（一·一百十四）

禮，不諱嫌名，二名不偏諱。^[一]

　[一] 爲其難辟也。嫌名，謂音聲相近，若禹與雨、丘與區也。
　　　偏，謂二名不一一諱也^[一]。孔子之母名徵在，言“在”不稱

―――――――

〔一〕　謂二名不一一諱也　“一一”，底本作“二”，誤。婺州本、余仁仲本、阮刻本作
　　　“一一”，據改。

"徵"，言"徵"不稱"在"。

（一·一百十五）

逮事父母，則諱王父母。不逮事父母，則不諱王父母。〔一〕

　　〔一〕逮，及也。謂幼孤不及識父母，恩不至於祖名。孝子聞名心
　　　　瞿〔一〕，諱之由心，此謂庶人。適士以上，廟事祖，雖不逮事父
　　　　母，猶諱祖。

（一·一百十六）

君所無私諱，〔一〕大夫之所有公諱。〔二〕

　　〔一〕謂臣言於君前，不辟家諱，尊無二。
　　〔二〕辟君諱也。

（一·一百十七）

《詩》《書》不諱，臨文不諱。〔一〕廟中不諱。〔二〕

　　〔一〕爲其失事正。
　　〔二〕爲有事於高祖，則不諱曾祖以下，尊無二也。於下則諱上。

（一·一百十八）

夫人之諱，雖質君之前，臣不諱也。〔一〕婦諱不出門。〔二〕

_____

〔一〕孝子聞名心瞿　"瞿"，余仁仲本、阮刻本與底本同。婺州本作"懼"。

66

〔一〕臣於夫人之家，恩遠也。質，猶對也。

〔二〕婦親遠，於宮中言辟之〔一〕。

（一·一百十九）

大功、小功不諱。

（一·一百二十）

入竟而問禁，入國而問俗，入門而問諱。〔一〕

〔一〕皆爲敬主人也。禁謂政教，俗謂常所行與所惡也。國，城中也。

（一·一百二十一）

外事以剛日，〔一〕内事以柔日。〔二〕

〔一〕順其出爲陽也。出郊爲外事。《春秋傳》曰：“甲午祠兵。”

〔二〕順其居内爲陰。

（一·一百二十二）

凡卜筮日，旬之外曰“遠某日”，旬之内曰“近某日”。〔一〕喪事先遠日，吉事先近日。〔二〕曰：“爲日，假爾泰龜有常。”“假爾泰筮有常。”〔三〕

〔一〕旬，十日也。

〔二〕孝子之心。喪事，葬與練、祥也。吉事，祭祀、冠、取

〔一〕 於宮中言辟之　“辟”，余仁仲本、阮刻本與底本同。婺州本作“避”。

之屬也。

［三］命龜、筮辭。龜、筮於吉凶有常，大事卜，小事筮。

（一·一百二十三）

卜筮不過三。^{［一］}卜筮不相襲。^{［二］}

　　［一］求吉不過三。魯四卜郊，《春秋》譏之。

　　［二］卜不吉則又筮，筮不吉則又卜，是瀆龜、筮也。晉獻公卜取
　　　　驪姬不吉，公曰"筮之"是也。

（一·一百二十四）

龜爲卜，筴爲筮。卜、筮者，先聖王之所以使民信時
日、敬鬼神、畏法令也，所以使民決嫌疑、定猶與也。故
曰："疑而筮之，則弗非也。日而行事，則必踐之。"^{［一］}

　　［一］弗非，無非之者。日，所卜筮之吉日也。踐，讀曰"善"，
　　　　聲之誤也。筮，或爲"著"。

（一·一百二十五）

君車將駕，則僕執策立於馬前。^{［一］}已駕，僕展軨。^{［二］}
效駕，^{［三］}奮衣由右上，取貳綏。^{［四］}跪乘，^{［五］}執策分轡，
驅之五步而立。^{［六］}君出就車，則僕并轡授綏，^{［七］}左右攘
辟。^{［八］}車驅而騶，至于大門，君撫僕之手，而顧命車右就
車。門閭、溝渠必步。^{［九］}

　　［一］監駕，且爲馬行。

68

［二］展軨具視。

［三］白已駕。

［四］奮，振去塵也。貳，副也。

［五］未敢立，敬也。

［六］調試之。

［七］車上，僕所主。

［八］謂羣臣陪位侍駕者。攘，卻也；或者攘，古“讓”字。

［九］車右，勇力之士，備制非常者。君行則陪乘，君式則下步行。

(一·一百二十六)

　　凡僕人之禮，必授人綏。若僕者降等，則受，不然則否。若僕者降等，則撫僕之手，不然則自下拘之。[一]

　　［一］撫，小止之，謙也。自下拘之，由僕手下取之也。僕與己同爵則不受。

(一·一百二十七)

　　客車不入大門。[一]

　　［一］謙也。

(一·一百二十八)

　　婦人不立乘。[一]

　　［一］異於男子。

69

（一·一百二十九）

　　犬馬不上於堂。^[一]

　　[一] 非摯幣也。

（一·一百三十）

　　故君子式黃髮，^[一] 下卿位，^[二] 入國不馳，^[三] 入里必式。^[四]

　　[一] 敬老也。發句言"故"，明此衆篇雜辭也。
　　[二] 尊賢也。卿位，卿之朝位也。君出，過之而上車；入，未至
　　　　而下車。
　　[三] 愛人也。馳，善躪人也。
　　[四] 不誣十室。

（一·一百三十一）

　　君命召，雖賤人，大夫、士必自御之。^[一]

　　[一] 御，當爲"訝"。訝，迎也。君雖使賤人來，必自出迎之，
　　　　尊君命也。《春秋傳》曰："跛者御跛者，眇者御眇者。"皆
　　　　訝也，世人亂之。

（一·一百三十二）

　　介者不拜，爲其拜而蓌拜。^[一]

　　[一] 蓌則失容節。蓌，猶詐也。

（一·一百三十三）

祥車曠左。^[一]

　　〔一〕空神位也。祥車，葬之乘車。

（一·一百三十四）

乘君之乘車，不敢曠左，左必式。^[一]

　　〔一〕君存，惡空其位。

（一·一百三十五）

僕御婦人則進左手，後右手。^[一]御國君則進右手，後左手，而俯。^[二]

　　〔一〕遠嫌。
　　〔二〕敬也。

（一·一百三十六）

國君不乘奇車。^[一]

　　〔一〕出入必正也。奇車，獵、衣之屬。

（一·一百三十七）

車上不廣欬，^[一]不妄指。^[二]立視五巂，^[三]式視馬尾，^[四]顧不過轂。^[五]

　　〔一〕爲若自矜。廣，猶弘也。

　　〔二〕爲惑衆。

　　〔三〕立，平視也。舊，謂規也〔一〕，謂輪轉之度。舊，或爲“縈”〔二〕。

　　〔四〕小俛。

　　〔五〕爲掩在後。

（一·一百三十八）

　　國中以策彗卹勿驅，塵不出軌。〔一〕

　　〔一〕入國不馳。彗，竹帚。卹勿，搔摩也。

（一·一百三十九）

　　國君下齊牛，式宗廟。大夫、士下公門，式路馬。
　　乘路馬，必朝服，載鞭策，不敢授綏，左必式。步路馬，必中道。
　　以足蹙路馬芻，有誅。齒路馬，有誅。〔一〕

　　〔一〕皆廣敬也。路馬，君之馬。載鞭策，不敢執也。齒，欲年
　　　　也。誅，罰也。

〔一〕　謂規也　“謂”，<u>婺州</u>本、<u>余仁仲</u>本、<u>阮</u>刻本作“猶”。

〔二〕　舊或爲縈　“縈”，<u>婺州</u>本、<u>余仁仲</u>本與底本同。<u>阮</u>刻本作“榮”。

曲禮下第二

鄭　氏　注

（二・一）

　　凡奉者當心，提者當帶。^{〔一〕}

　　〔一〕高下之節。

（二・二）

　　執天子之器則上衡，^{〔一〕}國君則平衡，大夫則綏之，士則提之。^{〔二〕}

　　〔一〕謂高於心，彌敬也。此衡謂與心平。
　　〔二〕綏，讀曰"妥"。妥之，謂下於心。

（二・三）

　　凡執主器，執輕如不克。^{〔一〕}

　　〔一〕重慎之也。主，君也。克，勝也。

（二・四）

　　執主器，操幣、圭璧，則尚左手。行不舉足，車輪曳踵。^{〔一〕}

　　〔一〕重慎也。尚左手，尊左也。車輪，謂行不絕地〔一〕。

（二·五）

　　立則磬折，垂佩。主佩倚則臣佩垂，主佩垂則臣佩委。〔一〕

　　　〔一〕君臣俛仰之節。倚，謂附於身。小俛則垂，大俛則委於地。

（二·六）

　　執玉，其有藉者則裼，無藉者則襲。〔一〕

　　　〔一〕藉，藻也。裼、襲，文質相變耳。有藻爲文，裼見美亦文。
　　　　無藻爲質，襲充美亦質。圭璋特而襲，璧琮加束帛而裼，亦
　　　　是也。

（二·七）

　　國君不名卿老、世婦。大夫不名世臣、姪娣。士不名
家相、長妾。〔一〕

　　　〔一〕雖貴，於其國家猶有所尊也。卿老，上卿也。世臣，父時
　　　　老臣。

（二·八）

　　君大夫之子不敢自稱曰"余小子"。〔一〕大夫、士之子不
敢自稱曰"嗣子某"。〔二〕不敢與世子同名。〔三〕

〔一〕　謂行不絕地　"地"，婺州本與底本同。余仁仲本、阮刻本作"也"。

［一］辟天子之子未除喪之名。君大夫，天子大夫有土地者。

［二］亦辟其君之子未除喪之名。

［三］辟僭儗也〔一〕。其先之生，則亦不改。世，或爲"大"。

（二·九）

　君使士射，不能，則辭以疾，言曰："某有負薪之憂。"［一］

　　［一］射者所以觀德，唯有疾，可以辭也。使士射，謂以備耦也。
　　　　憂，或爲"疾"。

（二·十）

　侍於君子，不顧望而對，非禮也。［一］

　　［一］禮，尚謙也。不顧望，若子路帥爾而對。

（二·十一）

　君子行禮，不求變俗。［一］祭祀之禮，居喪之服，哭泣
之位，皆如其國之故，謹脩其法而審行之。［二］

　　［一］求，猶務也。不務變其故俗，重本也。謂去先祖之國，居
　　　　他國。

　　［二］其法，謂其先祖之制度，若夏、殷。

────────────

〔一〕辟僭儗也　"辟"，底本作"僻"，誤。婺州本、余仁仲本、阮刻本作"辟"，據改。

(二·十二)

去國三世，爵祿有列於朝，出入有詔於國，[一]若兄弟、宗族猶存，則反告於宗後。[二]去國三世，爵祿無列於朝，出入無詔於國，唯興之日，從新國之法。[三]

> [一] 三世，自祖至孫。踰久可以忘故俗，而猶不變者，爵祿有列於朝，謂君不絕其祖祀，復立其族，若臧紇奔邾，立臧爲矣。詔，告也，謂與卿大夫吉凶往來相赴告。

> [二] 謂無列、無詔者。反告，亦謂吉凶也。宗後，宗子也。

> [三] 以故國與己無恩。興，謂起爲卿大夫。

(二·十三)

君子已孤不更名，[一]已孤暴貴，不爲父作諡。[二]

> [一] 亦重本。

> [二] 子事父，無貴賤。

(二·十四)

居喪，未葬，讀喪禮。既葬，讀祭禮。喪復常，讀樂章。[一]

> [一] 爲禮各於其時。

(二·十五)

居喪不言樂，祭事不言凶，公庭不言婦女。[一]

> [一] 非其時也。

（二·十六）

振書、端書於君前，有誅。倒筴、側龜於君前，有誅。[一]

> [一] 臣不豫事，不敬也。振，去塵也。端，正也。倒，顛倒也。
> 側，反側也。皆謂甫省視之。

（二·十七）

龜筴、几杖、席蓋、重素、袗絺綌，不入公門。[一]苞
屨、扱衽、厭冠，不入公門。[二]書方、衰、凶器，不以告，
不入公門。[三]

> [一] 龜筴，嫌問國家吉凶。几杖，嫌自長老。席蓋，載喪車也。
> 《雜記》曰：“士輤，葦席以爲屋，蒲席以爲裳帷〔一〕。”重素，
> 衣裳皆素，喪服也。袗，單也。孔子曰：“當暑，袗絺綌，
> 必表而出之。”爲其形褻。
>
> [二] 此皆凶服也。苞，藨也，齊衰藨蒯之菲也〔二〕。《問喪》曰：“親
> 始死，扱上衽〔三〕。”厭，猶伏也，喪冠厭伏。苞，或爲“菲”。
>
> [三] 此謂喪在內，不得不入，當先告君耳。方，板也。《士喪禮》
> 下篇曰：“書賵於方，若九、若七、若五。”凶器，明器也。

（二·十八）

公事不私議。[一]

〔一〕 蒲席以爲裳帷　“帷”，余仁仲本、阮刻本與底本同。婺州本作“惟”，誤。
〔二〕 齊衰藨蒯之菲也　“藨”，余仁仲本、阮刻本與底本同。婺州本作“蘆”，誤。
〔三〕 扱上衽　“上”，底本作“一”，誤。婺州本、余仁仲本、阮刻本作“上”，據改。

〔一〕嫌若姦也。

（二·十九）

　　君子將營宮室，宗廟爲先，廄庫爲次，居室爲後。^{〔一〕}
凡家造，祭器爲先，犧賦爲次，養器爲後。^{〔二〕}

〔一〕重先祖及國之用。

〔二〕大夫稱家，謂家始造事。犧賦，以稅出牲。

（二·二十）

　　無田禄者不設祭器，有田禄者先爲祭服。^{〔一〕}

〔一〕祭器可假，祭服宜自有。

（二·二十一）

　　君子雖貧，不粥祭器。雖寒，不衣祭服。爲宮室，不
斬於丘木。^{〔一〕}

〔一〕廣敬鬼神也。粥，賣也。丘，壟也。

（二·二十二）

　　大夫、士去國，祭器不踰竟。^{〔一〕}

〔一〕此用君禄所作，取以出竟，恐辱親也。

（二·二十三）

　　大夫寓祭器於大夫，士寓祭器於士。[一]

　　［一］寓，寄也。與得用者言寄，覬已後還。

（二·二十四）

　　大夫、士去國，踰竟，爲壇位，鄉國而哭。素衣、素裳、素冠，徹緣、鞮屨、素簚，乘髦馬，不蚤鬋，不祭食，不説人以無罪，婦人不當御。三月而復服。[一]

　　［一］言以喪禮自處也。臣無君，猶無天也。壇位，除地爲位也。徹，猶去也。鞮屨，無絇之菲也。簚，覆笭也。髦馬，不鬄落也。蚤，讀爲“爪”。鬋，鬋鬢也。不自説於人以無罪，嫌惡其君也。御，接見也。三月一時，天氣變，可以遂去也。簚，或爲“幕”。

（二·二十五）

　　大夫、士見於國君，君若勞之，則還辟，再拜稽首。[一]君若迎拜，則還辟，不敢荅拜。[二]

　　［一］謂見君，旣拜矣，而後見勞也。《聘禮》曰：“君勞使者及介，君皆荅拜。”

　　［二］嫌與君亢賓主之禮。迎拜，謂君迎而先拜之。《聘禮》曰：“大夫入門再拜，君拜其辱。”

（二·二十六）

　　大夫、士相見，雖貴賤不敵，主人敬客，則先拜客；客敬主人，則先拜主人。[一]

　　[一]尊賢。

（二·二十七）

　　凡非弔喪，非見國君，無不荅拜者[一]。[一]大夫見於國君，國君拜其辱。士見於大夫，大夫拜其辱。同國始相見，主人拜其辱。[二]君於士，不荅拜也。非其臣，則荅拜之。[三]大夫於其臣，雖賤，必荅拜之。[四]男女相荅拜也。[五]

　　[一]禮，尚往來。喪，賓不荅拜，不自賓客也。國君見士，不荅
　　　　其拜，士賤。
　　[二]自外來而拜，拜見也。自内來而拜[二]，拜辱也。
　　[三]不臣人之臣。
　　[四]辟正君。
　　[五]嫌遠別，不相荅拜以明之。

（二·二十八）

　　國君春田不圍澤，大夫不掩羣，士不取麛卵[三]。[一]

　　[一]生乳之時，重傷其類。

〔一〕　無不荅拜者　“荅”，唐石經、余仁仲本、阮刻本與底本同。婺州本作“答”，後仿此者皆不出校。
〔二〕　自内來而拜　“而”，余仁仲本、阮刻本與底本同。婺州本作“非”，誤。
〔三〕　士不取麛卵　“卵”，唐石經、余仁仲本、阮刻本與底本同。婺州本作“夘”，誤。

（二·二十九）

歲凶，年穀不登，^{〔一〕}君膳不祭肺，馬不食穀，馳道不除，祭事不縣，大夫不食粱，士飲酒不樂。^{〔二〕}

〔一〕登，成也。

〔二〕皆爲自貶損，憂民也^{〔一〕}。禮，食殺牲則祭先，有虞氏以首，夏后氏以心，殷人以肝，周人以肺。不祭肺，則不殺也。天子食，日少牢，朔月大牢。諸侯食，日特牲，朔月少牢。除，治也。不治道，爲妨民取蔬食也。縣，樂器，鍾磬之屬也。粱，加食也。不樂，去琴瑟。

（二·三十）

君無故玉不去身，大夫無故不徹縣，士無故不徹琴瑟。^{〔一〕}

〔一〕憂、樂不相干也。故，謂灾患喪病。

（二·三十一）

士有獻於國君。他日，君問之曰：“安取彼？”再拜稽首而后對。^{〔一〕}

〔一〕起敬也。

（二·三十二）

大夫私行，出疆必請；反，必有獻。士私行，出疆必

〔一〕　皆爲自貶損憂民也　“爲自”，婺州本與底本同。余仁仲本、阮刻本作“自爲”。

請；反，必告。^{〔一〕}君勞之，則拜。問其行，拜而后對。^{〔二〕}

> 　　〔一〕臣不敢自專也。私行，謂以己事也。士言告者^{〔一〕}，不必有其
> 　　　　獻也，告反而已。
> 　　〔二〕亦起敬也。問行，謂道中無恙及所經過。

(二·三十三)

　　國君去其國，止之曰：“奈何去社稷也？”大夫，曰：
“奈何去宗廟也？”士，曰：“奈何去墳墓也？”^{〔一〕}

> 　　〔一〕皆民臣慇勤之言。

(二·三十四)

　　國君死社稷，^{〔一〕}大夫死衆，士死制。^{〔二〕}

> 　　〔一〕死其所受於天子也，謂見侵伐也。《春秋傳》曰：“國滅，君
> 　　　　死之，正也。”
> 　　〔二〕死其所受於君。衆，謂軍師^{〔二〕}。制，謂君教令所使爲之。

(二·三十五)

　　君天下，曰“天子”。朝諸侯、分職、授政、任功，曰
“予一人”。^{〔一〕}踐阼，臨祭祀，內事曰“孝王某”，外事曰
“嗣王某”。^{〔二〕}臨諸侯，畛於鬼神，曰“有天王某甫”。^{〔三〕}

〔一〕士言告者　“士”，余仁仲本、阮刻本與底本同。婺州本作“上”，誤。
〔二〕謂軍師　“軍”，婺州本與底本同。余仁仲本、阮刻本作“君”。

崩，曰“天王崩”。^[四]復，曰“天子復矣”。^[五]告喪，曰
“天王登假”。^[六]措之廟，立之主，曰“帝”。^[七]天子未除
喪，曰“予小子”。^[八]生名之，死亦名之。^[九]

[一] 皆擯者辭也。天下，謂外及四海也。今漢於蠻夷稱天子，於王侯
　　稱皇帝。《覲禮》曰：“伯父寔來^{〔一〕}，予一人嘉之^{〔二〕}。”“余”“予”，
　　古今字。

[二] 皆祝辭也。唯宗廟稱孝。天地、社稷，祭之郊内，而曰“嗣
　　王”，不敢同外内。

[三] 畛，致也。祝告至于鬼神辭也^{〔三〕}。曰“有天王某甫”，某甫，
　　且字也。不名者，不親往也。《周禮》，大會同，過山川，則
　　大祝用事焉。鬼神，謂百辟卿士也。畛，或爲“祇”。

[四] 史書策辭。

[五] 始死時呼魄辭也。不呼名^{〔四〕}，臣不名君也。諸侯呼字。

[六] 告，赴也。登，上也。假，已也。上已者，若儵去云耳。

[七] 同之天神。《春秋傳》曰：“凡君，卒哭而祔，祔而作主。”

[八] 謙，未敢稱“一人”。《春秋傳》曰：“以諸侯之踰年即位，
　　亦知天子之踰年即位。以天子三年然後稱王，亦知諸侯於其
　　封内三年稱子。”

[九] 生名之曰“小子王”，死亦曰“小子王”也。晉有小子侯，
　　是僭取於天子號也。

〔一〕 伯父寔來　“寔”，婺州本、余仁仲本與底本同。阮刻本作“實”。
〔二〕 予一人嘉之　“予”，婺州本與底本同。余仁仲本、阮刻本作“余”。
〔三〕 祝告至于鬼神辭也　“至”，底本、婺州本作“至”。余仁仲本、阮刻本作“致”。
〔四〕 不呼名　“呼”，余仁仲本、阮刻本與底本同。婺州本作“吁”，誤。

（二·三十六）

天子有后，有夫人，有世婦，有嬪，有妻，有妾。^[一]

［一］妻，八十一御妻，《周禮》謂之“女御”，以其御序於王之燕
　　寢。妾，賤者。

（二·三十七）

天子建天官。先六大，曰大宰、大宗、大史、大祝、大士、大卜，典司六典。^[一]天子之五官，曰司徒、司馬、司空、司士、司寇，典司五衆。^[二]天子之六府，曰司土、司木、司水、司草、司器、司貨，典司六職。^[三]天子之六工，曰土工、金工、石工、木工、獸工、草工，典制六材。^[四]五官致貢，曰享。^[五]

［一］典，法也。此蓋殷時制也，周則大宰爲天官，大宗曰宗伯，
　　宗伯爲春官，大史以下屬焉。大士，以神仕者。

［二］衆，謂羣臣也。此亦殷時制也，周則司士屬司馬，大宰、司
　　徒、宗伯、司馬、司寇、司空爲六官。

［三］府，主藏六物之稅者。此亦殷時制也，周則皆屬司徒。司
　　土，土均也。司木，山虞也。司水，川衡也。司草，稻人
　　也。司器，角人也。司貨，卝人也。

［四］此亦殷時制也，周則皆屬司空。土工，陶、旊也。金工，
　　築、冶、鳧、㮚、鍛、桃也。石工，玉人、磬人也。木工，
　　輪、輿、弓、廬、匠、車、梓也。獸工，函、鮑、韗、韋、
　　裘也。唯草工職亡，蓋謂作萑葦之器。

［五］貢，功也。享，獻也。致其歲終之功於王，謂之“獻”也。

《周禮·大宰》：“歲終，則令百官府各正其治，受其會，聽其致事，而詔王廢置。”

（二·三十八）

　　五官之長，曰“伯”，[一]是職方。[二]其擯於天子也，曰“天子之吏”。[三]天子同姓謂之“伯父”，異姓謂之“伯舅”。自稱於諸侯，曰“天子之老”，於外曰“公”，於其國曰“君”。[四]九州之長入天子之國，曰“牧”。[五]天子同姓，謂之“叔父”，異姓謂之“叔舅”，於外曰“侯”，於其國曰“君”。[六]其在東夷、北狄、西戎、南蠻，雖大曰“子”。[七]於內自稱曰“不穀”，[八]於外自稱曰“王老”。[九]庶方小侯入天子之國，曰“某人”，於外曰“子”，自稱曰“孤”。[一〇]

[一] 謂爲三公者。《周禮》：“九命作伯。”

[二] 職，主也，是伯分主東西者。《春秋傳》曰：“自陝以東，周公主之；自陝以西，召公主之；一相處乎內。”是，或爲“氏”。

[三] 擯者辭也。《春秋傳》曰“王命委之三吏”，謂三公也。

[四] 稱之以父與舅，親親之辭也。外，自其私土之外，天子畿內。

[五] 每一州之中，天子選諸侯之賢者，以爲之牧也。《周禮》曰：“乃施典於邦國而建其牧。”

[六] 牧尊於大國之君，而謂之“叔父”，辟二伯也，亦以此爲尊。禮或損之而益，謂此類也。外，自其國之外，九州之中。曰“侯”者，本爵也。二王之後不爲牧。

[七] 謂九州之外長也。天子亦選其諸侯之賢者以爲之子。子，猶牧也。入天子之國曰“子”，天子亦謂之“子”，雖有侯、伯之地，本爵亦無過子，是以同名曰“子”。

〔八〕與民言之，謙稱。穀，善也。

〔九〕威遠國也。外，亦其戎狄之中。

〔一〇〕謂戎狄子、男君也。"男"者，於外亦曰"男"，舉尊言之。

(二·三十九)

　　天子當依而立，諸侯北面而見天子，曰"覲"。天子當宁而立，諸公東面，諸侯西面，曰"朝"。^[一]

　　〔一〕諸侯春見曰"朝"，受摯於朝，受享於廟，生氣文也。秋見曰"覲"，一受之於廟，殺氣質也。朝者，位於內朝而序進。覲者，位於廟門外而序入。王南面，立於依、宁而受焉。夏宗依春，冬遇依秋。春秋時齊侯唁魯昭公以遇禮相見，取易略也。《覲禮》今存，《朝》《宗》《遇禮》今亡。

(二·四十)

　　諸侯未及期相見，曰"遇"。相見於郤地，曰"會"。諸侯使大夫問於諸侯，曰"聘"；約信，曰"誓"；涖牲，曰"盟"。^[一]

　　〔一〕及，至也。郤，間也。涖，臨也。坎用牲，臨而讀其盟書。《聘禮》今存，《遇》《會》《誓》《盟禮》亡。《誓》之辭，《尚書》見有六篇。

(二·四十一)

　　諸侯見天子^[一]，曰"臣某侯某"。^[一]其與民言，自稱曰

〔一〕諸侯見天子 "諸侯"，唐石經、余仁仲本、阮刻本與底本同。婺州本作"諸諸侯"，誤。

"寡人"。[二] 其在凶服，曰"適子孤"。[三] 臨祭祀，內事曰
"孝子某侯某"，外事曰"曾孫某侯某"。[四] 死，曰"薨"。[五]
復，曰"某甫復矣"。[六] 既葬，見天子，曰"類見"。[七]
言諡，曰"類"。[八] 諸侯使人使於諸侯，使者自稱曰"寡
君之老"。[九]

[一] 謂嗇夫承命告天子辭也。其爲州牧，則曰"天子之老臣某侯
　　某奉圭請覲"。

[二] 謙也，於臣亦然。

[三] 凶服，亦謂未除喪。

[四] 稱國者，遠辟天子。

[五] 亦史書策辭。

[六] 某甫，且字。

[七] 代父受國。類，猶象也。執皮帛，象諸侯之禮見也，其
　　禮亡。

[八] 使大夫行象聘問之禮也。言諡者，序其行及諡所宜，其
　　禮亡。

[九] 繫於君以爲尊也。此謂諸侯之卿上大夫。

(二·四十二)

天子穆穆，諸侯皇皇，大夫濟濟，士蹌蹌，庶人僬僬。[一]

[一] 皆行容止之貌也。《聘禮》曰："賓入門皇。"又曰："皇且行。"
　　又曰："衆介北面蹌焉[一]。"凡行容，尊者體盤，卑者體蹙。

〔一〕　衆介北面蹌焉　"蹌焉"，婺州本與底本同。余仁仲本、阮刻本作"蹌蹌焉"。

（二·四十三）

天子之妃，曰"后"。[一]諸侯，曰"夫人"。[二]大夫，曰"孺人"。[三]士，曰"婦人"。[四]庶人，曰"妻"。[五]

[一]"后"之言"後"也。

[二]"夫"之言"扶"〔一〕。

[三]"孺"之言"屬"〔二〕。

[四]"婦"之言"服"。

[五]"妻"之言"齊"。

（二·四十四）

公、侯有夫人，有世婦，有妻，有妾。[一]

[一]貶於天子也，無后與嬪，去上、中〔三〕。

（二·四十五）

夫人自稱於天子，曰"老婦"。[一]自稱於諸侯，曰"寡小君"。[二]自稱於其君，曰"小童"。自世婦以下，自稱曰"婢子"。[三]

[一]自稱於天子，謂畿內諸侯之夫人助祭，若時事見。

[二]謂饗來朝諸侯之時。

[三]小童，若云未成人也。"婢"之言"卑"也。於其君稱此，

〔一〕 夫之言扶　"之"，余仁仲本、阮刻本與底本同。婺州本作"人"，誤。

〔二〕 孺之言屬　"之"，余仁仲本、阮刻本與底本同。婺州本作"人"，誤。

〔三〕 去上中　"中"，余仁仲本、阮刻本與底本同。婺州本作"下"，誤。

以接見體敵，嫌其當。

（二·四十六）

子於父母，則自名也。[一]

［一］名，父母所屬也。言“子”者，通男女。

（二·四十七）

列國之大夫，入天子之國曰“某士”，[一] 自稱曰“陪臣某”，[二] 於外曰“子”，[三] 於其國曰“寡君之老”，使者自稱曰“某”。[四]

［一］亦謂諸侯之卿也。三命以下，於天子爲士。曰“某士”者，若晉韓起聘於周，擯者曰“晉士起”。

［二］陪，重也。

［三］子，有德之稱，《魯春秋》曰：“齊高子來盟。”

［四］使，謂使人於諸侯也。某，名也。

（二·四十八）

天子不言出，諸侯不生名，君子不親惡。[一] 諸侯失地，名。滅同姓，名。[二]

［一］天子之言出，諸侯之生名，皆有大惡，君子所遠，出、名以絕之。《春秋傳》曰“天王出居於鄭”，“衞侯朔入於衞”是也。

［二］絕之。

（二·四十九）

　　爲人臣之禮，不顯諫。[一]三諫而不聽，則逃之。[二]
子之事親也，三諫而不聽，則號泣而隨之。[三]

　　[一]爲奪美也。顯，明也。謂明言其君惡，不幾微。

　　[二]逃，去也。君臣有義則合，無義則離。

　　[三]至親无去[一]，志在感動之。

（二·五十）

　　君有疾飲藥，臣先嘗之。親有疾飲藥，子先嘗之。[一]
醫不三世，不服其藥。[二]

　　[一]嘗，度其所堪。

　　[二]慎物齊也。

（二·五十一）

　　儗人必於其倫。[一]

　　[一]儗，猶比也。倫，猶類也。比大夫當於大夫，比士當於士，
　　　　不以其類，則有所褻。

（二·五十二）

　　問天子之年。對曰：“聞之，始服衣若干尺矣。”[一]
　　問國君之年。長，曰：“能從宗廟社稷之事矣。”幼，

────────

〔一〕至親无去　“无”，婺州本、余仁仲本、阮刻本作“無”，後仿此者不出校。

曰：“未能從宗廟社稷之事也。”

　　問大夫之子。長，曰：“能御矣。”幼，曰：“未能御也。”

　　問士之子。長，曰：“能典謁矣。”幼，曰：“未能典謁也。”

　　問庶人之子。長，曰：“能負薪矣。”幼，曰：“未能負薪也。”[二]

　　[一] 既不敢言年，又不敢斥至尊所能。

　　[二] 皆言其能，則長幼可知。御，猶主也。《書》曰：“越乃御事。”
　　　　謂主事者。謁，請也，謂能擯賛出入，以事請告也。禮，
　　　　四十強而仕，五十命爲大夫。

（二·五十三）

　　問國君之富，數地以對，山澤之所出。問大夫之富，
曰：“有宰，食力，祭器、衣服不假。”問士之富，以車數
對。問庶人之富，數畜以對。[一]

　　[一] 皆在其所制以多少對。宰，邑士也。食力，謂民之賦稅。

（二·五十四）

　　天子祭天地，祭四方，祭山川，祭五祀，歲徧。諸侯
方祀，祭山川，祭五祀，歲徧。大夫祭五祀，歲徧。士祭
其先。[一]

　　[一] 祭四方，謂祭五官之神於四郊也。句芒在東，祝融、后土在
　　　　南，蓐收在西，玄冥在北。《詩》云：“來方禋祀。”方祀者，
　　　　各祭其方之官而已。五祀，戶、竈、中霤、門、行也。此蓋

殷時制也。《祭法》曰：天子“立七祀”，諸侯“立五祀”，
大夫“立三祀”，士“立二祀”，謂周制也。

（二·五十五）

凡祭，有其廢之，莫敢舉也。有其舉之，莫敢廢也。^[一]

[一] 爲其瀆神也。廢、舉謂若殷廢農祀棄，後不可復廢棄祀農
也。後有德者繼之，不嫌也。

（二·五十六）

非其所祭而祭之，名曰“淫祀”，淫祀無福。^[一]

[一] 妄祭，神不饗。

（二·五十七）

天子以犧牛，諸侯以肥牛，大夫以索牛，士以羊、豕。^[一]

[一] 犧，純毛也。肥，養於滌也。索，求得而用之。

（二·五十八）

支子不祭，祭必告于宗子。^[一]

[一] 不敢自專，謂宗子有故，支子當攝而祭者也，五宗皆然。

（二·五十九）

凡祭宗廟之禮，牛曰“一元大武”，豕曰“剛鬣”，豚

曰“腯肥”，羊曰“柔毛”，雞曰“翰音”，犬曰“羹獻”，雉曰“疏趾”，兔曰“明視”，脯曰“尹祭”，稾魚曰“商祭”，鮮魚曰“脡祭”；水曰“清滌”，酒曰“清酌”；黍曰“薌合”，粱曰“薌萁”，稷曰“明粢”，稻曰“嘉蔬”；韭曰“豐本”，鹽曰“鹹鹺”；玉曰“嘉玉”，幣曰“量幣”。[一]

[一] 號牲物者，異於人用也。元，頭也。武，迹也。腯，亦肥也，《春秋傳》作“豚”。腯，充貌也。翰，猶長也。羹獻，食人之餘也。尹，正也。商，猶量也。脡，直也。萁，辭也。嘉，善也。稻，菰蔬之屬也。豐，茂也。大鹹曰鹺，今河東云。幣，帛也。

(二·六十)

天子死，曰“崩”。諸侯，曰“薨”。大夫，曰“卒”。士，曰“不禄”。庶人，曰“死”。[一]

在牀，曰“尸”。[二] 在棺，曰“柩”。[三]

羽鳥，曰“降”。四足，曰“漬”。[四]

死寇，曰“兵”。[五]

祭王父，曰“皇祖考”。王母，曰“皇祖妣”。父，曰“皇考”。母，曰“皇妣”。夫，曰“皇辟”。[六]

生曰“父”、曰“母”、曰“妻”，死曰“考”、曰“妣”、曰“嬪”。[七]

壽考，曰“卒”。短折，曰“不禄”。[八]

[一] 異死名者，爲人褻其無知，若猶不同然也。自上顛壞曰崩。薨，顛壞之聲。卒，終也。不禄，不終其禄。“死”之言“澌”也，精神澌盡也。

93

〔二〕尸，陳也，言形體在。

〔三〕“柩”之言“究”也。

〔四〕異於人也。降，落也。漬，謂相瀸汙而死也〔一〕《春秋傳》曰：
　　　“大災者何？大漬也。”

〔五〕異於凡人，當饗禄其後。

〔六〕更設稱號，尊神異於人也。皇，君也。考，成也，言其德行
　　　之成也。“妣”之言“媲”也。媲於考也。辟，法也，妻所
　　　取法也。

〔七〕嬪，婦人有法度者之稱也。《周禮》：“九嬪掌婦學之法，教
　　　九御婦德、婦言、婦容、婦功。”

〔八〕禄，謂有德行任爲大夫、士而不爵者。老而死，從大夫之
　　　稱。少而死，從士之稱。

（二·六十一）

　　天子視不上於袷，不下於帶。〔一〕國君綏視，〔二〕大夫
衡視，〔三〕士視五步。〔四〕

〔一〕袷，交領也。天子至尊，臣視之，目不過此。

〔二〕視國君彌高。綏，讀爲“妥”。妥視，謂視上於袷。

〔三〕視大夫又彌高也。衡，平也。平視，謂視面也。

〔四〕士視得旁遊目五步之中也。視大夫以上，上下遊目不得旁。

（二·六十二）

　　凡視，上於面則敖，〔一〕下於帶則憂，〔二〕傾則姦。〔三〕

〔一〕 漬謂相瀸汙而死也　“汙”，婺州本、阮刻本與底本同。余仁仲本作“汗”，誤。

94

〔一〕敖則仰。

〔二〕憂則低。

〔三〕辟頭旁視，心不正也。傾，或爲“側”。

(二·六十三)

　　君命，大夫與士肄。^{〔一〕}在官言官，在府言府，在庫言庫，在朝言朝。^{〔二〕}朝言不及犬馬。^{〔三〕}

〔一〕肄，習也。君有命，大夫則與士展習其事，謂欲有所發爲也。

〔二〕唯君命所在，就展習之也。官，謂板圖文書之處。府，謂寶藏貨賄之處也。庫，謂車馬兵甲之處也。朝，謂君臣謀政事之處也。

〔三〕非公議也。

(二·六十四)

　　輟朝而顧，不有異事，必有異慮。^{〔一〕}故輟朝而顧，君子謂之“固”。^{〔二〕}

〔一〕心不正，志不在君。輟，猶止也。

〔二〕固，謂不達於禮也。

(二·六十五)

　　在朝言禮，問禮，對以禮。^{〔一〕}

〔一〕於朝廷言無所不用禮。

（二·六十六）

　　大饗不問卜，^[一]不饒富。^[二]

　　［一］祭五帝於明堂，莫適卜也。《郊特牲》曰：“郊血，大饗腥。”
　　［二］“富”之言“備”也。備而已，勿多於禮也。

（二·六十七）

　　凡摯，天子鬯，諸侯圭，卿羔，大夫鴈，士雉，庶人
之摯匹。童子委摯而退。^[一]

　　［一］“摯”之言“至”也。天子無客禮，以鬯爲摯者，所以唯
　　　　用告神爲至也。童子委摯而退，不與成人爲禮也。説者以
　　　　“匹”爲“鶩”。

（二·六十八）

　　野外、軍中無摯，以纓、拾、矢可也。^[一]

　　［一］非爲禮之處，用時物相禮而已。纓，馬繁纓也。拾，謂
　　　　射韝。

（二·六十九）

　　婦人之摯，椇、榛、脯、脩、棗、栗。^[一]

　　［一］婦人無外事，見以羞物也。椇、榛，木名。椇，枳也，有
　　　　實，今邳、郯之東食之。榛，實似栗而小。

（二·七十）

納女於天子，曰"備百姓"。於國君，曰"備酒漿"。於大夫，曰"備埽灑"。[一]

〔一〕納女，猶致女也。壻不親迎，則女之家遣人致之，此其辭也。"姓"之言"生"也。天子，皇后以下百二十人，廣子姓也。酒漿、埽灑，婦人之職[一]。

〔一〕婦人之職　此句婺州本與底本同。余仁仲本、阮刻本"婦"字前有"賤"字。

礼記卷第二

禮記卷第二

檀弓上第三

鄭　氏　注

（三·一）

公儀仲子之喪，檀弓免焉。[一]仲子舍其孫而立其子。[二]

檀弓曰：“何居？我未之前聞也。”[三]

趨而就子服伯子於門右，曰：“仲子舍其孫而立其子，何也？”[四]

伯子曰：“仲子亦猶行古之道也。昔者文王舍伯邑考而立武王，微子舍其孫腯而立衍也。夫仲子亦猶行古之道也。”[五]

子游問諸孔子。

孔子曰：“否。立孫。”[六]

[一] 故爲非禮，以非仲子也。禮，朋友皆在他邦，乃袒免。

[二] 此其所立非也。公儀蓋魯同姓。周禮，適子死，立適孫爲後。

[三] 居，讀爲“姬姓”之“姬”，齊、魯之間語助也。前，猶故也。

[四] 去賓位，就主人兄弟之賢者而問之。子服伯子，蓋仲孫蔑之玄孫子服景伯。蔑，魯大夫。

〔五〕伯子爲親者隱耳，立子非也。<u>文王</u>之立<u>武王</u>〔一〕，權也。<u>微子</u>
　　適子死，立其弟<u>衍</u>，殷禮也。

〔六〕據<u>周禮</u>。

（三·二）

　　事親，有隱而無犯，〔一〕左右就養無方，〔二〕服勤至死，
致喪三年。〔三〕事君，有犯而無隱，〔四〕左右就養有方，〔五〕
服勤至死，方喪三年。〔六〕事師，無犯無隱，左右就養無方，
服勤至死，心喪三年。〔七〕

〔一〕隱，謂不稱揚其過失也。無犯，不犯顏而諫。《論語》曰："事
　　父母，幾諫。"

〔二〕左右，謂扶持之。方，猶常也〔二〕。子則然，無常人。

〔三〕勤，勞辱之事也。致，謂戚容稱其服也。凡此以恩爲制。

〔四〕既諫，人有問其國政者，可以語其得失，若<u>齊</u><u>晏子</u>爲<u>晉</u><u>叔</u>
　　<u>向</u>言之。

〔五〕不可侵官。

〔六〕方喪，資於事父。凡此以義爲制。

〔七〕心喪，戚容如父而無服也。凡此以恩義之間爲制。

（三·三）

　　<u>季武子</u>成寢。〔一〕<u>杜氏</u>之葬在西階之下，請合葬焉，許
之。入宮而不敢哭。<u>武子</u>曰："合葬，非古也。自<u>周公</u>以

〔一〕文王之立武王　此句<u>婺州</u>本與底本同。<u>余仁仲</u>本、<u>阮</u>刻本作"<u>文</u>之立<u>武王</u>"。

〔二〕方猶常也　"方"，<u>余仁仲</u>本、<u>阮</u>刻本與底本同。<u>婺州</u>本作"力"，誤。

來，未之有改也。^[二]吾許其大而不許其細，何居？”命
之哭。^[三]

[一] 武子，魯公子季友之曾孫季孫夙。

[二] 自見夷人冢墓以爲宅，欲文過^{〔一〕}。

[三] 記此者，善其不奪人之恩。

(三·四)

　　子上之母死而不喪。^[一]門人問諸子思曰：“昔者子之先
君子喪出母乎？”

　　曰：“然。”^[二]

　　“子之不使白也喪之，何也？”

　　子思曰：“昔者吾先君子無所失道，道隆則從而隆，道
污則從而污。^[三]伋則安能？^[四]爲伋也妻者，是爲白也母。
不爲伋也妻者，是不爲白也母。”

　　故孔氏之不喪出母，自子思始也。^[五]

[一] 子上，孔子曾孫，子思伋之子，名白，其母出。

[二] 禮，爲出母期。父卒，爲父後者不服耳。

[三] 污，猶殺也。有隆有殺，進退如禮。

[四] 自予不能及。

[五] 記禮所由廢，非之。

〔一〕 自見夷人冢墓以爲宅欲文過　此句婺州本與底本同。余仁仲本作“自見夷人冢墓
以爲宅，欲文過之”，阮刻本作“自見夷人冢墓以爲寢，欲文過之”。

（三·五）

　　孔子曰：“拜而后稽顙，頹乎其順也。[一]稽顙而后拜，
頎乎其至也。[二]三年之喪，吾從其至者。”[三]

　　[一]此殷之喪拜也。頹，順也。先拜賓，順於事也。

　　[二]此周之喪拜也。頎，至也。先觸地，無容，哀之至。

　　[三]重者尚哀戚，自期如殷可。

（三·六）

　　孔子既得合葬於防，[一]曰：“吾聞之，古也墓而不
墳。[二]今丘也，東西南北之人也，不可以弗識也。”於是
封之，崇四尺。[三]

　　孔子先反，[四]門人後。雨甚，至。[五]

　　孔子問焉，曰：“爾來何遲也？”

　　曰：“防墓崩。”[六]

　　孔子不應。

　　三。[七]

　　孔子泫然流涕曰：“吾聞之，古不脩墓。”[八]

　　[一]言既得者，少孤，不知其墓。

　　[二]墓謂兆域，今之封塋也。古謂殷時也。土之高者曰墳。

　　[三]東西南北，言居無常也[一]。聚土曰封。封之，周禮也。《周禮》
　　　　曰：“以爵等爲丘封之度。”崇，高也。高四尺，蓋周之士制。

――――――――――

〔一〕言居無常也　此句婺州本與底本同。余仁仲本、阮刻本作“言居無常處也”，“常”
字下多一“處”字。

　〔四〕當脩虞事。

　〔五〕後，待封也。

　〔六〕言所以遲者，脩之而來。

　〔七〕以其非禮。三言之，以孔子不聞。

　〔八〕脩，猶治也。

(三·七)

　　孔子哭子路於中庭。^{〔一〕}有人弔者，而夫子拜之。^{〔二〕}既哭，進使者而問故。^{〔三〕}使者曰：“醢之矣。”^{〔四〕}遂命覆醢。^{〔五〕}

　〔一〕寢中庭也。與哭師同，親之。

　〔二〕爲之主也。

　〔三〕使者，自衞來赴者。故，謂死之意狀。

　〔四〕時衞世子蒯聵篡輒而立，子路死之。醢之者，示欲啗食以
　　　　怖衆。

　〔五〕覆，弃之。不忍食。

(三·八)

　　曾子曰：“朋友之墓，有宿草而不哭焉。”^{〔一〕}

　〔一〕宿草，謂陳根也。爲師心喪三年，於朋友期可。

(三·九)

　　子思曰：“喪三日而殯，凡附於身者，必誠必信，勿之有悔焉耳矣。三月而葬，凡附於棺者，必誠必信，勿之有悔焉耳矣。^{〔一〕}喪三年以爲極亡，^{〔二〕}則弗之忘矣。^{〔三〕}故君

105

子有終身之憂，^{〔四〕}而無一朝之患，^{〔五〕}故忌日不樂。"^{〔六〕}

[一] 言其日月，欲以盡心脩備之。附於身，謂衣衾^{〔一〕}。附於棺，謂明器之屬。

[二] 去已久遠，而除其喪。

[三] "則"之言"曾"。

[四] 念其親。

[五] 毀不滅性。

[六] 謂死日，言忌日不用舉吉事。

(三·十)

孔子少孤，不知其墓，^{〔一〕}殯於五父之衢。^{〔二〕}人之見之者，皆以爲葬也。^{〔三〕}其慎也，蓋殯也。^{〔四〕}問於郰曼父之母^{〔二〕}，然後得合葬於防。^{〔五〕}

[一] 孔子之父郰叔梁紇與顏氏之女徵在野合而生孔子^{〔三〕}，徵在恥焉，不告。

[二] 欲有所就而問之。孔子亦爲隱焉。殯於家，則知之者無由怪己，欲發問端。五父，衢名，蓋郰曼父之鄰^{〔四〕}。

[三] 見柩行於路。

[四] 慎，當爲"引"，禮家讀"然"，聲之誤也。殯引，飾棺以

〔一〕 謂衣衾 "衾"，余仁仲本、阮刻本與底本同。婺州本作"裳"，誤。

〔二〕 問於郰曼父之母 "郰"，唐石經、余仁仲本、阮刻本與底本同。婺州本作"聊"，誤。

〔三〕 孔子之父……生孔子 "郰"，余仁仲本、阮刻本與底本同。婺州本作"鄒"。"梁"，底本作"粱"，誤。婺州本、余仁仲本、阮刻本作"梁"，據改。

〔四〕 蓋郰曼父之鄰 "郰"，余仁仲本、阮刻本與底本同。婺州本作"聊"，誤。

輴。葬引，飾棺以柳、翣。孔子是時以殯引，不以葬引，時人見者，謂不知禮。

　[五]曼父之母，與徵在爲鄰，相善。

（三·十一）

鄰有喪，舂不相。里有殯，不巷歌。[一]

　[一]皆所以助哀也。相，謂以音聲相勸。

（三·十二）

喪冠不緌。[一]

　[一]去飾。

（三·十三）

有虞氏瓦棺，[一]夏后氏堲周，[二]殷人棺椁，[三]周人牆置翣。[四]周人以殷人之棺椁葬長殤，以夏后氏之堲周葬中殤、下殤，以有虞氏之瓦棺葬無服之殤。[五]

　[一]始不用薪也。有虞氏上陶。
　[二]火孰曰堲，燒土冶以周於棺也。或謂之“土周”，由是也。《弟子職》曰：“右手折堲。”
　[三]椁，大也。以木爲之，言椁大於棺也。殷人上梓。
　[四]牆，柳衣也。凡此言後王之制文。
　[五]略未成人。

（三·十四）

夏后氏尚黑，^{〔一〕}大事斂用昬，^{〔二〕}戎事乘驪，^{〔三〕}牲用玄。^{〔四〕}殷人尚白，^{〔五〕}大事斂用日中，^{〔六〕}戎事乘翰，^{〔七〕}牲用白。周人尚赤，^{〔八〕}大事斂用日出，^{〔九〕}戎事乘騵，^{〔一〇〕}牲用騂。^{〔一一〕}

〔一〕以建寅之月爲正，物生色黑。

〔二〕昬時亦黑。此大事謂喪事也^{〔一〕}。

〔三〕戎，兵也。馬黑色曰驪^{〔二〕}。《爾雅》曰：“騋，牝驪，牡玄。”

〔四〕玄，黑類也。

〔五〕以建丑之月爲正，物牙色白。

〔六〕日中時亦白。

〔七〕翰，白色馬也。《易》曰：“白馬翰如。”

〔八〕以建子之月爲正，物萌色赤。

〔九〕日出時亦赤。

〔一〇〕騵，騂馬，白腹。

〔一一〕騂，赤類。

（三·十五）

穆公之母卒。^{〔一〕}使人問於曾子曰：“如之何？”^{〔二〕}

對曰：“申也聞諸申之父曰：‘哭泣之哀，齊斬之情，饘粥之食，自天子達。^{〔三〕}布幕，衞也。縿幕，魯也。’”^{〔四〕}

〔一〕此大事謂喪事也　“喪”，底本作“葬”，誤。婺州本、余仁仲本、阮刻本作“喪”，據改。

〔二〕馬黑色曰驪　“黑”，余仁仲本、阮刻本與底本同。婺州本作“異”，誤。

［一］穆公，魯哀公之曾孫。

［二］問居喪之禮。曾子，曾參之子，名申。

［三］子喪父母，尊卑同。

［四］幕，所以覆棺上也。縿，縑也。縿，讀如“綃”。衞，諸侯禮。魯，天子禮^{［一］}。兩言之者，僭已久矣。幕，或爲“幦”。

（三·十六）

晉獻公將殺其世子申生。^{［一］}公子重耳謂之曰：“子蓋言子之志於公乎？”^{［二］}世子曰：“不可。君安驪姬，是我傷公之心也。”^{［三］}曰：“然則蓋行乎？”^{［四］}世子曰：“不可。君謂我欲弒君也。天下豈有無父之國哉！吾何行如之？”^{［五］}使人辭於狐突曰：“申生有罪，不念伯氏之言也，以至于死。申生不敢愛其死。^{［六］}雖然，吾君老矣，子少，國家多難。^{［七］}伯氏不出而圖吾君，^{［八］}伯氏苟出而圖吾君，申生受賜而死。”^{［九］}再拜稽首，乃卒。^{［一〇］}是以爲恭世子也。^{［一一］}

［一］信驪姬之譖。

［二］蓋，皆當爲“盍”。盍，何不也。志，意也。重耳欲使言見譖之意。重耳，申生異母弟，後立爲文公。

［三］言其意則驪姬必誅也。驪姬，獻公伐驪戎所獲女也。申生之母蚤卒，驪姬嬖焉。

［四］行，猶去也。

［五］言人有父，則皆惡欲弒父者。

［六］辭，猶告也。狐突，申生之傅，舅犯之父也。前此者，獻公

〔一〕　魯天子禮　“天”，余仁仲本、阮刻本與底本同。婺州本作“大”，誤。

使申生伐東山皋落氏，狐突謂申生欲使之行。今言此者，謝之。伯氏，狐突別氏。

［七］子，驪姬之子奚齊。

［八］圖，猶謀也。不出爲君謀國家之政。然則自皋落氏反後，狐突懼，乃稱疾。

［九］賜，猶惠也。

［一〇］旣告狐突，乃雉經。

［一一］言行如此，可以爲恭，於孝則未之有。

（三·十七）

魯人有朝祥而莫歌者，子路笑之。［一］

夫子曰："由，爾責於人，終無已夫！三年之喪，亦已久矣夫！"［二］

子路出，夫子曰："又多乎哉！踰月則其善也。"［三］

［一］笑其爲樂速。

［二］爲時如此，人行三年喪者希，抑子路以善彼。

［三］又，復也。

（三·十八）

魯莊公及宋人戰于乘丘，［一］縣賁父御，卜國爲右。［二］馬驚，敗績，［三］公墜［一］，佐車授綏。［四］公曰："末之，卜也。"［五］縣賁父曰："他日不敗績，而今敗績，是無勇也。"［六］遂死之。［七］圉人浴馬，有流矢在白肉。［八］公曰：

───────

〔一〕公墜 "墜"，婺州本、余仁仲本、阮刻本作"隊"。

110

“非其罪也。”^[九]遂誄之。^[一〇]士之有誄，自此始也。^[一一]

　　［一］十年夏。

　　［二］縣、卜，皆氏也。凡車右，勇力者爲之。

　　［三］驚奔失列。

　　［四］戎車之貳曰佐。授綏乘公。

　　［五］末之，猶微哉，言卜國無勇。

　　［六］公他日戰，其御馬未嘗驚奔。

　　［七］二人赴敵而死。

　　［八］圉人，掌養馬者。白肉，股裏肉。

　　［九］流矢中馬，非御與右之罪。

　　［一〇］誄其赴敵之功，以爲謚。

　　［一一］記禮失所由來也。周雖以士爲爵，猶無謚也。殷，大夫以
　　　　　上爲爵。

（三·十九）

　　曾子寢疾，病。^[一]

　　樂正子春坐於牀下。^[二]曾元、曾申坐於足。^[三]童子
隅坐而執燭。^[四]

　　童子曰：“華而睆，大夫之簀與？”^[五]

　　子春曰：“止！”^[六]

　　曾子聞之，瞿然曰：“呼。”^[七]

　　曰：“華而睆，大夫之簀與？”

　　曾子曰：“然，斯季孫之賜也，我未之能易也。元，起
易簀。”^[八]

　　曾元曰：“夫子之病革矣，不可以變，幸而至於旦，請

敬易之。”〔九〕

曾子曰：“爾之愛我也，不如彼。〔一〇〕君子之愛人也以德，〔一一〕細人之愛人也以姑息。〔一二〕吾何求哉〔一〕？吾得正而斃焉，斯已矣。”〔一三〕

舉扶而易之，反席未安而没。〔一四〕

〔一〕病，謂疾困。

〔二〕子春，曾參弟子。

〔三〕元、申，曾參之子。

〔四〕隅坐，不與成人並。

〔五〕華，畫也。簀，謂牀笫也。説者以睆爲刮節目，字或爲“刮”。

〔六〕以病困，不可動。

〔七〕呼，虛憊之聲。

〔八〕未之能易，己病故也。

〔九〕言夫子者，曾子親没之後，齊嘗聘以爲卿而不爲也。革，急也。變，動也。幸，覬也。

〔一〇〕彼，童子也。

〔一一〕成己之德。

〔一二〕息，猶安也。言苟容取安也。

〔一三〕斃，仆也。

〔一四〕言病雖困，猶勤於禮。

(三·二十)

始死，充充如有窮。既殯，瞿瞿如有求而弗得。既

〔一〕 吾何求哉 “吾”，唐石經、婺州本、阮刻本與底本同。余仁仲本作“君”，誤。

葬，皇皇如有望而弗至。練而慨然，祥而廓然。^[一]

[一] 皆憂悼在心之貌也。求，猶索物。

(三·二十一)

　　邾婁復之以矢，蓋自戰於升陘始也。^[一]魯婦人之髽而弔也，自敗於臺鮐始也。^[二]

[一] 戰於升陘，魯僖二十二年秋也。時師雖勝，死傷亦甚，無衣可以招魂。

[二] 敗於臺鮐，魯襄四年秋也。臺，當爲“壺”，字之誤也。《春秋傳》作“狐鮐”。時家家有喪，髽而相弔。去纚而紒曰髽。禮，婦人弔服，大夫之妻錫衰，士之妻則疑衰與？皆吉笄無首，素總。

(三·二十二)

　　南宮絛之妻之姑之喪。^[一]夫子誨之髽，曰：“爾毋從從爾，爾毋扈扈爾。^[二]蓋榛以爲笄，長尺，而總八寸。”^[三]

[一] 南宮絛，孟僖子之子南宮閱也，字子容，其妻孔子兄女。

[二] 誨，教也。爾，女也。從從，謂大高。扈扈，謂大廣。爾，語助。

[三] 總，束髮垂爲飾，齊衰之總八寸。

(三·二十三)

　　孟獻子禫，縣而不樂，比御而不入。^[一]夫子曰：“獻

子加於人一等矣。"[二]

[一] 可以御婦人矣，尚不復寢。孟獻子，魯大夫仲孫蔑。

[二] 加，猶踰也。

（三·二十四）

孔子既祥，五日彈琴而不成聲，[一] 十日而成笙歌。[二]

[一] 哀未忘。

[二] 踰月且異旬也。祥，亦凶事，用遠日。五日彈琴，十日笙
歌，除由外也。琴以手，笙歌以氣。

（三·二十五）

有子蓋既祥而絲屨、組纓。[一]

[一] 譏其早也。禮，既祥，白屨無絇，縞冠素紕。有子，孔子弟
子有若。

（三·二十六）

死而不弔者三：[一] 畏，[二] 厭，[三] 溺。[四]

[一] 謂輕身忘孝也。

[二] 人或時以非罪攻己，不能有以說之死之者，孔子畏於匡。

[三] 行止危險之下。

[四] 不乘橋船。

（三·二十七）

子路有姊之喪，可以除之矣，而弗除也。

孔子曰：“何弗除也？”

子路曰：“吾寡兄弟而弗忍也。”

孔子曰：“先王制禮，行道之人，皆弗忍也。”[一]

子路聞之，遂除之。

〔一〕行道，猶行仁義。

（三·二十八）

大公封於營丘，比及五世，皆反葬於周。[一]君子曰：“樂，樂其所自生。禮，不忘其本。[二]古之人有言曰‘狐死正丘首’，仁也。”[三]

〔一〕齊大公受封，留爲大師，死葬於周，子孫生焉，不忍離也。

　　　五世之後，乃葬於齊，齊曰營丘。

〔二〕言其似禮樂之義。

〔三〕正丘首，正首丘也。仁，恩也。

（三·二十九）

伯魚之母死，期而猶哭。[一]

夫子聞之曰：“誰與哭者？”

門人曰：“鯉也。”

夫子曰：“嘻！其甚也。”[二]

伯魚聞之，遂除之。

〔一〕伯魚，孔子子也，名鯉。猶，尚也。

〔二〕嘻，悲恨之聲。

（三·三十）

舜葬於蒼梧之野，〔一〕蓋三妃未之從也。〔二〕季武子曰：
"周公蓋附〔一〕。"〔三〕

〔一〕舜征有苗而死，因留葬焉。《書》説舜曰："陟方乃死。"蒼梧，
於周南越之地，今屬郡。

〔二〕古者不合葬。帝嚳而立四妃矣，象后妃四星，其一明者爲正
妃，餘三小者爲次妃。帝堯因焉。至舜不告而取，不立正
妃，但三妃而已，謂之"三夫人"。《離騷》所歌湘夫人，舜
妃也。夏后氏增以三三而九，合十二人。《春秋説》云"天
子取十二"，即夏制也。以虞、夏及周制差之，則殷人又增
以三九二十七，合三十九人。周人上法帝嚳，立正妃，又
三二十七爲八十一人，以增之合百二十一人。其位后也、夫
人也、嬪也、世婦也、女御也。五者相參以定尊卑〔二〕。

〔三〕附，謂合葬。合葬自周公以来。

（三·三十一）

曾子之喪，浴於爨室。〔一〕

〔一〕見曾元之辭易簣，矯之以謙儉也。禮，死，浴於適室。

〔一〕周公蓋附 "附"，唐石經、婺州本與底本同。余仁仲本、阮刻本作"祔"。
〔二〕五者相參以定尊卑 "參"，底本、婺州本作"三"，誤。余仁仲本、阮刻本作"參"，
據改。

（三·三十二）

　　大功，廢業。或曰：“大功，誦可也。”[一]

　　[一] 許其口習故也。

（三·三十三）

　　子張病，召申祥而語之曰：“君子曰終，小人曰死。[一]吾今日其庶幾乎？”[二]

　　[一] 申祥，子張子，欲使執喪，成己志也。“死”之言“澌”也。事卒爲終，消盡爲澌。太史公《傳》曰：“子張，姓顓孫。”今曰申祥，周、秦之聲，二者相近，未聞孰是。
　　[二] 言易成也。

（三·三十四）

　　曾子曰：“始死之奠，其餘閣也與？”[一]

　　[一] 不容改新。閣，庋藏食物。

（三·三十五）

　　曾子曰：“小功不爲位也者，是委巷之禮也。[一]子思之哭嫂也爲位，[二]婦人倡踊，[三]申祥之哭言思也亦然。”[四]

　　[一] 譏之也。位，謂以親疏敍列哭也。委巷，猶街里委曲所爲也。
　　[二] 善之也。禮，嫂、叔無服。

［三］有服者，娣姒婦小功。倡，先也。

［四］説者云：“言思，子游之子，申祥妻之昆弟，亦無服。”過此以往，獨哭不爲位。

（三·三十六）

古者冠縮縫，今也衡縫。[一]故喪冠之反吉，非古也。[二]

［一］縮，從也。今禮制。衡，讀爲“横”。今冠横縫，以其辟積多。

［二］解時人之惑。喪冠縮縫，古冠耳。

（三·三十七）

曾子謂子思曰：“伋，吾執親之喪也，水漿不入於口者七日。”[一]

子思曰：“先王之制禮也，過之者俯而就之，不至焉者跂而及之。故君子之執親之喪也，水漿不入於口者三日，杖而后能起。”[二]

［一］言己以疾時禮而不如。

［二］爲曾子言難繼，以禮抑之。

（三·三十八）

曾子曰：“小功不税，[一]則是遠兄弟終無服也，[二]而可乎？”[三]

［一］據禮而言也。日月已過，乃聞喪而服曰税。大功以上然。小

功輕，不服。

［二］言相離遠者，聞之恒晚。

［三］以己恩怪之。

（三·三十九）

伯高之喪，[一] 孔氏之使者未至。[二] 冉子攝束帛、乘馬而將之。[三] 孔子曰：“異哉！徒使我不誠於伯高。”[四]

［一］伯高死時在衞，未聞何國人。

［二］謂賻、賵者。

［三］冉子，孔子弟子冉有。攝，猶貸也。

［四］徒，猶空也。禮所以副忠信也，忠信而無禮，何傳乎？

（三·四十）

伯高死於衞，赴於孔子。[一] 孔子曰：“吾惡乎哭諸？[二] 兄弟，吾哭諸廟。父之友，吾哭諸廟門之外。[三] 師，吾哭諸寢。朋友，吾哭諸寢門之外。所知，吾哭諸野。[四] 於野則已疏，於寢則已重。[五] 夫由賜也見我，吾哭諸賜氏。”[六] 遂命子貢爲之主，[七] 曰：“爲爾哭也來者，拜之。知伯高而來者，勿拜也。”[八]

［一］赴，告也。凡有舊恩者，則使人告之。

［二］以其交會尚新。

［三］別親疏也。

［四］別輕重也。

［五］已，猶大也。

［六］本於恩，哭於子貢寢門之外。

［七］明恩所由。

［八］異於正主。

(三·四十一)

　　曾子曰：“喪有疾，食肉飲酒，必有草木之滋焉。”［一］以爲薑桂之謂也。［二］

　　［一］增以香味，爲其疾不嗜食。

　　［二］爲記者正曾子所云“草木滋”者，謂薑桂。

(三·四十二)

　　子夏喪其子而喪其明。［一］

　　曾子弔之，曰：“吾聞之也，朋友喪明則哭之。”［二］

　　曾子哭。子夏亦哭，曰：“天乎，予之無罪也！”［三］

　　曾子怒曰：“商！女何無罪也？吾與女事夫子於洙、泗之間，［四］退而老於西河之上，［五］使西河之民，疑女於夫子，爾罪一也。［六］喪爾親，使民未有聞焉，爾罪二也。［七］喪爾子，喪爾明，爾罪三也。［八］而曰女何無罪與？”

　　子夏投其杖而拜，曰：“吾過矣！吾過矣！［九］吾離羣而索居，亦已久矣。”［一〇］

　　［一］明，目精。

　　［二］痛之。

　　［三］怨天罰無罪。

　　［四］言其有師也。洙、泗，魯水名。

［五］西河，龍門至華陰之地。

［六］言其不稱師也。

［七］言居親喪無異稱。

［八］言隆於妻子。

［九］謝之，且服罪也。

［一〇］羣，謂同門朋友也。索，猶散也。

（三·四十三）

　　夫晝居於内，問其疾可也。[一]夜居於外，弔之可也。[二]是故君子非有大故，不宿於外；[三]非致齊也，非疾也，不晝夜居於内。[四]

［一］似有疾。

［二］似有喪。

［三］大故，謂喪憂。

［四］内，正寢之中。

（三·四十四）

　　高子皋之執親之喪也，[一]泣血三年，[二]未嘗見齒。[三]君子以爲難。[四]

［一］子皋，孔子弟子，名柴。

［二］言泣無聲，如血出。

［三］言笑之微。

［四］言人不能然。

（三·四十五）

衰，與其不當物也，寧無衰。[一] 齊衰不以邊坐，大功不以服勤。[二]

[一] 惡其亂禮。不當物，謂精麤廣狹不應法制[一]。
[二] 爲褻喪服。邊，偏倚也。

（三·四十六）

孔子之衞，遇舊館人之喪，[一] 入而哭之哀。出，使子貢說驂而賻之。[二]

子貢曰：“於門人之喪，未有所說驂，說驂於舊館，無乃已重乎？”[三]

夫子曰：“予鄉者入而哭之，遇於一哀而出涕。[四] 予惡夫涕之無從也，小子行之。”[五]

[一] 前日君所使舍己。
[二] 賻，助喪用也。騑馬曰驂。
[三] 言說驂大重，比於門人，恩爲偏頗。
[四] 遇，見也。舊館人恩雖輕，我入哭，見主人爲我盡一哀，是以厚恩待我，我爲出涕。恩重，宜有施惠。
[五] 客行無他物可以易之者，使遂以往。

（三·四十七）

孔子在衞，有送葬者，而夫子觀之，曰：“善哉爲喪乎！

〔一〕謂精麤廣狹不應法制　“麤”，婺州本與底本同。余仁仲本、阮刻本作“麁”。

足以爲法矣，小子識之。”

子貢曰：“夫子何善爾也？”

曰：“其往也如慕，其反也如疑。”[一]

子貢曰：“豈若速反而虞乎？”[二]

子曰：“小子識之，我未之能行也。”[三]

[一] 慕，謂小兒隨父母啼呼。疑者，哀親之在彼，如不欲還然。

[二] 速，疾。

[三] 哀戚，本也。祭祀，末也。

(三·四十八)

顏淵之喪，饋祥肉，[一]孔子出，受之。入，彈琴而後食之[一]。[二]

[一] 饋，遺也。

[二] 彈琴以散哀也。

(三·四十九)

孔子與門人立，拱而尚右，二三子亦皆尚右。[一]

孔子曰：“二三子之嗜學也，[二]我則有姊之喪故也。”

二三子皆尚左。[三]

[一] 傚孔子也。

[二] 嗜，貪。

〔一〕 入彈琴而後食之 “後”，唐石經、婺州本、余仁仲本、阮刻本作“后”。

　　〔三〕復正也。喪尚右，右，陰也。吉尚左，左，陽也。

（三·五十）

　　孔子蚤作，^{〔一〕}負手曳杖，消摇於門，^{〔二〕}歌曰："泰山其頹乎〔一〕？^{〔三〕}梁木其壞乎？^{〔四〕}哲人其萎乎？"^{〔五〕}既歌而入，當戶而坐。^{〔六〕}

　　子貢聞之曰："泰山其頹，則吾將安仰？梁木其壞，哲人其萎，則吾將安放？夫子殆將病也。"^{〔七〕}遂趨而入。

　　夫子曰："賜，爾來何遲也？^{〔八〕}夏后氏殯於東階之上，則猶在阼也。殷人殯於兩楹之間，則與賓主夾之也。周人殯於西階之上，則猶賓之也。^{〔九〕}而丘也，殷人也。予疇昔之夜，夢坐奠於兩楹之間。^{〔一○〕}夫明王不興，而天下其孰能宗予？予殆將死也。"^{〔一一〕}

　　蓋寢疾七日而没。^{〔一二〕}

　　〔一〕作，起。

　　〔二〕欲人之怪己。

　　〔三〕泰山，衆山所仰。

　　〔四〕梁木，衆木所放。

　　〔五〕哲人亦衆人所仰放也。以上二句喻之。萎，病也。《詩》云："無木不萎。"

　　〔六〕蚤坐，急見人也。

　　〔七〕覺孔子歌意。殆，幾也。

　　〔八〕坐則望之。

_____

〔一〕泰山其頹乎　"頹"，婺州本、余仁仲本、阮刻本與底本同。唐石經作"穨"。

124

［九］以三王之禮占己夢。

［一○］是夢坐兩楹之間而見饋食也。言“奠”者，以爲凶象。疇，
　　　發聲也。昔，猶前也。

［一一］孰，誰也。宗，尊也。兩楹之間，南面鄉明，人君聽治正
　　　坐之處。今無明王，誰能尊我以爲人君乎？是我殷家奠殯
　　　之象，以此自知將死。

［一二］明聖人知命。

（三·五十一）

　　孔子之喪，門人疑所服。^{［一］}子貢曰：“昔者夫子之喪
顏淵，若喪子而無服，喪子路亦然。請喪夫子若喪父而
無服。”^{［二］}

［一］無喪師之禮。

［二］無服，不爲衰，弔服而加麻，心喪三年。

（三·五十二）

　　孔子之喪，公西赤爲志焉。^{［一］}飾棺牆，^{［二］}置翣，^{［三］}
設披，周也。設崇，殷也。綢練，設旐，夏也。^{［四］}

［一］公西赤，孔子弟子，字子華。志，謂章識。

［二］牆之障柩，猶垣牆障家^{〔一〕}。

［三］牆，柳衣。翣，以布衣木，如攝與？

［四］夫子雖殷人，兼用三王之禮尊之。披，柩行夾引棺者。崇，

〔一〕　牆之障柩猶垣牆障家　此句余仁仲本、阮刻本與底本同。婺州本無此注。

崇牙，旌旗飾也〔一〕。綢練，以練綢旌之杠〔二〕。此旌，葬乘車所建也。旌之旒，緇布，廣充幅，長尋，曰旐。《爾雅》說"旌旗"曰："素錦綢杠。"

(三·五十三)

　　子張之喪，公明儀爲志焉。〔一〕褚幕丹質，〔二〕蟻結于四隅，〔三〕殷士也。〔四〕

　　〔一〕志，亦謂章識。

　　〔二〕以丹布幕爲褚，葬覆棺，不牆不翣。

　　〔三〕畫褚之四角，其文如蟻行往來相交錯。蟻，蚍蜉也。殷之蟻結，似今虵文畫〔三〕。

　　〔四〕學於孔子，倣殷禮。

(三·五十四)

　　子夏問於孔子曰："居父母之仇，如之何？"

　　夫子曰："寢苫，枕干，不仕，〔一〕弗與共天下也。〔二〕遇諸市朝，不反兵而鬬。"〔三〕

　　曰："請問居昆弟之仇，如之何？"

　　曰："仕弗與共國，銜君命而使〔四〕，雖遇之，不鬬。"〔四〕

　　曰："請問居從父昆弟之仇，如之何？"

　　曰："不爲魁。〔五〕主人能，則執兵而陪其後。"〔六〕

〔一〕　崇崇牙旌旗飾也　"崇崇牙"，婺州本、余仁仲本與底本同。阮刻本作"崇牙"，誤。

〔二〕　以練綢旌之杠　"練"，余仁仲本、阮刻本與底本同。婺州本作"棺"，誤。

〔三〕　似今虵文畫　"虵"，婺州本、余仁仲本、阮刻本作"蛇"。

〔四〕　銜君命而使　"銜"，唐石經、婺州本、阮刻本與底本同。余仁仲本作"衘"。

［一］雖除喪，居處猶若喪也。干，盾也。

［二］不可以並生。

［三］言雖適市朝，不釋兵。

［四］爲負而廢君命。

［五］魁，猶首也。天文北斗，魁爲首，杓爲末。

［六］爲其負，當成之。

（三·五十五）

　　孔子之喪，二三子皆絰而出。^{［一］}羣居則絰，出則否。^{［二］}

［一］尊師也。出，謂有所之適。然則凡弔服加麻者，出則變服。

［二］羣謂七十二弟子，相爲朋友服。子夏曰：“吾離羣而索居。”

（三·五十六）

　　易墓，非古也。^{［一］}

［一］易，謂芟治草木。不易者，丘陵也。

（三·五十七）

　　子路曰：“吾聞諸夫子：‘喪禮，與其哀不足而禮有餘也，不若禮不足而哀有餘也。^{［一］}祭禮，與其敬不足而禮有餘也，不若禮不足而敬有餘也。’”^{［二］}

［一］喪主哀。

［二］祭主敬。

(三·五十八)

曾子弔於負夏，[一]主人既祖，填池，[二]推柩而反之，[三]降婦人而后行禮。[四]

從者曰："禮與？"[五]

曾子曰："夫祖者，且也。[六]且，胡爲其不可以反宿也？"[七]

從者又問諸子游曰："禮與？"[八]

子游曰："飯於牖下，小斂於戶內，大斂於阼，殯於客位，祖於庭，葬於墓，所以即遠也。故喪事有進而無退。"[九]

曾子聞之曰："多矣乎，予出祖者！"[一〇]

[一] 負夏，衞地。

[二] 祖謂移柩車去載處，爲行始也。填池，當爲"奠徹"，聲之誤也。奠徹謂徹遣奠，設祖奠。

[三] 反於載處，榮曾子弔，欲更始。

[四] 禮，既祖而婦人降，今反柩，婦人辟之，復升堂矣。柩無反而反之，而又降婦人，蓋欲矜寵於此婦人，皆非。

[五] 怪之。

[六] 且，未定之辭。

[七] 給説。

[八] 疑曾子言非。

[九] 明反柩非[一]。

[一〇] 善子游言，且服。

〔一〕 明反柩非 "明反"，婺州本、阮刻本與底本同。余仁仲本作"朋友"，誤。

（三·五十九）

　　曾子襲裘而弔，子游裼裘而弔。曾子指子游而示人曰：“夫夫也，爲習於禮者，如之何其裼裘而弔也？”[一]

　　主人既小斂，袒、括髮，子游趨而出，襲裘，帶絰而入。[二]曾子曰：“我過矣，我過矣，夫夫是也。”[三]

　　[一] 曾子蓋知臨喪無飾。夫夫，猶言此丈夫也。子游於時名爲習禮。

　　[二] 於主人變乃變也，所弔者朋友。

　　[三] 服且善子游。

（三·六十）

　　子夏既除喪而見[一]，[一]予之琴，和之而不和[二]，彈之而不成聲。[二]作而曰：“哀未忘也。先王制禮，而弗敢過也。”[三]

　　子張既除喪而見，予之琴，和之而和，彈之而成聲。作而曰：“先王制禮，不敢不至焉。”[四]

　　[一] 見於孔子。

　　[二] 樂由人心。

　　[三] 作，起。

　　[四] 雖情異，善其俱順禮。

〔一〕 子夏既除喪而見　“子夏”，唐石經、余仁仲本、阮刻本與底本同。婺州本作“子游”。

〔二〕 和之而不和　此句唐石經、婺州本、阮刻本與底本同。余仁仲本作“和之不和”，“之”字下脱一“而”字。

（三・六十一）

司寇惠子之喪，[一] 子游爲之麻衰、牡麻絰。[二]

文子辭曰："子辱與彌牟之弟游，[三] 又辱爲之服，敢辭。"[四]

子游曰："禮也。"

文子退，反哭。[五] 子游趨而就諸臣之位。[六] 文子又辭曰："子辱與彌牟之弟游，又辱爲之服，又辱臨其喪，敢辭。"[七]

子游曰："固以請。"[八]

文子退，扶適子南面而立，曰："子辱與彌牟之弟游，又辱爲之服，又辱臨其喪。虎也，敢不復位？"[九]

子游趨而就客位。[一〇]

[一] 惠子，衛將軍文子彌牟之弟惠叔蘭也，生虎者。

[二] 惠子廢適立庶，爲之重服以譏之。麻衰，以吉服之布爲衰。

[三] 謝其存時。

[四] 止之服也。

[五] 子游名習禮，文子亦以爲當然，未覺其所譏。

[六] 深譏之，大夫之家臣，位在賓後。

[七] 止之在臣位。

[八] 再不從命。

[九] 覺所譏也。虎，適子名。文子親扶而辭，敬子游也。南面而立，則諸臣位在門內北面明矣。

[一〇] 所譏行。

(三·六十二)

　　將軍文子之喪。既除喪，而后越人來弔，主人深衣練冠，待于廟，垂涕洟。[一]子游觀之曰：“將軍文氏之子，其庶幾乎亡於禮者之禮也，其動也中。”[二]

　　[一]主人，文子之子簡子瑕也。深衣練冠，凶服變也。待于廟，
　　　　受弔不迎賓也。
　　[二]中禮之變。

(三·六十三)

　　幼名，冠字，五十以“伯”“仲”，死謚，周道也。

(三·六十四)

　　絰也者，實也。[一]

　　[一]所以表哀戚。

(三·六十五)

　　掘中霤而浴，毀竈以綴足。及葬，毀宗躐行，出于大門，殷道也。[一]學者行之。[二]

　　[一]明不復有事於此。周人浴不掘中霤，葬不毀宗躐行。毀宗，
　　　　毀廟門之西而出，行神之位在廟門之外。
　　[二]學於孔子者行之，倣殷禮。

131

（三·六十六）

　　　子柳之母死，子碩請具。[一]

　　　子柳曰：“何以哉？”[二]

　　　子碩曰：“請粥庶弟之母。”[三]

　　　子柳曰：“如之何其粥人之母以葬其母也？不可。”[四]

　　　既葬，子碩欲以賵布之餘具祭器。[五]子柳曰：“不可。吾聞之也，君子不家於喪。[六]請班諸兄弟之貧者。”[七]

　　［一］具，葬之器用。子柳，魯叔仲皮之子，子碩兄。

　　［二］言無其財。

　　［三］粥，謂嫁之也。妾賤，取之曰買。

　　［四］忠恕。

　　［五］古者謂錢爲泉布，所以通布貨財。

　　［六］惡因死者以爲利。

　　［七］以分死者所矜也。禄多，則與鄰里鄉黨。

（三·六十七）

　　　君子曰：“謀人之軍師，敗則死之。謀人之邦邑，危則亡之。”[一]

　　［一］利己亡衆，非忠也。言“亡之”者，雖辟賢，非義退。

（三·六十八）

　　　公叔文子升於瑕丘，蘧伯玉從。[一]文子曰：“樂哉，斯丘也！死則我欲葬焉。”蘧伯玉曰：“吾子樂之，則瑗請前。”[二]

［一］二子〔一〕，衞大夫。文子，獻公之孫，名拔。

［二］刺其欲害人良田。瑗，伯玉名。

（三·六十九）

弁人有其母死而孺子泣者。［一］孔子曰：“哀則哀矣，［二］而難爲繼也。［三］夫禮，爲可傳也，爲可繼也，故哭踊有節。”

［一］言聲無節。

［二］此誠哀。

［三］失禮中。

（三·七十）

叔孫武叔之母死，［一］既小斂，舉者出户，出户袒，且投其冠，括髮。［二］子游曰：“知禮。”［三］

［一］武叔，公子牙之六世孫，名州仇，毀孔子者。

［二］尸出户，乃變服，失哀節。冠，素委貌。

［三］嗤之。

（三·七十一）

扶君，卜人師扶右，射人師扶左。［一］君薨，以是舉。［二］

［一］謂君疾時也。卜，當爲“僕”，聲之誤也。僕人、射人，皆平生時賛正君服位者。

〔一〕二子　“二”，婺州本、阮刻本與底本同。余仁仲本作“三”，誤。

〔二〕不忍變也。《周禮·射人》："大喪，與僕人遷尸。"

（三·七十二）

　　從母之夫，舅之妻，二夫人相爲服，君子未之言也。〔一〕
或曰："同爨緦。"〔二〕

　　　〔一〕二夫人，猶言此二人也。時有此二人同居，死相爲服者，甥
　　　　　居外家而非之。

　　　〔二〕以同居生緦之親可。

（三·七十三）

　　喪事欲其縱縱爾，〔一〕吉事欲其折折爾。〔二〕故喪事雖
遽不陵節，吉事雖止不怠。〔三〕故騷騷爾則野，〔四〕鼎鼎爾
則小人，〔五〕君子蓋猶猶爾。〔六〕

　　　〔一〕趨事貌。縱，讀如"緫領"之"緫"。

　　　〔二〕安舒貌。《詩》云："好人提提。"

　　　〔三〕陵，躐也。止，立俟事時也。怠，惰也。

　　　〔四〕謂大疾。

　　　〔五〕謂大舒。

　　　〔六〕疾舒之中。

（三·七十四）

　　喪具，君子恥具。〔一〕一日二日而可爲也者，君子弗爲也。〔二〕

　　　〔一〕辟不懷也。喪具，棺衣之屬。

〔二〕謂絞、紟、衾、冒。

（三·七十五）

　　喪服，兄弟之子猶子也，蓋引而進之也。嫂叔之無服也，蓋推而遠之也。[一] 姑、姊妹之薄也，蓋有受我而厚之者也。[二]

　　〔一〕或引或推，重親遠別。

　　〔二〕欲其一心於厚之者[一]，姑、姊妹嫁，大功；夫爲妻，期。

（三·七十六）

　　食於有喪者之側，未嘗飽也。[一]

　　〔一〕助哀戚也。

（三·七十七）

　　曾子與客立於門側，其徒趨而出。[一] 曾子曰：“爾將何之？”

　　曰：“吾父死，將出哭於巷。”[二]

　　曰：“反，哭於爾次。”[三]

　　曾子北面而弔焉。

　　〔一〕徒，謂客之旅。

〔一〕　欲其一心於厚之者　此句婺州本、阮刻本與底本同。余仁仲本作“欲其一人心於厚之者”，“一”字下衍一“人”字。

［二］以爲不可發凶於人館。

［三］次，舍也。禮，館人使專之，若其自有然。

（三·七十八）

　　孔子曰：“之死而致死之，不仁而不可爲也。之死而致生之，不知而不可爲也。^[一]是故竹不成用，瓦不成味，木不成斲，^[二]琴瑟張而不平^{〔一〕}，竽笙備而不和，^[三]有鐘磬而無簨虡。^[四]其曰明器，神明之也。”^[五]

［一］之，往也。死之、生之，謂無知與有知也。爲，猶行也。

［二］成，猶善也。竹不可善用，謂邊無縢。味，當作“沬”。沬，靧也。

［三］無宮商之調。

［四］不縣之也。橫曰簨，植曰虡。

［五］言神明死者也。神明者，非人所知，故其器如此。

（三·七十九）

　　有子問於曾子曰：“問喪於夫子乎？”^[一]
　　曰：“聞之矣，喪欲速貧，死欲速朽。”
　　有子曰：“是非君子之言也。”^[二]
　　曾子曰：“參也聞諸夫子也。”
　　有子又曰：“是非君子之言也。”
　　曾子曰：“參也與子游聞之。”

〔一〕琴瑟張而不平　此句余仁仲本、阮刻本與底本同。唐石經存“張而不”三字，其餘幾字損泐。婺州本作“琴瑟而不平”，誤。

136

有子曰：“然。然則夫子有爲言之也。”

曾子以斯言告於子游。

子游曰：“甚哉！有子之言似夫子也。昔者夫子居於宋，見桓司馬自爲石椁，三年而不成。^[三]夫子曰：‘若是其靡也，死不如速朽之愈也。’死之欲速朽，爲桓司馬言之也^[一]。^[四]南宫敬叔反，必載寶而朝。^[五]夫子曰：‘若是其貨也，喪不如速貧之愈也。’喪之欲速貧，爲敬叔言之也。”

曾子以子游之言告於有子。

有子曰：“然。吾固曰非夫子之言也。”

曾子曰：“子何以知之？”

有子曰：“夫子制於中都，四寸之棺，五寸之椁，以斯知不欲速朽也。^[六]昔者夫子失魯司寇，將之荆，^[七]蓋先之以子夏，又申之以冉有，以斯知不欲速貧也。”^[八]

［一］有子，孔子弟子有若也。夫子卒後問此，庶有異聞也。喪，謂仕失位也。魯昭公孫於齊曰：“喪人其何稱？”

［二］貧、朽，非人所欲。

［三］桓司馬，宋向戌之孫，名魋。

［四］靡，侈。

［五］敬叔，魯孟僖子之子仲孫閲。蓋嘗失位去魯，得反，載其寶來朝於君。

［六］中都，魯邑名也。孔子嘗爲之宰，爲民作制。孔子由中都宰爲司空，由司空爲司寇。

〔一〕爲桓司馬言之也　“言之”，唐石經、余仁仲本、阮刻本與底本同。婺州本作“之言”，誤。

137

［七］將應聘於楚。

［八］言汲汲於仕得禄。

（三·八十）

　　陳莊子死，赴於魯，魯人欲勿哭。[一]繆公召縣子而問焉。

　　縣子曰：“古之大夫，束脩之問不出竟，雖欲哭之，安得而哭之？[二]今之大夫，交政於中國，雖欲勿哭，焉得而弗哭？[三]且臣聞之，哭有二道，有愛而哭之，有畏而哭之。”[四]

　　公曰：“然。然則如之何而可？”

　　縣子曰：“請哭諸異姓之廟。”[五]於是與哭諸縣氏。

［一］君無哭鄰國大夫之禮。陳莊子，齊大夫陳恒之孫，名伯。

［二］以其不外交。

［三］言時君弱臣強，政在大夫，專盟會以交接。

［四］以權微勸之。

［五］明不當哭。

（三·八十一）

　　仲憲言於曾子曰：“夏后氏用明器，示民無知也。[一]殷人用祭器，示民有知也。[二]周人兼用之，示民疑也。”[三]

　　曾子曰：“其不然乎，其不然乎！[四]夫明器，鬼器也。祭器，人器也。夫古之人，胡爲而死其親乎？”[五]

［一］所謂“致死之”。仲憲，孔子弟子原憲。

［二］所謂“致生之”。

［三］言使民疑於無知與有知。

［四］非其説之非也。

［五］言仲憲之言，三者皆非。此或用鬼器，或用人器。

（三·八十二）

　　公叔木有同母異父之昆弟死，問於子游。[一]

　　子游曰：“其大功乎？”[二]

　　狄儀有同母異父之昆弟死，問於子夏。

　　子夏曰：“我未之前聞也。魯人則爲之齊衰。”

　　狄儀行齊衰。今之齊衰，狄儀之問也。

［一］木，當爲“朱”，《春秋》作“戌”。衞公叔文子之子，定公
　　十四年奔魯。

［二］疑所服也，親者屬大功是。

（三·八十三）

　　子思之母死於衞。[一]柳若謂子思曰：“子，聖人之後
也。四方於子乎觀禮，子蓋慎諸。”[二]

　　子思曰：“吾何慎哉？吾聞之：‘有其禮，無其財，君
子弗行也。[三]有其禮，有其財，無其時[一]，君子弗行
也。’[四]吾何慎哉？”[五]

［一］子思，孔子孫，伯魚之子。伯魚卒，其妻嫁於衞。

［二］柳若，衞人也。見子思欲爲嫁母服，恐其失禮，戒之。嫁

〔一〕無其時　此句唐石經、余仁仲本、阮刻本與底本同。婺州本作“無時”，“無”字
下脱一“其”字。

母，齊衰期。

［三］謂時可行，而財不足以備禮。

［四］謂財足以備禮，而時不得行者。

［五］時所止則止，時所行則行，無所疑也。喪之禮如子，贈、襚
　　　之屬，不踰主人。

（三·八十四）

縣子瑣曰：“吾聞之，古者不降，上下各以其親。^{［一］}滕
伯文爲孟虎齊衰，其叔父也。爲孟皮齊衰，其叔父也。”^{［二］}

［一］古，謂殷時也^{〔一〕}。上不降遠，下不降卑。
［二］伯文，殷時滕君也。爵爲伯，名文。

（三·八十五）

后木曰：“喪，吾聞諸縣子曰：‘夫喪，不可不深長思
也。^{［一］}買棺外内易。’我死則亦然^{［二］}。”^{［二］}

［一］后木，魯孝公子惠伯鞏之後。
［二］此孝子之事，非所記。

（三·八十六）

曾子曰：“尸未設飾，故帷堂，小斂而徹帷。”
仲梁子曰：“夫婦方亂，故帷堂，小斂而徹帷。”^{［一］}

〔一〕　古謂殷時也　“古”，余仁仲本、阮刻本與底本同。婺州本作“故”，誤。
〔二〕　我死則亦然　“亦”，余仁仲本、阮刻本與底本同。婺州本作“易”，誤。

〔一〕斂者，動搖尸，帷堂，爲人褻之。言“方亂”，非也。<u>仲梁子</u>，<u>魯</u>人也。

（三·八十七）

小斂之奠，<u>子游</u>曰：“於東方。”

<u>曾子</u>曰：“於西方，斂斯席矣。”〔一〕

小斂之奠在西方，<u>魯</u>禮之末失也。〔二〕

〔一〕<u>曾子</u>以俗説，非。又大斂奠於堂，乃有席。

〔二〕末世失禮之爲。

（三·八十八）

<u>縣子</u>曰：“綌衰、繐裳，非古也。”〔一〕

〔一〕非時尚輕涼慢禮。

（三·八十九）

<u>子蒲</u>卒，哭者呼“滅”。〔一〕

<u>子皋</u>曰：“若是野哉！”〔二〕

哭者改之。

〔一〕滅，蓋<u>子蒲</u>名。

〔二〕非之也。唯復呼名。<u>子皋</u>，<u>孔子</u>弟子<u>高柴</u>。

（三·九十）

<u>杜橋</u>之母之喪，宮中無相，以爲沽也。〔一〕

〔一〕沽，猶略也。

（三·九十一）

夫子曰：“始死，羔裘、玄冠者，易之而已。”羔裘、玄冠，夫子不以弔。〔一〕

〔一〕不以吉服弔喪。

（三·九十二）

子游問喪具。

夫子曰：“稱家之有亡。”

子游曰：“有無惡乎齊？”〔一〕

夫子曰：“有，毋過禮。苟亡矣，斂首足形，〔二〕還葬，〔三〕縣棺而封，〔四〕人豈有非之者哉？”〔五〕

〔一〕惡乎齊，問豐省之比。

〔二〕形，體。

〔三〕“還”之言“便”也。言已斂即葬，不待三月。

〔四〕不設碑繂，不備禮。封，當爲“窆”。窆，下棺也，《春秋傳》作“塴”。

〔五〕不責於人所不能。

（三·九十三）

司士賁告於子游曰：“請襲於牀。”〔一〕

子游曰：“諾。”

縣子聞之，曰：“汰哉！叔氏專以禮許人。”〔二〕

〔一〕時失之也。禮，唯始死廢牀。

〔二〕當言禮然，言諾，非也。叔氏，子游字。

（三·九十四）

　　宋襄公葬其夫人，醢醢百甕。曾子曰：“既曰明器矣，而又實之！”〔一〕

〔一〕言名之爲明器，而與祭器皆實之，是亂鬼器與人器。

（三·九十五）

　　孟獻子之喪，〔一〕司徒旅歸四布。〔二〕夫子曰：“可也。”〔三〕

〔一〕獻子，魯大夫仲孫蔑。

〔二〕旅，下士也。司徒使下士歸四方之賻布。

〔三〕時人皆貪，善其能廉。

（三·九十六）

　　讀賵。曾子曰：“非古也，是再告也。”〔一〕

〔一〕曾子言非。禮，祖而讀賵〔一〕，賓致命。將行，主人之史又讀賵〔二〕，所以存錄之。

〔一〕　禮祖而讀賵　“祖”，婺州本、阮刻本與底本同。余仁仲本作“袒”，誤。

〔二〕　主人之史又讀賵　“史”，底本、婺州本、余仁仲本、阮刻本皆作“吏”，誤。《儀禮·既夕禮》作“史”，據改。

（三·九十七）

　　成子高寢疾。[一]慶遺入請，曰：“子之病革矣。如至乎大病，則如之何？”[二]

　　子高曰：“吾聞之也，生有益於人，死不害於人。吾縱生無益於人，吾可以死害於人乎哉？我死，則擇不食之地而葬我焉。”[三]

　　[一]成子高，齊大夫國成伯高父也。

　　[二]觀其意。革，急也。遺，慶封之族。

　　[三]不食，謂不墾耕。

（三·九十八）

　　子夏問諸夫子曰：“居君之母與妻之喪。”
　　“居處、言語、飲食衎爾。”[一]

　　[一]衎爾，自得貌。爲小君惻隱不能至。

（三·九十九）

　　賓客至，無所館。夫子曰：“生於我乎館，死於我乎殯。”[一]

　　[一]仁者不厄人。

（三·一百）

　　國子高曰：“葬也者，藏也。藏也者，欲人之弗得見也。是故衣足以飾身，棺周於衣，椁周於棺，土周於椁。[一]反壤樹之哉！”[二]

〔一〕言皆所以爲深邃，難人發見之也。國子高，成子高也。成，謚也。

〔二〕反，復也〔一〕。怪不如大古也，而反封樹之。意在於儉，非周禮。

（三·一百一）

孔子之喪，有自燕來觀者，舍於子夏氏。子夏曰：“聖人之葬人，與人之葬聖人也，子何觀焉？〔一〕昔者夫子言之曰：‘吾見封之若堂者矣，〔二〕見若坊者矣，〔三〕見若覆夏屋者矣，〔四〕見若斧者矣。〔五〕從若斧者焉，〔六〕馬鬣封之謂也。’〔七〕今一日而三斬板，而已封，〔八〕尚行夫子之志乎哉！”〔九〕

〔一〕與，及也。

〔二〕封，築土爲壟。堂形四方而高。

〔三〕坊形旁殺，平上而長。

〔四〕覆，謂茨瓦也。夏屋，今之門廡也，其形旁廣而卑。

〔五〕斧形旁殺，刃上而長。

〔六〕孔子以爲刃上難登。狹，又易爲功。

〔七〕俗間名。

〔八〕板，蓋廣二尺，長六尺。斬板，謂斷其縮也。三斷止之〔二〕，旁殺，蓋高四尺，其廣袤未聞也。《詩》云：“縮板以載。”

〔九〕尚，庶幾也。

（三·一百二）

婦人不葛帶。〔一〕

〔一〕反復也　“復”，婺州本、余仁仲本、阮刻本作“覆”。

〔二〕三斷止之　“止”，婺州本、阮刻本與底本同。余仁仲本作“正”。《經典釋文》作“上”。

　　〔一〕婦人質，不變重者，至期除之。卒哭，變絰而已。

（三·一百三）

　　有薦新，如朔奠。[一]

　　〔一〕重新物，爲之殷奠。

（三·一百四）

　　既葬，各以其服除。[一]

　　〔一〕卒哭，當變衰麻者變之。或有除者，不視主人。

（三·一百五）

　　池視重霤。[一]

　　〔一〕如堂之有承霤也。承霤，以木爲之，用行水，亦宮之飾
　　　　也[一]。柳，宮象也。以竹爲池，衣以青布，縣銅魚焉。今宮
　　　　中有承霤，云以銅爲之。

（三·一百六）

　　君即位而爲椑，[一]歲壹漆之，[二]藏焉。[三]

　　〔一〕椑，謂杝棺親尸者。椑，堅著之言也。言天子椑内又有水、兕
　　　　革棺。

〔一〕　亦宮之飾也　“亦”，婺州本、阮刻本與底本同。余仁仲本作“以”，誤。

146

　　〔二〕若未成然。

　　〔三〕虛之不合。

（三·一百七）

　　復、楔齒、綴足、飯、設飾、帷堂，並作。^[一]

　　〔一〕設飾，謂遷尸又加新衣。

（三·一百八）

　　父兄命赴者。^[一]

　　〔一〕謂大夫以上也。士，主人親命之。

（三·一百九）

　　君復於小寢、大寢、小祖、大祖、庫門、四郊。^[一]

　　〔一〕尊者求之備也，亦他日所嘗有事。

（三·一百十）

　　喪不剝，奠也與？祭肉也與？^[一]

　　〔一〕剝，猶倮也。有牲肉則巾之，爲其久設，塵埃加也。脯醢之
　　　　奠不巾。

（三·一百十一）

　　既殯，旬而布材與明器。^[一]

　　〔一〕木工宜乾腊，且豫成。材，椁材也。

（三·一百十二）

　　朝奠日出，夕奠逮日。〔一〕

　　〔一〕陰陽交接，庶幾遇之。

（三·一百十三）

　　父母之喪，哭無時，使，必知其反也。〔一〕

　　〔一〕謂既練，或時爲君服金革之事，反必有祭。

（三·一百十四）

　　練，練衣，黃裏，縓緣；〔一〕葛要絰；繩屨，無絢；角
瑱；〔二〕鹿裘，衡，長，袪。〔三〕袪，裼之可也。〔四〕

　　〔一〕小祥練冠，練中衣，以黃爲內，縓爲飾。黃之色卑於纁。
　　　　縓，纁之類，明外除。
　　〔二〕瑱，充耳也。吉時以玉，人君有瑱。
　　〔三〕衡，當爲“橫”，字之誤也。袪，謂褎緣袂口也。練而爲裘，
　　　　橫廣之，又長之。又爲袪，則先時狹短無袪可知〔一〕。吉時麛裘。
　　〔四〕裼，表裘也。有袪而裼之，備飾也。《玉藻》曰：“麛裘青犴
　　　　褎〔二〕，絞衣以裼之。”鹿裘亦用絞乎〔三〕？

_____

〔一〕則先時狹短無袪可知　“狹”，余仁仲本、阮刻本與底本同。婺州本作“袪”，誤。
〔二〕麛裘青犴褎　“犴”，余仁仲本、阮刻本與底本同。婺州本作“犴”。
〔三〕鹿裘亦用絞乎　“絞”，余仁仲本、阮刻本與底本同。婺州本作“紋”，誤。

（三·一百十五）

有殯，聞遠兄弟之喪，雖緦必往。^{〔一〕}非兄弟，雖鄰不往。^{〔二〕}

〔一〕親骨肉也。

〔二〕疏無親也。

（三·一百十六）

所識，其兄弟不同居者皆弔。^{〔一〕}

〔一〕就其家弔之，成恩舊也。

（三·一百十七）

天子之棺四重。^{〔一〕}水、兕革棺被之，其厚三寸；^{〔二〕}杝棺一；^{〔三〕}梓棺二。^{〔四〕}四者皆周。^{〔五〕}棺束，縮二、衡三，衽每束一。^{〔六〕}柏椁以端，長六尺。^{〔七〕}

〔一〕尚深邃也。諸公三重，諸侯再重，大夫一重，士不重。

〔二〕以水牛、兕牛之革以爲棺被。革各厚三寸，合六寸也。此爲一重。

〔三〕所謂"椑棺"也。《爾雅》曰："椴，杝^{〔一〕}。"

〔四〕所謂"屬"與"大棺"。

〔五〕周，币也。凡棺，用能濕之物。

〔六〕衡，亦當爲"橫"。衽，今小要。衽，或作"漆"，或作"髹"。

〔七〕以端，題湊也。其方蓋一尺。

〔一〕椴杝　"椴"，底本、婺州本作"椵"，誤。余仁仲本、阮刻本作"椴"，據改。

（三·一百十八）

天子之哭諸侯也，爵弁絰，紂衣。^[一]或曰："使有司哭之。^[二]爲之不以樂食。"^[三]

[一] 服士之祭服以哭之，明爲變也。天子至尊，不見尸柩，不吊服，麻不加於采。此言"絰"，衍字也。時人聞有弁絰^[一]，因云之耳。《周禮》："王吊諸侯，弁絰、緦衰也。"

[二] 非也。哀戚之事不可虛。

[三] 蓋謂殯、斂之間。

（三·一百十九）

天子之殯也，菆塗龍輴以椁，^[一]加斧于椁上，畢塗屋。^[二]天子之禮也。

[一] 菆木以周龍輴如椁，而塗之。天子殯以輴車，畫轅爲龍。

[二] 斧，謂之"黼"，白黑文也。以刺繡於縿幕，加椁以覆棺，已，乃屋其上，盡塗之。

（三·一百二十）

唯天子之喪，有別姓而哭。^[一]

[一] 使諸侯同姓、異姓、庶姓，相從而爲位，別於朝覲來時。朝覲，爵同同位。

────────

〔一〕 時人聞有弁絰 "聞"，底本作"閒"，<u>阮</u>刻本作"間"，誤。<u>婺州</u>本、<u>余仁仲</u>本作"聞"，據改。

150

（三・一百二十一）

　　魯哀公誄孔丘曰：“天不遺耆老〔一〕，莫相予位焉。嗚呼！哀哉，尼父！”〔一〕

　　〔一〕誄其行以爲謚也。莫，無也。相，佐也。言孔子死，無佐助我處位者。尼父，因且字以爲之謚〔二〕。

（三・一百二十二）

　　國亡大縣邑，公、卿、大夫、士皆厭冠，哭於大廟三日，君不舉。〔一〕或曰：“君舉而哭於后土。”〔二〕

　　〔一〕軍敗失地，以喪歸也。厭冠，今喪冠，其服未聞。
　　〔二〕后土，社也。

（三・一百二十三）

　　孔子惡野哭者。〔一〕

　　〔一〕爲其變衆。《周禮・銜枚氏》：“掌禁野叫呼、歎鳴於國中者〔三〕，行歌、哭於國中之道者。”

（三・一百二十四）

　　未仕者，不敢稅人。如稅人，則以父兄之命。〔一〕

〔一〕　天不遺耆老　“天”，唐石經、余仁仲本、阮刻本與底本同。婺州本作“是”，誤。
〔二〕　因且字以爲之謚　“且”，余仁仲本、阮刻本作“其”。此句婺州本作“因且一字以爲之謚”，“且”字下衍“一”字。
〔三〕　歎鳴於國中者　“鳴”，婺州本、余仁仲本、阮刻本作“呼”。

[一] 不專家財也。稅，謂遺予人〔一〕。

（三·一百二十五）

士備入而后朝夕踊。[一]

[一] 備，猶盡也。國君之喪，嫌主人哭，入則踊。

（三·一百二十六）

祥而縞。[一] 是月禫，徙月樂。[二]

[一] 縞冠，素紕也。
[二] 言“禫”，明月可以用樂。

（三·一百二十七）

君於士有賜帟。[一]

[一] 帟，幕之小者，所以承塵，賜之則張於殯上。大夫以上，幕
人職供焉。

〔一〕 謂遺予人 “予”，婺州本與底本同。余仁仲本、阮刻本作“于”。

禮記卷第三

禮記卷第三

檀弓下第四

鄭　氏　注

（四·一）

　　君之適長殤，車三乘。公之庶長殤，車一乘。大夫之適長殤，車一乘。^{〔一〕}

　　〔一〕皆下成人也。自上而下，降殺以兩^{〔一〕}，成人遣車五乘，長殤三乘^{〔二〕}，下殤一乘，尊卑以此差之。庶子言“公”，卑遠之。《傳》曰：“大功之殤，中從上^{〔三〕}。”

（四·二）

　　公之喪，諸達官之長，杖。^{〔一〕}

　　〔一〕謂君所命，雖有官職，不達於君，則不服斬。

（四·三）

　　君於大夫，將葬，弔於宮。及出，命引之，三步則

〔一〕 降殺以兩　“兩”，余仁仲本、阮刻本與底本同。婺州本作“降”，誤。
〔二〕 長殤三乘　“殤”，余仁仲本、阮刻本與底本同。婺州本作“癭”，誤。
〔三〕 中從上　“中”，婺州本、余仁仲本與底本同。阮刻本作“小”，誤。

155

止。^[一]如是者三，君退。^[二]朝亦如之，哀次亦如之。^[三]

> ［一］以義奪孝子。宮，殯宮。出，謂柩已在路。
>
> ［二］退，去也。三命引之^[一]，凡移九步。
>
> ［三］君弔不必於宮。朝，喪朝廟也。次，他日賓客所受大門外舍
> 也。孝子至此而哀，君或於是弔焉。

(四·四)

五十無車者，不越疆而弔人。^[一]

> ［一］氣力始衰。

(四·五)

季武子寢疾。蟜固不説齊衰而入見，曰："斯道也，將
亡矣，士唯公門説齊衰。"^[一]武子曰："不亦善乎？君子表
微。"^[二]及其喪也，曾點倚其門而歌。^[三]

> ［一］季武子，魯大夫季孫夙也。世爲上卿，強且專政，國人事之
> 如君。蟜固能守禮，不畏之，蟜失俗也。道，猶禮也。
>
> ［二］時無如之何，佯若善之。表，猶明也。
>
> ［三］明己不與也。點，字皙，曾參父。

(四·六)

大夫弔，當事而至，則辭焉。^[一]

〔一〕三命引之　"三"，余仁仲本、阮刻本與底本同。婺州本作"王"，誤。

156

　　［一］辭，猶告也，擯者以主人有事告也。主人無事，則爲大夫出。

（四·七）

　　弔於人，是日不樂。^[一]

　　［一］君子哀樂不同日。子於是日哭，則不歌。

（四·八）

　　婦人不越疆而弔人。^[一]

　　［一］不通於外。

（四·九）

　　行弔之日，不飲酒、食肉焉。^[一]

　　［一］以全哀也。

（四·十）

　　弔於葬者，必執引。若從柩及壙，皆執紼。^[一]

　　［一］示助之以力。車曰引，棺曰紼，從柩贏者。

（四·十一）

　　喪，公弔之，必有拜者，^[一]雖朋友、州里、舍人可也。^[二]弔曰：“寡君承事。”^[三]主人曰：“臨。”^[四]

［一］往謝之。

［二］謂無主後。

［三］示亦爲執事來。

［四］君辱臨其臣之喪。

（四·十二）

君遇柩於路，必使人弔之。[一]

［一］君於民臣有父母之恩。

（四·十三）

大夫之喪，庶子不受弔。[一]

［一］不以賤者爲有爵者主。

（四·十四）

妻之昆弟爲父後者死，哭之適室。[一]子爲主，袒、免，哭、踊。[二]夫入門右，[三] 使人立于門外，告來者，狎則入哭。[四]父在，哭於妻之室。[五]非爲父後者，哭諸異室。

［一］以其正也。

［二］親者主之。

［三］北面辟正主。

［四］狎，相習知者。

［五］不以私喪干尊。

（四·十五）

　　有殯，聞遠兄弟之喪，哭于側室。[一] 無側室，哭于門
内之右。[二] 同國，則往哭之。[三]

　　[一] 嫌哭殯。
　　[二] 近南者爲之變位。
　　[三] 喪無外事。

（四·十六）

　　子張死，曾子有母之喪，齊衰而往哭之。
　　或曰：“齊衰不以弔。”[一]
　　曾子曰：“我弔也與哉？”[二]

　　[一] 以其無服非之。
　　[二] 於朋友哀痛甚而往哭之，非若凡弔。

（四·十七）

　　有若之喪，悼公弔焉。[一] 子游擯，由左。[二]

　　[一] 悼公，魯哀公之子。
　　[二] 擯，相佑喪禮者。喪禮廢亡，時人以爲此儀當如詔辭而皆由
　　　　右相，是善子游正之。《孝經説》曰：“以身擯佑。”

（四·十八）

　　齊穀王姬之喪，[一] 魯莊公爲之大功。或曰：“由魯嫁，
故爲之服姊妹之服。”或曰：“外祖母也，故爲之服。”[二]

〔一〕轂，當爲“告”，聲之誤也。王姬，周女，齊襄公之夫人。

〔二〕《春秋》周女由魯嫁，卒，服之如内女服姊妹是也。天子爲
之無服，嫁於王者之後乃服之。莊公，齊襄公女弟文姜之
子，當爲“舅之妻”，非外祖母也。外祖母又小功也。

（四·十九）

晉獻公之喪，秦穆公使人弔公子重耳，〔一〕且曰：“寡
人聞之，亡國恒於斯，得國恒於斯。〔二〕雖吾子儼然在憂服
之中，喪亦不可久也，時亦不可失也。孺子其圖之。”〔三〕
以告舅犯，〔四〕舅犯曰：“孺子其辭焉！喪人無寶，仁親以
爲寶。〔五〕父死之謂何？又因以爲利，〔六〕而天下其孰能説
之？孺子其辭焉！”〔七〕公子重耳對客曰：“君惠弔亡臣重
耳，身喪父死，不得與於哭泣之哀，以爲君憂。〔八〕父死之
謂何？或敢有他志以辱君義？”稽顙而不拜，哭而起，起而
不私。〔九〕子顯以致命於穆公，〔一〇〕穆公曰：“仁夫！公子
重耳。夫稽顙而不拜，則未爲後也，故不成拜〔一〕。哭而起，
則愛父也。起而不私，則遠利也。”

〔一〕獻公殺其世子申生，重耳辟難出奔，是時在翟，就弔之。

〔二〕言在喪伐之際〔二〕。

〔三〕勸其反國，意欲納之。喪，謂亡失位。孺，稺也。

〔四〕舅犯，重耳之舅狐偃也，字子犯。

〔五〕寶謂善道可守者。仁親，親行仁義。

〔一〕 故不成拜　此句唐石經、婺州本、阮刻本與底本同。余仁仲本作“故不不成拜”，
“成”字上衍一“不”字。

〔二〕 言在喪伐之際　“伐”，婺州本、余仁仲本、阮刻本作“代”。

［六］欲反國求爲後，是利父死。

［七］説，猶解也。

［八］謝之。

［九］他志，謂利心〔一〕。

［一〇］使者，公子縶也。盧氏云：“古者名、字相配，‘顯’，當
　　　　作‘韅’。”

（四·二十）

　　帷殯，非古也。自敬姜之哭穆伯始也。〔一〕

　　［一］穆伯，魯大夫，季悼子之子公甫靖也。敬姜，穆伯之妻〔二〕，
　　　　文伯歜之母也。禮，朝夕哭，不帷。

（四·二十一）

　　喪禮，哀戚之至也。節哀、順變也，君子念始之者也。〔一〕

　　［一］始，猶生也。念父母生己，不欲傷其性。

（四·二十二）

　　復，盡愛之道也，有禱祠之心焉。〔一〕望反諸幽，求諸
鬼神之道也。〔二〕北面，求諸幽之義也。〔三〕

　　［一］復，謂招魂，且分禱五祀，庶幾其精氣之反。

〔一〕　謂利心　“利”，底本、婺州本作“利”。余仁仲本、阮刻本作“私”。
〔二〕　穆伯之妻　此句婺州本、余仁仲本、阮刻本作“穆伯妻”，“伯”字下少一“之”字。

　　〔二〕鬼神處幽闇，望其從鬼神所來。

　　〔三〕鄉其所從來也。禮，復者升屋，北面。

（四·二十三）

　　拜稽顙，哀戚之至隱也。稽顙，隱之甚也。^{〔一〕}

　　〔一〕隱，痛也。稽顙者，觸地無容。

（四·二十四）

　　飯用米、貝，弗忍虛也。不以食道，用美焉爾。^{〔一〕}

　　〔一〕尊之也，食道褻，米、貝美。

（四·二十五）

　　銘，明旌也。^{〔一〕}以死者爲不可別已，故以其旗識之。^{〔二〕}愛之，斯錄之矣。敬之，斯盡其道焉耳。^{〔三〕}

　　〔一〕神明之旌^{〔一〕}。
　　〔二〕不可別，形貌不見。
　　〔三〕謂重與奠。

（四·二十六）

　　重，主道也。^{〔一〕}殷主綴重焉，^{〔二〕}周主重徹焉。^{〔三〕}

〔一〕　神明之旌　“旌”，婺州本與底本同。余仁仲本、阮刻本作“精”。

162

［一］始死未作主，以重主其神也。重，既虞而埋之，乃後作主。《春秋傳》曰：“虞主用桑，練主用栗。”

［二］綴，猶聯也。殷人作主，而聯其重，縣諸廟也。去顯考，乃埋之。

［三］周人作主，徹重埋之。

（四·二十七）

奠以素器，以生者有哀素之心也。［一］唯祭祀之禮，主人自盡焉爾，豈知神之所饗？亦以主人有齊敬之心也。［二］

［一］哀素，言哀痛無飾也。凡物無飾曰素。

［二］哀則以素，敬則以飾，禮由人心而已。

（四·二十八）

辟踊，哀之至也。有筭，爲之節文也。［一］袒、括髮，變也。慍，哀之變也。去飾，去美也。袒、括髮，去飾之甚也。有所袒，有所襲，哀之節也。

［一］筭，數也。

（四·二十九）

弁、絰葛而葬，與神交之道也，［一］有敬心焉。［二］周人弁而葬，殷人冔而葬。［三］

［一］接神之道，不可以純凶。天子、諸侯變服而葬，冠素弁，以葛爲環絰。既虞、卒哭，乃服受服也。《雜記》曰：“凡弁絰，

其衰侈袂。"

［二］踰時哀衰而敬生，敬則服有飾，大夫、士三月而葬，未
　　　踰時。

［三］周弁、殷冔，俱象祭冠而素，禮同也。

（四·三十）

歠主人、主婦、室老，爲其病也。君命食之也。^[一]

［一］尊者奪人易也。歠，歠粥也。

（四·三十一）

反哭，升堂，反諸其所作也。^[一]主婦入于室，反諸其
所養也。^[二]

［一］親所行禮之處^{〔一〕}。
［二］親所饋食之處。

（四·三十二）

反哭之弔也，哀之至也。反而亡焉，失之矣，於是爲
甚。^[一]殷既封而弔，周反哭而弔。^[二]孔子曰："殷已慤，
吾從周。"^[三]

［一］哀痛甚。
［二］封，當爲"窆"。窆，下棺也。

〔一〕　親所行禮之處　"處"，余仁仲本、阮刻本與底本同。婺州本作"所"，誤。

〔三〕慭者，得哀之始，未見其甚。

（四·三十三）

葬於北方，北首，三代之達禮也，之幽之故也。^{〔一〕}

〔一〕北方，國北也。

（四·三十四）

既封，主人贈，而祝宿虞尸。^{〔一〕}

〔一〕贈以幣，送死者於壙也。於主人贈，祝先歸。

（四·三十五）

既反哭，主人與有司視虞牲。^{〔一〕}有司以几、筵舍奠於墓左^{〔一〕}，反，日中而虞。^{〔二〕}

〔一〕日中將虞，省其牲。

〔二〕所使奠墓有司來歸乃虞也。舍奠墓左，爲父母形體在此，禮其神也。《周禮·冢人》：“凡祭墓爲尸。”

（四·三十六）

葬日虞，弗忍一日離也。^{〔一〕}是日也，以虞易奠。^{〔二〕}卒哭曰“成事”。^{〔三〕}是日也，以吉祭易喪祭。^{〔四〕}明日，祔于祖

〔一〕有司以几筵舍奠於墓左　“舍”，唐石經、余仁仲本、阮刻本與底本同。婺州本作“合”，誤。

父，^[五]其變而之吉祭也。比至於祔，必於是日也接，不忍一日末有所歸也。^[六]殷練而祔，周卒哭而祔，孔子善殷。^[七]

[一] 弗忍其無所歸。

[二] 虞，喪祭也。

[三] 旣虞之後，卒哭而祭，其辭蓋曰"哀薦成事"，成祭事也。祭以吉爲成。

[四] 卒哭，吉祭。

[五] 祭告於其祖之廟。

[六] 末，無也。日有所用接之，《虞禮》所謂"他用剛日"者^{〔一〕}。其祭，祝曰"哀薦"，曰"成事"。

[七] 期而神之，人情。

(四·三十七)

君臨臣喪，以巫祝桃茢執戈，惡之也，^[一]所以異於生也。^[二]

[一] 爲有凶邪之氣在側。君聞大夫之喪，去樂，卒事而往，未襲也。其已襲則止巫，去桃茢。桃，鬼所惡。茢，萑苕，可埽不祥。

[二] 生人無凶邪。

(四·三十八)

喪有死之道焉，^[一]先王之所難言也。^[二]

〔一〕 虞禮所謂他用剛日者　"者"，婺州本、余仁仲本與底本同。阮刻本作"也"。

［一］言人之死，有如鳥獸死之狀。鳥獸之死，人賤之。

［二］聖人不明説，爲人甚惡之。

（四·三十九）

喪之朝也，順死者之孝心也。^{［一］}其哀離其室也，故至於祖考之廟而后行。殷朝而殯於祖，周朝而遂葬。

［一］朝，謂遷柩於廟。

（四·四十）

孔子謂：“爲明器者，知喪道矣，備物而不可用也。^{［一］}哀哉！死者而用生者之器也，不殆於用殉乎哉？^{［二］}其曰明器，神明之也。^{［三］}塗車、芻靈，自古有之，^{［四］}明器之道也。”^{［五］}孔子謂：“爲芻靈者善。”謂：“爲俑者不仁，不殆於用人乎哉^{［一］}！”^{［六］}

［一］神與人異道，則不相傷。

［二］殆，幾也。殺人以衛死者曰殉^{［二］}。用其器者，漸幾於用人。

［三］神明死者，異於生人。

［四］芻靈，束茅爲人馬^{［三］}。謂之“靈”者，神之類。

［五］言與明器同。

［六］俑，偶人也，有面目機發，有似於生人。孔子善古而非周。

〔一〕　不殆於用人乎哉　此句唐石經、婺州本、余仁仲本與底本同。阮刻本作“殆於用人乎哉”，“殆”字上脱一“不”字。

〔二〕　殺人以衛死者曰殉　“殉”，婺州本、阮刻本與底本同。余仁仲本作“循”，誤。

〔三〕　束茅爲人馬　“馬”，余仁仲本、阮刻本與底本同。婺州本作“焉”，誤。

（四·四十一）

穆公問於子思曰：“爲舊君反服，古與？”〔一〕

子思曰：“古之君子，進人以禮，退人以禮，故有舊君反服之禮也。今之君子，進人若將加諸膝，退人若將隊諸淵〔一〕。毋爲戎首，不亦善乎？又何反服之禮之有？”〔二〕

〔一〕仕焉而已者。穆公，魯哀公之曾孫。

〔二〕言放逐之臣，不服舊君也。爲兵主來攻伐曰“戎首”。

（四·四十二）

悼公之喪，季昭子問於孟敬子曰：“爲君何食？”〔一〕

敬子曰：“食粥，天下之達禮也。吾三臣者之不能居公室也，四方莫不聞矣。〔二〕勉而爲瘠，則吾能，毋乃使人疑夫不以情居瘠者乎哉〔二〕？我則食食。”〔三〕

〔一〕悼公，魯哀公之子。昭子，康子之曾孫，名強。敬子，武伯之子，名捷。

〔二〕言鄰國皆知吾等不能居公室，以臣禮事君也。三臣，仲孫、叔孫、季孫氏〔三〕。

〔三〕存時不盡忠，喪又不盡禮，非也。孔子曰：“喪事不敢不勉。”

〔一〕　退人若將隊諸淵　“隊”，婺州本、余仁仲本、阮刻本與底本同。唐石經作“墜”。

〔二〕　毋乃使……者乎哉　此句唐石經、余仁仲本、阮刻本與底本同。婺州本作“毋乃使人疑夫不以情瘠乎哉”，“者”字下脱一“乎”字，誤。

〔三〕　仲孫叔孫季孫氏　“氏”，婺州本、余仁仲本與底本同。阮刻本作“也”。

（四·四十三）

　　衞司徒敬子死。[一]

　　子夏弔焉，主人未小斂，絰而往。

　　子游弔焉，主人既小斂，子游出，絰，反哭。[二]

　　子夏曰：“聞之也與？”

　　曰：“聞諸夫子，主人未改服，則不絰。”

　　[一] 司徒，官氏，公子許之後。

　　[二] 皆以朋友之禮往，而二人異。

（四·四十四）

　　曾子曰：“晏子可謂知禮也已，恭敬之有焉。”[一]

　　有若曰：“晏子一狐裘三十年，遣車一乘，及墓而反。國君七个，遣車七乘；大夫五个，遣車五乘。晏子焉知禮？”[二]

　　曾子曰：“國無道，君子恥盈禮焉。國奢則示之以儉，國儉則示之以禮。”[三]

　　[一] 言禮者，敬而已矣。

　　[二] 言其大儉偪下，非之。及墓而反，言其既窆則歸，不留賓客
　　　　有事也。人臣賜車馬者，乃得有遣車。遣車之差，大夫五，
　　　　諸侯七，則天子九。諸侯不以命數，喪數略也。个，謂所包
　　　　遣奠牲體之數也。《雜記》曰：“遣車視牢具。”

　　[三] 時齊方奢，矯之是也。

（四·四十五）

　　國昭子之母死，問於子張曰：“葬及墓，男子、婦人

安位?"^{〔一〕}

子張曰:"司徒敬子之喪,夫子相,男子西鄉,婦人東鄉。"^{〔二〕}

曰:"噫!毋。"^{〔三〕}

曰:"我喪也,斯沾。^{〔四〕}爾專之,賓爲賓焉,主爲主焉。^{〔五〕}婦人從男子皆西鄉。"^{〔六〕}

[一] 國昭子,齊大夫。

[二] 夾羨道爲位。夫子,孔子也。

[三] 噫,不寤之聲。毋,禁止之辭。

[四] 斯,盡也。沾,讀曰"覘"。覘,視也。國昭子自謂齊之大家,有事,人盡視之,欲人觀之,法其所爲。

[五] 專,猶司也^{〔一〕}。時子張相。

[六] 非也。

(四·四十六)

穆伯之喪,敬姜晝哭。文伯之喪,晝夜哭。孔子曰:"知禮矣。"^{〔一〕}

[一] 喪夫不夜哭,嫌思情性也。

(四·四十七)

文伯之喪,敬姜據其牀而不哭,曰:"昔者吾有斯子也,吾以將爲賢人也。^{〔一〕}吾未嘗以就公室。^{〔二〕}今及其死也,

〔一〕 專猶司也 "司",底本、婺州本作"同",誤。余仁仲本、阮刻本作"司",據改。

朋友諸臣未有出涕者，而內人皆行哭失聲。斯子也，必多曠於禮矣夫。”^[三]

　[一] 蓋見其有才藝。

　[二] 未嘗與到公室，觀其行也。季氏，魯之宗卿，敬姜有會見之禮。

　[三] 內人，妻妾。

（四·四十八）

　季康子之母死，陳褻衣。^[一]敬姜曰：“婦人不飾不敢見舅姑。將有四方之賓來，褻衣何爲陳於斯？”命徹之。^[二]

　[一] 褻衣，非上服。陳之，將以斂。

　[二] 言四方之賓，嚴於舅姑。敬姜者，康子從祖母。

（四·四十九）

　有子與子游立，見孺子慕者。

　有子謂子游曰：“予壹不知夫喪之踊也，予欲去之久矣。情在於斯，其是也夫。”^[一]

　子游曰：“禮有微情者，^[二]有以故興物者。^[三]有直情而徑行者，戎狄之道也。^[四]禮道則不然。^[五]人喜則斯陶，^[六]陶斯咏，^[七]咏斯猶，^[八]猶斯舞，^[九]舞斯慍，^[一〇]慍斯戚，^[一一]戚斯歎，^[一二]歎斯辟，^[一三]辟斯踊矣。^[一四]品節斯，斯之謂禮。^[一五]人死，斯惡之矣；無能也，斯倍之矣。^[一六]是故制絞衾，設蔞翣，爲使人勿惡也。^[一七]始死，脯醢之奠。

將行，遣而行之。旣葬而食之。^[一八]未有見其饗之者也。自上世以來，未之有舍也，爲使人勿倍也。^[一九]故子之所刺於禮者，亦非禮之訾也。"^[二〇]

[一] 喪之踊，猶孺子之號慕。

[二] 節哭踊。

[三] 衰絰之制。

[四] 哭踊無節，衣服無制。

[五] 與戎狄異。

[六] 陶，鬱陶也。

[七] 咏，謳也。

[八] 猶，當爲"搖"，聲之誤也。搖，謂身動搖也，秦人
　　　"猶""搖"聲相近。

[九] 手舞之。

[一〇] 慍，猶怒也。

[一一] 戚，憤恚。

[一二] 歎，吟息。

[一三] 辟，拊心。

[一四] 踊，躍。

[一五] 舞、踊皆有節，乃成禮。

[一六] 無能，心謂之無所復能。

[一七] 絞衾，尸之飾。蔞翣，棺之牆飾。《周禮》"蔞"作"柳"。

[一八] 將行，將葬也。葬有遣奠。食，反虞之祭。

[一九] 舍，猶廢也。

[二〇] 訾，病也。

（四·五十）

吳侵陳，斬祀，殺厲。[一]師還出竟，陳大宰嚭使於師[一]。

夫差謂行人儀曰："是夫也多言，盍嘗問焉？師必有名，人之稱斯師也者，則謂之何？"[二]

大宰嚭曰[二]："古之侵伐者，不斬祀，不殺厲，不獲二毛。[三]今斯師也，殺厲與？其不謂之'殺厲之師'與？"[四]

曰："反爾地，歸爾子，則謂之何？"[五]

曰："君王討敝邑之罪，又矜而赦之，師與有無名乎[三]？"[六]

[一]祀，神位有屋、樹者。厲，疫病。吳侵陳，以魯哀元年秋。

[二]大宰、行人，官名也。夫差，吳子光之子。盍，何不也。嘗，猶試也。夫差脩舊怨，庶幾其師有善名。

[三]獲，謂係虜之。二毛，鬢髮斑白[四]。

[四]欲微切之，故其言似若不審然。正言殺厲，重人。

[五]子，謂所獲民臣。

[六]又微勸之，終其意。吳、楚僭號稱王。

（四·五十一）

顏丁善居喪，[一]始死，皇皇焉如有求而弗得。及殯，望望焉如有從而弗及。既葬，慨焉如不及其反而息。[二]

[一]顏丁，魯人。

〔一〕　陳大宰嚭使於師　"嚭"，婺州本、余仁仲本、阮刻本與底本同。唐石經作"嚭"。

〔二〕　大宰嚭曰　"嚭"，婺州本、余仁仲本、阮刻本與底本同。唐石經作"嚭"。

〔三〕　師與有無名乎　"有"，余仁仲本、阮刻本與底本同。婺州本作"其"。

〔四〕　鬢髮斑白　"斑"，余仁仲本、阮刻本與底本同。婺州本作"班"。

［二〕從，隨也。慨，憶貌〔一〕。

（四·五十二）

子張問曰："《書》云：'高宗三年不言，言乃讙。'有諸？"〔一〕

仲尼曰："胡爲其不然也？古者天子崩，王世子聽於冢宰三年。"〔二〕

［一］時人君無行三年之喪禮者，問有此與？怪之也。讙，喜說也。言乃喜說，則民臣望其言久。

［二〕冢宰，天官卿，貳王事者。三年之喪，使之聽朝。

（四·五十三）

知悼子卒，未葬。〔一〕平公飲酒，〔二〕師曠、李調侍，〔三〕鼓鐘。〔四〕杜蕢自外來，聞鐘聲，曰："安在？"〔五〕曰："在寢。"〔六〕杜蕢入寢，歷階而升，酌，曰："曠飲斯。"又酌，曰："調飲斯。"又酌〔二〕，堂上北面坐飲之。降，趨而出。〔七〕平公呼而進之，曰："蕢，曩者爾心或開予，是以不與爾言。〔八〕爾飲曠，何也？"曰："子、卯不樂，〔九〕知悼子在堂，斯其爲子、卯也大矣。〔一〇〕曠也，大師也。不以詔，是以飲之也。"〔一一〕"爾飲調，何也？"曰："調也，君之褻臣也。爲一飲一食，忘君之疾，是以飲之也。"〔一二〕"爾飲，何也？"曰："蕢也，宰夫也。非刀匕是共，又敢

〔一〕慨憶貌　"慨"，余仁仲本與底本同。婺州本、阮刻本作"既"，誤。

〔二〕又酌　"又"，唐石經、余仁仲本、阮刻本與底本同。婺州本作"人"，誤。

174

與知防，是以飲之也。”^[一三]平公曰：“寡人亦有過焉，酌而飲寡人。”^[一四]杜蕢洗而揚觶。^[一五]公謂侍者曰：“如我死，則必無廢斯爵也^{〔一〕}。”^[一六]至于今，既畢獻，斯揚觶，謂之“杜舉”。^[一七]

[一] 悼子，晉大夫荀盈，魯昭九年卒。

[二] 與羣臣燕。平公，晉侯彪。

[三] 侍，與君飲也。《燕禮·記》曰：“請旅侍臣。”

[四] 樂作也。《燕禮》，賓入門，奏《肆夏》，既獻而樂闋。獻君亦如之。

[五] 怪之也。杜蕢，或作“屠蒯”。

[六] 燕於寢。

[七] 三酌皆罰。

[八] 曩，曏也，謂始來入時。開，謂諫爭有所發起。

[九] 紂以甲子死，桀以乙卯亡，王者謂之“疾日”，不以舉樂爲吉事，所以自戒懼。

[一〇] 言大臣喪重於疾日也。《雜記》曰：“君於卿、大夫，比葬，不食肉；比卒哭，不舉樂。”

[一一] 詔，告也。大師典奏樂。

[一二] 言調貪酒食。褻，嬖也。近臣亦當規君疾憂。

[一三] 防，禁放溢。

[一四] 聞義則服。

[一五] 舉爵於君也。《禮》“揚”作“騰”。揚，舉也；騰，送也；“揚”近得之。

〔一〕 則必無廢斯爵也　“無”，阮刻本與底本同。唐石經、婺州本、余仁仲本作“毋”。

〔一六〕欲後世以爲戒。

〔一七〕此爵遂因杜蕢爲名。畢獻，獻賓與君。

(四·五十四)

公叔文子卒。^{〔一〕}其子戍請諡於君，曰：“日月有時，將葬矣。請所以易其名者。”^{〔二〕}君曰：“昔者衞國凶饑，夫子爲粥，與國之餓者^{〔一〕}，是不亦惠乎？^{〔三〕}昔者衞國有難，夫子以其死衞寡人，不亦貞乎？^{〔四〕}夫子聽衞國之政，脩其班制，以與四鄰交，衞國之社稷不辱，不亦文乎？^{〔五〕}故謂夫子‘貞惠文子’。”^{〔六〕}

〔一〕文子，衞獻公之孫，名拔，或作“發”。

〔二〕諡者，行之迹。有時，猶言有數也，大夫、士三月而葬。

〔三〕君，靈公也。

〔四〕難，謂魯昭公二十年盜殺衞侯之兄縶也。時齊豹作亂，公如死鳥。

〔五〕班制，謂尊卑之差。

〔六〕後不言“貞惠”者，“文”足以兼之。

(四 五十五)

石駘仲卒。^{〔一〕}無適子，有庶子六人，卜所以爲後者，^{〔二〕}曰：“沐浴佩玉則兆。”^{〔三〕}五人者皆沐浴佩玉。石祁子曰：“孰有執親之喪，而沐浴佩玉者乎？”不沐浴佩玉。^{〔四〕}石祁子兆，衞人以龜爲有知也。

〔一〕與國之餓者　“餓”，唐石經、余仁仲本、阮刻本與底本同。婺州本作“饑”。

［一］駘仲，衛大夫石碏之族。

［二］莫適立也。

［三］言齊絜則得吉兆。

［四］心正且知禮。

（四·五十六）

　　陳子車死於衛，其妻與其家大夫謀以殉葬，^{［一］}定而后陳子亢至。以告曰：“夫子疾，莫養於下，請以殉葬。”^{［二］}子亢曰：“以殉葬，非禮也。雖然，則彼疾當養者，孰若妻與宰？得已，則吾欲已。不得已，則吾欲以二子者之爲之也。”^{［三］}於是弗果用。^{［四］}

［一］子車，齊大夫。

［二］子亢，子車弟，孔子弟子。下，地下。

［三］度諫之，不能止^{［一］}。以斯言拒之。已，猶止也。

［四］果，決。

（四·五十七）

　　子路曰：“傷哉，貧也！生無以爲養，死無以爲禮也。”

　　孔子曰：“啜菽飲水，盡其歡，斯之謂孝。斂手足形，還葬而無椁，稱其財，斯之謂禮。”^{［一］}

［一］還，猶疾也。謂不及其日月。

〔一〕　不能止　“止”，婺州本、余仁仲本與底本同。阮刻本作“正”。

（四·五十八）

　　衛獻公出奔，反於衞，及郊，將班邑於從者而后入。[一]
柳莊曰："如皆守社稷，則孰執羈靮而從？如皆從，則孰守
社稷？[二]君反其國而有私也，毋乃不可乎！"[三]弗果班。

　　[一]欲賞從者，以懼居者。獻公以魯襄十四年出奔齊，二十六年
　　　　復歸於衞。

　　[二]言從、守若一。靮，紲也。

　　[三]言有私，則生怨。

（四·五十九）

　　衞有大史曰柳莊，寢疾。公曰："若疾革，雖當祭，必
告。"[一]公再拜稽首，請於尸，曰："有臣柳莊也者，非寡
人之臣，社稷之臣也。聞之死，請往。"[二]不釋服而往，
遂以襚之。[三]與之邑裘氏與縣潘氏，書而納諸棺，曰："世
世萬子孫毋變也。"[四]

　　[一]革，急也。

　　[二]急弔賢者。

　　[二]脫君祭服以襚臣，親賢也。所以此襚之者，以其不用襲也。
　　　　凡襚以斂。

　　[四]所以厚賢也。裘、縣潘，邑名。

（四·六十）

　　陳乾昔寢疾，屬其兄弟而命其子尊己，曰："如我死，
則必大爲我棺，使吾二婢子夾我。"[一]陳乾昔死，其子曰：

“以殉葬，非禮也，況又同棺乎？”弗果殺。^{〔二〕}

　　〔一〕婢子，妾也^{〔一〕}。

　　〔二〕善尊己不陷父於不義。

（四·六十一）

　　仲遂卒于垂^{〔二〕}，壬午猶繹，《萬》入去《籥》。^{〔一〕}仲尼曰：“非禮也，卿卒不繹。”

　　〔一〕《春秋經》在宣八年。仲遂，魯莊公之子東門襄仲。先日辛
　　　　巳，有事於太廟，而仲遂卒。明日而繹，非也。《萬》，干舞
　　　　也。《籥》，籥舞也。《傳》曰：“去其有聲者，廢其無聲者。”

（四·六十二）

　　季康子之母死，公輸若方小。^{〔一〕}斂，般請以機封。^{〔二〕}將從之。^{〔三〕}公肩假曰：“不可。夫魯有初，^{〔四〕}公室視豐碑，^{〔五〕}三家視桓楹。^{〔六〕}般，爾以人之母嘗巧，則豈不得以？^{〔七〕}其毋以嘗巧者乎？則病者乎？^{〔八〕}噫！”^{〔九〕}弗果從。

　　〔一〕公輸若，匠師。方小，言年尚幼，未知禮也。

　　〔二〕斂，下棺於椁。般，若之族，多技巧者，見若掌斂事而年尚
　　　　幼，請代之，而欲嘗其技巧。

　　〔三〕時人服般之巧。

〔一〕　婢子妾也　“妾”，余仁仲本、阮刻本與底本同。婺州本作“妄”，誤。
〔二〕　仲遂卒于垂　“仲”，余仁仲本、阮刻本與底本同。婺州本作“神”，誤。

〔四〕初，謂故事。

〔五〕言視者，時僭天子也。豐碑，斷大木爲之，形如石碑，於椁前後四角樹之，穿中於間爲鹿盧，下棺以綍繞。天子六綍、四碑，前後各重鹿盧也。

〔六〕時僭諸侯。諸侯，下天子也，斷之形如大楹耳。四植，謂之"桓"。諸侯四綍、二碑，碑如桓矣。大夫二綍、二碑。士二綍，無碑。

〔七〕以，已字。言寧有强使女者與〔一〕？僭於禮，有似；作機巧，非也。"以"與"已"字本同爾。

〔八〕毋，無也。於女寧有病苦與〔二〕？止之。

〔九〕不窶之聲。

(四·六十三)

戰于郎。〔一〕公叔禺人遇負杖入保者息，〔二〕曰："使之雖病也，〔三〕任之雖重也，〔四〕君子不能爲謀也，士弗能死也，不可。〔五〕我則既言矣。"〔六〕與其鄰重汪踦往，皆死焉。〔七〕魯人欲勿殤重汪踦，〔八〕問於仲尼。仲尼曰："能執干戈以衛社稷，雖欲勿殤也，不亦可乎？"〔九〕

〔一〕郎，魯近邑也。哀十一年"齊國書帥師伐我"是也。

〔二〕遇，見也。見走辟齊師，將入保，罷倦，加其杖頸上，兩手披之休息者。保，縣邑小城。禺人，昭公之子。《春秋傳》曰："公叔務人。"

〔一〕言寧有强使女者與　"寧"，婺州本、阮刻本與底本同。余仁仲本作"强"，誤。

〔二〕於女寧有病苦與　"苦"，余仁仲本、阮刻本與底本同。婺州本作"若"，誤。

［三］謂時繇役。

［四］謂時賦稅。

［五］君子，謂卿、大夫也。魯政旣惡，復無謀臣，士又不能死
　　難，圉人恥之。

［六］欲敵齊師，踐其言。

［七］奔敵死齊寇。鄰，鄰里也。重，皆當爲“童”。童，未冠
　　者之稱，姓汪，名踦。鄰，或爲“談”。《春秋傳》曰：“童
　　汪踦。”

［八］見其死君事，有士行，欲以成人之喪治之。言“魯人”者，
　　死君事，國爲斂葬。

［九］善之。

（四·六十四）

　　子路去魯，謂顏淵曰：“何以贈我？”［一］

　　曰：“吾聞之也，去國，則哭于墓而后行。反其國，不
哭，展墓而入。”［二］

　　謂子路曰：“何以處我？”［三］

　　子路曰：“吾聞之也，過墓則式，過祀則下。”［四］

［一］贈，送。

［二］無君事，主於孝。哭，哀去也。展，省視之。

［三］處，猶安也。

［四］居者主於敬。

（四·六十五）

　　工尹商陽與陳弃疾追吳師，及之。［一］陳弃疾謂工尹商

陽曰：“王事也，子手弓，而可手弓。子射諸！”^{〔二〕}射之，
斃一人，韔弓。^{〔三〕}又及，謂之，又斃二人。每斃一人，
揜其目。^{〔四〕}止其御曰：“朝不坐，燕不與，殺三人，亦足
以反命矣。”^{〔五〕}孔子曰：“殺人之中，又有禮焉。”^{〔六〕}

［一］工尹，楚官名。弃疾，楚公子弃疾也。以魯昭八年帥師滅
陳，縣之，楚人善之，因號焉。至十二年，楚子狩於州來，
使蕩侯、潘子、司馬督、囂尹午、陵尹喜圍徐以懼吳，於時
有吳師。陳，或作“陵”，楚人聲。

［二］商陽仁，不忍傷人，以王事勸之。

［三］不忍復射。斃，仆也。韔，韜也。

［四］揜其目，不忍視之。

［五］朝燕於寢，大夫坐於上，士立於下。然則商陽與御者^{〔一〕}，皆
士也。兵車參乘，射者在左，戈盾在右，御在中央。

［六］善之。

（四·六十六）

諸侯伐秦，曹桓公卒于會。^{〔一〕}諸侯請含，^{〔二〕}使之襲。^{〔三〕}

［一］魯成十三年“曹伯廬卒於師”是也。廬，謚“宣”，言“桓”，
聲之誤也。

［二］以朋友有相唅食之道。

［三］非也。襲，賤者之事。

〔一〕 然則商陽與御者 “商”，底本作“啇”，誤。婺州本、余仁仲本、阮刻本作“商”，據改。

182

（四·六十七）

　　襄公朝于荆，康王卒。^[一]荆人曰：“必請襲。”^[二]魯人曰：“非禮也。”荆人强之。^[三]巫先拂柩，荆人悔之。^[四]

　　［一］在魯襄二十八年。康王，楚子昭也。楚言荆者，州言之。

　　［二］欲使襄公衣之。

　　［三］欲尊康王。

　　［四］巫祝、桃茢，君臨臣喪之禮。

（四·六十八）

　　滕成公之喪，^[一]使子叔敬叔弔，進書。^[二]子服惠伯爲介。^[三]及郊，爲懿伯之忌，不入。^[四]惠伯曰：“政也，不可以叔父之私，不將公事。”^[五]遂入。^[六]

　　［一］魯昭三年。

　　［二］子叔敬叔，魯宣公弟叔肸之曾孫叔弓也。進書，奉君弔書。

　　［三］惠伯，慶父玄孫之子，名椒。介，副也。

　　［四］郊，滕之近郊也。懿伯，惠伯之叔父。忌，怨也。敬叔有怨於懿伯，難惠伯也。《春秋傳》曰：“敬叔不入。”

　　［五］政，君命所爲。敬叔於昭穆以懿伯爲叔父。

　　［六］惠伯强之，乃入。

（四·六十九）

　　哀公使人弔蕢尚，遇諸道，辟於路，畫宫而受弔焉。^[一]曾子曰：“蕢尚不如杞梁之妻之知禮也。^[二]齊莊公襲莒于奪，杞梁死焉。^[三]其妻迎其柩於路而哭之哀。莊公使人弔之，對曰：‘君之臣不免於罪，則將肆諸市朝，而妻妾執。^{〔四〕}君之臣免於罪，則有先人之敝廬在，君無所辱命。’”^{〔五〕}

〔一〕哀公，魯君也。畫宮，畫地爲宮象。

〔二〕行弔禮於野，非。

〔三〕魯襄二十三年“齊侯襲莒”是也^{〔一〕}。《春秋傳》曰：“杞殖、華還載甲，夜入且于之隧。”隧、奪，聲相近，或爲“兌”。梁，即殖也。

〔四〕肆，陳尸也。大夫以上於朝，士以下於市。執，拘也。

〔五〕無所辱命，辭不受也。《春秋傳》曰：“齊侯弔諸其室。”

(四·七十)

孺子韱之喪，^{〔一〕}哀公欲設撥，^{〔二〕}問於有若。

有若曰：“其可也。君之三臣猶設之。”^{〔三〕}

顏柳曰：“天子龍輴而椁幬，^{〔四〕}諸侯輴而設幬，^{〔五〕}爲榆沈，故設撥。^{〔六〕}三臣者，廢輴而設撥，竊禮之不中者也，而君何學焉？”^{〔七〕}

〔一〕魯哀公之少子。

〔二〕撥，可撥引輴車，所謂“紼”。

〔三〕猶，尚也。以臣況子也。三臣，仲孫、叔孫、季孫氏。

〔四〕輴，殯車也，畫轅爲龍。幬，覆也。殯，以椁覆棺而塗之，

〔一〕 魯襄二十三年齊侯襲莒是也 “二十三”，婺州本與底本同。《春秋經》襄公二十三年有“齊侯襲莒”。余仁仲本、阮刻本作“二十二”，誤。

184

所謂“菆塗龍輴以椁”。

［五］輴不畫龍。

［六］以水澆榆白皮之汁，有急以播地，於引輴車滑。

［七］止其學非禮也。廢，去也。紼繫於輴，三臣於禮去輴。今有
　　紼，是用輴，僭禮也。殯禮，大夫菆置西序，士掘肂見衽。

（四·七十一）

悼公之母死，^{［一］}哀公爲之齊衰。

有若曰：“爲妾齊衰，禮與？”^{［二］}

公曰：“吾得已乎哉？魯人以妻我。”^{［三］}

［一］母，哀公之妾。

［二］譏而問之。妾之貴者，爲之緦耳。

［三］言國人皆名之爲我妻。重服嬖妾，文過，非也。

（四·七十二）

季子皋葬其妻，犯人之禾。^{［一］}申祥以告曰：“請庚之。”^{［二］}
子皋曰：“孟氏不以是罪予，^{［三］}朋友不以是弃予，^{［四］}以吾爲
邑長於斯也，買道而葬，後難繼也。”^{［五］}

［一］季子皋，孔子弟子高柴，孟氏之邑成宰，或氏季。犯，
　　躐也。

［二］申祥，子張子。庚，償也。

［三］時僭侈。

［四］言非大故。

［五］恃寵虐民，非也。

（四·七十三）

　　仕而未有禄者，君有饋焉曰"獻"，使焉曰"寡君"。^[一]
違而君薨，弗爲服也。^[二]

　　［一］見在臣位，與有禄同也。君有饋，有饋於君。

　　［二］以其恩輕也。違，去也。

（四·七十四）

　　虞而立尸，有几筵，卒哭而諱，^[一]生事畢而鬼事始
已。^[二]既卒哭，宰夫執木鐸以命于宫曰："舍故而諱新。"^[三]
自寢門至于庫門。^[四]

　　［一］諱，辟其名。

　　［二］謂不復饋食於下室，而鬼神祭之。已，辭也。

　　［三］故，謂高祖之父當遷者也^[一]。《易説》帝乙曰："《易》之帝乙
　　　　爲成湯，《書》之帝乙六世王。"天之錫命，踈可同名。

　　［四］百官所在。庫門，宫外門。《明堂位》曰："庫門，天子皋門。"

（四·七十五）

　　二名不偏諱。夫子之母名"徵在"，言"在"不稱"徵"，
言"徵"不稱"在"。^[一]

　　［一］稱，舉也。《雜記》曰："妻之諱不舉諸其側。"

―――――――――

〔一〕　故謂高祖之父當遷者也　"謂"，婺州本與底本同。余仁仲本、阮刻本作"爲"。

（四·七十六）

軍有憂，則素服哭於庫門之外，^[一]赴車不載櫜韔。^[二]

[一] 憂，謂爲敵所敗也。素服者，縞冠也。

[二] 兵不戢，示當報也。以告喪之辭言之，謂還告於國。櫜，甲衣。韔，弓衣。

（四·七十七）

有焚其先人之室，則三日哭。^[一]故曰：“新宮火，亦三日哭。”^[二]

[一] 謂火燒其宗廟^{〔一〕}。哭者，哀精神之有虧傷。

[二] 火，人火也。新宮火，在魯成三年。

（四·七十八）

孔子過泰山側，有婦人哭於墓者而哀。

夫子式而聽之，^[一]使子貢問之^[二]，曰：“子之哭也，壹似重有憂者。”

而曰：“然。昔者吾舅死於虎，吾夫又死焉，今吾子又死焉。”^[二]

夫子曰：“何爲不去也？”

曰：“無苛政。”

夫子曰：“小子識之，苛政猛於虎也。”

〔一〕 謂火燒其宗廟　“火”，婺州本、余仁仲本、阮刻本作“人”。

〔二〕 使子貢問之　“貢”，唐石經、婺州本與底本同。余仁仲本、阮刻本作“路”。

［一］怪其哀甚。

［二］而，猶乃也。夫之父曰舅。

（四·七十九）

　　魯人有周豐也者，哀公執摯請見之，^[一]而曰“不可”。^[二]公曰：“我其已夫。”^[三]使人問焉，曰：“有虞氏未施信於民，而民信之。夏后氏未施敬於民，而民敬之。何施而得斯於民也？”^[四]對曰：“墟墓之間，未施哀於民而民哀。社稷宗廟之中，未施敬於民而民敬。^[五]殷人作誓而民始畔，周人作會而民始疑。^[六]苟無禮義、忠信、誠愨之心以涖之，雖固結之，民其不解乎？”^[七]

［一］下賢也。摯，禽摯也。諸侯而用禽摯，降尊就卑之義。

［二］辭君以尊見卑。士禮，先生異爵者，請見之則辭。

［三］已，止也。重強變賢。

［四］時公與三桓始有惡，懼將不安。

［五］言民見悲哀之處則悲哀，見莊敬之處則莊敬，非必有使之者。墟，毀滅無後之地。

［六］會，謂盟也。盟誓，所以結衆以信，其後外恃衆而信不由中，則民畔疑之。孔子曰：“其身正，不令而行；其身不正，雖令不從。”

［七］涖，臨。

（四·八十）

　　喪不慮居，^[一]毀不危身。^[二]喪不慮居，爲無廟也。毀不危身，爲無後也。

〔一〕謂賣舍宅以奉喪。

〔二〕謂憔悴將滅性。

（四·八十一）

　　延陵季子適齊，於其反也，其長子死，葬於嬴、博之閒。^{〔一〕}孔子曰：“延陵季子，吳之習於禮者也。”往而觀其葬焉。^{〔二〕}其坎深不至於泉，^{〔三〕}其斂以時服，^{〔四〕}既葬而封，廣輪揜坎，其高可隱也。^{〔五〕}既封，左袒，右還其封，且號者三，曰：“骨肉歸復于土，命也。若魂氣則無不之也，無不之也。”^{〔六〕}而遂行。^{〔七〕}孔子曰：“延陵季子之於禮也，其合矣乎！”

〔一〕季子，名札，魯昭二十七年“吳公子札聘於上國”是也。季子讓國居延陵，因號焉。《春秋傳》謂延陵，延州來。嬴、博，齊地，今泰山縣是也。

〔二〕往弔之。

〔三〕以生恕死。

〔四〕以行時之服，不改制節。

〔五〕亦節也^{〔一〕}。輪，從也。隱，據也。封可手據，謂高四尺所^{〔二〕}。

〔六〕還，圍也。號，哭且言也。命，猶性也。

〔七〕行，去也。

〔一〕亦節也　“亦”，婺州本與底本同。余仁仲本、阮刻本作“示”。

〔二〕謂高四尺所　此句婺州本與底本同。余仁仲本、阮刻本無“所”字。

(四·八十二)

邾婁考公之喪，^[一]徐君使容居來弔、含，^[二]曰："寡君使容居坐含，進侯玉^[一]。"其使容居以含。^[三]

有司曰："諸侯之來辱敝邑者，易則易，于則于。易、于雜者，未之有也。"^[四]

容居對曰："容居聞之：'事君不敢忘其君，亦不敢遺其祖。'昔我先君駒王西討，濟於河，無所不用斯言也。容居，魯人也，不敢忘其祖。"^[五]

[一]考公，隱公益之曾孫。考，或爲"定"。

[二]弔且含。

[三]欲親含，非也。含不使賤者，君行則親含，大夫歸含耳。言"侯玉"者，時徐僭稱王，自比天子。

[四]易，謂臣禮。于，謂君禮。雜者，容居以臣欲行君禮。徐自比天子，使大夫敵諸侯，有司拒之。

[五]言我祖與今君於諸侯初如是，不聞義則服。駒王，徐先君僭號。容居，其子孫也。濟，渡也。言西討渡於河，廣大其國。魯，魯鈍也。言魯鈍者，欲自明不妄。

(四·八十三)

子思之母死於衛，^[一]赴於子思。子思哭於廟。

門人至，曰："庶氏之母死，何爲哭於孔氏之廟乎？"^[二]

子思曰："吾過矣，吾過矣。"遂哭於他室。

〔一〕進侯玉 "玉"，唐石經、余仁仲本、阮刻本與底本同。婺州本作"王"。

〔一〕嫁母也，姓庶氏。

〔二〕門人，弟子也。嫁母與廟絶族。

（四·八十四）

天子崩，三日，祝先服。^{〔一〕}五日，官長服。^{〔二〕}七日，國中男女服。^{〔三〕}三月，天下服。^{〔四〕}虞人致百祀之木，可以爲棺椁者斬之。^{〔五〕}不至者，廢其祀，刎其人。

〔一〕祝佐含、斂，先病。

〔二〕官長，大夫、士。

〔三〕庶人。

〔四〕諸侯之大夫。

〔五〕虞人，掌山澤之官。百祀，畿内百縣之祀也。以爲棺椁，作棺椁也。斬，伐也。

（四·八十五）

齊大饑，黔敖爲食於路，以待餓者而食之。有餓者蒙袂，輯屨，貿貿然來。^{〔一〕}黔敖左奉食，右執飲^{〔一〕}，曰：“嗟！來食。”揚其目而視之，曰：“予唯不食嗟來之食^{〔二〕}，以至於斯也。”^{〔二〕}從而謝焉^{〔三〕}，終不食而死。^{〔三〕}曾子聞之，曰：“微與！其嗟也^{〔四〕}，可去。其謝也，可食。”^{〔四〕}

〔一〕黔敖左奉食右執飲　“奉食右執飲”五字，底本原闕，據諸本補。

〔二〕予唯不食嗟來之食　“予唯不食嗟”五字，底本原闕，據諸本補。

〔三〕從而謝焉　“從而”二字，底本原闕，據諸本補。

〔四〕曾子聞之曰微與其嗟也　“之曰微與”四字，底本原闕，據諸本補。

〔一〕蒙袂，不欲見人也。輯，斂也。斂屨，力憊不能屨也。貿貿，目不明之貌。

〔二〕嗟來食，雖閔而呼之〔一〕，非敬辭〔二〕。

〔三〕從，猶就也。

〔四〕微，猶無也。無與〔三〕，止其狂狷之辭〔四〕。

(四·八十六)

　　郳婁定公之時〔五〕，有弒其父者。〔一〕有司以告，公瞿然失席，曰：“是寡人之罪也。”〔二〕曰：“寡人嘗學斷斯獄矣。臣弒君，凡在宮者，殺無赦。子弒父，凡在宮者〔六〕，殺無赦。〔三〕殺其人，壞其室，洿其宮而豬焉。〔四〕蓋君踰月而后舉爵。”〔五〕

〔一〕定公，玃且也。魯文十四年即位。

〔二〕民之無禮，教之罪。

〔三〕言諸臣、子孫無尊卑皆得殺之，其罪無赦。

〔四〕明其大逆，不欲人復處之。豬，都也。南方謂都爲豬。

〔五〕自貶損。

〔一〕嗟來食雖閔而呼之　“食雖閔而”四字，底本原闕，據諸本補。

〔二〕非敬辭　“非敬辭”三字，底本原闕，據諸本補。

〔三〕無與　“無與”二字，底本原闕，據諸本補。

〔四〕止其狂狷之辭　“之辭”二字，底本原闕，據諸本補。

〔五〕郳婁定公之時　“郳婁”二字，底本原闕，據諸本補。

〔六〕凡在宮者　“宮”，底本、婺州本、余仁仲本作“官”，誤。唐石經、阮刻本作“宮”，據改。

（四·八十七）

晉獻文子成室，晉大夫發焉。[一]張老曰：“美哉輪焉！美哉奐焉！[二]歌於斯，哭於斯，聚國族於斯。”[三]文子曰：“武也，得歌於斯，哭於斯，聚國族於斯，是全要領以從先大夫於九京也。”北面再拜稽首。[四]君子謂之“善頌善禱”。[五]

[一]文子，趙武也。作室成，晉君獻之，謂賀也。諸大夫亦發禮以往。

[二]心譏其奢也。輪，輪囷，言高大。奐，言衆多。

[三]祭祀、死喪、燕會於此足矣。言此者，欲防其後復爲。

[四]全要領者，免於刑誅也。晉卿、大夫之墓地在九原。京，蓋字之誤，當爲“原”。

[五]善頌，謂張老之言。善禱，謂文子之言。禱，求也。

（四·八十八）

仲尼之畜狗死，[一]使子貢埋之，曰：“吾聞之也，敝帷不弃，爲埋馬也。敝蓋不弃，爲埋狗也。丘也貧，無蓋，於其封也，亦予之席，毋使其首陷焉。”[二]

[一]畜狗，馴守。

[二]封，當爲“窆”。陷，謂没於土。

（四·八十九）

路馬死，埋之以帷。[一]

[一]路馬，君所乘者。其他狗馬，不能以帷蓋。

（四·九十）

　　季孫之母死，哀公弔焉。曾子與子貢弔焉，閽人爲君在，弗內也。[一] 曾子與子貢入於其廄而脩容焉。[二] 子貢先入，閽人曰：“鄉者已告矣[一]。”[三] 曾子後入，閽人辟之[二]。[四] 涉內霤[三]，卿、大夫皆辟位，公降一等而揖之。[五] 君子言之曰：“盡飾之道，斯其行者遠矣。”

　　[一] 閽人，守門者。

　　[二] 更莊飾。

　　[三] 旣不敢止，以言下之。

　　[四] 見兩賢相隨[四]，彌益恭也。

　　[五] 禮之。

（四·九十一）

　　陽門之介夫死[五]，[一] 司城子罕入而哭之哀。[二] 晉人之覘宋者，反報於晉侯曰：“陽門之介夫死，而子罕哭之哀，而民說，殆不可伐也。”[三] 孔子聞之曰：“善哉，覘國乎！[四]《詩》云：‘凡民有喪，扶服救之。’[五] 雖微晉而已，天下其孰能當之？”[六]

〔一〕 鄉者已告矣　“者已告矣”四字，底本原闕，據諸本補。

〔二〕 閽人辟之　“之”，唐石經、余仁仲本、阮刻本與底本同。婺州本作“見”，誤。

〔三〕 涉內霤　“涉內”二字，底本原闕，據諸本補。

〔四〕 見兩賢相隨　“賢相隨”三字，底本原闕，據諸本補。

〔五〕 陽門之介夫死　此句唐石經、余仁仲本、阮刻本與底本同。婺州本作“陽之介夫死”，“陽”字下脫一“門”字。

〔一〕陽門，宋國門名。介夫，甲衞士。

〔二〕宋以武公諱“司空”爲“司城”。子罕，戴公子樂甫術之後
　　　樂喜也。

〔三〕覘，闚視也。

〔四〕善其知微。

〔五〕救，猶助也。

〔六〕微，猶非也。

(四·九十二)

　　魯莊公之喪，既葬，而絰不入庫門。〔一〕士、大夫既卒
哭，麻不入。〔二〕

〔一〕時子般弑，慶父作亂，閔公不敢居喪。葬已，吉服而反，正
　　　君臣，欲以防遏之，微弱之至。

〔二〕麻，猶絰也。羣臣畢虞、卒哭，亦除喪也。閔公既吉服，不
　　　與虞、卒哭。

(四·九十三)

　　孔子之故人曰原壤，其母死，夫子助之沐椁。〔一〕
　　原壤登木曰：“久矣，予之不託於音也。”〔二〕歌曰：“貍
首之斑然，執女手之卷然。”〔三〕夫子爲弗聞也者而過之。〔四〕
　　從者曰：“子未可以已乎？”〔五〕
　　夫子曰：“丘聞之，親者毋失其爲親也，故者毋失其爲
故也。”

〔一〕沐，治也。

〔二〕木，椁材也。託，寄也，謂叩木以作音。

〔三〕説人辭也。

〔四〕佯不知。

〔五〕已，猶止也。

(四·九十四)

　　趙<u>文子</u>與<u>叔譽</u>觀乎<u>九原</u>。^{〔一〕}<u>文子</u>曰：“死者如可作也，吾誰與歸？”^{〔二〕}<u>叔譽</u>曰：“其<u>陽處父</u>乎？”^{〔三〕}<u>文子</u>曰：“行并植於<u>晉國</u>，不没其身，其知不足稱也。”^{〔四〕}“其<u>舅犯</u>乎？”<u>文子</u>曰：“見利不顧其君，其仁不足稱也。^{〔五〕}我則隨<u>武子</u>乎？利其君，不忘其身；謀其身，不遺其友。”^{〔六〕}<u>晉</u>人謂<u>文子</u>知人。^{〔七〕}<u>文子</u>其中退然如不勝衣，^{〔八〕}其言吶吶然如不出諸其口^{〔一〕}。^{〔九〕}所舉於<u>晉國</u>，管庫之士七十有餘家。^{〔一○〕}生不交利，^{〔一一〕}死不屬其子焉。^{〔一二〕}

〔一〕<u>叔譽</u>，<u>叔向</u>也，<u>晉</u><u>羊舌</u>大夫之孫，名<u>肸</u>^{〔二〕}。

〔二〕作，起也。

〔三〕<u>陽處父</u>，<u>襄公</u>之大傅。

〔四〕并，猶專也，謂剛而專己，爲<u>狐射姑</u>所殺。没，終也。植，或爲“特”^{〔三〕}。

〔五〕謂久與<u>文公</u>辟難，至將反國，無安君之心，及<u>河</u>授璧，詐請

〔一〕其言吶吶……其口　此句<u>唐石經</u>、<u>婺州</u>本、<u>余仁仲</u>本與底本同。<u>阮刻</u>本作“其言吶吶然如不出其口”，“出”字下脱一“諸”字。

〔二〕名肸　此句<u>婺州</u>本與底本同。<u>余仁仲</u>本、<u>阮刻</u>本脱“肸”字，誤。

〔三〕或爲特　“特”，<u>余仁仲</u>本、<u>阮刻</u>本與底本同。<u>婺州</u>本作“持”，誤。

亡，要君以利是〔一〕。

［六〕武子，士會也，食邑於隨、范，字季。

［七〕見其所善於前，則知其來所舉。

［八〕中，身也。退，柔和貌。《鄉射記》曰："弓二寸以爲侯中。"
　　　　退，或爲"妥"。

［九〕呐呐，舒小貌。

［一〇〕管庫之士，府史以下，官長所置也。舉之於君，以爲大
　　　　夫、士也。管，鍵也。庫，物所藏。

［一一〕廉也。

［一二〕絜也。

（四·九十五）

　叔仲皮學子柳。〔一〕叔仲皮死，其妻魯人也，衣衰而繆
絰。〔二〕叔仲衍以告，〔三〕請繐衰而環絰，〔四〕曰："昔者吾喪姑、
姊妹亦如斯，末吾禁也。"〔五〕退，使其妻繐衰而環絰。〔六〕

［一〕叔仲皮，魯叔孫氏之族。學，教也。子柳，仲皮之子。

［二〕衣，當爲"齊"〔二〕，壞字也。繆，讀爲"木樛垂"之"樛"〔三〕。
　　　　士妻爲舅姑之服也。言雖魯鈍，其於禮勝學。

［三〕告子柳，言此非也。衍，蓋皮之弟。衍，或爲"皮"。

［四〕繐衰，小功之縷，而四升半之衰。環絰，弔服之絰。時婦人
　　　　好輕細，而多服此者。衍既不知禮之本，子柳亦以爲然，而
　　　　請於衍，使其妻爲舅服之。

〔一〕　要君以利是　此句婺州本、余仁仲本與底本同。阮刻本作"要君以利是也"。

〔二〕　衣當爲齊　"齊"，婺州本、阮刻本與底本同。余仁仲本作"齎"。

〔三〕　繆讀爲木樛垂之樛　"讀"，婺州本、余仁仲本與底本同。阮刻本作"當"，誤。

　　〔五〕衍荅子柳也。姑、姊妹在室，齊衰，與婦爲舅姑同。末，無
　　　　也。言無禁我，欲其言行。

　　〔六〕婦以諸侯之大夫爲天子之衰〔一〕、弔服之絰服其舅，非。

（四·九十六）

　　成人有其兄死而不爲衰者，聞子臯將爲成宰，遂爲衰。
成人曰：“蠶則績而蟹有匡，范則冠而蟬有緌，兄則死而子
臯爲之衰。”〔一〕

　　〔一〕蚩兄死者。言其衰之不爲兄死〔二〕，如蟹有匡、蟬有緌，不爲
　　　　蠶之績、范之冠也。范，蜂也。蟬，蜩也。緌，謂蜩喙〔三〕，
　　　　長在腹下。

（四·九十七）

　　樂正子春之母死，五日而不食，曰：“吾悔之。〔一〕自
吾母而不得吾情，吾惡乎用吾情？”〔二〕

　　〔一〕勉強過禮。子春，曾子弟子。
　　〔二〕惡乎，猶“於何”也。

（四·九十八）

　　歲旱，穆公召縣子而問然，〔一〕曰：“天久不雨，吾欲
暴尪而奚若？”〔二〕

〔一〕　婦以……天子之衰　“天”，余仁仲本、阮刻本與底本同。婺州本作“夫”，誤。
〔二〕　言其衰之不爲兄死　“之”，余仁仲本、阮刻本與底本同。婺州本作“者”，誤。
〔三〕　緌謂蜩喙　“謂”，婺州本、余仁仲本、阮刻本作“爲”。

曰："天則不雨，而暴人之疾子，虐，毋乃不可與？"^[三]

"然則吾欲暴巫而奚若？"

曰："天則不雨，而望之愚婦人，於以求之，毋乃已疏乎？"^[四]

"徙市則奚若？"

曰："天子崩，巷市七日。諸侯薨，巷市三日。爲之徙市，不亦可乎？"^[五]

［一］"然"之言"焉"也。凡"穆"，或作"繆"。

［二］奚若，何如也。尪者，面鄉天，覬天哀而雨之。

［三］錮疾，人之所哀，暴之是虐。

［四］已，猶甚也。巫主接神，亦覬天哀而雨之。《春秋傳》説巫曰："在女曰巫，在男曰覡。"《周禮・女巫》："旱暵則舞雩。"

［五］徙市者，庶人之喪禮。今徙市，是憂戚於旱若喪。

（四・九十九）

孔子曰："衞人之祔也，離之。^[一] 魯人之祔也，合之，善夫！"^[二]

［一］祔，謂合葬也。離之，有以間其椁中。

［二］善夫，善魯人也。祔葬當合也。

禮記卷第四

禮記卷第四

王制第五

鄭　氏　注

（五・一）

王者之制禄爵，公、侯、伯、子、男，凡五等。諸侯之上大夫卿、下大夫、上士、中士、下士，凡五等。[一]

[一] 二五，象五行剛柔十日。禄，所受食。爵，秩次也。上大夫曰卿。

（五・二）

天子之田方千里，[一]公、侯田方百里，伯七十里，子、男五十里。不能五十里者，不合於天子，附於諸侯，曰附庸。天子之三公之田，視公、侯；天子之卿，視伯；天子之大夫，視子、男；天子之元士，視附庸。[二]

[一] 象日月之大，亦取晷同也。此謂縣內，以禄公、卿、大夫、元士。

[二] 皆象星辰之大小也。不合，謂不朝會也。小城曰附庸。附庸者，以國事附於大國，未能以其名通也。視，猶比也。元，善也。善士，謂命士也。此地，殷所因夏爵三等之制也。殷

有鬼侯、梅伯。《春秋》變周之文，從殷之質，合伯、子、男以爲一，則殷爵三等者，公、侯、伯也。異畿内，謂之"子"。周武王初定天下，更立五等之爵，增以子、男，而猶因殷之地，以九州之界尚狹也。周公攝政致太平，斥大九州之界，制禮成武王之意，封王者之後爲公，及有功之諸侯。大者地方五百里，其次侯四百里，其次伯三百里，其次子二百里，其次男百里。所因殷之諸侯，亦以功黜陟之。其不合者，皆益之地爲百里焉。是以周世有爵尊而國小，爵卑而國大者，唯天子畿内千里不增[一]，以禄羣臣，不主爲治民[二]。

(五·三)

制，農田百畝。百畝之分，上農夫食九人，其次食八人，其次食七人，其次食六人。下農夫食五人。庶人在官者，其禄以是爲差也。[一]諸侯之下士，視上農夫，禄足以代其耕也。中士倍下士，上士倍中士，下大夫倍上士。卿，四大夫禄；君，十卿禄。次國之卿，三大夫禄；君，十卿禄。小國之卿，倍大夫禄；君，十卿禄。[二]

　　[一]農夫皆受田於公，田肥墝有五等，收入不同也。庶人在官，謂府史之屬，官長所除，不命於天子、國君者[三]。分，或爲"糞"。

〔一〕唯天子畿内千里不增　此句婺州本、余仁仲本、阮刻本作"唯天子畿内不增"，無"千里"二字。

〔二〕不主爲治民　"主爲"，余仁仲本、阮刻本與底本同。婺州本作"爲主"，誤。

〔三〕不命於天子國君者　"天"，婺州本、阮刻本與底本同。余仁仲本作"夫"，誤。

[二] 此班禄尊卑之差。

（五·四）

次國之上卿，位當大國之中，中當其下，下當其上大夫。小國之上卿，位當大國之下卿，中當其上大夫，下當其下大夫。[一] 其有中士、下士者，數各居其上之三分。[二]

[一] 此諸侯使卿、大夫覜聘並會之序也。其位，爵同[一]，小國在下；爵異，固在上耳。

[二] 謂其為介，若特行而並會也。居，猶當也。此據大國而言，大國之士為上，次國之士為中，小國之士為下。士之數，國皆二十七人，各三分之，上九、中九、下九，以位相當，則次國之上士當大國之中，中當其下，小國之上士當大國之下。凡非命士，亦無出會之事。《春秋傳》謂“士”為“微”。

（五·五）

凡四海之内九州，州方千里，州建百里之國三十，七十里之國六十，五十里之國百有二十，凡二百一十國。名山、大澤不以封，其餘以為附庸間田[二]。八州，州二百一十國。[一]

[一] 建，立也。立大國三十，十，三公也。立次國六十，十，六卿也。立小國百二十，十，十二小卿也[三]。名山、大澤不

─────────

〔一〕 其位爵同　“位爵”，婺州本與底本同。余仁仲本、阮刻本作“爵位”，誤。

〔二〕 其餘以為附庸間田　“間”，唐石經與底本同。婺州本、余仁仲本、阮刻本作“閒”。

〔三〕 小國百二十十十二小卿也　此句底本、婺州本、余仁仲本、阮刻本皆作“小國百二十，十二小卿也”。依上下文例，疑於“二十”“十二”間闕一“十”字，據補。

以封者，與民同財，不得障管，亦賦稅之而已。此大界方三千里，三三而九，方千里者九也。其一爲縣内，餘八各立一州，此殷制也。周公制禮，九州大界方七千里，七七四十九，方千里者四十有九也。其一爲畿内，餘四十八。八州各有方千里者六，設法一州，封地方五百里者不過四，謂之"大國"。又封方四百里者不過六，又封方三百里者不過十一，謂之"次國"。又封方二百里者不過二十五，及餘方百里者，謂之"小國"。盈上四等之數，并四十六[一]。一州二百一十國，則餘方百里者百六十四也。凡處地，方千里者五，方百里者五十九，其餘方百里者四十一，附庸地也。

（五·六）

天子之縣内，方百里之國九，七十里之國二十有一，五十里之國六十有三，凡九十三國。名山、大澤不以盼，其餘以禄士，以爲閒田[二]。[一]

[一] 縣内，夏時天子所居州界名也。殷曰畿，《詩·殷頌》曰："邦畿千里，維民所止。"周亦曰畿。畿内大國九者，三公之田三，爲有致仕者副之爲六也，其餘三，待封王之子弟。次國二十一者，卿之田六，亦爲有致仕者副之爲十二，又三爲三孤之田，其餘六，亦待封王之子弟。小國六十三，大夫之田二十七，亦爲有致仕者副之爲五十四，其餘九，亦以待封王

〔一〕并四十六 "六"，底本、阮刻本作"九"，誤。婺州本、余仁仲本作"六"，據改。

〔二〕以爲閒田 "閒"，唐石經與底本同。婺州本、余仁仲本、阮刻本作"間"。

之子弟。三孤之田不副者，以其無職，佐公論道耳，雖其致仕[一]，猶可即而謀焉。玢，讀爲“班”。

（五・七）

凡九州，千七百七十三國。天子之元士，諸侯之附庸，不與。[一]

[一] 不與，不在數中也。《春秋傳》曰[二]：“禹會諸侯於塗山，執玉帛者萬國。”言執玉帛，則是唯謂中國耳。中國而言萬國，則是諸侯之地有方百里，有方七十里，有方五十里者，禹承堯、舜而然矣。要服之內，地方七千里，乃能容之。夏末旣衰，夷狄内侵，諸侯相并，土地減，國數少。殷湯承之，更制中國方三千里之界，亦分爲九州，而建此千七百七十三國焉。周公復唐、虞之舊域，分其五服爲九，其要服之內，亦方七千里，而因殷諸侯之數，廣其土，增其爵耳。《孝經説》曰：“周千八百諸侯，布列五千里内。”此文改周之法，關盛衰之中，三七之間以爲説也。終此説之意，五五二十五，方千里者二十五也[三]，其一爲畿内，餘二十四州，各有方千里者三，其餘諸侯之地，大小則未得而聞。

（五・八）

天子，百里之内以共官，千里之内以爲御。[一]

〔一〕 雖其致仕　“其”，婺州本與底本同。余仁仲本、阮刻本作“有”，誤。

〔二〕 春秋傳曰　“曰”，婺州本、余仁仲本與底本同。阮刻本作“云”。

〔三〕 方千里者二十五也　此句婺州本與底本同。余仁仲本、阮刻本作“方千里者二十五”，無“也”字。

［一］謂此地之田税所給也。官，謂其文書財用也。御，謂衣食。

（五·九）

　　千里之外設方伯，五國以爲屬，屬有長。十國以爲連，連有帥。三十國以爲卒，卒有正。二百一十國以爲州，州有伯。[一] 八州，八伯，五十六正，百六十八帥，三百三十六長。八伯各以其屬，屬於天子之老二人，分天下以爲左右，曰二伯。[二]

　　［一］屬、連、卒、州，猶聚也。伯、帥、正，亦長也。凡長皆因
　　　　　賢侯爲之。殷之州長曰“伯”，虞、夏及周皆曰“牧”。
　　［二］老，謂上公。《周禮》曰：“九命作伯。”《春秋傳》曰：“自陝
　　　　　以東，周公主之。自陝以西，召公主之。”

（五·十）

　　千里之内曰甸。[一] 千里之外曰采，[二] 曰流。[三]

　　［一］服治田[一]，出穀税。
　　［二］九州之内地，取其美物，以當穀税。
　　［二］謂九州之外也。夷狄流移，或貢或不。《禹貢》荒服之外，
　　　　　“三百里蠻，二百里流”。

（五·十一）

　　天子，三公、九卿、二十七大夫、八十一元士。[一] 大

〔一〕服治田　“服”，婺州本、阮刻本與底本同。余仁仲本作“能”。

國，三卿，皆命於天子，下大夫五人，上士二十七人。次國，三卿，二卿命於天子，一卿命於其君，下大夫五人，上士二十七人。小國，二卿，皆命於其君，下大夫五人，上士二十七人。[二]

[一] 此夏制也。《明堂位》曰"夏后氏之官百"，舉成數也。

[二] 命於天子者，天子選用之，如今詔書除吏矣。小國亦三卿，一卿命於天子，二卿命於其君。此文似誤脫耳，或者欲見畿內之國二卿與？

（五·十二）

天子使其大夫爲三監，監於方伯之國，國三人。[一]

[一] 使佐方伯，領諸侯。

（五·十三）

天子之縣內諸侯，禄也。[一] 外諸侯，嗣也。[二]

[一] 選賢置之於位，其國之禄如諸侯，不得世[一]。

[二] 有功乃封之，使之世也。《冠禮·記》曰："繼世以立諸侯，象賢也。"

（五·十四）

制，三公一命卷，若有加則賜也，不過九命。次國之

〔一〕 不得世　"世"，婺州本、余仁仲本與底本同。阮刻本作"位"，誤。

君，不過七命。小國之君，不過五命。^{〔一〕}大國之卿，不過三命。下卿，再命^{〔一〕}。小國之卿與下大夫，一命。^{〔二〕}

〔一〕卷，俗讀也^{〔二〕}，其通則曰"袞"。三公八命矣，復加一命，則服龍袞，與王者之後同。多於此則賜，非命服也。虞、夏之制，天子服有日月、星辰。《周禮》曰："諸公之服，自袞冕而下，如王之服。"

〔二〕不著次國之卿者，以大國之下互明之。此卿命則異，大夫皆同。《周禮》，公、侯、伯之卿三命，其大夫再命；子、男之卿再命，其大夫一命。

（五·十五）

凡官民材，必先論之。^{〔一〕}論辨，然後使之。^{〔二〕}任事，然後爵之。^{〔三〕}位定，然後祿之。^{〔四〕}

〔一〕論，謂考其德行道藝。

〔二〕辨，謂考問得其定也。《易》曰："問以辨之。"

〔三〕爵，謂正其秩次。

〔四〕與之以常食。

（五·十六）

爵人於朝，與士共之。刑人於市，與衆弃之。^{〔一〕}是故公家不畜刑人，大夫弗養，士遇之塗，弗與言也。屏之四

〔一〕再命　"命"，余仁仲本、阮刻本與底本同。婺州本作"拜"，誤。

〔二〕俗讀也　"俗"，余仁仲本、阮刻本與底本同。婺州本作"浴"，誤。

方，唯其所之，不及以政，亦弗故生也〔一〕。〔二〕

〔一〕必共之者，所以審慎之也。《書》曰：“克明德慎罰。”

〔二〕屏，猶放去也。已施刑，則放之棄之，役賦不與，亦不授之
　　　以田，困乏又無賙餼也。《虞書》曰“五流有宅，五宅三居”
　　　是也。周則墨者使守門，劓者使守關，宮者使守內，刖者使
　　　守囿，髡者使守積。

(五·十七)

　　諸侯之於天子也，比年一小聘，三年一大聘，五年
一朝。〔一〕

〔一〕比年，每歲也。小聘使大夫，大聘使卿，朝則君自行。然此
　　　大聘與朝，晉文霸時所制也。虞、夏之制，諸侯歲朝。周之
　　　制，侯、甸、男、采、衛、要服六者，各以其服數來朝。

(五·十八)

　　天子五年一巡守。〔一〕歲二月，東巡守，至于岱宗。〔二〕
柴而望祀山川。〔三〕覲諸侯，〔四〕問百年者就見之。〔五〕命大
師陳詩，以觀民風。〔六〕命市納賈，以觀民之所好惡。志
淫，好辟。〔七〕命典禮，考時月，定日、同律、禮樂、制
度、衣服，正之。〔八〕山川、神祇有不舉者爲不敬。不敬
者，君削以地。〔九〕宗廟有不順者爲不孝。不孝者，君絀以

────────

〔一〕亦弗故生也　“亦”，底本墨筆改作“示”，誤。唐石經、婺州本、余仁仲本、阮刻
本作“亦”，據改。

爵。[一〇]變禮、易樂者爲不從。不從者，君流。[一一]革制度、衣服者爲畔。畔者，君討。[一二]有功德於民者，加地、進律。[一三]五月，南巡守，至于南嶽，如東巡守之禮。八月，西巡守，至于西嶽，如南巡守之禮。十有一月，北巡守，至于北嶽，如西巡守之禮。歸，假于祖、禰，用特。[一四]

[一] 天子以海內爲家，時一巡省之。五年者，虞、夏之制也。周則十二歲一巡守。

[二] 岱宗，東嶽。

[三] 柴，祭天告至也。

[四] 覲，見也。

[五] 就見老人。

[六] 陳詩，謂采其詩而視之。

[七] 市，典市者。賈，謂物貴賤厚薄也。質則用物貴，淫則侈物貴。民之志淫邪，則其所好者不正。

[八] 同，陰律也。

[九] 舉，猶祭也。

[一〇] 不順者，謂若逆昭穆。

[一一] 流，放也。

[一二] 討，誅也。

[一三] 律，法也。

[一四] 假，至也。特，特牛也。祖下及禰皆一牛。

（五·十九）

天子將出，類乎上帝，宜乎社，造乎禰。諸侯將出，宜乎社，造乎禰。[一]

［一］帝謂五德之帝，所祭於南郊者。類、宜、造，皆祭名，其禮亡。

（五·二十）

天子無事，與諸侯相見曰朝。[一]考禮、正刑、一德，以尊于天子。

［一］事，謂征伐。

（五·二十一）

天子賜諸侯樂，則以柷將之。賜伯、子、男樂，則以鼗將之。[一]諸侯，賜弓矢，然後征；賜鈇鉞，然後殺；賜圭瓚，然後爲鬯。未賜圭瓚，則資鬯於天子。[二]

［一］將，謂執以致命。柷、鼗皆所以節樂[一]。
［二］得其器，乃敢爲其事。圭瓚，鬯爵也。鬯，秬酒也。

（五·二十二）

天子命之教，然後爲學，小學在公宮南之左，大學在郊。[一]天子曰辟廱，諸侯曰頖宮。[二]

［一］學，所以學士之宮。《尚書傳》曰：“百里之國，二十里之郊。七十里之國，九里之郊。五十里之國，三里之郊。”此小學、大學，殷之制。

〔一〕　柷鼗皆所以節樂　“以”，余仁仲本、阮刻本與底本同。婺州本作“謂”，誤。

[二] 尊卑學異名。辟，明也。廱，和也。所以明和天下。“頖”
之言“班”也，所以班政教也。

（五·二十三）

天子將出征，類乎上帝，宜乎社，造乎禰，禡於所征
之地。[一]受命於祖，[二]受成於學。[三]出征執有罪，反釋
奠于學，以訊馘告。[四]

[一] 禡，師祭也，爲兵禱，其禮亦亡。

[二] 告祖也。

[三] 定兵謀也。

[四] 釋菜、奠幣，禮先師也。訊馘，所生獲斷耳者。《詩》曰：“執
訊獲醜。”又曰：“在頖獻馘。”馘，或爲“國”。

（五·二十四）

天子、諸侯無事，則歲三田，一爲乾豆，二爲賓客，
三爲充君之庖。[一]無事而不田，曰不敬。田不以禮，曰
暴天物。[二]天子不合圍，諸侯不掩羣。[三]天子殺則下大
綏，諸侯殺則下小綏，[四]大夫殺則止佐車。佐車止則百姓
田獵。[五]獺祭魚，然後虞人入澤梁。豺祭獸，然後田獵。
鳩化爲鷹，然後設罻羅。草木零落，然後入山林。昆蟲未
蟄，不以火田。[六]不麛，不卵，不殺胎，不殀夭，[七]不
覆巢。[八]

[一] 三田者，夏不田，蓋夏時也。《周禮》：“春曰蒐，夏曰苗，
秋曰獮，冬曰狩。”乾豆，謂腊之以爲祭祀豆實也。庖，今

214

之廚也。

[二] 不敬者，簡祭祀，略賓客。

[三] 爲盡物也。

[四] 綏，當爲“緌”。緌，<u>有虞氏</u>之旌旗也。下，謂弊之。

[五] 佐車，驅逆之車。

[六] 取物必順時候也。梁，絶水取魚者。罛，小網也。昆，明也。明蟲者，得陽而生，得陰而藏。

[七] 重傷未成物。殀，斷殺。少長曰夭。

[八] 覆，敗也。

（五·二十五）

　　冢宰制國用，必於歲之杪，五穀皆入，然後制國用。[一] 用地小大，視年之豐耗。[二] 以三十年之通制國用，量入以爲出。[三] 祭用數之仂。[四] 喪三年不祭，唯祭天地社稷，爲越紼而行事。[五] 喪用三年之仂，[六] 喪祭用不足曰暴，有餘曰浩。[七] 祭，豐年不奢，凶年不儉。[八] 國無九年之蓄曰不足〔一〕，無六年之蓄曰急，無三年之蓄曰國非其國也。三年耕，必有一年之食。九年耕，必有三年之食。以三十年之通，雖有凶旱水溢，民無菜色，然後天子食，日舉以樂。[九]

[一] 制國用，如今度支經用。杪，末也。

[二] 小國大國，豐凶之年，各以歲之收入，制其用多少，多不過

〔一〕　國無九年之蓄曰不足　“蓄”，<u>唐石經</u>、<u>婺州本</u>、<u>余仁仲</u>本與底本同。<u>阮</u>刻本作“畜”，誤。

禮，少有所殺。

〔三〕通三十年之率，當有九年之蓄。出，謂所當給爲。

〔四〕筭今年一歲經用之數，用其什一。

〔五〕不敢以卑廢尊。越，猶躐也。綍，輴車索。

〔六〕喪，大事，用三歲之什一。

〔七〕暴，猶耗也。浩，猶饒也。

〔八〕常用數之仂。

〔九〕菜色，食菜之色。民無食菜之飢色，天子乃日舉樂以食〔一〕。

（五·二十六）

天子七日而殯，七月而葬。諸侯五日而殯，五月而葬。大夫、士、庶人三日而殯，三月而葬。〔一〕

〔一〕尊者舒，卑者速。《春秋傳》曰：“天子七月而葬，同軌畢至。諸侯五月，同盟至。大夫三月，同位至。士踰月，外姻至。”

（五·二十七）

三年之喪，自天子達。〔一〕

〔一〕下通庶人，於父母同。天子諸侯降期。

（五·二十八）

庶人縣封，葬不爲雨止，不封不樹。

〔一〕天子乃日舉樂以食　此句婺州本、余仁仲本與底本同。阮刻本作“天子乃日舉以樂以食”，“舉”字下衍一“以”字。

喪不貳事，自天子達於庶人。[一]

[一] 縣封，當爲“縣窆”。縣窆者，至卑，不得引綍下棺，雖雨
猶葬，以其禮儀少。封，謂聚土爲墳。不封之，不樹之，又
爲至卑，無飾也。《周禮》曰“以爵等爲丘封之度，與其樹
數”，則士以上乃皆封、樹。“貳”之言“二”也。庶人終喪
無二事，不使從政也。《喪大記》曰：“大夫、士既葬，公政
入於家。既卒哭，弁経帶，金革之事無辟也。”

（五·二十九）

喪從死者，祭從生者。支子不祭。[一]

[一] 從死者，謂衣衾、棺槨。從生者，謂奠祭之牲器。

（五·三十）

天子，七廟，三昭、三穆，與大祖之廟而七。[一]諸侯，
五廟，二昭、二穆，與大祖之廟而五。[二]大夫，三廟，一昭、
一穆，與大祖之廟而三。[三]士，一廟。[四]庶人祭於寢。[五]

[一] 此周制。七者，大祖及文王、武王之祧，與親廟四。大祖，
后稷。殷則六廟，契及湯與二昭、二穆。夏則五廟，無大
祖，禹與二昭、二穆而已。

[二] 大祖，始封之君。王者之後，不爲始封之君廟。

[三] 大祖，別子始爵者。《大傳》曰“別子爲祖”，謂此。雖非別
子，始爵者亦然。

[四] 謂諸侯之中士、下士，名曰“官師”者。上士，二廟。

217

［五］寢，適寢也。

（五·三十一）

　　天子、諸侯宗廟之祭，春曰礿，夏曰禘，秋曰嘗，冬曰烝。[一]

　　［一］此蓋夏、殷之祭名。周則改之，春曰祠，夏曰礿，以禘爲殷
　　　　祭。《詩·小雅》曰：“礿祠烝嘗，于公先王。”此周四時祭
　　　　宗廟之名。

（五·三十二）

　　天子祭天地，諸侯祭社稷，大夫祭五祀。[一]天子祭天
下名山、大川，五嶽視三公，四瀆視諸侯。[二]諸侯祭名山、
大川之在其地者。[三]

　　［一］五祀，謂司命也，中霤也，門也，行也，厲也。此祭謂大夫
　　　　有地者，其無地祭三耳。
　　［二］視，視其牲器之數。
　　［三］魯人祭泰山，晉人祭河，是也。

（五·三十三）

　　天子、諸侯，祭因國之在其地而無主後者。[一]

　　［一］謂所因之國，先王、先公有功德，宜享世祀，今絕無後爲之
　　　　祭主者。昔夏后氏郊鯀，至杞爲夏後，而更郊禹。晉侯夢黃
　　　　熊入國而祀夏郊，此其禮也。

（五·三十四）

　　天子犆礿，祫禘、祫嘗、祫烝。[一]諸侯礿則不禘，禘則不嘗，嘗則不烝，烝則不礿。[二]諸侯礿，犆。[三]禘，一犆一祫。[四]嘗祫，烝祫。

[一]犆，猶一也。祫，合也。天子、諸侯之喪畢，合先君之主於祖廟而祭之，謂之“祫”。後因以爲常。天子先祫而後時祭，諸侯先時祭而後祫。凡祫之歲，春一礿而已。不祫，以物無成者不殷祭。周改夏祭曰礿，以禘爲殷祭也。魯禮，三年喪畢而祫於大祖，明年春禘於羣廟。自爾之後，五年而再殷祭，一祫一禘。

[二]虞、夏之制，諸侯歲朝，廢一時祭。

[三]互明犆、礿文。

[四]下天子也。祫歲不禘。

（五·三十五）

　　天子，社稷皆大牢。諸侯，社稷皆少牢。

（五·三十六）

　　大夫、士宗廟之祭，有田則祭，無田則薦。[一]庶人春薦韭，夏薦麥，秋薦黍，冬薦稻。韭以卵，麥以魚，黍以豚，稻以鴈。[二]

[一]有田者既祭，又薦新。祭以首時，薦以仲月。士薦牲用特豚，大夫以上用羔，所謂“羔豚而祭，百官皆足”。《詩》曰：“四之日其蚤，獻羔祭韭。”

　　［二］庶人無常牲，取與新物相宜而已。

（五·三十七）

　　祭天地之牛角繭栗，宗廟之牛角握，賓客之牛角尺。^{［一］}

　　［一］握，謂長不出膚。

（五·三十八）

　　諸侯無故不殺牛，大夫無故不殺羊，士無故不殺犬豕，庶人無故不食珍。^{［一］}

　　［一］故，謂祭饗。

（五·三十九）

　　庶羞不踰牲，^{［一］}燕衣不踰祭服，寢不踰廟。

　　［一］祭以羊，則不以牛肉爲羞。

（五·四十）

　　古者公田藉而不稅，^{［一］}市廛而不稅，^{［二］}關譏而不征，^{［三］}林麓、川澤以時入而不禁。^{［四］}夫圭田無征。^{［五］}用民之力，歲不過三日。^{［六］}田里不粥，墓地不請。^{［七］}

　　［一］“藉”之言“借”也。借民力治公田，美惡取於此，不稅民之所自治也。《孟子》曰：“夏后氏五十而貢，殷人七十而助，周人百畝而徹。”則所云“古者”，謂殷時。

［二］廛，市物邸舍，稅其舍，不稅其物。

［三］譏，譏異服，識異言。征，亦稅也。《周禮》：“國凶札，則無門關之征，猶譏也〔一〕。”

［四］麓，山足也。

［五］夫，猶治也。征，稅也。《孟子》曰：“卿以下必有圭田。”治圭田者不稅，所以厚賢也。此則《周禮》之士田，以任近郊之地〔二〕，稅什一。

［六］治宮室、城郭、道渠。

［七］皆受於公，民不得私也。粥，賣也。請，求也。

（五·四十一）

　　司空執度度地。〔一〕居民山川沮澤，時四時，〔二〕量地遠近，〔三〕興事任力。〔四〕

［一］司空，冬官卿，掌邦事者。度，丈尺也。

［二］觀寒煖、燥濕〔三〕。沮，謂萊沛。

［三］制邑井之處。

［四］事，謂築邑、廬、宿、市也。

（五·四十二）

　　凡使民，任老者之事，食壯者之食。〔一〕

〔一〕則無門關之征猶譏也　此句底本作“則無門關之征征猶譏也”，誤。婺州本、余仁仲本、阮刻本“猶”字前無“征”字，據刪。

〔二〕以任近郊之地　“任”，余仁仲本、阮刻本與底本同。婺州本作“在”，誤。

〔三〕觀寒煖燥濕　“寒”，余仁仲本、阮刻本與底本同。婺州本作“塞”，誤。

〔一〕寬其力，饒其食。

（五·四十三）

凡居民材，必因天地寒煖、燥濕，^{〔一〕}廣谷、大川異制。^{〔二〕}民生其間者異俗^{〔一〕}，^{〔三〕}剛柔、輕重、遲速異齊，^{〔四〕}五味異和，^{〔五〕}器械異制，^{〔六〕}衣服異宜。^{〔七〕}脩其教，不易其俗。齊其政，不易其宜。^{〔八〕}

〔一〕使其材執堪地氣也^{〔二〕}。

〔二〕謂其形象。

〔三〕謂其所好惡。

〔四〕謂其情性緩急。

〔五〕謂香臭與鹹苦。

〔六〕謂作務之用。

〔七〕謂氈裘與絺綌^{〔三〕}。

〔八〕教，謂禮義。政，謂刑禁。

（五·四十四）

中國、戎夷，五方之民，皆有性也，不可推移。^{〔一〕}東方曰夷，被髮文身，有不火食者矣。南方曰蠻，雕題交趾，有不火食者矣。^{〔二〕}西方曰戎，被髮衣皮，有不粒食者矣。北方曰狄，衣羽毛穴居，有不粒食者矣。^{〔三〕}中國、夷、

〔一〕民生其間者異俗　“間”，婺州本、余仁仲本、阮刻本與底本同。唐石經作“閒”。

〔二〕使其材執堪地氣也　“執”，余仁仲本、阮刻本作“藝”。婺州本作“執”，誤。

〔三〕謂氈裘與絺綌　“氈”，婺州本與底本同。余仁仲本、阮刻本作“旃”。“綌”，余仁仲本、阮刻本與底本同。婺州本作“絡”，誤。

蠻、戎、狄，皆有安居、和味、宜服、利用、備器。^{〔四〕}五方之民，言語不通，嗜欲不同。達其志，通其欲，東方曰寄，南方曰象，西方曰狄鞮，北方曰譯。^{〔五〕}

〔一〕地氣使之然。

〔二〕雕，文。謂刻其肌，以丹青涅之。交趾，足相鄉然。浴則同川，臥則僻。不火食，地氣煖，不爲病。

〔三〕不粒食，地氣寒，少五穀。

〔四〕其事雖異，各自足。

〔五〕皆俗閒之名，依其事類耳。“鞮”之言“知”也，今冀部有言“狄鞮”者。

（五·四十五）

凡居民，量地以制邑，度地以居民，地邑民居，必參相得也。^{〔一〕}無曠土，無游民，食節事時，民咸安其居，樂事勸功，尊君親上，然後興學。^{〔二〕}

〔一〕得，猶足也。

〔二〕立小學、大學。

（五·四十六）

司徒脩六禮以節民性，明七教以興民德，齊八政以防淫，一道德以同俗，養耆老以致孝，恤孤獨以逮不足，上賢以崇德，簡不肖以絀惡。^{〔一〕}命鄉簡不帥教者以告。^{〔二〕}

〔一〕司徒，地官卿，掌邦教者。逮，及也。簡，差擇也。

〔二〕帥，循也。不循教，謂教很不孝弟者。司徒使鄉簡擇以告
者，鄉屬司徒。

（五·四十七）

　　耆老皆朝于庠，元日習射上功，習鄉上齒，大司徒帥
國之俊士與執事焉。^{〔一〕}不變，命國之右鄉，簡不帥教者移
之左。命國之左鄉，簡不帥教者移之右，如初禮。^{〔二〕}不變，
移之郊，如初禮。^{〔三〕}不變，移之遂，如初禮。^{〔四〕}不變，
屏之遠方，終身不齒。^{〔五〕}

〔一〕將習禮以化之，使之觀焉。耆老，致仕及鄉中老賢者。朝，
猶會也。此庠，謂鄉學也。鄉，謂飲酒也。鄉禮，春秋射，
國蜡而飲酒養老。

〔二〕中年考挍^{〔一〕}，而又不變，使轉徙其居^{〔二〕}，覘其見新人，有所
化也。亦復習禮於鄉學，使之觀焉。

〔三〕郊，鄉界之外者也。稍出遠之，後中年又爲之習禮於郊學。

〔四〕遠郊之外曰“遂”，遂大夫掌之。又中年復移之使居遂，又
爲習禮於遂之學。

〔五〕遠方，九州之外。齒，猶錄也。

（五·四十八）

　　命鄉論秀士，升之司徒，曰選士。^{〔一〕}司徒論選士之秀
者而升之學，曰俊士。^{〔二〕}升於司徒者，不征於鄉；升於學

〔一〕中年考挍　“挍”，余仁仲本、阮刻本與底本同。婺州本作“捘”，誤。
〔二〕使轉徙其居　“居”，余仁仲本、阮刻本與底本同。婺州本作“序”，誤。

者，不征於司徒，曰造士。[三] 樂正崇四術，立四教。[四]
順先王《詩》《書》、禮、樂以造士。[五] 春、秋教以禮、樂，
冬、夏教以《詩》《書》。[六] 王大子、王子、羣后之大子，
卿、大夫、元士之適子，國之俊選，皆造焉。[七] 凡入學以
齒。[八] 將出學，小胥、大胥、小樂正簡不帥教者，以告于
大樂正，大樂正以告于王。[九] 王命三公、九卿、大夫、元
士皆入學。不變，王親視學。[一〇] 不變，王三日不舉，[一一]
屏之遠方，西方曰棘，東方曰寄，終身不齒。[一二] 大樂正
論造士之秀者，以告于王，而升諸司馬，曰進士。[一三]

[一] 移名於司徒也[一]。秀士，鄉大夫所考，有德行道藝者。

[二] 可使習禮者。學，大學。

[三] 不征，不給其縣役。造，成也。能習禮，則爲成士。

[四] 樂正，樂官之長，掌國子之教。《虞書》曰：“夔，命汝典
　　樂，教胄子。”崇，高也。高尚其術，以作教也。幼者教之
　　於小學，長者教之於大學。《尚書傳》曰：“年十五始入小學，
　　十八入大學。”

[五] 順此四術而教，以成是士也。

[六] 春、夏，陽也。《詩》、樂者聲，聲亦陽也。秋、冬，陰也。
　　《書》、禮者事，事亦陰也。互言之者，皆以其術相成。

[七] 皆以四術成之。王子，王之庶子也。羣后，公及諸侯。

[八] 皆以長幼受學，不用尊卑。

[九] 此所簡者，謂王太子、王子、羣后之大子，卿、大夫、元士之
　　適子。大胥、小胥，皆樂官屬也。出學，謂九年大成學止也。

〔一〕 移名於司徒也 “名”，婺州本、余仁仲本與底本同。阮刻本作“居”，誤。

〔一〇〕亦謂使習禮以化之。不變，王又親爲之臨視，重弃賢者子孫。此習禮皆於大學也。

〔一一〕去食、樂，重弃人。

〔一二〕棘，當爲“僰”〔一〕。“僰”之言“偪”，使之偪寄於夷戎〔二〕。不屏於南北，爲其大遠。

〔一三〕移名於司馬。司馬，夏官卿，主邦政者。進士，可進受爵禄也。

（五·四十九）

司馬辨論官材，〔一〕論進士之賢者，以告於王，而定其論。〔二〕論定，然後官之。〔三〕任官，然後爵之。〔四〕位定，然後禄之。大夫廢其事，終身不仕，死以士禮葬之。〔五〕有發，則命大司徒教士以車甲。〔六〕

〔一〕辨其論，官其材，觀其所長。

〔二〕各署其所長。

〔三〕使之試守。

〔四〕命之。

〔五〕以不任大夫也。

〔六〕乘兵車衣甲之儀。有發，謂有軍師發卒。

（五·五十）

凡執技，論力。適四方，臝股肱，決射御。〔一〕凡執技

〔一〕棘當爲僰　此句婺州本、余仁仲本與底本同。阮刻本作“棘當僰”，“當”字下脱一“爲”字。

〔二〕使之偪寄於夷戎　“寄”，余仁仲本、阮刻本與底本同。婺州本作“守”，誤。

以事上者，祝、史、射、御、醫、卜及百工。^[二]凡執技以事上者，不貳事，不移官，^[三]出鄉不與士齒。^[四]仕於家者，出鄉不與士齒。^[五]

[一]謂攓衣出其臂脛，使之射禦，決勝負，見勇力。

[二]言技，謂此七者。

[三]欲專其事，亦爲不德。

[四]賤也。於其鄉中則齒，親親也。

[五]亦賤。

（五·五十一）

司寇正刑明辟，以聽獄訟。^[一]必三刺，^[二]有旨無簡，不聽。^[三]附從輕，^[四]赦從重。^[五]

[一]司寇，秋官卿，掌刑者。辟，罪也。

[二]以求民情，斷其獄訟之中。一曰訊羣臣，二曰訊羣吏，三曰訊萬民。

[三]簡，誠也。有其意，無其誠者，不論以爲罪。

[四]附，施刑也。求出之，使從輕。

[五]雖是罪可重，猶赦之。

（五·五十二）

凡制五刑，必即天論，^[一]郵罰麗於事。^[二]

[一]制，斷也。即，就也。必即天論，言與天意合。閔子曰：“古之道不即人心。”即，或爲“則”。論，或爲“倫”。

〔二〕郵，過也。麗，附也。過人、罰人，當各附於其事，不可假
　　他以喜怒。

（五·五十三）

　　凡聽五刑之訟，必原父子之親，立君臣之義，以權
之。〔一〕意論輕重之序，慎測淺深之量，以別之。〔二〕悉其
聰明，致其忠愛，以盡之。〔三〕疑獄，氾與眾共之。眾疑，
赦之。必察小大之比以成之。〔四〕

〔一〕權，平也。

〔二〕意，思念也。淺深，謂俱有罪，本心有善惡。

〔三〕盡其情。

〔四〕小大，猶輕重。已行故事曰比。

（五·五十四）

　　成獄辭，史以獄成告於正，正聽之。〔一〕正以獄成告于
大司寇，大司寇聽之棘木之下。〔二〕大司寇以獄之成告於王，
王命三公參聽之。〔三〕三公以獄之成告於王，王三又，然後
制刑。〔四〕

〔一〕史，司寇吏也。正，於周鄉師之屬，今漢有平正丞，秦
　　所置。

〔二〕《周禮》鄉師之屬，“辨其獄訟，異其死刑之罪而要之，職聽
　　於朝。司寇聽之”。朝，王之外朝也。左九棘，孤、卿、大
　　夫位焉。右九棘，公、侯、伯、子、男位焉。面三槐，三公
　　位焉。

［三］王使三公復與司寇及正共平之，重刑也。《周禮》：“王欲免之，
　　乃命公會其期。”

［四］又，當作“宥”。宥，寬也。一宥曰不識，再宥曰過失，三
　　宥曰遺忘。

（五・五十五）

　凡作刑罰，輕無赦。^{［一］}刑者，侀也。侀者，成也。
一成而不可變，故君子盡心焉。^{［二］}

［一］法雖輕，不赦之，爲人易犯。

［二］變，更也。

（五・五十六）

　析言破律，亂名改作，執左道以亂政，殺。^{［一］}作淫聲、
異服、奇技、奇器以疑衆，殺。^{［二］}行僞而堅，言僞而辯，
學非而博，順非而澤以疑衆，殺。^{［三］}假於鬼神、時日、卜
筮以疑衆，殺。^{［四］}此四誅者，不以聽。^{［五］}

［一］析言破律，巧賣法令者也。亂名改作，謂變易官與物之名，
　　更造法度。左道，若巫蠱及俗禁。

［二］淫聲，鄭、衞之屬也。異服，若聚鷸冠、瓊弁也。奇技、奇
　　器，若公輸般請以機窆。

［三］皆謂虛華、捷給、無誠者也。

［四］今時持喪葬、築蓋、嫁取、卜數文書，使民倍禮違制。

〔五〕爲其爲害大，而辭不可明〔一〕。

（五·五十七）

凡執禁以齊衆，不赦過。〔一〕

〔一〕亦爲人將易犯。

（五·五十八）

有圭、璧、金、璋，不粥於市。命服、命車，不粥於市。宗廟之器，不粥於市。犧牲，不粥於市。戎器，不粥於市。〔一〕用器不中度，不粥於市。兵車不中度，不粥於市。布帛精麤不中數，幅廣狹不中量，不粥於市。姦色亂正色，不粥於市。〔二〕錦文、珠玉、成器，不粥於市。衣服、飲食，不粥於市。〔三〕五穀不時，果實未孰，不粥於市。〔四〕木不中伐，不粥於市。〔五〕禽獸、魚鼈不中殺，不粥於市。〔六〕

〔一〕尊物，非民所宜有。戎器，軍器也。粥，賣也。

〔二〕凡以其不可用也。用器，弓矢、耒耜、飲食器也。度，丈尺也。數，升縷多少。

〔三〕不示民以奢與貪也。成，猶善也。

〔四〕物未成，不利人。

〔五〕伐之非時，不中用。《周禮》：“仲冬斬陽木，仲夏斬陰木。”

〔六〕殺之非時，不中用。《月令》：“季冬始漁。”《周禮》：“春獻鼈、蜃。”

〔一〕 而辭不可明 “明”，余仁仲本、婺州本與底本同。阮刻本作“習”，誤。

（五·五十九）

　　關執禁以譏，禁異服，識異言。[一]

　　[一] 關，竟上門。譏，呵察。

（五·六十）

　　大史典禮，執簡記，奉諱惡。[一]

　　[一] 簡記，策書也。諱，先王名。惡，忌日，若子、卯。

（五·六十一）

　　天子齊戒受諫。[一]司會以歲之成，質於天子。[二]冢宰齊戒受質。[三]大樂正、大司寇、市三官以其成，從質於天子。[四]大司徒、大司馬、大司空齊戒受質。百官各以其成，質於三官。大司徒、大司馬、大司空以百官之成，質於天子。[五]百官齊戒受質，[六]然後休老勞農，[七]成歲事，[八]制國用。

　　[一] 歲終，羣臣奏歲事，諫王當所改爲也。
　　[二] 司會，冢宰之屬，掌計要者。成，計要也。質，猶平也[一]，平其計要。
　　[三] 贊王受之[二]。
　　[四] 大樂正，於周宗伯之屬。市，司市也，於周司徒之屬。從，

〔一〕 質猶平也　此句婺州本與底本同。余仁仲本、阮刻本作“質，平也”，“質”字下少一“猶”字。
〔二〕 贊王受之　“贊”，婺州本、余仁仲本與底本同。阮刻本作“質”，誤。

從於司會也。

〔五〕百官，此三官之屬〔一〕。

〔六〕受平報也。

〔七〕饗養之。

〔八〕斷計要也。

(五·六十二)

凡養老，有虞氏以燕禮，夏后氏以饗禮，殷人以食禮，周人脩而兼用之。〔一〕

〔一〕兼用之，備陰陽也。凡飲養陽氣，凡食養陰氣。陽用春、夏，陰用秋、冬。

(五·六十三)

五十養於鄉，六十養於國，七十養於學，達於諸侯。〔一〕

〔一〕天子、諸侯養老，同也。國，國中小學，在王宮之左〔二〕。學，大學也，在郊。小學在國中，大學在郊〔三〕，此殷制明矣。

(五·六十四)

八十拜君命，一坐再至，瞽亦如之。九十使人受。〔一〕

〔一〕命，謂君不親饗食，必以其禮致之。

〔一〕 此三官之屬 “三”，余仁仲本、阮刻本與底本同。婺州本作“正”，誤。

〔二〕 在王宮之左 “宮”，余仁仲本、阮刻本與底本同。婺州本作“言”，誤。

〔三〕 小學在國中大學在郊 此句底本脫。婺州本、余仁仲本、阮刻本有此句，據補。

（五・六十五）

　　五十異粮，六十宿肉，七十貳膳，八十常珍，九十飲食不離寢，膳飲從於遊可也。[一]

　　[一] 粮，糧也。貳，副也。遊謂出入止觀。

（五・六十六）

　　六十歲制，七十時制，八十月制，九十日脩。唯絞、紟、衾、冒，死而后制。[一]

　　[一] 絞、紟、衾、冒，一日二日而可為者。

（五・六十七）

　　五十始衰，六十非肉不飽，七十非帛不煖，八十非人不煖，九十雖得人不煖矣。[一]

　　[一] 煖，溫。

（五・六十八）

　　五十杖於家，六十杖於鄉，七十杖於國，八十杖於朝。九十者，天子欲有問焉，則就其室，以珍從。[一]

　　[一] 尊養之。

（五・六十九）

　　七十不俟朝，[一] 八十月告存，[二] 九十日有秩。[三]

233

〔一〕大夫、士之老者，揖君則退。

〔二〕每月致膳。

〔三〕秩，常也，有常膳。

（五·七十）

五十不從力政，六十不與服戎，七十不與賓客之事，八十齊喪之事弗及也。^{〔一〕}

〔一〕力稍衰也。力政，城道之役也。與，及也。八十不齊，則不
　　祭也。子代之祭，是謂宗子不孤。

（五·七十一）

五十而爵，^{〔一〕}六十不親學，^{〔二〕}七十致政，唯衰麻爲喪。^{〔三〕}

〔一〕賢者命爲大夫。

〔二〕不能備弟子禮。

〔三〕致政，還君事。

（五·七十二）

有虞氏養國老於上庠，養庶老於下庠。夏后氏養國老於
東序，養庶老於西序。殷人養國老於右學，養庶老於左學。
周人養國老於東膠，養庶老於虞庠，虞庠在國之西郊。^{〔一〕}

〔一〕皆學名也。異者，四代相變耳，或上西，或上東，或貴在
　　國，或貴在郊。上庠、右學，大學也，在西郊；下庠、左
　　學，小學也，在國中王宮之東；東序、東膠，亦大學，在國

中王宫之東；西序、虞庠，亦小學也，西序在西郊，周立小學於西郊。"膠"之言"糾"也。"庠"之言"養"也。周之小學爲有虞氏之庠制，是以名庠。云其立鄉學亦如之。膠，或作"緑"。

（五·七十三）

有虞氏皇而祭，深衣而養老。夏后氏收而祭，燕衣而養老。殷人冔而祭，縞衣而養老。周人冕而祭，玄衣而養老。[一]

[一] 皇，冕屬也[一]，畫羽飾焉。凡冕屬，其服皆玄上纁下。有虞氏十二章，周九章，夏、殷未聞。凡養老之服，皆其時與羣臣燕之服。有虞氏質，深衣而已。夏而改之，尚黑而黑衣裳。殷尚白而縞衣裳。周則兼用之，玄衣、素裳。其冠則牟追、章甫、委貌也[二]。諸侯以天子之燕服爲朝服，《燕禮》曰："燕，朝服。"服是服也。王者之後，亦以燕服爲之。魯季康子朝服以縞，僭宋之禮也。天子皮弁，以日視朝也。

（五·七十四）

凡三王養老，皆引年。[一] 八十者，一子不從政。九十者，其家不從政。廢疾[三]，非人不養者，一人不從政。[二] 父母之喪，三年不從政。齊衰、大功之喪，三月不從政。將徙於諸侯，三月不從政。自諸侯來徙家，期不從政。[三]

〔一〕 皇冕屬也　"皇"，婺州本、余仁仲本與底本同。阮刻本作"玄"，誤。

〔二〕 其冠則牟追章甫委貌也　"牟"，婺州本與底本同。余仁仲本、阮刻本作"弁"，誤。

〔三〕 廢疾　"廢"，余仁仲本、阮刻本與底本同。唐石經、婺州本作"癈"。

〔一〕已而引户校年，當行復除也。老人眾多，非賢者，不可
　　　皆養。

〔二〕廢〔一〕，廢於人事。

〔三〕自，從也。

（五・七十五）

少而無父者謂之"孤"，老而無子者謂之"獨"，老而無
妻者謂之"矜"，老而無夫者謂之"寡"。此四者，天民之
窮而無告者也，皆有常餼。〔一〕

〔一〕餼，廩也。

（五・七十六）

瘖聾、跛躄、斷者、侏儒、百工，各以其器食之。〔一〕

〔一〕斷，謂支節絕也。侏儒，短人也。器，能也。

（五・七十七）

道路，男子由右，婦人由左，車從中央。〔一〕父之齒隨
行，兄之齒鴈行，朋友不相踰。〔二〕輕任并，重任分，斑白
者不提挈〔二〕。〔三〕

〔一〕廢　"廢"，余仁仲本、阮刻本與底本同。婺州本作"癈"。

〔二〕斑白者不提挈　"斑"，唐石經、婺州本、余仁仲本與底本同。阮刻本作"班"。此
　　　句阮刻本作"班白，不提挈"，"白"字下少一"者"字。

［一］道有三途〔一〕，遠別也。

［二］廣敬也。謂於塗中。

［三］皆謂以與少者。雜色曰斑。

（五·七十八）

君子耆老不徒行，庶人耆老不徒食。〔一〕

［一］徒，猶空也。

（五·七十九）

大夫祭器不假。祭器未成，不造燕器。〔一〕

［一］造，爲也。

（五·八十）

方一里者，爲田九百畝。〔一〕方十里者，爲方一里者百，爲田九萬畝。方百里者，爲方十里者百，爲田九十億畝。〔二〕方千里者，爲方百里者百，爲田九萬億畝。〔三〕

［一］一里，方三百步。

［二］億，今十萬。

［三］萬億，今萬萬也。

〔一〕道有三途　“有”，婺州本、余仁仲本與底本同。阮刻本作“中”，誤。“途”，余仁仲本、阮刻本與底本同，婺州本作“塗”。

（五·八十一）

　　自恒山至於南河，千里而近。[一] 自南河至於江，千里而近。[二] 自江至於衡山，千里而遥。[三] 自東河至於東海，千里而遥。[四] 自東河至於西河，千里而近。[五] 自西河至於流沙，千里而遥。[六] 西不盡流沙，南不盡衡山，東不盡東海，北不盡恒山。凡四海之内，斷長補短，方三千里，爲田八十萬億一萬億畝。[七]

　　［一］冀州域。

　　［二］豫州域。

　　［三］荆州域。

　　［四］徐州域。

　　［五］亦冀州域。

　　［六］雍州域。

　　［七］九州之大計。

（五·八十二）

　　方百里者，爲田九十億畝。山陵、林麓、川澤、溝瀆，城郭、宫室、塗巷，三分去一，其餘六十億畝。[一]

　　［一］以一大國爲率，其餘所以授民也。山足曰麓。

（五·八十三）

　　古者以周尺八尺爲步，今以周尺六尺四寸爲步。古者百畝，當今東田百四十六畝三十步。古者百里，當今百二十一里六十步四尺二寸二分。[一]

［一］周尺之數，未詳聞也。案禮制〔一〕，周猶以十寸爲尺，蓋六國
　　　時多變亂法度，或言周尺八寸，則步更爲八八六十四寸。以
　　　此計之，古者百畝，當今百五十六畝二十五步。古者百里，
　　　當今百二十五里。

（五·八十四）

　　方千里者，爲方百里者百，封方百里者三十國，其餘方
百里者七十。又封方七十里者六十，爲方百里者二十九，方
十里者四十，其餘方百里者四十，方十里者六十。又封方
五十里者百二十，爲方百里者三十，其餘方百里者十，方十
里者六十。名山、大澤不以封，其餘以爲附庸、閒田〔二〕。諸侯
之有功者，取於閒田以祿之〔三〕。其有削地者，歸之閒田〔四〕。

（五·八十五）

　　天子之縣內，方千里者，爲方百里者百，封方百里者
九，其餘方百里者九十一。又封方七十里者二十一，爲方
百里者十，方十里者二十九，其餘方百里者八十，方十里
者七十一。又封方五十里者六十三，爲方百里者十五，方
十里者七十五，其餘方百里者六十四，方十里者九十六。

（五·八十六）

　　諸侯之下士祿食九人，中士食十八人，上士食三十六人，

〔一〕　案禮制　“案”，婺州本、余仁仲本與底本同。阮刻本作“按”。
〔二〕　其餘以爲附庸閒田　“閒”，唐石經、阮刻本與底本同。婺州本、余仁仲本作“間”。
〔三〕　取於閒田以祿之　“閒”，唐石經、阮刻本與底本同。婺州本、余仁仲本作“間”。
〔四〕　歸之閒田　“閒”，唐石經、阮刻本與底本同。婺州本、余仁仲本作“間”。

下大夫食七十二人，卿食二百八十八人，君食二千八百八十人。次國之卿，食二百一十六人，君食二千一百六十人。小國之卿，食百四十四人，君食千四百四十人。次國之卿，命於其君者，如小國之卿。

（五·八十七）

天子之大夫爲三監，監於諸侯之國者，其禄視諸侯之卿，其爵視次國之君，其禄取之於方伯之地。方伯爲朝天子，皆有湯沐之邑於天子之縣内，視元士。[一]

［一］給齊戒自絜清之用。浴用湯，沐用潘。

（五·八十八）

諸侯世子世國。[一]大夫不世爵，使以德，爵以功。[二]未賜爵，視天子之元士，以君其國。[三]諸侯之大夫，不世爵、禄。

［一］象賢也。
［二］謂縣内及列國諸侯爲天子大夫者，不世爵而世禄，辟賢也。
［三］列國及縣内之國也。

（五·八十九）

六禮，冠、昏、喪、祭、鄉、相見。[一]七教，父子、兄弟、夫婦、君臣、長幼、朋友、賓客。八政，飲食、衣服、事爲、異别、度、量、數、制。[二]

［一］鄉，鄉飲酒、鄉射。

［二］飲食爲上，衣服次之。事爲，謂百工技藝也。異別，五方用
　　　器不同也。度，丈尺也。量，斗斛也。數，百十也。制，布
　　　帛幅廣狹也。

禮記卷第五

禮記卷第五

月令第六

鄭 氏 注

（六・一・一）

孟春之月，日在營室，昏參中，旦尾中。^{〔一〕}其日甲乙。^{〔二〕}其帝<u>大皥</u>，其神<u>句芒</u>。^{〔三〕}其蟲鱗。^{〔四〕}其音角。^{〔五〕}律中大蔟。^{〔六〕}其數八。^{〔七〕}其味酸。其臭羶。^{〔八〕}其祀戶，祭先脾。^{〔九〕}東風解凍，蟄蟲始振，魚上冰，獺祭魚，鴻鴈來。^{〔一〇〕}天子居青陽左个，乘鸞路，駕倉龍，載青旂，衣青衣，服倉玉，食麥與羊，其器疏以達。^{〔一一〕}

〔一〕孟，長也。日月之行，一歲十二會，聖王因其會而分之，以爲大數焉。觀斗所建，命其四時。此云“孟春”者，日月會於諏訾，而斗建寅之辰也。凡記昏、明中星者，爲人君南面而聽天下，視時候以授民事。

〔二〕“乙”之言“軋”也。日之行，春，東從青道，發生萬物，月爲之佐，時萬物皆解孚甲，自抽軋而出，因以爲日名焉。乙不爲月名者，君統臣功也。

〔三〕此倉精之君^{〔一〕}，木官之臣，自古以來，著德立功者也。<u>大皥</u>，

〔一〕此倉精之君 “倉”，<u>婺州</u>本與底本同。余仁仲本、<u>阮</u>刻本作“蒼”。

宓戲氏。句芒，少皥氏之子，曰重，屬木官。

[四] 象物孚甲將解。鱗，龍蛇之屬。

[五] 謂樂器之聲也。三分羽益一以生角，角數六十四。屬木者，以其清濁中，民象也。春氣和，則角聲調。《樂記》曰："角亂則憂，其民怨。"凡聲尊卑，取象五行，數多者濁，數少者清，大不過宮，細不過羽。

[六] 律，候氣之管，以銅爲之。中，猶應也。孟春氣至，則大蔟之律應。應，謂吹灰也。大蔟者，林鍾之所生，三分益一，律長八寸。凡律空圍九分。《周語》曰："大蔟所以金奏，贊陽出滯。"

[七] 數者，五行佐天地生物、成物之次也〔一〕。《易》曰："天一地二，天三地四，天五地六，天七地八，天九地十。"而五行自水始，火次之，木次之，金次之，土爲後。木生數三，成數八，但言"八"者，舉其成數。

[八] 木之臭味也。凡酸、羶者皆屬焉。

[九] 春，陽氣出，祀之於户，内陽也。祀之先祭脾者，春爲陽中，於藏直脾，脾爲尊。凡祭五祀於廟，用特牲，有主，有尸，皆先設席于奥。祀户之禮，南面設主于户内之西，乃制脾及腎爲俎，奠于主北。又設盛于俎西，祭黍稷、祭肉、祭醴，皆三。祭肉，脾一，腎再，既祭，徹之，更陳鼎俎，設饌于筵前，迎尸，略如祭宗廟之儀〔二〕。

[一〇] 皆記時候也。振，動也。《夏小正》"正月啓蟄"，"魚陟負

〔一〕 五行佐……之次也　此句余仁仲本、阮刻本與底本同。婺州本作"五行佐天地生物之次也"，"生物"下脱"成物"二字。

〔二〕 略如祭宗廟之儀　"祭"，底本作"察"，誤。婺州本、余仁仲本、阮刻本作"祭"，據改。

冰"。漢始亦以驚蟄爲正月中。此時魚肥美，獺將食之，先以祭也。鴈自南方來，將北反其居。今《月令》"鴻"皆爲"候"。

[一一] 皆所以順時氣也。青陽左个，大寢東堂北偏。鸞路，有虞氏之車，有鸞和之節，而飾之以青，取其名耳。春言鸞，冬夏言色，互文。馬八尺以上爲龍。凡所服玉，謂冠飾及所佩者之衡璜也〔一〕。麥實有孚甲，屬木。羊，火畜也。時尚寒，食之以安性也。器疏者刻鏤之，象物當貫土而出也〔二〕。凡此車馬、衣服，皆所取於殷時而有變焉，非周制也。周禮，朝、祀、戎、獵，車服各以其事，不以四時爲異。又《玉藻》曰："天子龍袞以祭，玄端而朝日，皮弁以日視朝。"與此皆殊。

(六·一·二)

是月也，以立春。先立春三日，大史謁之天子曰："某日立春，盛德在木。"天子乃齊。〔一〕立春之日，天子親帥三公、九卿、諸侯、大夫，以迎春於東郊。還，乃賞公、卿、諸侯、大夫於朝〔三〕。〔二〕命相布德和令，行慶，施惠，下及兆民。〔三〕慶賜遂行，毋有不當。〔四〕乃命大史，守典奉法，司天日月星辰之行，宿離不貸，毋失經紀，以初爲常。〔五〕

[一] 太史，禮官之屬，掌正歲年以序事。謁，告也。

〔一〕 謂冠飾及所佩者之衡璜也　"佩"，婺州本與底本同。余仁仲本、阮刻本作"珮"。
〔二〕 象物當貫土而出也　"土"，余仁仲本、阮刻本與底本同。婺州本作"上"，誤。
〔三〕 乃賞公卿諸侯大夫於朝　"乃"，底本、婺州本、余仁仲本、阮刻本作"反"，誤。唐石經作"乃"，據改。

〔二〕迎春，祭倉帝靈威仰於東郊之兆也。《王居明堂禮》曰：“出
　　十五里迎歲。”蓋殷禮也。周近郊五十里。賞，謂有功德者
　　有以顯賜之也。朝，大寢門外。

〔三〕相，謂三公〔一〕，相王之事也。德，謂善教也。令，謂時禁也。
　　慶，謂休其善也。惠，謂恤其不足也。天子曰兆民。

〔四〕遂，猶達也。言使當得者皆得，得者無非其人。

〔五〕典，六典。法，八法也。離，讀如“儷偶”之“儷”。宿儷，
　　謂其屬馮相氏、保章氏掌天文者，相與宿偶，當審候伺，不
　　得過差也。經紀，謂天文進退度數。

（六·一·三）

　　是月也，天子乃以元日，祈穀于上帝。〔一〕乃擇元辰，
天子親載耒耜，措之于參保介之御間，帥三公、九卿、諸
侯、大夫躬耕帝藉。天子三推，三公五推，卿、諸侯九
推。〔二〕反，執爵于大寢。三公、九卿、諸侯、大夫皆御，
命曰勞酒。〔三〕

〔一〕謂以上辛郊祭天也。《春秋傳》曰：“夫郊祀后稷，以祈農事。
　　是故啟蟄而郊，郊而後耕。”上帝，大微之帝也。

〔二〕元辰，蓋郊後吉辰也。耒，耜之上曲也。保介，車右也。置
　　耒於車右與御者之間，明己勸農，非農者也。人君之車，必
　　使勇士衣甲居右而參乘，備非常也。保，猶衣也。介，甲
　　也。帝藉，爲天神借民力所治之田也。

〔三〕既耕而宴飲，以勞羣臣也。大寢，路寢。御，侍也。

〔一〕謂三公　“謂”，余仁仲本、阮刻本與底本同。婺州本作“語”，誤。

（六·一·四）

是月也，天氣下降，地氣上騰，天地和同，草木萌動。[一]
王命布農事，命田舍東郊，皆脩封疆，審端經術[一]。[二]善相
丘陵、阪險、原隰、土地所宜，五穀所殖，以教道民，必躬
親之。[三]田事既飭，先定準直，農乃不惑。[四]

　　[一] 此陽氣蒸達，可耕之候也。《農書》曰：“土長冒橛[二]，陳根
　　　　可拔，耕者急發。”

　　[二] 田，謂田畯，主農之官也。舍東郊，順時氣而居，以命其事
　　　　也。封疆，田首之分職。術，《周禮》作“遂”，“夫間有遂，
　　　　遂上有徑”。遂，小溝也。步道曰徑。今《尚書》曰“分命
　　　　羲仲，宅嵎夷”也。

　　[三] 相，視也。

　　[四] 說所以命田舍東郊之意也。準直，謂封疆徑遂也。《夏小正》
　　　　曰：“農率均田。”

（六·一·五）

是月也，命樂正入學習舞。[一]乃脩祭典。[二]命祀山林、
川澤，犧牲毋用牝[三]。[三]禁止伐木。[四]毋覆巢，毋殺孩蟲、
胎、夭、飛鳥，毋麛，毋卵。[五]毋聚大衆，毋置城郭。[六]
掩骼埋胔。[七]

〔一〕　審端經術　“經”，底本、唐石經、婺州本作“徑”，誤。《經典釋文》、余仁仲本、
阮刻本作“經”，據改。

〔二〕　土長冒橛　“長”，婺州本、阮刻本與底本同。余仁仲本作“上”。

〔三〕　犧牲毋用牝　此句底本作“犧牲毋牝”，“毋”上脱“用”字，誤。婺州本、余仁
仲本、阮刻本作“犧牲毋用牝”，據改。

〔一〕為仲春將釋菜。

〔二〕重祭禮，歲始省錄也〔一〕。

〔三〕為傷妊生之類。

〔四〕盛德所在。

〔五〕為傷萌幼之類。

〔六〕為妨農之始。

〔七〕謂死氣逆生也。骨枯曰骼，肉腐曰胔。

（六·一·六）

　　是月也，不可以稱兵，稱兵必天殃〔二〕。〔一〕兵戎不起，不可從我始。〔二〕毋變天之道，〔三〕毋絕地之理，〔四〕毋亂人之紀。〔五〕

〔一〕逆生氣。

〔二〕為客不利，主人則可。

〔三〕以陰政犯陽。

〔四〕易剛柔之宜。

〔五〕仁之時而舉義事。

（六·一·七）

　　孟春行夏令，則雨水不時，〔一〕草木蚤落，〔二〕國時有恐。〔三〕行秋令，則其民大疫，〔四〕猋風暴雨揔至，〔五〕藜莠、蓬蒿並

〔一〕　歲始省錄也　此句婺州本與底本同。余仁仲本、阮刻本作“歲始省錄”，句末無“也”字。

〔二〕　稱兵必天殃　此句婺州本、余仁仲本、阮刻本與底本同。唐石經作“稱兵必有天殃”，“必”字下多一“有”字。

興。^[六]行冬令，則水潦爲敗，雪霜大摯，首種不入。^[七]

[一] 巳之氣乘之也。四月於消息爲《乾》。

[二] 生日促。

[三] 以火訛相驚〔一〕。

[四] 申之氣乘之也，七月始殺。

[五] 正月，宿直尾、箕，箕好風，其氣逆也。回風爲焱。

[六] 生氣亂，惡物茂。

[七] 亥之氣乘之也。舊説，首種謂稷。

(六·二·一)

仲春之月，日在奎，昏弧中，旦建星中。^[一]其日甲乙。其帝大皥，其神句芒。其蟲鱗。其音角，律中夾鍾。其數八。其味酸。其臭羶。其祀户，祭先脾。^[二]始雨水，桃始華。倉庚鳴，鷹化爲鳩。^[三]天子居青陽大廟，乘鸞路，駕倉龍，載青旂，衣青衣，服倉玉，食麥與羊，其器疏以達。^[四]

[一] 仲，中也。仲春者，日月會於降婁，而斗建卯之辰也。弧在輿鬼南，建星在斗上。

[二] 夾鍾者，夷則之所生，三分益一，律長七寸二千一百八十七分寸之千七十五。仲春氣至，則夾鍾之律應。《周語》曰：“夾鍾出四隙之細。”

[三] 皆記時候也。倉庚，驪黄也。鳩，搏穀也。漢始以雨水爲二月節。

〔一〕 以火訛相驚　“火”，余仁仲本、阮刻本與底本同。婺州本作“夭”，誤。

251

［四］青陽大廟，東堂當大室。

（六·二·二）

　　是月也，安萌牙，養幼少，存諸孤。^[一]擇元日，命民
社。^[二]命有司省囹圄，去桎梏，毋肆掠，止獄訟。^[三]

［一］助生氣也。

［二］社，后土也，使民祀焉，神其農業也。祀社日用甲。

［三］順陽寬也。省，減也。囹圄，所以禁守繫者，若今別獄矣。
　　　桎梏，今械也，在手曰梏，在足曰桎。肆，謂死刑暴尸也，
　　　《周禮》曰：“肆之三日。”掠，謂捶治人。

（六·二·三）

　　是月也，玄鳥至。至之日，以大牢祠于高禖，天子親
往。^[一]后妃帥九嬪御，^[二]乃禮天子所御，帶以弓韣，授
以弓矢，于高禖之前。^[三]

［一］玄鳥，燕也。燕以施生時來，巢人堂宇而孚乳，嫁娶之象
　　　也。媒氏之官以爲候。高辛氏之世，玄鳥遺卵，娀簡吞之
　　　而生契，後王以爲媒官嘉祥，而立其祠焉。變媒言禖，神
　　　之也。

［二］御，謂從往侍祠。《周禮》，天子有夫人，有嬪，有世婦，有
　　　女御。獨云“帥九嬪”，舉中言也。

［三］天子所御，謂今有娠者。於祠，大祝酌酒，飲於高禖之庭，
　　　以神惠顯之也。帶以弓韣，授以弓矢，求男之祥也。《王居
　　　明堂禮》曰：“帶以弓韣，禮之禖下，其子必得天材。”

（六·二·四）

　　是月也，日夜分，雷乃發聲，始電，蟄蟲咸動，啟户始出。^{〔一〕}先雷三日，奮木鐸以令兆民曰：“雷將發聲，有不戒其容止者，生子不備^{〔一〕}，必有凶災！”^{〔二〕}日夜分，則同度、量、鈞、衡、石，角斗、甬，正權、概。^{〔三〕}

　　〔一〕又記時候。發，猶出也。

　　〔二〕主戒婦人有娠者也。容止，猶動靜。

　　〔三〕因晝夜等而平當平也。同、角、正，皆謂平之也。丈尺曰
　　　　度，斗斛曰量，三十斤曰鈞，稱上曰衡，百二十斤曰石。
　　　　甬，今斛也。稱錘曰權。概，平斗斛者。

（六·二·五）

　　是月也，耕者少舍，乃脩闔扇，寢廟畢備。^{〔一〕}毋作大事，以妨農之事。^{〔二〕}

　　〔一〕舍，猶止也。因蟄蟲啟户，耕事少閒，而治門户也。用木曰
　　　　闔，用竹葦曰扇。畢，猶皆也。凡廟，前曰廟，後曰寢。

　　〔二〕大事，兵役之屬。

（六·二·六）

　　是月也，毋竭川澤，毋漉陂池，毋焚山林。^{〔一〕}天子乃鮮羔開冰，先薦寢廟。^{〔二〕}

〔一〕 生子不備　此句余仁仲本、阮刻本與底本同。婺州本脱“生子”二字。

〔一〕順陽養物也。畜水曰陂，穿地通水曰池。

〔二〕鮮，當爲“獻”，聲之誤也。獻羔，謂祭司寒也。祭司寒而出冰，薦於宗廟，乃後賦之。《春秋傳》曰：“古者，日在北陸而藏冰，西陸朝覿而出之。其藏冰也，深山窮谷，固陰沍寒，於是乎取之。其出之也，朝之禄位，賓、食、喪、祭，於是乎用之。其藏之也，黑牡、秬黍，以享司寒〔一〕。其出之也，桃弧、棘矢，以除其災。其出入也時，食肉之禄，冰皆與焉〔二〕。大夫、命婦，喪浴用冰。祭寒而藏之，獻羔而啓之。公始用之，火出而畢賦。自命夫、命婦至于老疾，無不受冰。”

（六·二·七）

上丁，命樂正習舞，釋菜。〔一〕天子乃帥三公、九卿、諸侯、大夫親往視之。〔二〕仲丁，又命樂正入學習樂〔三〕。〔三〕

〔一〕樂正，樂官之長也。命習舞者，順萬物始出地鼓舞也。將舞，必釋菜於先師以禮之。《夏小正》曰：“丁亥，《萬》用入學〔四〕。”

〔二〕順時達物也。

〔三〕爲季春將合樂也〔五〕。習樂者，習歌與八音。

〔一〕 以享司寒 “享”，婺州本、余仁仲本、阮刻本作“饗”。

〔二〕 冰皆與焉 “冰”，余仁仲本、阮刻本與底本同。婺州本作“水”，誤。

〔三〕 又命樂正入學習樂 “樂”，余仁仲本、婺州本與底本同。阮刻本作“舞”，誤。

〔四〕 萬用入學 “用”，婺州本與底本同。余仁仲本、阮刻本作“舞”。

〔五〕 爲季春將合樂也 此句婺州本與底本同。余仁仲本、阮刻本作“爲季春將習合樂也”，“將”字下多一“習”字。

（六·二·八）

是月也，祀不用犧牲，用圭璧，更皮幣。^[一]

[一] 爲季春將選而合騰之也。更，猶易也。當祀者，古以玉帛而已。

（六·二·九）

仲春行秋令，則其國大水，寒氣揔至，^[一]寇戎來征。^[二]行冬令，則陽氣不勝，麥乃不孰，^[三]民多相掠。^[四]行夏令，則國乃大旱，煖氣早來，^[五]蟲螟爲害。^[六]

[一] 酉之氣乘之也。八月，宿直昴、畢，畢好雨。

[二] 金氣動也。畢又爲邊兵。

[三] 子之氣乘之也。十一月爲大陰。

[四] 陰姦衆也。

[五] 午之氣乘之也。

[六] 暑氣所生，爲災害也。

（六·三·一）

季春之月，日在胃，昏七星中，旦牽牛中。^[一]其日甲乙。其帝大皞，其神句芒。其蟲鱗。其音角，律中姑洗。其數八。其味酸。其臭羶。其祀户，祭先脾。^[二]桐始華，田鼠化爲鴑，虹始見，萍始生^[一]。^[三]天子居青陽右个，乘鸞路，駕倉龍，載青旂，衣青衣，服倉玉，食麥與羊，其

〔一〕 萍始生　“萍”，婺州本與底本同。余仁仲本、阮刻本作“萍”。

255

器疏以達。^[四]

[一] 季，少也。季春者，日月會於大梁，而斗建辰之辰。

[二] 姑洗者，南呂之所生也，三分益一，律長七寸九分寸之一。
季春氣至，則姑洗之律應。《周語》曰：“姑洗所以脩絜百物，
考神納賓。”

[三] 皆記時候也。鴽，母無。螮蝀，謂之“虹”。萍，萍也，其
大者曰蘋。

[四] 青陽右个，東堂南偏。

（六·三·二）

是月也，天子乃薦鞠衣于先帝。^[一]命舟牧覆舟，五覆
五反，乃告舟備具于天子焉。^[二]天子始乘舟，薦鮪于寢
廟，^[三]乃爲麥祈實。^[四]

[一] 爲將蠶，求福祥之助也。鞠衣，黃桑之服。先帝，大皞
之屬。

[二] 舟牧，主舟之官也。覆反舟者，備傾漏也^[一]。

[三] 進時美物。

[四] 於含秀求其成也。不言所祈，承寢廟可知。

（六·三·三）

是月也，生氣方盛，陽氣發泄，句者畢出，萌者盡
達，不可以内。^[一]天子布德行惠，命有司發倉廩，賜貧窮，

〔一〕 備傾漏也 “漏”，婺州本、余仁仲本與底本同。阮刻本作“側”。

振乏絶。^[二]開府庫，出幣帛，周天下。勉諸侯，聘名士，禮賢者。^[三]

[一] 時可宣出，不可收斂也。句，屈生者。芒而直曰萌。

[二] 振，猶救也。

[三] 周，謂給不足也。勉，猶勸也。聘，問也。名士，不仕者。

（六·三·四）

是月也，命司空曰：“時雨將降，下水上騰，循行國邑，周視原野，脩利隄防，道達溝瀆，開通道路，毋有障塞。^[一]田獵，置罘、羅罔、畢、翳、餧獸之藥，毋出九門。”^[二]

[一] 廣平曰原。國也，邑也，平野也，溝瀆與道路皆不得不通，所以除水潦、便民事也。古者溝上有路。

[二] 爲鳥獸方孚乳，傷之，逆天時也。獸罟曰置罘，鳥罟曰羅罔。小而柄長，謂之“畢”。翳，射者所以自隱也。凡諸罟及毒藥，禁其出九門，明其常有，時不得用耳。天子九門者，路門也，應門也，雉門也，庫門也，臯門也，城門也，近郊門也，遠郊門也，關門也^[一]。今《月令》無“罘”，“翳”爲“弋”。

（六·三·五）

是月也，命野虞無伐桑柘。^[一]鳴鳩拂其羽，戴勝降于桑。^[二]具曲、植、籧、筐，^[三]后妃齊戒，親東鄉躬桑，禁婦女毋觀，省婦使，以勸蠶事。^[四]蠶事既登，分繭稱絲

〔一〕 關門也　“關”，余仁仲本、阮刻本與底本同。婺州本作“開”，誤。

257

效功，以共郊廟之服，無有敢惰。^[五]

［一］愛蠶食也。野虞，謂主田及山林之官。

［二］蠶將生之候也。鳴鳩飛且翼相擊，趨農急也。戴勝，織紝之
　　　鳥，是時恒在桑。言“降”者，若時始自天來，重之也。

［三］時所以養蠶器也。曲，薄也。植，槌也。

［四］后妃親採桑，示帥先天下也。東鄉者，鄉時氣也。是明其不
　　　常留養蠶也。留養者，所卜夫人與世婦。婦，謂世婦及諸臣
　　　之妻也。“内宰”職曰：“仲春，詔后帥外内命婦始蠶于北郊。”
　　　女，外内子女也。《夏小正》曰：“妾子始蠶，執養宫事。”
　　　毋觀，去容飾也。婦使，縫線組紃之事。

［五］登，成也。敕往蠶者，蠶畢將課功，以勸戒之。

(六·三·六)

　　是月也，命工師，令百工，審五庫之量，金、鐵、皮、
革、筋、角、齒、羽、箭、幹、脂、膠、丹、漆，毋或不
良。^[一]百工咸理，監工日號：“毋悖于時，毋或作爲淫巧，
以蕩上心。”^[二]

［一］工師，司空之屬官也。五庫，藏此諸物之舍也。量，謂物
　　　善惡之舊法也。幹，器之木也。凡輮幹，有當用脂。良，
　　　善也。

［二］咸，皆也。於百工皆理治其事之時，工師則監之，日號令
　　　之，戒之以此二事也。悖，猶逆也。百工作器物各有時，逆
　　　之則不善。時者，若《弓人》“春液角，夏治筋，秋合三材，
　　　冬定體”之屬也。淫巧，謂僞飾不如法也。蕩，謂動之使生

奢泰也。今《月令》無“于時”，“作爲”爲“詐僞”。

（六·三·七）

是月之末，擇吉日，大合樂。天子乃率三公、九卿、諸侯、大夫，親往視之。[一]

[一] 大合樂者，所以助陽達物，風化天下也。其禮亡，今天子以大射、郡國以鄉射禮代之。

（六·三·八）

是月也，乃合累牛騰馬，遊牝于牧。[一]犧牲、駒、犢，舉書其數。[二]命國難，九門磔攘，以畢春氣。[三]

[一] 累、騰，皆乘匹之名。是月所合牛馬，謂繫在廄者，其牝欲遊，則就牧之牡而合之。

[二] 以在牧而校數書之，明出時无他故，至秋當錄内，且以知生息之多少也。

[三] 此難，難陰氣也。陰寒至此不止，害將及人。所以及人者，陰氣右行，此月之中，日行歷昴，昴有大陵積尸之氣，氣佚則屬鬼隨而出行。命方相氏帥百隸，索室毆疫以逐之[一]，又磔牲以攘於四方之神，所以畢止其災也。《王居明堂禮》曰：“季春，出疫于郊，以攘春氣。”

─────────

〔一〕 索室毆疫以逐之　“毆”，婺州本、余仁仲本與底本同。阮刻本作“歐”，誤。

(六·三·九)

季春行冬令，則寒氣時發，草木皆肅，^[一]國有大恐。^[二]行夏令，則民多疾疫，時雨不降，^[三]山陵不收。^[四]行秋令，則天多沈陰，淫雨蚤降，^[五]兵革並起。^[六]

[一] 丑之氣乘之也。肅，謂枝葉縮栗。

[二] 以水訛相驚。

[三] 未之氣乘之也。六月，宿直鬼，鬼爲天尸，時又有暑也。

[四] 高者暵於熱也。

[五] 戌之氣乘之也。九月多陰。淫，霖也。雨三日以上爲霖。今《月令》曰“衆雨”。

[六] 陰氣勝也。

(六·四·一)

孟夏之月，日在畢，昏翼中，旦婺女中。^[一]其日丙丁。^[二]其帝炎帝，其神祝融。^[三]其蟲羽。^[四]其音徵，^[五]律中中呂。^[六]其數七。^[七]其味苦。其臭焦。^[八]其祀竈，祭先肺。^[九]螻蟈鳴，蚯蚓出^[一]，王瓜生，苦菜秀。^[一〇]天子居明堂左个，乘朱路，駕赤駵，載赤旂，衣朱衣，服赤玉，食菽與雞，其器高以粗。^[一一]

[一] 孟夏者，日月會於實沈，而斗建巳之辰。

[二] “丙”之言“炳”也。日之行，夏，南從赤道，長育萬物，

〔一〕蚯蚓出 “蚯”，底本作“丘”，誤。唐石經、婺州本、余仁仲本、阮刻本作“蚯”，據改。

　　月爲之佐。時萬物皆炳然著見而強大，又因以爲日名焉。《易》曰：“齊乎巽，相見乎離。”

［三］此赤精之君，火官之臣，自古以來，著德立功者也。<u>炎帝</u>，<u>大庭氏</u>也。<u>祝融</u>，<u>顓頊氏</u>之子，曰<u>黎</u>，爲火官。

［四］象物從風，鼓葉、飛鳥之屬。

［五］三分宮去一以生徵，徵數五十四〔一〕。屬火者，以其徵清，事之象也。夏氣和，則徵聲調。《樂記》曰：“徵亂則哀，其事勤。”

［六］孟夏氣至，則中呂之律應。中呂者，無射之所生，三分益一，律長六寸萬九千六百八十三分寸之萬二千九百七十四。《周語》曰：“中呂，宣中氣。”

［七］火生數二，成數七。但言“七”者，亦舉其成數。

［八］火之臭味也。凡苦焦者皆屬焉。

［九］夏，陽氣盛，熱於外，祀之於竈，從熱類也。祀之先祭肺者，陽位在上，肺亦在上，肺爲尊也。竈在廟門外之東，祀竈之禮，先席於門之奧，東面，設主于竈陘，乃制肺及心肝爲俎，奠于主西。又設盛于俎南，亦祭黍三，祭肺、心、肝各一，祭醴二〔二〕。亦既祭徹之，更陳鼎俎，設饌于筵前。迎尸如祀户之禮。

［一〇］皆記時候也。螻蟈，蛙也。王瓜，萆挈也。今《月令》云“王萯生”，《夏小正》云“王萯秀”，未聞孰是〔三〕。

［一一］明堂左个，大寢南堂東偏也。菽實孚甲堅合，屬水。雞，

〔一〕　徵數五十四　此句底本作“徵五十四”，誤。<u>婺州</u>本、<u>余仁仲</u>本、<u>阮</u>刻本“徵”字下有“數”字，據改。

〔二〕　祭醴二　“二”，<u>余仁仲</u>本與底本同。<u>婺州</u>本、<u>阮</u>刻本作“三”。

〔三〕　未聞孰是　“聞”，<u>余仁仲</u>本、<u>阮</u>刻本與底本同。<u>婺州</u>本作“問”，誤。

木畜，時熱食之，亦以安性也。粗，猶大也。器高大者，
象物盛長。

（六・四・二）

是月也，以立夏。先立夏三日，大史謁之天子曰："某
日立夏，盛德在火。"天子乃齊。[一]立夏之日，天子親帥
三公、九卿、大夫，以迎夏於南郊。還反，行賞，封諸侯，
慶賜遂行，無不欣説。[二]乃命樂師，習合禮樂。[三]命大尉
贊桀俊，遂賢良，舉長大。[四]行爵出禄，必當其位。[五]

[一] 謁，告也。

[二] 迎夏，祭赤帝赤熛怒於南郊之兆也。不言"帥諸侯"，而
云"封諸侯"，諸侯時或無在京師者，空其文也。《祭統》曰："古
者於禘也，發爵賜服，順陽義也。於嘗也，出田邑，發秋
政，順陰義也。"今此行賞可也，而封諸侯則違於古。封諸
侯，出土地之事，於時未可，似失之。

[三] 爲將飲酎。

[四] 助長氣也。贊，猶出也。桀俊，能者也。遂，猶進也。三王
之官有司馬，無大尉，秦官則有大尉。今俗人皆云周公作
《月令》[ ]，未通於古。

[五] 使順之也。

（六・四・三）

是月也，繼長增高。[一]毋有壞墮，[二]毋起土功，毋

〔一〕 今俗人皆云周公作月令 "俗"，婺州本、阮刻本與底本同。余仁仲本作"後"。

發大衆，^[三] 毋伐大樹。^[四]

　[一] 謂草木盛蕃廡。

　[二] 亦爲逆時氣。

　[三] 爲妨蠶農之事。

　[四] 亦爲逆時氣。

（六·四·四）

　是月也，天子始絺，^[一]命野虞出行田原，爲天子勞農勸民，毋或失時。^[二]命司徒巡行縣鄙，命農勉作，毋休于都。^[三]

　[一] 初服暑服。

　[二] 重敕之。

　[三] 急趨於農也。縣鄙，鄉遂之屬，主民者也。《王居明堂禮》曰^[一]：“毋宿于國^[二]。”今《月令》“休”爲“伏”。

（六·四·五）

　是月也，驅獸毋害五穀，毋大田獵。^[一]農乃登麥，天子乃以彘嘗麥，先薦寢廟。^[二]

　[一] 爲傷蕃廡之氣。

　[二] 登，進也。麥之新氣尤盛，以彘食之，散其熱也。彘，水畜。

〔一〕　王居明堂禮曰　此句余仁仲本、阮刻本與底本同。婺州本作“居明堂禮曰”，“居”字上脱一“王”字。

〔二〕　毋宿于國　此句底本作“毋國”，“毋”字下脱“宿于”二字。婺州本、余仁仲本、阮刻本作“毋宿于國”，據補。

（六·四·六）

是月也，聚畜百藥。[一]靡草死，麥秋至，斷薄刑，決小罪，[二]出輕繫。[三]蠶事畢，后妃獻繭，乃收繭稅，以桑爲均，貴賤、長幼如一，以給郊廟之服。[四]

[一] 蕃廡之時，毒氣盛。

[二] 舊説云：“靡草，薺、亭歷之屬。”《祭統》曰“草艾則墨”，謂立秋後也[一]。刑無輕於墨者，今以純陽之月，斷刑決罪，與“毋有壞墮”自相違，似非。

[三] 崇寬。

[四] 后妃獻繭者，内命婦獻繭於后妃。收繭稅者，收於外命婦。外命婦雖就公桑蠶室而蠶，其夫亦當有祭服以助祭，收以近郊之稅耳。貴賤、長幼如一，國服同。

（六·四·七）

是月也，天子飲酎，用禮樂。[一]

[一] “酎”之言“醇”也，謂重釀之酒也。春酒至此始成，與羣臣以禮樂飲之於朝[二]，正尊卑也。《孟冬》云“大飲蒸”，此言“用禮樂”，互其文。

（六·四·八）

孟夏行秋令，則苦雨數來，五穀不滋，[一]四鄙入保。[二]

〔一〕 謂立秋後也 “後”，余仁仲本、阮刻本與底本同。婺州本作“月”，誤。

〔二〕 與羣臣以禮樂飲之於朝 “與”，底本作“舉”，誤。婺州本、余仁仲本、阮刻本作“與”，據改。

行冬令，則草木蚤枯，[三]後乃大水，敗其城郭。[四]行春令，則蝗蟲爲災，暴風來格，[五]秀草不實。[六]

[一] 申之氣乘之也。苦雨，白露之類，時物得雨傷。

[二] 金氣爲害也。鄙，界上邑。小城曰保。

[三] 長日促。

[四] 亥之氣乘之也。

[五] 寅之氣乘之也。必以蝗蟲爲災者，寅有啓蟄之氣，行於初暑，則當蟄者大出矣。格，至也。

[六] 氣更生之，不得成也。

(六·五·一)

仲夏之月，日在東井，昏亢中，旦危中。[一]其日丙丁。其帝炎帝，其神祝融。其蟲羽。其音徵，律中蕤賓。其數七。其味苦。其臭焦。其祀竈，祭先肺。[二]小暑至，螳蜋生，鵙始鳴，反舌無聲。[三]天子居明堂太廟，乘朱路，駕赤駵，載赤旂，衣朱衣，服赤玉，食菽與雞，其器高以粗。[四]養壯佼。[五]

[一] 仲夏者，日月會於鶉首，而斗建午之辰也。

[二] 蕤賓者，應鍾之所生，三分益一，律長六寸八十一分寸之二十六。仲夏氣至，則蕤賓之律應。《周語》曰：“蕤賓，所以安靜神人，獻酬交酢。”

[三] 皆記時候也。螳蜋，螵蛸母也。鵙，搏勞也。反舌，百舌鳥。

[四] 明堂太廟，南堂當大室也。

　　〔五〕助長氣也。

（六·五·二）

　　是月也，命樂師脩鞀、鞞、鼓，均琴、瑟、管、簫，執
干、戚、戈、羽，調竽、笙、篪、簧，飭鍾、磬、柷、敔。〔一〕
命有司爲民祈祀山川百源。大雩帝，用盛樂。乃命百縣雩祀
百辟、卿士有益於民者，以祈穀實。〔二〕農乃登黍。〔三〕

　　〔一〕爲將大雩帝，習樂也。脩、均、執、調、飭者，治其器物，
　　　　習其事之言。
　　〔二〕陽氣盛而常旱，山川百源，能興雲雨者也。衆水始所出爲百
　　　　源，必先祭其本，乃雩。雩，吁嗟求雨之祭也。雩帝，謂爲
　　　　壇南郊之旁，雩五精之帝，配以先帝也。自“鞀鞞”至“柷
　　　　敔”皆作曰盛樂，凡他雩用歌舞而已。百辟、卿士，古者上
　　　　公〔一〕，若句龍、后稷之類也。《春秋傳》曰：“龍見而雩。”雩
　　　　之正，當以四月〔二〕。凡周之秋，三月之中而旱，亦脩雩禮以
　　　　求雨，因著正雩此月，失之矣。天子雩上帝，諸侯以下雩上
　　　　公。周冬及春、夏雖旱，禮，有禱無雩。
　　〔三〕登，進也。

（六·五·三）

　　是月也，天子乃以雛嘗黍，羞以含桃，先薦寢廟。〔一〕
令民毋艾藍以染。〔二〕毋燒灰，〔三〕毋暴布。〔四〕門閭毋閉，

〔一〕　古者上公　“公”，婺州本、阮刻本與底本同。余仁仲本作“古”，誤。
〔二〕　當以四月　“當”，婺州本、余仁仲本與底本同。阮刻本作“常”，誤。

關市毋索。^[五]挺重囚，益其食。^[六]游牝別羣，^[七]則縶騰駒。^[八]班馬政。^[九]

[一] 此嘗雛也，而云以"嘗黍"，不以牲，主穀也^{〔一〕}。必以黍者，黍，火穀，氣之主也。含桃，櫻桃也。

[二] 爲傷長氣也。此月藍始可別。《夏小正》曰："五月，啟灌藍蓼。"

[三] 爲傷火氣也。火之氣於是爲盛，火之滅者爲灰。

[四] 不以陰功干大陽之事。

[五] 順陽敷縱，不難物。

[六] 挺，猶寬也。

[七] 孕妊之欲止也。

[八] 爲其牡氣有餘，相蹄齧也。

[九] 馬政，謂養馬之政教也。"廋人"職曰"掌十有二閑之政教，以阜馬、佚特、教駣、攻駒"，此之謂也。

（六·五·四）

是月也，日長至，陰陽爭，死生分。^[一]君子齊戒，處必掩身，毋躁。^[二]止聲色，毋或進。^[三]薄滋味，毋致和。^[四]節耆欲^{〔二〕}，定心氣。^[五]百官靜事毋刑，^[六]以定晏陰之所成。^[七]鹿角解，蟬始鳴，半夏生，木菫榮。^[八]

[一] 爭者，陽方盛，陰欲起也。分，猶半也。

〔一〕 不以牲主穀也　"主"，余仁仲本、阮刻本與底本同。婺州本作"王"，誤。

〔二〕 節耆欲　"耆"，余仁仲本、阮刻本與底本同。唐石經、婺州本作"嗜"。

　〔二〕掩，猶隱翳也。躁，猶動也。今《月令》"毋躁"爲"欲靜"。

　〔三〕進，猶御見也。聲，謂樂也。《易》及《樂》《春秋説》："夏

　　　　至，人主與羣臣從八能之士，作樂五日。"今止之，非其道也。

　〔四〕爲其氣異，此時傷人。

　〔五〕微陰扶精，不可散也。

　〔六〕罪罰之事，不可以聞。今《月令》"刑"爲"徑"。

　〔七〕晏，安也。陰稱安〔一〕。

　〔八〕又記時候也。半夏，藥草。木堇，王蒸也。

（六·五·五）

　是月也，毋用火南方。〔一〕可以居高明，可以遠眺望，
可以升山陵，可以處臺榭。〔二〕

　〔一〕陽氣盛，又用火於其方，害微陰也。

　〔二〕順陽在上也。高明，謂樓觀也。闍者，謂之"臺"。有木者，

　　　　謂之"榭"。

（六·五·六）

　仲夏行冬令，則雹凍傷穀，〔一〕道路不通，暴兵來至。〔二〕
行春令，則五穀晚孰，〔三〕百螣時起，其國乃饑。〔四〕行秋令，
則草木零落，〔五〕果實早成，〔六〕民殃於疫。〔七〕

　〔一〕子之氣乘之也。陽爲雨，陰起脅之，凝爲雹。

　〔二〕盜賊攻劫，亦雹之類。

_____

〔一〕　陰稱安　"安"，余仁仲本、阮刻本與底本同。婺州本作"也"，誤。

［三］卯之氣乘之也。生日長。

［四］螣，蝗之屬。言“百”者，明衆類並爲害。

［五］酉之氣乘之也。八月，宿直昴、畢，爲天獄，主殺。

［六］生日短。

［七］大陵之氣來爲害也。

（六·六·一）

季夏之月，日在柳，昏火中，旦奎中。^{［一］}其日丙丁。其帝炎帝，其神祝融。其蟲羽。其音徵，律中林鍾。其數七。其味苦。其臭焦。其祀竈，祭先肺。^{［二］}溫風始至，蟋蟀居壁，鷹乃學習，腐草爲螢。^{［三］}天子居明堂右个，乘朱路，駕赤駵，載赤旂，衣朱衣，服赤玉，食菽與雞，其器高以粗。^{［四］}命漁師伐蛟、取鼉、登龜、取黿。^{［五］}命澤人納材葦。^{［六］}

［一］季夏者，日月會於鶉火，而斗建未之辰也。

［二］林鍾者，黄鍾之所生，三分去一，律長六寸。季夏氣至，則林鍾之律應。《周語》曰：“林鍾和展百物，俾莫不任肅純恪。”

［三］皆記時侯也。鷹學習，謂攫搏也。《夏小正》曰：“六月，鷹始摯。”螢，飛蟲，螢火也。

［四］明堂右个，南堂西偏也。

［五］四者甲類，秋乃堅成。《周禮》曰“秋獻龜魚”，又曰“凡取龜，用秋時”，是夏之秋也。作《月令》者，以爲此秋據周之時也。周之八月，夏之六月，因書於此，似誤也。蛟言“伐”者，以其有兵衛也。龜言“登”者，尊之也。鼉、黿言“取”，羞物賤也。鼉皮又可以冒鼓。今《月令》“漁師”

269

爲“榜人”。

〔六〕蒲葦之屬，此時柔刃，可取作器物也。

·

(六·六·二)

是月也，命四監大合百縣之秩芻，以養犧牲，令民無不咸出其力，^{〔一〕}以共皇天上帝、名山大川、四方之神，以祠宗廟社稷之靈，以爲民祈福。^{〔二〕}

〔一〕四監，主山、林、川、澤之官。百縣，鄉遂之屬，地有山、林、川、澤者也。秩，常也。百縣給國養犧牲之芻，多少有常，民皆當出力爲艾之。今《月令》“四”爲“田”。

〔二〕牲以供祠神靈，爲民求福，明使民艾芻，是不虛取也。皇天，北辰耀魄寶，冬至所祭於圜丘也。上帝，太微五帝。

(六·六·三)

是月也，命婦官染采，黼黻文章，必以法故，無或差貸。^{〔一〕}黑、黃、倉、赤，莫不質良，毋敢詐僞。^{〔二〕}以給郊廟祭祀之服，以爲旗章，以別貴賤等級之度^{〔一〕}。^{〔三〕}

〔一〕婦官，染人也。采，五色。

〔二〕質，正也。良，善也。所用染者，當得真采正善也。

〔三〕旗章，旌旗及章識也。

〔一〕以別貴賤等級之度　“級”，底本、婺州本、余仁仲本、阮刻本作“給”，誤。唐石經作“級”，據改。

（六·六·四）

　　是月也，樹木方盛，乃命虞人入山行木，毋有斬伐。[一]不可以興土功，不可以合諸侯，不可以起兵動衆。[二]毋舉大事，以摇養氣。[三]毋發令而待，以妨神農之事也。[四]水潦盛昌，神農將持功，舉大事則有天殃。[五]

[一] 爲其未堅刃也。

[二] 土將用事，氣欲静。

[三] 大事，興徭役以有爲。

[四] 發令而待，謂出縣役之令，以預驚民也。民驚則心動，是害土神之氣。土神稱曰“神農”者，以其主於稼穡。

[五] 言土以受天雨澤、安静養物爲功，動之則致害也。《孝經説》曰：“地順受澤，謙虚開張，含泉任萌，滋物歸中。”

（六·六·五）

　　是月也，土潤溽暑[一]。[一]大雨時行，燒薙行水，利以殺草，如以熱湯。[二]可以糞田疇，可以美土彊。[三]

[一] 潤溽[二]，謂塗溼也[三]。

[二] 薙，謂迫地芟草也。此謂欲稼萊地，先薙其草，草乾燒之，至此月，大雨流水，潦畜於其中，則草死不復生，而地美可稼也。薙人“掌殺草”，職曰“夏日至而薙之”，又曰“如欲其

〔一〕 土潤溽暑　“溽”，底本、婺州本作“辱”，誤。唐石經、余仁仲本、阮刻本作“溽”，據改。

〔二〕 潤溽　“溽”，底本、婺州本作“辱”，誤。余仁仲本、阮刻本作“溽”，據改。

〔三〕 謂塗溼也　“溼”，底本、婺州本、余仁仲本作“温”，誤。阮刻本作“溼”，據改。

271

化也，則以水火變之”。

［三］土潤溽〔一〕，膏澤易行也。糞、美，互文耳。土疆，強檗
之地〔二〕。

（六·六·六）

季夏行春令，則穀實鮮落，國多風欬，[一]民乃遷徙。[二]
行秋令，則丘隰水潦，[三]禾稼不熟，[四]乃多女災。[五]行
冬令，則風寒不時，[六]鷹隼蚤鷙，[七]四鄙入保。[八]

［一］辰之氣乘之也。未屬《巽》，辰又在《巽》位，二氣相亂
　　爲害。

［二］象風轉移物也。

［三］戌之氣乘之也。九月，宿直奎，奎爲溝瀆，溝瀆與此月大雨
　　并，而高下皆水。

［四］傷於水也。

［五］含任之類敗也。

［六］丑之氣乘之也。

［七］得疾屬之氣也。

［八］象鳥雀之走竄也。都邑之城曰保。

（六·六·七）

中央土。[一]其日戊己。[二]其帝黃帝，其神后土。[三]
其蟲倮。[四]其音宮。[五]律中黃鍾之宮。[六]其數五。[七]

〔一〕土潤溽　“溽”，底本、婺州本作“辱”，誤。余仁仲本、阮刻本作“溽”，據改。

〔二〕強檗之地　“強檗”，余仁仲本、阮刻本與底本同。婺州本作“檗水”，誤。

其味甘。其臭香。^[八]其祀中霤，祭先心。^[九]天子居大廟大室，乘大路，駕黃駵，載黃旂，衣黃衣，服黃玉，食稷與牛，其器圜以閎。^[一〇]

［一］火休而盛德在土也。

［二］“戊”之言“茂”也。“己”之言“起”也。日之行，四時之間從黃道，月爲之佐。至此萬物皆枝葉茂盛，其含秀者抑屈而起，故因以爲日名焉。

［三］此黃精之君，土官之神，自古以來，著德立功者也。黃帝，軒轅氏也。后土，亦顓頊氏之子，曰黎，兼爲土官。

［四］象物露見，不隱藏，虎豹之屬，恒淺毛。

［五］聲始於宮，宮數八十一，屬土者，以其最濁，君之象也。季夏之氣和，則宮聲調。《樂記》曰：“宮亂則荒，其君驕。”

［六］黃鍾之宮最長也。十二律轉相生，五聲具，終於六十焉。季夏之氣至，則黃鍾之宮應。《禮運》曰：“五聲、六律、十二管，還相爲宮。”

［七］土生數五，成數十。但言“五”者，土以生爲本。

［八］土之臭味也。凡甘香者，皆屬之。

［九］中霤，猶中室也。土主中央，而神在室。古者複穴，是以名室爲霤云。祀之先祭心者，五藏之次，心次肺，至此心爲尊也。祀中霤之禮，設主於牖下^{〔一〕}，乃制心及肺、肝爲俎，其祭肉；心、肺、肝各一，他皆如祀户之禮。

［一〇］大廟大室，中央室也。大路，殷路也。車如殷路之制，而

〔一〕設主於牖下　此句余仁仲本、阮刻本與底本同。婺州本作“設於牖下”，“設”字下脫一“主”字。

273

飾之以黃。稷，五穀之長。牛，土畜也。器圜者，象土周
币於四時[一]。閎，讀如“紘”。紘，謂中寬，象土含物。

(六·七·一)

孟秋之月，日在翼，昏建星中，旦畢中。[一] 其日庚
辛。[二] 其帝<u>少皞</u>，其神<u>蓐收</u>。[三] 其蟲毛。[四] 其音商，[五]
律中夷則。[六] 其數九。[七] 其味辛。其臭腥。[八] 其祀門，
祭先肝。[九] 涼風至，白露降，寒蟬鳴，鷹乃祭鳥，用始行
戮。[一〇] 天子居總章左个，乘戎路，駕白駱，載白旂，衣
白衣，服白玉，食麻與犬，其器廉以深。[一一]

[一] 孟秋者，日月會於鶉尾，而斗建申之辰也。

[二] “庚”之言“更”也。“辛”之言“新”也。日之行，秋，西
　　從白道，成孰萬物，月爲之佐。萬物皆肅然改更，秀實新
　　成，又因以爲日名焉。

[三] 此白精之君，金官之臣，自古以來，著德立功者也。<u>少皞</u>，
　　<u>金天氏</u>。<u>蓐收</u>，<u>少皞</u>氏之子，曰<u>該</u>，爲金官。

[四] 象物應涼氣而備寒。狐貉之屬，生旃毛也。

[五] 三分徵益一以生商，商數七十二。屬金者，以其濁次宮，臣
　　之象也。秋氣和則商聲調。《樂記》曰：“商亂則陂，其宮壞。”

[六] 孟秋氣至，則夷則之律應。夷則者，大呂之所生也，三分去
　　一，律長五寸七百二十九分寸之四百五十一。《周語》曰：“夷
　　則所以詠歌九則，平民無貳。”

[七] 金生數四，成數九。但言“九”者，亦舉其成數。

〔一〕 象土周币於四時　“币”，<u>阮</u>刻本與底本同。<u>婺州</u>本、<u>余仁仲</u>本作“布”，誤。

274

〔八〕金之臭味也。凡辛腥者皆屬焉。

〔九〕秋，陰氣出，祀之於門，外陰也。祀之先祭肝者，秋爲陰中，於藏直肝，肝爲尊也。祀門之禮，北面，設主于門左樞，乃制肝及肺、心爲俎，奠于主南。又設盛于俎東。其他皆如祭竈之禮。

〔一〇〕皆記時候也。寒蟬，寒螀，謂蜺也。鷹祭鳥者，將食之，示有先也。旣祭之後，不必盡食，若人君行刑，戮之而已。

〔一一〕總章左个，大寢西堂南偏。戎路，兵車也，制如周革路，而飾之以白。白馬黑鬣曰駱。麻實有文理，屬金。犬，金畜也。器廉以深，象金傷害，物入藏。

(六·七·二)

是月也，以立秋。先立秋三日，大史謁之天子曰：“某日立秋，盛德在金。”〔一〕天子乃齊。立秋之日，天子親帥三公、九卿、諸侯、大夫以迎秋於西郊。還反，賞軍帥、武人於朝。〔二〕天子乃命將帥選士厲兵，簡練桀俊，專任有功，以征不義。〔三〕詰誅暴慢，以明好惡，順彼遠方。〔四〕

〔一〕謁，告。

〔二〕迎秋者，祭白帝白招拒於西郊之兆也。軍帥，諸將也。武人，謂環人之屬，有勇力者。

〔三〕“征”之言“正”也，伐也。

〔四〕詰，謂問其罪，窮治之也。順，猶服也。

（六·七·三）

是月也，命有司脩法制，繕囹圄，具桎梏，禁止姦，慎罪邪，務搏執。^[一]命理瞻傷、察創、視折、^[二]審斷。決獄訟，必端平。^[三]戮有罪，嚴斷刑。天地始肅，不可以贏。^[四]

[一] 順秋氣，政尚嚴。

[二] 理，治獄官也。有虞氏曰士，夏曰大理，周曰大司寇。創之淺者曰傷。

[三] 端，猶正也。

[四] 肅，嚴急之言也。贏，猶解也。

（六·七·四）

是月也，農乃登穀。天子嘗新，先薦寢廟。^[一]命百官始收斂。^[二]完隄坊，謹壅塞，以備水潦。^[三]脩宮室，坏牆垣，補城郭。^[四]

[一] 黍、稷之屬，於是始孰。

[二] 順秋氣，收斂物。

[三] 備者，備八月也。八月，宿直畢，畢好雨。

[四] 象秋收斂，物當藏也。

（六·七·五）

是月也，毋以封諸侯，立大官。毋以割地，行大使，出大幣。^[一]

[一] 古者於嘗，出田邑，此其月也，而禁封諸侯、割地，失其義。

（六·七·六）

　　孟秋行冬令，則陰氣大勝，^{〔一〕}介蟲敗穀，^{〔二〕}戎兵乃來。^{〔三〕}行春令，則其國乃旱，^{〔四〕}陽氣復還，五穀無實。^{〔五〕}行夏令，則國多火災，^{〔六〕}寒熱不節，民多瘧疾。^{〔七〕}

　　〔一〕亥之氣乘之也。

　　〔二〕介，甲也。甲蟲屬冬。敗穀者，稻蟹之屬。

　　〔三〕十月，宿直營室，營室之氣爲害也。營室主武事^{〔一〕}。

　　〔四〕寅之氣乘之也。雲雨以風除也。

　　〔五〕陽氣能生而不能成。

　　〔六〕巳之氣乘之也。

　　〔七〕瘧疾，寒熱所爲也。今《月令》“瘧疾”爲“疾疫”。

（六·八·一）

　　仲秋之月，日在角，昏牽牛中，旦觜觿中。^{〔一〕}其日庚辛。其帝少皞，其神蓐收。其蟲毛。其音商，律中南呂。其數九。其味辛。其臭腥。其祀門，祭先肝。^{〔二〕}盲風至，鴻鴈來，玄鳥歸，羣鳥養羞。^{〔三〕}天子居總章大廟，乘戎路，駕白駱，載白旂，衣白衣，服白玉，食麻與犬，其器廉以深。^{〔四〕}

　　〔一〕仲秋者，日月會于壽星，而斗建酉之辰也。

　　〔二〕南呂者，大蔟之所生，三分去一，律長五寸三分寸之一。仲秋氣至，則南呂之律應。《周語》曰：“南呂者，贊陽秀物。”

〔一〕營室主武事　“事”，底本、婺州本作“士”，誤。余仁仲本、阮刻本作“事”，據改。

　　［三］皆記時候也。盲風，疾風也。玄鳥，燕也。歸，謂去蟄也。
　　　　凡鳥隨陰陽者，不以中國爲居。羞，謂所食也。《夏小正》
　　　　曰“九月，丹鳥羞白鳥”，説曰：“丹鳥也者，謂丹良也。白
　　　　鳥也者，謂閩蚋也。其謂之‘鳥’者，重其養者也。有翼
　　　　爲鳥，養也者，不盡食也。”二者文異，羣鳥、丹良，未聞
　　　　孰是。

　　［四］總章大廟，西堂當大室也。

（六·八·二）

　　是月也，養衰老，授几杖，行糜粥飲食。[一]乃命司服，
具飭衣裳，文繡有恒，制有小大，度有短長[一]。[二]衣服有
量，必循其故。[三]冠帶有常。[四]乃命有司申嚴百刑，斬
殺必當。毋或枉橈，枉橈不當，反受其殃。[五]

　　［一］助老氣也。行，猶賜也。

　　［二］此謂祭服也。文，謂畫也。祭服之制，畫衣而繡裳。

　　［三］此謂朝、燕及他服。凡此，爲寒益至也。《詩》云：“七月流
　　　　火，九月授衣。”於是作之可也。

　　［四］因制衣服而作之也。

　　［五］申，重也。當，謂值其罪。

（六·八·三）

　　是月也，乃命宰、祝循行犧牲，視全具，案芻豢，瞻
肥瘠，察物色，必比類，量小大，視長短，皆中度。五者

〔一〕度有短長　“短長”，婺州本與底本同。余仁仲本、阮刻本作“長短”。

備當，上帝其饗。[一]天子乃難，以達秋氣。[二]以犬嘗麻，先薦寢廟。[三]

[一]於鳥獸肥充之時，宜省羣牲也。宰、祝，大宰、大祝，主祭祀之官也〔一〕。養牛、羊曰芻，犬、豕曰豢。五者，謂所視也，所案也，所瞻也，所察也，所量也。此皆得其正，則上帝饗之。上帝饗之，而無神不饗也。

[二]此難，難陽氣也。陽暑至此不衰，害亦將及人。所以及人者，陽氣左行，此月，宿直昴、畢，昴、畢亦得大陵積尸之氣，氣佚則屬鬼亦隨而出行，於是亦命方相氏帥百隸而難之。《王居明堂禮》曰：“仲秋，九門磔攘，以發陳氣，禦止疾疫。”

[三]麻始孰也。

(六·八·四)

是月也，可以築城郭，建都邑，穿竇窖，脩囷倉。[一]乃命有司趣民收斂，務畜菜，多積聚。[二]乃勸種麥，毋或失時，其有失時，行罪無疑。[三]

[一]爲民將入，物當藏也。穿竇窖者，入地圓曰竇[二]，方曰窖。《王居明堂禮》曰：“仲秋，命庶民畢入于室，曰‘時殺將至，毋懼其災’。”

[二]始爲禦冬之備。

〔一〕 主祭祀之官也　“祀”，底本、婺州本作“祝”，誤。余仁仲本、阮刻本作“祀”，據改。

〔二〕 入地圓曰竇　“圓”，余仁仲本與底本同。婺州本、阮刻本作“隋”。

［三］麥者，接絕續乏之穀，尤重之。

（六·八·五）

是月也，日夜分，雷始收聲，蟄蟲坏户，殺氣浸盛，陽氣日衰，水始涸。^{［一］}日夜分，則同度量，平權衡，正鈞石，角斗甬。

　　［一］又記時候也。雷始收聲在地中，動内物也。坏，益也。蟄蟲益户，謂稍小之也。涸，竭也。此甫八月中，雨氣未止，而云水竭，非也。《周語》曰：“辰角見而雨畢，天根見而水涸。”又曰：“雨畢而除道，水涸而成梁。”辰角見，九月本也。天根見，九月末也。《王居明堂禮》曰：“季秋，除道致梁，以利農也。”

（六·八·六）

是月也，易關市，來商旅，納貨賄，以便民事。四方來集，遠鄉皆至，則財不匱，上無乏用，百事乃遂。^{［一］}凡舉大事，毋逆大數，必順其時，慎因其類。^{［二］}

　　［一］易關市，謂輕其稅，使民利之。商旅，賈客也。匱，亦乏也。遂，猶成也。

　　［二］事，謂興土功，合諸侯，舉兵衆也。季夏禁之，孟秋始征伐。此月築城郭，季秋教田獵，是以於中爲之戒焉。

（六·八·七）

仲秋行春令，則秋雨不降，^{［一］}草木生榮，^{［二］}國乃有恐。^[三]行夏令，則其國乃旱，蟄蟲不藏，五穀復生。^[四]行冬令，則風災數起，^[五]收雷先行，^[六]草木蚤死^{〔一〕}。^[七]

［一］卯之氣乘之也。卯，宿直房、心，心爲大火^{〔二〕}。

［二］應陽動也。

［三］以火訛相驚。

［四］午之氣乘之也。

［五］子之氣乘之也。北風殺物。

［六］先，猶蚤也。冬主閉藏。

［七］寒氣盛也。

(六·九·一)

季秋之月，日在房，昏虛中，旦柳中。^[一]其日庚辛。其帝少皞，其神蓐收。其蟲毛。其音商，律中無射。其數九。其味辛。其臭腥。其祀門，祭先肝。^[二]鴻鴈來賓，爵入大水爲蛤，鞠有黃華，豺乃祭獸戮禽。^[三]天子居總章右个，乘戎路，駕白駱，載白旂，衣白衣，服白玉，食麻與犬，其器廉以深。^[四]

［一］季秋者，日月會於大火，而斗建戌之辰也。

［二］無射者，夾鍾之所生，三分去一，律長四寸六千五百六十一分寸之六千五百二十四。季秋氣至，則無射之律應。《周語》

<hr />

〔一〕草木蚤死　此句唐石經、余仁仲本、阮刻本與底本同。婺州本作“草蚤死”，“草”字下脱一“木”字。

〔二〕心爲大火　“大”，婺州本與底本同。余仁仲本、阮刻本作“天”，誤。

曰："無射所以宣布喆人之令德，示民軌儀〔一〕。"

〔三〕皆記時候也。來賓，言其客止未去也。大水，海也。戮，猶
　　殺也。

〔四〕總章右个，西堂北偏。

(六·九·二)

　　是月也，申嚴號令。〔一〕命百官貴賤無不務內，以會天
地之藏，無有宣出。〔二〕乃命冢宰，農事備收，〔三〕舉五穀
之要，〔四〕藏帝藉之收於神倉，祗敬必飭。〔五〕

〔一〕申，重。

〔二〕內，謂收斂入之也。會，猶聚也。

〔三〕備，猶盡也。

〔四〕定其租稅之簿。

〔五〕重粢盛之委也。帝藉，所耕千畝也。藏祭祀之穀爲神倉。
　　祗，亦敬也。

(六·九·三)

　　是月也，霜始降，則百工休。〔一〕乃命有司曰："寒氣
總至，民力不堪，其皆入室。"〔一〕

〔一〕寒而膠漆之作，不堅好也。

〔二〕總，猶猥卒。

〔一〕　示民軌儀　此句婺州本與底本同。余仁仲本、阮刻本作"示小民軌儀"。

（六·九·四）

上丁，命樂正入學習吹。[一]

［一］爲將饗帝也。春、夏重舞，秋、冬重吹也。

（六·九·五）

是月也，大饗帝。[一]嘗犧牲，告備于天子。[二]合諸侯制，百縣爲來歲受朔日，與諸侯所稅於民輕重之法、貢職之數，以遠近土地所宜爲度，以給郊廟之事，無有所私。[三]

［一］言“大饗”者，遍祭五帝也。《曲禮》曰“大饗不問卜”，謂此也。

［二］嘗者，謂嘗羣神也。天子親嘗帝，使有司祭于羣神，禮畢而告焉。

［三］秦以建亥之月爲歲首，於是歲終使諸侯及鄉遂之官受此法焉。合諸侯制者，定其國家、宮室、車旗、衣服、禮儀也。諸侯言“合制”，百縣言“受朔日”，互文也。貢職，謂所入天子[一]。凡周之法，以正月和之，正歲而縣於象魏。

（六·九·六）

是月也，天子乃教於田獵，以習五戎，班馬政。[一]命僕及七騶咸駕，載旌旐，授車以級，整設于屏外。[二]司徒搢扑，北面誓之。[三]天子乃厲飾，執弓挾矢以獵。[四]命

────────

〔一〕謂所入天子　此句婺州本與底本同。余仁仲本、阮刻本作“所入天子”，“所”字上少一“謂”字。

主祠祭禽于四方。^[五]

[一] 教於田獵，因田獵之禮，教民以戰法也。五戎，謂五兵，弓矢、殳、矛、戈、戟也。馬政，謂齊其色，度其力，使同乘也。"校人"職曰："凡軍事，物馬而頒之。"

[二] 僕，戎僕及御夫也。七騶，謂趣馬，主爲諸官駕說者也。既駕之，又爲之載旌旗。"司馬"職曰"仲秋教治兵，如振旅之陳，辨旗物之用，王載大常，諸侯載旂，軍吏載旗，師都載旃，鄉遂載物，郊野載旐，百官載旟"是也。級，等次也。整，正列也。設，陳也。屏，所田之地門外之蔽。

[三] 誓衆以軍法也。

[四] 屬飾，謂戎服，尚威武也。今《月令》"獵"爲"射"。

[五] 以所獲禽祀四方之神也。"司馬"職曰："羅弊，致禽以祀祊。"

(六·九·七)

是月也，草木黃落，乃伐薪爲炭。^[一]蟄蟲咸俯在內，皆墐其戶。^[二]乃趣獄刑，毋留有罪。^[三]收祿秩之不當，供養之不宜者。^[四]

[一] 伐木必因殺氣。

[二] 墐，爲塗閉之，辟殺氣。

[三] 殺氣已至，有罪者即決也。

[四] 天氣殺而萬物咸藏，可以去之也。祿秩之不當，恩所增加也。供養之不宜，欲所貪耆，熊蹯之屬，非常食。

（六·九·八）

是月也，天子乃以犬嘗稻，先薦寢廟。[一]

[一] 稻始孰也。

（六·九·九）

季秋行夏令，則其國大水，冬藏殃敗，民多鼽嚏。[一]行冬令，則國多盜賊，邊竟不寧，土地分裂。[二]行春令，則煖風來至，民氣解惰，[三]師興不居。[四]

[一] 未之氣乘之也。六月，宿直東井，氣多暑雨。

[二] 丑之氣乘之也。極陰爲外，邊竟之象也。大寒之時，地隆坼也。

[三] 辰之氣乘之也。《巽》爲風。

[四] 辰，宿直角，角主兵。不居，象風行不休止也。

（六·十·一）

孟冬之月，日在尾，昏危中，旦七星中。[一]其日壬癸。[二]其帝顓頊，其神玄冥。[三]其蟲介。[四]其音羽，[五]律中應鍾。[六]其數六。[七]其味鹹。其臭朽。[八]其祀行，祭先腎。[九]水始冰，地始凍，雉入大水爲蜃，虹藏不見。[一〇]天子居玄堂左个，乘玄路，駕鐵驪，載玄旂，衣黑衣，服玄玉，食黍與彘，其器閎以奄。[一一]

[一] 孟冬者，日月會於析木之津，而斗建亥之辰也。

[二] “壬”之言“任”也。“癸”之言“揆”也。日之行，冬，北

從黑道〔一〕，閉藏萬物，月爲之佐。時萬物懷任於下，揆然萌牙，又因以爲日名焉。

[三] 此黑精之君，水官之臣，自古以來，著德立功者也。顓頊，高陽氏也。玄冥，少暤氏之子，曰脩，曰熙，爲水官。

[四] 介，甲也。象物閉藏地中，龜鼈之屬。

[五] 三分商去一以生羽，羽數四十八。屬水者，以爲最清，物之象也。冬氣和，則羽聲調〔二〕。《樂記》曰：“羽亂則危，其財匱。”

[六] 孟冬氣至，則應鍾之律應。應鍾者，姑洗之所生，三分去一，律長四寸二十七分寸之二十。《周語》曰：“應鍾，均利器用，俾應復。”

[七] 水，生數一，成數六。但言“六”者，亦舉其成數。

[八] 水之臭味也。凡鹹、朽者皆屬焉。氣若有若無爲朽。

[九] 冬，陰盛，寒於水。祀之於行，從辟除之類也。祀之先祭腎者，陰位在下，腎亦在下，腎爲尊也。行在廟門外之西，爲軷壤，厚二寸，廣五尺，輪四尺。祀行之禮，北面設主于軷上，乃制腎及脾爲俎，奠于主南。又設盛于俎東，祭肉：腎一、脾再。其他皆如祀門之禮。

[一〇] 皆記時候也。大水，淮也。大蛤曰蜃。

[一一] 玄堂左个，北堂西偏也。鐵驪，色如鐵。黍秀舒散，屬火，寒時食之，亦以安性也。彘，水畜也。器閎而奄，象物閉藏也。今《月令》曰“乘軫路”，似當爲“祕”，字之誤也。

〔一〕 冬北從黑道 “冬”，婺州本與底本同。余仁仲本、阮刻本作“東”，誤。

〔二〕 則羽聲調 此句婺州本、余仁仲本與底本同。阮刻本作“則羽聲調調”，“調”字重誤。

（六·十·二）

是月也，以立冬。先立冬三日，大史謁之天子曰："某日立冬，盛德在水。"天子乃齊。^[一]立冬之日，天子親帥三公、九卿、大夫以迎冬於北郊。還反，賞死事，恤孤寡。^[二]

［一］謁，告。

［二］迎冬者，祭黑帝叶光紀於北郊之兆也。死事，謂以國事死者，若公叔禺人、顏涿聚者也。孤寡，其妻子也。有以惠賜之，大功加賞。

（六·十·三）

是月也，命大史釁龜、筴，占兆，審卦吉凶。^[一]是察阿黨，則罪無有掩蔽^{〔一〕}。^[二]

［一］筴，蓍也。占兆，龜之繇文也。《周禮·龜人》"上春釁龜"，謂建寅之月也。秦以其歲首，使大史釁龜、筴，與周異矣。卦吉凶，謂《易》也。審，省錄之，而不釁筮。筮短，賤於兆也。今《月令》曰"釁祠"，"祠"衍字。

［二］阿黨，謂治獄吏以私恩曲橈相為也。

（六·十·四）

是月也，天子始裘。^[一]命有司曰："天氣上騰，地氣下降，天地不通，閉塞而成冬。"^[二]命百官謹蓋藏。^[三]命司徒循行積聚，無有不斂。^[四]坏城郭，戒門閭，脩鍵閉，

〔一〕　則罪無有掩蔽　"蔽"，婺州本、阮刻本與底本同。余仁仲本作"散"。

慎管籥，固封疆，備邊竟，完要塞，謹關梁，塞徯徑。[五]
飭喪紀，辨衣裳，審棺椁之薄厚，塋丘壟之大小、高卑、
薄厚之度、貴賤之等級。[六]

[一] 九月授衣，至此可以加裘。

[二] 使有司助閉藏之氣，門户可閉閉之，窻牖可塞塞之。

[三] 謂府庫囷倉有藏物。

[四] 謂芻禾薪蒸之屬。

[五] 坏，益也。鍵，牡。閉，牝也。管籥，搏鍵器也。固封疆，
謂使有司循其溝樹及其衆庶之守法也。要塞，邊城要害處
也。梁，橋横也。徯徑，禽獸之道也。今《月令》“疆”或
爲“壃”。

[六] 此亦閉藏之具，順時飭正之也[一]。辨衣裳，謂襲、斂，尊卑
所用也。所用又有多少。

（六·十·五）

是月也，命工師效功，陳祭器，案度程[二]，毋或作
爲淫巧，以蕩上心，必功致爲上。[一] 物勒工名，以考其
誠。[二] 功有不當，必行其罪，以窮其情。[三]

[一] 霜降而百工休，至此物皆成也。工師，工官之長也。效功，
錄見百工所作器物也。主於祭器，祭器尊也。度，謂制大小
也。程，謂器所容也。淫巧，謂奢僞怪好也。蕩，謂摇動生

〔一〕 順時飭正之也 “之”，余仁仲本、阮刻本與底本同。婺州本作“人”，誤。

〔二〕 案度程 “案”，唐石經、婺州本、余仁仲本與底本同。阮刻本作“按”。

288

　　其奢淫。

〔二〕勒，刻也。刻工姓名於其器，以察其信，知其不功致。

〔三〕功不當者，取材美而器不堅也。

（六·十·六）

　　是月也，大飲烝。〔一〕天子乃祈來年于天宗，大割祠于公社及門閭，臘先祖、五祀。〔二〕勞農以休息之。〔三〕天子乃命將帥講武、習射、御、角力。〔四〕

〔一〕十月農功畢，天子、諸侯與其羣臣飲酒於太學，以正齒位，謂之“大飲”，別之於他，其禮亡。今天子以燕禮，郡國以鄉飲酒禮代之。烝，謂有牲體爲俎也〔一〕。“黨正”職曰：“國索鬼神而祭祀，則以禮屬民，而飲酒于序〔二〕，以正齒位。”亦謂此時也。《詩》云：“十月滌場，朋酒斯饗。曰殺羔羊，躋彼公堂。稱彼兕觥，受福無疆。”是頌大飲之詩。

〔二〕此《周禮》所謂“蜡祭”也。天宗，謂日月星辰也。大割，大殺羣牲割之也。臘，謂以田獵所得禽祭也。五祀，門、戶、中霤、竈、行也。或言“祈年”，或言“大割”，或言“臘”，互文。

〔三〕《黨正》“屬民”“飲酒”“正齒位”是也。

〔四〕爲仲冬將大閱，簡習之。亦因營室主武士也。凡田之禮，唯狩最備。《夏小正》：“十一月，王狩。”

〔一〕　烝謂有牲體爲俎也　“烝”，底本、婺州本、余仁仲本作“燕”，誤。阮刻本作“烝”，據改。

〔二〕　而飲酒于序　此句余仁仲本、阮刻本與底本同。婺州本作“而飲酒于”，“于”字下脱一“序”字。

（六·十·七）

是月也，乃命水虞、漁師收水、泉、池、澤之賦，毋或敢侵削衆庶兆民，以爲天子取怨于下。其有若此者，行罪無赦。[一]

[一]因盛德在水，收其税。

（六·十·八）

孟冬行春令，則凍閉不密，地氣上泄，[一]民多流亡。[二]行夏令，則國多暴風，方冬不寒，蟄蟲復出。[三]行秋令，則雪霜不時，[四]小兵時起，土地侵削。[五]

[一]寅之氣乘之也。

[二]象蟄蟲動。

[三]巳之氣乘之也。立夏，《巽》用事，《巽》爲風。

[四]申之氣乘之也。

[五]申，陰氣尚微。申，宿直參、伐，參、伐爲兵。

（六·十一·一）

仲冬之月，日在斗，昏東壁中，旦軫中。[一]其日壬癸。其帝顓頊，其神玄冥。其蟲介。其音羽，律中黄鍾。其數六。其味鹹。其臭朽。其祀行，祭先腎。[二]冰益壯，地始坼，鶡旦不鳴，虎始交。[三]天子居玄堂大廟，乘玄路，駕鐵驪，載玄旂，衣黑衣，服玄玉，食黍與彘，其器閎以奄。[四]飭死事。[五]命有司曰："土事毋作，慎毋發蓋，毋發室屋，及起大衆，以固而閉。地氣沮泄，是謂發天地之

房，諸蟄則死，民必疾疫。又隨以喪，命之曰暢月。”^[六]

[一] 仲冬者，日月會於星紀，而斗建子之辰也。

[二] 黃鍾者，律之始也，九寸。仲冬氣至，則黃鍾之律應。《周
語》曰：“黃鍾所以宣養六氣、九德。”

[三] 皆記時候也。鶡旦，求旦之鳥也。交，猶合也。

[四] 玄堂大廟，北堂當大室。

[五] 飭軍士，戰必有死志。

[六] 而，猶女也。暢，猶充也。大陰用事，尤重閉藏。

（六·十一·二）

是月也，命奄尹申宮令，審門閭，謹房室，必重
閉。^[一]省婦事，毋得淫。雖有貴戚近習，毋有不禁。^[二]
乃命大酋秫稻必齊，麴糵必時，湛熾必絜，水泉必香，陶
器必良，火齊必得。兼用六物，大酋監之，毋有差貸。^[三]
天子命有司祈祀四海、大川、名源、淵澤、井泉。^[四]

[一] 奄尹，主領奄豎之官也。於周則爲内宰，掌治王之内政、宮
令，譏出入及開閉之屬〔一〕。重閉，外内閉也。

[二] 省婦事，所以靜陰類也。淫，謂女功奢僞怪好物也〔二〕。貴戚，
謂姑、姊妹之屬。近習，天子所親幸者。

[三] 酒孰曰酋。大酋者，酒官之長也，於周則爲酒人。秫稻必
齊，謂孰成也。湛，漬也。熾，炊也。火齊，腥孰之調也。

〔一〕 譏出入及開閉之屬　“譏”，婺州本與底本同。余仁仲本、阮刻本作“幾”。

〔二〕 謂女功奢僞怪好物也　“謂”，余仁仲本、阮刻本與底本同。婺州本作“於”，誤。

物，猶事也。差貸，謂失誤，有善有惡也。古者穫稻而漬
米麴，至春而爲酒。《詩》云：“十月穫稻，爲此春酒，以介
眉壽。”

〔四〕順其德盛之時祭之也。今《月令》“淵”爲“深”。

（六·十一·三）

是月也，農有不收藏、積聚者，馬牛、畜獸有放佚者，
取之不詰。[一]山林藪澤，有能取蔬食、田獵禽獸者，野虞
教道之。其有相侵奪者，罪之不赦。[二]

〔一〕此收斂尤急之時，人有取者不罪，所以警懼其主也〔一〕《王居
明堂禮》曰：“孟冬之月，命農畢積聚，繫收牛馬〔二〕。”

〔二〕務收斂野物也。大澤曰藪，草木之實爲蔬食。

（六·十一·四）

是月也，日短至，陰陽爭，諸生蕩。[一]君子齊戒，處
必掩身，身欲寧，去聲色，禁耆慾，安形性，事欲靜，以
待陰陽之所定。[二]芸始生，荔挺出，蚯蚓結，麋角解，水
泉動。[三]日短至，則伐木，取竹箭。[四]

〔一〕爭者，陰方盛，陽欲起也。蕩，謂物動將萌牙也〔三〕。

〔一〕 所以警懼其主也　“主”，余仁仲本、阮刻本與底本同。婺州本作“王”，誤。
〔二〕 繫收牛馬　“牛”，余仁仲本、阮刻本與底本同。婺州本作“午”，誤。
〔三〕 謂物動將萌牙也　此句婺州本與底本同。余仁仲本、阮刻本作“謂物動萌芽也”，
“萌芽”前少一“將”字。

〔二〕寧，安也。聲，謂樂也〔一〕。《易》及《樂》《春秋説》云“冬
　　至，人主與羣臣從八能之士，作樂五日”，此言“去聲色”，
　　又相反。

〔三〕又記時候也。芸，香草也。荔挺，馬薤也。水泉動，潤
　　上行。

〔四〕此其堅成之極時。

（六·十一·五）

　　是月也，可以罷官之無事，去器之無用者。〔一〕塗闕廷
門閭，築囹圄，此所以助天地之閉藏也〔二〕。〔二〕

〔一〕謂先時權所建作者也。天地閉藏而萬物休，可以去之。
〔二〕順時氣也。

（六·十一·六）

　　仲冬行夏令，則其國乃旱，〔一〕氛霧冥冥，〔二〕雷乃發
聲。〔三〕行秋令，則天時雨汁，瓜瓠不成，〔四〕國有大兵。〔五〕
行春令，則蝗蟲爲敗，〔六〕水泉咸竭，〔七〕民多疥癘。〔八〕

〔一〕午之氣乘之也。
〔二〕霜露之氣，散相亂也。
〔三〕震氣動也。午屬《震》。
〔四〕酉之氣乘之也。酉，宿直昴、畢，畢好雨。雨汁者，水雪雜

〔一〕寧安也聲謂樂也　此句婺州本、阮刻本與底本同。余仁仲本作“寧安居不作樂也”，誤。
〔二〕此所以助天地之閉藏也　此句婺州本與底本同。余仁仲本、阮刻本作“此以助天地
　之閉藏也”，“以”字上少一“所”字。

293

下也。子，宿直虛、危，虛、危内有瓜瓠。

［五］兵亦軍之氣。

［六］當蟄者出，卯之氣乘之也。

［七］大火爲旱。

［八］疥癘之病，孚甲象也。

（六·十二·一）

　　季冬之月，日在婺女，昏婁中，旦氐中。^{［一］}其日壬癸。其帝顓頊，其神玄冥。其蟲介。其音羽，律中大呂。其數六。其味鹹。其臭朽。其祀行，祭先腎。^{［二］}鴈北鄉，鵲始巢，雉雊，雞乳。^{［三］}天子居玄堂右个，乘玄路，駕鐵驪，載玄旂，衣黑衣，服玄玉，食黍與彘，其器閎以奄。^{［四］}命有司大難旁磔，出土牛，以送寒氣。^{［五］}征鳥厲疾。^{［六］}乃畢山川之祀，及帝之大臣、天之神祇。^{［七］}

［一］季冬者，日月會於玄枵，而斗建丑之辰也。

［二］大呂者，蕤賓之所生也，三分益一，律長八寸二百四十三分
　　　寸之百四。季冬氣至，則大呂之律應。《周語》曰：“大呂助
　　　陽宣物。”

［三］皆記時候也。雊，雉鳴也。《詩》云：“雉之朝雊，尚求其雌。”

［四］玄堂右个，北堂東偏。

［五］此難，難陰氣也。難陰始於此者，陰氣右行，此月之中，日
　　　歷虛、危，虛、危有墳墓四司之氣，爲厲鬼，將隨強陰出害
　　　人也。旁磔，於四方之門磔禳也。出，猶作也。作土牛者，
　　　丑爲牛，牛可牽止也。送，猶畢也。

［六］殺氣當極也。征鳥，題肩也。齊人謂之“擊征”，或名曰

294

“鷹”，仲春化爲鳩。

［七］四時之功成於冬，孟月祭其宗，至此可以祭其佐也。帝之大
　　臣，句芒之屬。天之神祇，司中、司命、風師、雨師。

（六·十二·二）

是月也，命漁師始漁。天子親往，乃嘗魚〔一〕，先薦寢
廟。〔一〕冰方盛，水澤腹堅，命取冰。〔二〕冰以入，令告民，
出五種。〔三〕命農計耦耕事，脩耒耜，具田器。〔四〕命樂師
大合吹而罷。〔五〕乃命四監收秩薪柴，以共郊、廟及百祀之
薪燎。〔六〕

［一］天子必親往視漁，明漁非常事，重之也。此時魚絜美。

［二］腹，厚也。此月日在北陸，冰堅厚之時也〔二〕。北陸，謂虛也。
　　今《月令》無“堅”。

［三］冰既入，而令田官告民，出五種，明大寒氣過，農事將
　　起也。

［四］耜者，耒之金也，廣五寸。田器，鎡錤之屬。

［五］歲將終，與族人大飲，作樂於大寢，以綴恩也。言“罷”者，
　　此用禮樂於族人最盛，後年若時，乃復然也。凡用樂，必有
　　禮，用禮則有不用樂者。《王居明堂禮》：“季冬，命國爲酒，
　　以合三族，君子説，小人樂。”

［六］四監，主山、林、川、澤之官也。大者可析謂之“薪”，小
　　者合束謂之“柴”。薪施炊爨〔三〕，柴以給燎。《春秋傳》曰：

〔一〕乃嘗魚　“魚”，唐石經、阮刻本與底本同。婺州本、余仁仲本作“漁”。
〔二〕冰堅厚之時也　“冰”，余仁仲本、阮刻本與底本同。婺州本作“水”，誤。
〔三〕薪施炊爨　“爨”，婺州本、阮刻本與底本同。余仁仲本作“爨”，誤。

“其父析薪。”今《月令》無“及百祀之薪燎”。

(六·十二·三)

是月也，日窮于次，月窮于紀，星回于天，數將幾終。[一]歲且更始，專而農民，毋有所使。[二]天子乃與公、卿、大夫共飭國典，論時令，以待來歲之宜。[三]乃命大史次諸侯之列，賦之犧牲，以共皇天、上帝、社稷之饗。[四]乃命同姓之邦，共寢廟之芻豢。[五]命宰歷卿、大夫至于庶民土田之數，而賦犧牲，以共山林、名川之祀。[六]凡在天下九州之民者，無不咸獻其力，以共皇天、上帝、社稷、寢廟、山林、名川之祀。[七]

[一] 言日月星辰運行，于此月皆周匝於故處也。次，舍也。紀，會也。

[二] 而，猶女也。言專一女農民之心，令之豫有志於耕稼之事，不可徭役。徭役之，則志散失業也。

[三] 飭國典者，和六典之法也。周禮以正月為之，建寅而縣之。今用此月，則所因於夏、殷也。

[四] 此所與諸侯共者也。列，國有大小也。賦之犧牲，大者出多，小者出少。饗，獻也。

[五] 此所以與同姓共也。芻豢，猶犧牲。

[六] 此所與卿、大夫、庶民共者也。歷，猶次也。卿、大夫采地，亦有大小。其非采地[一]，以其邑之民多少賦之。

[七] 民非神之福不生，雖有其邦國、采地，此賦要由民出。

〔一〕 其非采地 “地”，底本作“也”，誤。婺州本、余仁仲本、阮刻本作“地”，據改。

(六·十二·四)

　　季冬行秋令，則白露蚤降，介蟲爲妖，[一]四鄙入保。[二]
行春令，則胎夭多傷，[三]國多固疾，[四]命之曰逆。[五]行
夏令，則水潦敗國，時雪不降，冰凍消釋。[六]

[一] 戌之氣乘之也。九月初尚有白露，月中乃爲霜。丑爲
　　鼈、蟹。

[二] 畏兵、辟寒氣[一]。

[三] 辰之氣乘之也。夭，少長也。此月物甫萌牙。季春，乃句者
　　畢出，萌者盡達。胎夭多傷者，生氣早至，不充其性。

[四] 生不充性，有久疾也。

[五] 衆害莫大於此。

[六] 未之氣乘之也。季夏大雨時行。

〔一〕 畏兵辟寒氣　“氣”，底本、婺州本、阮刻本作“象”，誤。余仁仲本作“氣”，據改。

禮記卷第六

禮記卷第六

曾子問第七

（七·一）

　　曾子問曰：“君薨而世子生，如之何？”

　　孔子曰：“卿、大夫、士從攝主，北面，於西階南。[一]大祝裨冕，執束帛，升自西階。盡等，不升堂，命毋哭。[二]祝聲三，告曰：‘某之子生。敢告。’[三]升。奠幣于殯東几上，哭。降。[四]衆主人、卿、大夫、士、房中皆哭，不踊。[五]盡一哀，反位。遂朝奠。[六]小宰升，舉幣。[七]三日，衆主人、卿、大夫、士如初位，北面。[八]大宰、大宗、大祝皆裨冕。少師奉子以衰。祝先，子從，宰、宗人從。入門，哭者止。[九]子升自西階，殯前北面。祝立于殯東南隅。祝聲三，曰：‘某之子某，從執事敢見。’子拜稽顙，哭。[一〇]祝、宰、宗人、衆主人、卿、大夫、士哭，踊，三者三。降，東反位，皆袒。子踊，房中亦踊，三者三。襲，衰，杖。[一一]奠，出。[一二]大宰命祝、史以名徧告于五祀、山川。”[一三]

　　[一]變於朝夕哭位也。攝主，上卿代君聽國政。

　　[二]將有事，宜清靜也。裨冕者，接神則祭服也。諸侯之卿、大

301

夫所服襌冕，絺冕也，玄冕也。士服爵弁服。大祝襌冕，則大夫。

［三］聲，噫歆，警神也。某，夫人之氏也。

［四］几筵於殯東，明繼體也。

［五］衆主人，君之親也。房中，婦人。

［六］反朝夕哭位。

［七］所主也。舉而下，埋之階間。

［八］三日，負子日也。初，告生時。

［九］宰、宗人，詔贊君事者。

［一〇］奉子者拜，哭。

［一一］踊、襲、衰、杖，成子禮也。

［一二］亦謂朝奠。

［一三］因負子名之。喪，於禮略也。

（七·二）

曾子問曰：“如已葬而世子生，則如之何？”

孔子曰：“大宰、大宗從大祝而告于禰。[一] 三月，乃名于禰，以名徧告及社稷、宗廟、山川。”

［一］告生也。

（七·三）

孔子曰：“諸侯適天子，必告于祖，奠于禰，[一] 冕而出視朝。[二] 命祝、史告于社稷、宗廟、山川。[三] 乃命國家五官而后行，[四] 道而出。[五] 告者，五日而徧。過是，非禮也。[六] 凡告用牲幣。反，亦如之。[七] 諸侯相見，必告于禰。^[八]朝服而出視朝。^[九]命祝、史告于五廟、所過山川。^[一○]亦命國家五官，道而出。反，必親告于祖、禰，乃命祝、史告至于前所告者，而后聽朝而入。”^[一一]

［一］皆奠幣以告之，互文也。

［二］聽國事也。諸侯朝天子，必裨冕，爲將廟受也。裨冕者，公袞，侯、伯鷩，子、男毳。

［三］臨行，又徧告宗廟，孝敬之心也。

［四］五官，五大夫典事者。命者，勑之以其職。

［五］祖道也。《聘禮》曰“出祖釋軷，祭酒脯”也。

［六］旣告，不敢久留。

［七］牲，當爲“制”，字之誤也。制幣，一丈八尺。

［八］道近，或可以不親告祖。

［九］朝服爲事故也。

［一○］山川所不過則不告，貶於適天子也。

［一一］反，必親告祖、禰，同出入禮。

（七·四）

　　曾子問曰：“並有喪，如之何？何先，何後？”^[一]

　　孔子曰：“葬，先輕而後重；其奠也，先重而後輕，禮也。自啓及葬，不奠。^[二]行葬，不哀次。^[三]反葬，奠而后辭於殯，遂脩葬事。^[四]其虞也，先重而後輕，禮也。”

［一］並，謂父母，若親同者，同月死。

［二］不奠，務於當葬者。

［三］不哀次，輕於在殯者。

〔四〕殯，當爲“賓”，聲之誤也。辭於賓，謂告將葬啓期也。

（七·五）

　　孔子曰：“宗子雖七十，無無主婦。〔一〕非宗子，雖無主婦可也。”

　　〔一〕族人之婦，不可無統〔一〕。

（七·六）

　　曾子問曰：“將冠子，冠者至，揖讓而入，聞齊衰、大功之喪，如之何？”〔一〕

　　孔子曰：“内喪則廢。外喪則冠而不醴，徹饌而埽，即位而哭。如冠者未至，則廢。〔二〕如將冠子，而未及期日，而有齊衰、大功、小功之喪，則因喪服而冠。”〔三〕

　　“除喪，不改冠乎？”

　　孔子曰：“天子賜諸侯、大夫冕弁服於大廟，歸設奠，服賜服，於斯乎有冠醮，無冠醴。〔四〕父没而冠，則已冠，埽地而祭於禰，已祭而見伯父、叔父，而后饗冠者。”〔五〕

　　〔一〕冠者，賓及贊者。
　　〔二〕内喪，同門也。不醴，不醴子也。其廢者，喪成服，因喪而冠。
　　〔三〕廢吉禮而因喪冠，俱成人之服。及，至也。
　　〔四〕酒爲醮。冠禮，醴重而醮輕。此服賜服，酌用酒，尊賜也。

〔一〕　不可無統　“統”，余仁仲本與底本同。阮刻本作“紀”。

不醴，明不爲改冠，改冠當醴之。

［五］饗，謂禮之。

（七·七）

曾子問曰：“祭，如之何則不行旅酬之事矣？”

孔子曰：“聞之小祥者，主人練祭而不旅，奠酬於賓，賓弗舉，禮也。[一]昔者魯昭公練而舉酬行旅，非禮也。孝公大祥，奠酬弗舉，亦非禮也。”[二]

［一］奠無尸，虞不致爵，小祥不旅酬，大祥無無筭爵，彌吉。

［二］孝公，隱公之祖父。

（七·八）

曾子問曰：“大功之喪，可以與於饋奠之事乎？”[一]

孔子曰：“豈大功耳？自斬衰以下皆可，禮也。”

曾子曰：“不以輕服而重相爲乎？”[二]

孔子曰：“非此之謂也。[三]天子、諸侯之喪，斬衰者奠。[四]大夫，齊衰者奠。[五]士則朋友奠，不足則取於大功以下者，不足則反之。”[六]

［一］饋奠，在殯時也。

［二］怪以重服而爲人執事。

［三］非謂爲人，謂於其所爲服也。

［四］爲君服者皆斬衰，唯主人不奠。

［五］服斬衰者不奠，辟正君也。齊衰者，其兄弟。

［六］服齊衰者不奠，辟大夫也。言不足者，謂殷奠時。

(七·九)

曾子問曰：“小功，可以與於祭乎？”[一]

孔子曰：“何必小功耳，自斬衰以下與祭，禮也。”

曾子曰：“不以輕喪而重祭乎？”[二]

孔子曰：“天子、諸侯之喪祭也，不斬衰者不與祭。大夫，齊衰者與祭。士，祭不足則取於兄弟大功以下者。”

[一] 祭，謂虞、卒哭時。

[二] 怪使重者執事。

(七·十)

曾子問曰：“相識，有喪服可以與於祭乎？”[一]

孔子曰：“緦不祭，又何助於人？”

[一] 問己有喪服，可以助所識者祭否。

(七·十一)

曾子問曰：“廢喪服，可以與於饋奠之事乎？”[一]

孔子曰：“說衰與奠，非禮也。[二]以擯相可也。”

[一] 謂新除喪服也。

[二] 執事於人之神，爲其忘哀疾也。

(七·十二)

曾子問曰：“昏禮既納幣，有吉日，女之父母死，則如之何？”[一]

306

　　孔子曰：“壻使人弔。如壻之父母死，則女之家亦使人弔。[二]父喪稱父，母喪稱母。[三]父母不在，則稱伯父、世母。[四]壻已葬，壻之伯父致命女氏曰：‘某之子有父母之喪，不得嗣爲兄弟，使某致命。’女氏許諾而弗敢嫁，禮也。[五]壻免喪，女之父母使人請，壻弗取而后嫁之，禮也。[六]女之父母死，壻亦如之。”[七]

　　[一]吉日，取女之吉日。

　　[二]必使人弔者，未成兄弟。

　　[三]禮宜各以其敵者也。父使人弔之，辭云：“某子聞某之喪，某子使某，如何不淑。”母則若云：“宋蕩伯姬聞姜氏之喪，伯姬使某，如何不淑。”凡弔辭，一耳。

　　[四]弔禮不可廢也。伯父母又不在，則稱叔父母。

　　[五]必致命者，不敢以累年之喪，使人失嘉會之時。

　　[六]請，請成昏。

　　[七]女免喪，壻之父母亦使人請。其已葬時，亦致命。

（七·十三）

　　曾子問曰：“親迎，女在塗，而壻之父母死，如之何？”

　　孔子曰：“女改服，布深衣，縞總以趨喪。[一]女在塗，而女之父母死，則女反。”[二]

　　“如壻親迎，女未至，而有齊衰、大功之喪，則如之何？”

　　孔子曰：“男不入，改服於外次。女入，改服於内次。然後即位而哭。”[三]

　　曾子問曰：“除喪則不復昏禮乎？”[四]

　　孔子曰：“祭，過時不祭，禮也。又何反於初？”[五]

［一］布深衣、縞緫，婦人始喪未成服之服。

［二］奔喪，服期。

［三］不聞喪即改服者，昏禮重於齊衰以下。

［四］復，猶償也。

［五］重喻輕也。同牢及饋饗，相飲食之道。

（七·十四）

　　孔子曰："嫁女之家，三夜不息燭，思相離也。^[一]取婦之家，三日不舉樂，思嗣親也。^[二]三月而廟見，稱'來婦'也。擇日而祭於禰，成婦之義也。"^[三]

［一］親骨肉也。

［二］重世變也。

［三］謂舅姑没者也。必祭，成婦義者，婦有共養之禮^[一]，猶舅姑存時，盥饋特豚於室。

（七·十五）

　　曾子問曰："女未廟見而死，則如之何？"

　　孔子曰："不遷於祖，不祔於皇姑，壻不杖、不菲、不次，歸葬于女氏之黨，示未成婦也。"^[一]

［一］遷，朝廟也。壻雖不備喪禮，猶爲之服齊衰也。

―――――

〔一〕　婦有共養之禮　"共"，余仁仲本、阮刻本作"供"。

（七·十六）

　　曾子問曰：“取女有吉日而女死，如之何？”

　　孔子曰：“壻齊衰而弔，既葬而除之。夫死亦如之。”[一]

　　［一］未有期、三年之恩也。女服斬衰。

（七·十七）

　　曾子問曰：“喪有二孤，廟有二主，禮與？”[一]

　　孔子曰：“天無二日，土無二王。嘗、禘、郊、社，尊無二上，未知其爲禮也。[二]昔者齊桓公亟舉兵，作僞主以行。及反，藏諸祖廟。廟有二主，自桓公始也。[三]喪之二孤，則昔者衞靈公適魯，遭季桓子之喪。衞君請弔，哀公辭，不得命。公爲主，客入弔。康子立於門右，北面。公揖讓，升自東階，西鄉。客升自西階，弔。公拜，興，哭。康子拜稽顙於位，有司弗辯也。今之二孤，自季康子之過也。”[四]

　　［一］怪時有之。

　　［二］尊喻卑也。神雖多，猶一一祭之。

　　［三］僞，猶假也。舉兵以遷廟主行，無則主命。爲假主，非也。

　　［四］辯，猶正也。若康子者，君弔其臣之禮也。鄰國之君弔，君爲之主。主人拜稽顙，非也，當哭踊而已。靈公先桓子以魯哀公二年夏卒，桓子以三年秋卒，是出公也。

（七·十八）

　　曾子問曰：“古者師行，必以遷廟主行乎？”

孔子曰："天子巡守，以遷廟主行，載于齊車，言必有尊也。今也取七廟之主以行，則失之矣。[一] 當七廟、五廟無虛主。虛主者，唯天子崩，諸侯薨，與去其國，與祫祭於祖，爲無主耳。吾聞諸老耼曰：'天子崩，國君薨，則祝取羣廟之主而藏諸祖廟，禮也。卒哭成事，而后主各反其廟。[二] 君去其國，大宰取羣廟之主以從，禮也。[三] 祫祭於祖，則祝迎四廟之主。[四] 主出廟入廟，必蹕。'[五] 老耼云[一]。"

[一] 齊車，金路。

[二] 老耼，古壽考者之號也。與孔子同時。藏諸主於祖廟，象有凶事者聚也。卒哭成事，先祔之祭名也。

[三] 鬼神依人者也。

[四] 祝，接神者也。

[五] 蹕，止行者[二]。

（七·十九）

曾子問曰："古者師行無遷主，則何主？"

孔子曰："主命。"

問曰："何謂也？"

孔子曰："天子、諸侯將出，必以幣、帛、皮、圭告于祖、禰，遂奉以出，載于齊車以行。每舍，奠焉，而后就舍。[一] 反，必告，設奠。卒，斂幣、玉，藏諸兩階之閒，乃出。蓋貴命也。"

〔一〕老耼云　此句唐石經、余仁仲本與底本同。阮刻本作"老耼"，"耼"字下脱一"云"字。

〔二〕止行者　"者"，余仁仲本、阮刻本作"也"。

［一］以脯醢禮神，乃敢即安也。所告而不以出，即埋之。

（七·二十）

　　子游問曰：“喪慈母如母，禮與？”[一]

　　孔子曰：“非禮也。古者男子外有傅，内有慈母，君命所使教子也，何服之有？[二]昔者魯昭公少喪其母，有慈母良。及其死也，公弗忍也，欲喪之。有司以聞曰：‘古之禮，慈母無服。[三]今也君爲之服，是逆古之禮而亂國法也。若終行之，則有司將書之，以遺後世，無乃不可乎？’公曰：‘古者天子練冠以燕居。’公弗忍也，遂練冠以喪慈母。喪慈母自魯昭公始也。”[四]

　　［一］如母，謂父卒三年也。子游意以爲國君亦當然《禮》所云者，
　　　　　乃大夫以下，父所使妾養妾子。

　　［二］言無服也。此指謂國君之子也。大夫、士之子，爲庶母慈己
　　　　　者服小功。父卒，乃不服。

　　［三］據國君也。良，善也。謂之“慈母”，固爲其善。國君之妾，
　　　　　子於禮不服也。昭公年三十，乃喪齊歸，猶無慼容，是不
　　　　　少，又安能不忍於慈母？此非昭公明矣，未知何公也。

　　［四］公之言又非也。天子練冠以燕居，蓋謂庶子王爲其母。

（七·二十一）

　　曾子問曰：“諸侯旅見天子，入門，不得終禮，廢者幾？”[一]

　　孔子曰：“四。”

　　“請問之。”

曰：“大廟火，日食，后之喪，雨霑服失容，則廢。[二]如諸侯皆在而日食，則從天子救日，各以其方色與其兵。[三]大廟火，則從天子救火，不以方色與兵。”

[一] 旅，眾。

[二] 大廟，始祖廟。宗廟皆然，主於始祖耳。

[三] 示奉時事，有所討也。方色者，東方衣青，南方衣赤，西方衣白，北方衣黑。兵，未聞也。

（七·二十二）

曾子問曰：“諸侯相見，揖讓入門，不得終禮，廢者幾？”

孔子曰：“六。”

“請問之。”

曰：“天子崩，大廟火，日食，后、夫人之喪，雨霑服失容，則廢。”[一]

[一] 夫人，君之夫人。

（七·二十三）

曾子問曰：“天子嘗、禘、郊、社、五祀之祭，簠簋既陳，天子崩，后之喪，如之何？”

孔子曰：“廢。”[一]

[一] 既陳，謂夙興，陳饌、牲、器時也。天子七祀，言“五”者，關中言之。

（七·二十四）

　　曾子問曰：“當祭而日食，大廟火，其祭也，如之何？”

　　孔子曰：“接祭而已矣。如牲至未殺，則廢。^{〔一〕}天子崩，未殯，五祀之祭不行。既殯而祭，其祭也，尸入，三飯不侑，酳不酢而已矣。自啓至于反哭，五祀之祭不行，已葬而祭，祝畢獻而已。”^{〔二〕}

　　〔一〕接祭而已，不迎尸也。

　　〔二〕既葬彌吉，畢獻祝而後止。郊、社亦然，惟嘗、禘宗廟俟吉也。

（七·二十五）

　　曾子問曰：“諸侯之祭社稷，俎豆既陳，聞天子崩、后之喪，君薨、夫人之喪，如之何？”

　　孔子曰：“廢。^{〔一〕}自薨比至于殯，自啓至于反哭，奉帥天子。”^{〔二〕}

　　〔一〕亦謂夙興，陳饌、牲、器時也。

　　〔二〕帥，循也。所奉循如天子者，謂五祀之祭也。社稷亦然。

（七·二十六）

　　曾子問曰：“大夫之祭，鼎俎既陳，籩豆既設，不得成禮，廢者幾？”

　　孔子曰：“九。”

　　“請問之。”

　　曰：“天子崩，后之喪，君薨，夫人之喪，君之大廟火，日食，三年之喪，齊衰，大功，皆廢。外喪自齊衰以下，行也。^[一]其齊衰之祭也，尸入，三飯不侑，酳不酢而已矣。大功，酢而已矣。小功、緦，室中之事而已矣。^[二]士之所以異者，緦不祭。^[三]所祭，於死者無服則祭。”^[四]

[一] 齊衰，異門則祭。

[二] 室中之事，謂賓長獻。

[三] 然則士不得成禮者十一。

[四] 謂若舅、舅之子、從母昆弟。

（七·二十七）

　　曾子問曰：“三年之喪，弔乎？”

　　孔子曰：“三年之喪，練不羣立，不旅行。^[一]君子禮以飾情，三年之喪而弔哭，不亦虛乎？”^[二]

[一] 爲其苟語忘哀也。

[二] 爲彼哀，則不專於親也。爲親哀，則是妄弔。

（七·二十八）

　　曾子問曰：“大夫、士有私喪，可以除之矣。而有君服焉，其除之也，如之何？”

　　孔子曰：“有君喪服於身，不敢私服，又何除焉？^[一]於是乎有過時而弗除也。君之喪服除，而后殷祭，禮也。”^[二]

[一] 重喻輕也。私喪，家之喪也。《喪服四制》曰：“門外之治，義斷恩。”

[二] 謂主人也，支子則否。

（七·二十九）

　　曾子問曰[一]：“父母之喪，弗除可乎？”[一]

　　孔子曰：“先王制禮，過時弗舉，禮也。非弗能勿除也，患其過於制也。故君子過時不祭，禮也。”[二]

　　[一] 以其有終身之憂。

　　[二] 言制禮以爲民中，過其時則不成禮。

（七·三十）

　　曾子問曰：“君薨既殯，而臣有父母之喪，則如之何？”

　　孔子曰：“歸居于家，有殷事則之君所，朝夕否。”[一]

　　曰：“君既啓，而臣有父母之喪，則如之何？”

　　孔子曰：“歸哭而反，送君。”[二]

　　曰：“君未殯，而臣有父母之喪，則如之何？”

　　孔子曰：“歸殯，反于君所。有殷事則歸，朝夕否。[三]大夫，室老行事。士則子孫行事。[四]大夫内子，有殷事，亦之君所，朝夕否。”[五]

　　[一] 居家者，因其哀後隆於父母。殷事，朔月、月半薦新之奠也。

　　[二] 言送君，則既葬而歸也。歸哭者，服君服而歸，不敢私服也。

　　[三] 其哀雜，主於君。

　　[四] 大夫、士，其在君所之時，則攝其事。

────────────

〔一〕 曾子問曰　此句唐石經、余仁仲本與底本同。阮刻本作“曾子曰”，“曰”字上脱一“問”字。

〔五〕謂夫之君旣殯，而有舅姑之喪者。内子，大夫適妻也〔一〕。妻
　　　爲夫之君，如婦爲舅姑，服齊衰。

（七·三十一）

　　賤不諫貴，幼不諫長，禮也。〔一〕唯天子稱天以諫之。〔二〕
諸侯相諫，非禮也。〔三〕

　　〔一〕諫，累也。累列生時行迹，讀之以作謚。謚當由尊者成。
　　〔二〕以其無尊焉。《春秋公羊説》以爲，讀諫制謚於南郊，若云
　　　　受之於天然。
　　〔三〕禮，當言諫於天子也。天子乃使大史賜之謚。

（七·三十二）

　　曾子問曰：“君出疆，以三年之戒，以椑從。君薨，其
入如之何？”〔一〕
　　孔子曰：“共殯服，〔二〕則子麻弁、絰，疏衰，菲，
杖。〔三〕入自闕，升自西階。〔四〕如小斂，則子免而從柩，〔五〕
入自門，升自阼階。〔六〕君、大夫、士，一節也〔二〕。”

　　〔一〕其出有喪備，疑喪入必異也。戒，猶備也，謂衣衾也。親身
　　　　棺曰椑，其餘可死乃具也。

〔一〕　大夫適妻也　此句余仁仲本與底本同。阮刻本作“大夫妻也”，“妻”字上脱一“適”字。
〔二〕　君大夫士一節也　“一”，底本作“主”，誤。唐石經、余仁仲本、阮刻本作“一”，
據改。

［二］此謂君已大斂^{〔一〕}。殯服，謂布深衣，苴絰，散帶垂。殯時主
人所服，共之以待其來也。其餘殯事，亦皆具焉。

［三］棺柩未安，不忍成服於外也。麻弁、絰者，布弁而加環絰
也。布弁，如爵弁而用布。杖者，爲已病。

［四］闕，謂毀宗也。柩毀宗而入，異於生也。升自西階，亦異生
也。所毀宗，殯宮門西也。於此正棺，而服殯服，旣塗而成
服。殷，柩出毀宗；周，柩入毀宗，禮相變也。

［五］謂君已小斂也。主人布深衣，不括髮者，行遠不可無飾。

［六］親未在棺，不忍異入，使如生來反。

（七·三十三）

曾子問曰：“君之喪旣引，聞父母之喪，如之何？”
孔子曰：“遂，旣封而歸，不俟子。”^{〔一〕}

［一］遂，遂送君也。封，當爲“窆”。子，嗣君也。

（七·三十四）

曾子問曰：“父母之喪旣引及塗，聞君薨，如之何？”
孔子曰：“遂，旣封，改服而往。”^{〔一〕}

［一］封，亦當爲“窆”。改服，括髮、徒跣、布深衣、扱上衽，
不以私喪包至尊。

〔一〕　此謂君已大斂　“此”，底本作“比”，誤。余仁仲本、阮刻本作“此”，據改。
“已”，阮刻本與底本同。余仁仲本作“以”。

317

（七·三十五）

曾子問曰：“宗子爲士，庶子爲大夫，其祭也如之何？”

孔子曰：“以上牲祭於宗子之家。[一]祝曰：‘孝子某，爲介子某薦其常事。’[二]若宗子有罪，居于他國，庶子爲大夫，其祭也，祝曰：‘孝子某，使介子某執其常事。’[三]攝主不厭祭，不旅，不假，不綏祭，不配。[四]布奠於賓，賓奠而不舉。[五]不歸肉。[六]其辭於賓曰：‘宗兄、宗弟、宗子在他國，使某辭。’”[七]

[一] 貴禄重宗也。上牲，大夫少牢。

[二] 介，副也。不言庶，使若可以祭然。

[三] 此之謂宗子攝大夫。

[四] 皆辟正主。厭，厭飫神也。厭有陰有陽。迎尸之前，祝酌奠，奠之且饗，是陰厭也。尸謖之後，徹薦、俎、敦，設於西北隅，是陽厭也。此不厭者，不陽厭也。不旅，不旅酬也。假，讀爲“嘏”。不嘏，不嘏主人也。不綏祭，謂今主人也。綏，《周禮》作“墮”。不配者，祝辭不言“以某妃配某氏”。

[五] 布奠，謂主人酬賓，奠觶於薦北。賓奠，謂取觶奠於薦南也。此酬之始也。奠之不舉，止旅。

[六] 肉，俎也。謂與祭者留之共燕。

[七] 辭，猶告也。宿賓之辭，與宗子爲列，則曰“宗兄”若“宗弟”；昭穆異者，曰“宗子”而已。其辭若云：“宗兄某在他國，使某執其常事，使某告。”

（七·三十六）

曾子問曰：“宗子去在他國，庶子無爵而居者，可以祭乎？”

孔子曰："祭哉！"^[一]

"請問其祭如之何？"

孔子曰："望墓而爲壇，以時祭。^[二] 若宗子死，告於墓，而后祭於家。^[三] 宗子死，稱名不言孝，^[四] 身没而已。^[五] 子游之徒，有庶子祭者，以此，^[六] 若義也。^[七] 今之祭者，不首其義，故誣於祭也。"^[八]

[一] 有子孫存，不可以乏先祖之祀。

[二] 不祭于廟，無爵者賤，遠辟正主。

[三] 言祭於家，容無廟也。

[四] 孝，宗子之稱，不敢與之同。其辭但言"子某薦其常事"。

[五] 至子可以稱孝。

[六] 以，用也。用此禮祭也。

[七] 若，順。

[八] 首，本也。誣，猶妄也。

(七·三十七)

曾子問曰："祭必有尸乎？^[一] 若厭祭，亦可乎？"^[二]

孔子曰："祭成喪者必有尸，尸必以孫。孫幼，則使人抱之。無孫，則取於同姓可也。^[三] 祭殤必厭，蓋弗成也。^[四] 祭成喪而無尸，是殤之也。"^[五]

[一] 言無益，無用爲。

[二] 厭時無尸。

[三] 人以有子孫爲成人。子不殤父，義由此也。

[四] 厭飫而已，不成其爲人。

〔五〕與不成人同。

（七·三十八）

　　孔子曰：“有陰厭，有陽厭。”^{〔一〕}

　　曾子問曰：“殤不祔祭，何謂陰厭、陽厭？”^{〔二〕}

　　孔子曰：“宗子爲殤而死，庶子弗爲後也。^{〔三〕}其吉祭，特牲。^{〔四〕}祭殤不舉，無肵俎，無玄酒，不告利成。^{〔五〕}是謂陰厭。^{〔六〕}凡殤與無後者，祭於宗子之家，當室之白，尊于東房，是謂陽厭。”^{〔七〕}

〔一〕言祭殤之禮，有於陰厭之者，有於陽厭之者。

〔二〕祔，當爲“備”，聲之誤也。言殤乃不成人，祭之不備禮，而云“陰厭、陽厭”乎？此失孔子指也。祭成人，始設奠於奧，迎尸之前，謂之“陰厭”。尸謖之後，改饌於西北隅，謂之“陽厭”。殤則不備。

〔三〕族人以其倫代之，明不序昭穆立之廟。其祭之，就其祖而已，代之者主其禮。

〔四〕尊宗子，從成人也。凡殤則特豚，自卒哭成事之後，爲吉祭。

〔五〕此其無尸，及所降也。其他如成人，舉肺、脊、肵俎。利成，禮之施於尸者。

〔六〕是宗子而殤，祭之於奧之禮。小宗爲殤，其祭禮亦如之。

〔七〕凡殤，謂庶子之適也，或昆弟之子，或從父昆弟；無後者，如有昆弟及諸父此則今死者；皆宗子大功之内親共祖、禰者。言“祭於宗子之家”者，爲有異居之道也。無廟者，爲壇祭之。親者，共其牲物。宗子皆主其禮。當室之白，尊於東房，異於宗子之爲殤。當室之白，謂西北隅得户明者也。

明者曰陽。凡祖廟在小宗之家，小宗祭之亦然，宗子之適，亦爲凡殤。過此以往，則不祭也。祭適者，天子下祭五，諸侯下祭三，大夫下祭二，士以下祭子而止。

（七·三十九）

曾子問曰：“葬引至于垣，日有食之，則有變乎，且不乎？”〔一〕

孔子曰：“昔者吾從老耼助葬於巷黨，及垣，日有食之。老耼曰：‘丘，止柩，就道右，止哭以聽變。’既明反，而后行，曰：‘禮也。’〔二〕反葬，而丘問之曰：‘夫柩，不可以反者也。日有食之，不知其已之遲數，則豈如行哉？’〔三〕老耼曰：‘諸侯朝天子，見日而行，逮日而舍奠。大夫使，見日而行，逮日而舍。〔四〕夫柩不蚤出，不莫宿。〔五〕見星而行者，唯罪人與奔父母之喪者乎！日有食之，安知其不見星也？〔六〕且君子行禮，不以人之親痁患。’〔七〕吾聞諸老耼云。”

〔一〕垣，道也。變，謂異禮。

〔二〕巷黨，黨名也。就道右者，行相左也。變，日食也。反，復也。

〔三〕已，止也。數，讀爲“速”。

〔四〕舍奠，每將舍，奠行主。

〔五〕侵晨夜，則近姦寇。

〔六〕爲無日而慝作，豫止也。

〔七〕痁，病也。以人之父母行禮，而恐懼其有患害，不爲也。

（七·四十）

曾子問曰：“爲君使而卒於舍，《禮》曰：‘公館復，私館不復。’凡所使之國，有司所授舍，則公館已，何謂‘私館不復’也？”[一]

孔子曰：“善乎問之也。[二]自卿、大夫、士之家曰私館[一]，公館與公所爲曰公館。‘公館復’，此之謂也。”[三]

[一] 復，始死招魂。

[二] 善其問難明也。

[三] 公館，若今縣官宮也。公所爲[二]，君所命使舍己者。

（七·四十一）

曾子問曰：“下殤土周，葬于園，遂輿機而往，塗邇故也。[一]今墓遠，則其葬也如之何？”[二]

孔子曰：“吾聞諸老聃曰：‘昔者史佚有子而死，下殤也，墓遠。[三]召公謂之曰：‘何以不棺斂於宮中？’[四]史佚曰：‘吾敢乎哉！’[五]召公言於周公。[六]周公曰：‘豈？不可。’[七]史佚行之。[八]下殤用棺衣棺，自史佚始也。”[九]

[一] 土周，甓周也。周人以夏后氏之甓周，葬下殤於園中，以其去成人遠，不就墓也。機，輿尸之牀也。以繩緪其中央，又以繩從兩旁鉤之。禮，以機舉尸，輿之以就園，而斂葬焉，

〔一〕　自卿大夫士之家曰私館　此句唐石經與底本同。余仁仲本、阮刻本作“自卿、大夫之家曰私館”，“大夫”下脱一“士”字。

〔二〕　公所爲　“公”，阮刻本與底本同。余仁仲本作“官”，誤。

塗近故耳。輿機，或爲“餘機”。

[二] 今人斂下殤於宮中，而葬於墓，與成人同。墓塗乃遠，其葬當輿其棺乎？載之也？問禮之變也。

[三] 蓋欲葬墓如長殤，從成人也。長殤有送葬車者，則棺載之矣。史佚，武王時賢史也[一]。賢猶有所不知。

[四] 欲其斂於宮中，如成人也。斂於宮中，則葬當載之。

[五] 畏知禮也。

[六] 爲史佚問。

[七] 言是豈，於禮不可。不許也。

[八] 失指以爲許也。遂用召公之言。

[九] 棺，謂斂於棺。

（七·四十二）

曾子問曰：“卿、大夫將爲尸於公，受宿矣，而有齊衰內喪，則如之何？”

孔子曰：“出舍於公館以待事，禮也。”[一]

[一] 吉凶不可以同處。

（七·四十三）

孔子曰：“尸弁冕而出，[一]卿、大夫、士皆下之。[二]尸必式，[三]必有前驅。”[四]

[一] 爲君尸或弁者，先祖或有爲大夫、士者。

〔一〕 武王時賢史也　“武”，余仁仲本、阮刻本作“成”。

〔二〕見而下車。

〔三〕小俛禮之。

〔四〕爲辟道。

(七·四十四)

子夏問曰："三年之喪，卒哭，金革之事無辟也者，禮與？初有司與？"〔一〕

孔子曰："夏后氏三年之喪，既殯而致事，殷人既葬而致事〔一〕。〔二〕《記》曰：'君子不奪人之親，亦不可奪親也。'此之謂乎？"〔三〕

子夏曰："金革之事無辟也者，非與？"〔四〕

孔子曰："吾聞諸老聃曰：'昔者魯公伯禽有爲爲之也。'〔五〕今以三年之喪從其利者，吾弗知也。"〔六〕

〔一〕疑有司初使之然。

〔二〕致事，還其職位於君，則卒哭而致事〔二〕。

〔三〕二者，恕也，孝也。

〔四〕疑禮當有然。

〔五〕伯禽，周公子，封於魯。有徐戎作難，喪，卒哭而征之，急王事也。征之，作《費誓》。

〔六〕時多攻取之兵，言非禮也。

〔一〕殷人既葬而致事　此句底本"致事"下有"周人卒哭而致事"七字，誤。唐石經、余仁仲本、阮刻本無之，據刪。

〔二〕則卒哭而致事　"則"，余仁仲本與底本同。阮刻本作"周"，誤。

文王世子第八

（八·一·一）

　　文王之爲世子，朝於王季日三。[一] 雞初鳴而衣服，至於寢門外，問内豎之御者，曰：“今日安否？何如？”[二] 内豎曰：“安。”文王乃喜。[三] 及日中，又至，亦如之。[四] 及莫，又至，亦如之。[五] 其有不安節，則内豎以告文王。文王色憂，行不能正履。[六] 王季復膳。[七] 然後亦復初。[八] 食上，必在視寒煖之節。[九] 食下，問所膳。[一〇] 命膳宰曰：“末有原。”應曰：“諾。”然後退。[一一]

　　[一] 三皆日朝，以其禮同。

　　[二] 内豎，小臣之屬，掌外内之通命者。御，如今小史直日矣。

　　[三] 孝子恒兢兢。

　　[四] 又，復也。

　　[五] 莫，夕也。

　　[六] 節，謂居處故事。履，蹈地也。

　　[七] 飲食安也。

　　[八] 憂解。

　　[九] 在，察也。

　　[一〇] 問所食者。

　　[一一] 末，猶勿也。原，再也。勿有所再進，爲其失飪，臭味惡也。退，反其寢。

325

（八·一·二）

武王帥而行之，不敢有加焉。^[一]文王有疾，武王不説冠帶而養。^[二]文王一飯，亦一飯。文王再飯，亦再飯。^[三]旬有二日，乃閒。^[四]

[一] 庶幾程式之。帥，循也。

[二] 言常在側。

[三] 欲知氣力、箴藥所勝。

[四] 閒，猶瘳也。

（八·一·三）

文王謂武王曰：“女何夢矣？”^[一]武王對曰：“夢帝與我九齡。”^[二]文王曰：“女以爲何也？”武王曰：“西方有九國焉，君王其終撫諸？”^[三]文王曰：“非也。古者謂‘年齡’，齒亦齡也。我百，爾九十。吾與爾三焉。”^[四]文王九十七乃終，武王九十三而終。^[五]

[一] 閒後容臥。

[二] 帝，天也。

[三] 撫，猶有也。言“君王”，則此受命之後也。

[四] 年，天氣也。齒，人壽之數也。九齡，九十年之祥也。文王以勤憂損壽，武王以安樂延年。言“與爾三”者，明傳業於女，女受而成之。

[五] 君子曰“終”，終其成功。

（八·一·四）

　　成王幼，不能涖阼。^{〔一〕}周公相，踐阼而治。^{〔二〕}抗世子法於伯禽，欲令成王之知父子、君臣、長幼之道也。^{〔三〕}成王有過，則撻伯禽，所以示成王世子之道也。^{〔四〕}

　　文王之爲世子也。^{〔五〕}

　　〔一〕涖，視也。不能視阼階，行人君之事。

　　〔二〕踐，履也。代成王履阼階，攝王位，治天下也。

　　〔三〕抗，猶舉也。謂舉以世子之法，使與成王居而學之。

　　〔四〕以成王之過擊伯禽，則足以感喻焉。

　　〔五〕題上事。

（八·二·一）

　　凡學，世子及學士必時。^{〔一〕}春、夏學干戈，秋、冬學羽籥，皆於東序。^{〔二〕}小樂正學干，大胥贊之。籥師學戈，籥師丞贊之。^{〔三〕}胥鼓《南》。^{〔四〕}春誦，夏弦，大師詔之。瞽宗秋學禮，執禮者詔之。冬讀《書》，典《書》者詔之。禮在瞽宗，《書》在上庠。^{〔五〕}

　　〔一〕四時各有宜。學士，謂司徒論俊選所升於學者。

　　〔二〕干，盾也。戈，句子戟也^{〔一〕}。干戈，《萬》舞，象武也，用動作之時學之。羽籥，《籥》舞，象文也，用安靜之時學之。《詩》云：“左手執籥，右手秉翟。”

　　〔三〕四人皆樂官之屬也。通職，秋、冬亦學以羽籥。小樂正，樂

————————

〔一〕句子戟也　“子”，余仁仲本、阮刻本作“矛”。

師也。《周禮》"樂師掌國學之政，教國子小舞"，"大胥掌學
士之版，以待致諸子。春，入學，舍菜，合舞。秋，頒學，
合聲"，"籥師掌教國子舞羽、吹籥"。

[四]《南》，南夷之樂也。胥掌以六樂之會正舞位。旄人教夷樂，
則以鼓節之。《詩》云："以《雅》以《南》，以《籥》不僭。"

[五]誦，謂歌樂也。弦，謂以絲播《詩》。陽用事，則學之以聲。
陰用事，則學之以事。因時順氣，於功易成也。周立三代
之學，學《書》於有虞氏之學，《典》《謨》之教所興也。學
舞於夏后氏之學，文、武中也。學禮、樂於殷之學，功成治
定，與己同也。

(八·二·二)

凡祭與養老乞言、合語之禮，皆小樂正詔之於東序。[一]
大樂正學舞干戚、語說、命乞言，皆大樂正授數。[二]大司
成論說在東序。[三]凡侍坐於大司成者，遠近間三席，可以
問。[四]終則負牆，[五]列事未盡不問。[六]

[一]學以三者之威儀也。養老乞言，養老人之賢者，因從乞善言
可行者也。合語，謂鄉射、鄉飲酒、大射、燕射之屬也。《鄉
射記》曰："古者於旅也語。"

[二]學以三者之義也。戚，斧也。語說，合語之說也。數，
篇數。

[三]論說，課其義之深淺，才能優劣。此云"樂正司業，父師司
成"，則大司成，司徒之屬師氏也。師氏掌以美詔王，教國
子以三德、三行及國中失之事也。

[四]間，猶容也。容三席，則得指畫相分別也。席之制，廣三尺

三寸三分，則是所謂"函丈"也。

［五］卻就後席相辟。

［六］錯尊者之語，不敬也。

（八·二·三）

　　凡學，春官釋奠于其先師，秋、冬亦如之。^[一]凡始立學者，必釋奠於先聖、先師。及行事，必以幣。^[二]凡釋奠者，必有合也。^[三]有國故則否。^[四]凡大合樂，必遂養老。^[五]

［一］官謂禮、樂、《詩》、《書》之官。《周禮》曰："凡有道者、有德者，使教焉。死則以爲樂祖，祭於瞽宗。"此之謂"先師"之類也。若漢，《禮》有高堂生，《樂》有制氏，《詩》有毛公，《書》有伏生，億可以爲之也。不言夏，夏從春可知也。釋奠者，設薦、饌、酌、奠而已，無迎尸以下之事。

［二］謂天子命之教，始立學官者也。先聖，周公若孔子。

［三］國無先聖、先師，則所釋奠者，當與鄰國合也。

［四］若唐、虞有夔、伯夷，周有周公，魯有孔子，則各自奠之，不合也。

［五］大合樂，謂春入學，舍菜、合舞；秋頒學，合聲。於是時也，天子則視學焉。遂養老者，謂用其明日也。《鄉飲酒》《鄉射》之禮"明日，乃息司正。徵唯所欲，以告於先生、君子可也"，是養老之象類。

（八·二·四）

　　凡語于郊者，^[一]必取賢斂才焉。或以德進，或以事舉，或以言揚。^[二]曲藝皆誓之，^[三]以待又語。^[四]三而一有焉，^[五]

乃進其等,^[六] 以其序,^[七] 謂之“郊人”, 遠之。^[八] 於成均,
以及取爵於上尊也。^[九]

[一] 語, 謂論説於郊學。

[二] “大樂正論造士之秀者, 升諸司馬, 曰進士”, 謂此矣。

[三] 曲藝, 爲小技能也。誓, 謹也。皆使謹習其事。

[四] 又語, 爲後復論説也。

[五] 三説之中, 有一善則取之。以有曲藝, 不必盡善。

[六] 進於衆學者。

[七] 又以其藝爲次。

[八] 俟事官之缺者以代之。遠之者, 不曰“俊選”, 曰“郊人”, 賤
　　技藝。

[九] 董仲舒曰“五帝名大學曰‘成均’”, 則虞庠近是也。天子
　　飲酒于虞庠, 則郊人亦得酌于上尊以相旅。

（八·二·五）

始立學者, 既興器用幣,^[一] 然後釋菜。^[二] 不舞, 不
授器。^[三] 乃退, 儐于東序, 一獻, 無介、語可也。^[四]
教世子。^[五]

[一] 興, 當爲“釁”, 字之誤也。禮樂之器成, 則釁之, 又用幣
　　告先聖、先師以器成。

[二] 告先聖、先師以器成, 有時將用也。

[三] 釋菜, 禮輕也。釋奠則舞, 舞則授器。司馬之屬, 司兵、司
　　戈盾^[一]。祭祀授舞者, 兵也。

〔一〕 司馬之屬司兵司戈盾　此句余仁仲本、阮刻本作“司馬之屬司兵、司戈、司盾”, 誤。

[四] 言"乃退"者，謂得立三代之學者，釋菜于虞庠，則儐賓于東序，魯之學有米廩、東序、瞽宗也。

[五] 亦題上事。

（八·三·一）

凡三王教世子，必以禮樂。樂，所以脩内也；禮，所以脩外也。禮樂交錯於中，發形於外，是故其成也懌，恭敬而溫文。[一] 立大傅、少傅以養之，欲其知父子、君臣之道也。[二] 大傅審父子、君臣之道以示之，[三] 少傅奉世子以觀大傅之德行而審喻之。[四] 大傅在前，少傅在後，[五] 入則有保，出則有師，[六] 是以教喻而德成也。[七] 師也者，教之以事，而喻諸德者也。保也者，慎其身以輔翼之，而歸諸道者也。[八]《記》曰："虞、夏、商、周，有師保，有疑丞。[九] 設四輔及三公，不必備，唯其人。"語使能也。[一〇]君子曰："德，德成而教尊，教尊而官正，官正而國治，君之謂也。"

[一] 中，心中也。懌，説懌。

[二] 養，猶教也。言"養"者，積浸成長之。

[三] 謂爲之行其禮。

[四] 爲説其義。

[五] 謂其在學時。

[六] 謂燕居出入時。

[七] 以有四人維持之。

[八] 慎其身者，謹安護之。

[九]《記》所云，謂天子也。取以成説。

[一○] 語，言也。得能則用之，無則已，不必備其官也。小人處其位，不如且闕。

（八·三·二）

仲尼曰：“昔者周公攝政，踐阼而治，抗世子法於<u>伯禽</u>，所以善<u>成王</u>也。聞之曰：‘爲人臣者，殺其身有益於君，則爲之。’況于其身以善其君乎？<u>周公</u>優爲之。”[一] 是故知爲人子，然後可以爲人父。知爲人臣，然後可以爲人君。知事人，然後能使人。<u>成王</u>幼，不能涖阼，以爲世子，則無爲也。[二] 是故抗世子法於<u>伯禽</u>，使之與<u>成王</u>居，[三] 欲令<u>成王</u>之知父子、君臣、長幼之義也。

［一］聞之者，聞之於古也。于，讀爲“迂”。迂，猶廣也，大也。
［二］以爲世子，若爲世子時。
［三］亦學此禮於成王側。

（八·三·三）

君之於世子也，親則父也，尊則君也。有父之親，有君之尊，然後兼天下而有之，是故養世子不可不慎。[一] 行一物而三善皆得者，唯世子而已，其齒於學之謂也。[二] 故世子齒於學，國人觀之，曰：“將君我，而與我齒讓，何也？”曰：“有父在，則禮然。”然而衆知父子之道矣。其二曰：“將君我，而與我齒讓，何也？”曰：“有君在，則禮然。”然而衆著於君臣之義也。其三曰：“將君我，而與我齒讓，何也？”曰：“長長也。”然而衆知長幼之節矣。故父在斯爲子，君在斯謂之臣。居子與臣之節，所以尊君、親親也。故學之爲父子焉，學之爲君臣焉，學之爲長幼焉。^[三]父子、君臣、長幼之道得而國治。語曰：“樂正司業，父師司成，一有元良，萬國以貞。”世子之謂也。^[四]

　周公踐阼。^[五]

　　[一]處君父之位，覽海内之士，而近不能教其子，則其餘不足觀矣。

　　[二]物，猶事也。

　　[三]學，教。

　　[四]司，主也。一，一人也。元，大也。良，善也。貞，正也。

　　[五]亦題上事。

(八·四·一)

　庶子之正於公族者，教之以孝弟、睦友、子愛，明父子之義，長幼之序。^[一]其朝于公，内朝則東面，北上。臣有貴者，以齒。^[二]其在外朝，則以官，司士爲之。^[三]其在宗廟之中，則如外朝之位，宗人授事，以爵以官。^[四]其登、餕、獻、受爵，則以上嗣。^[五]庶子治之，雖有三命，不踰父兄。^[六]

　　[一]正者，政也。庶子，司馬之屬，掌國子之倅，爲政於公族者。

　　[二]内朝，路寢庭。

　　[三]外朝，路寢門之外庭。司士，亦司馬之屬也，掌羣臣之班，正朝儀之位也。

　　[四]宗人，掌禮及宗廟也。以爵，貴賤異位也。以官，官各有所

掌也，若司徒奉牛，司馬奉羊，司空奉豕。

［五］上嗣，君之適長子。以《特牲饋食禮》言之，受爵，謂上嗣
舉奠也。獻，謂舉奠，洗爵，酌，入也。飲，謂宗人遣舉
奠，盥，祝命之餕也。大夫之嗣無此禮，辟君也。

［六］治之，治公族之禮也。唯於內朝則然，其餘會聚之事，則與
庶姓同。一命齒于鄉里，再命齒于父族，三命不齒。不齒
者，特為位，不在父兄行列中。

(八·四·二)

其公大事，則以其喪服之精麤為序。雖於公族之喪亦
如之，以次主人。^{［一］}若公與族燕，則異姓為賓，^{［二］}膳宰
為主人，^{［三］}公與父兄齒。^{［四］}族食，世降一等。^{［五］}

［一］大事，謂死喪也。其為君，雖皆斬衰，序之必以本親也。主
人，主喪者。次主人者，主人恒在上，主人雖有父兄，猶不
得下齒。

［二］同宗無相賓客之道。

［三］君尊，不獻酒。

［四］親親也。

［五］親者稠，疏者希。

(八·四·三)

其在軍，則守於公禰。^{［一］}公若有出疆之政，^{［二］}庶子
以公族之無事者，守於公宮，正室守大廟，^{［三］}諸父守貴宮、
貴室，^{［四］}諸子、諸孫守下宮、下室。^{［五］}

［一］謂從軍者。公禰，行主也。行以遷主，言禰，在外親也。

［二］謂朝覲、會同也。

［三］正室，適子也。大廟，大祖之廟。

［四］謂守路寢。

［五］下宮，親廟也。下室，燕寢。或言宮，或言廟，通異語。

（八・四・四）

五廟之孫，祖廟未毀，雖爲庶人，冠、取妻必告，死必赴，練、祥則告。[一]族之相爲也，宜弔不弔，宜免不免，有司罰之。[二]至于贈、賵、承、含，皆有正焉。[三]

［一］赴告於君也。實四廟孫，而言“五廟”者，容顯考爲始封子也。

［二］弔，謂六世以往。免，謂五世。

［三］承，讀爲“贈”，聲之誤也。正，正禮也。

（八・四・五）

公族其有死罪，則磬于甸人。[一]其刑罪，則纖、剸，亦告于甸人。[二]公族，無宮刑。[三]獄成，有司讞于公。其死罪，則曰：“某之罪，在大辟。”其刑罪，則曰：“某之罪，在小辟。”[四]公曰：“宥之。”[五]有司又曰：“在辟。”公又曰：“宥之。”[六]有司又曰：“在辟。”及三宥，不對，走出，致刑于甸人。[七]公又使人追之，曰：“雖然，必赦之。”有司對曰：“無及也。”[八]反命于公。[九]公素服，不舉，爲之變。如其倫之喪，無服。[一〇]親哭之。[一一]

［一］不於市朝者，隱之也。甸人，掌郊野之官。縣縊殺之曰"罄"。

［二］纖，讀爲"殲"。殲，刺也。劓，割也。宮、割、臏、墨、劓、刖，皆以刀鋸刺割人體也。告，讀爲"鞠"，讀書用法曰"鞠"。

［三］宮，割，淫刑。

［四］成，平也。"讞"之言"白"也。辟，亦罪也。

［五］宥，寬也。欲寬其罪，出於刑也。

［六］又，復也。

［七］對，答也。先者，君每言"宥"，則答之，以將更寬之，至於三，罪定，不復答。走，往刑之，爲君之恩無已。

［八］罪旣正，不可宥，乃欲赦之，重刑殺其類也。

［九］白已刑殺。

［一〇］素服，於凶事爲吉，於吉事爲凶，非喪服也。君雖不服臣，卿、大夫死，則皮弁、錫衰以居，往弔，當事則弁絰。於士蓋疑衰，同姓則緦衰以弔之。今無服者，不往弔也。倫，謂親疏之比也。素服，亦皮弁矣。

［一一］不往弔，爲位哭之而已。君於臣，使有司哭之。

(八・四・六)

公族朝于內朝，內親也。雖有貴者，以齒，明父子也。[一] 外朝以官，體異姓也。[二] 宗廟之中，以爵爲位，崇德也。[三] 宗人授事以官，尊賢也。[四] 登餕、受爵，以上嗣，尊祖之道也。[五] 喪紀以服之輕重爲序，不奪人親也。[六] 公與族燕則以齒，而孝弟之道達矣。[七] 其族食，世降一等，親親之殺也。[八] 戰則守於公禰，孝愛之深也。[九] 正室守大廟，尊宗室而君臣之道著矣。[一〇] 諸父、諸兄守

貴室，子弟守下室，而讓道達矣。^[一一]

[一]謂以宗族事會。

[二]體，猶連結也。

[三]崇，高也。

[四]官各有能。

[五]上嗣，祖之正統。

[六]紀，猶事也。

[七]以至尊不自異於親之列。

[八]殺，差也。

[九]行主，君父之象。

[一〇]以其不敢以庶守君所重。

[一一]以其貴者守貴，賤者守賤。上言父子孫，此言兄弟，互相
　　　備也。

（八·四·七）

　　五廟之孫，祖廟未毀，雖及庶人，冠、取妻必告，死
必赴，不忘親也。親未絕，而列於庶人，賤無能也。敬
弔、臨、賻、賵，睦友之道也。古者庶子之官治而邦國有
倫，邦國有倫而衆鄉方矣。^[一]

[一]鄉方，言知所鄉。

（八·四·八）

　　公族之罪，雖親不以犯有司，正術也，所以體百姓
也。^[一]刑于隱者，不與國人慮兄弟也。弗弔，弗爲服，哭

于異姓之廟，爲祧祖，遠之也。素服居外，不聽樂，私喪之也，骨肉之親無絶也。公族無宫刑，不翦其類也。^[二]

〔一〕犯，猶干也。術，法也。

〔二〕翦，割截也。

（八·五）

天子視學，大昕鼓徵，所以警衆也。^[一]衆至，然後天子至，乃命有司行事，興秩節，祭先師、先聖焉。^[二]有司卒事，反命。^[三]始之養也。^[四]適東序，釋奠於先老，^[五]遂設三老、五更、羣老之席位焉。^[六]適饌，省醴、養老之珍具，^[七]遂發咏焉。退脩之，以孝養也。^[八]反，登歌《清廟》。^[九]既歌而語，以成之也。言父子、君臣、長幼之道，合德音之致，禮之大者也。^[一〇]下管《象》，舞《大武》，大合衆以事，達有神，興有德也。^[一一]正君臣之位、貴賤之等焉，而上下之義行矣。^[一二]有司告以樂闋，^[一三]王乃命公、侯、伯、子、男及羣吏，曰："反，養老幼于東序。"終之以仁也。^[一四]是故聖人之記事也，慮之以大，^[一五]愛之以敬，^[一六]行之以禮，^[一七]脩之以孝養，^[一八]紀之以義，^[一九]終之以仁。^[二〇]是故古之人，一舉事而衆皆知其德之備也。古之君子舉大事，必慎其終始，而衆安得不喻焉？^[二一]《兑命》曰："念終始典于學。"^[二二]

〔一〕早昧爽擊鼓，以召衆也。警，猶起也。《周禮》"凡用樂"，大胥"以鼓徵學士"。

〔二〕興，猶舉也。秩，常也。節，猶禮也。使有司攝其事，舉

338

常禮祭先師、先聖。不親祭之者，視學、觀禮耳，非爲彼
報也。

［三］告祭畢也。祭畢，天子乃入。

［四］又之養老之處。凡大合樂，必遂養老，是以往焉。言“始”，
始立學也。

［五］親奠之者，己所有事也。養老東序，則是視學於上庠。

［六］三老、五更各一人也，皆年老更事致仕者也。天子以父兄
養之，示天下之孝悌也。名以三、五者，取象三辰、五星，
天所因以照明天下者。羣老無數。其禮亡。以《鄉飲酒禮》
言之，席位之處〔一〕，則三老如賓，五更如介，羣老如衆賓
必也。

［七］親視其所有。

［八］發咏，謂以樂納之。退脩之，謂既迎而入，獻之以醴，獻畢
而樂闋。

［九］反，謂獻羣老畢，皆升就席也。反就席，乃席工於西階
上〔二〕，歌《清廟》以樂之。

［一〇］既歌，謂樂正告正歌備也。語，談説也。歌備而旅，旅而
説父子、君臣、長幼之道，説合樂之所美〔三〕，以成其意。
《鄉射記》曰：“古者於旅也語〔四〕。”

［一一］《象》，周武王伐紂之樂也。以管播其聲，又爲之舞，皆
於堂下。衆，謂所合學士也。達有神，明天授命周家之
有神也。興有德，美文王、武王有德，師樂爲用，前歌

〔一〕　席位之處　“席”，余仁仲本與底本同。阮刻本作“帝”，誤。
〔二〕　乃席工於西階上　“工”，余仁仲本、阮刻本作“正”，誤。
〔三〕　説合樂之所美　“説”，余仁仲本與底本同。阮刻本作“諸”，誤。
〔四〕　古者於旅也語　“旅”，余仁仲本、阮刻本作“族”，誤。

後舞〔一〕。

〔一二〕由《清廟》與《武》也。

〔一三〕関，終也。告君以歌舞之樂終，此所告者，謂無筭樂。

〔一四〕羣吏，鄉、遂之官。王於燕之末而命諸侯：“時朝會在此
　　　　者，各反養老如此禮。”是終其仁心。《孝經説》所謂“諸
　　　　侯歸各帥於國，大夫勤於朝，州里驅於邑”是也。

〔一五〕謂先本於孝弟之道。

〔一六〕謂省其所以養老之具。

〔一七〕謂親迎之，如見父兄。

〔一八〕謂親獻之，薦之。

〔一九〕謂既歌而語之。

〔二〇〕謂又以命諸侯歸於國，復自行之。

〔二一〕言其爲之，本末露見，盡可得而知也。喻，猶曉也。

〔二二〕兑，當爲“説”。《説命》，《書》篇名，殷高宗之臣傅説之
　　　　所作。典，常也。念事之終始，常於學。學，禮義之府。

（八·六）

　　《世子之記》曰：“朝夕至于大寢之門外，問於内豎，
曰：‘今日安否？何如？’〔一〕内豎曰：‘今日安。’世子乃
有喜色。其有不安節，則内豎以告世子，世子色憂不滿
容。〔二〕内豎言‘復初’，然後亦復初。朝夕之食上，世子
必在，視寒煖之節。食下，問所膳。羞必知所進，以命膳
宰，然後退。〔三〕若内豎言‘疾’，則世子親齊玄而養，〔四〕
膳宰之饌，必敬視之。〔五〕疾之藥，必親嘗之。〔六〕嘗饌善，

〔一〕　前歌後舞　“舞”，阮刻本與底本同。余仁仲本作“武”。

則世子亦能食。^[七]嘗饌寡，世子亦不能飽。^[八]以至于復初，然後亦復初。”^[九]

［一］朝夕，朝朝暮夕也。日中又朝，<u>文王</u>之爲世子，非禮之制。《世子之禮》亡，言此存其《記》。

［二］色憂，憂淺也。不及<u>文王</u>行不能正履。

［三］羞必知所進，必知親所食。

［四］親，猶自也。養疾者齊玄，玄冠、玄端也。

［五］疾者之食，齊和所欲或異。

［六］試毒味也。

［七］善，謂多於前。

［八］又不及<u>武王</u>一飯、再飯。

［九］復常所服。

禮記卷第七

禮記卷第七

禮運第九

鄭　氏　注

(九·一)

　　昔者仲尼與於蜡賓，^[一]事畢，出遊於觀之上，喟然而嘆。^[二]仲尼之嘆，蓋嘆魯也。

　　言偃在側，曰："君子何嘆?"^[三]

　　孔子曰："大道之行也，與三代之英，丘未之逮也，而有志焉。^[四]大道之行也，天下爲公，選賢與能，講信脩睦。^[五]故人不獨親其親，不獨子其子。^[六]使老有所終，壯有所用，幼有所長，矜寡、孤獨、廢疾者〔一〕，皆有所養。^[七]男有分，^[八]女有歸。^[九]貨，惡其弃於地也，不必藏於己。力，惡其不出於身也，不必爲己。^[一〇]是故謀閉而不興，盜竊亂賊而不作。^[一一]故外户而不閉，^[一二]是謂大同。^[一三]

　　［一］蜡者，索也。歲十二月合聚萬物而索饗之，亦祭宗廟。時孔子仕魯，在助祭之中。

　　［二］觀，闕也。孔子見魯君於祭禮有不備，於此又觀象魏舊章之

―――――――――
〔一〕　廢疾者　"廢"，婺州本、余仁仲本、阮刻本與底本同。唐石經作"癈"。

345

處，感而嘆之。

［三］言偃，孔子弟子子游。

［四］大道，謂五帝時也。英，俊選之尤者。逮，及也，言不及
　　見。志，謂識古文。不言魯事，爲其大切，廣言之。

［五］公，猶共也。禪位授聖，不家之。睦，親也。

［六］孝慈之道廣也。

［七］無匱乏也。

［八］分，猶職也。

［九］皆得良奧之家。

［一○］勞事不憚，施無吝心，仁厚之教也。

［一一］尚辭讓之故也。

［一二］禦風氣而已。

［一三］同，猶和也，平也。

（九·二）

　　"今大道既隱，［一］天下爲家。［二］各親其親，各子其子，貨、力爲己。［三］大人世及以爲禮，城郭溝池以爲固。［四］禮義以爲紀，以正君臣，以篤父子，以睦兄弟，以和夫婦，以設制度，以立田里，以賢勇知，以功爲己，故謀用是作，而兵由此起。［五］禹、湯、文、武、成王、周公，由此其選也。［六］此六君子者，未有不謹於禮者也。以著其義，以考其信，著有過，刑仁、講讓，示民有常。［七］如有不由此者，在埶者去，衆以爲殃。［八］是謂小康。"［九］

　　［一］隱，猶去也。

　　［二］傳位於子。

〔三〕俗狹嗇。

〔四〕亂賊繁多，爲此以服之也。大人，諸侯也。

〔五〕以其違大道敦朴之本也。教令之稠，其弊則然。《老子》曰：
　　　“法令滋章，盜賊多有。”

〔六〕由，用也，能用禮義以成治。

〔七〕考，成也。刑，猶則也。

〔八〕埶，埶位也。去，罪退之也。殃，猶禍惡也。

〔九〕康，安也。大道之人，以禮於忠信爲薄。言小安者，失之則
　　　賊亂將作矣。

（九·三）

　　言偃復問曰：“如此乎，禮之急也？”

　　孔子曰：“夫禮，先王以承天之道，以治人之情，故失
之者死，得之者生。《詩》曰：‘相鼠有體，人而無禮。人
而無禮，胡不遄死？’〔一〕是故夫禮必本於天，殽於地，列
於鬼神，〔二〕達於喪、祭、射、御、冠、昏、朝、聘。〔三〕
故聖人以禮示之，故天下國家可得而正也。”〔四〕

〔一〕相，視也。遄，疾也。言鼠之有身體，如人而無禮者矣。人
　　　之無禮，可憎賤如鼠，不如疾死之愈。

〔二〕聖人則天之明，因地之利，取法度於鬼神，以制禮下教令
　　　也。既又祀之，盡其敬也，教民嚴上也。鬼者，精魂所歸。
　　　神者，引物而出，謂祖廟、山川、五祀之屬也。

〔三〕民知嚴上，則此禮達於下也。

〔四〕民知禮則易教。

（九·四）

　　言偃復問曰：“夫子之極言禮也，可得而聞與？”[一]

　　孔子曰：“我欲觀夏道，[二]是故之杞，[三]而不足徵也。[四]吾得《夏時》焉。[五]我欲觀殷道，是故之宋，而不足徵也。[六]吾得《坤乾》焉。[七]《坤乾》之義，《夏時》之等，吾以是觀之。[八]

　　[一]欲知禮終始所成。

　　[二]欲行其禮，觀其所成。

　　[三]杞，夏后氏之後也。

　　[四]徵，成也。無賢君，不足與成也。

　　[五]得夏四時之書也。其書存者，有《小正》。

　　[六]宋，殷人之後也。

　　[七]得殷陰陽之書也。其書存者，有《歸藏》。

　　[八]觀於二書之意。

（九·五）

　　“夫禮之初，始諸飲食，其燔黍捭豚，汙尊而抔飲，蕢桴而土鼓，猶若可以致其敬於鬼神。[一]及其死也，升屋而號，告曰：‘皋！某復。’[二]然後飯腥而苴孰，[三]故天望而地藏也。體魄則降，知氣在上。[四]故死者北首，[五]生者南鄉，[六]皆從其初。[七]

　　[一]言其物雖質略，有齊敬之心，則可以薦羞於鬼神，鬼神饗德不饗味也。中古未有釜、甑，釋米捭肉，加於燒石之上而食之耳，今北狄猶然。汙尊，鑿地爲尊也。抔飲，手掬之也。

蕢，讀爲"凷"，聲之誤也。凷，墣也，謂摶土爲桴也。土鼓，築土爲鼓也。

[二] 招之於天。

[三] 飯以稻米，上古未有火化。苴孰，取遣奠有火利也。苴，或爲"俎"。

[四] 地藏謂葬。

[五] 首陰也。

[六] 鄉陽也。

[七] 謂今行之然也。

（九·六）

　　"昔者先王未有宮室，冬則居營窟，夏則居橧巢。^[一]未有火化，^[二]食草木之實，鳥獸之肉，飲其血，茹其毛。未有麻絲，衣其羽皮。^[三]後聖有作，^[四]然後脩火之利，^[五]范金，^[六]合土，^[七]以爲臺榭、宮室、牖戶。^[八]以炮，^[九]以燔，^[一〇]以亨，^[一一]以炙，^[一二]以爲醴酪。^[一三]治其麻絲，以爲布帛，以養生送死，以事鬼神上帝，皆從其朔。^[一四]

[一] 寒則累土，暑則聚薪柴居其上。

[二] 食腥也。

[三] 此上古之時也。

[四] 作，起。

[五] 孰冶萬物。

[六] 鑄作器用。

[七] 瓦瓴、甒及瓵、大。

[八] 榭，器之所藏也。

〔九〕裹燒之也。

〔一〇〕加於火上。

〔一一〕煑之鑊也。

〔一二〕貫之火上。

〔一三〕烝釀之也。酪，酢酨。

〔一四〕朔亦初也，亦謂今行之然。

（九·七）

"故玄酒在室，醴醆在戶，粢醍在堂，澄酒在下。陳其犧牲，備其鼎俎，列其琴、瑟、管、磬、鍾、鼓，脩其祝、嘏，以降上神與其先祖，以正君臣，以篤父子，以睦兄弟，以齊上下。夫婦有所，是謂承天之祐。〔一〕

"作其祝號，玄酒以祭，薦其血毛，腥其俎，孰其殽。與其越席，疏布以冪，衣其澣帛。醴醆以獻，薦其燔炙。君與夫人交獻，以嘉魂魄，是謂合莫。〔二〕

"然後退而合亨，體其犬、豕、牛、羊，實其簠、簋、籩、豆、鉶、羹。祝以孝告，嘏以慈告，是謂大祥。〔三〕

"此禮之大成也。"〔四〕

〔一〕此言今禮饌具所因於古及其事義也。粢，讀爲"齊"，聲之誤也。《周禮》："五齊，一曰泛齊，二曰醴齊，三曰盎齊，四曰醍齊，五曰沈齊。"字雖異，醆與盎、澄與沈，蓋同物也。莫之不同處，重古略近也。祝，祝爲主人饗神辭也。嘏，祝爲尸致福於主人之辭也。祐，福也，"福"之言"備"也。

〔二〕此謂薦上古、中古之食也。《周禮》祝號有六："一曰神號，二曰鬼號，三曰祇號，四曰牲號，五曰齍號，六曰幣號。"

號者，所以尊神顯物也。腥其俎，謂豚解而腥之，及血毛，皆所以法於大古也。孰其殽，謂體解而爛之。此以下，皆所法於中古也。越席，翦蒲席也。冪，覆尊也。澣帛，練染以爲祭服。嘉，樂也。莫，虛無也。《孝經說》曰：“上通無莫。”

［三］此謂薦今世之食也。體其犬、豕、牛、羊，謂分別骨肉之貴賤，以爲衆俎也。祝以孝告，嘏以慈告，各首其義也。祥，善也。今世之食，於人道爲善也。

［四］解子游以禮所成也。

（九·八）

孔子曰：“嗚呼，哀哉！我觀周道，幽、厲傷之，吾舍魯何適矣！［一］魯之郊、禘，非禮也。周公其衰矣！［二］杞之郊也，禹也。宋之郊也，契也。是天子之事守也。［三］故天子祭天地，諸侯祭社稷。

［一］政亂禮失，以爲魯尚愈。

［二］非，猶失也。魯之郊，牛口傷、饔鼠食其角。又有四卜郊，不從。是周公之道衰矣。言子孫不能奉行興之。

［三］先祖法度，子孫所當守。

（九·九）

“祝、嘏莫敢易其常古，是謂大假。［一］祝、嘏辭說，藏於宗、祝、巫、史，非禮也，是謂幽國。［二］醆、斝及尸君，非禮也，是謂僭君。［三］冕弁、兵革藏於私家，非禮也，是謂脅君。［四］大夫具官，祭器不假，聲樂皆具，非禮也，是謂亂國。［五］

［一］假，亦大也。不敢改其常古之法度，是謂大大也。將言今不然。

［二］藏於宗、祝、巫、史，言君不知有也。幽，闇也〔一〕。國闇者，君與大夫俱不明也。

［三］僭禮之君也。醆、斝，先王之爵也，唯魯與王者之後得用之耳，其餘諸侯用時王之器而已。

［四］劫脅之君也。冕弁，君之尊服。兵革，君之武衞及軍器也。

［五］臣之奢富，儗於國君，敗亂之國也。孔子謂："管仲官事不攝，焉得儉？"

(九·十)

"故仕於公曰臣，仕於家曰僕。三年之喪，與新有昏者，期不使。以衰裳入朝，與家僕雜居齊齒，非禮也，是謂君與臣同國。〔一〕故天子有田以處其子孫，諸侯有國以處其子孫，大夫有采以處其子孫，是謂制度。〔二〕故天子適諸侯，必舍其祖廟，而不以禮籍入，是謂天子壞法亂紀。〔三〕諸侯非問疾、弔喪，而入諸臣之家，是謂君臣爲謔。〔四〕

［一］臣有喪、昏之事而不歸，反服其衰裳以入朝，或與僕相等輩而處，是謂君臣共國，無尊卑也。有喪、昏不歸，唯君耳。臣有喪、昏，當致事而歸。僕又不可與士齒。

［二］言今不然也。《春秋》昭元年："秦伯之弟鍼出奔晉。"刺其有千乘之國，不能容其母弟。

［三］以禮籍入，謂大史典禮，執簡記，奉諱惡也。天子雖尊，舍人

────────

〔一〕 幽闇也 "幽"，余仁仲本與底本同。阮刻本作"幽也"，"幽"字下脱一"闇"字。

宗廟，猶有敬焉，自拱紼也。

[四] 無故而相之，是戲謔也。陳靈公與孔寧、儀行父數如夏氏，以取弒焉。

（九·十一）

"是故禮者，君之大柄也，所以別嫌明微、儐鬼神、考制度、別仁義，所以治政安君也。[一] 故政不正，則君位危。君位危，則大臣倍，小臣竊。刑肅而俗敝，則法無常。法無常而禮無列。禮無列，則士不事也。刑肅而俗敝，則民弗歸也，是謂疵國。[二]

[一] 疾今失禮如此，爲言禮之大義也。柄，所操以治事。

[二] 又爲言政失君危之禍敗也。肅，駿也。疵，病也。

（九·十二）

"故政者，君之所以藏身也。[一] 是故夫政必本於天，殽以降命。[二] 命降于社之謂殽地，[三] 降于祖廟之謂仁義，[四] 降於山川之謂興作，[五] 降於五祀之謂制度。[六] 此聖人所以藏身之固也。[七]

[一] 於此又遂爲之言政也。藏，謂輝光於外[一]，而形體不見，若日月星辰之神。

[二] 降，下也。殽天之氣，以下教令，天有運移之期，陰陽之節也。

〔一〕 謂輝光於外　"輝"，余仁仲本與底本同。阮刻本作"輝"。

［三］謂教令由社下者也。社，土地之主也。《周禮》土會之法，有五地之物生。

［四］謂教令由祖下者。《大傳》曰："自禰率而上至于祖，遠者輕，仁也。自祖率而下至于禰，高者重，義也。"

［五］謂教令由山川下者也。山川有草木、禽獸，可作器物，共國事。

［六］謂教令由五祀下者。五祀有中霤、門、戸、竈、行之神，此始爲宮室制度。

［七］政之行如此，何用城郭、溝池之爲。

（九·十三）

"故聖人參於天地，並於鬼神，以治政也。處其所存，禮之序也。玩其所樂，民之治也。[一] 故天生時而地生財，人其父生而師教之，四者君以正用之。故君者，立於無過之地也。[二] 故君者所明也，非明人者也。君者所養也，非養人者也。君者所事也，非事人者也。故君明人則有過，養人則不足，事人則失位。[三] 故百姓則君以自治也，養君以自安也，事君以自顯也。故禮達而分定，故人皆愛其死而患其生。[四]

［一］並，并也，謂比方之也。存，察也。治，所以樂其事居也。

［二］順時以養財，尊師以教民，而以治政，則無過差矣。《易》曰："'何以守位？'曰：'仁。''何以聚人？'曰：'財。'"

［三］明，猶尊也。

［四］則，當爲"明"。人之道，身治、居安、名顯，則不苟生也。不義而死，舍義而生，是不愛死患生也。

（九·十四）

　　“故用人之知，去其詐。用人之勇，去其怒。用人之仁，去其貪。^{〔一〕}故國有患，君死社稷，謂之‘義’。大夫死宗廟，謂之‘變’。^{〔二〕}故聖人耐以天下爲一家，以中國爲一人者，非意之也，必知其情，辟於其義，明於其利，達於其患，然後能爲之。^{〔三〕}

　　〔一〕用知者之謀，勇者之斷，仁者之施，足以成治矣。詐者害民信，怒者害民命，貪者害民財，三者亂之原。

　　〔二〕變，當爲“辯”，聲之誤也。辯，猶正也。君守社稷，臣衞君宗廟者。患，謂見圍、入。

　　〔三〕耐，古“能”字。傳書世異，古字時有存者，則亦有今誤矣。意，心所無慮也。辟，開也。

（九·十五）

　　“何謂人情？喜、怒、哀、懼、愛、惡、欲，七者，弗學而能。何謂人義？父慈、子孝、兄良、弟弟、夫義、婦聽、長惠、幼順、君仁、臣忠，十者，謂之‘人義’。講信脩睦，謂之‘人利’；爭奪相殺，謂之‘人患’。^{〔一〕}故聖人之所以治人七情，脩十義，講信脩睦，尚辭讓，去爭奪，舍禮何以治之？^{〔二〕}飲食、男女，人之大欲存焉。死亡、貧苦，人之大惡存焉。故欲惡者，心之大端也。人藏其心，不可測度也。美惡皆在其心，不見其色也。欲一以窮之，舍禮何以哉？^{〔三〕}

　　〔一〕極言人事。

〔二〕唯禮可耳。

〔三〕言人情之難知，明禮之重。

（九·十六）

　　“故人者，其天地之德，陰陽之交，鬼神之會，五行之秀氣也。〔一〕故天秉陽，垂日星；〔二〕地秉陰，竅於山川。播五行於四時，和而后月生也。是以三五而盈，三五而闕。〔三〕五行之動，迭相竭也。五行、四時、十二月，還相爲本也。五聲、六律、十二管，還相爲宫也。五味、六和、十二食，還相爲質也。五色、六章、十二衣，還相爲質也。〔四〕故人者，天地之心也，五行之端也，食味、别聲、被色而生者也。〔五〕

〔一〕言人兼此，氣性純也。

〔二〕秉，猶持也。言天持陽氣，施生、照臨下也。

〔三〕竅，孔也。言地持陰氣，出内於山川，以舒五行於四時。此氣和，乃后月生，而上配日，若臣功成進爵位也。一盈一闕，屈伸之義也。必三五者，播五行於四時也。一曰水，二曰火，三曰木，四曰金，五曰土，合爲十五之成數也。

〔四〕竭，猶負戴也〔一〕。言五行運轉，更相爲始也。五聲，宫、商、角、徵、羽也。其管陽曰律，陰曰呂，布十二辰，始於黄鐘，管長九寸，下生者三分去一，上生者三分益一，終於南呂，更相爲宫，凡六十也。五味，酸、苦、辛、鹹、甘也。和之者，春多酸，夏多苦，秋多辛，冬多鹹，皆有滑甘，是

〔一〕竭猶負戴也　“戴”，余仁仲本與底本同。阮刻本作“載”。

謂六和。五色、六章，畫績事也。《周禮・考工記》曰：“土以黃，其象方，天時變；火以圜；山以章；水以龍；鳥、獸、蛇。雜四時、五色之位以章之，謂之巧也。”

〔五〕此言兼氣性之效也。

（九・十七）

“故聖人作則，必以天地爲本，以陰陽爲端，以四時爲柄，以日星爲紀，月以爲量，鬼神以爲徒，五行以爲質，禮義以爲器，人情以爲田，四靈以爲畜。〔一〕以天地爲本，故物可舉也。〔二〕以陰陽爲端，故情可睹也。〔三〕以四時爲柄，故事可勸也。〔四〕以日星爲紀，故事可列也。〔五〕月以爲量，故功有藝也。〔六〕鬼神以爲徒，故事有守也。〔七〕五行以爲質，故事可復也。〔八〕禮義以爲器，故事行有考也。〔九〕人情以爲田，故人以爲奧也。〔一〇〕四靈以爲畜，故飲食有由也。〔一一〕

〔一〕天地以至於五行，其制作所取象也。禮義人情，其政治也。四靈者，其徵報也。此則《春秋》“始於元，終於麟，包之矣”。呂氏説《月令》，而謂之“春秋”，事類相近焉。量，猶分也。鬼神，謂山川也。山川助地通氣之象也。器，所以操事。田，人所抒治也。禮之位，實主象天地，介僎象陰陽，四面之位象四時，三賓象三光，夫婦象日月，亦是也。

〔二〕物，天地所養生。

〔三〕情以陰陽通也。

〔四〕事以四時成。

〔五〕事以日與星爲候，興作有次第。

〔六〕藝，猶才也。十二月各有分，猶人之才各有所長也。藝，或爲“倪”。

[七] 山川守職不移。

[八] 事下竟，復由上始也。

[九] 考，成也。器利則事成。

[一〇] 奥，猶主也。田無主則荒。

[一一] 由，用也。四靈與羞物爲羣。

（九・十八）

“何謂四靈？麟、鳳、龜、龍謂之‘四靈’。故龍以爲畜，故魚、鮪不淰。鳳以爲畜，故鳥不獝。麟以爲畜，故獸不狘。龜以爲畜，故人情不失。[一] 故先王秉蓍龜，列祭祀，瘞繒，宣祝嘏辭説，設制度。故國有禮，官有御，事有職，禮有序。[二]

　[一]“淰”之言“閃”也。獝、狘，飛走之貌也。失，猶去也。龜，
　　　北方之靈，信則至矣。

　[二] 皆卜筮所造置也。埋牲曰瘞[一]。幣帛曰繒。宣，猶揚也。繒，
　　　或作“贈”。

（九・十九）

“故先王患禮之不達於下也。[一] 故祭帝於郊，所以定天位也。祀社於國，所以列地利也。祖廟，所以本仁也。山川，所以儐鬼神也。五祀，所以本事也。故宗、祝在廟，三公在朝，三老在學，王前巫而後史，卜、筮、瞽、

〔一〕埋牲曰瘞　“埋”，阮刻本與底本同。余仁仲本作“理”，誤。

侑皆在左右。王中心無爲也，以守至正。^{〔二〕}故禮行於郊，而百神受職焉。禮行於社，而百貨可極焉。禮行於祖廟，而孝慈服焉。禮行於五祀，而正法則焉。^{〔三〕}故自郊社、祖廟、山川、五祀，義之脩而禮之藏也。^{〔四〕}

［一］患下不信也。

［二］此所以達禮於下也。教民尊神，慎居處也。宗，宗人也。瞽，樂人也。侑，四輔也。

［三］言信得其禮，則神物與人皆應之。百神，列宿也。百貨，金玉之屬。

［四］脩，猶飾也^{〔一〕}。藏，若其城郭然。

（九·二十）

“是故夫禮，必本於大一，分而爲天地，轉而爲陰陽，變而爲四時，列而爲鬼神，其降曰命，^{〔一〕}其官於天也。^{〔二〕}夫禮，必本於天，^{〔三〕}動而之地，^{〔四〕}列而之事，^{〔五〕}變而從時，^{〔六〕}協於分藝，^{〔七〕}其居人也曰養，^{〔八〕}其行之以貨力、辭讓、飲食、冠、昏、喪、祭、射、御、朝、聘。^{〔九〕}

［一］聖人象此，下之以爲教令。

［二］官，猶法也。此聖人所以法於天也。

［三］本於大一與天之義。

［四］後法地也。

［五］後法五祀。五祀，所以本事也。

〔一〕　脩猶飾也　“飾”，余仁仲本與底本同。阮刻本作“節”，誤。

〔六〕後法四時。

〔七〕協，合也。言禮合於月之分，猶人之才也。

〔八〕養，當爲“義”，字之誤也。下之則爲教令，居人身爲義。
《孝經説》曰：“義由人出。”

〔九〕貨，摯幣、庭實也。力，筋骸強者也。不則偃罷。

（九·二十一）

“故禮義也者，人之大端也。所以講信脩睦，而固人之肌膚之會，筋骸之束也。所以養生、送死、事鬼神之大端也。所以達天道、順人情之大寶也。〔一〕故唯聖人爲知禮之不可以已也。故壞國、喪家、亡人，必先去其禮。〔二〕

〔一〕寶，孔穴也。

〔二〕言愚者之反聖人也。

（九·二十二）

“故禮之於人也，猶酒之有蘗也，君子以厚，小人以薄。〔一〕故聖王脩義之柄、禮之序，以治人情。〔二〕故人情者，聖王之田也，脩禮以耕之，〔三〕陳義以種之，〔四〕講學以耨之，〔五〕本仁以聚之，〔六〕播樂以安之。〔七〕故禮也者，義之實也。協諸義而協。〔八〕則禮雖先王未之有〔一〕，可以義起也。〔九〕義者，藝之分、仁之節也。〔一〇〕協於藝，講於仁，得之者強。〔一一〕仁者，義之本也，順之體也，得之者尊。〔一二〕

〔一〕則禮雖先王未之有　“王”，余仁仲本、阮刻本與底本同。唐石經作“主”，誤。

〔一〕皆得以爲美味，性善者醇耳。

〔二〕治者，去瑕穢，養菁華也〔一〕。

〔三〕和其剛柔。

〔四〕樹以善道。

〔五〕存是去非類也。

〔六〕合其所盛。

〔七〕感動使之堅固。

〔八〕協，合也。合禮於義，則與義合，不乖剌。

〔九〕以其合於義，可以義起作。

〔一〇〕藝，猶才也。

〔一一〕有義，則人服之也。

〔一二〕有仁〔二〕，則人仰之也。

(九·二十三)

　　“故治國不以禮，猶無耜而耕也。〔一〕爲禮不本於義，猶耕而弗種也。〔二〕爲義而不講之以學，猶種而弗耨也。〔三〕講之以學〔三〕，而不合之以仁，猶耨而弗穫也。〔四〕合之以仁，而不安之以樂，猶穫而弗食也。〔五〕安之以樂，而不達於順，猶食而弗肥也。〔六〕四體既正，膚革充盈，人之肥也。父子篤，兄弟睦，夫婦和，家之肥也。大臣法，小臣廉，官職相序，君臣相正，國之肥也。天子以德爲車，以樂爲御；諸侯以禮相與；大夫以法相序；士以信相考；百姓以睦

〔一〕　去瑕穢養菁華也　此句余仁仲本與底本同。阮刻本作“瑕穢養養菁華也”，“瑕”字上脱一“去”了。

〔二〕　有仁　“仁”，余仁仲本與底本同。阮刻本作“人”，誤。

〔三〕　講之以學　“以”，余仁仲本與底本同。阮刻本作“於”，誤。

相守，天下之肥也。是謂大順。大順者，所以養生、送死、事鬼神之常也。^[七]故事大積焉而不苑，並行而不繆，細行而不失，深而通，茂而有間，連而不相及也，動而不相害也，此順之至也。^[八]故明於順，然後能守危也。^[九]

[一] 無以入也。

[二] 嘉穀無由生也。

[三] 苗不殖，草不除。

[四] 無以知收之豐荒也。

[五] 不知味之甘苦。

[六] 功不見也。

[七] 常，謂皆有禮用，無匱乏也。車，或爲“居”。

[八] 言人皆明於禮，無有蓄亂滯合者，各得其分理，順其職也。

[九] 能守自危之道也。君子居安如危，小人居危如安，《易》曰：“危者安其位。”

(九·二十四)

　　“故禮之不同也，不豐也，不殺也，所以持情而合危也。^[一]故聖王所以順，山者不使居川，不使渚者居中原，而弗敝也。^[二]用水、火、金、木飲食，必時。^[三]合男女，頒爵位，必當年德。^[四]用民必順，^[五]故無水旱昆蟲之災，民無凶饑妖孽之疾。^[六]故天不愛其道，地不愛其寶，人不愛其情。^[七]故天降膏露，地出醴泉，山出器車，河出馬圖，鳳皇、麒麟皆在郊棷，龜、龍在宮沼，其餘鳥獸之卵胎，皆可俯而闚也。^[八]則是無故，^[九]先王能脩禮以達義，體信以達順，故此順之實也。”^[一〇]

［一］豐、殺，謂天子及士，名位不同，禮亦異數，所以拱持其情，合安其危。

［二］小洲曰渚，廣平曰原。山者利其禽獸，渚者利其魚鹽，中原利其五穀，使各居其所安，不易其利、勞敝之也。民失其業則窮，窮斯盜〔一〕。

［三］用水，謂《漁人》“以時漁爲梁”，“春獻鱉、蜃，秋獻龜、魚”也。用火，謂《司爟》“四時變國火，以救時疾”及“季春出火”，“季秋納火”也。用金，謂《卝人》“以時取金、玉、錫、石”也。用木，謂《山虞》“仲冬斬陽木，仲夏斬陰木”。飲食，謂“食齊視春時〔二〕，羹齊視夏時，醬齊視秋時，飲齊視冬時”。

［四］謂《媒氏》“令男三十而娶，女二十而嫁”，《司士》“稽士任，進退其爵祿”也。

［五］不奪農時。

［六］言大順之時，陰陽和也。昆蟲之災，螟螽之屬也。

［七］言嘉瑞出，人情至也。

［八］膏，猶甘也。器，謂若銀甕、丹甑也〔三〕。馬圖，龍馬負圖而出也。椒，聚草也。沼，池也。

［九］非有他事使之然也。

［一〇］實，猶誠也，盡也。

〔一〕　窮斯盜　“盜”，余仁仲本、阮刻本作“濫”。

〔二〕　謂食齊視春時　“視”，阮刻本與底本同。余仁仲本作“見”，誤。

〔三〕　器謂若銀甕丹甑也　“甕”，余仁仲本、阮刻本作“罋”。

禮器第十

鄭　氏　注

（十·一）

　　禮器，是故大備。大備，盛德也。[一] 禮，釋回，增美質，措則正，施則行。[二] 其在人也，如竹箭之有筠也，如松柏之有心也。二者居天下之大端矣，故貫四時而不改柯易葉。[三] 故君子有禮，則外諧而內無怨。[四] 故物無不懷仁，鬼神饗德。[五]

> [一] 禮器，言禮使人成器，如耒耜之爲用也。"人情以爲田"，"脩禮以耕之"，此是也。大備，自耕至於食之而肥。
> [二] 釋，猶去也。回，邪辟也。質，猶性也。措，置也。
> [三] 箭，篠也。端，本也。四物於天下最得氣之本，或柔刃於外，或和澤於內，用此不變傷也。人之得禮，亦猶然也。
> [四] 人恊服也。
> [五] 懷，歸也。

（十·二）

　　先王之立禮也，有本有文[一]。忠信，禮之本也。義理，禮之文也。無本不立，無文不行。[一]

> [一] 言必外內具也。

〔一〕　有本有文　此句余仁仲本、阮刻本與底本同。唐石經無"有文"二字。

（十·三）

　　禮也者，合於天時，設於地財，順於鬼神，合於人心，理萬物者也。[一]是故天時有生也，地理有宜也，人官有能也，物曲有利也。[二]故天不生，地不養，君子不以爲禮，鬼神弗饗也。[三]居山以魚鼈爲禮，居澤以鹿豕爲禮，君子謂之“不知禮”。[四]故必舉其定國之數，以爲禮之大經。[五]禮之大倫，以地廣狹。[六]禮之薄厚，與年之上下。[七]是故年雖大殺，衆不匡懼，則上之制禮也節矣。[八]

　　[一]鬼神所祀，事有德也。

　　[二]言皆有異。

　　[三]天不生，謂非其時物也。地不養，謂非此地所生。

　　[四]不順其鄉之所有也。

　　[五]定國之數，謂地物所出多少。

　　[六]謂貢賦之常差。

　　[七]用年之豐凶也。

　　[八]言用之有節也。殺，謂穀不熟也。匡，猶恐也。

（十·四）

　　禮，時爲大，順次之，體次之，宜次之，稱次之。[一]堯授舜，舜授禹，湯放桀，武王伐紂，時也。[二]《詩》云：“匪革其猶，聿追來孝。”[三]天地之祭，宗廟之事，父子之道，君臣之義，倫也。[四]社稷、山川之事，鬼神之祭，體也。[五]喪祭之用，賓客之交，義也。[六]羔豚而祭，百官皆足；大牢而祭，不必有餘，此之謂稱也。[七]諸侯以龜爲寶，以圭爲瑞；家不寶龜，不藏圭，不臺門，言有稱也。[八]

〔一〕言聖人制禮所先後也。

〔二〕言受命，改制度。

〔三〕革，急也。猶，道也。聿，述也。言文王改作者，非必欲急
　　　行己之道，乃追述先祖之業，來居此爲孝。

〔四〕“倫”之言“順”也。

〔五〕天、地、人之別體也。

〔六〕“義”之言“宜”也，人道之宜。

〔七〕足，猶得也。稱，稱牲之大小而爲俎。此指謂助祭者耳，而
　　　云“百官”，喻衆也。

〔八〕古者貨貝、寶龜，大夫以下有貨耳《易》曰：“十朋之龜。”瑞，
　　　信也。諸侯執瑞，孤、卿以下執摯。闒者，謂之“臺”。

（十·五）

　　禮有以多爲貴者。天子七廟，諸侯五，大夫三，士
一。天子之豆二十有六，諸公十有六，諸侯十有二，上大
夫八，下大夫六。諸侯七介、七牢，大夫五介、五牢。天
子之席五重，諸侯之席三重，大夫再重。天子崩，七月而
葬，五重、八翣；諸侯五月而葬，三重、六翣；大夫三月
而葬，再重、四翣。此以多爲貴也。〔一〕

〔一〕豆之數，謂天子朔食，諸侯相食及食大夫。《公食大夫禮》曰：
　　　“宰夫自東房薦豆六，設于醬東。”此食下大夫而豆六〔一〕，則
　　　其餘著矣。《聘禮》：“致饔餼於上大夫，堂上八豆，設于戶
　　　西。”則凡致饔餼，堂上之豆數亦如此。《周禮》：“公之豆

─────────────

〔一〕　此食下大夫而豆六　“此”，阮刻本與底本同。余仁仲本作“北”，誤。

四十，其東、西夾各十有二。侯、伯之豆三十有二，其東、西夾各十。子、男之豆二十有四，其東、西夾各六。”諸侯七介、七牢者，周之侯、伯也。大夫五介、五牢者，侯、伯之卿使聘者也。《周禮》：“上公九介、九牢，侯、伯七介、七牢，子、男五介、五牢。”《聘儀》所云“上公七介，侯、伯五介，子、男三介”，乃謂其使者也。天子葬五重者，謂抗木與茵也[一]。葬者，抗木在上[二]，茵在下《士喪禮》下篇陳器曰：“抗木[三]，橫三縮二，加抗席三[四]，加茵，用疏布、緇翦，有幅，亦縮二橫三。”此士之禮一重者。以此差之，上公四重。

（十·六）

有以少爲貴者。天子無介，祭天特牲。天子適諸侯，諸侯膳以犢。諸侯相朝，灌用鬱鬯，無籩豆之薦。大夫聘禮以脯醢。天子一食，諸侯再，大夫、士三，食力無數。大路繁、纓一就，次路繁、纓七就。圭、璋特，琥、璜爵。鬼神之祭單席。諸侯視朝，大夫特，士旅之。此以少爲貴也。[一]

[一] 天子無介，無客禮也。灌，獻也。一食、再食、三食，謂告飽也。食力謂工商農也。大路繁、纓一就，殷祭天之車也。

〔一〕　謂抗木與茵也　“抗”，底本、余仁仲本、阮刻本作“杬”，誤。《經典釋文》作“抗”，據改。

〔二〕　抗木在上　“抗”，底本、余仁仲本、阮刻本作“杬”，誤。《經典釋文》作“抗”，據改。

〔三〕　抗木　“抗”，底本、余仁仲本、阮刻本作“杬”，誤。《經典釋文》作“抗”，據改。

〔四〕　加抗席三　“抗”，底本、余仁仲本、阮刻本作“杬”，誤。《經典釋文》作“抗”，據改。

《周禮》“王之五路”，“玉路，繁、纓十有二就”，“金路，九就”，“象路，七就”，“革路，五就”，“木路，前繁，鵠纓”。圭、璋特，朝、聘以爲瑞，無幣帛也。琥、璜爵者，天子酬諸侯，諸侯相酬，以此玉將幣也。大夫特，士旅之，謂君揖之。

（十·七）

有以大爲貴者。宮室之量，器皿之度，棺椁之厚，丘封之大，此以大爲貴也。

（十·八）

有以小爲貴者。宗廟之祭，貴者獻以爵，賤者獻以散。尊者舉觶，卑者舉角。五獻之尊，門外缶，門内壺，君尊瓦甒。此以小爲貴也。[一]

　　[一]凡觴，一升曰爵，二升曰觚，三升曰觶，四升曰角，五升曰散。五獻，子、男之饗禮也。壺大一石，瓦甒五斗，缶大小未聞也。《易》曰：“尊酒，簋貳，用缶。”

（十·九）

有以高爲貴者。天子之堂九尺，諸侯七尺，大夫五尺，士三尺。天子、諸侯臺門。此以高爲貴也。

（十·十）

有以下爲貴者。至敬不壇，埽地而祭。天子、諸侯之尊廢禁，大夫、士棜禁。此以下爲貴也。[一]

〔一〕廢，猶去也。梡，斯禁也。謂之“梡”者，無足，有似於梡，或因名云耳。大夫用斯禁，士用梡禁。禁，如今方案〔一〕，隋長局足〔二〕，高三寸。

（十·十一）

禮有以文爲貴者。天子龍衮，諸侯黼，大夫黻，士玄衣、纁裳。天子之冕，朱緑藻，十有二旒，諸侯九，上大夫七，下大夫五，士三。此以文爲貴也。〔一〕

〔一〕此祭冕服也。朱緑，似夏、殷禮也。周禮，天子五采藻。

（十·十二）

有以素爲貴者。至敬無文，父黨無容。大圭不琢，大羹不和，大路素而越席，犧尊疏布鼏、樿杓。此以素爲貴也。〔一〕

〔一〕大圭，長三尺，抒上，終葵首。琢，當爲“篆”，字之誤也。《明堂位》曰：“大路，殷路也。”鼏，或作“幂”。樿，木白理也。

（十·十三）

孔子曰：“禮不可不省也。禮不同、不豐、不殺。”此之謂也。蓋言稱也。〔一〕

〔一〕省，察也。不同，言異也。

〔一〕禁如今方案　此句余仁仲本、阮刻本作“如今方案”，“如”字上脱一“禁”字。
〔二〕隋長局足　“隋”，底本作“惰”，誤。余仁仲本、阮刻本作“隋”，據改。

（十·十四）

　　禮之以多爲貴者，以其外心者也。^[一]德發揚，詡萬物，^[二]大理物博，如此則得不以多爲貴乎？故君子樂其發也。^[三]

　　［一］外心，用心於外，其德在表也。
　　［二］詡，猶普也，徧也。
　　［三］發，猶見也。樂，多其外見也。

（十·十五）

　　禮之以少爲貴者，以其內心者也。^[一]德産之致也精微，^[二]觀天下之物，無可以稱其德者，^[三]如此則得不以少爲貴乎？是故君子慎其獨也。^[四]

　　［一］內心，用心於內，其德在內。
　　［二］致，致密也。
　　［三］萬物皆天所生，孰可奉薦以稱也。
　　［四］少其牲物，致誠慤。

（十·十六）

　　古之聖人，內之爲尊，外之爲樂，少之爲貴，多之爲美。是故先王之制禮也，不可多也，不可寡也，唯其稱也。是故君子大牢而祭，謂之“禮”；匹士大牢而祭，謂之“攘”。^[一]管仲鏤簋、朱紘、山節、藻梲，君子以爲濫矣。^[二]晏平仲祀其先人，豚肩不揜豆，澣衣、濯冠以朝，君子以爲隘矣。^[三]是故君子之行禮也，不可不慎也。衆之紀也，紀散而衆亂。^[四]孔子曰：“我戰則克，祭則受福。”蓋得

其道矣。^{〔五〕}

〔一〕君子，謂大夫以上。攘，盜竊也。

〔二〕濫，亦盜竊也。鏤簋，謂刻而飾之。大夫刻爲龜耳，諸侯
飾以象，天子飾以玉。朱紘，天子冕之紘也。諸侯青組紘，
大夫、士當緇組紘、纁邊。柶，謂之“節”。梁上楹，謂之
“梲”。宮室之飾，士首本，大夫達棱，諸侯斲而礱之，天子
加密石焉，無畫山藻之禮也。

〔三〕隘，猶狹陋也。祀不以少牢，與無田者同，不盈禮也。大
夫、士有田則祭，無田則薦。澣衣、濯冠，儉不務新。

〔四〕言二大夫皆非也。紀，絲縷之數有紀。

〔五〕我，我知禮者也。克，勝也。

（十·十七）

君子曰：“祭祀不祈，^{〔一〕}不麾蚤，^{〔二〕}不樂葆大，^{〔三〕}
不善嘉事，^{〔四〕}牲不及肥大，薦不美多品。”^{〔五〕}

〔一〕祈，求也。祭祀不爲求福也。《詩》云“自求多福”，福由
己耳^{〔一〕}。

〔二〕“麾”之言“快”也。祭有時，不以先之爲快也。齊人所善
曰“麾”。

〔三〕謂器、幣也。“葆”之言“褒”也。

〔四〕嘉事之祭，致夫人是也。禮宜告見於先祖耳，不善之而祭。

〔一〕福由己耳　此句底本作“由己耳”，“由”上脱一“福”字。余仁仲本、阮刻本作
“福由己耳”，據改。

〔五〕以禮之義，有以小、少爲貴也。

（十·十八）

孔子曰："臧文仲安知禮？夏父弗綦逆祀而弗止也。燔柴於奧。〔一〕夫奧者，老婦之祭也。盛於盆，尊於瓶。"〔二〕

〔一〕文仲，魯公子彄之曾孫臧孫辰也。莊、文之間爲大夫，於時爲賢，是以非之不正禮也。文二年"八月丁卯，大事于大廟，躋僖公"，始逆祀，是夏父弗綦爲宗人之爲也。奧，當爲"爨"，字之誤也，或作"竈"。禮，尸卒食，而祭饎爨、饔爨也。時人以爲祭火神，乃燔柴。

〔二〕老婦，先炊者也。盆、瓶，炊器也。明此祭先炊，非祭火神，燔柴似失之。

（十·十九）

禮也者，猶體也。〔一〕體不備，君子謂之"不成人"。設之不當，猶不備也。禮有大有小，有顯有微。大者不可損，小者不可益，顯者不可揜，微者不可大也。故《經禮》三百，《曲禮》三千，其致一也。〔二〕未有入室而不由户者。〔三〕

〔一〕若人身體。

〔二〕"致"之言"至"也。一，謂誠也。《經禮》，謂《周禮》也。《周禮》六篇，其官有三百六十。曲，猶事也。事禮，謂今禮也。《禮》篇多亡，本數未聞，其中事儀三千。

〔三〕三百、三千，皆猶誠也。

（十·二十）

　　君子之於禮也，有所竭情盡慎，致其敬而誠若，[一] 有
美而文而誠若。[二] 君子之於禮也，有直而行也，[三] 有曲
而殺也，[四] 有經而等也，[五] 有順而討也，[六] 有摲而播也，[七]
有推而進也，[八] 有放而文也。[九] 有放而不致也，[一〇] 有
順而摭也。[一一]

［一］謂以少、小、下、素爲貴也。若，順也。

［二］謂以多、大、高、文爲貴也。

［三］謂若始死，哭踊無節也。

［四］謂若父在，爲母期也。

［五］謂若天子以下至士、庶人，爲父母三年。

［六］討，猶去也。謂若天子以十二，公以九，侯、伯以七，子、
　　　男以五爲節也。

［七］“摲”之言“芟”也，謂芟殺有所與也。若祭者，貴賤皆有
　　　所得，不使虛也。

［八］謂若王者之後，得用天子之禮。

［九］謂若天子之服，服日月以至黼黻。

［一〇］謂若諸侯自山龍以下。

［一一］謂若君沐粱，大夫沐稷，士沐粱。

（十·二十一）

　　三代之禮，一也，民共由之，或素或青，<u>夏造殷</u>
<u>因</u>。[一] <u>周坐尸</u>，詔、侑武方，其禮亦然，其道一也。[二]
<u>夏立尸而卒祭</u>，[三] <u>殷坐尸</u>，[四] <u>周旅酬六尸</u>。[五] <u>曾子</u>曰：“周
禮其猶醲與？”[六]

[一] 一也，俱趨誠也。由，用也。素尚白，黑尚青者也。言所尚雖異，禮則相因耳。孔子曰："殷因於夏禮，所損益可知也。周因於殷禮，所損益可知也。"變白、黑，言素、青者，秦二世時，趙高欲作亂，或以青爲黑、黑爲黄，民言從之，至今語猶存也。

[二] 言此亦周所因於殷也。武，當爲"無"，聲之誤也。方，猶常也。告尸行節，勸尸飲食無常，若孝子之爲也。孝子就養無方。詔、侑，或爲"韶、囿"。

[三] 夏禮，尸有事乃坐。

[四] 無事猶坐。

[五] 使之相酌也。后稷之尸，發爵不受旅。

[六] 合錢飲酒爲釀，旅酬相酌似之也。《王居明堂之禮》："仲秋，乃命國釀。"

（十·二十二）

　　君子曰："禮之近人情者，非其至者也。"[一]郊血，大饗腥，三獻爓，一獻孰。[二]是故君子之於禮也，非作而致其情也，[三]此有由始也。[四]是故七介以相見也，不然則已愨。三辭、三讓而至，不然則已蹙。[五]故魯人將有事於上帝，必先有事於頖宮；[六]晉人將有事於河，必先有事於惡池；[七]齊人將有事於泰山，必先有事於配林。[八]三月繫，七日戒，三日宿，慎之至也。[九]故禮有擯詔，樂有相步，溫之至也。[一〇]

[一] 近人情者褻，而遠之者敬。

[二] 郊，祭天也。大饗，祫祭先王也。三獻，祭社稷、五祀。一

374

　　獻，祭輦小祀也。爓，沉肉於湯也。血、腥、爓、孰，遠近
　　備古今也。尊者先遠，差降而下，至小祀，孰而已。

〔三〕作，起也。敬非己情也，所以下彼。

〔四〕有所法也。

〔五〕已，猶甚也。愬、蹙，愿貌。大愿則辭不見，情無由至也。

〔六〕上帝，周所郊祀之帝，謂蒼帝靈威仰也。魯以周公之故，得
　　郊祀上帝，與周同。先有事於頖宮，告后稷也。告之者，將
　　以配天，先仁也。頖宮，郊之學也〔一〕，《詩》所謂"頖宮"
　　也，字或爲"郊宮"。

〔七〕惡，當爲"呼"，聲之誤也。呼池、嘔夷〔二〕，并州川。

〔八〕配林，林名。

〔九〕繫，繫牲於牢也。戒，散齊也。宿，致齊也。將有祭祀之
　　事，必先敬慎如此，不敢忽也〔三〕。

〔一〇〕皆爲溫藉，重禮也。擯詔，告道賓主者也。相步，扶工也。
　　　詔，或爲"紹"。

（十‧二十三）

　　禮也者，反本脩古，不忘其初者也。故凶事不詔，朝
事以樂，〔一〕醴酒之用，玄酒之尚，割刀之用，鸞刀之貴，
莞簟之安，而稾鞂之設。〔二〕是故先王之制禮也，必有主
也，〔三〕故可述而多學也。〔四〕

〔一〕頖宮郊之學也　此句余仁仲本與底本同。阮刻本作"頖，郊之學也"，"郊"上脱
　　一"宮"字。
〔二〕嘔夷　"嘔"，余仁仲本與底本同。阮刻本作"漚"。
〔三〕不敢忽也　"忽"，底本、余仁仲本作"切"，誤。阮刻本作"忽"，據改。

〔一〕二者反本也，哭泣由中，非由人也。朝廷養賢，以樂樂
　　之也。

〔二〕三者脩古。穗去實曰"鞂"，《禹貢》："三百里，納鞂服。"

〔三〕主，謂本與古也。

〔四〕以本與古求之而已。

（十·二十四）

　　君子曰："無節於内者，觀物弗之察矣。〔一〕欲察物而
不由禮，弗之得矣。故作事不以禮，弗之敬矣；出言不以
禮，弗之信矣。故曰：'禮也者，物之致也。'"〔二〕

〔一〕節，猶驗也。

〔二〕"致"之言"至"也，極也。

（十·二十五）

　　是故昔先王之制禮也，因其財物而致其義焉爾，故作
大事必順天時，〔一〕爲朝夕必放於日月，〔二〕爲高必因丘陵，〔三〕
爲下必因川澤。〔四〕是故天時雨澤，君子達亹亹焉。〔五〕是
故昔先王尚有德，尊有道，任有能，舉賢而置之，聚衆而
誓之。〔六〕是故因天事天，〔七〕因地事地，〔八〕因名山升中于
天，〔九〕因吉土以饗帝于郊。〔一〇〕升中于天，而鳳皇降，龜
龍假。〔一一〕饗帝於郊，而風雨節〔一〕，寒暑時。〔一二〕是故聖
人南面而立，而天下大治。〔一三〕

〔一〕 而風雨節　此句余仁仲本、阮刻本與底本同。唐石經作"而風雨"，"風雨"下少
一"節"字。

［一］大事，祭祀也。《春秋傳》曰："啓蟄而郊，龍見而雩，始殺而嘗，閉蟄而烝。"

［二］日出東方，月出西方[一]。

［三］謂冬至祭天於圓丘之上。

［四］謂夏至祭地於方澤之中。

［五］達，猶皆也。亹亹，勉勉也。君子愛物，見天雨澤，皆勉勉勸樂。

［六］古者將有大事，必選賢、誓衆，重事也。

［七］天高，因高者以事也。

［八］地下，因下者以事也。

［九］名，猶大也。升，上也。中，猶成也。謂巡守至於方嶽，燔柴祭天，告以諸侯之成功也。《孝經説》曰"封乎泰山，考績燔燎。禪乎梁甫，刻石紀號"也。

［一○］吉土，王者所卜而居之土也。饗帝于郊，以四時所兆，祭於四郊者也。今漢亦四時迎氣，其禮則簡。

［一一］功成而太平，陰陽氣和而致象物。

［一二］五帝主五行，五行之氣和，而庶徵得其序也。五行，木爲雨，金爲暘，火爲燠，水爲寒，土爲風。

［一三］南面立者，視朝。

（十·二十六）

　　天道至教，聖人至德。[一]廟堂之上，罍尊在阼，犧尊在西。廟堂之下，縣鼓在西，應鼓在東。[二]君在阼，夫人在房。[三]大明生於東，月生於西。此陰陽之分，夫婦之位也。[四]君西酌犧象，夫人東酌罍尊。[五]禮交動乎上，樂

〔一〕月出西方　"出"，余仁仲本、阮刻本作"生"。

交應乎下，和之至也。^{〔六〕}

〔一〕目下事也^{〔一〕}。

〔二〕禮樂之器，尊西也。小鼓，謂之“應”。犧，《周禮》作“獻”。

〔三〕人君尊東也。天子、諸侯，有左、右房。

〔四〕大明，日也。

〔五〕象日出東方而西行也，月出西方而東行也。《周禮》曰：“春祠、夏禴，祼用雞彝、鳥彝，皆有舟。其朝踐用兩獻尊，其再獻用兩象尊，皆有罍，諸臣之所酢。”

〔六〕言交乃和。

（十·二十七）

禮也者，反其所自生。^{〔一〕}樂也者，樂其所自成。^{〔二〕}是故先王之制禮也以節事，^{〔三〕}脩樂以道志。^{〔四〕}故觀其禮樂而治亂可知也。^{〔五〕}蘧伯玉曰：“君子之人達。”^{〔六〕}故觀其器而知其工之巧，觀其發而知其人之知。^{〔七〕}故曰：“君子慎其所以與人者。”^{〔八〕}

〔一〕自，由也。制禮者，本己所由，得民心也。

〔二〕作樂者^{〔二〕}，緣民所樂，於己之功。舜之民樂其紹堯而作《大韶》，湯、武之民樂其濩伐而作《濩武》^{〔三〕}。

〔三〕動反本也。

〔一〕 目下事也　“目”，阮刻本與底本同。余仁仲本作“自”，誤。

〔二〕 作樂者　此句余仁仲本與底本同。阮刻本作“作樂”，“樂”字下少一“者”字。

〔三〕 湯武……作濩武　“濩伐”，底本作“護伐”，誤。余仁仲本、阮刻本作“濩伐”，據改。

〔四〕勸之善也。

〔五〕國亂，禮慢而樂淫也。

〔六〕觀其禮樂，則知治亂也。蘧伯玉，衛大夫也，名瑗。

〔七〕禮樂亦猶是也。

〔八〕將以是觀〔一〕。

（十·二十八）

大廟之內敬矣。君親牽牲，大夫贊幣而從。〔一〕君親制祭，夫人薦盎。〔二〕君親割牲，夫人薦酒。〔三〕卿、大夫從君，命婦從夫人。洞洞乎其敬也，屬屬乎其忠也，勿勿乎其欲其饗之也！〔四〕納牲詔於庭，血、毛詔於室，羹定詔於堂。三詔皆不同位，蓋道求而未之得也。〔五〕設祭于堂，〔六〕爲祊乎外，〔七〕故曰：於彼乎？於此乎？〔八〕

〔一〕納牲於庭時也，當用幣告神而殺牲。

〔二〕親制祭，謂朝事進血膋時。所制者，制肝洗於鬱鬯，以祭於室及主。

〔三〕親割，謂進牲孰體時。

〔四〕勿勿，猶勉勉也。

〔五〕肉，謂之“羹”。道，猶言也。

〔六〕設祭之饌於堂，人君禮然〔二〕。

〔七〕祊祭，明日之繹祭也。謂之“祊”者，於廟門之旁，因名焉。其祭之禮，既設祭於室，而事尸於堂，孝子求神，非一處也。《周禮》曰：“夏后氏世室，門堂三之二，室三之一。”

〔一〕將以是觀　“是”，底本作“見”，誤。余仁仲本、阮刻本作“是”，據改。

〔二〕人君禮然　“然”，余仁仲本與底本同。阮刻本作“焉”。

《詩·頌·絲衣》曰:"自堂徂基。"

[八]不知神之所在也。

(十·二十九)

　一獻質,[一]三獻文,[二]五獻察,[三]七獻神。[四]

[一]謂祭羣小祀也。

[二]謂祭社稷、五祀。

[三]察,明也。謂祭四望、山川也。

[四]謂祭先公。

(十·三十)

　大饗,其王事與?[一]三牲、魚、腊,四海、九州之美味也。籩豆之薦,四時之和氣也。[二]内金,示和也。[三]束帛加璧,尊德也。[四]龜爲前列,先知也。[五]金次之,見情也。[六]丹、漆、絲、纊、竹、箭,與眾共財也。[七]其餘無常貨,各以其國之所有,則致遠物也。[八]其出也,《肆夏》而送之,蓋重禮也。[九]

[一]盛其饌與貢,謂祫祭先王。

[二]此饌,諸侯所獻。

[三]此所貢也。内之庭實,先設之。金從革,性和。荆、揚二州[一],貢金三品。

[四]貢享所執致命者,君子於玉比德焉。

〔一〕荆揚二州　"揚",余仁仲本、阮刻本作"楊"。

［五］龜知事情者，陳於庭在前。荆州納錫、大龜。

［六］金炤物。金有兩義，先入後設。

［七］萬民皆有此物，荆州貢丹，兗州貢漆、絲，豫州貢纊，揚州貢篠簜〔一〕。

［八］其餘，謂九州之外，夷服、鎮服、蕃服之國。《周禮》：“九州之外，謂之蕃國，世一見，各以其所貢寶爲摯。”周穆王征犬戎，得白狼、白鹿，近之。

［九］出，謂諸侯之賓也，禮畢而出，作樂以節之。《肆夏》，當爲《陔夏》。

（十·三十一）

祀帝於郊，敬之至也。〔一〕宗廟之祭，仁之至也。〔二〕喪禮，忠之至也。〔三〕備服器，仁之至也。〔四〕賓客之用幣，義之至也。〔五〕故君子欲觀仁義之道，禮其本也。〔六〕

［一］言就而祭之，不敢致也。

［二］仁，恩也，父子主恩也。

［三］謂哭、踊、袒、襲也〔二〕。

［四］謂小斂、大斂之衣服，葬之明器。

［五］謂來賵賻。

［六］言禮有節於内，可以觀也。

（十·三十二）

君子曰：“甘受和，白受采，忠信之人，可以學禮。苟

〔一〕　揚州貢篠簜　“揚”，余仁仲本、阮刻本作“楊”。

〔二〕　謂哭踊袒襲也　“袒”，底本作“袓”，誤。余仁仲本、阮刻本作“袒”，據改。

無忠信之人，則禮不虛道。是以得其人之爲貴也。"[一]

[一]道，猶由也，從也。

（十·三十三）

孔子曰："誦《詩》三百，不足以一獻。一獻之禮，不足以大饗。大饗之禮，不足以大旅。大旅具矣，不足以饗帝。[一]毋輕議禮。"[二]

[一]誦《詩》三百，喻習多言而不學禮也。大旅，祭五帝也。饗帝，祭天。

[二]謂若誦《詩》者，不可以強言禮。

（十·三十四）

子路爲季氏宰。[一]季氏祭，逮闇而祭，日不足，繼之以燭。[二]雖有強力之容、肅敬之心，皆倦怠矣。[三]有司跛倚以臨祭，其爲不敬大矣。[四]他日祭，子路與，室事交乎戶，堂事交乎階，質明而始行事，晏朝而退。[五]孔子聞之，曰："誰謂由也而不知禮乎！"[六]

[一]宰，治邑吏也。

[二]謂舊時也。

[三]以其久也。

[四]偏任爲跛。依物爲倚。

[五]室事，祭時。堂事，儐尸。

[六]多其知禮。

禮記卷第八

禮記卷第八

郊特牲第十一

鄭　氏　注

（十一·一）

郊特牲而社稷大牢。天子適諸侯，諸侯膳用犢。諸侯適天子，天子賜之禮大牢。貴誠之義也。故天子牲孕弗食也，祭帝弗用也。[一]大路繁、纓一就，先路三就，次路五就。[二]郊血，大饗腥，三獻爓，一獻孰。至敬不饗味，而貴氣臭也。[三]諸侯爲賓，灌用鬱鬯，灌用臭也。大饗尚腶脩而已矣。[四]

[一] 犢者，誠慤未有牝牡之情，是以小爲貴也。孕，任子也。《易》曰：“婦孕不育。”

[二] 此因小說以少爲貴者。《禮器》言“次路七就”，與此乖，字之誤也。

[三] 血、腥、爓，祭用氣。

[四] 亦不饗味也。此大饗，饗諸侯也。

（十一·二）

大饗，君三重席而酢焉。[一]三獻之介，君專席而酢焉。此降尊以就卑也。[二]

〔一〕言諸侯相饗，獻酢禮敵也。

〔二〕三獻，卿、大夫來聘，主君饗燕之，以介爲賓，賓爲苟敬，則徹重席而受酢也。專，猶單也。

（十一·三）

　　饗、禘有樂，而食、嘗無樂，陰陽之義也。凡飲，養陽氣也。凡食，養陰氣也。故春禘而秋嘗，春饗孤子，秋食耆老，其義一也，而食、嘗無樂。〔一〕飲，養陽氣也，故有樂。食，養陰氣也，故無聲。凡聲，陽也。

〔一〕言義同，而或用樂，或不用樂也。此“禘”，當爲“禴”，字之誤也。《王制》曰：“春禴，夏禘。”

（十一·四）

　　鼎、俎奇而籩、豆偶，陰陽之義也。籩、豆之實，水土之品也。〔一〕不敢用褻味而貴多品，所以交於旦明之義也。〔二〕

〔一〕水土之品，言非人常所食。

〔二〕旦，當爲“神”，篆字之誤也。

（十一·五）

　　賓入大門，而奏《肆夏》，示易以敬也。〔一〕卒爵而樂闋，孔子屢歎之。〔二〕奠酬而工升歌，發德也。〔三〕歌者在上，匏竹在下，貴人聲也。〔四〕樂由陽來者也，禮由陰作者也，陰陽和而萬物得。〔五〕

［一］賓，朝聘者。易，和説也。

［二］美此禮也。

［三］以《詩》之義，發明賓主之德。

［四］匏，笙也。

［五］得，得其所。

（十一·六）

旅幣無方，所以別土地之宜，而節遠邇之期也。^[一]龜爲前列，先知也。以鐘次之，以和居參之也。^[二]虎豹之皮，示服猛也。束帛加璧，往德也。

［一］旅，衆也。邇，近也。

［二］鐘，金也。獻金爲作器，鐘其大者。以金參居庭實之閒，示和也。

（十一·七）

庭燎之百，由齊桓公始也。^[一]大夫之奏《肆夏》也，由趙文子始也。^[二]

［一］僭天子也。庭燎之差，公蓋五十，侯、伯、子、男皆三十。

［二］僭諸侯。趙文子，晉大夫，名武。

（十一·八）

朝覲，大夫之私覿，非禮也。大夫執圭而使，所以申信也。^[一]不敢私覿，所以致敬也。而庭實私覿，何爲乎諸侯之庭？^[二]爲人臣者無外交，不敢貳君也。^[三]

〔一〕其君親來，其臣不敢私見於主國君也。以君命聘，則有
　　私見。

〔二〕非其與君無別。

〔三〕私覿，是外交也。

（十一·九）

　　大夫而饗君，非禮也。^{〔一〕}大夫強而君殺之，義也，由
三桓始也。^{〔二〕}天子無客禮，莫敢爲主焉。君適其臣，升自
阼階，不敢有其室也。^{〔三〕}覲禮，天子不下堂而見諸侯。^{〔四〕}
下堂而見諸侯，天子之失禮也，由夷王以下。^{〔五〕}

〔一〕其饗君，由強且富也。

〔二〕三桓，魯桓公之子，莊公之弟，公子慶父、公子牙、公子
　　友。慶父與牙通於夫人以脅公，季友以君命鴆牙。後慶父弒
　　二君，又死也。

〔三〕明饗君非禮也。

〔四〕正君臣也。

〔五〕夷王，周康王之玄孫之子也。時微弱，不敢自尊於諸侯。

（十一·十）

　　諸侯之宮縣而祭以白牡，擊玉磬，朱干設錫，冕而舞
《大武》，乘大路，諸侯之僭禮也。^{〔一〕}臺門而旅樹，反坫，
繡黼丹朱中衣，大夫之僭禮也。^{〔二〕}故天子微，諸侯僭；大
夫強，諸侯脅。於此相貴以等，相覿以貨，相賂以利，而
天下之禮亂矣。^{〔三〕}

　〔一〕言此皆天子之禮也。宮縣，四面縣也。干，盾也。錫，傅其
　　　背如龜也。《武》，萬舞也。白牡、大路，殷天子禮也。

　〔二〕言此皆諸侯之禮也。旅，道也。屏，謂之“樹”。樹，所以
　　　蔽行道。管氏樹塞門。塞，猶蔽也。禮，天子外屏，諸侯內
　　　屏，大夫以簾，士以帷。反坫，反爵之坫也，蓋在尊南。兩
　　　君相見，主君既獻，於反爵焉。繡黼丹朱以爲中衣領緣也。
　　　繡，讀爲“綃”。綃，繒名也。《詩》云：“素衣朱綃。”又云：
　　　“素衣朱襮。”襮，黼領也。

　〔三〕言僭所由。

（十一・十一）

　　諸侯不敢祖天子，大夫不敢祖諸侯，而公廟之設於私
家，非禮也。由三桓始也。[一]

　〔一〕言仲孫、叔孫、季孫氏皆立桓公廟。魯以周公之故，立文王
　　　廟，三家見而僭焉。

（十一・十二）

　　天子存二代之後，猶尊賢也。尊賢不過二代。[一]

　〔一〕過之，遠難法也。二，或爲“三”。

（十一・十三）

　　諸侯不臣寓公，故古者寓公不繼世。[一]

　〔一〕寓，寄也。寄公之子，非賢者，世不足尊也。寓，或爲“託”也。

（十一·十四）

　　君之南鄉，荅陽之義也。臣之北面，荅君也。^{〔一〕}

　　〔一〕荅，對也。

（十一·十五）

　　大夫之臣不稽首，非尊家臣，以辟君也。^{〔一〕}

　　〔一〕辟國君也。

（十一·十六）

　　大夫有獻弗親，君有賜不面拜，爲君之荅己也。^{〔一〕}

　　〔一〕不面拜者，於外告小臣，小臣受以入也。《小臣》“掌三公及
　　　　孤、卿之復逆也”。

（十一·十七）

　　鄉人禓，^{〔一〕}孔子朝服立于阼，存室神也。^{〔二〕}

　　〔一〕禓，強鬼也。謂時儺，索室毆疫，逐強鬼也。禓，或爲
　　　　“獻”，或爲“儺”。
　　〔二〕神依人也。

（十一·十八）

　　孔子曰：“射之以樂也，何以聽？何以射？”^{〔一〕}

〔一〕多其射容與樂節相應也。

（十一·十九）

　　孔子曰：“士使之射，不能則辭以疾，縣弧之義也。”〔一〕

　　〔一〕男子生而設弧於門左，示有射道而未能也。女子設帨。

（十一·二十）

　　孔子曰：“三日齊，一日用之，猶恐不敬。二日伐鼓，何居？”〔一〕

　　〔一〕居，讀爲“姬”，語之助也。何居，怪之也。伐，猶擊也。齊者止樂，而二日擊鼓，則是成一日齊也。

（十一·二十一）

　　孔子曰：“繹之於庫門內，祊之於東方，朝市之於西方，失之矣。”〔一〕

　　〔一〕祊之禮，宜於廟門外之西室，繹又於其堂，神位在西也。此二者同時，而大名曰“繹”。其祭禮簡，而事尸禮大。朝市，宜於市之東偏。《周禮》市有三期，“大市，日昃而市〔一〕，百族爲主。朝市，朝時而市，商賈爲主。夕市，夕時而市，販夫、販婦爲主”。

〔一〕　日昃而市　“昃”，余仁仲本、阮刻本作“側”。

（十一·二十二）

　　社祭土而主陰氣也，君南鄉於北墉下，荅陰之義
也。[一]日用甲，用日之始也。[二]天子大社，必受霜露風雨，
以達天地之氣也。[三]是故喪國之社屋之，不受天陽也。薄
社北牖，使陰明也。[四]社，所以神地之道也。地載萬物，
天垂象，取財於地，取法於天，是以尊天而親地也，故教
民美報焉。家主中霤而國主社，示本也。[五]唯爲社事，單
出里。唯爲社田，國人畢作。唯社，丘、乘共粢盛，所以
報本反始也。[六]

　　[一]牆，謂之“墉”。北墉，社內北牆。

　　[二]國中之神，莫貴於社。

　　[三]大社，王爲羣姓所立。

　　[四]絕其陽，通其陰而已。薄社，殷之社，殷始都薄。

　　[五]中霤，亦土神也。

　　[六]單出里，皆往祭社於都鄙，二十五家爲里。畢作，人則盡
　　　　行，非徒美也。丘，十六井也。四丘六十四井曰甸，或謂之
　　　　“乘”。“乘”者，以於車賦出長轂一乘。乘，或爲“鄰”。

（十一·二十三）

　　季春出火，爲焚也。[一]然後簡其車賦，而歷其卒伍，
而君親誓社，以習軍旅。左之右之，坐之起之，以觀其習
變也。[二]而流示之禽，而鹽諸利，以觀其不犯命也。[三]
求服其志，不貪其得。[四]故以戰則克，以祭則受福。

　　[一]謂焚萊也。凡出火，以火出。建辰之月，火始出。

　　［二］簡、歷謂算具陳列之也。君親誓社，誓吏士以習軍旅。旣而
　　　　遂田，以祭社也。言“祭社”，則此是仲春之禮也。仲春以
　　　　火田，田止弊火，然後獻禽。至季春火出，而民乃用火。今
　　　　云“季春出火”，乃誓社[一]，記者誤也。社，或爲“省”。

　　［三］流，猶行也。行，行田也。鹽，讀爲“艷”。行田示之以禽，
　　　　使歆艷之，觀其用命不也。謂禽爲利者，凡田，大獸公之，
　　　　小禽私之。

　　［四］失伍而獲，猶爲犯命。

（十一·二十四）

　　天子適四方，先柴。[一]

　　［一］所到必先燔柴，有事於上帝也。《書》曰：“歲二月，東巡守，
　　　　至于岱宗，柴。”

（十一·二十五）

　　郊之祭也，迎長日之至也，[一]大報天而主日也。[二]兆
於南郊，就陽位也。[三]掃地而祭，於其質也。器用陶匏，
以象天地之性也。[四]於郊，故謂之“郊”。牲用騂，尚赤也。
用犢，貴誠也。[五]郊之用辛也。周之始郊，日以至。[六]

　　［一］《易説》曰：“三王之郊，一用夏正。夏正，建寅之月也。”
　　　　此言“迎長日”者，建卯而晝夜分，分而日長也。
　　［二］大，猶徧也。天之神，日爲尊。

────────────

〔一〕　乃誓社　此句余仁仲本與底本同。阮刻本作“乃牧誓社”，“乃”字下衍一“牧”字。

〔三〕日，大陽之精也。

〔四〕觀天下之物，無可以稱其德。

〔五〕尚赤者，周也。

〔六〕言日以周郊天之月而至，陽氣新用事，順之而用辛日。此説
　　非也。郊天之月而日至，魯禮也。三王之郊，一用夏正。魯
　　以無冬至祭天於圓丘之事，是以建子之月郊天，示先有事
　　也。用辛日者，凡爲人君，當齊戒自新耳。周衰禮廢，儒者
　　見周禮盡在魯，因推魯禮以言周事。

（十一·二十六）

　　卜郊，受命于祖廟，作龜于禰宫，尊祖親考之義
也。〔一〕卜之日，王立于澤，親聽誓命，受教諫之義也。〔二〕
獻命庫門之内，戒百官也。大廟之命，戒百姓也。〔三〕祭之
日，王皮弁以聽祭報，示民嚴上也。〔四〕喪者不哭，不敢凶
服，氾埽反道〔一〕，鄉爲田燭。〔五〕弗命而民聽上。〔六〕祭之
日，王被衮以象天。〔七〕戴冕璪十有二旒，則天數也。〔八〕
乘素車，貴其質也。旂十有二旒，龍章而設日月，以象天
也。〔九〕天垂象，聖人則之，郊所以明天道也。〔一〇〕帝牛不
吉，以爲稷牛。〔一一〕帝牛必在滌三月，稷牛唯具，所以別
事天神與人鬼也。〔一二〕萬物本乎天，人本乎祖，此所以配
上帝也。〔一三〕郊之祭也，大報本反始也。

　　〔一〕受命，謂告之，退而卜。

〔一〕 氾埽反道　“氾”，底本、唐石經、余仁仲本、阮刻本皆寫作“汜”，誤。“汜”乃
“氾”字之訛，據《經典釋文》改。

［二］澤，澤宫也，所以擇賢之宫也。旣卜，必到澤宫，擇可與祭
　　　祀者，因誓勑之以禮也。《禮器》曰“舉賢而置之，聚衆而
　　　誓之”是也。

［三］王自澤宫而還，以誓命重相申勑也。庫門，在雉門之外，入
　　　庫門則至廟門外矣。大廟者，祖廟也。百官，公、卿以下
　　　也。百姓，王之親也。入廟，戒親親也。王自此還，齊路寢
　　　之室。庫，或爲“廐”。

［四］報，猶白也。夙興，朝服以待白祭事者，乃後服祭服而行事
　　　也。《周禮》“祭之日”，《小宗伯》“逆粢，省鑊，告時于王，
　　　告備于王”也。

［五］謂郊道之民爲之也。反道，剗令新土在上也。田燭，田首爲
　　　燭也。

［六］化王嚴上。

［七］謂有日月、星辰之章，此魯禮也。《周禮》：“王祀昊天上帝，
　　　則服大裘而冕，祀五帝，亦如之。”魯侯之服，自袞冕而
　　　下也。

［八］天之大數，不過十二。

［九］設日月，畫於旂上。素車，殷路也。魯公之郊，用殷禮也。

［一〇］明，謂則之以示人也。

［一一］養牲必養二也。

［一二］滌，牢中所搜除處也。唯具，遭時又選可用也。

［一三］言俱本可以配。

（十一·二十七）

　　天子大蜡八，^{［一］}伊耆氏始爲蜡。^{［二］}蜡也者，索也，^{［三］}
歲十二月，合聚萬物而索饗之也。^{［四］}蜡之祭也，主先嗇而

祭司嗇也。^[五]祭百種，以報嗇也。^[六]饗農及郵表畷、禽獸，仁之至，義之盡也。^[七]古之君子，使之必報之。迎貓，爲其食田鼠也。迎虎，爲其食田豕也。迎而祭之也。^[八]祭坊與水庸，事也。^[九]曰："土反其宅，水歸其壑，昆蟲毋作，草木歸其澤。"^[一〇]皮弁素服而祭。素服，以送終也。葛帶、榛杖，喪殺也。蜡之祭，仁之至，義之盡也。^[一一]黄衣、黄冠而祭，息田夫也。^[一二]野夫黄冠。黄冠，草服也。^[一三]

[一]　所祭有八神也。

[二]　伊耆氏，古天子號也。

[三]　謂求索也。

[四]　歲十二月，周之正數，謂建亥之月也。饗者，祭其神也。萬物有功加於民者，神使爲之也，祭之以報焉，造者配之也。

[五]　先嗇，若神農者。司嗇，后稷是也。

[六]　嗇所樹藝之功，使盡饗之。

[七]　農，田畯也。郵表畷，謂田畯所以督約百姓於井間之處也。《詩》云："爲下國畷郵。"禽獸，服不氏所教擾猛獸也。

[八]　迎其神也。

[九]　水庸，溝也。

[一〇]　此蜡祝辭也。若辭同，則祭同處可知矣。壑，猶坑也。昆蟲，暑生寒死，螟、螽之屬，爲害者也。

[一一]　送終、喪殺，所謂"老物"也。素服，衣裳皆素。

[一二]　祭，謂旣蜡，臘先祖、五祀也。於是勞農以休息之。《論語》曰："黄衣、狐裘。"

[一三]　言祭以息民，服象其時物之色。季秋而草木黄落。

（十一·二十八）

　　大羅氏，天子之掌鳥獸者也，諸侯貢屬焉。草笠而至，尊野服也。^[一]羅氏致鹿與女，而詔客告也，以戒諸侯曰：“好田、好女者亡其國。^[二]天子樹瓜華，不斂藏之種也。”^[三]

　　[一] 諸侯於蜡，使使者戴草笠，貢鳥獸也。《詩》云：“彼都人
　　　　士，臺笠緇撮。”又曰：“其餉伊黍，其笠伊糾。”皆言野人
　　　　之服也。

　　[二] 詔使者，使歸以此告其君，所以戒之。

　　[三] 華，果蓏也。又詔以天子樹瓜蓏而已，戒諸侯以蓄藏蘊財
　　　　利也。

（十一·二十九）

　　八蜡以記四方。^[一]四方年不順成，八蜡不通，以謹民財也。^[二]順成之方，其蜡乃通，以移民也。^[三]既蜡而收，民息已。故既蜡，君子不興功。^[四]

　　[一] 四方，方有祭也。

　　[二] 其方穀不孰，則不通於蜡焉，使民謹於用財。蜡有八者，先
　　　　嗇一也，司嗇二也，農三也，郵表畷四也，貓虎五也，坊六
　　　　也，水庸七也，昆蟲八也。

　　[三] “移”之言“羨”也。《詩·頌·豐年》曰：“爲酒爲醴，烝
　　　　畀祖妣，以洽百禮。”此其羨之與？

　　[四] 收，謂收斂積聚也。息民與蜡異，則黃衣、黃冠而祭，爲臘
　　　　必矣。

（十一·三十）

恒豆之菹，水草之和氣也；其醢，陸産之物也。加豆，陸産也；其醢，水物也。〔一〕籩、豆之薦，水土之品也。不敢用常褻味而貴多品，所以交於神明之義也，非食味之道也。〔二〕

先王之薦，可食也，而不可嗜也〔一〕。卷冕、路車，可陳也，而不可好也。《武》，壯而不可樂也。宗廟之威，而不可安也。宗廟之器，可用也，而不可便其利也。所以交於神明者，不可以同於所安樂之義也。〔三〕

酒醴之美，玄酒、明水之尚，貴五味之本也。黼黻、文繡之美，疏布之尚，反女功之始也。莞簟之安，而蒲越、稾鞂之尚〔二〕，明之也。大羹不和，貴其質也。大圭不琢，美其質也。丹漆雕幾之美，素車之乘，尊其樸也。貴其質而已矣。所以交於神明者，不可同於所安褻之甚也，如是而后宜。〔四〕

鼎、俎奇，而籩、豆偶，陰陽之義也。〔五〕黄目，鬱氣之上尊也。黄者，中也。目者，氣之清明者也。言酌於中而清明於外也。〔六〕祭天，埽地而祭焉〔三〕，於其質而已矣。醢、醓之美，而煎、鹽之尚，貴天産也。割刀之用，而鸞刀之貴，貴其義也，聲和而后斷也。

[一] 此謂諸侯也。天子朝事之豆，有昌本、麋臡、菁菹、麋臡；饋食之豆，有葵菹、蠃醢、豚拍、魚醢，其餘則有雜

〔一〕 而不可嗜也　“嗜”，唐石經與底本同。余仁仲本、阮刻本作“耆”。
〔二〕 稾鞂之尚　“稾”，唐石經與底本同。余仁仲本、阮刻本作“稟”。
〔三〕 埽地而祭焉　“埽”，唐石經與底本同。余仁仲本、阮刻本作“掃”。

錯云也。

〔二〕言禮以異爲敬。

〔三〕《武》，萬舞也。

〔四〕尚質貴本，其至如是，乃得交於神明之宜也。明水，司烜以
　　　陰鑑所取於月之水也。蒲越、稾鞂〔一〕，藉神席也。明之者，
　　　神明之也。琢，當爲“篆”，字之誤也。幾，謂漆飾沂鄂也。

〔五〕牲，陽也。庶物，陰也。

〔六〕黄目，黄彝也，周所造〔二〕，於諸侯爲上也。

（十一・三十一）

冠義。

始冠之，緇布之冠也。〔一〕大古冠布，齊則緇之。其緌
也，孔子曰：“吾未之聞也。”〔二〕冠而敝之可也。〔三〕

適子冠於阼，以著代也。〔四〕

醮於客位，加有成也。〔五〕

三加彌尊，喻其志也。〔六〕

冠而字之，敬其名也。〔七〕

委貌，周道也。章甫，殷道也。毋追，夏后氏之道
也。〔八〕周弁、殷冔、夏收，〔九〕三王共皮弁、素積。〔一〇〕

無大夫冠禮，而有其昏禮。古者五十而后爵，何大夫
冠禮之有？〔一一〕諸侯之有冠禮，夏之末造也。〔一二〕

〔一〕始冠，三加，先加緇布冠也。

〔一〕稾鞂　“稾”，余仁仲本、阮刻本作“稾”。
〔二〕周所造　“造”，余仁仲本與底本同。阮刻本作“重”。

〔二〕大古無飾，非時人緌也。《雜記》曰："大白、緇布之冠不緌。"大白，即大古白布冠，今喪冠也。"齊則緇之"者，鬼神尚幽闇也，唐、虞以上曰"大古"也。

〔三〕此重古而冠之耳，三代改制，齊冠不復用也。以白布冠質，以爲喪冠也。

〔四〕東序少北，近主位也。

〔五〕每加而有成人之道也，成人則益尊。醮於客位，尊之也。

〔六〕始加緇布冠，次皮弁，次爵弁。冠益尊，則志益大也。

〔七〕重以未成人之時呼之。

〔八〕常所服以行道之冠也。或謂委貌爲玄冠也。

〔九〕齊所服而祭也。

〔一〇〕所不易於先代。

〔一一〕言年五十乃爵爲大夫也。其有昏禮，或改取也。

〔一二〕言夏初以上，諸侯雖有幼而即位者，猶以士禮冠之，亦五十乃爵命也。至其衰末，未成人者，多見篡弒，乃更即位，則爵命之，以正君臣，而有諸侯之冠禮。

（十一·三十二）

天子之元子，士也。天下無生而貴者也。〔一〕繼世以立諸侯，象賢也。〔二〕以官爵人，德之殺也。〔三〕死而諡，今也。古者生無爵，死無諡。〔四〕

〔一〕儲君副主，猶云"士"也。明人有賢行著德，乃得貴也。

〔二〕賢者子孫，恒能法其先父德行。

〔三〕言德益厚，官益尊也。

〔四〕古，謂殷以前也。大夫以上乃謂之"爵"，死有諡也。周制，爵及命士，雖及之，猶不謚耳。今記時死則謚之，非禮也。

（十一·三十三）

禮之所尊，尊其義也。^[一]失其義，陳其數，祝、史之事也。故其數可陳也，其義難知也。知其義而敬守之，天子之所以治天下也。^[二]

〔一〕言禮所以尊，尊其有義也。

〔二〕言政之要盡於禮之義。

（十一·三十四）

天地合，而后萬物興焉。^[一]夫昏禮，萬世之始也。取於異姓，所以附遠厚別也。^[二]

幣必誠，辭無不腆。^[三]告之以直信。^[四]信，事人也；信，婦德也。^[五]壹與之齊，終身不改，故夫死不嫁。^[六]

男子親迎，男先於女，剛柔之義也。天先乎地，君先乎臣，其義一也。^[七]

執摯以相見，敬章別也。^[八]男女有別，然後父子親。父子親，然後義生。義生，然後禮作。禮作，然後萬物安。^[九]無別無義，禽獸之道也。^[一〇]

壻親御，授綏，親之也。親之也者，親之也。^[一一]敬而親之，先王之所以得天下也。^[一二]

出乎大門而先，男帥女，女從男，夫婦之義，由此始也。^[一三]婦人，從人者也。幼從父兄，嫁從夫，夫死從子。^[一四]夫也者，夫也。夫也者，以知帥人者也。^[一五]

玄冕齊戒，鬼神陰陽也。將以爲社稷主，爲先祖後，而可以不致敬乎？^[一六]

共牢而食，同尊卑也。故婦人無爵，從夫之爵，坐以夫之齒。^[一七]器用陶、匏，尚禮然也。^[一八]三王作牢，用陶、匏。^[一九]

厥明，婦盥饋，舅姑卒食，婦餕餘，私之也。^[二〇]舅姑降自西階，婦降自阼階，授之室也。^[二一]

昏禮不用樂，幽陰之義也。樂，陽氣也。^[二二]昏禮不賀，人之序也。^[二三]

[一] 目禮之義^{〔一〕}。

[二] 同姓或則，多相褻也。

[三] 誠，信也。腆，猶善也。

[四] 直，猶正也。此二者，所以教婦正直信也。

[五] 事，猶立也。

[六] 齊，謂共牢而食，同尊卑也。齊，或爲“醮”。

[七] 先，謂倡道也。

[八] 言不敢相褻也。摯，所奠鴈也。

[九] 言人倫有別，則氣性醇也。

[一〇] 言聚麀之亂類也。

[一一] 言己親之，所以使之親己。

[一二] 先王，若大王、文王。

[一三] 先者，車居前也。

[一四] 從，謂順其教令。

〔一〕目禮之義　“目”，余仁仲本、阮刻本作“自”，誤。

［一五］"夫"之言"丈夫"也。夫，或爲"傅"。

［一六］玄冕，祭服也。陰陽，謂夫婦也。

［一七］爵，謂夫命爲大夫，則妻爲命婦。

［一八］此謂大古之禮器也。

［一九］言大古無共牢之禮，三王之世作之，而用大古之器，重夫
　　　　婦之始也。

［二〇］私之，猶言恩也。

［二一］明當爲家事之主也。

［二二］幽，深也。欲使婦深思其義，不以陽散之也。

［二三］序，猶代也。

（十一·三十五）

　　有虞氏之祭也，尚用氣。血、腥、爓祭，用氣也。[一]

　　殷人尚聲，臭味未成，滌蕩其聲。樂三闋，然後出迎牲。聲音之號，所以詔告於天地之閒也。[二]

　　周人尚臭，灌用鬯臭，鬱合鬯，臭陰達於淵泉。灌以圭璋，用玉氣也。旣灌，然後迎牲，致陰氣也。蕭合黍、稷，臭陽達於牆屋。故旣奠，然後焫蕭合羶、薌。[三]

　　凡祭，愼諸此。魂氣歸于天，形魄歸于地。故祭，求諸陰陽之義也。殷人先求諸陽，周人先求諸陰。[四]

［一］尚，謂先薦之。爓，或爲"腊"[一]。

［二］滌蕩，猶搖動也。

［三］灌，謂以圭瓚酌鬯，始獻神也。已，乃迎牲於庭殺之，天

子、諸侯之禮也。奠，謂薦孰時也。《特牲饋食》所云“祝
酌，奠于鉶南”是也。蕭，薌蒿也，染以脂，合黍、稷燒
之。《詩》云：“取蕭祭脂。”羶，當爲“馨”，聲之誤也。奠，
或爲“薦”。

〔四〕此其所以先後異也。

（十一·三十六）

詔祝於室，坐尸於堂，^{〔一〕}用牲於庭，^{〔二〕}升首於室。^{〔三〕}
直祭，祝于主；^{〔四〕}索祭，祝于祊。^{〔五〕}不知神之所在，於
彼乎？於此乎？^{〔六〕}或諸遠人乎？祭于祊，尚曰求諸遠者
與？^{〔七〕}祊之爲言倞也，^{〔八〕}肵之爲言敬也。^{〔九〕}富也者，福
也。^{〔一〇〕}首也者，直也。^{〔一一〕}相，饗之也。^{〔一二〕}嘏，長也，
大也。^{〔一三〕}尸，陳也。^{〔一四〕}

毛、血，告幽全之物也。^{〔一五〕}告幽全之物者，貴純之
道也。^{〔一六〕}

血祭，盛氣也。祭肺、肝、心，貴氣主也。^{〔一七〕}

祭黍、稷加肺，祭齊加明水，報陰也。^{〔一八〕}取膟、膋
燔燎，升首，報陽也。^{〔一九〕}

明水涗齊，貴新也。^{〔二〇〕}凡涗，新之也。^{〔二一〕}其謂之
“明水”也，由主人之絜著此水也。^{〔二二〕}

〔一〕謂朝事時也。朝事，延尸于戶西，南面。布主席，東面。取
　　牲膟、膋，燎于爐炭。洗肝于鬱鬯而燔之^{〔一〕}，入以詔神於

〔一〕洗肝于鬱鬯而燔之　“洗”，余仁仲本、阮刻本作“先”，誤。

室，又出以墮于主人〔一〕。主人親制其肝，所謂“制祭”也。時尸薦以籩、豆。至薦孰，乃更延主于室之奧。尸來升席，自北方，坐于主北焉。

[二] 謂殺之時。

[三] 制祭之後，升牲首於北墉下。尊首尚氣也。

[四] 謂薦孰時也，如《特牲》《少牢饋食》之爲也。直，正也。祭以孰爲正，則血、腥之屬盡敬心耳。

[五] 索，求神也。廟門曰祊。謂之“祊”者，以於繹祭名也。

[六] 室與？堂與？

[七] 尚，庶幾也。

[八] 倞，猶索也。倞，或爲“諒”〔二〕。

[九] 爲尸有肵俎，此訓也。

[一〇] 人君嘏辭有“富”，此訓之也。或曰：“福也者，備也。”

[一一] 訓所以升首祭也。直，或爲“植”也。

[一二] 相，謂詔、侑也。詔、侑尸者，欲使饗此饌也。《特牲饋食禮》曰：“主人拜妥尸，尸荅拜，執奠，祝饗。”

[一三] 主人受祭福曰“嘏”，此訓也。

[一四] 尸，或詁爲“主”。此尸神象，當從“主”訓之，言“陳”，非也。

[一五] 幽，謂血也。

[一六] 純，謂中外皆善。

[一七] 氣主，氣之所舍也。周祭肺，殷祭肝，夏祭心。

[一八] 祭黍、稷加肺，謂綏祭也。明水，司烜所取於月之水也。

〔一〕 又出以墮于主人　此句余仁仲本、阮刻本作“又出以墮于主”，“主”字下脱一“人”字。

〔二〕 倞或爲諒　“諒”，底本作“詠”，誤。余仁仲本、阮刻本作“諒”，據改。

齊，五齊也。五齊加明水，則三酒加玄酒也。

[一九] 膟、膋，腸間脂也。與蕭合燒之，亦有黍、稷也。

[二○] 况，猶清也。五齊濁，沸之使清，謂之“况齊”。及取明
水，皆貴新也。《周禮·幌氏》“以况水漚絲”。况齊，或
爲“汎齊”。

[二一] 新之者，敬也。

[二二] 著，猶成也。言主人齊絜，此水乃成，可得也。

(十一·三十七)

君再拜稽首，肉袒，親割，敬之至也。敬之至也，服
也。拜，服也。稽首，服之甚也。肉袒，服之盡也。^[一]

祭稱“孝孫”“孝子”，以其義稱也。^[二]稱“曾孫某”，
謂國家也。^[三]

祭祀之相，主人自致其敬，盡其嘉，而無與讓也。^[四]

腥、肆、爓、腍祭，豈知神之所饗也？主人自盡其敬
而已矣。^[五]

舉斝、角，詔妥尸。古者尸無事則立，有事而后坐也。
尸，神象也。祝，將命也。^[六]

縮酌用茅，明酌也。^[七]醆酒况于清，^[八]汁獻况于醆
酒，^[九]猶明、清與醆酒于舊澤之酒也。^[一○]

祭有祈焉，^[一一]有報焉，^[一二]有由辟焉。^[一三]

齊之玄也，以陰幽思也。故君子三日齊，必見其所
祭者。^[一四]

[一] 割，解牲體。

[二] 謂事祖禰。

〔三〕謂諸侯事五廟也。於曾祖以上，稱曾孫而已。

〔四〕相，謂詔、侑尸也。嘉，善也。

〔五〕治肉曰肆。脄，熟也。爓，或爲“腼”。

〔六〕妥，安坐也。尸始入，舉奠斝，若奠角。將祭之，祝則以主人拜安尸〔一〕，使之坐。尸即至尊之坐。或時不自安，則以拜安之也。天子奠斝，諸侯奠角。古，謂夏時也。

〔七〕謂泲醴齊以明酌也。《周禮》曰：“醴齊縮酌。”五齊，醴尤濁，和之以明酌。泲之以茅，縮去滓也。明酌者，事酒之上也。名曰“明”者事酒，今之醳酒，皆新成也。《春秋傳》曰：“爾貢包茅不入，王祭不共，無以縮酒〔二〕。”酌，猶斟也。酒已泲，則斟之以實尊彝。《昏禮》曰：“酌玄酒，三注于尊。”凡行酒，亦爲酌也。

〔八〕謂泲醆酒以清酒也。醆酒，盎齊。盎齊差清，和之以清酒，泲之而已。泲盎齊必和以清酒者，皆久味相得。

〔九〕謂泲秬鬯以醆酒也。獻，讀當爲“莎”，齊語，聲之誤也。秬鬯者，中有鬱，和以盎齊，摩莎泲之，出其香汁，因謂之“汁莎”。不以三酒泲秬鬯者，秬鬯尊也。

〔一〇〕猶，若也。澤，讀爲“醳”。舊醳之酒，謂昔酒也。泲醴齊以明酌，泲醆酒以清酒，泲汁獻以醆酒，天子、諸侯之禮。天子、諸侯禮廢，時人或聞此而不審知。云“若今明酌、清酒與醆酒，以舊醳之酒泲之矣”，就其所知以曉之也。泲清酒以舊醳之酒者，爲其味厚腊毒也。

〔一〕　祝則以主人拜安尸　此句余仁仲本作“祝則詔主人拜安尺”，誤。阮刻本作“祝則詔主人拜妥尸”。

〔二〕　無以縮酒　此句余仁仲本與底本同。阮刻本作“泲以酌酒”，誤。

[一一] 祈，猶求也，謂祈福祥，求永貞也。

[一二] 謂若穫禾報社。

[一三] 由，用也。辟，讀爲“弭”，謂弭災兵，遠罪疾也。

[一四] 齊三日者，思其居處，思其笑語，思其志意，思其所樂，則見之也。

內則第十二

郑 氏 注

（十二·一）

后王命冢宰，降德于衆兆民。^{〔一〕}

> 〔一〕后，君也。德，猶教也。萬億曰“兆”。天子曰“兆民”，諸
> 侯曰“萬民”。《周禮》冢宰掌飲食，司徒掌十二教。今一云
> “冢宰”，記者據諸侯也。諸侯并六卿爲三，或兼職焉。

（十二·二）

子事父母。雞初鳴，咸盥，漱，櫛，縰，笄，總，拂
髦，冠，緌，纓，端，韠，紳，搢笏。^{〔一〕}左右佩用。^{〔二〕}
左佩紛帨、刀、礪、小觽、金燧，^{〔三〕}右佩玦、捍、管、遰、
大觽、木燧。^{〔四〕}偪。^{〔五〕}屨，著綦。^{〔六〕}

> 〔一〕咸，皆也。縰，韜髮者也。總，束髮也，垂後爲飾。拂髦，
> 振去塵著之。髦，用髮爲之^{〔一〕}，象幼時鬌，其制未聞也。
> 緌，纓之飾也。端，玄端，士服也。庶人深衣。紳，大帶，
> 所以自紳約也。搢，猶扱也，扱笏於紳。笏，所以記事也。
>
> 〔二〕自佩也^{〔二〕}。必佩者，備尊者使令也。

〔一〕 用髮爲之 “髮”，阮刻本與底本同。余仁仲本作“髦”，誤。
〔二〕 自佩也 “自”，余仁仲本、阮刻本與底本同。疑爲“目”之誤。

〔三〕紛帨，拭物之巾也〔一〕，今齊人有言紛者。刀、礪，小刀及礪
　　礱也。小觿，解小結也。觿，貌如錐，以象骨爲之。金燧，
　　可取火於日。

〔四〕捍，謂拾也，言可以捍弦也。管，筆彄也。遰，刀鞞也。木
　　燧，鑽火也。

〔五〕偪，行縢。

〔六〕綦，屨繫也。

(十二·三)

　婦事舅姑，如事父母。雞初鳴，咸盥，漱，櫛，縰，
笄，緫，衣紳。〔一〕左佩紛帨、刀、礪、小觿、金燧；右佩
箴、管、線、纊，施縏袠；大觿、木燧。〔二〕衿纓。綦屨。〔三〕
以適父母、舅姑之所。〔四〕及所，下氣怡聲，問衣燠寒，疾
痛苛癢，而敬抑搔之。〔五〕出入，則或先或後，而敬扶持
之。〔六〕進盥，少者奉槃，長者奉水，請沃盥，盥卒，授
巾。〔七〕問所欲而敬進之，柔色以溫之。〔八〕饘、酏、酒、醴、
芼、羹、菽、麥、蕡、稻、黍、粱、秫，唯所欲。〔九〕棗、
栗、飴、蜜以甘之，堇、荁、枌、榆、免、薧、滫、瀡以
滑之，脂、膏以膏之。〔一〇〕父母、舅姑必嘗之而后退。〔一一〕

〔一〕笄，今簪也。衣紳，衣而著紳。

〔二〕縏，小囊也。縏袠言“施”，明爲箴、管、線、纊有之。

〔三〕衿，猶結也。婦人有纓，示繫屬也。

〔一〕　拭物之巾也　此句余仁仲本與底本同。阮刻本作“佩拭物之巾也”，“巾”字上衍
一“佩”字。

410

［四］適，之。

［五］怡，説也。苛，疥也。抑，按。搔，摩也。

［六］先後之隨時便也。

［七］槃，承盥水者。巾以帨手。

［八］溫，藉也。承尊者，必和顏色。

［九］酏，粥也。芼，菜也。蕡，熬枲實。

［一〇］謂用調和飲食也。荁，菫類也。冬用菫，夏用荁。榆白曰
　　　　枌。免，新生者。薨，乾也。秦人溲曰“滫”，齊人滑曰
　　　　“髓”也。

［一一］敬也。

（十二·四）

男女未冠、笄者。鷄初鳴，咸盥，漱，櫛，縱，拂
髦，總角，衿纓，皆佩容臭。^{［一］}昧爽而朝，^{［二］}問何食飲矣。
若已食，則退；若未食，則佐長者視具。^{［三］}

［一］總角，收髮結之。容臭，香物也，以纓佩之，爲迫尊者，給
　　　小使也。

［二］後成人也。

［三］具，饌也。

（十二·五）

凡內外。鷄初鳴，咸盥，漱，衣服，斂枕、簟，灑掃
室堂及庭^{［一］}，布席，各從其事。^{［一］}

〔一〕灑掃室堂及庭　“掃”，余仁仲本、阮刻本與底本同。唐石經作“埽”。

〔一〕"斂枕、簟"者，不使人見己褻者。簟，席之親身也。

（十二·六）

孺子蚤寢晏起，唯所欲，食無時。[一]

〔一〕又後未成人者。孺子，小子也。

（十二·七）

由命士以上，父子皆異宮。昧爽而朝，慈以旨甘。日出而退，各從其事。日入而夕，慈以旨甘。[一]

〔一〕異宮，崇敬也。慈，愛敬進之。日出乃從事，食禄不免農也。

（十二·八）

父母、舅姑將坐，奉席請何鄉。將衽，長者奉席請何趾，少者執牀與坐。[一]御者舉几，斂席與簟，縣衾，篋枕，斂簟而襡之。[二]

〔一〕將衽，謂更臥處。
〔二〕須臥乃敷之也[一]。襡，韜也。

（十二·九）

父母、舅姑之衣、衾、簟、席、枕、几，不傳。杖、

〔一〕須臥乃敷之也　"須"，阮刻本與底本同。余仁仲本作"湏"，誤。

屨，祇敬之，勿敢近。^[一]敦、牟、卮、匜，非餕，莫敢
用。^[二]與恒食飲，非餕，莫之敢飲食。^[三]

　　[一] 傳，移也。

　　[二] 餕乃用之。牟，讀曰“鍪”也^{〔一〕}。卮、匜，酒、漿器。敦、
　　　　牟，黍、稷器也。

　　[三] 餕乃食之。恒，常也。旦夕之常食。

（十二·十）

　　父母在，朝夕恒食，子、婦佐餕，^[一]既食恒餕。^[二]
父没母存，冢子御食，羣子、婦佐餕如初。^[三]旨甘柔滑，
孺子餕。

　　[一] 婦皆與夫餕也。

　　[二] 每食餕而盡之，末有原也。

　　[三] 御，侍也。謂長子侍母食也。侍食者不餕，其婦猶皆餕也。

（十二·十一）

　　在父母、舅姑之所，有命之，應“唯”，敬對。進退、
周旋，慎齊。^[一]升降、出入、揖遊，不敢噦噫、嚏咳、欠
伸、跛倚、睇視，不敢唾洟。^[二]寒不敢襲，癢不敢搔。^[三]
不有敬事，不敢袒裼。^[四]不涉不撅。^[五]褻衣衾不見裏。^[六]

　　[一] 齊，莊也。

〔一〕 牟讀曰鍪也　“鍪”，余仁仲本、阮刻本作“鍪”。

〔二〕睇，傾視也。《易》曰："明夷，睇于左股。"

〔三〕襲，謂重衣。

〔四〕父黨無容。

〔五〕摳，揭衣也。

〔六〕爲其可穢。

（十二·十二）

　　父母唾、洟不見。〔一〕冠帶垢，和灰請漱；衣裳垢，和灰請澣。〔二〕衣裳綻裂，紉箴請補綴。〔三〕五日則燂湯請浴，三日具沐。其閒面垢，燂潘請靧。足垢，燂湯請洗。〔四〕

〔一〕輒刷去之。

〔二〕手曰漱。足曰澣。和，漬也。

〔三〕綻，猶解也。

〔四〕潘，米瀾也。

（十二·十三）

　　少事長，賤事貴，共帥時。〔一〕

〔一〕共，猶皆也。帥，循也。時，是也。禮皆如此也。

（十二·十四）

　　男不言内，女不言外。〔一〕非祭非喪，不相授器。〔二〕其相授，則女受以篚；其無篚，則皆坐奠之，而后取之。〔三〕外内不共井，不共湢浴，不通寢席，不通乞假。男女不通衣裳。内言不出，外言不入。〔四〕男子入内，不嘯不指；夜行以燭，無燭則止。^[五]女子出門，必擁蔽其面；夜行以燭，無燭則止。^[六]道路，男子由右，女子由左。^[七]

[一] 謂事業之次序。

[二] 祭嚴，喪遽，不嫌也。

[三] 奠，停地也。

[四] 湢，浴室也。

[五] 嘯，讀爲“叱”。叱，嫌有隱使也。

[六] 擁，猶障也。

[七] 地道尊右。

（十二·十五）

　子婦孝者敬者，父母、舅姑之命勿逆勿怠。^[一]若飲食之，雖不嗜^{〔一〕}，必嘗而待。^[二]加之衣服，雖不欲，必服而待。^[三]加之事，人代之^{〔二〕}，己雖弗欲，^[四]姑與之，而姑使之，而后復之。^[五]子婦有勤勞之事，雖甚愛之，姑縱之，而寧數休之。^[六]子婦未孝未敬，勿庸疾怨，^[七]姑教之。若不可教，而后怒之；^[八]不可怒，子放婦出，而不表禮焉。^[九]

[一] 恃其孝敬之愛，或則違解。

[二] 待後命而去也。

[三] 待後命釋藏也。

〔一〕 雖不嗜　“嗜”，唐石經與底本同。余仁仲本、阮刻本作“者”。

〔二〕 人代之　“代”，唐石經、余仁仲本與底本同。阮刻本作“待”，誤。

〔四〕謂難其妨己業。

〔五〕遠憝怨於勞事。姑，猶且也。

〔六〕不可愛此而移苦於彼也。

〔七〕"庸"之言"用"也。

〔八〕怒，譴責也。

〔九〕表，猶明也。猶爲之隱，不明其犯禮之過也。

(十二・十六)

父母有過，下氣怡色，柔聲以諫。諫若不入，起敬起孝，説則復諫。[一]不説，與其得罪於鄉黨、州閭，寧孰諫。[二]父母怒，不説而撻之流血，不敢疾怨，起敬起孝。[三]

〔一〕子事父母，有隱無犯。起，猶更也。

〔二〕子從父之令，不可謂孝也。《周禮》曰："二十五家爲閭，四閭爲族，五族爲黨，五黨爲州，五州爲鄉也。"

〔三〕撻，擊也。

(十二・十七)

父母有婢子若庶子、庶孫，甚愛之，雖父母没，没身敬之不衰。[一]子有二妾，父母愛一人焉，子愛一人焉，由衣服飲食，由執事，毋敢視父母所愛，雖父母没，不衰。[二]子甚宜其妻，父母不説，出。[三]子不宜其妻，父母曰"是善事我"，子行夫婦之禮焉，没身不衰。

〔一〕婢子，所通賤人之子。

〔二〕由，自也。

〔三〕宜，猶善也。

（十二・十八）

父母雖没，將爲善，思貽父母令名，必果。將爲不善，思貽父母羞辱，必不果。〔一〕　　　・

〔一〕貽，遺也。果，決也。

（十二・十九）

舅没則姑老，〔一〕冢婦所祭祀賓客，每事必請於姑。〔二〕介婦請於冢婦。〔三〕

〔一〕謂傳家事於長婦也。
〔二〕婦雖受傳，猶不敢專行也。
〔三〕以其代姑之事。介婦，衆婦。

（十二・二十）

舅姑使冢婦，毋怠、〔一〕不友無禮於介婦。〔二〕舅姑若使介婦，毋敢敵耦於冢婦，〔三〕不敢並行，不敢並命，不敢並坐。〔四〕

〔一〕雖有勤勞，不敢解倦。
〔二〕衆婦無禮，冢婦不友之也。善兄弟爲友。娣姒，猶兄弟也。
〔三〕雖有勤勞，不敢掉磬。
〔四〕下冢婦也。命爲使令。

（十二・二十一）

　　凡婦，不命適私室，不敢退。[一] 婦將有事，大小必請
於舅姑。[二] 子婦無私貨，無私畜，無私器，不敢私假，不
敢私與。[三]

　　[一] 婦侍舅姑者也。
　　[二] 不敢專行。
　　[三] 家事統於尊也。

（十二・二十二）

　　婦或賜之飲食、衣服、布帛、佩帨、茝蘭，則受而獻
諸舅姑。舅姑受之則喜，如新受賜。[一] 若反賜之，則辭；
不得命，如更受賜，藏以待乏。[二] 婦若有私親兄弟，將與
之，則必復請其故賜，而后與之。

　　[一] 或賜之，謂私親兄弟。
　　[二] 待舅姑之乏也。不得命者，不見許也。

（十二・二十三）

　　適子、庶子，祗事宗子、宗婦。[一] 雖貴富，不敢以貴
富入宗子之家，雖眾車徒，舍於外，以寡約入。[二] 子弟猶
歸器、衣服、裘衾、車馬，則必獻其上，而后敢服用其次
也。[三] 若非所獻，則不敢以入於宗子之門，[四] 不敢以貴
富加於父兄宗族。[五] 若富，則具二牲，獻其賢者於宗子。[六]
夫婦皆齊而宗敬焉，[七] 終事而后敢私祭。[八]

［一］祗，敬也。宗，大宗。

［二］入，謂入宗子家。

［三］猶，若也。子弟若有功德，以物見饋賜，當以善者與宗
　　　子也。

［四］謂非宗子之爵所當服也。

［五］加，猶高也。

［六］賢，猶善也。

［七］當助祭於宗子之家。

［八］祭其祖禰。

（十二·二十四）

　　飯。^[一]黍、稷、稻、粱、白黍、黄粱，稰、穛。^[二]

［一］目諸飯也。

［二］孰穫曰“稰”。生穫曰“穛”。黍，黃黍也。

（十二·二十五）

　　膳。^[一]膷、臐、膮、醢、牛炙；醢、牛胾、醢、牛膾；
羊炙、羊胾、醢、豕炙；醢、豕胾、芥醬、魚膾；雉、兔、
鶉、鷃。^[二]

［一］目諸膳也。

［二］此上大夫之禮，庶羞二十豆也。以《公食大夫禮》饌校之，
　　　則“膮”“牛炙”閒不得有“醢”，“醢”，衍字也。又以“鷃”
　　　爲“鴽”也。

（十二·二十六）

　　飲。[一]重醴。稻醴，清、糟；黍醴，清、糟；粱醴，清、糟；[二]或以酏爲醴；[三]黍酏、[四]漿、[五]水、[六]醷、[七]濫。[八]

　　［一］目諸飲也。
　　［二］重，陪也。糟，醇也。清，沛也。致飲有醇者，有沛者，陪設之也。
　　［三］釀粥爲醴。
　　［四］酏，粥。
　　［五］酢截〔一〕。
　　［六］清新。
　　［七］梅漿。
　　［八］以諸和水也。以《周禮》"六飲"校之，則濫，涼也。紀、莒之間，名"諸"爲"濫"。

（十二·二十七）

　　酒。[一]清、白。[二]

　　［一］目諸酒也。
　　［二］白，事酒、昔酒也。

（十二·二十八）

　　羞。[一]糗餌、粉酏。[二]

〔一〕酢截　"截"，阮刻本與底本同。余仁仲本作"截"，誤。

〔一〕目諸羞也。

〔二〕糔，擣熬穀也，以爲粉餌與酏。此記似脫。《周禮》“羞籩之實，糔餌、粉餈”，“羞豆之實，酏食、糝食”。此“酏”當爲“餰”，以稻米與狼臅膏爲餰是也。

（十二·二十九）

食。^{〔一〕}蝸醢而苽食、雉羹；麥食、脯羹、雞羹；析稌^{〔一〕}、犬羹、兔羹；和糝，不蓼。^{〔二〕}濡豚，包苦，實蓼；濡雞，醢醬，實蓼；濡魚，卵醬，實蓼；濡鼈，醢醬，實蓼。^{〔三〕}腶脩，蚳醢；^{〔四〕}脯羹，兔醢；麋膚，魚醢；魚膾，芥醬；麋腥，醢醬；桃諸、梅諸，卵鹽。^{〔五〕}

〔一〕目人君燕食所用也。

〔二〕苽，彫胡也。稌，稻也。凡羹齊，宜五味之和，米屑之糝，蓼則不矣。此脯，所謂“析乾牛、羊肉”也。

〔三〕凡濡，謂亨之以汁和也。苦，苦茶也，以包豚，殺其氣。卵，讀爲“鯤”。鯤，魚子，或作“攔”也。

〔四〕腶脩，捶脯施薑、桂也。蚳，蚍蜉子也。

〔五〕自“蝸醢”至此二十六物^{〔二〕}，似皆人君燕所食也。其饌則亂。膚，切肉也。膚，或爲“胖”。卵鹽，大鹽也。

（十二·三十）

凡食齊視春時，^{〔一〕}羹齊視夏時，^{〔二〕}醬齊視秋時，^{〔三〕}

〔一〕析稌　“析”，余仁仲本、阮刻本與底本同。唐石經作“折”，誤。

〔二〕自蝸醢至此二十六物　“二”，阮刻本與底本同。余仁仲本作“一”，誤。

飲齊視冬時。^[四]

> ［一］飯宜温也。
> ［二］羹宜熱也。
> ［三］醬宜涼也。
> ［四］飲宜寒也。

（十二·三十一）

凡和，春多酸，夏多苦，秋多辛，冬多鹹，調以滑甘。^[一]

> ［一］多其時味，以養氣也。

（十二·三十二）

牛宜稌，羊宜黍，豕宜稷，犬宜粱，鴈宜麥，魚宜菰。^[一]

> ［一］言其氣味相成。

（十二·三十三）

春宜羔、豚，膳膏薌；夏宜腒、鱐，膳膏臊；秋宜犢、麛，膳膏腥；冬宜鮮、羽，膳膏羶。^[一]

> ［一］此八物，四時肥美也。爲其大盛，煎以休廢之膏，節其氣
> 也。牛膏薌，犬膏臊，雞膏腥，羊膏羶。腒，乾雉也。鱐，
> 乾魚也。鮮，生魚也。羽，鴈也。

（十二·三十四）

牛脩、鹿脯、田豕脯、麋脯、麕脯。麋、鹿、田豕、
麕皆有軒。雉、兔皆有芼。〔一〕爵、鷃、蜩、范、〔二〕芝栭、
菱、椇、棗、栗、榛、柿〔一〕、瓜、桃、李、梅、杏、柤〔二〕、
棃、薑、桂。〔三〕

> 〔一〕脯，皆析乾其肉也〔三〕。軒，讀爲“憲”。憲，謂藿葉切也。
> 　　芼，謂菜釀也。軒，或爲“胖”。
>
> 〔二〕蜩，蟬也。范，蜂也。
>
> 〔三〕菱，芰也。椇，枳椇也。柤，棃之不臧者〔四〕。自“牛脩”至
> 　　此三十一物，皆人君燕食所加庶羞也。《周禮》天子“羞用
> 　　百有二十品”，記者不能次録。

（十二·三十五）

大夫燕食，有膾無脯，有脯無膾。士，不貳羹、胾。
庶人耆老不徒食。〔一〕

> 〔一〕尊卑差也。

（十二·三十六）

膾，春用葱，秋用芥。豚，春用韭，秋用蓼。〔一〕脂

〔一〕　柿　“柿”，唐石經與底本同。余仁仲本、阮刻本作“柿”。

〔二〕　柤　“柤”，唐石經與底本同。余仁仲本、阮刻本作“樝”。

〔三〕　皆析乾其肉也　此句余仁仲本與底本同。阮刻本作“皆析乾肉也”，“肉”前脱一
　　“其”字。

〔四〕　柤棃之不臧者　“柤棃”，余仁仲本、阮刻本作“椇藜”。

423

用葱，膏用薤。^[二]三牲用藙，^[三]和用醯。^[四]獸用梅。^[五]鶉羹、雞羹、駕，釀之蓼。^[六]魴、鱮烝，雛燒，雉，薌，無蓼。^[七]

［一］芥，芥醬也。

［二］脂，肥凝者。釋者曰“膏”。

［三］藙，煎茱萸也。漢《律》：“會稽獻焉。”《爾雅》謂之“樧”。

［四］畜與家物，自相和也。

［五］亦野物自相和。

［六］釀，謂切雜之也。“駕”在“羹”下，烝之，不羹也。

［七］薌，蘇荏之屬也。燒，烟於火中也。自“膾用葱”至此，言調和菜釀之所宜也。

（十二·三十七）

不食雛鱉。狼去腸，狗去腎，狸去正脊，兔去尻，狐去首，豚去腦，魚去乙，鱉去醜。^[一]肉曰“脫之”，魚曰“作之”，棗曰“新之”，栗曰“撰之”，桃曰“膽之”，柤梨曰“攢之”。^[二]

［一］皆為不利人也。雛鱉，伏乳者。乙，魚體中害人者名也。今東海鰫魚有骨名乙，在目旁，狀如篆乙，食之鯁人，不可出。醜，謂鱉竅也。

［二］皆治擇之名也。

（十二·三十八）

牛夜鳴則庮。羊泠毛而毳，羶。狗赤股而躁，臊。鳥

424

爐色而沙鳴，鬱。豕望視而交睫，腥。馬黑脊而般臂，漏。雛尾不盈握，弗食。舒鴈翠，鵠、鴞胖，舒鳧翠，雞肝，鴈腎，鴇奧，鹿胃。[一]

　[一]　亦皆爲不利人也。庮，惡臭也。《春秋傳》曰：“一薰一庮。”
　　　泠毛毳，毛別聚旆不解者也[一]。赤股，股裹無毛也。爐色，
　　　毛變色也。沙，猶嘶也。鬱，腐臭也。望視，視遠也。腥，
　　　當爲“星”，聲之誤也。星，肉中如米者。般臂，前脛般般
　　　然也。漏，當爲“螻”，如螻蛄臭也。舒鴈，鵝也。翠，尾
　　　肉也。鵠、鴞胖，謂脅側薄肉也。舒鳧，鶩也。鴇奧，脾胑
　　　也。鵠，或爲“鴇”也[二]。

（十二·三十九）

肉腥，細者爲膾，大者爲軒。[一]或曰：麋、鹿、魚爲
菹，麕爲辟雞，野豕爲軒，兔爲宛脾。切葱若薤，實諸醯
以柔之。[二]

　[一]　言“大切”“細切”，異名也。膾者，必先軒之，所謂“聶而
　　　切之也”。
　[二]　此軒、辟雞、宛脾，皆菹類也。釀菜而柔之以醯，殺腥肉及
　　　其氣。今益州有鹿㺑者，近由此爲之矣。菹、軒，聶而不切；
　　　辟雞、宛脾，聶而切之。軒，或爲“胖”。宛，或作“鬱”。

〔一〕　毛別聚旆不解者也　“旆”，阮刻本與底本同。余仁仲本作“於”，誤。
〔二〕　或爲鴇也　“鴇”，余仁仲本與底本同。阮刻本作“鵠”，誤。

（十二·四十）

羹食，自諸侯以下至於庶人，無等。^{〔一〕}大夫無秩膳。^{〔二〕}
大夫七十而有閣。^{〔三〕}天子之閣，左達五，右達五。公、侯、
伯於房中五，大夫於閣三，士於坫一。^{〔四〕}

　　〔一〕羹食，食之主也。庶羞乃異耳。

　　〔二〕謂五十始命，未甚老也。秩，常也。

　　〔三〕有秩膳也。閣以板爲之，庋食物也。

　　〔四〕達，夾室^{〔一〕}。大夫言“於閣”，與天子同處。天子二五，倍諸
　　　　侯也。五者，三牲之肉及魚、腊也。

（十二·四十一）

凡養老，有虞氏以燕禮，夏后氏以饗禮，殷人以食禮，
周人脩而兼用之。

凡五十養於鄉，六十養於國；七十養於學，達於諸侯；
八十拜君命，一坐再至；瞽亦如之；九十者使人受。

五十異粻，六十宿肉，七十貳膳^{〔二〕}，八十常珍；九十飲
食不違寢，膳飲從於遊可也。

六十歲制，七十時制，八十月制；九十日脩，唯絞、
紟、衾、冒，死而后制。

五十始衰，六十非肉不飽，七十非帛不煖，八十非人
不煖，九十雖得人不煖矣。

五十杖於家，六十杖於鄉，七十杖於國，八十杖於朝；

〔一〕達夾室　“達”，底本作“遠”，誤。余仁仲本、阮刻本作“達”，據改。

〔二〕七十貳膳　“貳”，唐石經、余仁仲本與底本同。阮刻本作“二”。

九十者，天子欲有問焉，則就其室，以珍從。

七十不俟朝，八十月告存，九十日有秩。

五十不從力政，六十不與服戎，七十不與賓客之事，八十齊、喪之事弗及也。

五十而爵，六十不親學，七十致政。

凡自七十以上，唯衰麻爲喪。

凡三王養老，皆引年。八十者，一子不從政；九十者，其家不從政；瞽亦如之。

凡父母在，子雖老，不坐。

有虞氏養國老於上庠，養庶老於下庠。夏后氏養國老於東序，養庶老於西序。殷人養國老於右學，養庶老於左學。周人養國老於東膠，養庶老於虞庠。虞庠，在國之西郊。

有虞氏皇而祭，深衣而養老。夏后氏收而祭，燕衣而養老。殷人冔而祭，縞衣而養老。周人冕而祭，玄衣而養老。[一]

［一］《記·王制》有此。

（十二·四十二）

曾子曰："孝子之養老也，樂其心，不違其志，樂其耳目，安其寢處，以其飲食忠養之，孝子之身終。終身也者，非終父母之身，終其身也。是故父母之所愛，亦愛之；父母之所敬，亦敬之；至於犬馬盡然，而況於人乎？"[一]

［一］賤喻貴也。

（十二·四十三）

凡養老，五帝憲，^{〔一〕}三王有乞言。^{〔二〕}五帝憲，養氣體而不乞言，有善則記之，爲惇史^{〔一〕}。三王亦憲，既養老而后乞言，亦微其禮，皆有惇史^{〔二〕}。^{〔三〕}

〔一〕憲，法也。養之，爲法其德行。

〔二〕有，讀爲“又”。又從之求善言可施行也。

〔三〕惇史，史孝厚者也^{〔三〕}。“微其禮”者，依違言之，求而不切也。

（十二·四十四）

淳熬，煎醢，加于陸稻上，沃之以膏，曰“淳熬”。^{〔一〕}淳毋，煎醢，加于黍食上，沃之以膏，曰“淳毋”。^{〔二〕}

〔一〕淳，沃也。熬，亦煎也。沃煎成之，以爲名。

〔二〕毋，讀曰“模”。模，象也。作此象淳熬。

（十二·四十五）

炮，取豚若將，刲之刳之，實棗於其腹中。編萑以苴之，塗之以謹塗。炮之，塗皆乾，擘之。濯手以摩之，去其皽。爲稻粉，糔溲之以爲酏，以付豚。煎諸膏，膏必滅之。鉅鑊湯，以小鼎薌脯於其中，使其湯毋滅鼎，三日三

〔一〕爲惇史 “惇”，阮刻本與底本同。余仁仲本作“惇”。

〔二〕皆有惇史 “惇”，阮刻本與底本同。余仁仲本作“惇”。

〔三〕史孝厚者也 此句余仁仲本作“史惇厚者也”。阮刻本作“史惇厚是也”，誤。

夜毋絕火，而后調之以醯醢。^{〔一〕}

〔一〕炮者，以塗燒之爲名也。將，當爲“牂”^{〔一〕}。牂，牝羊也^{〔二〕}。
刲、刳，博異語也^{〔三〕}。謹，當爲“墐”^{〔四〕}，聲之誤也。墐
塗，塗有穰草也。皷，謂皮肉之上魄莫也。穮溲，亦博異語
也。穮，讀與“滫瀡”之“滫”同。蹢脯，謂爇豚若羊於小
鼎中，使之香美也。謂之“脯”者，既去皷，則解析其肉，
使薄如爲脯然，唯豚全耳。豚、羊入鼎三日，乃內醯醢，可
食也。

（十二·四十六）

擣珍，取牛、羊、麋、鹿、麕之肉，必脄，每物與牛若
一。捶，反側之，去其餌。孰，出之，去其皷，柔其肉。^{〔一〕}

〔一〕脄，脊側肉也^{〔五〕}。捶，擣之也。餌，筋腱也。柔之，爲汁和
也。汁和，亦醯醢與？

（十二·四十七）

漬，取牛肉，必新殺者。薄切之，必絕其理。湛諸美
酒，期朝而食之以醢若醯、醷。^{〔一〕}

〔一〕將當爲牂　“牂”，<u>余仁仲本</u>、<u>阮刻本</u>作“牂”。
〔二〕牂牝羊也　“牂”，<u>余仁仲本</u>、<u>阮刻本</u>作“牂”。“牝”，<u>余仁仲本</u>、<u>阮刻本</u>作“牡”。
〔三〕博異語也　“博”，<u>余仁仲本</u>、<u>阮刻本</u>作“博”。注文後仿此者不出校。
〔四〕謹當爲墐　“墐”，<u>阮刻本</u>與底本同。<u>余仁仲本</u>作“瑾”，誤。
〔五〕脄脊側肉也　“脄”，<u>阮刻本</u>與底本同。<u>余仁仲本</u>作“豚”，誤。

429

［一］湛，亦漬也。

（十二・四十八）

　　爲熬，捶之，去其皽。編萑，布牛肉焉。屑桂與薑，以洒諸上而鹽之。乾而食之。施羊亦如之。施麋、施鹿、施麕皆如牛、羊。欲濡肉，則釋而煎之以醢。欲乾肉，則捶而食之。[一]

　　　　［一］熬，於火上爲之也，今之火脯似矣。欲濡欲乾，人自由也。醢，或爲“醯”。此七者，《周禮》“八珍”，其一“肝膋”是也。

（十二・四十九）

　　糝，取牛、羊、豕之肉，三如一，小切之。與稻米，稻米二，肉一，合以爲餌，煎之。[一]

　　　　［一］此《周禮》“糝食”也。

（十二・五十）

　　肝膋，取狗肝一，幪之以其膋。濡，炙之，舉燋其膋，不蓼。[一]

　　　　［一］膋，腸間脂。舉，或爲“巨”。

（十二・五十一）

　　取稻米，舉糔溲之。小切狼臅膏，以與稻米爲酏。[一]

［一］狼臅膏，臆中膏也，以煎稻米，則似今膏糜矣。此《周禮》
　　　"酏食"也。此"酏"，當從"餰"。

（十二·五十二）

　　禮，始於謹夫婦。爲宮室，辨外內。男子居外，女子
居內。深宮固門，閽、寺守之。男不入，女不出。[一]男
女不同椸、枷，不敢縣於夫之楎、椸[一]，不敢藏於夫之篋、
笥，不敢共湢浴。[二]夫不在，斂枕、篋、簟、席，襡器而
藏之。[三]少事長，賤事貴，咸如之。[四]夫婦之禮，唯及
七十，同藏無閒。[五]故妾雖老，年未滿五十，必與五日之
御。[六]將御者，齊，漱，澣，慎衣服，櫛，縰，笄，總
角，拂髦，衿纓，綦屨。[七]雖婢妾，衣服、飲食必後長
者。[八]妻不在，妾御，莫敢當夕。[九]

　　［一］閽，掌守中門之禁也。寺，掌內人之禁令也。

　　［二］竿，謂之"椸"。楎，杙也。

　　［三］不敢褻也。

　　［四］咸，皆也。

　　［五］衰老無嫌。及，猶至也。

　　［六］五十始衰，不能孕也。妾閒房，不復出御矣。此御，謂侍夜
　　　　勸息也。五日一御，諸侯制也。諸侯取九女，姪、娣兩兩
　　　　而御，則三日也。次兩媵，則四日也。次夫人專夜，則五日
　　　　也。天子，十五日乃一御。

　　［七］其往如朝也。角，衍字也。拂髦，或爲"繆髦"也。

〔一〕不敢縣於夫之楎椸　"楎"，<u>唐石經</u>、<u>阮刻</u>本與底本同。<u>余仁仲</u>本作"揮"，誤。

〔八〕人貴賤不可以無禮。

〔九〕辟女君之御日也。

（十二·五十三）

　　妻將生子，及月辰，居側室。^{〔一〕}夫使人日再問之。作而自問之，妻不敢見，使姆衣服而對。至于子生，夫復使人日再問之。^{〔二〕}夫齊，則不入側室之門。^{〔三〕}子生，男子設弧於門左，女子設帨於門右。^{〔四〕}三日，始負子，男射，女否。^{〔五〕}

〔一〕側室，謂夾之室，次燕寢也。

〔二〕作，有感動。

〔三〕若始時使人問。

〔四〕表男女也。弧者，示有事於武也。帨，事人之佩巾也。

〔五〕始有事也。負之，謂抱之而使鄉前也。

（十二·五十四）

　　國君世子生，告于君，接以大牢。宰掌具。^{〔一〕}三日，卜士負之。吉者宿齊，朝服寢門外，詩負之。射人以桑弧、蓬矢六，射天地、四方。^{〔二〕}保受，乃負之。^{〔三〕}宰醴負子，賜之束帛。^{〔四〕}卜士之妻、大夫之妾，使食子。^{〔五〕}

〔一〕接，讀爲“捷”。捷，勝也。謂食其母，使補虛強氣也。

〔二〕“詩”之言“承”也。桑弧、蓬矢，本大古也。天地、四方，男子所有事也。

〔三〕代士也。保，保母。

　　［四］醴，當爲“禮”，聲之誤也。禮，以一獻之禮，酬之以幣也。

　　［五］食子，不使君妾，適、妾有敵義，不相褻以勞辱事也。士
　　　　妻、大夫之妾，謂時自有子。

（十二·五十五）

　　凡接子擇日，^{［一］}冢子則大牢，^{［二］}庶人特豚，士特豕，
大夫少牢，國君世子大牢。^{［三］}其非冢子，則皆降一等。^{［四］}

　　［一］雖三日之內，尊卑必皆選其吉焉。

　　［二］天子世子也。冢，大也。冢子，猶言“長子”，通於下也。

　　［三］皆謂長子。

　　［四］謂冢子之弟及衆妾之子生也。天子、諸侯少牢，大夫特豕，
　　　　士特豚，庶人猶特豚也。

（十二·五十六）

　　異爲孺子室於宮中。^{［一］}擇於諸母與可者，必求其寬裕、
慈惠、溫良、恭敬、慎而寡言者，使爲子師，其次爲慈母，
其次爲保母，皆居子室。^{［二］}他人無事不往。^{［三］}

　　［一］特埽一處以處之。

　　［二］此人君養子之禮也。諸母，衆妾也。可者，傅、御之屬也。
　　　　子師，教示以善道者。慈母，知其嗜欲者。保母，安其居處
　　　　者。士妻食乳之而已。

　　［三］爲兒精氣微弱，將驚動也。

（十二·五十七）

　　三月之末，擇日翦髮爲鬌，男角、女羈。否，則男左女右。[一]是日也，妻以子見於父，貴人則爲衣服。由命士以下，皆漱、澣。[二]男女夙興，沐浴，衣服，具視朔食。[三]夫入門，升自阼階，立于阼，西鄉。妻抱子出自房，當楣立，東面。[四]姆先相，曰："母某敢用時日，祇見孺子。"[五]夫對曰："欽有帥。"父執子之右手，咳而名之。[六]妻對曰："記有成。"遂左還，授師。[七]子師辯告諸婦、諸母名。[八]妻遂適寢。[九]夫告宰名，宰辯告諸男名，書曰"某年某月某日某生"而藏之。[一〇]宰告閭史，閭史書爲二，其一藏諸閭府，其一獻諸州史。州史獻諸州伯，州伯命藏諸州府。[一一]夫入，食如養禮。[一二]

[一]鬌，所遺髮也。夾囟曰角。午達曰羈也。

[二]貴人，大夫以上也。由，自也。

[三]朔食，天子大牢，諸侯少牢，大夫特豕，士特豚也。

[四]入門者，入側室之門也。大夫以下見子，就側室，見妾子於內寢，辟人君也。

[五]某，妻姓，若言"姜氏"也。祇，敬也，或作"振"。

[六]欽，敬也。帥，循也。言教之敬，使有循也。執右手，明將授之事也。

[七]記，猶識也。識夫之言，使有成也。師，子師也。

[八]後告諸母，若名成於尊。

[九]復夫之燕寢。

[一〇]宰，謂屬吏也。《春秋》書"桓六年九月丁卯，子同生"。

[一一]四閭爲族。族，百家也。閭胥，中士一人。五黨爲州。

州，二千五百家也。州長，中大夫一人也。皆有屬吏。

獻，猶言也。

［一二］夫入，已見子入室也。其與妻食，如婦始饋舅姑之禮也。

（十二·五十八）

世子生，則君沐浴，朝服。夫人亦如之。皆立于阼階，西鄉。世婦抱子，升自西階。君名之，乃降。^[一]適子、庶子見於外寢，撫其首，咳而名之。禮帥初，無辭。^[二]

［一］子升自西階，則人君見世子於路寢也。見妾子，就側室。凡
　　子生，皆就側室。諸侯夫人朝於君，次而褖衣也。

［二］此“適子”，謂世子弟也。庶子，妾子也。外寢，君燕寢也。
　　無辭，辭謂“欽有帥”“記有成”也。

（十二·五十九）

凡名子，不以日月，不以國，^[一]不以隱疾。^[二]大夫、士之子，不敢與世子同名。^[三]

［一］終，使易諱。

［二］諱衣中之疾，難爲醫也。

［三］尊世子也。其先世子生，亦勿爲改。

（十二·六十）

妾將生子，及月辰，夫使人日一問之。子生三月之末，漱、澣、夙齊，見於內寢。禮之如始入室。君已食，徹焉，使之特餕。遂入御。^[一]

　　〔一〕内寢，適妻寢也。禮，謂已見子，夫食而使獨餕也。如始入
　　　　室，始來嫁時。妾餕夫婦之餘，亦如之。既見子，可以御。
　　　　此謂大夫、士之妾也。凡妾稱夫曰“君”。

(十二·六十一)

　　公庶子生，就側室。三月之末，其母沐浴，朝服見於
君。擯者以其子見。君所有賜，君名之。衆子，則使有司
名之。〔一〕

　　〔一〕擯者，傅、姆之屬也。人君尊，雖妾，不抱子。有賜，於君
　　　　有恩惠也。有司，臣有事者也。魯桓公名子，問於申繻也。

(十二·六十二)

　　庶人無側室者，及月辰，夫出居羣室。其問之也，與
子見父之禮，無以異也。〔一〕

　　〔一〕夫雖辟之，至問妻及見子，禮同也。庶人或無妾。

(十二·六十三)

　　凡父在，孫見於祖，祖亦名之。禮如子見父，無辭。〔一〕

　　〔一〕見子於祖，家統於尊也。父在，則無辭。有適子者無適孫，
　　　　與見庶子同也。父卒而有適孫，則有辭，與見冢子同。父雖
　　　　卒，而庶孫猶無辭也。

（十二·六十四）

　食子者，三年而出，見於公宮則劬。^[一]

　　[一]劬，勞也。士妻、大夫之妾食國君之子，三年出歸其家，君
　　　有以勞賜之。

（十二·六十五）

　大夫之子有食母。^[一]士之妻自養其子。^[二]

　　[一]選於傅、御之中，《喪服》所謂“乳母”也。
　　[二]賤不敢使人也。

（十二·六十六）

　由命士以上及大夫之子，旬而見。^[一]

　　[一]旬，當爲“均”，聲之誤也。有時適、妾同時生子，子均而
　　　見者，以生先後見之。旣見乃食，亦辟人君也。《易·說卦》
　　　“坤爲均”，今亦或作“旬”也。

（十二·六十七）

　冢子未食而見，必執其右手。適子、庶子已食而見，
必循其首。^[一]

　　[一]天子、諸侯尊別，世子雖同，母禮則異矣。未食、已食，急
　　　正緩庶之義也。

（十二·六十八）

子能食食，教以右手。能言，男“唯”，女“俞”。男鞶革，女鞶絲。[一]六年，教之數與方名。[二]七年，男女不同席，不共食。[三]八年，出入門戶及即席飲食，必後長者，始教之讓。[四]九年，教之數日。[五]十年，出就外傅，居宿於外，學書、計[一]。衣不帛襦、袴。禮帥初，朝夕學幼儀，請肄簡、諒。[六]十有三年，學樂，誦《詩》，舞《勺》。成童，舞《象》，學射、御。[七]二十而冠，始學禮。可以衣裘、帛，舞《大夏》，惇行孝弟，博學不教，内而不出。[八]三十而有室，始理男事，博學無方[二]，孫友視志。[九]四十始仕，方物出謀發慮，道合則服從，不可則去。[一〇]五十命爲大夫，服官政。[一一]七十致事。[一二]

　　[一]俞，然也。鞶，小囊盛帨巾者。男用韋，女用繒。有飾緣之，則是鞶裂與？《詩》云：“垂帶如厲。”紀子帛名裂繻，字雖今異，意實同也。

　　[二]方名，東西。

　　[三]蚤其别也。

　　[四]示以廉恥。

　　[五]朔、望與六甲也。

　　[六]外傅，教學之師也。不用帛爲襦、袴，爲大温，傷陰氣也。禮帥初，遵習先日所爲也。肄，習也。諒，信也。請習簡，謂所書篇數也。請習信，謂應對之言也。

〔一〕學書計　“計”，唐石經與底本同。余仁仲本、阮刻本作“記”。

〔二〕博學無方　“博”，唐石經、余仁仲本、阮刻本作“博”。經文後仿此者不出校。

［七］先學《勺》，後學《象》，文、武之次也。成童，十五以上。

［八］《大夏》，樂之文、武備者也。內而不出，謂人之謀慮也。

［九］室，猶妻也。男事，受田給政役也。方，猶常也。至此，學無常在，志所好也。孫，順也。順於友，視其所志也。

［一〇］方，猶常也。物，猶事也。

［一一］統一官之政也。

［一二］致其事於君而告老。

（十二·六十九）

凡男拜，尚左手。^{［一］}

［一］左，陽。

（十二·七十）

女子十年不出，^{［一］}姆教婉、娩、聽從，^{［二］}執麻、枲，治絲、繭，織紝、組、紃，學女事，以共衣服。^{［三］}觀於祭祀，納酒漿、籩豆、菹醢，禮相助奠。^{［四］}十有五年而笄。^{［五］}二十而嫁。有故，二十三年而嫁。^{［六］}聘則爲妻，^{［七］}奔則爲妾。^{［八］}

［一］恒居內也。

［二］婉，謂言語也。“娩”之言“媚”也。媚，謂容貌也。

［三］紃，絛。

［四］當及女時而知。

［五］謂應年許嫁者。女子許嫁，笄而字之。其未許嫁，二十則笄。

〔六〕故，謂父母之喪。

〔七〕聘，問也。"妻"之言"齊"也。以禮見問〔一〕，則得與夫敵體。

〔八〕"妾"之言"接"也。聞彼有禮，走而往焉，以得接見於君子也。奔，或爲"衒"。

（十二·七十一）

凡女拜，尚右手。〔一〕

〔一〕右，陰也。

禮記注

〔東漢〕鄭 玄 注

徐 淵 整理

下册

商務印書館
The Commercial Press
创于1897

商務印書館（上海）有限公司 出品
The Commercial Press（Shanghai）Co.Ltd

禮記卷第九

禮記卷第九

玉藻第十三

鄭　氏　注

（十三·一）

天子玉藻，十有二旒，前後邃延，龍卷以祭。^[一]玄端而朝日於東門之外，聽朔於南門之外。閏月則闔門左扉，立于其中。^[二]皮弁以日視朝，遂以食。日中而餕，奏而食。日少牢，朔月大牢。^[三]五飲，上水、漿、酒、醴、酏。^[四]卒食，玄端而居。^[五]動則左史書之，言則右史書之。^[六]御瞽幾聲之上下。^[七]年不順成，則天子素服，乘素車，食無樂。^[八]

　[一] 祭先王之服也。雜采曰藻。天子以五采藻爲旒，旒十有二。“前後邃延”者，言皆出冕前後而垂也，天子齊肩。延，冕上覆也，玄表纁裏。龍卷，畫龍於衣，字或作“袞”。

　[二] 端，當爲“冕”，字之誤也。玄衣而冕，冕服之下。朝日，春分之時也。東門、南門，皆謂國門也。天子廟及路寢，皆如明堂制。明堂在國之陽，每月就其時之堂而聽朔焉。卒事，反宿路寢，亦如之。閏月，非常月也。聽其朔於明堂門中，還處路寢門，終月。凡聽朔，必以特牲告其帝及神，配以文王、武王。

［三］餕，食朝之餘也。奏，奏樂也。

［四］上水，水爲上。餘其次之。

［五］天子服玄端燕居也。

［六］其書，《春秋》《尚書》其存者。

［七］瞽，樂人也。幾，猶察也。察其哀樂。

［八］自貶損也。

(十三·二)

諸侯玄端以祭，^{［一］}裨冕以朝^{［一］}，^{［二］}皮弁以聽朔於大廟，^{［三］}朝服以日視朝於內朝。^{［四］}朝，辨色始入。^{［五］}君日出而視之，退適路寢聽政，使人視大夫。大夫退，然後適小寢，釋服。^{［六］}又朝服以食，特牲，三俎，祭肺。^{［七］}夕深衣，祭牢肉。^{［八］}朔月少牢，五俎、四簋。^{［九］}子、卯，稷食，菜羹。^{［一〇］}夫人與君同庖。^{［一一］}

［一］祭先君也。端，亦當爲“冕”，字之誤也。諸侯祭宗廟之服，唯魯與天子同。

［二］朝天子也。裨冕^{［二］}，公衮，侯、伯鷩，子、男毳也。

［三］皮弁，下天子也。

［四］朝服，冠、玄端、素裳也。此內朝，路寢門外之正朝也。天子、諸侯皆三朝。

［五］羣臣也。入，入應門也。辨，猶正也，別也。

［六］小寢，燕寢也。釋服，服玄端。

<hr>

〔一〕裨冕以朝　“裨”，底本、余仁仲本作“裨”，誤。唐石經、阮刻本作“裨”，據改。

〔二〕裨冕　“裨”，底本、余仁仲本作“裨”，誤。唐石經、阮刻本作“裨”，據改。

［七］食必復朝服，所以敬養身也。三俎，豕、魚、腊。

［八］祭牢肉，異於始殺也。天子言"日中"，諸侯言"夕"；天子言"餕"，諸侯言"祭牢肉"，互相挾。

［九］五俎，加羊與其腸、胃也。朔月四簋，則日食粱、稻各一簋而已。

［一〇］忌日貶也。

［一一］不特殺也。

（十三·三）

君無故不殺牛，大夫無故不殺羊，士無故不殺犬、豕。^[一]

［一］故，謂祭祀之屬。

（十三·四）

君子遠庖廚，凡有血氣之類，弗身踐也。^[一]

［一］踐，當爲"翦"，聲之誤也。翦，猶殺也。

（十三·五）

至于八月不雨，君不舉。^[一]年不順成，君衣布，搢本。關梁不租，山澤列而不賦，土功不興。大夫不得造車馬。^[二]

［一］爲旱變也。此謂建子之月不雨，盡建未月也^{〔一〕}。《春秋》之義，周之春、夏無雨，未能成災。至其秋秀實之時而無雨，則雩。雩而得之，則書"雩"，喜祀有益也。雩而不得，則

〔一〕盡建未月也　"盡"，余仁仲本與底本同。阮刻本作"至"。

書“旱”，明災成也。

〔二〕皆爲凶年變也。君衣布者，謂若衞文公“大布之衣”“大帛之冠”是也。搢本，去琜荼，佩士笏也〔一〕。士以竹爲笏，飾本以象。關梁不租，此周禮也，殷則關恒譏而不征。“列”之言“遮列”也。雖不賦，猶爲之禁，不得非時取也。造，謂作新也。

(十三·六)

卜人定龜，〔一〕史定墨，〔二〕君定體。〔三〕

〔一〕謂靈、射之屬，所當用者。

〔二〕視兆坼也。

〔三〕視兆所得也。周公曰：“體，王其無害。”

(十三·七)

君，羔幦，虎犆。〔一〕大夫齊車，鹿幦〔二〕，豹犆；朝車。士齊車，鹿幦，豹犆。〔二〕

〔一〕幦，覆笭也。犆，讀皆如“直道而行”之“直”。直，謂緣也。此君齊車之飾。

〔二〕臣之朝車與齊車同飾。

〔一〕 佩士笏也 “佩”，余仁仲本與底本同。阮刻本作“珮”，誤。

〔二〕 鹿幦 “鹿”，唐石經、阮刻本與底本同。余仁仲本作“豹”，誤。

（十三·八）

君子之居恒當戶，[一]寢恒東首。[二]若有疾風、迅雷、甚雨，則必變。雖夜必興，衣服、冠而坐。[三]日五盥，沐稷而靧粱，櫛用樿櫛，髮晞用象櫛。進禨，進羞，工乃升歌。[四]浴用二巾，上絺，下綌。[五]出杅，履蒯席，連用湯，[六]履蒲席，衣布，晞身，乃屨，進飲。[七]將適公所，宿齊戒，居外寢，沐浴。史進象笏，書思對命。[八]既服，習容，觀玉聲，[九]乃出。揖私朝，煇如也；登車，則有光矣。[一〇]

[一] 鄉明。

[二] 首生氣也。

[三] 敬天之怒。

[四] 晞，乾也。沐、靧必進禨作樂，盈氣也。更言“進羞”，明爲羞籩、豆之實。

[五] 刷去垢也。

[六] 杅，浴器也。蒯席澀，便於洗足也。連，猶釋也。

[七] 進飲，亦盈氣也。

[八] 思，所思念將以告君者也。對，所以對君者也。命，所受君命也[一]。書之於笏，爲失忘也。

[九] 玉佩。

[一〇] 私朝，自大夫家之朝也。揖其臣，乃行。

（十三·九）

天子，揩斑，方正於天下也。[一]諸侯，荼，前詘後

〔一〕 所受君命也　此句余仁仲本、阮刻本作“所受君命者也”，“命”下有一“者”字。

直，讓於天子也。^[二]大夫，前詘後詘，無所不讓也。^[三]

[一] 此亦笏也。謂之"珽"，"珽"之言"珽然無所屈"也。或謂之"大圭"，長三尺，杼上終葵首。終葵首者，於杼上又廣其首，方如椎頭，是謂無所屈，後則恒直。《相玉書》曰："珽玉六寸，明自炤。"

[二] 荼，讀爲"舒遲"之"舒"。舒懦者，所畏在前也。詘，謂圜殺其首，不爲椎頭。諸侯唯天子詘焉，是以謂笏爲荼。

[三] 大夫，奉君命出入者也，上有天子，下有己君，又殺其下而圜。

(十三·十)

侍坐則必退席，不退則必引而去君之黨。^[一]登席不由前，爲躐席。^[二]徒坐不盡席尺。^[三]讀書、食，則齊，豆去席尺。^[四]

[一] 引，卻也。黨，鄉之細者。退，謂旁側也。辟君之親黨也。

[二] 升必由下也。

[三] 示無所求於前，不忘謙也。

[四] 讀書，聲當聞尊者。食，爲污席也。

(十三·十一)

若賜之食，而君客之，則命之祭，然後祭。^[一]先飯，辯嘗羞，飲而俟。^[二]若有嘗羞者，則俟君之食，然後食。飯、飲而俟。^[三]君命之羞，羞近者。^[四]命之品嘗之，然後唯所欲。^[五]凡嘗遠食，必順近食。^[六]君未覆手，不敢殽。^{〔七〕}君既食，又飯殽。^{〔八〕}飯殽者，三飯也。^{〔九〕}君既徹，執飯與醬，乃出，授從者。^{〔一〇〕}

〔一〕雖見賓客，猶不敢備禮也。侍食則正不祭。

〔二〕俟君食而後食也。君將食，臣先嘗之，忠孝也。

〔三〕不祭，侍食，不敢備禮也。不嘗羞，膳宰存也。飯、飲，利將食也。

〔四〕辟貪味也。

〔五〕必先徧嘗之。

〔六〕從近始也。

〔七〕覆手以循呧，已食也。殽，勸食也。

〔八〕不敢先君飽。

〔九〕臣勸君食，如是可也。

〔一〇〕食於尊者之前，當親徹也。

（十三·十二）

凡侑食，不盡食。食於人不飽。^{〔一〕}唯水、漿不祭，若祭，爲已僁卑^{〔一〕}。^{〔二〕}

〔一〕謙也。

〔二〕水、漿，非盛饌也。已，猶大也。祭之，爲有所畏迫^{〔二〕}，臣於君則祭之。

〔一〕　爲已僁卑　“僁”，唐石經、余仁仲本、阮刻本作“僷”。

〔二〕　爲有所畏迫　此句阮刻本與底本同。余仁仲本作“爲大有所畏迫”，“爲”字下多一“大”字。

（十三·十三）

君若賜之爵，則越席再拜稽首，受，登席祭之。飲，卒爵而俟。君卒爵，然後授虛爵。[一]君子之飲酒也，受一爵而色酒如也，[二]二爵而言言斯，[三]禮已三爵而油油，[四]以退。[五]退則坐取屨，隱辟而后屨，坐左納右，坐右納左。[六]

[一] 不敢先君盡爵。

[二] 酒如，肅敬貌。酒，或爲"察"。

[三] 言言，和敬貌。斯，猶耳也。

[四] 油油，說敬貌。

[五] 禮，飲過三爵則敬殺，可以去矣。

[六] 隱辟，俛逡巡而退著屨也。

（十三·十四）

凡尊，必上玄酒。[一]唯君面尊。[二]唯饗野人皆酒。[三]大夫側尊，用梡；士側尊，用禁。[四]

[一] 不忘古也。

[二] 面，猶鄉也。《燕禮》曰："司宮尊于東楹之西，兩方壺，左玄酒，南上。公尊瓦大雨，有豐[一]，在尊南，南上。"

[三] 飲賤者[二]，不備禮。

[四] 梡，斯禁也，無足，有似於梡，是以言"梡"。

〔一〕 有豐 "豐"，余仁仲本與底本同。阮刻本作"羃"，誤。

〔二〕 飲賤者 此句余仁仲本與底本同。阮刻本作"蜡飲故"，誤。

（十三・十五）

　　始冠，緇布冠，自諸侯下達，冠而敝之可也。^[一]玄冠
朱組纓，天子之冠也。緇布冠繢緌，諸侯之冠也。^[二]

　　玄冠丹組纓，諸侯之齊冠也。玄冠綦組纓，士之齊冠也。^[三]

　　縞冠玄武，子姓之冠也。^[四]縞冠素紕，既祥之冠也。^[五]

　　垂緌五寸，惰游之士也。^[六]玄冠縞武，不齒之服也。^[七]

　　居冠屬武，^[八]自天子下達，有事然後緌。^[九]

　　五十不散送。^[一〇]

　　親没不髦。^[一一]

　　大帛不緌。^[一二]

　　玄冠紫緌，自<u>魯桓公</u>始也。^[一三]

[一]　本大古耳，非時王之法服也。

[二]　皆始冠之冠也。玄冠，委貌也。諸侯，緇布冠有緌，尊者飾
　　　也。繢，或作“繪”。緌，或作“蕤”。

[三]　言齊時所服也。四命以上，齊、祭異冠。

[四]　謂父有喪服，子爲之不純吉也。武，冠卷也。古者冠、
　　　卷殊。

[五]　紕，緣邊也。紕，讀如“埤益”之“埤”。既祥之冠也，已
　　　祥祭而服之也。《間傳》曰：“大祥，素縞、麻衣。”

[六]　惰游，罷民也。亦縞冠素紕，凶服之象也。垂長緌，明非
　　　既祥。

[七]　所放不帥教者。

[八]　謂燕居冠也。著冠於武，少威儀。

[九]　燕、無事者，去飾。

[一〇]　送喪不散麻，始衰不備禮。

［一一］去爲子之飾。

［一二］帛，當爲“白”，聲之誤也。大帛，謂白布冠也。不緌，
　　　　凶服去飾。

［一三］蓋僭宋王者之後服也。緌，當用“繢”。

（十三·十六）

朝玄端，夕深衣。

深衣三袪，^{［一］}縫齊倍要，^{［二］}衽當旁，^{［三］}袂可以回肘。^{［四］}
長、中繼揜尺。^{［五］}袷二寸，^{［六］}袪尺二寸，^{［七］}緣廣寸半。^{［八］}

以帛裏布，非禮也。^{［九］}

士不衣織。^{［一○］}無君者不貳采。^{［一一］}

衣正色，裳間色。^{［一二］}

非列采不入公門，^{［一三］}振絺、綌不入公門，表裘不入
公門，^{［一四］}襲裘不入公門。^{［一五］}

纊爲繭，緼爲袍。^{［一六］}禪爲絅，^{［一七］}帛爲褶。^{［一八］}

朝服之以縞也，自季康子始也。^{［一九］}

孔子曰：“朝服而朝，卒朔然後服之。”^{［二○］}曰：“國家
未道，則不充其服焉。”^{［二一］}

唯君有黼裘以誓省，大裘非古也。^{［二二］}

［一］謂大夫、士也。三袪者，謂要中之數也。袪，尺二寸，圍之
　　　爲二尺四寸。三之，七尺二寸。

［二］縫，紩也。紩下齊倍要中。齊，丈四尺四寸。縫，或爲
　　　“逢”，或爲“豐”。

［三］衽，謂裳幅所交裂也。凡衽者，或殺而下，或殺而上，是以
　　　小要取名焉。衽屬衣，則垂而放之；屬裳，則縫之以合前

後，上下相變。

［四］二尺二寸之節。

［五］其爲長衣、中衣，則繼袂揜一尺，若今襃矣。深衣則緣
　　　而已。

［六］曲領也。

［七］袂口也。

［八］飾邊也。

［九］中外宜相稱也。冕服，絲衣也。中衣用素。皮弁服、朝服、
　　　玄端，麻衣也，中衣用布。

［一〇］纖，染絲織之。士衣染繒也。

［一一］大夫去位，宜服玄端、玄裳。

［一二］謂冕服，玄上纁下。

［一三］列采，正服。

［一四］振，讀爲“袗”。袗，禪也。表裘，外衣也。二者形且褻，
　　　　皆當表之，乃出。

［一五］衣裘，必當褊也。

［一六］衣有著之異名也。纊，謂今之新綿也。縕，謂今纊及舊
　　　　絮也。

［一七］有衣裳而無裏。

［一八］有表裏而無著。

［一九］亦僭宋王者之後。

［二〇］謂諸侯與羣臣也。諸侯視朔皮弁服。

［二一］謂若衛文公者。未道，未合於道。

［二二］僭天子也。天子祭上帝，則大裘而冕。大裘，羔裘也。黼
　　　　裘，以羔與狐白雜爲黼文也。省，當爲“獮”。獮，秋田
　　　　也。國君有黼裘誓獮田之禮。時大夫又有大裘也。

（十三·十七）

　　君衣狐白裘，錦衣以裼之。^[一]君之右虎裘，厥左狼裘。^[二]士不衣狐白。^[三]

　　君子狐青裘豹褎，玄綃衣以裼之；^[四]麛裘青犴褎，絞衣以裼之；^[五]羔裘豹飾，緇衣以裼之；^[六]狐裘，黃衣以裼之。^[七]

　　錦衣狐裘，諸侯之服也。^[八]

　　犬羊之裘，不裼。^[九]不文飾也，不裼。^[一〇]裘之裼也，見美也。^[一一]

　　弔則襲，不盡飾也。^[一二]君在則裼，盡飾也。^[一三]

　　服之襲也，充美也。^[一四]是故尸襲，^[一五]執玉、龜，襲。^[一六]無事則裼，弗敢充也。^[一七]

　　[一]君衣狐白毛之裘，則以素錦爲衣覆之，使可裼也。裼而有衣曰“裼”。必覆之者，裘褻也。《詩》云：“衣錦絅衣，裳錦絅裳。”然則錦衣復有上衣明矣。天子狐白之上衣，皮弁服與？凡裼衣，象裘色也。

　　[二]衛尊者，宜武猛。

　　[三]辟君也。狐之白者少，以少爲尊也^{〔一〕}。

　　[四]君子，大夫、士也。綃，綺屬也。染之以玄，於狐青裘相宜。狐青裘，蓋玄衣之裘。

　　[五]犴，胡犬也。絞，蒼黃之色也。孔子曰：“素衣麛裘。”

　　[六]飾，猶襃也。孔子曰：“緇衣羔裘。”

　　[七]黃衣，大蜡時臘先祖之服也。孔子曰：“黃衣狐裘。”

〔一〕　以少爲尊也　“尊”，余仁仲本、阮刻本作“貴”。

［八］非諸侯，則不用錦衣爲裼。

［九］質略，亦庶人無文飾。

［一〇］裼，主於有文飾之事。

［一一］君子於事，以見美爲敬。

［一二］喪非所以見美。

［一三］臣於君所。

［一四］充，猶覆也。所敬不主於君則襲。

［一五］尸尊。

［一六］重寶瑞也。

［一七］謂已致龜、玉也。

（十三·十八）

　　笏，天子以球玉，諸侯以象，大夫以魚須文竹，士竹本象可也。^{［一］}

　　見於天子，與射，無説笏。入大廟，説笏，非古也。^{［二］}小功，不説笏；當事免，則説之。^{［三］}

　　既搢必盥，雖有執於朝，弗有盥矣。^{［四］}

　　凡有指畫於君前，用笏。造受命於君前，則書於笏。

　　笏，畢用也，因飾焉。^{［五］}

　　笏度二尺有六寸，其中博三寸；其殺，六分而去一。^{［六］}

［一］球，美玉也。文，猶飾也。大夫、士飾竹以爲笏，不敢與君
　　並用純物也。

［二］言凡吉事無所説笏也。大廟之中，唯君當事説笏也。

［三］免，悲哀哭踊之時，不在於記事也。小功輕，不當事，可以
　　搢笏也。

〔四〕搢笏輬盤，爲必執事。

〔五〕畢，盡也。

〔六〕殺，猶杼也。天子杼上終葵首，諸侯不終葵首，大夫、士又杼其下首，廣二寸半。

（十三·十九）

而素帶，終辟。大夫，素帶，辟垂。士，練帶，率，下辟。居士，錦帶。弟子，縞帶，并紐、約，用組。[一]

〔一〕而素帶，終辟，謂諸侯也。諸侯不朱裏，合素爲之，如今衣帶爲之，下天子也。大夫亦如之。率，繂也。士以下皆禪，不合而繂積，如今作幦頭爲之也。辟，讀如“禪冕”之“禪”。禪，謂以繒采飾其側。人君充之，大夫禪其紐及末，士禪其末而已。居士，道藝處士也。此自“而素帶”，亂脱在是耳，宜承“朱裏，終辟”[一]。

〔一〕《玉藻》原篇簡序錯亂，前後倒誤頗多。根據鄭玄注，諸章編連如下，其章序爲：（二三）＋（十九）＋（二十五）＋（二十一）＋（三十四）＋（二十）＋（二十二）＋（一十四）＋（二十六）。復原後的文字爲：“天子，素帶，朱裏，終辟。而〔諸侯〕，素帶，終辟。大夫，素帶，辟垂。士，練帶，率，下辟。居士，錦帶。弟子，縞帶，并紐、約，用組。三寸，長齊于帶。紳長制，士三尺，有司二尺有五寸。子游曰：‘參分帶下，紳居二焉。’紳、韠、結三齊。大夫，大帶四寸。雜帶：君，朱、綠。大夫，玄、華。士，緇，辟二寸，再繚四寸。凡帶，有率，無箴功。肆束及帶，勤者有事則收之，走則擁之。韠：君，朱。大夫，素。士，爵、韋。圜、殺、直：天子，直。公、侯，前、後方。大夫，前方，後挫角。士，前、後正。韠，下廣二尺，上廣一尺，長三尺，其頸五寸，肩、革帶博二寸。一命，緼韍幽衡；再命，赤韍幽衡；三命，赤韍葱衡。王后褘衣，夫人揄狄。君命屈狄，再命褕衣，一命襢衣，士褖衣。唯世婦命於奠繭，其他則皆從男子。”

（十三・二十）

　　韠：君，朱。大夫，素。士，爵。韋。^[一]

　　圜、殺、直：^[二]天子，直。^[三]公、侯，前、後方。^[四]大夫，前方，後挫角。^[五]士，前、後正。^[六]

　　韠，下廣二尺，上廣一尺，長三尺，其頸五寸，肩、革帶博二寸。^[七]

　　[一] 此玄端服之韠也。“韠”之言“蔽”也。凡韠，以韋爲之，必象裳色。裳色則天子、諸侯玄端朱裳^{〔一〕}，大夫素裳。唯士玄裳、黃裳、雜裳也。皮弁服皆素韠。

　　[二] 目韠制。

　　[三] 四角直，無圜、殺。

　　[四] 殺四角，使之方，變於天子也。所殺者，去上下各五寸。

　　[五] 圜其上角，變於君也。韠以下爲前，以上爲後。

　　[六] 士賤，與君同，不嫌也。正，直、方之間語也。天子之士則直，諸侯之士則方。

　　[七] 頸五寸，亦謂廣也。頸中央，肩兩角，皆上接革帶以繫之，肩與革帶廣同。凡佩，繫於革帶。

（十三・二十一）

　　大夫，大帶四寸。雜帶：君，朱、綠。大夫，玄、華。士，緇，辟二寸，再繚四寸。凡帶，有率，無箴功。^[一]

〔一〕 裳色則天子諸侯玄端朱裳　此句余仁仲本、阮刻本作“則天子、諸侯玄端朱裳”，“則”字前脫“裳色”二字。

〔一〕雜，猶飾也，即上之襌也。君襌帶，上以朱，下以綠終之。大夫襌垂，外以玄，内以華。華，黄色也。士襌垂之下，外内皆以緇，是謂緇帶。大夫以上以素，皆廣四寸。士以練，廣二寸，再繚之。凡帶，有司之帶也，亦繂之如士帶矣。無箴功，則不襌之。士雖繂帶，襌亦用箴功。凡帶不襌，下士也。此又亂脫在是，宜承“紳、韠、結三齊”。

（十三・二十二）

一命，緼韍幽衡；再命，赤韍幽衡；三命，赤韍葱衡。〔一〕

〔一〕此玄冕、爵弁服之韠，尊祭服，異其名耳。“韍”之言亦“蔽”也。緼，赤黄之間色，所謂“韎”也。衡，佩玉之衡也。幽，讀爲“黝”。黑，謂之“黝”。青，謂之“葱”。《周禮》“公、侯、伯之卿三命，其大夫再命，其士一命。子、男之卿再命，其大夫一命，其士不命”。

（十三・二十三）

天子，素帶，朱裏，終辟。〔一〕

〔一〕謂大帶也。

（十三・二十四）

王后褘衣，夫人揄狄。〔一〕

〔一〕褘，讀如“翬”。揄，讀如“摇”。翬、摇皆翟雉名也。刻繒而畫之，著於衣以爲飾，因以爲名也，後世作字異耳。夫人，三夫人，亦侯、伯之夫人也。王者之後，夫人亦褘衣。

（十三·二十五）

三寸，長齊于帶。紳長制，士三尺，有司二尺有五寸。子游曰："參分帶下，紳居二焉。"紳、韠、結三齊。[一]

[一] 三寸，謂約帶組組之廣也。長齊于帶，與紳齊也。紳，帶之垂者也，言其屈而重也。《論語》曰："子張書諸紳。"有司，府史之屬也。三分帶下而三尺，則帶高於中也。結，約餘也。此又亂脫在是，宜承"約用組"。結，或爲"衿"。

（十三·二十六）

君命屈狄，再命褘衣，一命襢衣，士褖衣。[一]唯世婦命於奠繭，其他則皆從男子。[二]

[一] 君，女君也。屈，《周禮》作"闕"，謂刻繒爲翟，不畫也。此子、男之夫人，及其卿、大夫、士之妻命服也。褘，當爲"鞠"，字之誤也。禮，天子、諸侯命其臣，后、夫人亦命其妻以衣服，所謂"夫尊於朝，妻榮於室"也。子、男之卿再命而妻鞠衣，則鞠衣、襢衣、褖衣者，諸侯之臣皆分爲三等，其妻以次受此服也。公之臣，孤爲上，卿、大夫次之，士次之。侯、伯、子、男之臣，卿爲上，大夫次之，士次之。褖，或作"税"。

[二] 奠，猶獻也。凡世婦已下，蠶事畢，獻繭，乃命之以其服。天子之后、夫人、九嬪及諸侯之夫人，夫在其位，則妻得服其服矣。自"君命屈狄"至此，亦亂脫在是，宜承"夫人揄狄"。

（十三·二十七）

凡侍於君，紳垂，足如履齊，頤霤，垂拱，視下而聽上，視帶以及袷，聽鄉任左。^[一]

　　［一］紳垂，則磬折也。齊，裳下緝也。袷，交領也。

（十三·二十八）

凡君召以三節，二節以走，一節以趨。^[一]在官不俟屨，在外不俟車。^[二]

　　［一］節，所以明信輔君命也。使使召臣，急則持二，緩則持一。《周禮》曰“鎮圭以徵守”，其餘未聞也。今漢使者擁節。

　　［二］趨君命也。必有執隨授之者。官，謂朝廷治事處也。

（十三·二十九）

士於大夫，不敢拜迎，而拜送。^[一]士於尊者先拜，進面，荅之拜，則走。^[二]

　　［一］禮不敵，始來拜，則士辟也。

　　［二］士往見卿、大夫，卿、大夫出迎，荅拜亦辟也。

（十三·三十）

士於君所言大夫，没矣，則稱謚若字，名士。與大夫言，名士，字大夫。^[一]

　　［一］君所，大夫存亦名。

（十三・三十一）

於大夫所，有公諱，無私諱。[一]

[一] 公諱，若言語所辟先君之名。

（十三・三十二）

凡祭不諱，廟中不諱，[一] 教學臨文不諱。[二]

[一] 謂祝嘏之辭中有先君之名者也。凡祭，祭羣神。廟中，上不
　　諱下。

[二] 爲惑未知者。

（十三・三十三）

古之君子必佩玉，[一] 右徵、角，左宮、羽，[二] 趨以
《采齊》，[三] 行以《肆夏》，[四] 周還中規，[五] 折還中矩，[六]
進則揖之，退則揚之，然後玉鏘鳴也。[七] 故君子在車則聞
鸞、和之聲，行則鳴佩玉，是以非辟之心無自入也。[八]

君在不佩玉，左結佩，右設佩。[九] 居則設佩，[一〇] 朝
則結佩，[一一] 齊則綪結佩而爵韠。[一二]

凡帶必有佩玉，唯喪否。[一三] 佩玉有衝牙。[一四]

君子無故玉不去身，君子於玉比德焉。[一五]

天子佩白玉而玄組綬，公、侯佩山玄玉而朱組綬，大
夫佩水蒼玉而純組綬，世子佩瑜玉而綦組綬，士佩瓀玟而
緼組綬。[一六] 孔子佩象環五寸而綦組綬。[一七]

[一] 比德焉。君子，士已上。

461

〔二〕玉聲所中也。徵、角在右，事也，民也，可以勞。宮、羽在左，君也，物也，宜逸。

〔三〕路門外之樂節也。門外謂之“趨”。齊，當爲“楚薺”之“薺”。

〔四〕登堂之樂節。

〔五〕反行也，宜圜。

〔六〕曲行也，宜方。

〔七〕揖之，謂小俛，見於前也。揚之，謂小仰，見於後也。鏘，聲貌。

〔八〕鸞在衡，和在式。自，由也。

〔九〕謂世子也。出所處而君在焉，則去德佩而設事佩，辟德而示即事也。結其左者，若於事有未能也。結者，結其綬，不使鳴也〔一〕。

〔一〇〕謂所處而君不在焉。

〔一一〕朝於君，亦結左。

〔一二〕綪，屈也。結又屈之，思神靈，不在事也。爵韠者，齊服玄端。

〔一三〕喪主於哀〔二〕，去飾也。凡，謂天子以至士。

〔一四〕居中央以前後觸也。

〔一五〕故，謂喪與災眚。

〔一六〕玉有山玄、水蒼者，視之文色所似也。綏者，所以貫佩玉，相承受者也。純，當爲“緇”。古文“緇”字，或作“絲”旁“才”。綦，文雜色也。縕，赤黃。

〔一七〕謙不比德，亦不事也。象，有文理者也。環，取可循而無窮。

〔一〕不使鳴也　“也”，阮刻本與底本同。余仁仲本作“焉”。

〔二〕喪主於哀　“主”，阮刻本與底本同。余仁仲本作“注”，誤。

（十三·三十四）

　　童子之節也，緇布衣，錦緣，錦紳并紐，錦束髮，皆朱錦也。^{〔一〕}肆束及帶，勤者有事則收之，走則擁之。^{〔二〕}

　　〔一〕童子，未冠之稱也。《冠禮》曰：“將冠者采衣，紒也。”

　　〔二〕肆，讀爲“肆”。肆，餘也^{〔一〕}。餘束，約紐之餘組也。勤，謂
　　　　執勞辱之事也。此亦亂脱在是，宜承“無箴功”。

（十三·三十五）

　　童子不裘不帛，不屨絢。無緦服，聽事不麻。無事則立主人之北，南面^{〔二〕}。見先生，從人而入。^{〔一〕}

　　〔一〕皆爲幼少，不備禮也。雖不服緦，猶免、深衣，無麻，往給
　　　　事也。裘、帛温，傷壯氣也。絢，屨頭飾也。

（十三·三十六）

　　侍食於先生、異爵者，後祭先飯。^{〔一〕}客祭，主人辭曰：“不足祭也。”^{〔二〕}客飱，主人辭以疏。^{〔三〕}主人自置其醬，則客自徹之。^{〔四〕}

　　〔一〕謙也。

　　〔二〕祭者，盛主人之饌也。

　　〔三〕飱者，美主人之食也。“疏”之言“麤”也。

〔一〕肆餘也　“肆”，余仁仲本與底本同。阮刻本作“肆”，誤。
〔二〕無事則立主人之北南面　此句唐石經與底本同。余仁仲本、阮刻本作“無事則立主人之北面”，“北”字下少一“南”字。

〔四〕敬主人也。徹，莫于序端。

（十三·三十七）

　　一室之人，非賓客，一人徹。〔一〕壹食之人，一人徹。〔二〕凡燕食，婦人不徹。〔三〕

　　〔一〕同事合居者也。賓客則各徹其饌也。
　　〔二〕壹，猶聚也。爲赴事聚食也。
　　〔三〕婦人質，不備禮。

（十三·三十八）

　　食棗、桃、李，弗致于核。〔一〕瓜祭上環，食中，弃所操。〔二〕凡食果實者，後君子；〔三〕火孰者，先君子。〔四〕

　　〔一〕恭也。
　　〔二〕上環，頭忖也。
　　〔三〕陰陽所成，非人事也。
　　〔四〕備火齊不得也。

（十三·三十九）

　　有慶，非君賜不賀。〔一〕有憂者。〔二〕

　　〔一〕唯君賜爲榮也。
　　〔二〕此下絕亡，非其句也。

（十三·四十）

勤者有事則收之，走則擁之。[一]

　[一] 此補脱，重。

（十三·四十一）

孔子食於季氏，不辭，不食肉而飧。[一]

　[一] 以其待己及饌非禮也。

（十三·四十二）

君賜車馬，乘以拜。賜衣服，服以拜。[一]賜，君未有命，弗敢即乘、服也。[二]

君賜，稽首，據掌，致諸地。[三]酒肉之賜，弗再拜。[四]凡賜，君子與小人不同日。[五]

　[一] 敬君惠也。

　[二] 謂卿、大夫受賜於天子者，歸必致於其君，君有命乃服之。

　[三] 致首於地。據掌，以左手覆案右手也。

　[四] 輕也。受重賜者，拜受，又拜於其室。

　[五] 慎於尊卑。

（十三·四十三）

凡獻於君，大夫使宰，士親，皆再拜稽首送之。[一]膳於君，有葷、桃、茢，於大夫去茢，於士去葷，皆造於膳宰。[二]大夫不親拜，爲君之荅己也。[三]大夫拜賜而退，

士待諾而退，又拜，弗荅拜。^[四]

> ［一］敬也。
>
> ［二］膳，美食也。葷、桃、苅，辟凶邪也。大夫用葷、桃，士桃而已。葷，薑及辛菜也。苅，茭帚也。造於膳宰，既致命而授之。葷，或作“焄”。
>
> ［三］不敢變動至尊。
>
> ［四］小臣受大夫之拜，復以入告，大夫拜，便辟也。

（十三·四十四）

大夫親賜士，士拜受，又拜於其室。衣服，弗服以拜。^[一]敵者不在，拜於其室。^[二]凡於尊者有獻，而弗敢以聞。^[三]

> ［一］異於君惠也。拜受，又就拜於其家，是所謂“再拜”也。
>
> ［二］謂來賜時不見也，見則不復往也。
>
> ［三］此謂獻辭也。《少儀》曰“君將適他，臣若致金玉、貨貝於君，則曰‘致馬資於有司’”，是其類也。

（十三·四十五）

士於大夫不承賀。下大夫於上大夫承賀。^[一]

> ［一］承，受也。士有慶事，不聽大夫親來賀己，不敢變動尊也。

（十三·四十六）

親在，行禮於人稱父。人或賜之，則稱父拜之。^[一]

〔一〕事統於尊。

（十三·四十七）

禮不盛，服不充。〔一〕故大裘不裼，乘路車不式。〔二〕

〔一〕禮盛者服充，大事不崇曲敬。
〔二〕謂祭天也。《周禮》，王“祀昊天上帝，則服大裘而冕”，乘玉路。或曰：“乘兵車不式。”

（十三·四十八）

父命呼，“唯”而不“諾”，手執業則投之，食在口則吐之，走而不趨。〔一〕親老，出不易方，復不過時。〔二〕親癠，色容不盛，此孝子之疏節也。〔三〕父没而不能讀父之書，手澤存焉爾。母没而杯圈不能飲焉，口澤之氣存焉爾。〔四〕

〔一〕至敬。
〔二〕不可以憂父母也。易方，爲其不信己所處也。復，反也。
〔三〕言非至孝也。癠，病也。王季有疾，文王色憂，行不能正履。
〔四〕孝子見親之器物，哀惻不忍用也。圈，屈木所爲，謂卮、匜之屬。

（十三·四十九）

君入門，介拂闑，大夫中棖與闑之閒，士介拂棖。〔一〕賓入不中門，不履閾。〔二〕公事自闑西，〔三〕私事自闑東。〔四〕

［一］此謂兩君相見也。根，門楔也。君入必中門，上介夾闃。
　　　大夫介、士介鴈行於後，示不相沿也。君若迎聘客，擯者
　　　亦然。

［二］辟尊者所從也。此謂聘客也。閾，門限。

［三］聘享也。

［四］覿面也。

（十三·五十）

　　君與尸行接武，^{［一］}大夫繼武，^{［二］}士中武。^{［三］}徐趨皆
用是，^{［四］}疾趨則欲發，而手足毋移。^{［五］}圈豚行，不舉足，
齊如流。^{［六］}席上亦然。^{［七］}端行，頤霤如矢。弁行，剡剡
起屨。^{［八］}執龜、玉，舉前曳踵，蹜蹜如也。^{［九］}

［一］尊者尚徐。武半迹。

［二］迹相及也。

［三］迹閒容迹。

［四］君、大夫、士之徐行也，皆如“與尸行”之節也。

［五］疾趨，謂直行也，疏數自若。發，謂起屨也。“移”之言“靡
　　　迆”也。毋移，欲其直且正。欲，或爲“數”。

［六］圈，轉也。“豚”之言“若有所循”。不舉足，曳踵則衣之齊
　　　如水之流矣。孔子執圭則然，此徐趨也。

［七］尊處亦尚徐也。

［八］此疾趨也。端，直也。頤，或爲“𪖪”也。

［九］著徐趨之事。

468

（十三·五十一）

凡行，容惕惕^[一]；^[一]廟中，齊齊；^[二]朝廷，濟濟、翔翔。^[三]

［一］惕惕^[二]，直疾貌也。凡行，謂道路也。

［二］恭愨貌也。

［三］莊敬貌也。

（十三·五十二）

君子之容舒遲，見所尊者齊遬。^[一]足容重，^[二]手容恭，^[三]目容端，^[四]口容止，^[五]聲容靜，^[六]頭容直，^[七]氣容肅，^[八]立容德，^[九]色容莊，^[一〇]坐如尸。^[一一]燕居告溫溫。^[一二]

［一］謙愨貌也。遬，猶蹙蹙也。

［二］舉欲遲也。

［三］高且正也。

［四］不睇視也。

［五］不妄動也。

［六］不噦欬也。

［七］不傾顧也。

［八］似不息也。

［九］如有予也。

〔一〕　容惕惕　“惕惕”，余仁仲本與底本同。唐石經、阮刻本作“愓愓”。

〔二〕　惕惕　“惕惕”，余仁仲本與底本同。阮刻本作“愓愓”。

〔一○〕勃如戰色。

〔一一〕尸居神位，敬慎也。

〔一二〕告，謂教使也。《詩》云："温温恭人。"

（十三·五十三）

　　凡祭，容貌顏色如見所祭者。^{〔一〕}

　　〔一〕如睹其人在此。

（十三·五十四）

　　喪容纍纍，^{〔一〕}色容顛顛，^{〔二〕}視容瞿瞿、梅梅，^{〔三〕}言容繭繭。^{〔四〕}

　　〔一〕羸憊貌也。

　　〔二〕憂思貌也。

　　〔三〕不審貌也。

　　〔四〕聲氣微也。

（十三·五十五）

　　戎容暨暨，^{〔一〕}言容諮諮，^{〔二〕}色容厲肅，^{〔三〕}視容清明。^{〔四〕}立容辨卑，毋謟。^{〔五〕}頭頸必中。^{〔六〕}山立，^{〔七〕}時行，^{〔八〕}盛氣顛實揚休，^{〔九〕}玉色。^{〔一○〕}

　　〔一〕果毅貌也。

　　〔二〕教令嚴也。

　　〔三〕儀形貌也。

［四］察於事也。

［五］辨，讀爲“貶”。自貶卑，謂磬折也。調，爲傾身以有下也。

［六］頭容直。

［七］不摇動也。

［八］時而後行也。《詩》云：“威儀孔時。”

［九］顛，讀爲“闐”。揚，讀爲“陽”，聲之誤也。盛身中之氣，
　　　　使之闐滿，其息若陽氣之休物也〔一〕。

［一〇］色不變也。

（十三·五十六）

　　凡自稱，天子曰“予一人”，〔一〕伯曰“天子之力臣”。〔二〕
諸侯之於天子，曰“某土之守臣某”；其在邊邑，曰“某屏
之臣某”。其於敵以下，曰“寡人”。小國之君曰“孤”，擯
者亦曰“孤”。〔三〕上大夫曰“下臣”，擯者曰“寡君之老”。
下大夫自名，擯者曰“寡大夫”。世子自名，擯者曰“寡君
之適”。〔四〕公子曰“臣孽”。〔五〕士曰“傳遽之臣”，於大夫曰
“外私”。〔六〕大夫私事使，私人擯則稱名，〔七〕公士擯，則曰
“寡大夫”“寡君之老”。大夫有所往，必與公士爲賓也。〔八〕

［一］謙自别於人而已。

［二］伯，上公九命分陝者。

［三］邊邑，謂九州之外。大國之君自稱曰“寡人”，擯者曰
　　　　“寡君”。

［四］擯者之辭，主謂見於他國君。下大夫自名於他國君曰“外臣某”。

［五］孼，當爲“枿”，聲之誤。

［六］傳遽，以車馬給使者也。士臣於大夫者曰“私人”。

［七］私事使，謂以君命私行，非聘也。若魯成公時，晉侯使韓穿
　　　來言汶陽之田，歸之于齊之類。

［八］謂聘也。大聘使上大夫，小聘使下大夫。公士爲賓，謂作介
　　　也。往，之也。

明堂位第十四

鄭 氏 注

（十四·一）

　　昔者<u>周公</u>朝諸侯于明堂之位，^[一]天子負斧依，南鄉而立。^[二]三公，中階之前，北面，東上。諸侯之位，阼階之東，西面，北上。諸伯之國，西階之西，東面，北上。諸子之國，門東，北面，東上。諸男之國，門西，北面，東上。九夷之國，東門之外，西面，北上。八蠻之國，南門之外，北面，東上。六戎之國，西門之外，東面，南上。五狄之國，北門之外，南面，東上。九采之國，應門之外，北面，東上。四塞，世告至。此<u>周公</u>明堂之位也。^[三]明堂也者，明諸侯之尊卑也。^[四]

[一] <u>周公</u>攝王位，以明堂之禮儀朝諸侯也。不於宗廟，辟王也。

[二] 天子，<u>周公</u>也。"負"之言"背"也。斧依，爲斧文屏風於戶、牖之間，<u>周公</u>於前立焉。

[三] 朝之禮不於此，<u>周公</u>權用之也。朝位之上，上近主位，尊也。九采，九州之牧，典貢職者也。正門，謂之"應門"，二伯帥諸侯而入，牧居外而糾察之也。四塞，謂夷服、鎮服、蕃服，在四方爲蔽塞者。新君即位，則乃朝。《周禮》："侯服歲一見，甸服二歲一見，男服三歲一見，采服四歲一見，衞服五歲一見，要服六歲一見。九州之外，謂之'蕃國'，世一見。"

［四］朝於此，所以正儀辨等也。

（十四·二）

　　昔殷紂亂天下，脯鬼侯以饗諸侯。^[一]是以周公相武王以伐紂。武王崩，成王幼弱，周公踐天子之位，以治天下。六年，朝諸侯於明堂，制禮作樂，頒度量，而天下大服。^[二]七年，致政於成王。成王以周公爲有勳勞於天下，^[三]是以封周公於曲阜，地方七百里，革車千乘。^[四]命魯公世世祀周公，以天子之禮樂。^[五]是以魯君孟春乘大路，載弧韣，旂十有二旒，日月之章，祀帝于郊，配以后稷，天子之禮也。^[六]

［一］以人肉爲薦羞，惡之甚也。

［二］踐，猶履也。頒，讀爲“班”。度，謂丈尺、高卑、廣狹也。量，謂豆、區、斗、斛、筐、筥所容受。

［三］致政，以王事歸授之。王功曰“勳”，事功曰“勞”。

［四］曲阜，魯地。上公之封，地方五百里，加魯以四等之附庸，方百里者二十四，并五五二十五，積四十九，開方之得七百里。革車，兵車也。兵車千乘，成國之賦也。《詩·魯頌》曰：“王謂叔父，建爾元子，俾侯于魯。大啓爾宇，爲周室輔。乃命魯公，俾侯于東，錫之山川，土田附庸。”又曰：“公車千乘，朱英綠縢。”

［五］同之於周，尊之也。魯公，謂伯禽。

［六］孟春，建子之月，魯之始郊日以至。大路，殷之祭天車也。弧，旌旗所以張幅也，其衣曰韣。天子之旌旗，畫日月。帝，謂蒼帝靈威仰也。昊天上帝，魯不祭。

（十四·三）

季夏六月，以禘禮祀周公於大廟，牲用白牡，尊用犧、象、山罍，鬱尊用黃目，灌用玉瓚大圭，薦用玉豆、雕篹，爵用玉琖仍雕，加以璧散、璧角，俎用梡、嶡。升歌《清廟》，下管《象》。朱干、玉戚，冕而舞《大武》。皮弁、素積，裼而舞《大夏》。《昧》，東夷之樂也。《任》，南蠻之樂也。納夷蠻之樂於大廟，言廣魯於天下也。[一]

[一] 季夏，建巳之月也。禘，大祭也。周公曰大廟，魯公曰世室，羣公稱宮。白牡，殷牲也。尊，酒器也。犧尊，以沙羽為畫飾。象，骨飾之。鬱，鬯之器也。黃，彝也。灌，酌鬱尊以獻也。瓚，形如槃，容五升，以大圭為柄，是謂“圭瓚”。篹，籩屬也，以竹為之，彫刻飾其直者也。爵，君所進於尸也。仍，因也，因爵之形為之飾也。加，加爵也。散、角，皆以璧飾其口也。梡，始有四足也。嶡為之距。《清廟》，《周頌》也。《象》謂《周頌·武》也，以管播之。朱干，赤大盾也。戚，斧也。冕，冠名也。諸公之服，自袞冕而下，如王之服也。《大武》，周舞也。《大夏》，夏舞也。《周禮》昧師“掌教《昧》樂”。《詩》曰：“以《雅》以《南》，以《籥》不僭。”廣，大也。

（十四·四）

君卷冕立于阼，夫人副褘立于房中。君肉袒迎牲于門，夫人薦豆籩。卿、大夫贊君，命婦贊夫人，各揚其職，百官廢職，服大刑，而天下大服。[一]

［一］副，首飾也，今之步搖是也。《詩》云："副笄六珈。"《周禮》
追師"掌王后之首服，爲副"。褘，王后之上服，唯魯及王
者之後夫人服之，諸侯夫人則自揄翟而下。贊，佐也。命
婦，於内則世婦也，於外則大夫之妻也。祭祀，世婦以下佐
夫人。揚，舉也。大刑，重罪也。天下大服，知周公之德宜
饗此也。

（十四·五）

是故夏礿、秋嘗、冬烝。春社、秋省而遂大蜡，天子
之祭也。[一]

［一］不言春祠，魯在東方，王東巡守以春[一]，或闕之。省，讀爲
"獮"。獮，秋田名也。春田祭社，秋田祀礻方。大蜡，歲十二
月，索鬼神而祭之。

（十四·六）

大廟，天子明堂。庫門，天子皋門。雉門，天子應門。[一]

［一］言廟及門如天子之制也。天子五門，皋、庫、雉、應、路。
魯有庫、雉、路，則諸侯三門與？"皋"之言"高"也。《詩》
云："乃立皋門，皋門有伉。乃立應門，應門將將。"

（十四·七）

振木鐸於朝，天子之政也。[一]

〔一〕 王東巡守以春 "王"，余仁仲本、阮刻本作"主"，誤。

［一］天子將發號令，必以木鐸警衆。

（十四·八）

山節，藻梲，復廟，重檐，刮楹，達鄉，反坫出尊，崇坫康圭，疏屏，天子之廟飾也。^{［一］}

［一］山節，刻薄盧爲山也^{〔一〕}。藻梲，畫侏儒柱爲藻文也。復廟，重屋也。重檐，重承壁材也。刮，刮摩也。鄉，牖屬，謂夾户窗也，每室八窻爲四達。反坫，反爵之坫也。出尊，當尊南也。唯兩君爲好，旣獻，反爵於其上。禮，君尊于兩楹之間。崇，高也。康，讀爲“亢龍”之“亢”，又爲高坫，亢所受圭，奠于上焉。屏，謂之“樹”，今浮思也^{〔二〕}。刻之爲雲氣、蟲獸，如今闕上爲之矣。

（十四·九）

鸞車，有虞氏之路也。鉤車，夏后氏之路也。大路，殷路也。乘路，周路也。^{［一］}

［一］鸞，有鸞、和也。鉤，有曲輿者也。大路，木路也。乘路，玉路也。漢祭天，乘殷之路也，今謂之“桑根車”也。《春秋傳》曰：“大路素。”鸞，或爲“欒”也。

（十四·十）

有虞氏之旂，夏后氏之綏，殷之大白，周之大赤。^{［一］}

〔一〕　刻薄盧爲山也　“薄”，余仁仲本、阮刻本作“欂”。
〔二〕　今浮思也　“浮”，阮刻本與底本同。余仁仲本作“桴”。

［一］四者，旌旗之屬也。綏，當爲“緌”，讀如“冠蕤”之“蕤”。有虞氏當言緌，夏后氏當言旂，此蓋錯誤也。緌，謂注旄牛尾於杠首，所謂“大麾”。《書》云：“武王左杖黄鉞，右秉白旄以麾。”《周禮》：“王建大旂以賓，建大赤以朝，建大白以即戎，建大麾以田也。”

（十四·十一）

夏后氏駱馬黑鬣，殷人白馬黑首，周人黄馬蕃鬣。

（十四·十二）

夏后氏牲尚黑，殷白牡，周騂剛。[一]

［一］順正色也。白馬黑鬣曰駱。殷黑首，爲純白凶也。騂剛，赤色。

（十四·十三）

泰，有虞氏之尊也。山罍，夏后氏之尊也。著，殷尊也。犧、象，周尊也。[一]

［一］泰用瓦。著，著地無足。

（十四·十四）

爵，夏后氏以琖，殷以斝，周以爵。[一]

［一］斝，畫禾稼也。《詩》曰：“洗爵奠斝。”

478

（十四·十五）

灌尊，夏后氏以雞夷，殷以斝，周以黃目。其勺，夏后氏以龍勺，殷以疏勺，周以蒲勺。^[一]

[一] 夷，讀爲"彝"。《周禮》："春祠、夏禴，祼用雞彝、鳥彝。秋嘗、冬烝，祼用斝彝、黃彝。"龍，龍頭也。疏，通刻其頭。蒲，合蒲，如鳧頭也。

（十四·十六）

土鼓，蕢桴，葦籥，伊耆氏之樂也。^[一]拊搏、玉磬、揩擊、大琴、大瑟、中琴、小瑟，四代之樂器也。^[二]

[一] 蕢，當爲"凷"，聲之誤也。籥如笛，三孔。伊耆氏，古天子有天下之號也。今有姓伊耆氏者。

[二] 拊搏，以韋爲之，充之以穅，形如小鼓。揩擊，謂柷、敔，皆所以節樂者也。四代，虞、夏、殷、周也。

（十四·十七）

魯公之廟，文世室也。武公之廟，武世室也。^[一]

[一] 此二廟，象周有文王、武王之廟也。世室者，不毀之名也。魯公，伯禽也。武公，伯禽之玄孫也，名敖。

（十四·十八）

米廩，有虞氏之庠也。序，夏后氏之序也。瞽宗，殷學也。頖宮，周學也。^[一]

〔一〕庠、序，亦學也。“庠”之言“詳”也，於以考禮詳事也。魯謂之“米廩”。虞帝上孝，令藏粢盛之委焉。序，次序王事也。瞽宗，樂師瞽矇之所宗也。古者有道德者使教焉，死則以為樂祖，於此祭之。“頖”之言“班”也，於以班政教也。

（十四·十九）

　　崇鼎、貫鼎、大璜、封父龜，天子之器也。[一]

〔一〕崇、貫、封父，皆國名。文王伐崇。古者伐國，遷其重器，以分同姓。大璜，夏后氏之璜。《春秋傳》曰：“分魯公以夏后氏之璜。”

（十四·二十）

　　越棘、大弓，天子之戎器也。[一]

〔一〕越，國名也。棘，戟也。《春秋傳》曰：“子都拔棘。”

（十四·二十一）

　　夏后氏之鼓足，殷楹鼓，周縣鼓。[一]

〔一〕足，謂四足也。楹，謂之“柱”，貫中上出也。縣，縣之簨虡也。《殷頌》曰：“植我鼗鼓。”《周頌》曰：“應棘縣鼓。”

（十四·二十二）

　　垂之和鐘，叔之離磬，女媧之笙簧。[一]

〔一〕垂，堯之共工也。女媧，三皇承宓羲者。叔，未聞也。和、離，謂次序其聲縣也。笙簧，笙中之簧也。《世本·作》曰："垂作鐘，無句作磬，女媧作笙簧。"

（十四·二十三）

夏后氏之龍簴虞，殷之崇牙，周之璧翣。^{〔一〕}

〔一〕簴虞，所以縣鐘、磬也。橫曰簴，飾之以鱗屬；植曰虞，飾之以贏屬、羽屬。簴以大版爲之，謂之"業"。殷又於龍上刻畫之爲重牙，以挂縣紘也。周又畫繒爲翣，戴以璧^{〔一〕}，垂五采羽於其下，樹於簴之角上，飾彌多也。《周頌》曰："設業設虞，崇牙樹羽。"

（十四·二十四）

有虞氏之兩敦，夏后氏之四璉，殷之六瑚，周之八簋。^{〔一〕}

〔一〕皆黍、稷器，制之異同，未聞。

（十四·二十五）

俎，有虞氏以梡，夏后氏以嶡，殷以椇，周以房俎。^{〔一〕}

〔一〕梡，斷木爲四足而已。"嶡"之言"歷"也，謂中足爲橫距之象，《周禮》謂之"距"。"椇"之言"枳椇"也，謂曲橈之也。房，謂足下跗也，上下兩間，有似於堂房。《魯頌》曰：

〔一〕　戴以璧　"戴"，余仁仲本與底本同。阮刻本作"載"。

“籩豆大房。”

（十四·二十六）

夏后氏以楬豆，殷玉豆，周獻豆。^[一]

〔一〕楬，無異物之飾也。獻，疏刻之。齊人謂無髮爲秃楬。

（十四·二十七）

有虞氏服韍，夏后氏山，殷火，周龍章。^[一]

〔一〕韍，冕服之韠也，舜始作之，以尊祭服。禹、湯至周，增以畫文，後王彌飾也。山，取其仁可仰也。火，取其明也。龍，取其變化也。天子備焉，諸侯火而下，卿、大夫山，士韠韋而已。韍，或作“黻”。

（十四·二十八）

有虞氏祭首，夏后氏祭心，殷祭肝，周祭肺。^[一]

〔一〕氣主盛也。

（十四·二十九）

夏后氏尚明水，殷尚醴，周尚酒。^[一]

〔一〕此皆其時之用耳。言“尚”，非。

（十四·三十）

有虞氏官五十，夏后氏官百，殷二百，周三百。[一]

[一] 周之六卿，其屬各六十，則周三百六十官也。此云“三百”者，記時《冬官》亡矣。《昏義》曰“天子立六官、三公、九卿、二十七大夫、八十一元士”，凡百二十。蓋謂夏時也。以夏、周推前後之差，有虞氏官宜六十，夏后氏宜百二十，殷宜二百四十，不得如此記也。

（十四·三十一）

有虞氏之綏，夏后氏之綢練，殷之崇牙，周之璧翣。[一]

[一] 綏，亦旌旗之綏也。夏綢其杠，以練爲之旒。殷又刻繒爲重牙，以飾其側，亦飾彌多也。湯以武受命，恒以牙爲飾也。此旌旗及翣，皆喪葬之飾。《周禮》：大喪葬，巾車“執蓋從車，持旌”，御僕“持翣”，旌從遣車，翣夾柩路左右前後。天子八翣，皆戴璧垂羽。諸侯六翣，皆戴圭。大夫四翣，士二翣，皆戴綏。孔子之喪，公西赤爲志，亦用此焉。《爾雅》說“旌旗”曰：“素錦綢杠，纁帛縿，素升龍於縿，練旒九。”

（十四·三十二）

凡四代之服、器、官，魯兼用之。是故魯，王禮也。天下傳之久矣，君臣未嘗相弒也。禮樂、刑法、政俗，未嘗相變也。天下以爲有道之國，是故天下資禮樂焉。[一]

［一］王禮，天子之禮也。傳，傳世也。資，取也。此蓋盛周公之
　　德耳。春秋時，魯三君弑；又士之有誄，由莊公始；婦人髽
　　而弔，始於臺駘。云“君臣未嘗相弑，政俗未嘗相變”，亦
　　近誣矣。資，或爲“飲”。

禮記卷第十

禮記卷第十

喪服小記第十五

鄭　氏　注

（十五·一）

斬衰，括髮以麻。爲母，括髮以麻，免而以布。^[一]齊衰，惡笄，以終喪。^[二]男子冠而婦人笄，男子免而婦人髽。其義，爲男子則免，爲婦人則髽。^[三]

[一] 母服輕，至免可以布代麻也。爲母，又哭而免。

[二] 笄所以卷髮，帶所以持身也。婦人質，於喪所以自卷持者，
　　　有除，無變。

[三] 別男女也。

（十五·二）

苴杖，竹也。削杖，桐也。

（十五·三）

祖父卒，而后爲祖母後者三年。^[一]

[一] 祖父在，則其服如父在爲母也。

（十五·四）

　　爲父母、長子稽顙。^[一]大夫弔之，雖緦必稽顙。^[二]
婦人爲夫與長子稽顙，其餘則否。^[三]

　　〔一〕喪尊者及正體，不敢不盡禮。

　　〔二〕尊大夫，不敢以輕待之。

　　〔三〕恩殺於父母。

（十五·五）

　　男主必使同姓，婦主必使異姓。^[一]

　　〔一〕謂以無主後者爲主也^[一]。異姓，同宗之婦也。婦人外成。

（十五·六）

　　爲父後者，爲出母無服。^[一]

　　〔一〕不敢以己私廢父所傳重之祭祀。

（十五·七）

　　親親以三爲五，以五爲九。上殺，下殺，旁殺，而親
畢矣。^[一]

　　〔一〕己，上親父，下親子，三也。以父親祖，以子親孫，五也。以
　　　　祖親高祖，以孫親玄孫，九也。殺，謂親益疏者，服之則輕。

――――――

〔一〕謂以無主後者爲主也　“謂以”，余仁仲本、阮刻本作“謂爲”。

（十五・八）

　　王者禘其祖之所自出，以其祖配之，^[一]而立四廟。^[二]庶子王亦如之。^[三]

　　[一] 禘，大祭也。始祖感天神靈而生，祭天則以祖配之。自外至者，無主不止^[一]。

　　[二] 高祖以下，與始祖而五。

　　[三] 世子有廢疾不可立，而庶子立，其祭天立廟，亦如世子之立也。春秋時，衞侯元有兄縶。

（十五・九）

　　別子爲祖，^[一]繼別爲宗。^[二]繼禰者爲小宗。^[三]有五世而遷之宗，其繼高祖者也。^[四]是故祖遷於上，宗易於下。

　　[一] 諸侯之庶子，別爲後世爲始祖也。謂之“別子”者，公子不得禰先君。

　　[二] 別子之世長子，爲其族人爲宗，所謂“百世不遷之宗”。

　　[三] 別子庶子之長子，爲其昆弟爲宗也。謂之“小宗”者，以其將遷也。

　　[四] 謂小宗也。小宗有四，或繼高祖，或繼曾祖，或繼祖，或繼禰，皆至五世則遷。

（十五・十）

　　尊祖故敬宗，敬宗所以尊祖、禰也。^[一]

〔一〕 無主不止　“止”，余仁仲本與底本同。阮刻本作“上”。

［一］宗者，祖、禰之正體。

（十五·十一）

庶子不祭祖者，明其宗也。^{［一］}

［一］明其尊宗以爲本也，禰則不祭矣。言"不祭祖"者，主謂宗
　　子、庶子，俱爲適士，得立祖、禰廟者也。凡正體在乎上
　　者，謂下正猶爲庶也。

（十五·十二）

庶子不爲長子斬，不繼祖與禰故也。^{［一］}

［一］尊先祖之正體，不二其統也。言"不繼祖、禰"，則長子不
　　必五世。

（十五·十三）

庶子不祭殤與無後者，殤與無後者從祖祔食。^{［一］}

［一］不祭殤者，父之庶也。不祭無後者，祖之庶也。此二者，當
　　從祖祔食，而己不祭祖，無所食之也。共其牲物，而宗于主
　　其體焉。祖庶之殤，則自祭之。凡所祭殤者，唯適子耳。"無
　　後"者，謂昆弟、諸父也。宗子之諸父無後者，爲墠祭之。

（十五·十四）

庶子不祭禰者，明其宗也。^{［一］}

〔一〕謂宗子、庶子俱爲下士，得立禰廟也。雖庶人亦然。

（十五・十五）

親親，尊尊，長長，男女之有別，人道之大者也。^{〔一〕}

〔一〕言服之所以隆殺。

（十五・十六）

從服者，所從亡則已。^{〔一〕}屬從者，所從雖没也服。^{〔二〕}妾從女君而出，則不爲女君之子服。^{〔三〕}

〔一〕謂若爲君母之父母、昆弟、從母也。

〔二〕謂若自爲己之母黨。

〔三〕妾爲女君之黨服，得與女君同。而今俱出^{〔一〕}，女君猶爲子期，妾於義絶無施服。

（十五・十七）

禮，不王不禘。^{〔一〕}

〔一〕禘，謂祭天。

（十五・十八）

世子不降妻之父母，其爲妻也，與大夫之適子同。^{〔一〕}

〔一〕　而今俱出　此句余仁仲本與底本同。阮刻本作“而今俱”，“俱”字下脱一“出”字。

〔一〕世子，天子、諸侯之適子也。不降妻之父母，爲妻故親之也。爲妻亦齊衰不杖者，君爲之主，子不得伸也。主言“與大夫之適子同”，據《服》之成文也。本所以正見父在爲妻不杖於大夫適子者，明大夫以上雖尊，猶爲適婦爲主。

（十五・十九）

父爲士，子爲天子、諸侯，則祭以天子、諸侯，其尸服以士服。〔一〕父爲天子、諸侯，子爲士，祭以士，其尸服以士服。〔二〕

〔一〕祭以天子、諸侯，養以子道也。尸服士服，父本無爵，子不敢以己爵加之，嫌於卑之。

〔二〕謂父以罪誅，尸服以士服，不成爲君也。天子之子，當封爲王者後，以祀其受命之祖。云“爲士”，則擇其宗之賢者若微子者，不必封其子。爲王者後及所立爲諸侯者，祀其先君以禮卒者，尸服天子、諸侯之服。如遂無所封立，則尸也、祭也，皆如士，不敢僭用尊者衣物。

（十五・二十）

婦當喪而出，則除之。爲父母喪，未練而出，則三年；既練而出，則已。未練而反，則期；既練而反，則遂之。〔一〕

〔一〕當喪，當舅姑之喪也。出，除喪，絶族也。

（十五·二十一）

　　再期之喪，三年也。期之喪，二年也。九月、七月之喪，三時也。五月之喪，二時也。三月之喪，一時也。[一]故期而祭，禮也。期而除喪，道也。祭不爲除喪也。[二]

　　[一]言喪之節，應歲時之氣。

　　[二]此謂練祭也。禮，正月存親，親亡至今而期，期則宜祭。期，天道一變，哀慼之情益衰，衰則宜除，不相爲也。

（十五·二十二）

　　三年而后葬者，必再祭。其祭之閒不同時，而除喪。[一]

　　[一]再祭，練、祥也。“閒不同時”者，當異月也。旣祔，明月練而祭，又明月祥而祭。必異月者，以葬與練、祥本異歲，宜異時也。而除喪，已祥則除，不禫。

（十五·二十三）

　　大功者主人之喪，有三年者，則必爲之再祭。朋友，虞、祔而已。[一]

　　[一]謂死者之從父昆弟來爲喪主。有三年者，謂妻若子幼少，大功爲之再祭，則小功、緦麻爲之練祭可也。

（十五·二十四）

　　士妾有子而爲之緦，無子則已。[一]

　　〔一〕士卑，妾無男女則不服，不別貴賤〔一〕。

（十五·二十五）

　　生不及祖父母、諸父、昆弟，而父稅喪，己則否。〔一〕

　　　　〔一〕謂子生於外者也。父以他故居異邦而生己，己不及此親存時
　　　　　　歸見之，今其死，於喪服年月已過乃聞之。父爲之服，己則
　　　　　　否者，不責非時之恩於人所不能也，當其時則服。稅，讀如
　　　　　　“無禮則稅”之“稅”。稅喪者，喪與服不相當之言。

（十五·二十六）

　　爲君之父、母、妻、長子，君已除喪而后聞喪，則
不稅。〔一〕

　　　　〔一〕臣之恩輕也，謂卿、大夫出聘問，以他故久留。

（十五·二十七）

　　降而在緦、小功者，則稅之。〔一〕

　　　　〔一〕謂正親在齊衰、大功者。正親緦、小功〔二〕，不稅矣。《曾子
　　　　　　問》曰：“小功不稅，則是遠兄弟，終無服也。”此句補，脱
　　　　　　誤在是，宜承“父稅喪，己則否”。

〔一〕　不別貴賤　此句底本作“別貴賤”，“別”字上脱一“不”字，誤。余仁仲本、阮
刻本作“不別貴賤”，據改。
〔二〕　正親緦小功　此句余仁仲本、阮刻本作“親緦、小功”，“親”字上脱一“正”字。

（十五·二十八）

近臣，君服斯服矣。其餘，從而服，不從而稅。^[一]君雖未知喪，臣服已。^[二]

> ［一］謂君出朝覲，不時反而不知喪者。近臣，閽寺之屬也。其餘，羣介、行人、宰、史也。

> ［二］從服者，所從雖在外，自若服也。

（十五·二十九）

虞，杖不入於室。祔，杖不升於堂。^[一]

> ［一］哀益衰，敬彌多也。虞於寢，祔於祖廟。

（十五·三十）

爲君母後者，君母卒，則不爲君母之黨服。^[一]

> ［一］徒從也，所從亡，則已。

（十五·三十一）

絰殺，五分而去一。杖大如絰。^[一]

> ［一］如要絰也。

（十五·三十二）

妾爲君之長子，與女君同。^[一]

〔一〕不敢以恩輕，輕服君之正統。

（十五·三十三）

除喪者，先重者。^{〔一〕}易服者，易輕者。^{〔二〕}

〔一〕謂練，男子除乎首，婦人除乎帶。

〔二〕謂大喪既虞、卒哭而遭小喪也，其易喪服，男子易乎帶，婦人易乎首。

（十五·三十四）

無事不辟廟門。^{〔一〕}

〔一〕鬼神尚幽闇也。廟，殯宮。

（十五·三十五）

哭皆於其次。^{〔一〕}

〔一〕無時哭也，有事則入，即位。

（十五·三十六）

復與書銘，自天子達於士，其辭一也。男子稱名，婦人書姓與伯仲。如不知姓，則書氏。^{〔一〕}

〔一〕此謂殷禮也。殷質，不重名。復，則臣得名君。周之禮，天子崩，復，曰：“臯！天子復！”諸侯薨，復，曰：“臯！某甫復！”其餘及書銘則同。

（十五·三十七）

斬衰之葛，與齊衰之麻同。[一]齊衰之葛，與大功之麻同。[二]麻同，皆兼服之[一]。[三]

[一] 絰之大，俱七寸五分寸之一，帶五寸二十五分寸之十九。

[二] 絰之大，俱五寸二十五分寸之十九，帶四寸百二十五分寸之七十六。

[三] “皆”者，皆上二事也。兼服之，謂服麻又服葛也。男子則絰上服之葛，帶下服之麻。婦人則絰下服之麻同[二]，自帶其故帶也，所謂“易服，易輕者”也。“兼服”之文，主於男子。

（十五·三十八）

報葬者，報虞，三月而后卒哭。[一]

[一] 報，讀爲“赴疾”之“赴”，謂不及期而葬也。旣葬，即虞。虞，安神也。卒哭之祭，待哀殺也。

（十五·三十九）

父母之喪偕，先葬者不虞、祔，待後事。其葬，服斬衰。[一]

[一] 偕，俱也，謂同月若同日死也。先葬者，母也。《曾子問》曰：“葬，先輕而後重。”又曰：“反葬，奠，而後辭於殯，遂修葬事。其虞也，先重而後輕。”待後事，謂如此也。“其葬，

〔一〕 經文“麻同皆兼服之”及注文“皆者……主於男子”，共計六十七字，阮刻本脱。
〔二〕 婦人則經下服之麻同 “同”，底本、余仁仲本皆作“固”，不辭，據孔穎達《疏》改。

497

服斬衰”者，喪之隆衰宜從重也。假令父死在前月而同月
葬，猶服斬衰。不葬，不變服也。言其葬服斬衰，則虞、祔
各以其服矣，及練、祥皆然。卒事，反服重。

（十五·四十）

大夫降其庶子，其孫不降其父。[一]

　　[一]祖不厭孫也。大夫爲庶子大功。

（十五·四十一）

大夫不主士之喪。[一]

　　[一]士之喪雖無主，不敢攝大夫以爲主。

（十五·四十二）

爲慈母之父母無服。[一]

　　[一]恩不能及。

（十五·四十三）

夫爲人後者，其妻爲舅姑大功。[一]

　　[一]以不貳隆[一]。

〔一〕以不貳隆　“隆”，余仁仲本、阮刻本作“降”。

（十五·四十四）

　　士祔於大夫，則易牲。[一]

　　[一] 不敢以卑牲祭尊也。大夫少牢也。

（十五·四十五）

　　繼父不同居也者，必嘗同居。皆無主後，同財而祭其祖、禰爲同居；有主後者，爲異居。[一]

　　[一] 錄恩服深淺也。見同財，則期。同居異財，故同居，今異居，及繼父有子，亦爲異居，則三月。未嘗同居，則不服。

（十五·四十六）

　　哭朋友者，於門外之右，南面。[一]

　　[一] 變於有親者也。門外，寢門外。

（十五·四十七）

　　祔葬者，不筮宅。[一]

　　[一] 宅，葬地也。前人葬，既筮之。

（十五·四十八）

　　士、大夫不得祔於諸侯。祔於諸祖父之爲士、大夫者，其妻祔於諸祖姑，妾祔於妾祖姑，亡則中一以上而祔，祔必以其昭穆。[一]諸侯不得祔於天子。天子、諸侯、大夫可

以祔於士。^[二]

> ［一］士、大夫，謂公子、公孫爲士、大夫者。不得祔於諸侯，卑
> 別也。既卒哭，各就其先君爲祖者兄弟之廟而祔之。中，猶
> 間也。
>
> ［二］人莫敢卑其祖也。

（十五・四十九）

爲母之君母，母卒則不服。^[一]

> ［一］母之君母，外祖適母。徒從也，所從亡則已。

（十五・五十）

宗子，母在爲妻禫。^[一]

> ［一］宗子之妻，尊也。

（十五・五十一）

爲慈母後者，爲庶母可也，爲祖庶母可也。^[一]

> ［一］謂父命之爲子母者也。即庶子爲後，此皆子也，傳重而已。
> 不先命之與適妻，使爲母子也。緣爲慈母後之義，父之妾無
> 子者，亦可命己庶子爲後。

（十五・五十二）

爲父、母、妻、長子禫。^[一]

〔一〕目所爲禫者也〔一〕。

（十五·五十三）

慈母與妾母，不世祭也。〔一〕

〔一〕以其非正。《春秋傳》曰：“於子祭，於孫止。”

（十五·五十四）

丈夫，冠而不爲殤；婦人，笄而不爲殤。〔一〕爲殤後者，以其服服之。〔二〕

〔一〕言成人也。婦人許嫁而笄。未許嫁，與丈夫同。

〔二〕言“爲後”者，據承之也。殤無爲人父之道，以本親之服服之。

（十五·五十五）

久而不葬者，唯主喪者不除。其餘以麻終月數者，除喪則已。〔一〕

〔一〕其餘，謂旁親也。以麻終月數，不葬者喪不變也。

（十五·五十六）

箭笄終喪三年。〔一〕

〔一〕目所爲禫者也　“目”，余仁仲本與底本同。阮刻本作“日”，誤。

［一］亦於喪所以自卷持者，有除無變。

（十五・五十七）

齊衰三月，與大功同者，繩屨。[一]

［一］雖尊卑異，於恩有可同也。

（十五・五十八）

練，筮日、筮尸、視濯，皆要絰、杖、繩屨。有司告具而后去杖。筮日、筮尸，有司告事畢，而后杖，拜送賓。[一]大祥，吉服而筮尸。[二]

［一］臨事去杖，敬也。濯，謂溉祭器也。
［二］凡變除者，必服其吉服以即祭事，不以凶臨吉也。《間傳》曰：
　　　　“大祥，素縞麻衣。”

（十五・五十九）

庶子在父之室，則爲其母不禫。[一]

［一］妾子，父在厭也。

（十五・六十）

庶子不以杖即位。[一]

［一］下適子也。位，朝夕哭位也。

（十五・六十一）

　　父不主庶子之喪，則孫以杖即位可也。[一]

　　[一] 祖不厭孫，孫得伸也。

（十五・六十二）

　　父在，庶子爲妻，以杖即位可也。[一]

　　[一] 舅不主妾之喪，子得伸也。

（十五・六十三）

　　諸侯弔於異國之臣，則其君爲主。[一]

　　[一] 君爲之主，弔臣，恩爲己也。子不敢當主，中庭北面哭，
　　　　 不拜。

（十五・六十四）

　　諸侯弔，必皮弁錫衰。所弔雖已葬，主人必免。主人
未喪服，則君亦不錫衰。[一]

　　[一] 必免者，尊人君，爲之變也。未喪服，未成服也。旣殯
　　　　 成服。

（十五・六十五）

　　養有疾者，不喪服，遂以主其喪。[一] 非養者入主人之
喪，則不易己之喪服。[二]

　　［一］不喪服，求生主吉，惡其凶也。遂以主其喪，謂養者有親
　　　　也，死則當爲之主。其爲主之服，如素無喪服。

　　［二］入，猶來也。謂養者無親於死者，不得爲主。其有親來爲主
　　　　者，素有喪服而來爲主，與素無服者異。素無服，素有服，
　　　　爲今死者當服，則皆三日成也。

（十五·六十六）

　　養尊者必易服，養卑者否。[一]

　　［一］尊，謂父兄。卑，謂子弟之屬。

（十五·六十七）

　　妾無妾祖姑者，易牲而祔於女君可也。[一]

　　［一］女君，適祖姑也。易牲而祔，則凡妾，下女君一等。

（十五·六十八）

　　婦之喪，虞、卒哭，其夫若子主之，祔則舅主之。[一]

　　［一］婦，謂凡適婦、庶婦也。虞、卒哭祭婦，非舅事也。祔於祖
　　　　廟，尊者宜主焉。

（十五·六十九）

　　士不攝大夫。士攝大夫，唯宗子。[一]

　　［一］士之喪，雖無主，不敢攝大夫以爲主。宗子尊，可以攝之。

（十五·七十）

　　主人未除喪，有兄弟自他國至，則主人不免而爲主。^[一]

　　〔一〕親質，不崇敬也。

（十五·七十一）

　　陳器之道，多陳之而省納之，可也；省陳之而盡納之，可也。^[一]

　　〔一〕多陳之，謂賓客之就器也，以多爲榮。省陳之，謂主人之明器也，以節爲禮。

（十五·七十二）

　　奔兄弟之喪，先之墓而後之家，爲位而哭。所知之喪，則哭於宮而后之墓。^[一]

　　〔一〕兄弟，先之墓，骨肉之親，不由主人也。宮，故殯宮也。

（十五·七十三）

　　父不爲衆子次於外。^[一]

　　〔一〕於庶子略，自若居寢。

（十五·七十四）

　　與諸侯爲兄弟者服斬。^[一]

　　[一]謂卿、大夫以下也，與尊者爲親，不敢以輕服服之。言"諸
　　　　侯"者，明雖在異國，猶來爲三年也。

（十五·七十五）

　　下殤小功，帶澡麻，不絕本，詘而反以報之。[一]

　　[一]報，猶合也。下殤小功，本齊衰之親。其経、帶，澡率治麻
　　　　爲之。帶不絕其本，屈而上至要，中合而糾之，明親重也。
　　　　凡殤，散帶垂。

（十五·七十六）

　　婦祔於祖姑，祖姑有三人，則祔於親者。[一]

　　[一]謂舅之母死，而又有繼母二人也。親者，謂舅所生。

（十五·七十七）

　　其妻爲大夫而卒，而后其夫不爲大夫，而祔於其妻，則
不易牲。妻卒而后夫爲大夫，而祔於其妻，則以大夫牲。[一]

　　[一]妻爲大夫，夫爲大夫時卒。不易牲，以士牲也。此謂始來仕
　　　　無廟者，無廟者不祔。宗子去國，乃以廟從。

（十五·七十八）

　　爲父後者，爲出母無服。無服也者，喪者不祭故也。[一]

　　[一]适子正體於上，當祭祀也。

（十五·七十九）

婦人不爲主而杖者，姑在爲夫杖。^[一]

［一］姑不厭婦。

（十五·八十）

母爲長子削杖。^[一]

［一］嫌服男子，當杖竹也。母爲長子服，不可以重於子爲己也。

（十五·八十一）

女子子在室爲父母，其主喪者不杖，則子一人杖。^[一]

［一］女子子在室，亦童子也。無男昆弟，使同姓爲攝主。不杖，
　　則子一人杖，謂長女也。許嫁及二十而筓，筓爲成人，成人
　　正杖也。

（十五·八十二）

緦、小功，虞、卒哭則免。^[一]

［一］棺柩已藏，嫌恩輕，可以不免也。言“則免”者，則旣殯、
　　先啟之間，雖有事不免。

（十五·八十三）

旣葬而不報虞，則雖主人皆冠，及虞則皆免。^[一]

［一］有故不得疾虞，雖主人皆冠，不可久無飾也。皆免，自主人
　　　至緦麻。

（十五·八十四）

　　爲兄弟，既除喪已，及其葬也，反服其服。報虞、卒
哭則免，如不報虞，則除之。^[一]

　　［一］小功以下。

（十五·八十五）

　　遠葬者，比反哭者皆冠，及郊而后免，反哭。^[一]

　　［一］墓在四郊之外。

（十五·八十六）

　　君弔，雖不當免時也，主人必免，不散麻。雖異國之
君，免也，親者皆免。^[一]

　　［一］不散麻者，自若絞垂，爲人君變，貶於大斂之前、既啟之後
　　　也。親者，大功以上也。異國之君“免”，或爲“弔”。

（十五·八十七）

　　除殤之喪者，其祭也必玄。^[一]除成喪者，其祭也，朝
服、縞冠。^[二]

　　［一］殤無變文，不縞冠，玄端黄裳而祭，不朝服，未純吉也。於

508

成人爲釋禫之服。

［二］成，成人也。縞冠，未純吉祭服也。旣祥祭，乃素縞麻衣。

（十五・八十八）

奔父之喪，括髮於堂上，袒。降，踊。襲、絰于東方。奔母之喪，不括髮，袒於堂上。降，踊。襲、免于東方，絰，即位，成踊，出門，哭止。三日而五哭、三袒。[一]

［一］凡奔喪，謂道遠，已殯乃來也。爲母不括髮，以至成服，一而已，貶於父也。“即位”以下，於父母同也。三日五哭者，始至詑夕反位哭，乃出就次，一哭也；與明日、又明日之朝、夕而五哭。三袒者，始至袒，與明日、又明日之朝而三也。

（十五・八十九）

適婦不爲舅後者，則姑爲之小功。[一]

［一］謂夫有廢疾他故，若死而無子，不受重者。小功，庶婦之服也。凡父母於子，舅姑於婦，將不傳重於適，及將所傳重者非適，服之皆如庶子、庶婦也。

大傳第十六

鄭　氏　注

（十六·一）

禮，不王不禘。王者禘其祖之所自出，以其祖配之。^[一]諸侯及其大祖。^[二]大夫、士有大事，省於其君，干祫及其高祖。^[三]

[一] 凡大祭曰禘。自，由也。大祭其先祖所由生，謂郊祀天也。王者之先祖，皆感大微五帝之精以生，蒼則靈威仰，赤則赤熛怒，黃則含樞紐，白則白招拒，黑則汁光紀，皆用正歲之正月郊祭之，蓋特尊焉。《孝經》曰“郊祀后稷以配天”，配靈威仰也；“宗祀文王於明堂，以配上帝”，汎配五帝也。

[二] 大祖，受封君也。

[三] 大事，寇戎之事也。省，善也。善於其君，謂免於大難也。干，猶空也。空祫，謂無廟祫，祭之於壇、墠。

（十六·二）

牧之野，武王之大事也。既事而退，柴於上帝，祈於社，設奠於牧室。^[一]遂率天下諸侯，執豆籩，逡奔走。^[二]追王大王亶父、王季歷、文王昌，不以卑臨尊也。^[三]

[一] 柴、祈、奠，告天、地及先祖也。牧室，牧野之室也。古者郊、關皆有館焉。先祖者，行主也。

〔二〕遂，疾也。疾奔走，言勸事也。《周頌》曰："遂奔走在廟。"

〔三〕不用諸侯之號臨天子也。文王稱王早矣，於殷猶爲諸侯，於是著焉。

（十六·三）

上治祖禰，尊尊也。下治子孫，親親也。旁治昆弟，合族以食，序以昭繆，別之以禮義，人道竭矣。〔一〕

〔一〕治，猶正也。繆，讀爲"穆"，聲之誤也。竭，盡也。

（十六·四）

聖人南面而聽天下，所且先者五，民不與焉。〔一〕一曰治親，二曰報功，三曰舉賢，四曰使能，五曰存愛。〔二〕五者一得於天下，民無不足，無不贍者。五者一物紕繆，民莫得其死。〔三〕

〔一〕且先，言未遑餘事。

〔二〕功，功臣也。存，察也，察有仁愛也〔一〕。

〔三〕物，猶事也。紕，猶錯也〔二〕。五事得，則民足；一事失，則民不得其死。明政之難。

（十六·五）

聖人南面而治天下，必自人道始矣。〔一〕立權度量，考

〔一〕 察有仁愛也　"也"，阮刻本與底本同。余仁仲本作"者"。

〔二〕 紕猶錯也　此句余仁仲本、阮刻本作"紕繆，猶錯也"，"紕"字下多一"繆"字。

文章，改正朔，易服色，殊徽號，異器械，別衣服，此其所得與民變革者也。^[二]其不可得變革者，則有矣，親親也，尊尊也，長長也，男女有別，此其不可得與民變革者也。^[三]

[一] 人道，謂此五事。

[二] 權，稱也。度，丈尺也。量，斗斛也。文章，禮法也。服色，車馬也。徽號，旌旗之名也。器械，禮樂之器及兵甲也。衣服，吉凶之制也。徽，或作“幑”。

[三] 四者，人道之常。

（十六·六）

同姓從宗，合族屬。異姓主名，治際會。名著而男女有別。^[一]

[一] 合，合之宗子之家，序昭穆也。異姓，謂來嫁者也，主於母與婦之名耳。際會，昏禮交接之會也。著，明也。母、婦之名不明，則人倫亂也。亂者，若衞宣公、楚平王爲子取而自納焉。

（十六·七）

其夫屬乎父道者，妻皆母道也。其夫屬乎子道者，妻皆婦道也。^[一]

[一] 言母、婦無昭穆於此，統於夫耳。母焉則尊之，婦焉則卑之。尊之、卑之，明非己倫，以厚別也。

（十六·八）

　　謂弟之妻“婦”者，是嫂亦可謂之“母”乎？^[一]名者，人治之大者也，可無慎乎！^[二]

　　［一］言不可也，謂之“婦”與“嫂”者，以其在己之列，以名遠
　　　　　之耳。復謂嫂爲母，則令昭穆不明，昆弟之妻，夫之昆弟，
　　　　　不相爲服，不成其親也。男女無親，則遠於相見。
　　［二］人治，所以正人。

（十六·九）

　　四世而緦，服之窮也。五世祖免，殺同姓也。六世，親屬竭矣。^[一]其庶姓別於上，而戚單於下，昏姻可以通乎？^[二]繫之以姓而弗別，綴之以食而弗殊，雖百世而昏姻不通者，周道然也。^[三]

　　［一］四世共高祖，五世高祖昆弟，六世以外，親盡無屬名。
　　［二］問之也。玄孫之子，姓別於高祖，五世而無服。姓，世所
　　　　　由生。
　　［三］周之禮，所建者長也。姓，正姓也，始祖爲正姓，高祖爲庶
　　　　　姓。繫之弗別，謂若今宗室屬籍也。《周禮》小史“掌定繫
　　　　　世，辨昭穆”。

（十六·十）

　　服術有六，一曰親親，二曰尊尊，三曰名，四曰出入，五曰長幼，六曰從服。^[一]

〔一〕術，猶道也。親親，父母爲首。尊尊，君爲首。名，世母、叔母之屬也。出入，女子子嫁者及在室者。長幼，成人及殤也。從服，若夫爲妻之父母，妻爲夫之黨服。

（十六·十一）

從服有六，有屬從，〔一〕有徒從，〔二〕有從有服而無服，〔三〕有從無服而有服，〔四〕有從重而輕，〔五〕有從輕而重。〔六〕

〔一〕子爲母之黨。
〔二〕臣爲君之黨。
〔三〕公子爲其妻之父母。
〔四〕公子之妻爲公子之外兄弟。
〔五〕夫爲妻之父母。
〔六〕公子之妻爲其皇姑。

（十六·十二）

自仁率親，等而上之至于祖，名曰輕。自義率祖，順而下之至于禰，名曰重。一輕一重，其義然也。〔一〕

〔一〕自，猶用也。率，循也。用恩則父母重而祖輕，用義則祖重而父母輕。恩重者爲之三年，義重者爲之齊衰。然，如是也。

（十六·十三）

君有合族之道，族人不得以其戚戚君位也。〔一〕

　　［一］君恩可以下施，而族人皆臣也，不得以父兄子弟之親自戚於
　　　　君。位，謂齒列也。所以尊君別嫌也。

（十六・十四）

　　庶子不祭，明其宗也。庶子不得爲長子三年，不繼祖也。^{［一］}

　　［一］明，猶尊也，一統焉。族人上不戚君，下又辟宗，乃後能
　　　　相序。

（十六・十五）

　　別子爲祖，^{［一］}繼別爲宗，^{［二］}繼禰者爲小宗。^{［三］}有百
世不遷之宗，有五世則遷之宗。百世不遷者，別子之後也。
宗其繼別子之所自出者，百世不遷者也。宗其繼高祖者，
五世則遷者也。尊祖故敬宗。敬宗，尊祖之義也。^{［四］}

　　［一］別子，謂公子若始來在此國者，後世以爲祖也。
　　［二］別子之世適也，族人尊之，謂之“大宗”，是宗子也。
　　［三］父之適也，兄弟尊之，謂之“小宗”。
　　［四］遷，猶變易也。繼別子，別子之世適也。繼高祖者，亦小宗
　　　　也。先言“繼禰”者，據別子子弟之子也。以高祖與禰皆有
　　　　繼者，則曾、祖亦有也，則小宗四，與大宗凡五。

（十六・十六）

　　有小宗而無大宗者，有大宗而無小宗者，有無宗亦莫
之宗者，公子是也。^{［一］}

〔一〕公子有此三事也。公子，謂先君之子，今君昆弟。

（十六·十七）

　　公子有宗道。公子之公，爲其士、大夫之庶者，宗其士、大夫之適者，公子之宗道也。[一]

　　〔一〕公子不得宗君，君命適昆弟爲之宗，使之宗之，是公子之宗道也。所宗者適，則如大宗，死爲之齊衰九月，其母則小君也，爲其妻齊衰三月。無適而宗庶，則如小宗，死爲之大功九月，其母、妻無服。公子唯己而已，則無所宗，亦莫之宗[一]。

（十六·十八）

　　絕族無移服，[一] 親者屬也。[二]

　　〔一〕族昆弟之子，不相爲服。
　　〔二〕有親者，服各以其屬親疏。

（十六·十九）

　　自仁率親，等而上之至于祖；自義率祖，順而下之至于禰。是故人道親親也。[一] 親親故尊祖，尊祖故敬宗，敬宗故收族，收族故宗廟嚴，宗廟嚴故重社稷，重社稷故愛百姓，愛百姓故刑罰中，刑罰中故庶民安，庶民安故財用足，財用足故百志成，百志成故禮俗刑，禮俗刑然後

〔一〕亦莫之宗　“莫”，底本作“無”，誤。余仁仲本、阮刻本作“莫”，據改。

樂。^[二]《詩》云："不顯不承，無斁於人斯。"此之謂也。^[三]

［一］言先有恩。

［二］收族，序以昭穆也。嚴，猶尊也，《孝經》曰："孝莫大於嚴
　　父。"百志，人之志意所欲也。刑，猶成也。

［三］斁，厭也。言<u>文王</u>之德，不顯乎？不承成先人之業乎？言其
　　顯且承之，人樂之無厭也。

少儀第十七

鄭　氏　注

(十七·一)

聞始見君子者，辭曰：“某固願聞名於將命者。”^[一]不得階主。^[二]敵者，曰：“某固願見。”^[三]罕見，曰“聞名”；^[四]亟見，曰“朝夕”。^[五]瞽，曰“聞名”。^[六]

> [一] 君子，卿、大夫若有異德者。固，如故也。將，猶奉也。即君子之門，而云“願以名聞於奉命”者，謙遠之也。重，則云“固”。奉命，傳辭出入。
>
> [二] 階，上進者，言實之辭不得指斥主人。
>
> [三] 敵，當也。願見，願見於將命者，謙也。
>
> [四] 罕，希也。希相見，雖於敵者，猶爲尊主之辭，如於君子。
>
> [五] 亟，數也。於君子則曰“某願朝夕聞名於將命者”，於敵者則曰“某願朝夕見於將命者”。
>
> [六] 瞽，無目也。以無目，辭不稱“見”。

(十七·二)

適有喪者，曰“比”。^[一]童子，曰“聽事”。^[二]適公卿之喪，則曰“聽役於司徒”。^[三]

> [一] 適，之也。曰“某願比於將命者”。比，猶比方，俱給事。
>
> [二] 曰“某願聽事於將命者”。童子未成人，不敢當相見之禮。

〔三〕喪憂戚，無賓主之禮，皆爲執事來也。

（十七·三）

君將適他，臣如致金玉、貨貝於君，則曰“致馬資於有司”。敵者，曰“贈從者”。[一]

〔一〕適他，行朝會也。資，猶用也。贈，送也。

（十七·四）

臣致襚於君，則曰“致廢衣於賈人”。敵者，曰“襚”。[一]親者兄弟，不以襚進。[二]

〔一〕言“廢衣”，不必其以斂也[一]。賈人，知物善惡也。《周禮》玉府“掌凡王之獻金玉、兵器、文織、良貨賄之物，受而藏之”，有賈八人。

〔二〕不執將命也[二]，以即陳而已。

（十七·五）

臣爲君喪，納貨貝於君，則曰“納甸於有司”。[一]

〔一〕甸，謂田野之物。

（十七·六）

贈馬入廟門。[一]賵馬與其幣、大白、兵車，不入廟門。[二]

〔一〕不必其以斂也　此句余仁仲本與底本同。阮刻本作“不敢必用斂也”。

〔二〕不執將命也　“也”，余仁仲本與底本同。阮刻本作“者”，誤。

〔一〕以其主於死者。

〔二〕以其主於生人也。兵車，革路也。雖爲死者來，陳之於外。
　　　　戰伐田獵之服，非盛者也。《周禮》："革路，建大白以即戎。"

（十七·七）

　　賵者既致命，坐委之，擯者舉之，主人無親受也。^{〔一〕}

　　〔一〕喪者非尸柩之事，不親也^{〔一〕}。舉之，舉以東。

（十七·八）

　　受立，授立，不坐，^{〔一〕}性之直者，則有之矣。^{〔二〕}

　　〔一〕由便。

　　〔二〕有之，有跪者也。謂受授於尊者，而尊者短則跪，不敢以長
　　　　臨之。

（十七·九）

　　始入而辭，曰："辭矣。"即席，曰："可矣。"^{〔一〕}

　　〔一〕可，猶止也，謂擯者爲賓主之節也。始入則告之辭，至就席
　　　　則止其辭。

（十七·十）

　　排闔説屨於户内者，一人而已矣。^{〔一〕}有尊長在，則否。^{〔二〕}

〔一〕 不親也　此句余仁仲本、阮刻本作"則不親也"，"不"字前有"則"字。

〔一〕雖衆敵，猶有所尊也。

〔二〕在，在内也。後來之衆，皆説屨於戶外〔一〕。

（十七・十一）

問品味，曰：“子亟食於某乎？”問道藝，曰：“子習於某乎？子善於某乎？”〔一〕

〔一〕不斥人，謙也。道，三德、三行也。藝，六藝。

（十七・十二）

不疑在躬，〔一〕不度民械，〔二〕不願於大家，〔三〕不訾重器。〔四〕

〔一〕躬，身也。不服行所不知，使身疑也。

〔二〕械，兵器也。不計度民家之器物，使己亦有。

〔三〕大，謂富之廣也。

〔四〕訾，思也。重，猶寶也。

（十七・十三）

氾埽曰“埽”〔二〕，埽席前曰“拚”。拚席不以鬣，執箕膺擖。〔一〕

〔一〕鬣，謂帚也。帚恒埽地，不潔清也。膺，親也。擖，舌也。

〔一〕 皆説屨於戶外 “户”，阮刻本與底本同。余仁仲本作“尸”，誤。

〔二〕 氾埽曰埽 “氾”，底本、唐石經、余仁仲本、阮刻本皆作“汜”，誤。“汜”乃“氾”字之訛，據《經典釋文》改。

521

持箕將去糞者，以舌自鄉。

（十七·十四）

不貳問。[一] 問卜筮，曰：“義與？ 志與？” 義則可問，志則否。[二]

[一] 當正己之心，以問吉凶於蓍龜。不得於正，凶，則卜筮其權也。

[二] 大卜問來卜筮者也。義，正事也。志，私意也。

（十七·十五）

尊長於己踰等，不敢問其年。[一] 燕見不將命。[二] 遇於道，見則面，[三] 不請所之。[四] 喪俟事，不牷弔。[五] 侍坐，弗使，不執琴瑟，不畫地，手無容，不翣也。[六] 寢，則坐而將命。[七] 侍射則約矢，[八] 侍投則擁矢。[九] 勝則洗而以請。[一〇] 客亦如之。[一一] 不角。[一二] 不擢馬。[一三]

[一] 踰等，父兄黨也。問年，則己恭孫之心不全。

[二] 自不用賓主之正來，則若子弟然。

[三] 可以隱則隱，不敢煩動也。

[四] 尊長所之或卑褻。

[五] 亦不敢故煩動也。事，朝夕哭時。

[六] 端愨所以爲敬也。尊長或使彈琴瑟，則爲之可。

[七] 命有所傳辭也。坐者，不敢臨之。

[八] 不敢與之拾取也。

[九] 不敢釋於地也。投，投壺也。投壺坐。

［一〇］洗爵，請行觴，不敢直飲之。

［一一］客射，若投壺不勝，主人亦洗而請之。

［一二］角，謂觥，罰爵也。於尊長與客，如獻酬之爵。

［一三］擢，去也，謂徹也。己徹馬，嫌勝，故專之^{〔一〕}。

（十七·十六）

執君之乘車則坐。^{［一］}僕者右帶劍，負良綏，申之面，挩諸幦，^{［二］}以散綏升，執轡然後步。^{［三］}

［一］執，執轡，謂守之也，君不在中坐，示不行也。

［二］面，前也。幦，覆笒也。良綏，君綏也。負之，由左肩上，
　　　入右腋下，申之於前覆笒上也。

［三］步，行也。

（十七·十七）

請見，不請退。^{［一］}朝廷，曰“退”；^{［二］}燕遊，曰“歸”；^{［三］}
師役，曰“罷”。^{［四］}

［一］去止不敢自由。

［二］近君爲進。

［三］禮褻，主於家也。

［四］“罷”之言“罷勞”也。《春秋傳》曰：“師還曰疲。”

（十七·十八）

侍坐於君子，君子欠伸、運笏、澤劍首、還屨、問日

〔一〕故專之　“專”，余仁仲本與底本同。阮刻本作“薄”，誤。

之蚤莫，雖請退可也。^{〔一〕}

> 〔一〕以此皆解倦之狀。伸，頻伸也。運、澤，謂玩弄也。金器弄
> 之，易以汙澤^{〔一〕}。

（十七·十九）

　　事君者，量而后入，不入而后量。凡乞假於人、爲人
從事者，亦然。然，故上無怨而下遠罪也。^{〔一〕}

> 〔一〕量，量其事意合成否。

（十七·二十）

　　不窺密，^{〔一〕}不旁狎，^{〔二〕}不道舊故，^{〔三〕}不戲色。^{〔四〕}

> 〔一〕嫌伺人之私也。密，隱曲處也。
> 〔二〕妄相服習，終或爭訟。
> 〔三〕言知識之過失，損友也。孔子曰："故舊不遺，則民不偷。"
> 〔四〕暫變傾顏色爲非常，則人不長，失敬也。

（十七·二十一）

　　爲人臣下者，有諫而無訕，有亡有無疾，^{〔一〕}頌而無讇，
諫而無驕。^{〔二〕}怠則張而相之，^{〔三〕}廢則埽而更之，^{〔四〕}謂之"社
稷之役"。^{〔五〕}

〔一〕易以汙澤　"汙"，阮刻本與底本同。《經典釋文》、余仁仲本作"汙"。

〔一〕亡，去也。疾，惡也。

〔二〕頌，謂將順其美也〔一〕。驕，謂言行謀從，恃知而慢〔二〕。

〔三〕怠，惰也〔三〕。相，助也。

〔四〕廢，政教壞亂，無可因也〔四〕。

〔五〕役，爲也。

（十七·二十二）

毋拔來，毋報往。〔一〕毋瀆神，〔二〕毋循枉，〔三〕毋測未至。〔四〕

〔一〕報，讀爲“赴疾”之“赴”。拔、赴，皆疾也。人來往所之，
　　當有宿漸，不可卒也。

〔二〕瀆，謂數而不敬。

〔三〕前日之不正，不可復遵行以自伸。

〔四〕測，意度也。

（十七·二十三）

士依於德，游於藝。〔一〕工依於法，游於説。〔二〕

〔一〕德，三德也，一曰至德，二曰敏德，三曰孝德。藝，六藝

〔一〕 謂將順其美也　“也”，余仁仲本與底本同。阮刻本作“匿”，誤。

〔二〕 謂言行謀從恃知而慢　此句余仁仲本作“謂言行謀從，恃知而慢也”，“慢”字
下有一“也”字。阮刻本作“謂恃知而慢也”，脱“言行謀從”四字，“慢”字下有一
“也”字。

〔三〕 怠惰也　“惰”，余仁仲本與底本同。阮刻本作“墮”，誤。

〔四〕 無可因也　“無”，余仁仲本、阮刻本作“不”。

也，一曰五禮，二曰六樂，三曰五射，四曰五御，五曰六書，六曰九數。

〔二〕法，謂規矩、尺寸之數也。說，謂鴻殺之意所宜也。《考工記》曰："薄厚之所震動，清濁之所由出，侈弇之所由興，有說。"說，或爲"申"。

（十七·二十四）

毋訾衣服、成器，^{〔一〕}毋身質言語。^{〔二〕}

〔一〕訾，思也。成，猶善也。思此則疾貧也。
〔二〕質，成也。聞疑則傳疑，若成之，或有所誤。

（十七·二十五）

言語之美，穆穆皇皇。朝廷之美，濟濟翔翔。祭祀之美，齊齊皇皇。車馬之美，匪匪翼翼。鸞和之美，肅肅雍雍。^{〔一〕}

〔一〕匪，讀如"四牡騑騑"。齊齊皇皇，讀如"歸往"之"往"。美，皆當爲"儀"，字之誤也。《周禮》："教國子六儀，一曰祭祀之容，二曰賓客之容，三曰朝廷之容，四曰喪紀之容，五曰軍旅之容，六曰車馬之容。"

（十七·二十六）

問國君之子長幼，長，則曰"能從社稷之事矣"；幼，則曰"能御""未能御"。^{〔一〕}問大夫之子長幼，長，則曰"能從樂人之事矣"；幼，則曰"能正於樂人""未能正於樂人"。^{〔二〕}問士之子長幼，長，則曰"能耕矣"；幼，則曰

“能負薪”“未能負薪”。^{［三］}

［一］御，謂御事。

［二］正，樂政也。《周禮》大司樂“以樂德教國子，中和、祗庸、
孝友。以樂語教國子，興道、諷誦、言語。以樂舞教國子，
舞《雲門》《大卷》《大咸》《大韶》《大夏》《大濩》《大武》”。

［三］士禄薄，子以農事爲業。

（十七·二十七）

執玉、執龜筴不趨，堂上不趨，城上不趨。^{［一］}

［一］於重器，於近尊，於迫狹，無容也。步張足曰趨。

（十七·二十八）

武車不式。介者不拜。^{［一］}

［一］兵車不以容禮下人也。軍中之拜^{〔一〕}，肅拜。

（十七·二十九）

婦人吉事，雖有君賜，肅拜。爲尸坐，則不手拜，肅
拜。爲喪主，則不手拜。^{［一］}

［一］肅拜，拜低頭也。手拜，手至地也。婦人以肅拜爲正，凶事乃
手拜耳。爲尸，爲祖姑之尸也。《士虞禮》曰：“男，男尸。女，

〔一〕軍中之拜　“軍”，余仁仲本、阮刻本作“車”。

女尸。”“爲喪主，不手拜”者，爲夫與長子當稽顙也，其餘亦手拜而已。雖，或爲“唯”。或曰：“喪爲主，則不手拜，肅拜也。”

（十七·三十）

葛絰而麻帶。^[一]

［一］謂旣虞、卒哭也。帶，所以自結束也。婦人質，少變，於喪之帶，有除而無變。

（十七·三十一）

取俎、進俎不坐。^[一]

［一］以其有足，亦柄尺之類。

（十七·三十二）

執虚如執盈，入虚如有人。^[一]

［一］重慎。

（十七·三十三）

凡祭，於室中、堂上無跣，燕則有之。^[一]

［一］祭不跣者，主敬也。燕則有跣，爲歡也。天子、諸侯祭，有坐尸於堂之禮。祭，所尊在室；燕，所尊在堂。將燕，降説屨，乃升堂。

（十七·三十四）

　　未嘗，不食新。^[一]

　　［一］嘗，謂薦新物於寢廟。

（十七·三十五）

　　僕於君子，君子升、下則授綏，始乘則式。君子下行，然後還立。^[一]

　　［一］還車而立，以俟其去。

（十七·三十六）

　　乘貳車則式，佐車則否。^[一]

　　［一］貳車、佐車皆副車也。朝祀之副曰"貳"，戎獵之副曰"佐"。魯莊公敗于乾時，公喪戎路，傳乘而歸。

（十七·三十七）

　　貳車者，諸侯七乘，上大夫五乘，下大夫三乘。^[一]

　　［一］此蓋殷制也。《周禮》貳車，公九乘，侯、伯七乘，子、男五乘，及卿、大夫各如其命之數^[一]。

〔一〕　及卿大夫各如其命之數　此句余仁仲本、阮刻本作"卿、大夫各如其命之數"，"卿"字前少一"及"字。

（十七·三十八）

　　有貳車者之乘馬、服車，不齒。[一]觀君子之衣服、服劍、乘馬，弗賈。[二]

　　[一]尊有爵者之物〔一〕，廣敬也。服車，所乘車也。車有新舊。

　　[二]平尊者之物，非敬也。

（十七·三十九）

　　其以乘壺酒、束脩、一犬賜人若獻人，則陳酒、執脩以將命，亦曰“乘壺酒、束脩、一犬”。[一]其以鼎肉，則執以將命。[二]其禽加於一雙，則執一雙以將命，委其餘。[三]犬則執緤，守犬、田犬，則授擯者。既受，乃問犬名〔二〕。牛則執紖，馬則執靮，皆右之。[四]臣則左之。[五]車則說綏，執以將命。甲，若有以前之，則執以將命；無以前之，則袒櫜奉胄。[六]器則執蓋。[七]弓則以左手屈韣執拊。[八]劍則啟櫝，蓋襲之，加夫襓與劍焉〔三〕。[九]

　　[一]陳重者，執輕者，便也。乘壺，四壺也。酒，謂清也，糟也。不言“陳犬”，或無脩者，牽犬以致命也。於卑者曰“賜”，於尊者曰“獻”。

　　[二]鼎肉，謂牲體已解，可升於鼎。

────────────

〔一〕尊有爵者之物　此句余仁仲本與底本同。阮刻本作“尊有爵之物”，“爵”字下少一“者”字。

〔二〕乃問犬名　“犬”，唐石經、阮刻本與底本同。余仁仲本作“大”，誤。

〔三〕加夫襓與劍焉　“襓”，底本作“襨”，誤。阮刻本作“襓”，亦誤。唐石經、余仁仲本作“襓”，據改。

〔三〕加，猶多也。

〔四〕緤、紖、靮皆所以繫制之者。守犬、田犬問名，畜養者當呼之名，謂若“韓盧”“宋鵲”之屬。“右之”者，執之宜，由便也。

〔五〕異於衆物。臣，謂囚俘。

〔六〕甲，鎧也。有以前之，謂他摯幣也。囊，弢鎧衣也。胄，兜鍪也。袒其衣，出兜鍪以致命。

〔七〕謂有表裏。

〔八〕韣，弓衣也。左手屈衣，并於拊執之，而右手執簫。

〔九〕櫝，謂劍函也。襲，卻合之。夫襓〔一〕，劍衣也，加劍於衣上。夫，或爲“煩”，皆發聲。

（十七·四十）

笏、書、脩、苞苴、弓、茵、席、枕、几、潁〔二〕、杖、琴、瑟、戈有刃者櫝、筴、籥，其執之，皆尚左手。〔一〕刀，卻刃授潁〔三〕，削授拊。〔二〕凡有刺刃者，以授人則辟刃。〔三〕

〔一〕苞苴，謂編束萑葦，以裹魚肉也。茵，著蓐也。潁，警枕也〔四〕。筴，蓍也。籥如笛，三孔。皆，十六物也。左手執上，上陽也；右手執下，下陰也。

〔一〕夫襓　“襓”，底本作“襓”，誤。余仁仲本、阮刻本作“襓”，據改。

〔二〕潁　“潁”，底本作“潁”，誤。唐石經作“潁”，亦誤。余仁仲本、阮刻本作“潁”，據改。

〔三〕刀卻刃授潁　“潁”，底本作“潁”，誤。余仁仲本、阮刻本作“潁”，亦誤。唐石經作“潁”，據改。

〔四〕潁警枕也　“潁”，底本作“潁”，誤。余仁仲本、阮刻本作“潁”，據改。

〔二〕辟用時。穎，鐶也〔一〕。拊，謂把。

〔三〕辟刃，不以正鄉人也。

（十七·四十一）

乘兵車，出，先刃；入，後刃。^[一]

〔一〕不以刃鄉國也。

（十七·四十二）

軍尚左，^[一] 卒尚右。^[二]

〔一〕左，陽也，陽主生。將軍有廟勝之策，左將軍爲上，貴不
　　敗績。

〔二〕右，陰也，陰主殺。卒之行伍，以右爲上，示有死志。

（十七·四十三）

賓客主恭，祭祀主敬，喪事主哀，會同主詡。^[一]

〔一〕恭在貌也，而敬又在心。詡，謂敏而有勇，若齊國佐。

（十七·四十四）

軍旅思險，隱情以虞。^[一]

〔一〕險，阻，出奇覆諜之處也。隱，意也，思也。虞，度也。當

〔一〕穎鐶也　“穎”，底本作“穎”，誤。余仁仲本作“穎”，亦誤。阮刻本作“穎”，據改。

思念己情之所能，以度彼之將然否。

（十七·四十五）

　燕，侍食於君子，則先飯而後已。^[一]毋放飯，毋流歠，小飯而亟之。^[二]數噍，毋爲口容。^[三]

　　〔一〕所以勸也。

　　〔二〕亟，疾也。備噦噎，若見問也。

　　〔三〕口容，弄口。

（十七·四十六）

　客自徹，辭焉，則止。^[一]

　　〔一〕主人辭其徹。

（十七·四十七）

　客爵居左，其飲居右。^[一]介爵、酢爵、僎爵，皆居右。^[二]

　　〔一〕客爵，謂主人所酬賓之爵也，以優賓耳。賓不舉，奠于薦東。

　　〔二〕三爵，皆飲爵也。介，賓之輔也。酢，所以酢主人也。古文
　　　　《禮》“僎”作“遵”。遵，謂鄉人爲卿、大夫來觀禮者。酢，
　　　　或爲“作”。僎，或爲“駰”^[一]。

（十七·四十八）

　羞濡魚者，進尾。^[一]冬右腴，^[二]夏右鰭，^[三]祭膴。^[四]

─────────

〔一〕僎或爲馴　“馴”，<u>余仁仲本</u>、<u>阮</u>刻本作“駰”。

　〔一〕辯之由後，鯁、肉易離也。乾魚進首，辯之由前，理易
　　　析也。

　〔二〕氣在下。腴，腹下也。

　〔三〕氣在上。鰭，脊也。

　〔四〕膴，大臠，謂刳魚腹也。膴，讀如“幠”。

（十七·四十九）

　凡齊，執之以右，居之於左〔一〕。〔一〕

　〔一〕齊，謂食、羹、醬、飲有齊和者也。居於左手之上，右手執
　　　而正之，由便也。

（十七·五十）

　贊幣自左，詔辭自右。〔一〕

　〔一〕自，由也。謂爲君授幣〔二〕，爲君出命也。立者尊右。

（十七·五十一）

　酳尸之僕，如君之僕。〔一〕其在車，則左執轡，右受爵，
祭左右軓范〔二〕，乃飲。〔一〕

　〔一〕當其爲尸則尊。

〔一〕居之於左　“於”，唐石經、余仁仲本與底本同。阮刻本作“以”，誤。

〔二〕謂爲君授幣　“授”，阮刻本與底本同。余仁仲本作“受”。

〔三〕祭左右軓范　“軓”，余仁仲本與底本同。唐石經、阮刻本作“軌”，誤。

［二］《周禮·大御》：“祭兩軹，祭軓〔一〕，乃飲。”“軹”與“軹”於
車同〔二〕，謂“轊頭”也。“範”與“范”聲同〔三〕，謂軾前也。

（十七·五十二）

凡羞有俎者，則於俎內祭。〔一〕

［一］俎於人爲橫，不得祭於閒也。

（十七·五十三）

君子不食圂腴。〔一〕

［一］《周禮》“圂”作“豢”，謂犬豕之屬，食米穀者也。腴，有
似於人穢。

（十七·五十四）

小子走而不趨，舉爵則坐祭，立飲。〔一〕

［一］小子，弟子也。卑，不得與賓、介具備禮容也。

（十七·五十五）

凡洗必盥。〔一〕

［一］先盥乃洗爵〔四〕，先自絜也。盥有不洗也。

〔一〕 祭軓　“軓”，余仁仲本與底本同。阮刻本作“軓”，誤。
〔二〕 軹與軹於車同　“軹”，余仁仲本與底本同。阮刻本作“軓”，誤。
〔三〕 範與范聲同　“範”，余仁仲本與底本同。阮刻本作“軓”，誤。
〔四〕 先盥乃洗爵　“先”，阮刻本與底本同。余仁仲本作“洗”，誤。

（十七·五十六）

　　牛羊之肺，離而不提心。^{〔一〕}

　　〔一〕提，猶絕也。劃離之，不絕中央少者，使易絕以祭耳^{〔一〕}。

（十七·五十七）

　　凡羞有湆者，不以齊。^{〔一〕}

　　〔一〕齊，和也。

（十七·五十八）

　　爲君子擇葱、薤，則絕其本末。^{〔一〕}

　　〔一〕爲有萎乾。

（十七·五十九）

　　羞首者，進喙，祭耳。^{〔一〕}

　　〔一〕耳出見也。

（十七·六十）

　　尊者以酌者之左爲上尊。^{〔一〕}尊、壺者，面其鼻。^{〔二〕}

　　〔一〕尊者，設尊者也。酌者鄉尊，其左則上尊也^{〔二〕}。

〔一〕　使易絕以祭耳　“易”，余仁仲本與底本同。阮刻本作“提”，誤。
〔二〕　其左則上尊也　“上”，底本、余仁仲本作“右”，誤。阮刻本作“上”，據改。

〔二〕鼻在面中，言鄉人也。

（十七·六十一）

飲酒者、襪者、醮者，有折俎不坐。[一]

〔一〕折俎尊，徹之乃坐也。已沐飲曰"襪"。酌始冠曰"醮"。

（十七·六十二）

未步爵，不嘗羞。[一]

〔一〕步，行也。

（十七·六十三）

牛與羊、魚之腥，聶而切之爲膾。[一]麋鹿爲菹，野豕爲軒，皆聶而不切。麕爲辟雞，兔爲宛脾，皆聶而切之。切葱若薤實之，醯以柔之。[二]

〔一〕"聶"之言"牒"也。先藿葉切之，復報切之，則成膾。

〔二〕此軒、辟雞、宛脾，皆菹類也。其作之狀，以醯與葷菜淹之，殺肉及腥氣也。

（十七·六十四）

其有折俎者，取祭，反之[一]，不坐。燔亦如之。[一]尸則坐。[二]

〔一〕取祭反之　此句唐石經、余仁仲本與底本同。阮刻本作"取祭肺反之"，"祭"字下衍一"肺"字。

　　〔一〕亦爲柄尺之類也〔一〕。燔，炙也。《鄉射》曰：“賓奠爵于薦西。
　　　　興，取肺。坐，絶祭，左手嚌之。興，加于俎，坐挩手。”

　　〔二〕尸尊也。《少牢饋食禮》曰：“尸左執爵，右兼取肝、肺，擩
　　　　于俎鹽。振祭，嚌之，加于菹豆。”

（十七·六十五）

　　衣服在躬，而不知其名爲罔。〔一〕

　　　　〔一〕罔，猶罔罔，無知貌。

（十七·六十六）

　　其未有燭，而有後至者〔二〕，則以在者告。道瞽亦然。〔一〕

　　　　〔一〕爲其不見，意欲知之也。師冕見，及階，子曰：“階也。”及
　　　　　　席，子曰：“席也。”皆坐。子告之曰：“某在斯，某在斯。”

（十七·六十七）

　　凡飲酒，爲獻主者，執燭抱燋，客作而辭，然後以授人。〔一〕

　　　　〔一〕爲宵言也。主人親執燭敬賓，示不倦也。言“獻主者”，容
　　　　　　君使宰大也。木蘁曰“燋”。

（十七·六十八）

　　執燭不讓，不辭，不歌。〔一〕

――――――――
〔一〕　亦爲柄尺之類也　“柄尺”，余仁仲本與底本同。阮刻本作“尺柄”。
〔二〕　而有後至者　此句唐石經與底本同。余仁仲本、阮刻本作“而後至者”，“後”上
　　少一“有”字。

［一］以燭繼晝，禮殺。

（十七·六十九）

洗、盥、執食飲者，勿氣。有問焉，則辟咡而對。^{［一］}

［一］示不敢歆臭也。口旁曰“咡”。

（十七·七十）

爲人祭，曰“致福”。爲己祭而致膳於君子，曰“膳”。祔、練，曰“告”。^{［一］}

［一］此皆致祭祀之餘於君子也^{［一］}。攝主言“致福”，申其辭也。自祭言“膳”，謙也。祔、練言“告”，不敢以爲福膳也。

（十七·七十一）

凡膳、告於君子，主人展之，以授使者于阼階之南，南面，再拜稽首，送；反命，主人又再拜稽首。^{［一］}其禮，大牢則以牛左肩、臂、臑，折九個^{［二］}；少牢則以羊左肩，七個^{［三］}；犆豕則以豕左肩，五個^{［四］}。^{［二］}

［一］展，省具也。

〔一〕　此皆致祭祀之餘於君子也　此句余仁仲本與底本同。阮刻本作“此皆致祭祀之餘於君子”，句末少一“也”字。
〔二〕　折九個　“個”，唐石經、余仁仲本與底本同。阮刻本作“箇”。
〔三〕　七個　“個”，唐石經、余仁仲本與底本同。阮刻本作“箇”。
〔四〕　五個　“個”，唐石經、余仁仲本與底本同。阮刻本作“箇”。

　［二］折，斷分之也。皆用左者，右以祭也。羊、豕不言臂、臑，
　　　因牛序之可知。

（十七・七十二）

　　國家靡敝，則車不雕幾，甲不組縢，食器不刻鏤，君
子不履絲屨，馬不常秣。[一]

　［一］靡敝，賦税亟也。雕，畫也。幾，附纏爲沂鄂也。組縢，以
　　　組飾之及紟帶也。《詩》云：“公徒三萬，貝胄朱綅。”亦鎧
　　　飾也。

禮記卷第十一

禮記卷第十一

學記第十八

鄭　氏　注

（十八·一）

發慮憲，求善良，足以謏聞，不足以動衆。^[一]就賢體遠，足以動衆，未足以化民。^[二]君子如欲化民成俗，其必由學乎！^[三]

［一］憲，法也，言發計慮當擬度於法式也。求，謂招來也。"謏"之言"小"也。動衆，謂師役之事。

［二］就，謂躬下之。體，猶親也。

［三］所學者，聖人之道在方策。

（十八·二）

玉不琢，不成器；人不學，不知道。是故古之王者建國君民，教學爲先。^[一]《兌命》曰："念終始典于學。"其此之謂乎！^[二]

［一］謂内則設師、保以教，使國子學焉；外則有大學、庠、序之官。

［二］典，經也。言學之不舍業也。兌，當爲"說"，字之誤也。高

543

宗夢傳説，求而得之，作《説命》三篇，在《尚書》，今亡。

（十八·三）

雖有嘉肴，弗食不知其旨也；雖有至道，弗學不知其善也。^[一]是故學然後知不足，教然後知困。^[二]知不足，然後能自反也。知困，然後能自強也。故曰：“教、學，相長也。”^[三]《兑命》曰：“學學半。”其此之謂乎！^[四]

[一] 旨，美也。

[二] 學則睹己行之所短，教則見己道之所未達。

[三] 自反，求諸己也。自強，脩業不敢倦。

[四] 言學人乃益己之學半。

（十八·四）

古之教者，家有塾，黨有庠，術有序，國有學。^[一]比年入學，^[二]中年考校。^[三]一年，視離經、辨志；三年，視敬業、樂羣；五年，視博習、親師；七年，視論學、取友，謂之“小成”。九年，知類、通達，強立而不反，謂之“大成”。^[四]夫然後足以化民、易俗，近者説服，而遠者懷之。此大學之道也。^[五]《記》曰：“蛾子時術之。”其此之謂乎！^[六]

[一] 術，當爲“遂”，聲之誤也。古者仕焉而已者，歸教於閭里，朝夕坐於門，門側之堂，謂之“塾”。《周禮》五百家爲黨，萬二千五百家爲遂。黨屬於鄉，遂在遠郊之外。

[二] 學者每歲來入也。

〔三〕中，猶間也。鄉、遂大夫間歲則考學者之德行道藝。《周禮》
　　三歲大比，乃考焉。

〔四〕離經，斷句絕也。辨志，謂別其心意所趣鄉也。知類，知事
　　義之比也。強立，臨事不惑也。不反，不違失師道。

〔五〕懷，來也，安也。

〔六〕蛾，蚍蜉也。蚍蜉之子，微蟲耳。時術，蚍蜉之所爲，其功
　　乃服成大垤〔一〕。

（十八·五）

　大學始教，皮弁祭菜，示敬道也。〔一〕《宵雅》肄三，
官其始也。〔二〕入學鼓篋，孫其業也。〔三〕夏、楚二物，收
其威也。〔四〕未卜禘，不視學，游其志也。〔五〕時觀而弗語，
存其心也。〔六〕幼者聽而弗問，學不躐等也。〔七〕此七者，
教之大倫也。〔八〕《記》曰：“凡學，官先事，士先志。”其
此之謂乎！〔九〕

〔一〕皮弁，天子之朝朝服也。祭菜，禮先聖、先師。菜，謂芹、
　　藻之屬。

〔二〕“宵”之言“小”也。肄，習也。習《小雅》之三，謂《鹿鳴》
　　《四牡》《皇皇者華》也。此皆君臣宴樂相勞苦之詩，爲始學
　　者習之，所以勸之以官，且取上下相和厚。

〔三〕鼓篋，擊鼓警衆，乃發篋，出所治經業也。孫，猶恭順也。

〔四〕夏，榎也。楚，荊也。二者所以扑撻犯禮者〔二〕。收，謂收斂

〔一〕其功乃服成大垤　“服”，余仁仲本、阮刻本作“復”。
〔二〕二者所以扑撻犯禮者　“扑”，余仁仲本與底本同。阮刻本作“撲”。

整齊之。威，威儀也。

[五] 禘，大祭也。天子、諸侯既祭，乃視學考校，以游暇學者之志意。

[六] 使之悱悱憤憤，然後啟發也。

[七] 學，教也，教之長稱。

[八] 倫，理也。自"大學始教"至此，其義七也。

[九] 官，居官者也。士，學士也。

（十八·六）

　　大學之教也，時。教必有正業，退息必有居。[一] 學，不學操縵，不能安弦。[二] 不學博依，不能安詩。[三] 不學雜服，不能安禮。[四] 不興其藝，不能樂學。[五] 故君子之於學也，藏焉，脩焉，息焉，遊焉。[六] 夫然，故安其學而親其師，樂其友而信其道。是以雖離師輔而不反也[一]。《兌命》曰："敬孫務時敏，厥脩乃來。"其此之謂乎！[七]

[一] 有居，有常居也。

[二] 操縵，雜弄。

[三] 博依，廣譬喻也。依，或為"衣"。

[四] 雜服，冕服、皮弁之屬。雜，或為"雅"。

[五] "興"之言"喜"也，"歆"也。藝，謂禮、樂、射、御、書、數。

[六] 藏，謂懷抱之。脩，習也。息，謂作勞休止於之息。遊，謂

〔一〕是以雖離師輔而不反也　此句唐石經、余仁仲本與底本同。阮刻本作"是以雖離師輔而不反"，句末少一"也"字。

閒暇無事於之遊。

[七] 敬孫，敬道孫業也。敏，疾也。厥，其也。學者務及時而
　　疾，其所脩之業乃來。

（十八·七）

　今之教者，呻其佔畢，多其訊，[一] 言及于數，[二] 進
而不顧其安，[三] 使人不由其誠，[四] 教人不盡其材，[五] 其
施之也悖，其求之也佛。[六] 夫然，故隱其學而疾其師，苦
其難而不知其益也。[七] 雖終其業，其去之必速。[八] 教之
不刑，其此之由乎！[九]

[一] 呻，吟也。佔，視也。簡謂之“畢”。訊，猶問也。言今之
　　師自不曉經之義，但吟誦其所視簡之文，多其難問也。呻，
　　或爲“慕”。訊，或爲“訾”。

[二] 其發言出説，不首其義，動云“有所法象”而已。

[三] 務其所誦多，不惟其未曉。

[四] 由，用也。使學者誦之，而爲之説，不用其誠。

[五] 材，道也，謂師有所隱也。《易》曰“兼三材而兩之”，謂天、
　　地、人之道。

[六] 教者言非，則學者失問。

[七] 隱，不稱揚也。不知其益，若無益然。

[八] 速，疾也。學不心解，則忘之易。

[九] 刑，猶成也。

（十八·八）

　大學之法，禁於未發之謂豫，[一] 當其可之謂時，[二]

不陵節而施之謂孫，^{〔三〕}相觀而善之謂摩。^{〔四〕}此四者，教之所由興也。^{〔五〕}

〔一〕未發，情欲未生^{〔一〕}，謂年十五時。

〔二〕可，謂年二十，成人時。

〔三〕不陵節，謂不教長者、才者以小，教幼者、鈍者以大也。施，猶教也。孫，順也。

〔四〕不並問，則教者思專也。摩，相切磋也。

〔五〕興，起也。

(十八・九)

發然後禁，則扞格而不勝。^{〔一〕}時過然後學，則勤苦而難成。^{〔二〕}雜施而不孫，則壞亂而不脩。^{〔三〕}獨學而無友，則孤陋而寡聞。^{〔四〕}燕朋，逆其師。^{〔五〕}燕辟^{〔二〕}，廢其學。^{〔六〕}此六者，教之所由廢也。^{〔七〕}

〔一〕教不能勝其情欲^{〔三〕}。格，讀如"凍洛"之"洛"。扞，堅不可入之貌。

〔二〕時過，則思放也。

〔三〕小者不達，大者難識，學者所惑也。

〔四〕不相觀也。

〔五〕燕，猶褻也。褻其朋友。

〔六〕褻師之譬喻。

〔一〕 情欲未生 "欲"，余仁仲本、阮刻本作"慾"。

〔二〕 燕辟 "辟"，唐石經與底本同。余仁仲本、阮刻本作"辟"。

〔三〕 教不能勝其情欲 "欲"，余仁仲本、阮刻本作"慾"。

〔七〕廢，滅。

（十八·十）

　　君子既知教之所由興，又知教之所由廢，然後可以爲人師也。故君子之教喻也，道而弗牽，強而弗抑，開而弗達。〔一〕道而弗牽則和，強而弗抑則易，開而弗達則思。和易以思，可謂善喻矣。〔二〕

　　〔一〕道，示之以道塗也。抑，猶推也。開，爲發頭角。
　　〔二〕思而得之則深。

（十八·十一）

　　學者有四失，教者必知之。人之學也，或失則多，或失則寡，或失則易，或失則止。此四者，心之莫同也。〔一〕知其心，然後能救其失也。〔二〕教也者，長善而救其失者也。

　　〔一〕失於多，謂才少者。失於寡，謂才多者。失於易，謂好問不識者。失於止，謂好思不問者。
　　〔二〕救其失者，多與易則抑之，寡與止則進之。

（十八·十二）

　　善歌者，使人繼其聲；善教者，使人繼其志。〔一〕其言也，約而達，微而臧，罕譬而喻，可謂繼志矣。〔二〕

　　〔一〕言爲之善者，則後人樂放傚。
　　〔二〕師説之明，則弟子好述之，其言少而解。臧，善也。

（十八·十三）

君子知至學之難易，而知其美惡，然後能愽喻；能博喻，然後能爲師；能爲師，然後能爲長；能爲長，然後能爲君。[一]故師也者，所以學爲君也，[二]是故擇師不可不慎也。[三]《記》曰："三王、四代唯其師。"此之謂乎！[四]

[一] 美惡，説之是非也。長，達官之長。

[二] 弟子學於師，學爲君。

[三] 師善則善。

[四] 四代，虞、夏、殷、周。

（十八·十四）

凡學之道，嚴師爲難。[一]師嚴，然後道尊；道尊，然後民知敬學。是故君之所不臣於其臣者二：當其爲尸，則弗臣也；當其爲師，則弗臣也。[二]大學之禮，雖詔於天子，無北面，所以尊師也。[三]

[一] 嚴，尊敬也。

[二] 尸，主也，爲祭主也。

[三] 尊師重道焉，不使處臣位也。武王踐阼，召師尚父而問焉，曰："昔黄帝、顓頊之道存乎意，亦忽不可得見與？"師尚父曰："在丹書。王欲聞之，則齊矣。"王齊三日，端冕。師尚父亦端冕，奉書而入，負屏而立。王下堂，南面而立。師尚父曰："先王之道，不北面。"王行西，折而南，東面而立。師尚父西面，道書之言。

（十八・十五）

　　善學者，師逸而功倍，又從而庸之。不善學者，師勤
而功半，又從而怨之。[一]善問者，如攻堅木，先其易者，
後其節目，及其久也，相説以解。不善問者，反此。[二]善
待問者，如撞鐘，叩之以小者則小鳴，叩之以大者則大鳴，
待其從容，然後盡其聲。不善荅問者，反此。[三]此皆進學
之道也。[四]

　　［一］從，隨也。庸，功也。功之，受其道，有功於己。

　　［二］言先易後難，以漸入。

　　［三］從，讀如“富父舂戈”之“舂”。舂容，謂重撞擊也，始者
　　　　　一聲而已。學者既開其端意，進而復問，乃極説之，如撞鐘
　　　　　之成聲矣。從，或爲“松”。

　　［四］此皆善問善荅也[一]。

（十八・十六）

　　記問之學，不足以爲人師，[一]必也其聽語乎。[二]力
不能問，然後語之。語之而不知，雖舍之可也。[三]

　　［一］記問，謂豫誦雜難、雜説，至講時爲學者論之。此或時師不
　　　　　心解，或學者所未能問。

　　［二］必待其問乃説之。

　　［三］舍之須後。

〔一〕　此皆善問善荅也　“此”，底本作“皆”，誤。余仁仲本、阮刻本作“此”，據改。

（十八·十七）

良冶之子，必學爲裘。[一] 良弓之子，必學爲箕。[二] 始駕馬者反之，車在馬前。[三] 君子察於此三者，可以有志於學矣。[四]

[一] 仍見其家錮補穿鑿之器也。補器者，其金柔乃合，有似於爲裘。

[二] 仍見其家撓角幹也。撓角幹者，其材宜調，調乃三體相勝，有似於爲楊柳之箕。

[三] 以言仍見則貫，即事易也。

[四] 仍讀先王之道，則爲來事不惑。

（十八·十八）

古之學者，比物醜類。[一] 鼓無當於五聲，五聲弗得不和。水無當於五色，五色弗得不章。學無當於五官，五官弗得不治。師無當於五服，五服弗得不親。[二]

[一] 以事相況而爲之[一]。醜，猶比也。醜，或爲“計”[二]。

[二] 當，猶主也。五服，斬衰至緦麻之親。

（十八·十九）

君子曰：“大德不官，[一] 大道不器。[二] 大信不約，[三]

〔一〕以事相況而爲之　“事”，余仁仲本與底本同。阮刻本作“此”。

〔二〕醜或爲計　此句余仁仲本與底本同。阮刻本作“醜或爲之計”，“計”字前衍一“之”字。

大時不齊。^{〔四〕}察於此四者，可以有志於本矣^{〔一〕}。"^{〔五〕}

　〔一〕謂君也。

　〔二〕謂聖人之道，不如器施於一物。

　〔三〕謂若"胥命于蒲"，無盟約。

　〔四〕或時以生，或時以死。

　〔五〕本立而道生。言以學爲本，則其德於民無不化，於俗無

　　　不成。

（十八·二十）

　　三王之祭川也，皆先河而後海，或源也，或委也，此
之謂務本。^{〔一〕}

　〔一〕源，泉所出也。委，流所聚也。始出一勺，卒成不測。

〔一〕可以有志於本矣　"本"，唐石經、余仁仲本與底本同。阮刻本作"學"。

樂記第十九

鄭　氏　注

（十九·一·一）

　　凡音之起，由人心生也。人心之動，物使之然也。感於物而動，故形於聲。[一] 聲相應，故生變，[二] 變成方，謂之"音"。[三] 比音而樂之，及干戚、羽旄，謂之"樂"。[四]

　　[一] 宮、商[一]、角、徵、羽，雜比曰音，單出曰聲。形，猶見也。

　　[二] 樂之器，彈其宮則衆宮應，然不足樂，是以變之使雜也。《易》曰："同聲相應，同氣相求。"《春秋傳》曰："若以水濟水，誰能食之？若琴瑟之專一，誰能聽之？"

　　[三] 方，猶文章也。

　　[四] 干，盾也。戚，斧也。武舞所執也。羽，翟羽也。旄，旄牛尾也。文舞所執。《周禮》舞師、樂師掌教舞，有兵舞，有干舞，有羽舞，有旄舞。《詩》曰："左手執籥，右手秉翟。"

（十九·一·二）

　　樂者，音之所由生也，其本在人心之感於物也。是故其哀心感者，其聲噍以殺。其樂心感者，其聲嘽以緩。其喜心感者，其聲發以散。其怒心感者，其聲粗以厲。其敬心感者，其聲直以廉。其愛心感者，其聲和以柔。六者非

〔一〕 宮商　"商"，底本作"商"，誤。<u>余仁仲本</u>、<u>阮刻本</u>作"商"，據改。

性也，感於物而后動。[一]是故先王慎所以感之者。故禮以道其志，樂以和其聲，政以一其行，刑以防其姦。禮、樂、刑、政，其極一也，[二]所以同民心而出治道也。[三]

[一]言人聲在所見，非有常也。噍，蹙也。嘽，寬綽貌。發，猶揚也。粗，麤也[一]。

[二]極，至也。

[三]此其所謂“至”也。

(十九·一·三)

凡音者，生人心者也。情動於中，故形於聲。聲成文，謂之“音”。是故治世之音，安以樂，其政和。亂世之音，怨以怒，其政乖。亡國之音，哀以思，其民困。聲音之道，與政通矣。[一]

[一]言八音和否，隨政也。《玉藻》曰：“御瞽幾聲之上下。”

(十九·一·四)

宮爲君，商爲臣，角爲民，徵爲事，羽爲物。五者不亂，則無怗懘之音矣。[一]宮亂則荒，其君驕。商亂則陂，其官壞。角亂則憂，其民怨。徵亂則哀，其事勤。羽亂則危，其財匱。五者皆亂，迭相陵，謂之“慢”。如此，則國之滅亡無日矣。[二]

〔一〕粗麤也　“麤”，<u>余仁仲</u>本與底本同。<u>阮刻</u>本作“麄”。

［一］五者，君、臣、民、事、物也。凡聲濁者尊，清者卑。怗
　　懘，敝敗不和貌。

［二］君、臣、民、事、物，其道亂，則其音應而亂。荒，猶散
　　也。陂，傾也。《書》曰："王荒荒。"《易》曰："無平不陂。"

（十九・一・五）

鄭、衞之音，亂世之音也，比於慢矣。[一]桑閒、濮上
之音，亡國之音也，其政散，其民流，誣上行私而不可
止也。[二]

［一］比，猶同也。

［二］濮水之上，地有桑閒者，亡國之音，於此之水出也。昔殷紂
　　使師延作靡靡之樂，已而自沈於濮水。後師涓過焉，夜聞
　　而寫之，爲晉平公鼓之，是之謂也。桑閒，在濮陽南。誣，
　　周也。

（十九・一・六）

凡音者，生於人心者也。樂者，通倫理者也。[一]是故
知聲而不知音者，禽獸是也。知音而不知樂者，衆庶是也。
唯君子爲能知樂。[二]是故審聲以知音，審音以知樂，審樂
以知政，而治道備矣。是故不知聲者，不可與言音。不知
音者，不可與言樂。知樂，則幾於禮矣。禮樂皆得，謂之
"有德"。德者得也。[三]是故樂之隆，非極音也。食饗之禮，
非致味也。[四]《清廟》之瑟，朱弦而疏越，壹倡而三歎，
有遺音者矣。大饗之禮，尚玄酒而俎腥魚。大羹不和，有
遺味者矣。[五]是故先王之制禮樂也，非以極口腹耳目之欲

也，將以教民平好惡，而反人道之正也。^[六]

[一] 倫，猶類也。理，分也。

[二] 禽獸知此爲聲耳，不知其宮商之變也。八音並作，克諧
　　曰樂。

[三] 幾，近也。聽樂而知政之得失，則能正君、臣、民、事、物
　　之禮也。

[四] 隆，猶盛也。極，窮也。

[五] 《清廟》，謂作樂歌《清廟》也。朱弦，練朱弦，練則聲濁。
　　越，瑟底孔也，畫疏之，使聲遲也。倡，發歌句也。三歎，
　　三人從歎之耳。大饗，祫祭先王，以腥魚爲俎實，不臑孰
　　之。大羹，肉湆，不調以鹽菜。遺，猶餘也。

[六] 教之，使知好惡也。

（十九・一・七）

　　人生而靜，天之性也。感於物而動，性之欲也。^[一]物
至知知，然後好惡形焉。^[二]好惡無節於内，知誘於外，不
能反躬，天理滅矣。^[三]夫物之感人無窮而人之好惡無節，
則是物至而人化物也。人化物也者^[一]，滅天理而窮人欲者
也。^[四]於是有悖逆詐僞之心，有淫泆作亂之事。是故強
者脅弱，衆者暴寡，知者詐愚，勇者苦怯，疾病不養，老
幼、孤獨不得其所，此大亂之道也。

〔一〕 人化物也者　此句底本作“化物也者”，“化”字前脱一“人”字。唐石經、余仁
仲本、阮刻本作“人化物也者”，據改。

〔一〕言性不見物，則無欲。

〔二〕至，來也。知知，每物來則又有知也。言見物多則欲益衆。
　　　形，猶見也。

〔三〕節，法度也。知，猶欲也。誘，猶道也，引也。躬，猶己
　　　也。理，猶性也。

〔四〕窮人欲，言無所不爲。

（十九·一·八）

　　是故先王之制禮樂，人爲之節。〔一〕衰麻哭泣，所以節
喪紀也。鐘鼓、干戚，所以和安樂也。昏姻、冠笄，所以
別男女也。射、鄉、食、饗，所以正交接也。〔二〕禮節民心，
樂和民聲，政以行之，刑以防之。禮、樂、刑、政，四達
而不悖，則王道備矣。

〔一〕言爲作法度，以遏其欲。

〔二〕男二十而冠，女許嫁而笄，成人之禮。射、鄉，大射、鄉飲
　　　酒也。

（十九·二·一）

　　樂者爲同，禮者爲異，同則相親，異則相敬。〔一〕樂勝
則流，禮勝則離。〔二〕合情飾貌者，禮樂之事也。〔三〕禮義
立，則貴賤等矣。樂文同，則上下和矣。好惡著，則賢、
不肖別矣。刑禁暴，爵舉賢，則政均矣。仁以愛之，義以
正之。如此，則民治行矣。〔四〕

［一］同，謂協好惡也^{［一］}。異，謂別貴賤也。

［二］流，謂合行不敬也。離，謂析居不和也。

［三］欲其並行斌斌然。

［四］等，階級也。

（十九·二·二）

　　樂由中出，^{［一］}禮自外作。^{［二］}樂由中出，故靜。禮自外作，故文。^{［三］}大樂必易，大禮必簡。^{［四］}樂至則無怨，禮至則不爭。揖讓而治天下者，禮樂之謂也。^{［五］}暴民不作，諸侯賓服，兵革不試，五刑不用，百姓無患，天子不怒，如此則樂達矣。合父子之親，明長幼之序，以敬四海之內，天子如此，則禮行矣。^{［六］}

　　［一］和在心也。

　　［二］敬在貌也。

　　［三］文，猶動也。

　　［四］易、簡，若於《清廟》大饗然。

　　［五］至，猶達也，行也。

　　［六］賓，協也。試，用也。

（十九·二·三）

　　大樂與天地同和，大禮與天地同節。^{［一］}和，故百物不失；^{［二］}節，故祀天祭地。^{［三］}明則有禮樂，^{［四］}幽則有鬼神。^{［五］}如此，則四海之內，合敬同愛矣。禮者，殊事合敬

〔一〕謂協好惡也　"協"，阮刻本與底本同。余仁仲本作"恊"。

者也。樂者，異文合愛者也。禮樂之情同，故明王以相沿也。[六]故事與時並，[七]名與功偕。[八]

[一] 言順天地之氣與其數。

[二] 不失其性。

[三] 成物有功，報焉。

[四] 教人者。

[五] 助天地成物者也。《易》曰："是故知鬼神之情狀，與天地相似。"《五帝德》說黃帝德曰："死而民畏其神者百年。"《春秋傳》曰："若敖氏之鬼。"然則聖人之精氣謂之"神"，賢知之精氣謂之"鬼"。

[六] 沿，猶因述也。孔子曰："殷因於夏禮，所損益可知也。周因於殷禮，所損益可知也。"沿，或作"緣"。

[七] 舉事在其時也。《禮器》曰："堯授舜，舜授禹，湯放桀，武王伐紂，時也。"

[八] 爲名在其功也。偕，猶俱也。堯作《大章》，舜作《大韶》，禹作《大夏》，湯作《大濩》，武王作《大武》，各因其得天下之功。

（一九·二·四）

故鐘鼓、管磬、羽籥、干戚，樂之器也。屈伸、俯仰、綴兆、舒疾，樂之文也。簠簋、俎豆，制度、文章，禮之器也。升降、上下，周還、裼襲，禮之文也。[一]故知禮樂之情者能作，識禮樂之文者能述。[二]作者之謂聖，述者之謂明。明聖者，述作之謂也。

〔一〕綴，謂酇，舞者之位也。兆，其外營域也。

〔二〕述，謂訓其義也。

（十九·二·五）

　樂者，天地之和也。禮者，天地之序也。和故百物皆化，序故羣物皆別。〔一〕樂由天作，禮以地制。〔二〕過制則亂，過作則暴。〔三〕明於天地，然後能興禮樂也。

〔一〕化，猶生也。別，謂形體異也。

〔二〕言法天地也。

〔三〕過，猶誤也。暴，失<u>文</u>、<u>武</u>之意。

（十九·二·六）

　論倫無患，樂之情也。欣喜歡愛，樂之官也。〔一〕中正無邪，禮之質也。莊敬恭順，禮之制也。〔二〕若夫禮樂之施於金石，越於聲音，用於宗廟、社稷，事乎山川、鬼神，則此所與民同也。〔三〕

〔一〕倫，猶類也。患，害也。官，猶事也。

〔二〕質，猶本也。

〔三〕言情、官、質、制，先王所專也。

（十九·三·一）

　王者功成作樂，治定制禮，〔一〕其功大者其樂備，其治辯者其禮具。〔二〕干戚之舞，非備樂也。〔三〕執亨而祀，非達禮也。〔四〕五帝殊時，不相沿樂。三王異世，不相襲禮。^[五]樂極則憂，禮粗則偏矣。^[六]及夫敦樂而無憂，禮備而不偏者，其唯大聖乎。^[七]

［一］功成、治定，同時耳。功主於王業，治主於教民。《明堂位》
　　說周公曰：“治天下。六年，朝諸侯於明堂，制禮作樂。”

［二］辯，偏也。

［三］樂以文德爲備，若《咸池》者。孔子曰：“《韶》盡美矣，又
　　盡善也。”謂《武》：“盡美矣，未盡善也。”

［四］達，具也。《郊特牲》曰：“郊血，大饗腥，三獻爓，一獻孰。
　　至敬不饗味而貴氣臭也。”

［五］言其有損益也。

［六］樂，人之所好也，害在淫佚。禮，人之所勤也，害在倦略。

［七］敦，厚也。

（十九・三・二）

天高地下，萬物散殊，而禮制行矣。^[一]流而不息，合同而化，而樂興焉。^[二]春作、夏長，仁也。秋斂、冬藏，義也。仁近於樂，義近於禮。^[三]樂者敦和，率神而從天。禮者別宜，居鬼而從地。^[四]故聖人作樂以應天，制禮以配地。禮樂明備，天地官矣。^[五]

［一］禮爲異也。

［二］樂爲同也。

［三］言樂法陽而生，禮法陰而成。

［四］敦和，樂貴同也。率，循也。從，順也。別宜，禮尚異也。
　　居鬼，謂居其所爲，亦言循之也。鬼神，謂先聖、先賢也。

　　〔五〕官，猶事也。各得其事。

（十九·三·三）

　　天尊地卑，君臣定矣。卑高已陳，貴賤位矣。動靜有常，小大殊矣。方以類聚，物以羣分，則性命不同矣。在天成象，在地成形，如此，則禮者，天地之別也。〔一〕

　　〔一〕卑高，謂山澤也。位矣，尊卑之位，象山澤也。動靜，陰陽用事。小大，萬物也〔一〕。大者常存，小者隨陰陽出入〔二〕。方，謂行蟲也。物，謂殖生者也。“性”之言“生”也。命，生之長短也。象，光耀也。形，體貌也。

（十九·三·四）

　　地氣上齊，天氣下降，陰陽相摩，天地相蕩，鼓之以雷霆，奮之以風雨，動之以四時，煖之以日月，而百化興焉。如此，則樂者，天地之和也。〔一〕化不時，則不生；男女無辨，則亂升，天地之情也。〔二〕

　　〔一〕齊，讀爲“躋”。躋，升也。摩，猶迫也。蕩，猶動也。奮，迅也〔三〕。百化，百物化生也。

　　〔二〕辨，別也。升，成也。樂失則害物，禮失則亂人。

〔一〕　小大萬物也　“小大”，余仁仲本、阮刻本作“大小”。
〔二〕　小者隨陰陽出入　此句阮刻本與底本同。余仁仲本作“小者隨陽出入”，“隨”字下脫一“陰”字。
〔三〕　奮迅也　“迅”，余仁仲本、阮刻本作“訊”。

563

（十九·三·五）

　　及夫禮樂之極乎天而蟠乎地，行乎陰陽而通乎鬼神，窮高極遠而測深厚。^[一]樂著大始，而禮居成物。^[二]著不息者，天也。著不動者，地也。^[三]一動一靜者，天地之閒也。^[四]故聖人曰“禮樂”云。^[五]

　　[一] 極，至也。蟠，猶委也。高遠，三辰也。深厚，山川也。言禮樂之道，上至於天，下委於地，則其閒無所不之。

　　[二] “著”之言“處”也。大始，百物之始生也。

　　[三] 著，猶明白也。息，猶休止也。《易》曰：“天行健，君子以自強不息。”

　　[四] 閒，謂百物也。

　　[五] 言禮樂之法天地也，樂靜而禮動，其並用事，則亦天地之閒耳。

（十九·四·一）

　　昔者，舜作五弦之琴以歌《南風》，夔始制樂以賞諸侯。^[一]故天子之爲樂也，以賞諸侯之有德者也。德盛而教尊，五穀時孰，然後賞之以樂。故其治民勞者，其舞行綴遠。其治民逸者，其舞行綴短。^[二]故觀其舞，知其德，聞其謚，知其行也。^[三]

　　[一] 夔欲舜與天下之君共此樂也。《南風》，長養之風也，以言父母之長養己，其辭未聞也。夔，舜時典樂者也。《書》曰：“夔，命女典樂。”

　　[二] 民勞則德薄，鄭相去遠，舞人少也。民逸則德盛，鄭相去

近，舞人多也。

［三］謚者，行之迹也。

（十九·四·二）

《大章》，章之也。^{［一］}《咸池》，備矣。^{［二］}《韶》，繼也。^{［三］}《夏》，大也。^{［四］}殷、周之樂盡矣。^{［五］}

［一］堯樂名也，言堯德章明也。《周禮》闕之，或作《大卷》。

［二］黃帝所作樂名也，堯增脩而用之。咸，皆也。“池”之言“施”也，言德之無不施也。《周禮》曰《大咸》。

［三］舜樂名也。《韶》之言“紹”也，言舜能繼紹堯之德。《周禮》曰《大韶》。

［四］禹樂名也，言禹能大堯、舜之德。《周禮》曰《大夏》。

［五］言盡人事也。《周禮》曰《大濩》《大武》。

（十九·四·三）

天地之道，寒暑不時則疾，風雨不節則饑。教者，民之寒暑也，教不時則傷世。事者，民之風雨也，事不節則無功。^{［一］}然則先王之爲樂也，以法治也，善則行象德矣。^{［二］}

［一］教，謂樂也。

［二］以法治，以樂爲治之法。行象德，民之行順君之德也。

（十九·四·四）

夫豢豕、爲酒，非以爲禍也，而獄訟益繁，則酒之流生禍也。^{［一］}是故先王因爲酒禮。壹獻之禮，賓主百拜，終日飲酒而不得醉焉，此先王之所以備酒禍也。^[二]故酒食者，所以合歡也。樂者，所以象德也。禮者，所以綴淫也。^[三]是故先王有大事，必有禮以哀之。有大福，必有禮以樂之。哀樂之分，皆以禮終。^[四]樂也者，聖人之所樂也，而可以善民心。其感人深，其移風易俗，故先王著其教焉。^[五]

> ［一］以穀食犬豕曰豢。爲，作也。言“豢豕、作酒”，本以饗祀養賢，而小人飲之善酗，以致獄訟。
>
> ［二］壹獻，士飲酒之禮。百拜，以喻多。
>
> ［三］綴，猶止也。
>
> ［四］大事，謂死喪也。
>
> ［五］著，猶立也。謂立司樂以下，使教國子。

（十九·五·一）

夫民有血氣心知之性，而無哀樂喜怒之常，應感起物而動，然後心術形焉。^[一]是故志微、噍殺之音作，而民思憂。嘽諧、慢易、繁文、簡節之音作，而民康樂。粗厲、猛起、奮末、廣賁之音作，而民剛毅。廉直、勁正、莊誠之音作，而民肅敬。寬裕、肉好、順成、和動之音作，而民慈愛。流辟、邪散、狄成、滌濫之音作，而民淫亂。^[二]

> ［一］言在所以感之也。術，所由也。形，猶見也。
>
> ［二］志微，意細也。吳公子札聽《鄭風》，而曰：“其細已甚，民弗堪也。”簡節，少易也。奮末，動使四支也。賁，讀爲“憤”。憤，怒氣充實也。《春秋傳》曰：“血氣狡憤。”肉，肥也。狄、滌，往來疾貌也。濫，僭差也。此皆民心無常之傲

也。肉，或爲"潤"。

（十九·五·二）

　　是故先王本之情性，稽之度數，制之禮義，合生氣之
和，道五常之行，使之陽而不散，陰而不密，剛氣不怒，
柔氣不懾，四暢交於中，而發作於外，皆安其位，而不相奪
也。[一]然後立之學等，廣其節奏，省其文采，以繩德厚，[二]
律小大之稱，比終始之序，以象事行，[三]使親疏、貴賤、
長幼、男女之理，皆形見於樂，故曰："樂觀其深矣。"[四]

[一] 生氣，陰陽氣也。五常，五行也。"密"之言"閉"也。懾，
　　猶恐懼也。

[二] 等，差也，各用其才之差學之。廣，謂增習之。省，猶審
　　也。文采，謂節奏合也。繩，猶度也。《周禮·大司樂》："以
　　樂語教國子，興道、諷誦、言語。以樂舞教國子，舞《雲
　　門》《大卷》《大咸》《大韶》《大夏》《大濩》《大武》。"

[三] 律，六律也。《周禮》典同以六律、六同"辨天地[一]、四方、
　　陰陽之聲，以爲樂器"。小大，謂高聲、正聲之類也。終始，
　　謂始於宮，終於羽。宗廟，黃鍾爲宮，大呂爲角，大蔟爲
　　徵，應鍾爲羽，以象事行。宮爲君[二]，商爲臣[三]。

[四] 謂同聽之，莫不和敬，莫不和順，莫不和親。

〔一〕 辨天地　"辨"，余仁仲本與底本同。阮刻本作"濤"，誤。
〔二〕 宮爲君　此句余仁仲本與底本同。阮刻本作"君爲宮"，誤。
〔三〕 商爲臣　"商"，底本作"商"，誤。余仁仲本、阮刻本作"商"，據改。

（十九·五·三）

　　土敝則草木不長，水煩則魚鼈不大，氣衰則生物不遂，世亂則禮慝而樂淫。是故其聲哀而不莊，樂而不安，慢易以犯節，流湎以忘本。廣則容姦，狹則思欲。感條暢之氣，而滅平和之德，是以君子賤之也。[一]

　　[一] 遂，猶成也。慝，穢也。廣，謂聲緩也。狹，謂聲急也。感，動也。動人條暢之善氣，使失其所。

（十九·六·一）

　　凡姦聲感人，而逆氣應之。逆氣成象，而淫樂興焉。正聲感人，而順氣應之。順氣成象，而和樂興焉。倡和有應，回邪曲直，各歸其分，而萬物之理，各以類相動也。[一]是故君子反情以和其志，比類以成其行。姦聲亂色，不留聰明；淫樂慝禮，不接心術；惰慢邪辟之氣，不設於身體。使耳目、鼻口、心知、百體，皆由順正，以行其義。[二]

　　[一] 成象者，謂人樂習焉。
　　[二] 反，猶本也。術，猶道也。

（十九·六·二）

　　然後發以聲音，而文以琴瑟，動以干戚，飾以羽旄，從以簫管。奮至德之光，動四氣之和，以著萬物之理。[一]是故清明象天，廣大象地，終始象四時，周還象風雨。五色成文而不亂，八風從律而不姦，百度得數而有常。小大相成，終始相生，倡和清濁，迭相爲經。[二]故樂行而倫清，耳目聰明，血氣和平，移風易俗，天下皆寧。[三]故曰：樂者，樂也。君子樂得其道，小人樂得其欲。以道制欲，則樂而不亂；以欲忘道，則惑而不樂。[四]

[一]奮，猶動也。動至德之光，謂降天神，出地祇，假祖考。著，猶成也。

[二]清明，謂人聲也。廣大，謂鐘鼓也。周還，謂舞者。五色，五行也。八風從律，應節至也。百度，百刻也，言日月晝夜，不失正也。清，謂蕤賓至應鐘也。濁，謂黃鐘至中呂。

[三]言樂用則正人理，和陰陽也。倫，謂人道也。

[四]道，謂仁義也。欲，謂邪淫也。

（十九·六·三）

是故君子反情以和其志，廣樂以成其教[一]。樂行而民鄉方，可以觀德矣。[一]德者，性之端也。樂者，德之華也。金、石、絲、竹，樂之器也。詩，言其志也。歌，詠其聲也。舞，動其容也。三者本於心，然後樂氣從之[二]。是故情深而文明，氣盛而化神，和順積中，而英華發外，唯樂不可以爲僞。[二]

[一]方，猶道也。

[二]三者本，志也、聲也、容也。言无此本於内，則不能爲樂也。

〔一〕廣樂以成其教　此句余仁仲本、阮刻本與底本同。唐石經作“廣樂以成教”，“成教”二字磨泐痕跡，疑原作“成其教”。

〔二〕然後樂氣從之　“氣”，余仁仲本、阮刻本作“器”。

（十九·六·四）

樂者，心之動也。聲者，樂之象也。文采節奏，聲之飾也。君子動其本，樂其象，然後治其飾。是故先鼓以警戒，三步以見方，再始以著往，復亂以飭歸，奮疾而不拔，極幽而不隱，獨樂其志，不厭其道，備舉其道，不私其欲。是故情見而義立，樂終而德尊，君子以好善，小人以聽過。故曰："生民之道，樂爲大焉。"[一]

[一] 文采，樂之威儀也。先鼓，將奏樂，先擊鼓，以警戒衆也。三步，謂將舞，必先三舉足，以見其舞之漸也。再始以著往，武王除喪，至盟津之上，紂未可伐，還歸。二年，乃遂伐之。武舞再更始，以明伐時再往也。復亂以飭歸，謂鳴鐃而退，明以整歸也。奮疾，謂舞者也。極幽，謂歌者也。

（十九·六·五）

樂也者，施也。禮也者，報也。[一]樂，樂其所自生，而禮，反其所自始。樂章德，禮報情，反始也。[二]

[一] 言樂出而不反，而禮有往來也。
[二] 白，由也。

（十九·六·六）

所謂"大輅"者，天子之車也。龍旂九旒，天子之旌也。青黑緣者，天子之寶龜也。從之以牛羊之羣，則所以贈諸侯也。[一]

〔一〕贈諸侯，謂來朝將去，送之以禮〔一〕。

（十九・七・一）

樂也者，情之不可變者也。禮也者，理之不可易者也。〔一〕樂統同，禮辨異。〔二〕禮樂之説，管乎人情矣。〔三〕

〔一〕理，猶事也。
〔二〕統同，同和合也。辨異，異尊卑也。
〔三〕管，猶包也。

（十九・七・二）

窮本知變，樂之情也。著誠去僞，禮之經也。禮樂偩天地之情，達神明之德，降興上下之神，而凝是精粗之體，領父子君臣之節。〔一〕

〔一〕偩，猶依象也。降，下也。興，猶出也。凝，成也。精粗，謂萬物大小也。領，猶理治也。

（十九・七・三）

是故大人舉禮樂，則天地將爲昭焉。〔一〕天地訢合，陰陽相得，煦嫗覆育萬物。然後草木茂，區萌達，羽翼奮，角觡生，蟄蟲昭蘇，羽者嫗伏，毛者孕鬻，胎生者不殰，而卵生者不殈，則樂之道歸焉耳。〔二〕

〔一〕送之以禮　“送”，余仁仲本與底本同。阮刻本作“既”，誤。

［一］言天地將爲之昭然明也。

［二］訢，讀爲“熹”。熹，猶烝也〔一〕。氣曰煦，體曰嫗。屈生曰
區，無腮曰骼。昭，曉也，蟄蟲以發出爲曉。更息曰蘇。
孕，任也。鬻，生也。内敗曰殰。殈，裂也，今齊人語有
“殈”者。

(十九·七·四)

樂者，非謂黄鐘、大吕、弦歌、干揚也，樂之末節
也，故童者舞之。鋪筵席，陳尊俎，列籩豆，以升降爲禮
者，禮之末節也，故有司掌之。〔一〕樂師辨乎聲詩，故北面
而弦。宗祝辨乎宗廟之禮，故後尸。商祝辨乎喪禮，故後
主人。〔二〕是故德成而上，藝成而下，行成而先，事成而
後。〔三〕是故先王有上有下，有先有後，然後可以有制於天
下也。〔四〕

［一］言禮樂之本，由人君也。禮本著誠去僞，樂本窮本知變。

［二］辨，猶别也，正也。弦，謂鼓琴瑟也。後尸，居後贊禮儀。
此言知本者尊，知末者卑。

［三］德，三德也。行，三行也。藝，才技也。先，謂位在上也。
後，謂位在下也。

［四］言尊卑備，乃可制作，以爲治法。

(十九·八·一)

魏文侯問於子夏曰：“吾端冕而聽古樂，則唯恐臥。聽

鄭、衞之音，則不知倦。敢問古樂之如彼，何也？新樂之
如此，何也？"〔一〕

　　子夏對曰："今夫古樂，進旅退旅，和正以廣，弦匏笙
簧，會守拊鼓。始奏以文，復亂以武。治亂以相，訊疾以
雅。君子於是語，於是道古。脩身及家，平均天下。此古
樂之發也。〔二〕今夫新樂，進俯退俯，姦聲以濫，溺而不止，
及優、侏儒〔一〕，獶雜子女，不知父子。樂終，不可以語，
不可以道古。此新樂之發也。〔三〕今君之所問者，樂也；所
好者，音也。夫樂者，與音相近而不同。"〔四〕

〔一〕　魏文侯，晉大夫畢萬之後，僭諸侯者也。端，玄衣也。古
　　　樂，先王之正樂也。

〔二〕　旅，猶俱也。俱進、俱退，言其齊一也。和正以廣，無姦聲
　　　也。會，猶合也，皆也。言眾皆待擊鼓乃作。《周禮》"大師"
　　　職曰："大祭祀，帥瞽登歌，合奏擊拊〔二〕，下管播樂器，合奏
　　　鼓棘。"文，謂鼓也。武，謂金也。相，即拊也，亦以節樂。
　　　拊者，以韋爲表，裝之以穅。穅，一名"相"，因以名焉，
　　　今齊人或謂"穅"爲"相"。雅，亦樂器名也，狀如漆筩，
　　　中有椎。

〔三〕　俯，猶曲也，言不齊一也。濫，濫竊也。溺而不止，聲淫
　　　亂，無以治之。獶，獼猴也。言舞者如獼猴戲也，亂男女之
　　　尊卑。獶，或作"優"。

〔四〕　言文侯好音而不知樂也。鏗鎗之類皆爲音〔三〕，應律乃爲樂。

〔一〕　侏儒　"儒"，唐石經與底本同。余仁仲本、阮刻本作"傶"。
〔二〕　合奏擊拊　"合"，余仁仲本、阮刻本與底本同。今《周禮》作"令"。
〔三〕　鏗鎗之類皆爲音　"鎗"，余仁仲本、阮刻本作"鏘"。

（十九·八·二）

文侯曰："敢問何如？"[一]

子夏對曰："夫古者，天地順而四時當，民有德而五穀昌，疾疢不作而無妖祥，此之謂大當。然後聖人作，爲父子、君臣，以爲紀綱。紀綱既正，天下大定。天下大定，然後正六律，和五聲，弦歌《詩》《頌》，此之謂德音，德音之謂樂。[二]《詩》云：'莫其德音，其德克明。克明克類，克長克君。王此大邦，克順克俾。俾于文王，其德靡悔。既受帝祉，施于孫子。'此之謂也。[三]今君之所好者，其溺音乎？"[四]

[一] 欲知音、樂異意。

[二] 當，謂樂不失其所。

[三] 此有德之音，所謂"樂"也。德正應和曰"莫"，照臨四方曰"明"，勤施無私曰"類"，教誨不倦曰"長"，慶賞刑威曰"君"，慈和徧服曰"順"。"俾"，當爲"比"，聲之誤也。擇善從之曰"比"。施，延也。言文王之德，皆能如此，故受天福，延於後世也。

[四] 言無文王之德，則所好非樂也。

（十九·八·三）

文侯曰："敢問溺音何從出也？"[一]

子夏對曰："鄭音好濫淫志，宋音燕女溺志，衛音趨數煩志，齊音敖辟喬志。此四者，皆淫於色而害於德，是以祭祀弗用也。[二]《詩》云：'肅雍和鳴，先祖是聽。'夫肅，肅敬也。雍，雍和也。夫敬以和，何事不行？[三]爲人君

者，謹其所好惡而已矣。君好之，則臣爲之。上行之，則民從之。《詩》云：‘誘民孔易。’此之謂也。[四]

[一]玩習之久，不知所由出也。

[二]言四國皆出此溺音。濫，濫竊姦聲也。燕，安也。《春秋傳》曰：“懷與安，實敗名。”趨數，讀爲“促速”，聲之誤也。煩，勞也。祭祀者不用淫樂。

[三]言古樂敬且和，故無事而不用，溺音無所施。

[四]誘，進也。孔，甚也。言民從君所好惡，進之於善無難。

(十九·八·四)

“然後聖人作，爲鞉、鼓、椌、楬、壎、篪。此六者，德音之音也。[一]然後鍾、磬、竽、瑟以和之，干、戚、旄、狄以舞之。此所以祭先王之廟也，所以獻、酬、酳、酢也，所以官序貴賤、各得其宜也，所以示後世有尊卑、長幼之序也。[二]

[一]六者爲本，以其聲質也。椌、楬，謂柷、敔也。壎、篪，或爲“簨”“虡”。

[二]官序貴賤，謂尊卑樂器列數有差次。

(十九·八·五)

“鍾聲鏗，鏗以立號，號以立橫，橫以立武。君子聽鍾聲，則思武臣。[一]石聲磬，磬以立辨，辨以致死。君子聽磬聲，則思死封疆之臣。[二]絲聲哀，哀以立廉，廉以立志。君子聽琴瑟之聲，則思志義之臣。[三]竹聲濫，濫以立會，會以聚衆。君子聽竽、笙、簫、管之聲，則思畜聚之臣。[四]鼓鼙之聲讙，讙以立動，動以進衆。君子聽鼓鼙之聲，則思將帥之臣。[五]君子之聽音，非聽其鏗鎗而已也，彼亦有所合之也。"[六]

[一]號，號令，所以警衆也。横，充也，謂氣作充滿也。

[二]石聲磬，磬，當爲"罄"，字之誤也。辨，謂分明於節義。

[三]廉，廉隅也。

[四]濫之意，猶摯，聚也。會，猶聚也。聚，或爲"最"。

[五]聞讙囂則人意動作[一]。讙，或爲"歡"。動，或爲"勳"。

[六]以聲合成己之志。

(十九・九・一)

　　賓牟賈侍坐於孔子，孔子與之言，及樂，曰："夫《武》之備戒之已久，何也？"

　　　　對曰："病不得其衆也。"[一]

　　　　"咏歎之，淫液之，何也？"

　　　　對曰："恐不逮事也。"[二]

　　　　"發揚蹈厲之已蚤，何也？"

　　　　對曰："及時事也。"[二]

　　　　"《武》坐，致右憲左，何也？"

　　　　對曰："非《武》坐也。"[四]

　　　　"聲淫及商，何也？"

　　　　對曰："非《武》音也。"[五]

〔一〕聞讙囂則人意動作　"囂"，底本作"罷"，誤。余仁仲本、阮刻本作"囂"，據改。

子曰：“若非《武》音，則何音也？”

對曰：“有司失其傳也。若非有司失其傳，則武王之志荒矣。”〔六〕

子曰：“唯。丘之聞諸萇弘，亦若吾子之言是也。”〔七〕

〔一〕《武》，謂周舞也。備戒，擊鼓警衆。病，猶憂也，以不得衆心爲憂，憂其難也。

〔二〕咏歎、淫液，歌遲之也。逮，及也。事，伐事也〔一〕。

〔三〕時至，武事當施也。

〔四〕言《武》之事無坐也。致，謂膝至地也。憲，讀爲“軒”，聲之誤也。

〔五〕言《武》歌在正其軍，不貪商也。時人或説其義爲貪商也。

〔六〕有司，典樂者也。傳，猶説也。荒，老耄也。言典樂者失其説也，而時人妄説也。《書》曰：“王耄荒。”

〔七〕萇弘，周大夫。

（十九·九·二）

賓牟賈起，免席而請曰：“夫《武》之備戒之已久，則既聞命矣，敢問遲之遲而又久，何也？”〔一〕

子曰：“居，吾語女〔二〕。夫樂者，象成者也。揔干而山立，武王之事也。發揚蹈厲，大公之志也。《武》亂皆坐，周、召之治也。〔二〕且夫《武》，始而北出，再成而滅商，三成而南，四成而南國是疆，五成而分周公左、召公

─────────

〔一〕事伐事也　“伐”，余仁仲本、阮刻本作“戎”。

〔二〕吾語女　“女”，唐石經、余仁仲本與底本同。阮刻本作“汝”。

右，六成復綴以崇。[三]天子夾振之而駟伐，盛威於中國也。[四]分夾而進，事蚤濟也。[五]久立於綴，以待諸侯之至也。[六]

[一] 遲之遲，謂久立於綴。

[二] 居，猶安坐也。成，謂已成之事也。揔干，持盾也。山立，猶正立也，象武王持盾正立待諸侯也。發揚蹈厲，所以象威武時也。《武》舞，象戰鬥也。亂，謂失行列也。失行列則皆坐，象周公、召公以文止武也。

[三] 成，猶奏也。每奏《武》曲一終爲一成。始奏，象觀兵盟津時也。再奏，象克殷時也。三奏，象克殷有餘力而反也。四奏，象南方荊蠻之國侵畔者服也。五奏，象周公、召公分職而治也。六奏，象兵還振旅也。復綴，反位止也。崇，充也。凡六奏以充《武》樂也。

[四] “夾振之”者，王與大將夾舞者，振鐸以爲節也。駟，當爲“四”，聲之誤也。《武》舞，戰象。每奏四伐，一擊、一刺爲一伐。《牧誓》曰：“今日之事，不過四伐、五伐。”

[五] 分，猶部曲也。事，猶爲也。濟，成也。舞者各有部曲之列，又夾振之者，象用兵務於早成也。

[六] 象武王伐紂待諸侯也。

（十九·九·三）

　　“且女獨未聞牧野之語乎？[一]武王克殷反商，未及下車而封黃帝之後於薊，封帝堯之後於祝，封帝舜之後於陳；下車而封夏后氏之後於杞，投殷之後於宋，封王子比干之墓，釋箕子之囚，使之行商容而復其位。庶民弛政，庶士倍祿。濟河而西，馬散之華山之陽而弗復乘，牛散之桃林之野而弗復服，車甲衅而藏之府庫而弗復用，倒載干戈，包之以虎皮，將帥之士，使爲諸侯，名之曰‘建櫜’。然後天下知武王之不復用兵也。^[二]

[一] 欲語以作《武》樂之意。

[二] 反，當爲“及”^{〔一〕}，字之誤也。及商，謂至紂都也。《牧誓》曰：“至于商郊牧野。”封，謂故無土地者也。投，舉徙之辭也。時武王封紂子武庚於殷墟。所徙者，微子也。後周公更封而大之。積土爲封。封比干墓，崇賢也。行，猶視也。使箕子視商禮樂之官，賢者所處，皆令反其居也。弛政，去其紂時苛政也。倍祿，復其紂時薄者也。散，猶放也。桃林，在華山旁。甲，鎧也。衅，“釁”字也。包干戈以虎皮，明能以武服兵也。建，讀爲“鍵”，字之誤也。兵甲之衣曰“櫜”。鍵櫜，言閉藏兵甲也。《詩》曰：“載櫜弓矢。”《春秋傳》曰：“垂櫜而入。”《周禮》曰：“櫜之欲其約也。”薊，或爲“續”。祝，或爲“鑄”。

（十九·九·四）

“散軍而郊射，左射《貍首》，右射《騶虞》，而貫革之射息也。裨冕搢笏，而虎賁之士說劍也。祀乎明堂，而民知孝。朝覲，然後諸侯知所以臣。耕藉，然後諸侯知所以敬。五者，天下之大教也。^[一]食三老、五更於大學，天子

〔一〕 反當爲及　此句余仁仲本作“反商當爲及”，“反”字下有一“商”字，誤。阮刻本作“反商當爲及”，“反”字下有一“商”字，誤。

袒而割牲，執醬而饋，執爵而酳，冕而揔干，所以教諸侯之弟也。^[二]若此，則周道四達，禮樂交通，則夫《武》之遲久，不亦宜乎！"^[三]

［一］郊射，爲射宮於郊也。左，東學也。右，西學也。《貍首》《騶虞》，所以歌爲節也。貫革，射穿甲革也。褌冕，衣褌衣而冠冕也。褌衣，袞之屬也。揔，猶插也。賁，憤怒也。文王之廟爲明堂制。耕藉，藉田也。

［二］三老、五更，互言之耳，皆老人更知三德五事者也。冕而揔干，親在舞位也。周名大學曰東膠。

［三］言《武》遲久，爲重禮樂。

（十九·十·一）

君子曰："禮樂不可斯須去身。"致樂以治心，則易、直、子、諒之心油然生矣。易、直、子、諒之心生則樂，樂則安，安則久，久則天，天則神。天則不言而信，神則不怒而威，致樂以治心者也。^[一]

［一］致，猶深審也。子，讀如"不子"之"子"。油然，新生好貌也。善心生，則寡於利欲；寡於利欲，則樂矣。志明行成，不言而見信，如天也；不怒而見畏，如神也。樂由中出，故治心。

（十九·十·二）

致禮以治躬則莊敬，莊敬則嚴威。^[一]心中斯須不和不樂，而鄙詐之心入之矣。^[二]外貌斯須不莊不敬，而易慢之心入之矣。^[三]故樂也者，動於内者也。禮也者，動於外者也。樂極和，禮極順，内和而外順，則民瞻其顏色而弗與爭也，望其容貌而民不生易慢焉^{〔一〕}。故德煇動於内，而民莫不承聽。理發諸外，而民莫不承順。^[四]故曰："致禮樂之道，舉而錯之天下，無難矣。"

［一］躬，身也。禮自外作，故治身。

［二］鄙詐入之，謂利欲生^{〔二〕}。

［三］易，輕易也^{〔三〕}。

［四］德煇，顏色潤澤也。理，容貌之進止也。

（十九·十·三）

樂也者，動於内者也。禮也者，動於外者也。故禮主其減，樂主其盈。^[一]禮減而進，以進爲文。樂盈而反，以反爲文。^[二]禮減而不進則銷，樂盈而不反則放，故禮有報而樂有反。^[三]禮得其報則樂，樂得其反則安。^[四]禮之報，樂之反，其義一也。^[五]

［一］禮主其減^{〔四〕}，人所倦也。樂主其盈，人所歡也。

［二］進，謂自勉強也。反，謂自抑止也。文，猶美也，善也。

［三］放淫聲^{〔五〕}，樂不能止也。報，讀爲"褒"。褒，猶進也^{〔六〕}。

〔一〕　望其容貌而民不生易慢焉　"慢"，唐石經、余仁仲本與底本同。阮刻本作"僈"。
〔二〕　鄙詐入之謂利欲生　此句余仁仲本與底本同。阮刻本作"鄙詐是貪多詐僞"。
〔三〕　易輕易也　"輕"，底本作"經"，誤。余仁仲本、阮刻本作"輕"，據改。
〔四〕　禮主其減　"其"，余仁仲本與底本同。阮刻本作"於"。
〔五〕　放淫聲　此句阮刻本與底本同。余仁仲本作"放於淫聲"。
〔六〕　報讀爲褒褒猶進也　此句余仁仲本、阮刻本作"報，讀曰'褒'，猶進也"。

〔四〕得，謂曉其義，知其吉凶之歸。

〔五〕俱趨立於中，不銷不放也。

（十九·十·四）

　　夫樂者，樂也，人情之所不能免也。樂必發於聲音，形於動靜，人之道也。聲音動靜，性術之變，盡於此矣。[一]故人不耐無樂，樂不耐無形。形而不爲道，不耐無亂。[二]先王恥其亂，故制《雅》《頌》之聲以道之，使其聲足樂而不流，使其文足論而不息，使其曲直、繁瘠、廉肉、節奏，足以感動人之善心而已矣，不使放心邪氣得接焉。是先王立樂之方也。[三]

　　〔一〕免，猶自止也。人道，人之所爲也。性術，言此出於性也。盡於此，不可過。

　　〔二〕形，聲音動靜也。耐，古書“能”字也，後世變之，此獨存焉。古以“能”爲三“台”字。

　　〔三〕流，猶淫放也。文，篇辭也。息，猶銷也。曲直，歌之曲折也。繁瘠、廉肉，聲之鴻殺也。節奏，闔作進止所應也。方，道也。

（十九·十·五）

　　是故樂在宗廟之中，君臣上下同聽之，則莫不和敬；在族長鄉里之中，長幼同聽之，則莫不和順；在閨門之內，父子兄弟同聽之，則莫不和親。故樂者，審一以定和，比物以飾節，節奏合以成文，所以合和父子君臣，附親萬民也。是先王立樂之方也。[一]

[一]審一，審其人聲也。比物，謂雜金、革、土、匏之屬也。以
　　成文，五聲、八音，克諧相應和。

（十九·十·六）

　　故聽其《雅》《頌》之聲，志意得廣焉；執其干戚，習
其俯仰詘伸，容貌得莊焉；行其綴兆，要其節奏，行列得
正焉，進退得齊焉。故樂者，天地之命，中和之紀，人情
之所不能免也。[一]

　　[一]綴，表也，所以表行列也。《詩》云："荷戈與綴。"兆，域也。
　　　　舞者進退所至也。要，猶會也。命，教也。紀，揔要之名也。

（十九·十·七）

　　夫樂者，先王之所以飾喜也。軍旅、鈇鉞者，先王之
所以飾怒也。故先王之喜怒，皆得其儕焉。[一]喜則天下和
之，怒則暴亂者畏之。先王之道，禮樂可謂盛矣。[二]

　　[一]儕，猶輩類。
　　[二]天子之於天下，喜怒節之以禮樂，則兆民和從而畏敬之。禮
　　　　樂，王者所常興則盛矣。

（十九·十一）

　　子贛見師乙而問焉，曰："賜聞聲歌各有宜也，如賜者
宜何歌也？"[一]

　　師乙曰："乙，賤工也，何足以問所宜？請誦其所聞，
而吾子自執焉。[二]愛者，宜歌《商》。溫良而能斷者，宜

歌《齊》。夫歌者，直己而陳德也，動己而天地應焉，四時和焉，星辰理焉，萬物育焉。故《商》者，五帝之遺聲也。寬而靜，柔而正者，宜歌《頌》。廣大而靜、疏達而信者，宜歌《大雅》。恭儉而好禮者，宜歌《小雅》。正直而靜、廉而謙者，宜歌《風》。肆直而慈愛，[三]商之遺聲也，商人識之，故謂之《商》。《齊》者，三代之遺聲也，齊人識之，故謂之《齊》。[四]明乎《商》之音者，臨事而屢斷；明乎《齊》之音者，見利而讓。[五]臨事而屢斷，勇也。見利而讓，義也。有勇有義，非歌孰能保此？[六]故歌者上如抗，下如隊[一]，曲如折，止如槀木，倨中矩，句中鉤，纍纍乎端如貫珠。[七]故歌之爲言也，長言之也。説之，故言之；言之不足，故長言之；長言之不足，故嗟歎之；嗟歎之不足，故不知手之舞之、足之蹈之也。"[八]

　　子貢問樂。[九]

[一] 子貢[二]，孔子弟子。師，樂官也。乙，名。聲歌各有宜，氣順性也。

[二] 樂人稱工。執，猶處也。

[三] 此文換簡失其次。"寬而靜"宜在上，"愛者宜歌《商》"宜承此下行，讀云"肆直而慈愛者，宜歌《商》"[三]。《商》，宋

〔一〕 下如隊 "隊"，余仁仲本、阮刻本與底本同。唐石經作"墜"。

〔二〕 子貢 "貢"，余仁仲本、阮刻本作"贛"。

〔三〕 《樂記》原篇簡序錯亂，前後倒誤有脱漏。根據鄭玄注，復原後的文字爲："寬而靜、柔而正者，宜歌《頌》。廣大而靜、疏達而信者，宜歌《大雅》。恭儉而好禮者，宜歌《小雅》。正直而靜、廉而謙者，宜歌《風》。肆直而慈愛者，宜歌《商》。温良而能斷者，宜歌《齊》。夫歌者，直己而陳德也，動己而天地應焉，四時和焉，星辰理焉，萬物育焉。故《商》者，五帝之遺聲也。商人識之，故謂之《商》。"原簡恐有殘闕，鄭注復原之後的文義仍有未安之處。

詩也。愛，或爲“哀”。直己而陳德，各因其德，歌所宜。育，生也。

［四］云“商之遺聲也”，衍字也，又誤，上所云“故《商》者，五帝之遺聲也”，當居此衍字處也。

［五］屢，數也。數斷事，以其肆直也。見利而讓，以其溫良能斷也。斷，猶決也。

［六］保，猶安也，知也。

［七］言歌聲之著，動人心之審，如有此事。

［八］長言之，引其聲也。嗟歎，和續之也。不知手之舞之、足之蹈之，歡之至也。

［九］上下同美之也。

禮記卷第十二

禮記卷第十二

雜記上第二十

鄭　氏　注

（二十·一）

諸侯行而死於館，則其復如於其國。如於道，則升其乘車之左轂，以其綏復。^{〔一〕}其輴有裧，緇布裳帷，素錦以爲屋而行。^{〔二〕}至於廟門，不毀牆，遂入，適所殯。唯輴爲説於廟門外。^{〔三〕}

〔一〕館，主國所致舍。復，招魂復魄也。如於其國，主國館賓，與使有之^{〔一〕}，得升屋招，用襲衣也。如於道，道上廬宿也。升車左轂，象升屋東榮。綏，當爲“緌”，讀如“蕤賓”之“蕤”，字之誤也。緌，謂旌旗之旄也，去其旒而用之，異於生也。

〔二〕輴，載柩將殯之車飾也。輴取名於槻與輴，讀如“舊旝”之“舊”。槻，棺也。輴，染赤色者也。將葬，載柩之車飾曰柳。裧，謂鼈甲邊緣。緇布裳帷，圍棺者也。裳帷用緇，則輴用赤矣。輴象宮室。屋，其中小帳襯覆棺者^{〔二〕}。若未大斂，其載尸而歸，車飾皆如之。

〔三〕廟，所殯宮。牆，裳帷也。適所殯，謂兩楹之間。去輴乃入

〔一〕　與使有之　“與”，余仁仲本、阮刻本作“予”。

〔二〕　其中小帳襯覆棺者　“襯”，余仁仲本、底本作“槻”，誤。阮刻本作“襯”，據改。

廟門，以其入自有宮室也。毀，或爲“徹”。凡柩自外來者，正棺於兩楹之間，尸亦俟之於此，皆因殯焉。異者，柩入自闕，升自西階；尸入自門，升自阼階。其殯必於兩楹之間者，以其死不於室而自外來，留之於中，不忍遠也。

（二十·二）

大夫、士死於道，則升其乘車之左轂，以其綏復。如於館死，則其復如於家。[一]大夫以布爲輤而行，至於家而說輤，載以輇車，入自門，至於阼階下而說車，舉自阼階，升適所殯。[二]士輤，葦席以爲屋，蒲席以爲裳帷。[三]

[一] 綏，亦緌也。大夫復於家，以玄冕；士，以爵弁服。

[二] 大夫輤言用布，白布不染也。言“輤”者，達名也。不言“裳帷”，俱用布，無所別也。至門，亦說輤乃入。言“載以輇車，入自門”，明車不易也。輇，讀爲“輇”，或作“輇”。許氏《説文解字》曰：“有輻曰輪，無輻曰輇。”《周禮》又有蜃車，天子以載柩。蜃、輇聲相近，其制同乎。輇崇蓋半乘車之輪。諸侯言“不毀牆”，大夫、士言“不易車”，互相明也。不易者，不易以輇也。[一]廟中有載柩以輇之禮，此不耳。

[二] 言以葦席爲屋，則無素錦爲帳。

（二十·三）

凡訃於其君，曰：“君之臣某死。”[一]父、母、妻、長子，曰：“君之臣某之某死。”[二]君訃於他國之君，曰：“寡

君不禄，敢告於執事。”夫人曰：“寡小君不禄。”大子之
喪，曰：“寡君之適子某死。”[三] 大夫訃於同國適者，曰：
“某不禄。”訃於士，亦曰：“某不禄。”訃於他國之君，曰：
“君之外臣寡大夫某死。”訃於適者，曰：“吾子之外私寡大
夫某不禄，使某實。”訃於士，亦曰：“吾子之外私寡大夫
某不禄，使某實。”[四] 士訃於同國大夫，曰：“某死。”訃
於士，亦曰：“某死。”訃於他國之君，曰：“君之外臣某
死。”訃於大夫，曰：“吾子之外私某死。”訃於士，亦曰：
“吾子之外私某死。”

[一] 訃，或皆作“赴”。赴，至也。臣死，其子使人至君所告之。

[二] 此臣於其家喪所主者。

[三] 君、夫人不稱“薨”，告他國君，謙也。

[四] 適，讀爲“匹敵”之“敵”，謂爵同者也。實，當爲“至”，
　　此讀周、秦之人聲之誤也。

(二十·四)

　　大夫次於公館以終喪，士練而歸。士次於公館。[一] 大
夫居廬，士居堊室。[二]

[一] 公館，公宫之舍也。練而歸之士，謂邑宰也。練而猶處公
　　館，朝廷之士也。唯大夫三年無歸也。

[二] 謂未練時也。士居堊室，亦謂邑宰也。朝廷之士，亦居廬。

(二十·五)

　　大夫爲其父母兄弟之未爲大夫者之喪，服如士服。士

爲其父母兄弟之爲大夫者之喪，服如士服。^[一]大夫之適子，服大夫之服。^[二]大夫之庶子爲大夫，則爲其父母服大夫服，其位與未爲大夫者齒。^[三]

[一] 大夫雖尊，不以其服服父母兄弟，嫌若踰之也。士，謂大夫庶子爲士者也。己卑，又不敢服尊者之服。今《大夫喪禮^[一]》逸，與士異者，未得而備聞也。《春秋傳》曰："齊晏桓子卒，晏嬰麤衰斬，苴絰帶，杖，菅屨，食粥，居倚盧，寢苫，枕草。其老曰：'非大夫之禮也。'曰：'唯卿爲大夫。'"此平仲之謙也，言己非大夫，故爲父服士服耳。"麤衰斬"者，其縷在齊、斬之間，謂縷如三升半而三升，不緝也。斬衰以三升爲正，微細焉則屬於麤也。然則士與大夫爲父服異者，有麤衰斬、枕草矣。其爲母五升縷而四升，爲兄弟六升縷而五升乎？唯大夫以上，乃能備儀盡飾，士以下則以臣服君之斬衰爲其父，以臣從君而服之齊衰爲其母與兄弟^[二]，亦以勉人爲高行也。大功以下，大夫、士服同。

[二] 仕至大夫，賢著而德成。適子得服其服，亦尊其適象賢。

[三] 雖庶子，得服其服，尚德也。使齒於士，不可不宗適。

(二十·六)

士之子爲大夫，則其父母弗能主也，使其子主之。無子，則爲之置後。^[一]

〔一〕 今大夫喪禮逸　此句余仁仲本、阮刻本作"今大夫喪服禮逸"，"禮"字前多一"服"字。
〔二〕 以臣從君……與兄弟　"君"，底本作"軍"，誤。余仁仲本、阮刻本作"君"，據改。

［一］大夫之子，得用大夫之禮，而士不得也。置，猶立也。

（二十·七）

大夫卜宅與葬日，有司麻衣、布衰、布帶，因喪屨，緇布冠不蕤。占者皮弁。^[一]如筮，則史練冠、長衣以筮。占者朝服。^[二]

［一］有司，卜人也。麻衣，白布深衣而著衰焉，及布帶、緇布冠，此服非純吉，亦非純凶也。皮弁，則純吉之尤者也。占者尊於有司，卜求吉，其服彌吉。大夫、士朝服皮弁。

［二］筮者，筮宅也，謂下大夫若士也。筮史，筮人也。長衣，深衣之純以素也。長衣、練冠，純凶服也。朝服，純吉服也。大夫、士日朝服以朝也。

（二十·八）

大夫之喪，既薦馬，薦馬者哭踊，出，乃包奠而讀書。^[一]

［一］嫌與士異，記之也。《既夕禮》曰：“包牲，取下體。”又曰：“主人之史請讀賵。”

（二十·九）

大夫之喪，大宗人相，小宗人命龜，卜人作龜。^[一]

［一］卜葬及日也。相，相主人禮也。命龜，告以所問事也。作龜，謂揚火灼之以出兆。

（二十·十）

　　內子以鞠衣、褖衣，素沙。下大夫以禮衣，其餘如士。[一]復，諸侯以褖衣、冕服、爵弁服。[二]夫人稅衣、揄狄。狄、稅，素沙。[三]復，西上。[四]

　　[一]此復所用衣也，當在"夫人，狄、稅，素沙"下，爛脫失處在此上耳。內子，卿之適妻也。《春秋傳》曰"晉趙姬請逆叔隗於狄，趙衰以爲內子，而己下之"是也。下大夫，謂下大夫之妻。禮，《周禮》作"展"。王后之服六，唯上公夫人亦有褘衣，侯、伯夫人自揄狄而下，子、男夫人自闕狄而下，卿妻自鞠衣而下，大夫妻自展衣而下，士妻稅衣而已。素沙，若今紗縠之帛也。六服皆袍制，不禪以素紗裏之[一]，如今袿袍襢重繒矣。"褖衣"者，始爲命婦見加賜之衣也。其餘如士之妻，則亦用稅衣。

　　[二]復，招魂復魄也。冕服者，上公五，侯、伯四，子、男三。褖衣，亦始命爲諸侯及朝覲見加賜之衣也。褖，猶進也。

　　[三]言其招魂用稅衣，上至揄狄也。狄、稅，素沙，言皆以白紗縠爲裏。

　　[四]北面而西上，陽長左也。復者多少，各如其命之數。

（二十·十一）

　　大夫不揄絞，屬於池下。[一]

　　[一]謂池飾也。揄，揄翟也。采，青黃之閒曰絞。屬，猶繫也。

〔一〕不禪以素紗裏之　"禪"，底本、阮刻本作"襌"，誤。余仁仲本作"禪"，據改。

人君之柳，其池繫絞繒於下，而畫翟雉焉，名曰“振容”，又有銅魚在其間。大夫去振容，士去魚。此無“人君”及“士”，亦爛脫。

(二十·十二)

　　大夫附於士。士不附於大夫，附於大夫之昆弟。無昆弟，則從其昭穆。雖王父母在，亦然。[一]婦附於其夫之所附之妃。無妃，則亦從其昭穆之妃。妾附於妾祖姑。無妾祖姑，則亦從其昭穆之妾。[二]男子附於王父則配，女子附於王母則不配。[三]公子附於公子。[四]

[一]附，讀皆爲“祔”。大夫祔於士，不敢以己尊自殊於其祖也。士不祔於大夫，自卑，別於尊者也。大夫之昆弟，謂爲士者也，從其昭穆中一以上，祖又祖而已。祔者，祔於先死者。

[二]夫所附之妃，於婦則祖姑。

[三]配，謂并祭王母。不配，則不祭王父也。有事於尊者，可以及卑；有事於卑者，不敢援尊。配與不配，祭饌如一，祝辭異，不言“以某妃配某氏”耳。女子，謂未嫁者也。嫁未三月而死，猶歸葬於女氏之黨。

[四]不敢戚君。

(二十·十三)

　　君薨，大子號稱“子”，待猶君也。[一]

[一]謂未踰年也。雖稱“子”，與諸侯朝會如君矣。《春秋》魯僖公九年夏葵丘之會，宋襄公稱“子”，而與諸侯序。待，

或爲“侍”。

（二十·十四）

有三年之練冠，則以大功之麻易之，唯杖、屨不易。[一]

> [一] 謂旣練而遭大功之喪者也。練，除首絰。要絰葛，又不如大
> 功之麻重也。言練冠、易麻，互言之也。唯杖、屨不易，言
> 其餘皆易也。“屨不易”者，練與大功俱用繩耳。

（二十·十五）

有父母之喪，尚功衰，而附兄弟之殤，則練冠附於殤，
稱“陽童某甫”。不名，神也。[一]

> [一] 此兄弟之殤，謂大功親以下之殤也。斬衰、齊衰之喪，練，
> 皆受以大功之衰，此謂之“功衰”。以是時而祔大功親以下
> 之殤。大功親以下之殤輕，不易服。冠而兄爲殤，謂同年者
> 也。兄十九而死，己明年因喪而冠。陽童，謂庶殤也。宗
> 子，則曰“陰童”。童，未成人之稱也。某甫，且字也[一]。
> 尊神不名，爲之造字。

（二十·十六）

凡異居，始聞兄弟之喪，唯以哭對，可也。[一]其始麻，
散帶絰。[二]未服麻而奔喪，及主人之未成絰也，疏者與主

〔一〕 且字也 “且”，底本疑誤爲“旦”字，亦可能因墨印不全而似誤。余仁仲本、阮
刻本作“且”，據改。

人皆成之，親者終其麻帶絰之日數。[三]

　　[一] 惻怛之痛，不以辭言爲禮也。

　　[二] 與居家同也。凡喪，小斂而麻。

　　[三] 疏者，謂小功以下也。親者，大功以上也。疏者及主人之節
　　　　則用之；其不及，亦自用其日數。

（二十·十七）

　　主妾之喪，則自附至於練、祥[一]，皆使其子主之。其
殯、祭，不於正室。[一]

　　[一] 祔自爲之者，以其祭於祖廟。

（二十·十八）

　　君不撫僕、妾。[一]

　　[一] 略於賤也。

（二十·十九）

　　女君死，則妾爲女君之黨服。攝女君，則不爲先女君
之黨服。[一]

　　[一] 妾於女君之親，若其親然。

〔一〕則自附至於練祥　“附”，唐石經與底本同。余仁仲本、阮刻本作“祔”。

(二十·二十)

　　聞兄弟之喪，大功以上，見喪者之鄉而哭。[一]適兄弟之送葬者，弗及，遇主人於道，則遂之於墓。[二]凡主兄弟之喪，雖疏，亦虞之。[三]

　　[一] 奔喪節也。
　　[二] 言骨肉之親，不待主人也。
　　[三] 喪事，虞、祔乃畢。

(二十·二十一)

　　凡喪服未畢，有弔者，則爲位而哭，拜，踊。[一]

　　[一] 客始來，主人不可以殺禮待之。

(二十·二十二)

　　大夫之哭大夫，弁絰。大夫與殯，亦弁絰。[一]大夫有私喪之葛，則於其兄弟之輕喪則弁絰。[二]

　　[一]“弁絰”者，大夫錫衰相弔之服也，如爵弁而素，加環絰曰“弁絰”。
　　[二] 私喪，妻子之喪也。輕喪，緦麻也。大夫降焉，弔服而往，不以私喪之末臨兄弟。

(二十·二十三)

　　爲長子杖，則其子不以杖即位。[一]爲妻，父母在，不杖，不稽顙。[二]母在，不稽顙。稽顙者，其贈也拜。[三]

〔一〕辟尊者。

〔二〕尊者在，不敢盡禮於私喪也。

〔三〕言獨母在，於贈，拜得稽顙；則父在，贈，拜不得稽顙。

（二十·二十四）

違諸侯，之大夫，不反服。違大夫，之諸侯，不反服。[一]

〔一〕其君尊卑異也。違，猶去也。去諸侯，仕諸侯；去大夫，仕
　　大夫；乃得爲舊君服。

（二十·二十五）

喪冠，條屬，以別吉凶。三年之練冠，亦條屬，右
縫。[一]小功以下，左。[二]緦冠，繰纓。[三]

〔一〕別吉凶者，吉冠不條屬也。條屬者，通屈一條繩，若布爲
　　武，垂下爲纓。屬之冠，象大古，喪事略也。吉冠則纓、武
　　異材焉。右縫者，右辟而縫之。

〔二〕左辟，象吉，輕也。

〔三〕繰，當爲"澡麻帶絰"之"澡"[一]，聲之誤也。謂有事其布以
　　爲纓。

（二十·二十六）

大功以上散帶。[一]

〔一〕繰當爲澡麻帶絰之澡 "之澡"，阮刻本與底本同。余仁仲本作"之繰"，誤。

〔一〕小功、緦輕，初而絞之。

（二十·二十七）

朝服十五升，去其半而緦，加灰，錫也。[一]

〔一〕緦精麤與朝服同。去其半，則六百縷而疏也。又無事其布，不灰焉。

（二十·二十八）

諸侯相襚，以後路與冕服。先路與褒衣不以襚。[一]

〔一〕不以己之正者施於人，以彼不以爲正也。後路，貳車，貳車行在後也。

（二十·二十九）

遣車視牢具。[一] 疏布輤，四面有章，置於四隅。[二] 載粻，<u>有子</u>曰："非禮也。[三] 喪奠，脯醢而已。"[四]

〔一〕言車多少，各如所包遣奠牲體之數也。然則遣車載所包遣奠而藏之者與[一]？遣奠，天子大牢，包九个；諸侯亦大牢，包七个；大夫亦大牢，包五个；士少牢，包三个。大夫以上乃有遣車。

〔二〕輤，其蓋也。四面皆有章蔽，以隱翳牢肉。四隅，椁中

〔一〕　然則遣……之者與　"遣奠"，底本作"遺奠"，誤。<u>阮</u>刻本、<u>余仁仲</u>本作"遣奠"，據改。

之四隅。

〔三〕粻，米糧也。

〔四〕言死者不食糧也。遣奠，本無黍、稷。

（二十·三十）

　　祭，稱“孝子”“孝孫”。喪，稱“哀子”“哀孫”。〔一〕

〔一〕各以其義稱。

（二十·三十一）

　　端衰，喪車，皆無等。〔一〕

〔一〕喪車，惡車也。喪者衣衰及所乘之車，貴賤同，孝子於親，
　　一也。衣衰言“端”者，玄端，吉時常服，喪之衣衰當如之。

（二十·三十二）

　　大白冠、緇布之冠，皆不蕤。委武，玄、縞而后蕤。〔一〕

〔一〕不蕤，質無飾也。大白冠，大古之布冠也。《春秋傳》曰：“衞
　　文公大布之衣，大白之冠。”委武，冠卷也。秦人曰“委”，
　　齊東曰“武”。玄，玄冠也。縞，縞冠也。

（二十·三十三）

　　大夫冕而祭於公，弁而祭於己。士弁而祭於公，冠而
祭於己。〔一〕士弁而親迎，然則士弁而祭於己，可也。〔二〕

　［一］弁，爵弁也。冠，玄冠也。祭於公，助君祭也。大夫爵弁而
　　　　祭於己，唯孤爾。

　［二］緣類欲許之也。親迎雖亦己之事，攝盛服爾，非常也。

（二十·三十四）

　暢，臼以椈，杵以梧，[一]枇以桑，長三尺，或曰五
尺。[二]畢用桑，長三尺，刊其柄與末。[三]

　［一］所以搗鬱也。椈，柏也[一]。

　［二］枇，所以載牲躰者。此謂喪祭也。吉祭，枇用棘。

　［三］畢，所以助主人載者。刊，猶削也。

（二十·三十五）

　率帶[二]，諸侯、大夫皆五采；士二采。[一]

　［一］此謂襲尸之大帶。率，繂也。繂之不加箴功。大夫以上，更
　　　　飾以五采；士以朱綠。襲事成於帶，變之，所以異於生。

（二十·三十六）

　醴者，稻醴也。甕、甒、筲衡，實見閒，而后折入。[一]

　［一］此謂葬時藏物也。衡，當爲“桁”，所以庪甕、甒之屬，聲
　　　　之誤也。實見閒，藏於見外、椁內也。折，承席也。

〔一〕 椈柏也 “柏”，阮刻本與底本同。余仁仲本作“栢”。
〔二〕 率帶 “帶”，唐石經、余仁仲本、阮刻本作“幝”。

（二十·三十七）

重，既虞而埋之。[一]

[一] 就所倚處埋之。

（二十·三十八）

凡婦人，從其夫之爵位。[一]

[一] 婦人無專制，生禮死事，以夫爲尊卑。

（二十·三十九）

小斂、大斂、啓，皆辯拜。[一]

[一] 嫌當事來者終不拜，故明之也。此既事，皆拜。

（二十·四十）

朝夕哭，不帷。[一]無柩者，不帷。[二]

[一] 緣孝子心欲見殯、肂也。既出，則施其屋，鬼神尚幽闇也。
[二] 謂既葬也。棺柩已去，鬼神在室，堂無事焉，遂去帷。

（二十·四十一）

君若載而后弔之，則主人東面而拜，門右北面而踊，
出待，反而后奠。[一]

[一] 主人拜、踊於賓位，不敢迫君也。君即位車東。出待，不必
　　君留也。君反之，使奠。

（二十·四十二）

子羔之襲也，繭衣裳，與稅衣纁袡爲一，素端一，皮弁一，爵弁一，玄冕一。曾子曰：“不襲婦服。”[一]

[一] 繭衣裳者，若今大襜也。纊爲繭，縕爲袍，表之以稅衣，乃爲一稱爾。稅衣，若玄端而連衣裳者也。大夫而以纁爲之緣，非也。唯婦人纁袡。禮以冠名服，此襲其服，非襲其冠。曾子譏“襲婦服”而已。玄冕又大夫服，未聞子羔曷爲襲之。玄冕，或爲“玄冠”[一]，或爲“玄端”。

（二十·四十三）

爲君使而死，公館復，私館不復。公館者，公宮與公所爲也。私館者，自卿、大夫以下之家也。[一]

[一] 公所爲君所作離宮、別館也[二]。

（二十·四十四）

公七踊，大夫五踊，婦人居閒。士三踊，婦人皆居閒。[一]

[一] 公，君也。始死及小斂、大斂而踊，君、大夫、上一也，則皆三踊矣。君五日而殯，大夫三日而殯，士二日而殯。士小斂之朝不踊，君、大夫大斂之朝乃不踊。婦人居閒者，踊必

〔一〕 玄冕或爲玄冠　此句余仁仲本與底本同。阮刻本作“玄冕或爲爲玄冠”，後“玄”字前衍一“爲”字，誤。
〔二〕 公所爲君所作離宮別館也　此句底本作“公所爲君所作離宮館也”，“館”字前脫一“別”字。余仁仲本、阮刻本作“公所爲君所作離宮、別館也”，據補。

拾，主人踊，婦人踊，賓乃踊。

（二十·四十五）

公襲，卷衣一，玄端一，朝服一，素積一，纁裳一，爵弁二，玄冕一，襃衣一，朱緑帶，申加大帶於上。[一]

[一] 朱緑帶者，襲衣之帶，飾之雜以朱緑，異於生也。此帶亦以素爲之。申，重也，重於革帶也。革帶以佩韍。必言“重加大帶”者，明雖有變，必備此二帶也。士襲三稱，子羔襲五稱，今公襲九稱，則尊卑襲數不同矣。諸侯七稱，天子十二稱與？

（二十·四十六）

小斂，環絰，公、大夫、士一也。[一]

[一] 環絰者，一股，所謂“纏絰”也。士，素委貌；大夫以上，素爵弁，而加此絰焉，散帶。

（二十·四十七）

公視大斂，公升，商祝鋪席，乃斂。[一]

[一]《喪大記》曰：“大夫之喪，將大斂，既鋪絞、紟、衾，君至。”此君升[一] 乃鋪席，則君至爲之改始，新之也[二]。

〔一〕 君至此君升　此五字余仁仲本與底本同。阮刻本脱此五字，誤。
〔二〕 新之也　此句底本作“新之”，“之”字下脱一“也”字。余仁仲本、阮刻本作“新之也”，據補。

（二十·四十八）

魯人之贈也，三玄二纁。廣尺，長終幅。^[一]

［一］言失之也。《士喪禮》下篇曰："贈用制幣，玄纁束^[一]。"

（二十·四十九）

弔者即位于門西，東面。其介在其東南，北面，西上，西於門。^[一]主孤西面。^[二]相者受命曰："孤某使某請事。"客曰："寡君使某，如何不淑！"^[三]相者入告，出曰："孤某須矣。"^[四]弔者入，主人升堂，西面。弔者升自西階，東面，致命曰："寡君聞君之喪，寡君使某，如何不淑！"子拜稽顙，弔者降，反位。^[五]

含者執璧將命曰："寡君使某含。"相者入告，出，曰："孤某須矣。"^[六]含者入，升堂致命，子拜稽顙^[二]。含者坐委于殯東南，有葦席。既葬，蒲席。降，出，反位。^[七]宰夫朝服，即喪屨，升自西階，西面，坐取璧。降自西階，以東。^[八]

禭者曰："寡君使某禭。"相者入告，出，曰："孤某須矣。"禭者執冕服，左執領，右執要；入，升堂，致命曰："寡君使某禭。"子拜稽顙。委衣于殯東。^[八]禭者降，受爵弁服於門內霤^[三]，將命，子拜稽顙如初。受皮弁服於中庭，自西階受朝服，自堂受玄端，將命，子拜稽顙，皆如初。

〔一〕玄纁束　此句余仁仲本、阮刻本作"玄纁束帛"，"束"字下衍一"帛"字，誤。
〔二〕子拜稽顙　"子"，唐石經、余仁仲本與底本同。阮刻本作"再"，誤。
〔三〕受爵弁服於門內霤　"於"，唐石經、余仁仲本與底本同。阮刻本作"而"，誤。

禯者降，出，反位。^[一〇]宰夫五人，舉以東，降自西階，其舉亦西面。^[一一]

上介賵，執圭將命曰：“寡君使某賵。”相者入告，反命曰：“孤某須矣。”陳乘黃、大路於中庭，北輈。執圭將命。客使自下由路西。子拜稽顙。坐委于殯東南隅。宰舉以東。^[一二]

凡將命，鄉殯將命。子拜稽顙，西面而坐委之。宰舉璧與圭，宰夫舉禯，升自西階，西面，坐取之，降自西階。^[一三]

賵者出，反位于門外。^[一四]上客臨，曰：“寡君有宗廟之事，不得承事，使一介老某相執綍。”^[一五]相者反命曰：“孤某須矣。”臨者入門右，介者皆從之，立于其左，東上。^[一六]宗人納賓，升，受命于君，降，曰：“孤敢辭吾子之辱，請吾子之復位。”客對曰：“寡君命，某毋敢視賓客，敢辭。”宗人反命曰：“孤敢固辭吾子之辱，請吾子之復位。”客對曰：“寡君命，某毋敢視賓客，敢固辭。”宗人反命曰：“孤敢固辭吾子之辱，請吾子之復位。”客對曰：“寡君命，使臣某毋敢視賓客，是以敢固辭。固辭不獲命，敢不敬從！”^[一七]客立于門西，介立于其左，東上。孤降自阼階，拜之。升，哭，與客拾踊三。^[一八]客出，送于門外，拜稽顙。^[一九]

［一］賓立門外，不當門。

［二］立於阼階下。

［三］受命，受主人命以出也。不言“擯”者，喪無接賓也^[一]。淑，

〔一〕喪無接賓也　此句底本作“喪無接賓”，“賓”字下脫一“也”字。余仁仲本、阮刻本作“喪無接賓也”，據補。

善也。如何不善，言君痛之甚，使某弔。

[四] 稱其君名者，君薨稱“子某”，使人知適嗣也。須矣，不出迎也。

[五] 子，孤子也。降反位者，出反門外位。無“出”字，脫。

[六] 含玉爲璧制，其分寸大小未聞。

[七] 言“降，出，反位”，則是介也。《春秋》有既葬歸含、賵、襚，無譏焉。皆受之於殯宫。

[八] 朝服，告鄰國之禮也。即，就也。以東，藏於内也。

[九] 亦於席上，所委璧之北，順其上下。

[一○] 授襚者以服者，賈人。

[一一] 亦西面者，亦襚者委衣時。

[一二] 輅，輾也。自，率也。下，謂馬也，馬在路之下。《覲禮》曰：“路下四亞之。”客給使者入，設乘黄於大路之西，客入則致命矣。使，或爲“史”。

[一三] 凡者，説不見者也。鄉殯將命，則將命時立於殯之西南。宰夫，宰之佐也。此言“宰舉璧與圭”，則上“宰夫朝服”衍“夫”字。

[一四] 乃著言“門外”，明禮畢將更有事。

[一五] 上客，弔者也。臨，視也。言欲入視喪所不足而給助之，謙也。其實爲哭耳。

[一六] 入門右，不自同於賓客。

[一七] 賓三辭而稱“使臣”，爲恭也。爲恭者，將從其命。

[一八] 拜客，謝其厚意。

[一九] 不迎而送，喪無接賓之禮。

（二十·五十）

　其國有君喪，不敢受弔。[一]

　　[一] 辟其痛傷己之親如君。

（二十·五十一）

　　外宗房中南面，小臣鋪席，<u>商</u>祝鋪絞、紟、衾，士盥
于盤北，舉遷尸于斂上。卒斂，宰告。子馮之，踊，夫人
東面坐，馮之，興，踊。[一]

　　[一] 此《喪大記》脱字，重著於是。

（二十·五十二）

　　士喪有與天子同者三，其終夜燎，及乘人，專道而
行。[一]

　　[一] 乘人，謂使人執引也。專道，人辟之。

雜記下第二十一

鄭　氏　注

（二十一·一）

有父之喪，如未没喪而母死，其除父之喪也，服其除
服。卒事，反喪服。^{〔一〕}雖諸父、昆弟之喪，如當父母之
喪，其除諸父、昆弟之喪也，皆服其除喪之服。卒事，反
喪服。^{〔二〕}如三年之喪，則既穎，其練、祥皆行^{〔一〕}。^{〔三〕}

〔一〕没，猶竟也。除服，謂祥祭之服也。卒事，既祭。反喪服，
服後死者之服。

〔二〕雖有親之大喪，猶爲輕服者除，骨肉之恩也。唯君之喪不除
私服。言“當”者，期、大功之喪，或終始皆在三年之中。
小功、緦麻則不除，殤長、中乃除。

〔三〕言今之喪既服穎，乃爲前三年者變除而練、祥祭也。此主謂
先有父母之服，今又喪長子者。其先有長子之服，今又喪父
母，其禮亦然。然則言“未没喪”者，已練、祥矣。穎，草
名。無葛之鄉，去麻則用穎。

（二十一·二）

王父死，未練、祥而孫又死，猶是附於王父也。^{〔一〕}

〔一〕其練祥皆行　“行”，<u>唐石經</u>、<u>余仁仲</u>本與底本同。<u>阮刻</u>本作“同”，誤。

　　［一］未練、祥，嫌未祫祭序於昭穆爾。王父旣祔，則孫可祔焉。
　　　　猶，當爲“由”。由，用也。祔，皆當作“祔”。

（二十一・三）

　　有殯，聞外喪，哭之他室。[一]入奠，卒奠出，改服即
位，如始即位之禮。[二]

　　［一］明所哭者異也。哭之，爲位。
　　［二］謂後日之哭，朝入奠於其殯。旣，乃更即位，就他室，如始
　　　　哭之時。

（二十一・四）

　　大夫、士將與祭於公，旣視濯而父母死，則猶是與祭也，
次於異宮。旣祭，釋服出公門外，哭而歸。其它如奔喪之
禮。如未視濯，則使人告，告者反，而后哭。[一]如諸父、昆
弟、姑、姊妹之喪，則旣宿，則與祭。卒事，出公門，釋服
而后歸。其它如奔喪之禮。如同宮，則次于異宮。[二]

　　［一］猶，亦當爲“由”。次於異宮，不可以吉與凶同處也。使者
　　　　反，而后哭，不敢專己於君命也。
　　［二］宿，則與祭。出門，乃解祭服，皆爲差緩也。

（二十一・五）

　　曾子問曰：“卿、大夫將爲尸於公，受宿矣，而有齊衰
內喪，則如之何？”
　　孔子曰：“出舍乎公宮以待事，禮也。”[一]

〔一〕尸重，受宿則不得哭。内喪，同宮也。

（二十一·六）

孔子曰："尸弁冕而出，卿、大夫、士皆下之。尸必式，必有前驅。"〔一〕

〔一〕冕兼言弁者，君之尸，或服士、大夫之服也。諸臣見尸而下車，敬也。尸式以禮。

（二十一·七）

父母之喪，將祭而昆弟死，既殯而祭。如同宮，則雖臣妾，葬而后祭。

祭，主人之升、降，散等；執事者亦散等。雖虞、附亦然。〔一〕

〔一〕將祭，謂練、祥也。言"若同宮"，則是昆弟異宮也。古者昆弟異居同財，有東宮，有西宮，有南宮，有北宮。有父母之喪，當在殯宮而在異宮者，疾病或歸者。主人，適子。散等，栗階〔一〕，爲新喪略威儀。

（二十一·八）

自諸侯達諸士，小祥之祭，主人之酢也嚌之；衆賓、兄弟則皆啐之。大祥，主人啐之；衆賓、兄弟皆飲之，可也。〔一〕

〔一〕栗階 "栗"，底本、余仁仲本作"栾"，誤。阮刻本作"栗"，據改。

［一］嚌、啐，皆嘗也。嚌至齒，啐入口。

（二十一·九）

凡侍祭喪者，告賓祭薦而不食。[一]

［一］薦，脯醢也。吉祭，告賓祭薦，賓既祭而食之。喪祭，賓
　　不食。

（二十一·十）

子貢問喪。子曰：“敬爲上，哀次之，瘠爲下。顔色稱
其情，戚容稱其服。”[一]
　“請問兄弟之喪。”
　子曰：“兄弟之喪，則存乎書策矣。”[二]

［一］問喪，問居父母之喪也。喪尚哀，言“敬爲上”者，疾時尚
　　不能敬也。容，威儀也。《孝經》曰：“容止可觀。”
［二］言疏者如禮行之，未有加也。齊、斬之喪，哀容之體，經不
　　能載矣。

（二十一·十一）

君子不奪人之喪，[一]亦不可奪喪也。[二]

［一］重喪禮也。
［二］不可以輕之於己也。

（二十一·十二）

孔子曰：“少連、大連善居喪，三日不怠，三月不解，期悲哀，三年憂，東夷之子也！”[一]

　　[一] 言其生於夷狄而知禮也。怠，惰也。解，倦也。

（二十一·十三）

三年之喪，言而不語，對而不問。廬、堊室之中，不與人坐焉。在堊室之中，非時見乎母也，不入門。[一] 疏衰皆居堊室，不廬。廬，嚴者也。[二]

　　[一] 言，言己事也。爲人説爲語。在堊室之中，以時事見乎母，
　　　　乃後入門，則居廬時不入門。
　　[二] 言廬哀敬之處，非有其實則不居。

（二十一·十四）

妻視叔父母，姑、姊妹視兄弟，長、中、下殤視成人。[一]

　　[一] 視，猶比也。所比者，哀容、居處也。

（二十一·十五）

親喪外除。[一] 兄弟之喪内除。[二]

　　[一] 日月已竟，而哀未忘。
　　[二] 日月未竟，而哀已殺。

（二十一·十六）

視君之母與妻，比之兄弟。發諸顏色者，亦不飲食也。[一]

　　[一]言小君服輕，亦内除也。發於顏色，謂釀美酒食，使人
　　　醉飽。

（二十一·十七）

免喪之外，行於道路，見似目瞿，聞名心瞿，弔死而
問疾，顏色戚容必有以異於人也。如此而后可以服三年之
喪，其餘則直道而行之是也。[一]

　　[一]惻隱之心能如是，則其餘齊衰以下直道而行，盡自得也。
　　　似，謂容貌似其父母也。名，與親同。

（二十一·十八）

祥，主人之除也。於夕爲期，朝服。祥，因其故服。[一]

　　[一]爲期，爲祭期也。朝服以期，至明日而祥祭亦朝服，始即
　　　吉，正祭服也。《喪服小記》曰"除成喪者，其祭也，朝服
　　　縞冠"是也。祭猶縞冠，未純吉也。既祭，乃服大祥素縞、
　　　麻衣。《釋禫之禮》云"玄衣黃裳"，則是禫祭玄冠矣。黃裳
　　　者，未大吉也。既祭乃服禫服朝服、綏冠。踰月吉祭，乃玄
　　　冠、朝服。既祭，玄端而居，復平常也。

（二十一·十九）

子游曰："既祥，雖不當縞者，必縞，然後反服。"[一]

[一] 謂有以喪事贈賵來者，雖不及時，猶變服，服祥祭之服以受之，重其禮也。其於此時始弔者，則衛將軍文子之爲之是矣。反服，反素縞、麻衣也。

(二十一·二十)

當祖，大夫至，雖當踊，絕踊而拜之。反，改成踊，乃襲。[一] 於士，既事成踊，襲而后拜之，不改成踊。[二]

[一] 尊大夫來，至則拜之，不待事已也。更成踊者，新其事也。
[二] 於士，士至也。事，謂大、小斂之屬。

(二十一·二十一)

上大夫之虞也，少牢；卒哭成事、附，皆大牢。下大夫之虞也，犆牲；卒哭成事、附，皆少牢。[一]

[一] "卒哭成事、附"言"皆"，則"卒哭成事、附"與虞異矣。下大夫虞以犆牲，與士虞禮同與？

(二十一·二十二)

祝稱卜葬、虞，子孫曰"哀"，大曰"乃"，兄弟曰"某"。卜葬其兄，弟曰"伯子某"。[一]

[一] "祝稱卜葬、虞"者，卜葬、卜虞，祝稱主人之辭也。孫，謂爲祖後者，稱曰："哀孫某卜葬其祖某甫。"夫曰："乃某卜葬其妻某氏。"兄弟相爲卜，稱名而已。

（二十一·二十三）

古者貴賤皆杖。叔孫武叔朝，見輪人以其杖關轂而輠輪者，於是有爵而后杖也。[一]

　　[一] 記庶人失禮所由始也。叔孫武叔，魯大夫叔孫州仇也。輪人，作車輪之官。

（二十一·二十四）

鑿巾以飯，公羊賈爲之也。[一]

　　[一] 記士失禮所由始也。士親飯，必發其巾。大夫以上，賓爲飯焉，則有鑿巾。

（二十一·二十五）

冒者，何也？所以掩形也。自襲以至小斂，不設冒則形，是以襲而后設冒也。[一]

　　[一] 言“設冒”者，爲其形人將惡之也。襲而設冒，言“后”，衍字耳。

（二十一·二十六）

或問於曾子曰：“夫既遣而包其餘，猶既食而裹其餘與？君子既食則裹其餘乎？”[一]

曾子曰：“吾子不見大饗乎？夫大饗，既饗，卷三牲之俎歸于賓館。父母而賓客之，所以爲哀也。子不見大饗乎？”[二]

［一］言遣旣奠而又包之，是與食於人已，而裹其餘將去，何異
　　　與？君子寧爲是乎？言傷廉也。

［二］旣饗，歸賓俎，所以厚之也。言父母家之主，今賓客之，是
　　　孝子哀親之去也。

（二十一·二十七）

非爲人喪，問與？賜與？^{［一］}

［一］此上減脫，未聞其首云何。是言非爲人喪而問之與？人喪而
　　　賜之與？問，遺也。久無事曰問。

（二十一·二十八）

三年之喪，以其喪拜；非三年之喪，以吉拜。^{［一］}

［一］謂受問、受賜者也。稽顙而後拜，曰“喪拜”。拜而后稽顙，
　　　曰“吉拜”。

（二十一·二十九）

三年之喪，如或遺之酒肉，則受之必三辭，主人衰絰而受
之。^{［一］}如君命，則不敢辭，受而薦之。^{［二］}喪者不遺人。人遺
之，雖酒肉，受也。從父昆弟以下，旣卒哭，遺人可也。^{［三］}

［一］受之必正服，明不苟於滋味。
［二］薦於廟，貴君之禮。
［三］言齊、斬之喪重，志不在施惠於人。

（二十一·三十）

　　縣子曰："三年之喪如斬，期之喪如剡。"^[一]

　　[一] 言其痛之惻怛有淺深也。

（二十一·三十一）

　　期之喪，十一月而練，十三月而祥，十五月而禫。^[一]

　　[一] 此謂父在爲母也。當在"練則弔"上，爛脱在此。

（二十一·三十二）

　　三年之喪，雖功衰，不弔。自諸侯達諸士，如有服而將往哭之，則服其服而往。^[一]練則弔。^[二]既葬，大功弔，哭而退，不聽事焉。^[三]期之喪未葬，弔於鄉人，哭而退，不聽事焉。功衰弔，待事，不執事。^[四]小功、緦，執事，不與於禮。^[五]

　　[一] 功衰，既練之服也。諸侯服新死者之服而往哭，謂所不臣也。

　　[二] 父在爲母，功衰可以弔人者，以父在，故輕於出也。然則凡齊衰十一月，皆可以出矣。

　　[三] 聽，猶待也。事，謂襲、斂、執綍之屬。

　　[四] 謂爲姑、姊妹無主，殯不在己族者。

　　[五] 禮，饋奠也。

（二十一·三十三）

相趨也，出宮而退。相揖也，哀次而退。相問也，既封而退。相見也，反哭而退。朋友，虞、附而退。[一]

> [一] 此弔者恩薄厚、去遲速之節也。相趨，謂相聞姓名來會喪事也。相揖，嘗會於他也。相問，嘗相惠遺也。相見，嘗執摯相見也。附，皆當爲“祔”。

（二十一·三十四）

弔，非從主人也。四十者執綍。[一] 鄉人，五十者從反哭，四十者待盈坎。[二]

> [一] 言弔者必助主人之事。從，猶隨也。成人，二十以上至四十丁壯時。
>
> [二] 非鄉人，則長少皆反，優遠也。坎，或爲“壙”。

（二十一·三十五）

喪食雖惡，必充飢。飢而廢事，非禮也；飽而忘哀，亦非禮也。視不明，聽不聰，行不正，不知哀，君子病之。故有疾飲酒食肉，五十不致毀，六十不毀，七十飲酒食肉，皆爲疑死。[一]

> [一] 病，猶憂也。疑，猶恐也。

（二十一·三十六）

有服，人召之食，不往。大功以下，既葬，適人，人

食之，其黨也，食之；非其黨，弗食也。^[一]

> ［一］往而見食，則可食也。爲食而往，則不可。黨，猶親也。非
> 親而食，則是食於人無數也。

（二十一·三十七）

功衰，食菜果，飲水漿，無鹽、酪。不能食食，鹽、
酪可也。^[一]

> ［一］功衰，齊、斬之末也。酪，酢酨。

（二十一·三十八）

孔子曰：“身有瘍則浴，首有創則沐，病則飲酒食肉。
毀瘠爲病，君子弗爲也。毀而死，君子謂之‘無子’。”^[一]

> ［一］毀而死，是不重親。

（二十一·三十九）

非從柩與反哭，無免於堩。^[一]

> ［一］言喪服出入，非此二事皆冠也。免，所以代冠。人於道路，
> 不可以無飾。堩，道路。

（二十一·四十）

凡喪，小功以上，非虞、附、練、祥，無沐浴。^[一]

　　〔一〕言不有飾事則不沐浴。

（二十一·四十一）

　　疏衰之喪，既葬，人請見之則見，不請見人。小功，請見人可也。大功，不以執摯。唯父母之喪，不辟涕泣而見人。〔一〕

　　〔一〕言重喪，不行求見人爾。人來求見己，亦可以見之矣。不辟涕泣，言至哀無飾也。

（二十一·四十二）

　　三年之喪，祥而從政。期之喪，卒哭而從政。九月之喪，既葬而從政。小功、緦之喪，既殯而從政。〔一〕

　　〔一〕以《王制》言之，此謂庶人也。從政，從爲政者教令，謂給繇役。

（二十一·四十三）

　　曾申問於曾子曰：“哭父母有常聲乎？”
　　曰：“中路嬰兒失其母焉，何常聲之有？”〔一〕

　　〔一〕嬰，猶鷖彌也，言其若小兒亡母啼號，安得常聲乎？所謂“哭不偯”。

（二十一·四十四）

　　卒哭而諱。〔一〕王父母、兄弟、世父、叔父、姑、姊妹，子與父同諱。^[二]母之諱，宮中諱。妻之諱，不舉諸其側。與從祖昆弟同名，則諱。^[三]

[一] 自此而鬼神事之，尊而諱其名。

[二] 父爲其親諱，則子不敢不從諱也。謂王父母以下之親諱，是謂士也。天子、諸侯諱羣祖。

[三] 母之所爲其親諱，子孫於宮中不言。妻之所爲其親諱，夫於其側亦不言也。孝子聞名心瞿，凡不言人諱者，亦爲其相感動也。子與父同諱，則子可盡曾祖之親也。從祖昆弟在其中，於父輕，不爲諱。與母、妻之親同名，重則諱之。

（二十一·四十五）

以喪冠者，雖三年之喪可也。既冠於次，入，哭踊三者三，乃出。^[一]

[一] 言“雖”者，明齊衰以下，皆可以喪冠也。始遭喪以其冠月，則喪服因冠矣。非其冠月，待變除卒哭而冠。次，廬也。雖，或爲“唯”。

（二十一·四十六）

大功之末，可以冠子，可以嫁子。父小功之末，可以冠子，可以嫁子，可以取婦。己雖小功，既卒哭，可以冠、取妻。下殤之小功，則不可。^[一]

[一] 此皆謂可用吉禮之時。父大功，卒哭而可以冠子、嫁子；小功，卒哭而可以取婦。己大功，卒哭而可以冠子；小功，卒

哭而可以取妻，必偕祭乃行也。下殤小功，齊衰之親，除喪
而後可爲昏禮。凡冠者，其時當冠，則因喪而冠之。

（二十一·四十七）

　　凡弁絰，其衰侈袂。[一]

　　　[一]侈，猶大也。弁絰服者，弔服也。其衰，錫也，緦也，疑
　　　　也。袂之小者，二尺二寸；大者，半而益之，則侈袂三尺
　　　　三寸。

（二十一·四十八）

　　父有服，宮中子不與於樂。母有服，聲聞焉，不舉
樂。妻有服，不舉樂於其側。[一]大功將至，辟琴瑟。[二]
小功至，不絕樂。

　　　[一]宮中子，與父同宮者也。禮，由命士以上，父子異宮。不與
　　　　於樂，謂出行見之，不得觀也。
　　　[二]亦所以助哀也。至，來也。

（二十一·四十九）

　　姑、姊妹，其夫死，而夫黨無兄弟，使夫之族人主喪。
妻之黨，雖親弗主。[一]夫若無族矣，則前後家、東西家；
無有，則里尹主之。[二]或曰：“主之，而附於夫之黨。”[三]

　　　[一]此謂姑、姊妹無子，寡而死也。夫黨無兄弟，無緦之親也。
　　　　其主喪，不使妻之親，而使夫之族人。婦人外成，主必宜得

夫之姓類。

［二］喪無無主也。里尹，閭胥、里宰之屬。《王度記》曰：“百戶
爲里，里一尹，其禄如庶人在官者。”里，或爲“士”。諸侯
弔於異國之臣，則其君爲主，里尹主之，亦斯義也。

［三］妻之黨自主之，非也。夫之黨，其祖姑也。

（二十一·五十）

麻者不紳。執玉不麻。麻不加於采。^{［一］}

［一］吉凶不相干也。麻，謂絰也。紳，大帶也。喪以要絰代大
帶也。麻不加於采，衣采者不麻，謂弁絰者必服弔服是也。
采，玄纁之衣。

（二十一·五十一）

國禁哭，則止。朝夕之奠、即位，自因也。^{［一］}

［一］禁哭，謂大祭祀時。雖不哭，猶朝夕奠。自因，自用故事。

（二十一·五十二）

童子哭不偯，不踊，不杖，不菲，不廬。^{［一］}

［一］未成人者，不能備禮也。當室則杖。

（二十一·五十三）

孔子曰：“伯母、叔母疏衰，踊不絕地。姑、姊妹之大
功，踊絕於地。如知此者，由文矣哉！由文矣哉！”^{［一］}

〔一〕由，用也。言知此踊絕地、不絕地之情者，能用禮文哉！能用禮文哉！美之也。伯母，叔母，義也。姑、姊妹，骨肉也。

（二十一·五十四）

世柳之母死，相者由左。世柳死，其徒由右相。由右相，世柳之徒爲之也。〔一〕

〔一〕亦記失禮所由始也。世柳，魯穆公時賢人也。相，相主人之禮。

（二十一·五十五）

天子飯九貝，諸侯七，大夫五，士三。〔一〕

〔一〕此蓋夏時禮也。周禮，天子飯含用玉。

（二十一·五十六）

士三月而葬，是月也卒哭。大夫三月而葬，五月而卒哭。諸侯五月而葬，七月而卒哭。士三虞，大夫五，諸侯七。〔一〕

〔一〕尊卑恩之差也。天子至士，葬即反虞。

（二十一·五十七）

諸侯使人弔，其次含、襚、賵、臨，皆同日而畢事者也。其次如此也。〔一〕

［一］言五者相次同時。

（二十一·五十八）

卿、大夫疾，君問之無筭。士，壹問之。君於卿、大夫，比葬不食肉，比卒哭不舉樂。爲士，比殯不舉樂。

（二十一·五十九）

升、正柩，諸侯，執綍五百人，四綍，皆銜枚。司馬執鐸，左八人，右八人。匠人執羽葆，御柩。大夫之喪，其升、正柩也，執引者三百人，執鐸者左右各四人，御柩以茅。^{［一］}

> ［一］“升、正柩”者，謂將葬，朝于祖，正棺於廟也。五百人，謂一黨之民。諸侯之大夫，邑有三百户之制。綍、引同耳，廟中曰綍，在塗曰引，互言之。御柩者，居前道正之，大夫、士皆二綍。

（二十一·六十）

孔子曰：“管仲鏤簋而朱紘，旅樹而反坫，山節而藻梲，賢大夫也，而難爲上也。^{［一］}晏平仲祀其先人，豚肩不揜豆，賢大夫也，而難爲下也。^{［二］}君子上不僭上，下不偪下。”

> ［一］言其僭天子、諸侯。鏤簋，刻爲蟲獸也。冠有笄者爲紘。紘在纓處兩端，上屬，下不結。旅樹，門屏也。反坫，反爵之坫也。山節，薄櫨刻之爲山。梲，侏儒柱，畫之爲藻文。
> ［二］言其偪士、庶人也。豚，俎實。豆，徑尺。言并豚兩肩，不

能覆豆，喻小也。

（二十一·六十一）

　　婦人非三年之喪，不踰封而弔。^[一]如三年之喪，則君夫人歸。^[二]夫人其歸也，以諸侯之弔禮；其待之也，若待諸侯然。^[三]夫人至，入自闈門，升自側階，君在阼。其他如奔喪禮然。^[四]

　　［一］踰封，越竟也。或爲"越疆"。
　　［二］奔父母喪也。
　　［三］謂夫人行道車服，主國致禮。
　　［四］女子子不自同於女賓也。宮中之門曰闈門，爲相通者也。側階^[一]，亦旁階也。他，謂哭、踊、髽、麻。闈門，或爲"帷門"。

（二十一·六十二）

　　嫂不撫叔，叔不撫嫂。^[一]

　　［一］遠別也。

（二十一·六十三）

　　君子有三患：未之聞，患弗得聞也；既聞之，患弗得學也；既學之，患弗能行也。君子有五恥：居其位，無其言，君子恥之；有其言，無其行，君子恥之；既得之而又

〔一〕側階　"階"，底本作"偕"，誤。余仁仲本、阮刻本作"階"，據改。

628

失之，君子恥之；地有餘而民不足，君子恥之；衆寡均而倍焉，君子恥之。[一]

[一] 恥民不足者，古者居民，量地以制邑，度地以居民，地邑民居，必參相得也。衆寡均，謂俱有役事，人數等也。倍焉，彼功倍己也。

（二十一·六十四）

孔子曰：“凶年則乘駑馬，祀以下牲。”[一]

[一] 自貶損，亦取易供也。駑馬，六種最下者。下牲，少牢若特豕、特豚也。

（二十一·六十五）

恤由之喪，哀公使孺悲之孔子學士喪禮。《士喪禮》於是乎書。[一]

[一] 時人轉而僭上，士之喪禮已廢矣，孔子以教孺悲，國人乃復書而存之。

（二十一·六十六）

子貢觀於蜡。

孔子曰：“賜也，樂乎？”

對曰：“一國之人皆若狂，賜未知其樂也。”[一]

子曰：“百日之蜡，一日之澤，非爾所知也。[二]張而不弛，文、武弗能也。弛而不張，文、武弗爲也。一張一

弛，文、武之道也。"〔三〕

　　〔一〕蜡也者，索也，歲十二月，合聚萬物而索饗之祭也。國索鬼
　　　　神而祭祀，則黨正以禮屬民而飲酒于序，以正齒位。於是
　　　　時，民無不醉者如狂矣。曰"未知其樂"，怪之。

　　〔二〕蜡之祭，主先嗇也〔一〕。大飲烝，勞農以休息之，言民皆勤稼
　　　　穡，有百日之勞，喻久也。今一日使之飲酒燕樂，是君之恩
　　　　澤。非女所知，言其義大。

　　〔三〕張、弛，以弓弩喻人也。弓弩久張之，則絕其力；久弛之，
　　　　則失其體。

（二十一·六十七）

　　孟獻子曰："正月日至，可以有事於上帝。七月日至，
可以有事於祖。"七月而禘，獻子爲之也。〔一〕

　　〔一〕記魯失禮所由也。孟獻子，魯大夫仲孫蔑也。魯以周公之
　　　　故，得以正月日至之後郊天，亦以始祖后稷配之。獻子欲尊
　　　　其祖，以郊天之月，對月禘之，非也。魯之宗廟，猶以夏時
　　　　之孟月爾。《明堂位》曰："季夏六月，以禘禮祀周公於太廟。"

（二十一·六十八）

　　夫人之不命於天子，自魯昭公始也。〔一〕

　　〔一〕亦記魯失禮所由也。周之制，同姓，百世昏姻不通。吳，大

〔一〕　主先嗇也　"嗇"，余仁仲本、阮刻本作"嗇"。

伯之後，魯同姓，昭公取於吳，謂之“吳孟子”，不告於天子。自此後取者，遂不告於天子，天子亦不命之。

(二十一·六十九)

外宗爲君、夫人，猶内宗也。^{〔一〕}

〔一〕皆爲嫁於國中者也^{〔一〕}。爲君服斬，夫人齊衰，不敢以其親服服至尊也。外宗，謂姑、姊妹之女、舅之女及從母皆是也。内宗，五屬之女也。其無服而嫁於諸臣者，從爲夫之君；嫁於庶人，從爲國君。

(二十一·七十)

廏焚，孔子拜鄉人爲火來者。^{〔一〕}拜之，士壹，大夫再，亦相弔之道也。^{〔二〕}

〔一〕拜，謝之。

〔二〕言“拜之”者，爲其來弔己。“宗伯”職曰：“以弔禮哀禍災。”

(二十一·七十一)

孔子曰：“管仲遇盜，取二人焉，上以爲公臣，曰：‘其所與遊，辟也。可人也。’^{〔一〕}管仲死，桓公使爲之服。宦於大夫者之爲之服也^{〔二〕}，自管仲始也，有君命焉爾也。”^{〔二〕}

〔一〕皆爲嫁於國中者也　“爲”，余仁仲本、阮刻本作“謂”。

〔二〕宦於大夫者之爲之服也　“宦”，唐石經、余仁仲本與底本同。阮刻本作“官”，誤。

［一］言此人可也，但居惡人之中，使之犯法。

［二］亦記失禮所由也。善桓公不忘賢者之舉。宦，猶仕也。此仕於
　　　大夫，更升於公，與“達大夫，之諸侯”同爾。禮，不反服。

(二十一·七十二)

　　過而舉君之諱，則起。^[一]與君之諱同，則稱字。^[二]

［一］舉，猶言也。起立者，失言而變自新。

［二］謂諸臣之名也。

(二十一·七十三)

　　内亂不與焉，外患弗辟也。^[一]

［一］謂卿、大夫也。同僚將為亂，己力不能討，不與而已。至於
　　　鄰國為寇，則當死之也。《春秋》魯公子友如陳葬原仲，《傳》
　　　曰：“君子辟内難而不辟外難。”

(二十一·七十四)

　　《贊大行》曰：“圭，公九寸，侯、伯七寸，子、男五
寸，博三寸，厚半寸，剡上左右各寸半，玉也。藻，三
采、六等。”^[一]

［一］《贊大行》者，書説大行人之禮者名也。藻，薦玉者也。三
　　　采、六等，以朱、白、蒼畫之再行也。子、男執璧，作此
　　　《贊》者失之矣。

（二十一·七十五）

哀公問子羔曰："子之食奚當？"[一]

對曰："文公之下執事也。"

[一]問其先人始仕食禄，以何君時。

（二十一·七十六）

成廟則釁之。其禮，祝、宗人、宰夫、雍人皆爵弁、純衣。[一]雍人拭羊，宗人視之，宰夫北面于碑南，東上。[二]雍人舉羊，升屋自中。中屋南面，刲羊，血流于前，乃降。門、夾室皆用雞，先門而後夾室。其衈皆於屋下。割雞，門，當門；夾室中室。[三]有司皆鄉室而立，門則有司當門，北面。[四]既事，宗人告事畢，乃皆退。[五]反命于君曰："釁某廟事畢。"反命于寢，君南鄉于門內，朝服。既反命，乃退。[六]路寢成，則考之而不釁。釁屋者，交神明之道也。[七]凡宗廟之器，其名者成，則釁之以豭豚。[八]

[一]廟新成，必釁之，尊而神之也。宗人先請於君曰："請命以釁某廟。"君諾之，乃行。

[二]居上者，宰夫也。宰夫，攝主也。拭，靜也。

[三]自，由也。衈，謂將刲割牲以釁，先滅耳旁毛薦之。耳，聽聲者，告神欲其聽之。《周禮》有"刉衈"。

[四]有司，宰夫、祝、宗人。

[五]告者，告宰夫。

[六]君朝服者，不至廟也。

[七] 言路寢者，生人所居。不釁者，不神之也。考之者，設盛食
以落之爾。《檀弓》曰"晉獻文子成室，諸大夫發焉"是也。

[八] 宗廟名器，謂尊、彝之屬。

(二十一·七十七)

諸侯出夫人，夫人比至于其國，以夫人之禮行。至，
以夫人入。[一] 使者將命曰："寡君不敏，不能從而事社稷、
宗廟，使使臣某敢告於執事。"主人對曰："寡君固前辭不
教矣，寡君敢不敬須以俟命！"[二] 有司官陳器皿，主人有
司亦官受之。[三]

[一] 行道以夫人之禮者，弃妻致命其家乃義絕，不用此爲始。

[二] 前辭不教，謂納采時也。此辭，賓在門外，擯者傳焉。賓
入，致命如初。主人卒辭曰："敢不聽命！"

[三] 器皿，其本所齎物也。《律》："弃妻畀所齎。"

(二十一·七十八)

妻出，夫使人致之曰："某不敏，不能從而共粢盛，使
某也敢告於侍者。"主人對曰："某之子不肖，不敢辟誅，
敢不敬須以俟命。"使者退，主人拜送之。[一] 如舅在，則
稱舅；舅沒，則稱兄；無兄，則稱夫。[二] 主人之辭曰："某
之子不肖。"如姑、姊妹，亦皆稱之。[三]

[一] 肖，似也。不似，言不如人。誅，猶罰也。

[二] 言弃妻者，父、兄在則稱之，命當由尊者出也。唯國君不
稱兄。

〔三〕姑、姊妹見弃，亦曰："某之姑，某之姊若妹不肖。"

（二十一·七十九）

孔子曰："吾食於少施氏而飽，少施氏食我以禮。^{〔一〕}吾祭，作而辭曰：'疏食，不足祭也。'吾飱，作而辭曰：'疏食也，不敢以傷吾子。'"

〔一〕言貴其以禮待己，而爲之飽也。時人倨慢，若季氏則不以禮矣。少施氏，魯惠公子施父之後。

（二十一·八十）

納幣一束，束五兩，兩五尋。^{〔一〕}

〔一〕納幣，謂昏禮納徵也。十个爲束，貴成數。兩兩者合其卷，是謂五兩。八尺曰尋，一兩五尋^{〔一〕}，則每卷二丈也，合之則四十尺。今謂之"匹"，猶匹偶之云與？

（二十一·八十一）

婦見舅姑，兄弟、姑、姊妹皆立于堂下，西面，北上，是見已。^{〔一〕}見諸父，各就其寢。^{〔二〕}

〔一〕婦來爲供養也。其見主於尊者，兄弟以下在位，是爲已見，不復特見。

〔二〕旁尊也。亦爲見時不來。

〔一〕一兩五尋　"一"，余仁仲本、阮刻本作"五"，誤。

(二十一·八十二)

女雖未許嫁，年二十而笄。禮之，婦人執其禮。[一]燕則鬠首。[二]

[一] 雖未許嫁，年二十亦爲成人矣。禮之，酌以成之。言"婦人執其禮"，明非許嫁之笄。

[二] 旣笄之後去之，猶若女有鬠紒也。

(二十一·八十三)

韠，長三尺，下廣二尺，上廣一尺，會去上五寸。紕以爵韋六寸，不至下五寸。純以素，紃以五采。[一]

[一] 會，謂上領縫也[一]，領之所用蓋與紕同。在旁曰"紕"，在下曰"純"。素，生帛也。紕六寸者，中執之，表裏各三寸也。純、紕所不至者五寸，與會去上同。紃，施諸縫中，若今時條也。

〔一〕 謂上領縫也 "上領"，余仁仲本、阮刻本作"領上"。

禮記卷第十三

禮記卷第十三

喪大記第二十二

鄭　氏　注

（二十二·一）

疾病，外内皆埽。^{［一］}君、大夫徹縣，士去琴瑟。^{［二］}寢東首於北墉下，^{［三］}廢牀，徹褻衣，加新衣，體一人。^{［四］}男女改服。^{［五］}屬纊以俟絶氣。^{［六］}男子不死於婦人之手，婦人不死於男子之手。^{［七］}

［一］爲賓客將來問病也。疾困曰病。

［二］聲音動人，病者欲静也。凡樂器，天子宫縣，諸侯軒縣，大夫判縣，士特縣。去琴瑟者，不命之士。

［三］謂君來視之時也。病者恒居其北墉下^{［一］}，或爲“北墉下”。

［四］廢，去也。人始生在地，去牀，庶其生氣反。徹褻衣，則所加者新朝服矣，互言之也。加朝服者，明其終於正也。體，手足也。四人持之，爲其不能自屈伸也。

［五］爲賓客來問病，亦朝服也。庶人深衣。

［六］纊，今之新緜，易動摇，置口鼻之上以爲候。

［七］君子重終，爲其相褻。

〔一〕病者恒居其北墉下　“北墉下”，余仁仲本與底本同。阮刻本作“墉下”，誤。

639

（二十二·二）

君、夫人卒於路寢。大夫、世婦卒於適寢。内子未命，則死於下室，遷尸于寢。士、士之妻皆死于寢〔一〕。[一]

[一] 言死者必皆於正處也。寢、室通耳，其尊者所不燕焉。君謂之“路寢”，大夫謂之“適寢”，士或謂之“適室”。此變“命婦”言“世婦”者，明尊卑同也。世婦以君下寢之上爲適寢。内子，卿之妻也。下室，其燕處也。

（二十二·三）

復，有林麓則虞人設階，無林麓則狄人設階。[一]

[一] 復，招魂復魄也。階，所乘以升屋者。虞人，主林麓之官也。狄人，樂吏之賤者。階，梯也，簨虞之類。

（二十二·四）

小臣復，復者朝服。君以卷，夫人以屈狄，大夫以玄赬，世婦以禮衣，士以爵弁，士妻以稅衣。皆升自東榮，中屋履危，北面三號。捲衣投于前，司服受之，降自西北榮。[一]

[一] 小臣，君之近臣也。朝服而復，所以事君之衣也。用朝服而復之者，敬也。復用死者之祭服，以其求於神也。君以卷，謂上公也。夫人以屈狄，互言耳。上公以衮，則夫人用褘

〔一〕 士士之妻皆死于寢 “士士之妻”，唐石經與底本同。余仁仲本、阮刻本作“士之妻”，誤。

衣^{〔一〕}；而侯、伯以鷩，其夫人用揄狄；子、男以毳，其夫人
乃用屈狄矣。赬，赤也。玄衣、赤裳，所謂“卿、大夫自玄
冕而下之服”也。其世婦亦以禮衣。榮，屋翼。升東榮者，
謂卿、大夫、士也。天子、諸侯言“東霤”。危，棟上也。
號，若云“皋！某復”也。司服以篋待衣於堂前。

（二十二·五）

　　其爲寶，則公館復，私館不復。其在野，則升其乘車
之左轂而復。^{〔一〕}

　　〔一〕私館，卿、大夫之家也。不於之復，爲主人之惡。

（二十二·六）

　　復衣不以衣尸，不以斂。^{〔一〕}

　　〔一〕不以衣尸，謂不以襲也。復者，庶其生也，若以其衣襲、斂，
　　　　是用生施死，於義相反。《士喪禮》云：“以衣衣尸，浴而
　　　　去之。”

（二十二·七）

　　婦人復，不以袡。^{〔一〕}

　　〔一〕袡，嫁時上服，而非事鬼神之衣。

〔一〕則夫人用褖衣　“褖”，底本、余仁仲本、阮刻本皆作“襑”，誤。“襑”當作“褖”，
據《經典釋文》改。

（二十二・八）

凡復，男子稱名，婦人稱字。[一]

[一] 婦人不以名行。

（二十二・九）

唯哭先復，復而後行死事。[一]

[一] 氣絕則哭，哭而復，復而不蘇，可以爲死事。

（二十二・十）

始卒，主人啼，兄弟哭，婦人哭、踊。[一]

[一] 悲哀有深淺也。若嬰兒中路失母，能勿啼乎？

（二十二・十一）

既正尸，子坐于東方，卿、大夫、父兄、子姓立于東方。有司、庶士哭于堂下，北面。夫人坐于西方。内命婦、姑、姊妹、子姓立于西方。外命婦率外宗哭于堂上，北面。[一]

[一] 正尸者，謂遷尸牖下，南首也。子姓，謂眾子孫也，“姓”之言“生”也。其男子立於主人後，女子立於夫人後。世婦爲内命婦，卿、大夫之妻爲外命婦。外宗，姑、姊妹之女。

（二十二・十二）

大夫之喪，主人坐于東方，主婦坐于西方，其有命夫、命婦則坐，無則皆立。^[一]士之喪，主人、父兄、子姓皆坐于東方；主婦、姑、姊妹、子姓皆坐于西方。^[二]凡哭尸于室者，主人二手承衾而哭。^[三]

　[一]命夫、命婦來哭者，同宗父兄、子姓；姑、姊妹，子姓也。

　　凡此哭者，尊者坐，卑者立。

　[二]士賤，同宗尊卑皆坐。

　[三]承衾哭者，哀慕若欲攀援。

（二十二·十三）

君之喪，未小斂，爲寄公、國賓出。大夫之喪，未小斂，爲君命出。士之喪，於大夫，不當斂則出。^[一]凡主人之出也，徒跣，扱衽，拊心，降自西階。君拜寄公、國賓于位。大夫於君命，迎于寢門外。使者升堂致命，主人拜于下。士於大夫親弔，則與之哭，不逆於門外。^[二]夫人爲寄公夫人出。命婦爲夫人之命出。士妻不當斂，則爲命婦出。^[三]

　[一]父母始死悲哀，非所尊不出也。出者，或至庭，或至門。國賓，聘大夫。不當斂，其來非斂時。

　[二]“拜寄公、國賓於位”者，於庭鄉其位而拜之。此時寄公位在門西，國賓位在門東，皆北面。小斂之後，寄公東面，國賓門西，北面。士於大夫親弔，謂大夫身來弔士也。與之哭，既拜之，即位西階，東面哭。大夫特來，則北面。

　[三]出，拜之於堂上也。此時寄公夫人、命婦位在堂上，北面。小斂之後，尸西，東面。

643

（二十二·十四）

　　小斂，主人即位于户内，主婦東面，乃斂。卒斂，主人馮之踊，主婦亦如之。主人袒，説髦，括髮以麻。婦人髽，帶麻于房中。^{〔一〕}

　　〔一〕士既殯，説髦，此云“小斂”，蓋諸侯禮也。士之既殯，諸侯之小斂，於死者俱三日也^{〔一〕}。婦人之髽，帶麻於房中，則西房也。天子、諸侯有左右房。

（二十二·十五）

　　徹帷，男女奉尸，夷于堂，降拜。^{〔一〕}君拜寄公、國賓，大夫、士拜卿、大夫於位，於士旁三拜。夫人亦拜寄公夫人於堂上，大夫内子、士妻特拜命婦，氾拜衆賓於堂上。^{〔二〕}主人即位，襲，帶絰，踊。^{〔三〕}母之喪，即位而免。^{〔四〕}乃奠。^{〔五〕}弔者襲裘，加武，帶絰，與主人拾踊。^{〔六〕}

　　〔一〕“夷”之言“尸”也。於遷尸，主人、主婦以下從而奉之，孝敬之心。降拜，拜賓也。

　　〔二〕衆賓，謂士妻也。尊者皆特拜，拜士與其妻，皆旅之。

　　〔三〕即位，阼階之下位也。有襲、絰，乃踊，尊卑相變也。

　　〔四〕記異者。禮，斬衰括髮，齊衰免，以至成服而冠。爲母重，初亦括髮，既小斂則免。

　　〔五〕小斂奠也。

　　〔六〕始死，弔者朝服裼裘，如吉時也。小斂，則改襲而加武與帶

〔一〕　於死者俱三日也　“俱”，<u>余仁仲本</u>、<u>阮</u>刻本作“但”，誤。

経矣。武，吉冠之卷也。加武者，明不改冠，亦不免也。《檀弓》曰：“主人既小斂，子游趨而出，襲裘、帶経而入。”

（二十二·十六）

君喪，虞人出木、角，狄人出壺，雍人出鼎，司馬縣之。乃官代哭。[一] 大夫，官代哭，不縣壺。[二] 士，代哭不以官。[三]

[一] 代，更也。未殯，哭不絶聲，爲其罷倦，既小斂，可以爲漏刻，分時而更哭也。木，給爨竈。角，以爲斟水斗。壺，漏水之器也。冬漏以火爨鼎，沸而後沃之。此挈壺氏所掌也，屬司馬，司馬涖縣其器。

[二] 下君也。

[三] 自以親疏哭也。

（二十二·十七）

君，堂上二燭，下二燭。大夫，堂上一燭，下二燭。士，堂上一燭，下一燭。[一]

[一] 燭，所以照饌也，滅燎而設燭。

（二十二·十八）

賓出，徹帷。[一]

[一] 君與大夫之禮也。士卒斂，即徹帷。徹，或爲“廢”。

（二十二·十九）

哭尸于堂上，主人在東方，由外來者在西方，諸婦南鄉。[一]

　　[一] 由外來，謂奔喪者也。無奔喪者，婦人猶東面。

（二十二·二十）

婦人迎客、送客不下堂；下堂，不哭。男子出寢門見
人，不哭。[一]

　　[一] 婦人所有事，自堂及房。男子所有事，自堂及門。非其事處
　　　　而哭，猶野哭也。出門見人，謂迎賓也[一]。

（二十二·二十一）

其無女主，則男主拜女賓于寢門內。其無男主，則女
主拜男賓于阼階下。

子幼，則以衰抱之，人爲之拜。

爲後者不在，則有爵者辭，無爵者，人爲之拜。

在竟內則俟之，在竟外則殯葬可也。

喪有無後，無無主。[一]

　　[一] 拜者，皆拜賓於位也。爲後者有爵，攝主爲之辭於賓耳，不
　　　　敢當尊者禮也。

[一] 謂迎賓也　此句余仁仲本與底本同。阮刻本作“謂迎賓客者也”，“賓”字下衍“客
者”二字，誤。

（二十二·二十二）

　　君之喪，三日，子、夫人杖。五日既殯，授大夫、世婦杖。子、大夫寢門之外杖，寢門之內輯之。夫人、世婦在其次則杖，即位則使人執之。子有王命則去杖，國君之命則輯杖，聽卜、有事於尸則去杖。大夫於君所則輯杖，於大夫所則杖。[一]

　　大夫之喪，三日之朝既殯，主人、主婦、室老皆杖。大夫有君命則去杖，大夫之命則輯杖。內子爲夫人之命去杖，爲世婦之命授人杖。[二]

　　士之喪，二日而殯。三日之朝，主人杖，婦人皆杖。於君命、夫人之命，如大夫。於大夫、世婦之命，如大夫。[三]子皆杖，不以即位。[四]

　　大夫、士，哭殯則杖，哭柩則輯杖。[五]弃杖者，斷而弃之於隱者。[六]

　　［一］三日者，死之後三日也。爲君杖不同日，人君禮大，可以見親疏也。輯，斂也。斂者，謂舉之不以柱地也。夫人、世婦次於房中，即位堂上。堂上近尸殯，使人執杖，不敢自持也。子於國君之命輯杖，下成君，不敢敵之也。卜，卜葬、卜日也。凡喪祭，虞而有尸。大夫於君所輯杖，謂與之俱即寢門外位也，獨焉則杖。君，謂子也。於大夫所杖，俱爲君杖，不相下也。

　　［二］大夫有君命去杖，此指大夫之子也。而云“大夫”者，通實大夫有父母之喪也。授人杖，與使人執之同也。

　　［三］士二日而殯者，下大夫也。士之禮，死與往日，生與來日。此“二日”，於死者亦得三日也。婦人皆杖，謂主婦、容妾

647

爲君、女子子在室者。

[四] 子，謂凡庶子也。不以即位，與去杖同。

[五] 哭殯，謂既塗也。哭柩，謂啓後也。大夫、士之子，於父，父也，尊近，哭殯可以杖。天子、諸侯之子，於父，父也，君也，尊遠，杖不入廟門。

[六] 杖以喪至尊[一]，爲人得而褻之。

（二十二·二十三）

君設大盤造冰焉。大夫設夷盤造冰焉。士併瓦盤，無冰。設牀，禮第，有枕。含，一牀；襲，一牀；遷尸于堂，又一牀，皆有枕、席。君、大夫、士，一也。[一]

[一] 此事皆沐浴之後，宜承“濡濯弃於坎”下，札爛脱在此耳。造，猶内也。禮第，袒簀也，謂無席，如浴時牀也。禮，自仲春之後，尸既襲，既小斂，先内冰盤中，乃設牀於其上，不施席而遷尸焉。秋涼而止。士不用冰，以瓦爲盤，併以盛水耳[二]。漢禮，大盤廣八尺，長丈二，深三尺，赤中。夷盤小焉。《周禮》天子夷盤。《士喪禮》君賜冰，亦用夷盤。然則其制宜同之。

（二十二·二十四）

始死，遷尸于牀。幠用斂衾，去死衣。小臣楔齒用角柶，綴足用燕几。君、大夫、士，一也。[一]

───────────

〔一〕杖以喪至尊　此句余仁仲本與底本同。阮刻本作“以喪至尊”，“以”字上脱一“杖”字。

〔二〕併以盛水耳　“水”，余仁仲本與底本同。阮刻本作“冰”，誤。

　　［一］牀，謂所設牀第當牖者也。《士喪禮》曰：“士死於適室，幠
　　　　用斂衾。”去死衣，病時所加新衣及復衣也。去之，以俟
　　　　沐浴。

（二十二·二十五）

　　管人汲，不說繘，屈之。盡階，不升堂，授御者。御
者入浴。小臣四人抗衾，御者二人浴。浴水用盆，沃水用
枓，浴用絺巾，挋用浴衣，如它日。小臣爪足，浴餘水弃
于坎。其母之喪，則内御者抗衾而浴。[一]

　　［一］抗衾者，蔽上重形也。挋，拭也。爪足，斷足爪也。

（二十二·二十六）

　　管人汲，授御者。御者差沐于堂上。君沐粱，大夫沐
稷，士沐粱。甸人爲垼于西牆下，陶人出重鬲。管人受
沐，乃煮之。甸人取所徹廟之西北厞薪，用爨之。管人授
御者沐，乃沐。沐用瓦盤，挋用巾，如它日。小臣爪手翦
須，濡濯弃于坎。[一]

　　［一］差，淅也。淅飯米，取其潘以爲沐也。浴沃用枓，沐於盤
　　　　中，文相變也。《士喪禮》沐稻，此云“士沐粱”，蓋天子之
　　　　士也。以差率而上之，天子沐黍與？

（二十二·二十七）

　　君之喪，子、大夫、公子、衆士皆三日不食。子、大
夫、公子食粥，納財，朝一溢米，莫一溢米，食之無筭。

士疏食水飲，食之無筭。夫人、世婦、諸妻皆疏食水飲，食之無筭。^[一]

大夫之喪，主人、室老、子姓皆食粥，衆士疏食水飲，妻妾疏食水飲。^[二]士亦如之。^[三]

既葬，主人疏食水飲，不食菜果，婦人亦如之。君、大夫、士，一也。練而食菜果，祥而食肉。^[四]

食粥於盛，不盥；食於篹者，盥。食菜以醯醬。始食肉者，先食乾肉。始飲酒者，先飲醴酒。^[五]

[一] 納財，謂食穀也。二十兩曰溢。於粟米之法，一溢爲米一升二十四分升之一。諸妻，御妾也。同言“無筭”，則是皆一溢米，或粥或飯。

[二] 室老，其貴臣也。衆士，所謂“衆臣”。

[三] 如其子食粥，妻妾疏食水飲。

[四] 果，瓜、桃之屬。

[五] 盛，謂今時杯、杅也。篹，竹筥也。歠者不盥，手飯者盥。篹，或作“箕”。

(二十二·二十八)

期之喪，三不食。食，疏食水飲，不食菜果。三月既葬，食肉飲酒。期，終喪不食肉，不飲酒，父在爲母，爲妻。九月之喪，食飲猶期之喪也，食肉飲酒，不與人樂之。^[一]五月、三月之喪，壹不食、再不食可也。比葬，食肉飲酒，不與人樂之。叔母、世母、故主、宗子，食肉飲酒。^[二]不能食粥，羹之以菜可也。^[三]有疾，食肉飲酒可也。^[四]五十不成喪。^[五]七十唯衰麻在身。^[六]既葬，若君

食之，則食之；大夫、父之友食之，則食之矣。不辟粱肉，若有酒醴則辭。^[七]

〔一〕食肉飲酒，亦謂既葬。

〔二〕義服恩輕也。故主，謂舊君也。言“故主”者，關大夫君也^{〔一〕}。

〔三〕謂性不能者，可食飯、菜羹。

〔四〕爲其氣微。

〔五〕成，猶備也。所不能備，謂不致毁、不散送之屬也。

〔六〕言其餘居處、飲食與吉時同也。

〔七〕尊者之前，可以食美也。變於顏色，亦不可。

（二十二·二十九）

小斂於户内，大斂於阼。君以簟席，大夫以蒲席，士以葦席。^[一]

〔一〕簟，細葦席也。三者下皆有莞。

（二十二·三十）

小斂。布絞，縮者一，横者三。君錦衾，大夫縞衾，士緇衾，皆一。衣十有九稱。君陳衣于序東，大夫、士陳衣于房中，皆西領，北上。絞、紟不在列。^[一]

〔一〕絞，既斂所用束堅之者。縮，從也。衣十有九稱，法天地之終數也。《士喪禮》小斂，“陳衣於房中，南領，西上”，與大夫異。今此同，亦蓋天子之士也。絞、紟不在列，以其不成稱，不連數也。小斂無紟，因絞不在列見之也。或曰：“縮者二。”

（二十二·三十一）

大斂。布絞，縮者三，橫者五。布紟，二衾。君、大夫、士，一也。君陳衣于庭，百稱，北領，西上。大夫陳衣于序東，五十稱，西領，南上。士陳衣于序東，三十稱，西領，南上。絞、紟如朝服。絞一幅爲三，不辟。紟五幅，無紞。[一]

[一] 二衾者，或覆之，或薦之。如朝服者，謂布精麤，朝服十五升。小斂之絞也，廣終幅，析其末，以爲堅之強也。大斂之絞，一幅三析用之，以爲堅之急也。紞，以組類爲之，綴之領側，若今被識矣。生時，禪被有識[一]，死者去之，異於生也。《士喪禮》大斂，亦“陳衣於房中，南領，西上”，與大夫異。今此又同，亦蓋天子之士。紞，或爲“點”。

（二十二·三十二）

小斂之衣，祭服不倒。[一]

[一] 尊祭服也。斂者要方，散衣有倒[二]。

〔一〕 禪被有識　“禪”，底本、余仁仲本作“禪”，誤。阮刻本作“禪”，據改。
〔二〕 散衣有倒　“倒”，阮刻本與底本同。余仁仲本作“到”，誤。

（二十二·三十三）

君無襚。大夫、士畢主人之祭服。親戚之衣受之，不以即陳。^[一]小斂，君、大夫、士皆用複衣、複衾。大斂，君、大夫、士祭服無算。君褶衣、褶衾，大夫、士猶小斂也。^[二]

　　［一］無襚者，不陳^{〔一〕}，不以斂。

　　［二］褶，袷也。君衣尚多，去其著也。

（二十二·三十四）

袍必有表，不襌。衣必有裳，謂之“一稱”。^[一]

　　［一］袍，褻衣，必有以表之，乃成稱也。《雜記》曰“子羔之襲，繭衣裳與稅衣纁袡爲一”是也。《論語》曰“當暑，袗絺綌，必表而出之”，亦爲其褻也。

（二十二·三十五）

凡陳衣者，實之篋；取衣者，亦以篋。升降者，自西階。^[一]凡陳衣，不詘。非列采，不入。絺、綌、紵不入。^[二]

　　［一］取，猶受也。

　　［二］不詘，謂舒而不卷也。列采，謂正服之色也。絺、綌、紵者，當暑之褻衣也。襲尸重形，冬夏用袍，及斂則用正服。

〔一〕不陳　“陳”，阮刻本與底本同。余仁仲本作“東”，誤。

（二十二·三十六）

凡斂者袒，遷尸者襲。^[一]

[一] 袒者，於事便也。

（二十二·三十七）

君之喪，大胥是斂，衆胥佐之。大夫之喪，大胥侍之，衆胥是斂。士之喪，胥爲侍，士是斂。^[一]

[一] 胥，樂官也，不掌喪事。胥，當爲“祝”，字之誤也。侍，猶臨也。“大祝”之職，“大喪贊斂”。《喪祝》：“卿、大夫之喪掌斂。”《士喪禮》：“商祝主斂。”

（二十二·三十八）

小斂、大斂，祭服不倒，皆左衽，結絞不紐。^[一]

[一] 左衽，衽鄉左，反生時也。

（二十二·三十九）

斂者，既斂，必哭。士與其執事則斂，斂焉則爲之壹不食。凡斂者，六人。^[一]

[一] 斂者必使所與執事者，不欲妄人褻之。執，或爲“僁”。

（二十二·四十）

君錦冒黼殺，綴旁七。大夫玄冒黼殺，綴旁五。士緇

654

冒頳殺，綴旁三。凡冒，質長與手齊，殺三尺。自小斂以往，用夷衾。夷衾質、殺之裁，猶冒也。[一]

[一] 冒者，既襲所以韜尸，重形也。殺，冒之下幂，韜足上行者也[一]。小斂又覆以夷衾。裁，猶制也，字或爲“材”。

（二十二·四十一）

君將大斂，子弁絰，即位于序端。卿、大夫即位于堂廉楹西，北面，東上。父兄，堂下，北面。夫人、命婦，尸西，東面。外宗，房中，南面。小臣鋪席。商祝鋪絞、紟、衾、衣。士盥于盤上。士舉，遷尸于斂上。卒斂，宰告。子馮之踊。夫人東面，亦如之。[一]

[一] 子弁絰者，未成服，弁如爵弁而素。大夫之喪，子亦弁絰。

（二十二·四十二）

大夫之喪，將大斂，既鋪絞、紟、衾、衣，君至，主人迎，先入門右，巫止于門外。君釋菜，祝先入，升堂。君即位于序端。卿、大夫即位于堂廉楹西，北面，東上。主人，房外，南面。主婦，尸西，東面。遷尸。卒斂，宰告。主人降，北面于堂下。君撫之。主人拜稽顙。君降，升主人馮之，命主婦馮之。[一]

[一] 先入右者，入門而右也。巫止者，君行必與巫，巫主辟凶邪也。

〔一〕 韜足上行者也　“足”，余仁仲本與底本同。阮刻本作“是”，誤。

釋菜，禮門神也。必禮門神者，禮，君非問疾、弔喪，不入諸
臣之家也。主人，房外，南面，大夫之子尊，得升視斂也。

（二十二・四十三）

士之喪，將大斂，君不在，其餘禮猶大夫也。^[一]鋪絞、
紟，踊。鋪衾，踊。鋪衣，踊。遷尸，踊。斂衣，踊。
斂衾，踊。斂絞、紟，踊。^[二]

［一］其餘，謂卿、大夫及主婦之位。
［二］目孝子踊節。

（二十二・四十四）

君撫大夫，撫內命婦。大夫撫室老，撫姪、娣。^[一]君、
大夫馮父母、妻、長子，不馮庶子。士馮父母、妻、長子、
庶子。庶子有子，則父母不馮其尸。凡馮尸者，父母先，
妻、子後。^[二]

君於臣撫之。父母於子執之。子於父母馮之。婦於
舅姑奉之。舅姑於婦撫之。妻於夫拘之。夫於妻、於昆
弟執之。^[三]

馮尸，不當君所。^[四]凡馮尸，興必踊。^[五]

［一］撫，以手按之也。內命婦，君之世婦。
［二］目於其親所馮也。馮，謂扶持服膺。
［三］此恩之深淺、尊卑之儀也。馮之類，必當心。
［四］不敢與尊者所馮同處。
［五］悲哀之至，馮尸必坐。

（二十二·四十五）

　　父母之喪，居倚廬，不塗，寢苫枕凷，非喪事不言。君爲廬，宮之。大夫、士，襢之。^[一]既葬，柱楣，塗廬，不於顯者。君、大夫、士皆宮之。^[二]凡非適子者，自未葬，以於隱者爲廬。^[三]

　　[一] 宮，謂圍障之也。襢，袒也，謂不障。
　　[二] 不於顯者，不塗見面。
　　[三] 不欲人屬目，蓋廬於東南角^[一]，既葬猶然。

（二十二·四十六）

　　既葬，與人立，君言王事，不言國事。大夫、士言公事，不言家事。^[一]

　　[一] 此常禮也。

（二十二·四十七）

　　君，既葬，王政入於國；既卒哭而服王事。大夫、士，既葬，公政入於家；既卒哭，弁絰帶，金革之事無辟也。^[一]

　　[一] 此權禮也。弁絰帶者，變喪服而弔服，輕，可以即事也。

（二十二·四十八）

　　既練，居堊室，不與人居。君謀國政，大夫、士謀家

〔一〕蓋廬於東南角　“蓋”，余仁仲本與底本同。阮刻本作“故”。

事。既祥，黝堊。

祥而外無哭者，禫而内無哭者，樂作矣故也。[一] 禫而從御，吉祭而復寢。[二]

[一] 黝堊，堊室之飾也。地謂之“黝”，牆謂之“堊”。外無哭者，於門外不哭也。内無哭者，入門不哭也。禫踰月而可作樂，樂作無哭者。黝堊，或爲“要期”。禫，或皆作“道”。

[二] 從御，御婦人也。復寢，不復宿殯宮也。

（二十二·四十九）

期，居廬，終喪不御於内者，父在爲母、爲妻。齊衰期者、大功布衰九月者，皆三月不御於内。

（二十二·五十）

婦人不居廬，不寢苫。喪父母，既練而歸。期、九月者，既葬而歸。[一]

[一] 歸，謂歸夫家也。

（二十二·五十一）

公之喪，大夫俟練，士卒哭而歸。[一] 大夫、士父母之喪，既練而歸，朔月、忌日則歸哭于宗室。諸父、兄弟之喪，既卒哭而歸。[二]

[一] 此公，公士、大夫有地者也。其大夫、士歸者，謂素在君所，食都邑之臣。

　　[二]歸，謂歸其宮也[一]。忌日，死日也。宗室，宗子之家，謂殯
　　　　宮也。禮，命士以上，父子異宮。

（二十二·五十二）

　　父不次於子，兄不次於弟。[一]

　　　　[一]謂不就其殯宮，爲次而居。

（二十二·五十三）

　　君於大夫、世婦，大斂焉；爲之賜，則小斂焉。[一]於
外命婦，既加蓋而君至。[二]於士，既殯而往；爲之賜，大
斂焉。夫人於世婦，大斂焉；爲之賜，小斂焉。於諸妻，
爲之賜，大斂焉。於大夫、外命婦，既殯而往。

　　　　[一]爲之賜，謂有恩惠也。
　　　　[二]於臣之妻略也。

（二十二·五十四）

　　大夫、士既殯而君往焉，使人戒之。主人具殷奠之
禮，俟于門外，見馬首，先入門右。巫止于門外，祝代之
先。君釋菜于門內。祝先升自阼階，負墉，南面。君即位
于阼，小臣二人執戈立于前，二人立于後。[一]擯者進，[二]
主人拜稽顙。君稱言，視祝而踊，主人踊。[三]大夫則奠可
也。士則出俟于門外，命之反奠，乃反奠。卒奠，主人先

<hr>

〔一〕歸謂歸其宮也　"宮"，阮刻本與底本同。余仁仲本作"官"，誤。

俟于門外。君退，主人送于門外，拜稽顙。^[四]

[一] 殷，猶大也。朝夕小奠，至月朔則大奠。君將來，則具大奠
之禮以待之，榮君之來也。祝負墉，南面，直君北，房户東
也。小臣執戈先後君，君升而夾階立。大夫殯即成服，成服
則君亦成服，錫衰而往弔之。

[二] 當贊主人也。始立門東，北面。

[三] 稱言，舉所以來之辭也。視祝而踊，祝相君之禮，當節
之也。

[四] 迎不拜，拜送者，拜迎則爲君之荅己。

（二十二·五十五）

　君於大夫疾，三問之；在殯，三往焉。士疾，壹問之；
在殯，壹往焉。^[一]

[一] 所以致殷勤也。

（二十二·五十六）

　君弔，則復殯服。^[一]

[一] 復，反也。反其未殯、未成服之服，新君事也。謂臣喪既殯
後，君乃始來弔也。復，或爲“服”。

（二十二·五十七）

　夫人弔於大夫、士，主人出迎于門外，見馬首，先入
門右。夫人入，升堂即位。主婦降自西階，拜稽顙于下。

夫人視世子而踊，奠如君至之禮。夫人退，主婦送于門内，拜稽顙。主人送于大門之外，不拜。^[一]

> [一] 視世子而踊，世子從夫人，夫人以爲節也。世子之從夫人，
> 　　位如祝從君也。

（二十二·五十八）

大夫君，不迎于門外。入，即位于堂下。主人北面，衆主人南面，婦人即位于房中。若有君命、命夫命婦之命、四鄰賓客，其君後主人而拜。^[一]

> [一] 入即位於下，不升堂而立阼階之下，西面，下正君也。衆主
> 　　人南面，於其北。婦人即位於房中。君雖不升堂，猶辟之
> 　　也。後主人而拜者，將拜賓，使主人陪其後，而君前拜。不
> 　　俱拜者，主人無二也。

（二十二·五十九）

君弔，見尸柩而后踊。^[一]

> [一] 塗之後，雖往不踊也。踊，或爲“哭”，或爲“浴”。

（二十二·六十）

大夫、士，若君不戒而往，不具殷奠。君退，必奠。^[一]

> [一] 榮君之來。

(二十二·六十一)

君大棺八寸，屬六寸，椑四寸。上大夫大棺八寸，屬六寸。下大夫大棺六寸，屬四寸。士棺六寸。^[一]

君裏棺用朱，綠用雜金鐕。大夫裏棺用玄，綠用牛骨鐕。士不綠。^[二]

君蓋用漆，三衽，三束。大夫蓋用漆，二衽，二束。士蓋不用漆，二衽，二束。^[三]

[一] 大棺，棺之在表者也。《檀弓》曰："天子之棺四重，水、兕革棺被之，其厚三寸；杝棺一，梓棺二，四者皆周。"此以內說而出也。然則大棺及屬用梓，椑用杝。以是差之，上公革棺不被，三重也；諸侯無革棺，再重也；大夫無椑，一重也；士無屬，不重也。庶人之棺四寸。上大夫，謂列國之卿也。<u>趙簡子</u>云："不設屬、椑。"時僭也。

[二] 鐕，所以琢著裏。

[三] 用漆者，塗合牝牡之中也。衽，小要也。

(二十二·六十二)

君、大夫鬓、爪實于綠中，士埋之。^[一]

[一] 綠，當爲"角"，聲之誤也。角中，謂棺內四隅也。鬓，亂髮也。將實爪、髮棺中，必爲小囊盛之。此"綠"，或爲"篋"。

(二十二·六十三)

君殯用輴，欑至于上，畢塗屋。大夫殯以幬，欑置于

662

西序，塗不暨于棺。士殯見衽，塗上，帷之。^[一]

　　［一］欑，猶菆也。屋，殯上覆如屋者也。幬，覆也。暨，及也。
　　　　此記參差，以《檀弓》參之，天子之殯，居棺以龍輴，欑木
　　　　題湊象椁，上四注如屋以覆之，盡塗之。諸侯輴不畫龍，欑
　　　　不題湊象椁，其他亦如之。大夫之殯，廢輴，置棺西牆下，
　　　　就牆欑其三面。塗之，不及棺者，言欑中狹小，裁取容棺。
　　　　然則天子、諸侯差寬大矣。士不欑，掘地下棺，見小要耳。
　　　　帷之，鬼神尚幽闇也。士達於天子皆然。幬，或作「鐏」，
　　　　或作「埻」^{〔一〕}。

（二十二・六十四）

　　熬，君四種八筐，大夫三種六筐，士二種四筐。加魚
腊焉。^[一]

　　［一］熬者，煎穀也。將塗，設於棺旁，所以惑蚍蜉^{〔二〕}，使不至棺
　　　　也。《士喪禮》曰：「熬，黍、稷各二筐。」又曰：「設熬，旁
　　　　各一筐^{〔三〕}。」大夫三種，加以梁。君四種，加以稻。四筐，
　　　　則手足皆一，其餘設於左右。

（二十二・六十五）

　　飾棺。君，龍帷，三池，振容；黼荒，火三列，黼三

〔一〕　或作埻　「埻」，余仁仲本與底本同。阮刻本作「焞」，誤。
〔二〕　所以惑蚍蜉　「惑」，余仁仲本、阮刻本作「感」，誤。
〔三〕　旁各一筐　此句余仁仲本、阮刻本與底本同。《士喪禮》作「旁一筐」，「旁」字下
無「各」字。

列〔一〕；素錦褚，加僞荒；繡紐六；齊五采、五貝；黼翣二，黻翣二，畫翣二，皆戴圭；魚躍拂池。君繡戴六，繡披六。

大夫畫帷，二池，不振容；畫荒，火三列，黻三列；素錦褚；繡紐二，玄紐二；齊三采、三貝；黻翣二，畫翣二，皆戴綏；魚躍拂池。大夫戴，前繡後玄，披亦如之。

士布帷，布荒，一池，揄絞；繡紐二，緇紐二；齊三采、一貝；畫翣二，皆戴綏。士戴，前繡後緇，二披用繡。〔二〕

[一] 飾棺者，以華道路及壙中，不欲衆惡其親也。荒，蒙也，在旁曰帷，在上曰荒，皆所以衣柳也。"士布帷，布荒"者，白布也。君、大夫，加文章焉。黼荒，緣邊爲黼文。畫荒，緣邊爲雲氣。火、黻爲列於其中耳。僞，當爲"帷"，或作"于"，聲之誤也。大夫以上，有褚以襯覆棺，乃加帷荒於其上。紐，所以結連帷、荒者也。池，以竹爲之，如小車笭，衣以青布。柳象宮室，縣池於荒之爪端，若承霤然云。君、大夫以銅爲魚，縣於池下。揄，揄翟也，青質五色，畫之於絞繒而垂之，以爲振容，象水草之動搖，行則又魚上拂池。《雜記》曰"大夫不揄絞，屬於池下"，是不振容也。士則去魚。齊，象車蓋蕤，縫合雜采爲之，形如爪分然，綴貝落其上及旁〔二〕。"戴"之言"值"也，所以連繫棺束與柳材，使相值，因而結前後披也。漢禮，翣以木爲筐，廣三尺，高二尺四寸，方兩角高，衣以白布。畫者，畫雲氣。其餘各如其象。柄長五尺，車行，使人持之而從，既窆，樹於壙中。《檀弓》

〔一〕 黻三列 "黻"，唐石經、余仁仲本與底本同。阮刻本作"黼"。
〔二〕 綴貝落其上及旁 "及"，余仁仲本與底本同。阮刻本作"乃"，誤。

曰“周人牆置翣”是也。緌，當爲“綏”，讀如“冠蕤”之
“蕤”，蓋五采羽注於翣首也。

（二十二·六十六）

君葬用輴，四綍，二碑，御棺用羽葆。大夫葬用輴，
二綍，二碑，御棺用茅。士葬用國車，二綍，無碑，比出
宮，御棺用功布。[一]

[一] 大夫廢輴。此言“輴”，非也。輴，皆當爲“載以輇車”之
“輇”，聲之誤也。輇，字或作“團”，是以又誤爲“國”[一]。
輇車，柩車也，尊卑之差也。在棺曰“綍”，行道曰“引”。
至壙將窆，又曰“綍”而設碑，是以連言之。碑，桓楹也。
御棺居前爲節度也。士言“比出宮”“用功布”，則出宮而止，
至壙無矣。綍，或爲“率”。

（二十二·六十七）

凡封，用綍去碑負引。君封以衡，大夫、士以咸。君，
命毋譁，以鼓封。大夫，命毋哭。士，哭者相止也。[一]

[一] 封，《周禮》作“窆”。窆，下棺也。此“封”，或皆作“斂”。
《檀弓》曰“公輸若方小。斂，般請以機封”，謂此斂也。
然則棺之入坎爲斂，與斂尸相似，記時同之耳。咸，讀爲
“緘”。凡柩車及壙，說載除飾，而屬綍於柩之緘，又樹碑於
壙之前後，以綍繞碑間之鹿盧，輓棺而下之。此時棺下窆，

〔一〕 是以又誤爲國 “又”，余仁仲本、阮刻本作“文”。

使輴者皆繫綍而繞要，負引，舒縱之，備失脫也。用綍去碑
者，謂縱下之時也。衡，平也。人君之喪，又以木橫貫綍
耳，居旁持而平之，又擊皷爲縱舍之節。大夫、士旁牽綍而
已。庶人縣窆，不引綍也。禮，唯天子葬有隧。今齊人謂棺
束爲“緘繩”。咸，作爲“械”。

(二十二·六十八)

　　君松椁，大夫柏椁，士雜木椁。[一]棺椁之間，君容柷，
大夫容壺，士容甒。[二]君裏椁、虞筐。大夫不裏椁。士不
虞筐。[三]

　　[一]椁，謂周棺者也。天子柏椁，以端長六尺。夫子制於中都，
　　　　使庶人之椁五寸。五寸，謂端方也。此謂尊者用大材，卑者
　　　　用小材耳。自天子、諸侯、卿、大夫、士、庶人六等，其椁
　　　　長自六尺而下，其方自五寸而上，未聞其差所定也。抗木之
　　　　厚，蓋與椁方齊。天子五重，上公四重，諸侯三重，大夫再
　　　　重，士一重。
　　[二]間，可以藏物，因以爲節。
　　[三]裏椁之物，虞筐之文，未聞也。

禮記卷第十四

祭法第二十三

鄭　氏　注

（二十三·一）

祭法。有虞氏禘黃帝而郊嚳，祖顓頊而宗堯。夏后氏亦禘黃帝而郊鯀，祖顓頊而宗禹。殷人禘嚳而郊冥，祖契而宗湯。周人禘嚳而郊稷，祖文王而宗武王。^{〔一〕}

〔一〕禘、郊、祖、宗，謂祭祀以配食也。此禘，謂祭昊天於圜丘也。祭上帝於南郊，曰郊。祭五帝、五神於明堂，曰祖、宗，祖、宗通言爾。下有“禘、郊、宗、祖^{〔一〕}”。《孝經》曰：“宗祀文王於明堂，以配上帝。”《明堂月令》，春曰“其帝大昊，其神句芒”，夏曰“其帝炎帝，其神祝融”，中央曰“其帝黃帝，其神后土”，秋曰“其帝少昊，其神蓐收”，冬曰“其帝顓頊，其神玄冥”。有虞氏以上尚德，禘、郊、祖、宗，配用有德者而已。自夏巳下，稍用其姓代之^{〔二〕}。先後之次，有虞氏、夏后氏宜郊顓頊，殷人宜郊契。郊祭一帝，而明堂祭五帝。小德配寡，大德配衆，亦禮之殺也。

〔一〕下有禘郊宗祖　“宗、祖”，余仁仲本、阮刻本作“祖、宗”，誤。
〔二〕稍用其姓代之　“代”，余仁仲本與底本同。阮刻本作“氏”，誤。

669

（二十三・二）

　　燔柴於泰壇，祭天也。瘞埋於泰折，祭地也。用騂
犢。^[一]埋少牢於泰昭，祭時也。相近於坎、壇，祭寒暑也。
王宮，祭日也。夜明，祭月也。幽宗，祭星也。雩宗，祭
水旱也。四坎、壇，祭四方也。山林、川谷、丘陵，能出
雲，爲風雨，見怪物，皆曰神。有天下者祭百神。諸侯在
其地則祭之，亡其地則不祭。^[二]

　　[一]　壇、折，封土爲祭處也。“壇”之言“坦”也。坦，明貌也。
　　　　折，炤晢也。必爲炤明之名，尊神也。地，陰祀，用黝牲，
　　　　與天俱用犢，連言爾。

　　[二]　昭，明也，亦謂壇也。時，四時也，亦謂陰陽之神也。埋
　　　　之者，陰陽出入於地中也。凡此以下，皆祭用少牢。相近，
　　　　當爲“禳祈”，聲之誤也。禳，猶卻也^[一]。祈，求也。寒暑
　　　　不時，則或禳之，或祈之。寒於坎，暑於壇。王宮，日壇。
　　　　王，君也。日稱君。宮，壇營域也。夜明，亦謂月壇也。
　　　　宗，皆當爲“禜”，字之誤也。幽禜，亦謂星壇也。星以昏
　　　　始見，“禜”之言“營”也。雩禜，亦謂水旱壇也。“雩”之
　　　　言“吁嗟”也。《春秋傳》曰：“日月星辰之神，則雪霜風雨
　　　　之不時，於是乎禜之。山川之神，則水旱癘疫之不時，於
　　　　是乎禜之。”四方，即謂山林、川谷、丘陵之神也。祭山林、
　　　　丘陵於壇，川谷於坎，每方各爲坎、爲壇。怪物，雲氣非常
　　　　見者也。有天下，謂天子也。百者，假成數也。

────────

〔一〕猶卻也　“卻”，底本、余仁仲本作“郤”，誤。阮刻本作“卻”，據改。

670

（二十三·三）

　　大凡生於天地之間者皆曰“命”，其萬物死皆曰“折”，人死曰“鬼”，此五代之所不變也。^{〔一〕}七代之所更立者，禘、郊、宗、祖，其餘不變也。^{〔二〕}

〔一〕生時形體異，可同名。至死，腐爲野土，異其名，嫌同也。折，弃敗之言也。“鬼”之言“歸”也。五代，謂黃帝、堯、舜、禹、湯，周之禮樂所存法也。

〔二〕七代，通數頗項及嚳也。所不變者，則數其所法而已。變之，則通數所不法，爲記者之微意也。少昊氏修黃帝之法，後王無所取焉。

（二十三·四）

　　天下有王，分地建國，置都立邑，設廟、祧、壇、墠而祭之，乃爲親疏多少之數。

　　是故王立七廟、一壇、一墠，曰考廟，曰王考廟，曰皇考廟，曰顯考廟，曰祖考廟，皆月祭之。遠廟爲祧，有二祧，享嘗乃止。去祧爲壇，去壇爲墠。壇、墠有禱焉祭之，無禱乃止。去墠曰鬼。

　　諸侯立五廟、一壇、一墠，曰考廟，曰王考廟，曰皇考廟，皆月祭之。顯考廟，祖考廟，享嘗乃止。去祖爲壇，去壇爲墠。壇、墠有禱焉祭之，無禱乃止。去墠爲鬼。

　　大夫立三廟、二壇，曰考廟，曰王考廟，曰皇考廟，享嘗乃止。顯考、祖考無廟。有禱焉，爲壇祭之。去壇爲鬼。

　　適士二廟、一壇，曰考廟，曰王考廟，享嘗乃止。顯考無廟。有禱焉，爲壇祭之。去壇爲鬼。

官師一廟，曰考廟，王考無廟而祭之，去王考爲鬼。
庶士、庶人無廟，死曰鬼。^[一]

[一]　建國，封諸侯也。置都立邑，爲卿、大夫之采地，及賜士有
　　　功者之地。"廟"之言"貌"也。宗廟者，先祖之尊貌也。
　　　"祧"之言"超"也，超上去意也。封土曰"壇"，除地曰
　　　"墠"。《書》曰："三壇同墠。"王、皇，皆君也。顯，明也。
　　　祖，始也。名先人以君、明、始者，所以尊本之意也。天子
　　　遷廟之主，以昭穆合藏於二祧之中。諸侯無祧，藏於祖考
　　　之廟中。《聘禮》曰"不腆先君之祧"，是謂始祖廟也。享、
　　　嘗，謂四時之祭。天子、諸侯爲壇、墠，所禱，謂後遷在祧
　　　者也，既事則反其主於祧。鬼亦在祧，顧遠之於無事，袷乃
　　　祭之爾。《春秋》文二年秋"大事於大廟"，《傳》曰"毀廟
　　　之主，陳于大祖；未毀廟之主，皆升，合食於大祖"是也。
　　　魯煬公者，伯禽之子也。至昭公、定公，久已爲鬼，而季氏
　　　禱之，而立其宮，則鬼之主在祧明矣。唯天子、諸侯有主，
　　　禘、袷；大夫有祖考者，亦鬼其百世，不禘、袷，無主爾。
　　　其無祖考者，庶士以下鬼其考、王考；官師鬼其皇考；大
　　　夫、適士鬼其顯考而已。大夫祖考，謂別子也。凡鬼者，薦
　　　而不祭。《王制》曰："大夫、士有田則祭，無田則薦。"適
　　　士，上士也。官師，中士、下士。庶士，府史之屬。此適士
　　　云"顯考無廟"，非也，當爲"皇考"，字之誤。

(二十三·五)

王爲羣姓立社，曰大社。王自爲立社，曰王社。諸侯
爲百姓立社，曰國社。諸侯自爲立社，曰侯社。大夫以下

成羣立社，曰置社。[一]

> [一] 羣，衆也。大夫以下，謂下至庶人也。大夫不得特立社，與
> 民族居。百家以上，則共立一社，今時里社是也。《郊特牲》
> 曰："唯爲社事，單出里。"

(二十三·六)

王爲羣姓立七祀，曰司命，曰中霤，曰國門，曰國
行，曰泰厲，曰户，曰竈。王自爲立七祀。諸侯爲國立五
祀，曰司命，曰中霤，曰國門，曰國行，曰公厲。諸侯自
爲立五祀。大夫立三祀，曰族厲，曰門，曰行。適士立二
祀，曰門，曰行。庶士、庶人立一祀，或立户，或立竈。[一]

> [一] 此非大神所祈報大事者也。小神居人之閒，司察小過，作
> 譴告者爾。《樂記》曰："明則有禮樂，幽則有鬼神。"鬼神，
> 謂此與？司命，主督察三命。中霤，主堂室、居處。門、
> 户，主出入。行，主道路行作。厲，主殺罰。竈，主飲食之
> 事。《明堂月令》，春曰"其祀户，祭先脾"，夏曰"其祀竈，
> 祭先肺"，中央曰"其祀中霤，祭先心"，秋曰"其祀門，祭
> 先肝"，冬曰"其祀行，祭先腎"。《聘禮》曰，使者出，"釋
> 幣於行"；歸，"釋幣於門"。《士喪禮》曰"疾病"，"禱於五
> 祀"。司命與厲，其時不著。今時民家，或春秋祠司命、行
> 神、山神，門、户、竈在旁[一]，是必春祠司命，秋祠厲也。

〔一〕 門户竈在旁　此句余仁仲本與底本同。阮刻本作"門、竈在旁"，"門"字下脱一
"户"字。

或者合而祠之。山即屬也，民惡言“屬”，巫、祝以屬山爲之，謬乎！《春秋傳》曰：“鬼有所歸，乃不爲屬。”

（二十三·七）

王下祭殤五，適子、適孫、適曾孫、適玄孫、適來孫。諸侯下祭三，大夫下祭二，適士及庶人，祭子而止。[一]

[一] 祭適殤者，重適也。祭適殤於廟之奧，謂之“陰厭”。王子、公子祭其適殤於其黨之廟。大夫以下、庶子祭其適殤於宗子之家，皆當室之白[一]，謂之“陽厭”。凡庶殤不祭。

（二十三·八）

夫聖王之制祭祀也，法施於民則祀之，以死勤事則祀之，以勞定國則祀之，能禦大菑則祀之，能捍大患則祀之。是故厲山氏之有天下也，其子曰農，能殖百穀。夏之衰也，周弃繼之，故祀以爲稷。共工氏之霸九州也，其子曰后土，能平九州，故祀以爲社。帝嚳能序星辰以著衆，堯能賞均刑法以義終，舜勤衆事而野死，鯀鄣鴻水而殛死，禹能脩鯀之功，黄帝正名百物以明民共財，顓頊能脩之，契爲司徒而民成，冥勤其官而水死，湯以寬治民而除其虐，文王以文治，武王以武功去民之菑，此皆有功烈於民者也[二]。及夫日月、星辰，民所瞻仰也。山林、川谷、丘陵，

〔一〕 皆當室之白 “白”，底本作“日”，誤。余仁仲本、阮刻本作“白”，據改。

〔二〕 此皆有功烈於民者也 此句底本作“此有功烈於民者也”，“此”字下脱一“皆”字，誤。唐石經、余仁仲本、阮刻本此句作“此皆有功烈於民者也”，據補。

民所取財用也。非此族也，不在祀典。[一]

[一] 此所謂“大神”也。《春秋傳》曰：“封爲上公，祀爲大神。”厲山氏，炎帝也，起於厲山。或曰：“有烈山氏。”弃，后稷名也。共工氏，無録而王，謂之“霸”，在大昊、炎帝之閒。著衆，謂使民興事，知休作之期也。賞，賞善，謂禪舜，封禹、稷等也。能刑，謂去四凶。義終，謂旣禪二十八載乃死也。野死，謂征有苗，死於蒼梧也。殛死，謂不能成其功也。明民，謂使之衣服有章也。民成，謂知五教之禮也。冥，契六世之孫也。其官玄冥，水官也。虐、薗，謂桀、紂也。烈，業也。族，猶類也。祀典，謂祭祀也。

祭義第二十四

鄭　氏　注

（二十四·一）

祭不欲數，數則煩，煩則不敬。祭不欲疏，疏則怠，怠則忘。是故君子合諸天道，春禘秋嘗。^[一]霜露既降，君子履之，必有悽愴之心，非其寒之謂也。春，雨露既濡，君子履之，必有怵惕之心，如將見之。^[二]樂以迎來，哀以送往，故禘有樂，而嘗無樂。^[三]

> ［一］忘與不敬，違禮莫大焉。合於天道，因四時之變化，孝子感
> 　　時念親，則以此祭之也。春禘者，夏、殷禮也。周以禘爲殷
> 　　祭，更名春祭曰祠。
>
> ［二］非其寒之謂，謂悽愴及怵惕，皆爲感時念親也。霜露既降，
> 　　《禮說》在秋。此無“秋”字，蓋脱爾。
>
> ［三］迎來而樂，樂親之將來也。送去而哀，哀其享否不可知也。
> 　　小言之，則爲一祭之間，孝子不知鬼神之期；推而廣之，放
> 　　其去來於陰陽。

（二十四·二）

致齊於内，散齊於外。齊之日，思其居處，思其笑語，思其志意，思其所樂，思其所嗜。齊三日，乃見其所爲齊者。^[一]

［一］致齊，思此五者也。散齊七日，不御、不樂、不弔耳。見所爲齊者，思之孰也[一]。所嗜，素所欲飲食也。《春秋傳》曰："屈到嗜芰。"

（二十四·三）

祭之日，入室，僾然必有見乎其位。周還出戶，肅然必有聞乎其容聲。出戶而聽，愾然必有聞乎其嘆息之聲。[一]是故先王之孝也，色不忘乎目，聲不絕乎耳，心志嗜欲不忘乎心。致愛則存，致愨則著。著、存不忘乎心，夫安得不敬乎？[二]

［一］周還出戶，謂薦設時也。無尸者，闔戶若食閒，則有出戶而聽之。

［二］存、著則謂其思念也。

（二十四·四）

君子生則敬養，死則敬享，思終身弗辱也。[一]君子有終身之喪，忌日之謂也。忌日不用，非不祥也。言夫日，志有所至，而不敢盡其私也。[二]

［一］享，猶祭也，饗也。

［二］忌日，親亡之日。忌日者，不用舉他事，如有時日之禁也。祥，善也。志有所至，至於親以此日亡，其哀心如喪時。

〔一〕思之孰也　"孰"，余仁仲本與底本同。阮刻本作"熟"。

（二十四·五）

唯聖人爲能饗帝，孝子爲能饗親。^{〔一〕}饗者，鄉也，鄉之然後能饗焉。^{〔二〕}是故孝子臨尸而不怍。君牽牲，夫人奠盎。君獻尸，夫人薦豆。卿、大夫相君，命婦相夫人。齊齊乎其敬也，愉愉乎其忠也，勿勿諸其欲其饗之也。^{〔三〕}

〔一〕謂祭之能使之饗也。帝，天也。

〔二〕言中心鄉之，乃能使其祭見饗也。上饗，或爲“相”。

〔三〕色不和曰怍。奠盎，設盎齊之奠也。此時君牽牲，將薦毛血。君獻尸而夫人薦豆，謂繹日也。儐尸，主人獻尸，主婦自東房薦韭菹、醓。勿勿，猶勉勉也，慤愛之貌。

（二十四·六）

文王之祭也，事死者，如事生；思死者，如不欲生。忌日必哀，稱諱如見親，祀之忠也。如見親之所愛，如欲色然，其文王與？^{〔一〕}《詩》云：“明發不寐，有懷二人。”文王之《詩》也。祭之明日，明發不寐，饗而致之，又從而思之。祭之日，樂與哀半，饗之必樂，已至必哀。^{〔二〕}

〔一〕思死者，如不欲生，言思親之深也。如欲色者，以時人於色厚，假以喻之。

〔二〕明發不寐，謂夜而至旦也^{〔一〕}。祭之明日，謂繹日也，言繹之夜不寐也。二人，謂父、母，容尸、侑也。

〔一〕謂夜而至旦也　此句余仁仲本與底本同。阮刻本作“謂夜至旦也”，“夜”字下少一“而”字。

（二十四·七）

仲尼嘗，奉薦而進，其親也慤，其行也趨趨以數。[一]

已祭，子贛問曰：“子之言祭，濟濟漆漆然。今子之祭，無濟濟漆漆，何也？”

子曰：“濟濟者，容也遠也[一]。漆漆者，容也自反也。容以遠[二]，若容以自反也，夫何神明之及交？夫何濟濟漆漆之有乎？[二]反饋樂成，薦其薦俎，序其禮樂，備其百官，君子致其濟濟漆漆，夫何慌惚之有乎？[三]夫言豈一端而已夫，各有所當也。”[四]

[一]嘗，秋祭也。親，謂身親執事時也。慤與趨趨，言少威儀也。趨，讀如“促”。“數”之言“速”也。

[二]漆漆，讀如“朋友切切”。自反，猶言自脩整也。容以遠，言非所以接親親也。容以自反，言非孝子所以事親也。及，與也。此皆非與神明交之道。

[三]天子、諸侯之祭，或從血腥始，至反饋，是進孰也。薦俎，豆與俎也。慌惚，思念益深之時也。言祭事既備，使百官助己祭，然而見其容而自反，是無慌惚之思念。

[四]豈一端，言不可以一概也。禮各有所當行，祭宗廟者，賓客濟濟漆漆，主人慤而趨趨。

（二十四·八）

孝子將祭，慮事不可以不豫；比時具物，不可以不備；

〔一〕容也遠也　“容”，唐石經、阮刻本與底本同。余仁仲本作“客”，誤。

〔二〕容以遠　“容”，唐石經、阮刻本與底本同。余仁仲本作“客”，誤。

虛中以治之。^[一]宮室既脩，牆屋既設，百物既備，夫婦齊戒，沐浴，盛服，奉承而進之。洞洞乎，屬屬乎，如弗勝，如將失之，其孝敬之心至也與！^[二]薦其薦俎，序其禮樂，備其百官，奉承而進之。^[三]於是諭其志意，以其慌惚以與神明交，庶或饗之。庶或饗之，孝子之志也。^[四]

孝子之祭也，盡其愨而愨焉，盡其信而信焉，盡其敬而敬焉，盡其禮而不過失焉。進退必敬，如親聽命，則或使之也。^[五]

孝子之祭可知也，其立之也，敬以詘；其進之也，敬以愉；其薦之也，敬以欲；退而立，如將受命；已徹而退，敬齊之色不絕於面。^[六]

孝子之祭也，立而不詘，固也；進而不愉，疏也；薦而不欲，不愛也；退立而不如受命，敖也；已徹而退，無敬齊之色，而忘本也。如是而祭，失之矣。^[七]

孝子之有深愛者，必有和氣。有和氣者，必有愉色。有愉色者，必有婉容。^[八]

孝子如執玉，如奉盈，洞洞屬屬然如弗勝，如將失之。嚴威儼恪，非所以事親也，成人之道也。^[九]

[一]比時，猶先時也。虛中，言不兼念餘事。

[二]脩、設，謂埽除及黝堊。

[三]百官助主人進之。

[四]諭其志意，謂使祝祝饗及侑尸也。或，猶有也，言想見其仿佛來。

[五]言當盡己而已，如居父母前，將受命而使之。

[六]詘，充詘，形容喜貌也。進之，謂進血腥也。愉，顏色和貌

也。薦之，謂進孰也。欲，婉順貌。齊，謂齊莊〔一〕。

［七〕固，猶質陋也。而忘本，“而”衍字。

［八〕和氣，謂立而詘。

［九〕成人，旣冠者。然則孝子不失其孺子之心也。

（二十四·九）

先王之所以治天下者五，貴有德，貴貴，貴老，敬長，慈幼。此五者，先王之所以定天下也。貴有德，何爲也？爲其近於道也。貴貴，爲其近於君也。貴老，爲其近於親也。敬長，爲其近於兄也。慈幼，爲其近於子也。〔一〕是故至孝近乎王，至弟近乎霸。至孝近乎王，雖天子必有父。至弟近乎霸，雖諸侯必有兄。先王之教，因而弗改，所以領天下國家也。〔二〕

［一〕言治國有家道。

［二〕天子有所父事，諸侯有所兄事，謂若三老、五更也。天子衰，諸侯興，故曰“霸”。

（二十四·十）

子曰：“立愛自親始，教民睦也。立敬自長始，教民順也。〔一〕教以慈睦，而民貴有親。教以敬長，而民貴用命。〔二〕孝以事親，順以聽命，錯諸天下，無所不行。”

［一〕親、長，父、兄也。睦，和厚也。

〔一〕　齊謂齊莊　此句余仁仲本與底本同。阮刻本作“謂齊莊”，“謂”字前脱一“齊”字，誤。

　　［二］尊長，出教令者。

（二十四·十一）

　　郊之祭也，喪者不敢哭，凶服者不敢入國門，敬之至也。^{［一］}祭之日，君牽牲，穆荅君，卿、大夫序從。^{［二］}既入廟門，麗于碑，卿、大夫袒，而毛牛尚耳，鸞刀以刲，取膟、脊，乃退。爓祭，祭腥，而退，敬之至也。^{［三］}

　　［一］祭者吉禮，不欲聞見凶人。
　　［二］祭，謂祭宗廟也。穆，子姓也。荅，對也。序，以次第從也。序，或爲“豫”。
　　［三］麗，猶繫也。毛牛尚耳，以耳毛爲上也。膟、脊，血與腸間脂也。爓祭，祭腥，祭爓肉、腥肉也。湯肉曰爓。爓祭，祭腥，或爲“合祭腥、泄、膟、毈”也。

（二十四·十二）

　　郊之祭，大報天而主日，配以月。夏后氏祭其闇，殷人祭其陽。周人祭日，以朝及闇。^{［一］}祭日於壇，祭月於坎，以別幽明，以制上下。^{［二］}祭日於東，祭月於西，以別外內，以端其位。^{［三］}日出於東，月生於西。陰陽長短，終始相巡，以致天下之和。^{［四］}

　　［一］主日者，以其光明，天之神可見者莫著焉。闇，昏時也。陽，讀爲“曰雨曰暘”之“暘”，謂日中時也。朝，日出時也。夏后氏大事以昏，殷人大事以日中，周人大事以日出，亦謂此郊祭也。以朝及闇，謂終日有事。

［二］幽明者，謂日照晝，月照夜。

［三］端，正。

［四］巡，讀如“沿漢”之“沿”，謂更相從道。

（二十四·十三）

天下之禮，致反始也，致鬼神也，致和用也，致義也，致讓也。^{［一］}致反始，以厚其本也。致鬼神，以尊上也。致物用，以立民紀也。致義，則上下不悖逆矣。致讓，以去爭也。合此五者以治天下之禮也，雖有奇邪，而不治者則微矣。^{［二］}

［一］因祭之義，汎説禮也。“致”之言“至”也，使人勤行，至於此也。至於反始，謂報天之屬也。至於鬼神，謂祭宗廟之屬也。至於和用，謂治民之事以足用也。

［二］物，猶事也。變“和”言“物”，互之也。微，猶少也。

（二十四·十四）

宰我曰：“吾聞鬼神之名，不知其所謂。”

子曰：“氣也者，神之盛也。魄也者，鬼之盛也。合鬼與神，教之至也。^{［一］}衆生必死，死必歸土，此之謂鬼。骨肉斃于下，陰爲野土。^{［二］}其氣發揚于上，爲昭明，焄蒿，悽愴，此百物之精也，神之著也。^{［三］}因物之精，制爲之極，明命鬼神，以爲黔首則，百衆以畏，萬民以服。^{［四］}

“聖人以是爲未足也，築爲宮室，設爲宗祧^{［一］}，以別親

〔一〕　設爲宗祧　“宗”，唐石經、余仁仲本與底本同。阮刻本作“宮”，誤。

疏遠邇。教民反古復始，不忘其所由生也。衆之服自此，故聽且速也。^[五]二端既立，報以二禮。建設朝事，燔燎羶薌，見以蕭光，以報氣也。此教衆反始也。薦黍、稷，羞肝、肺、首、心，見閒以俠甒，加以鬱鬯，以報魄也。教民相愛，上下用情，禮之至也。^[六]

“君子反古復始，不忘其所由生也。是以致其敬，發其情，竭力從事以報其親，不敢弗盡也。^[七]是故昔者天子爲藉千畝，冕而朱紘，躬秉耒。諸侯爲藉百畝，冕而青紘，躬秉耒。以事天地、山川、社稷、先古，以爲醴酪、齊盛，於是乎取之，敬之至也。^[八]

“古者天子、諸侯必有養獸之官，及歲時，齊戒、沐浴而躬朝之。犧牷、祭牲必於是取之，敬之至也。君召牛，納而視之，擇其毛而卜之，吉，然後養之。君皮弁、素積，朔月、月半，君巡牲，所以致力，孝之至也。^[九]

“古者天子、諸侯必有公桑蠶室，近川而爲之，築宮仞有三尺，棘牆而外閉之。及大昕之朝，君皮弁、素積，卜三宮之夫人、世婦之吉者，使入蠶于蠶室，奉種浴于川，桑于公桑，風戾以食之。^[一○]歲既單矣，世婦卒蠶，奉繭以示于君，遂獻繭于夫人。夫人曰：‘此所以爲君服與？’遂副褘而受之，因少牢以禮之。^[一一]古之獻繭者，其率用此與？^[一二]及良日，夫人繅，三盆手，遂布于三宮夫人、世婦之吉者，使繅。遂朱、綠之，玄、黃之，以爲黼黻文章。服既成，君服以祀先王、先公，敬之至也。”^[一三]

[一] 氣，謂噓吸出入者也。耳目之聰明爲魄。合鬼神而祭之，聖人之教致之也。

［二］陰，讀爲“依蔭”之“蔭”，言人之骨肉蔭於地中爲土壤。

［三］焄，謂香臭也。蒿，謂氣蒸出貌也。上言衆生，此言百物，
　　　明其與人同也，不如人貴爾。蒿，或爲“藃”〔一〕。

［四］明命，猶尊名也，尊極於鬼神，不可復加也。黔首，謂民
　　　也。則，法也。爲民作法，使民亦事其祖禰。鬼神，民所
　　　畏服。

［五］自，由也，言人由此服於聖人之教也。聽，謂順教令也。
　　　速，疾也。

［六］二端既立，謂氣也、魄也，更有尊名云“鬼神”也。二禮，
　　　謂朝事與薦黍、稷也。朝事，謂薦血腥時也。薦黍、稷，所
　　　謂“饋食”也。“見”及“見間”，皆當爲“覵”，字之誤也。
　　　羶，當爲“馨”，聲之誤也。燔燎馨香，覵以蕭光，取牲祭
　　　脂也。光，猶氣也。有虞氏祭首，夏后氏祭心，殷祭肝，周
　　　祭肺。覵以俠甒，謂雜之兩甒醴酒也。相愛、用情，謂此以
　　　人道祭之也。報氣以氣，報魄以實，各首其類。

［七］從事，謂脩薦可以祭者也。

［八］藉，藉田也。先古，先祖。

［九］歲時齊戒、沐浴而躬朝之，謂將祭祀卜牲。君朔月、月半巡
　　　視之，君召牛，納而視之，更本擇牲意。

［一〇］大昕，季春朔日之朝也。諸侯夫人三宮，半王后也。風戾
　　　　之者，及早涼脆採之，風戾之使露氣燥，乃以食蠶。蠶性
　　　　惡濕。

［一一］歲單，謂三月月盡之後也。言“歲”者，蠶，歲之大功，
　　　　事畢於此也。副褘，王后之服。而云“夫人”，記者容二

〔一〕　蒿或爲藃　“藃”，余仁仲本、阮刻本作“藃”。

王之後與？禮之，禮奉繭之世婦。

［一二］問者之辭。

［一三］三盆手者，三淹也。凡繰，每淹大摠而手振之，以出
　　　緒也。

（二十四·十五）

　　君子曰："禮樂不可斯須去身。"〔一〕致樂以治心，則
易、直、子、諒之心油然生矣。易、直、子、諒之心生則
樂，樂則安，安則久，久則天，天則神。天則不言而信，
神則不怒而威，致樂以治心者也。〔二〕致禮以治躬則莊敬，
莊敬則嚴威。〔三〕心中斯須不和不樂，而鄙詐之心入之矣。
外貌斯須不莊不敬，而慢易之心入之矣。故樂也者，動於
內者也。禮也者，動於外者也。樂極和，禮極順。內和而
外順，則民瞻其顏色而不與爭也，望其容貌而衆不生慢易
焉。〔四〕故德煇動乎內，而民莫不承聽；理發乎外，而衆莫
不承順。〔五〕故曰："致禮樂之道，而天下塞焉，舉而錯之
無難矣。"〔六〕樂也者，動於內者也；禮也者，動於外者也。
故禮主其減，樂主其盈。禮減而進，以進爲文。樂盈而
反，以反爲文。〔七〕禮減而不進則銷，樂盈而不反則放。故
禮有報而樂有反。〔八〕禮得其報則樂，樂得其反則安。禮之
報，樂之反，其義一也。

［一］斯須，猶須臾也。

［二］子，讀如"不子"之"子"。諒，信也。油然，物始生好
　　　美貌。

［三］躬，身也。

[四] 極，至也。

[五] 理，謂言行也。

[六] 塞，充滿也。

[七] 减，猶倦也。盈，猶溢也。樂以統情，禮以理行。人之情有
　　　溢而行有倦。倦而進之，以能進者爲文。溢則使反，以能反
　　　者爲文。文，謂才美。

[八] 報，皆當爲“襃”，聲之誤。

（二十四·十六）

　　曾子曰：“孝有三，大孝尊親，其次弗辱，其下能養。”
　　公明儀問於曾子曰：“夫子可以爲孝乎？”
　　曾子曰：“是何言與？是何言與？君子之所謂‘孝’者[一]，
先意承志，諭父母於道。參直養者也，安能爲孝乎？”[一]

　　[一] 公明儀，曾子弟子。

（二十四·十七）

　　曾子曰：“身也者，父母之遺體也。行父母之遺體，敢
不敬乎？居處不莊，非孝也；事君不忠，非孝也；涖官不
敬，非孝也；朋友不信，非孝也；戰陳無勇，非孝也。五
者不遂，烖及於親，敢不敬乎？[一] 亨孰、羶薌，嘗而薦
之，非孝也，養也。君子之所謂‘孝’也者，國人稱願然，
曰：‘幸哉，有子如此！’所謂‘孝’也已。[二] 衆之本教曰
孝，其行曰養。養可能也，敬爲難；敬可能也，安爲難；

〔一〕君子之所謂孝者　“謂”，唐石經、余仁仲本與底本同。阮刻本作“爲”。

安可能也，卒爲難。父母既没，慎行其身，不遺父母惡名，可謂能終矣。仁者，仁此者也；禮者，履此者也；義者，宜此者也；信者，信此者也；強者，強此者也。樂自順此生，刑自反此作。”

[一] 遂，猶成也。

[二] 然，猶而也。

(二十四·十八)

　　曾子曰：“夫孝，置之而塞乎天地，溥之而橫乎四海，施諸後世而無朝夕，推而放諸東海而準，推而放諸西海而準，推而放諸南海而準，推而放諸北海而準。[一]《詩》云：‘自西自東，自南自北，無思不服。’此之謂也。”

[一] 無朝夕，言常行無輟時也。放，猶至也。準，猶平也。

(二十四·十九)

　　曾子曰：“樹木以時伐焉，禽獸以時殺焉。夫子曰：‘斷一樹，殺一獸，不以其時，非孝也。’[一] 孝有三，小孝用力，中孝用勞，大孝不匱。[二] 思慈愛忘勞，可謂用力矣。尊仁安義，可謂用勞矣。博施備物，可謂不匱矣。[三] 父母愛之，嘉而弗忘。父母惡之，懼而無怨。[四] 父母有過，諫而不逆。[五] 父母既没，必求仁者之粟以祀之。此之謂禮終。”[六]

[一] 夫子，孔子也。曾子述其言以云。

[二] 勞，猶功也。

［三］思慈愛忘勞，思父母之慈愛己，而自忘己之勞苦。

［四］無怨，無怨於父母之心。

［五］順而諫之。

［六］喻貧困猶不取惡人物以事亡親。

（二十四·二十）

樂正子春下堂而傷其足，數月不出，猶有憂色。

門弟子曰：“夫子之足瘳矣，數月不出，猶有憂色，何也？”

樂正子春曰：“善如爾之問也！善如爾之問也！吾聞諸曾子，曾子聞諸夫子曰：‘天之所生，地之所養，無人爲大。父母全而生之，子全而歸之，可謂孝矣。不虧其體，不辱其身，可謂全矣。［一］故君子頃步而弗敢忘孝也。’今予忘孝之道，予是以有憂色也。［二］壹舉足而不敢忘父母，壹出言而不敢忘父母。壹舉足而不敢忘父母，是故道而不徑，舟而不游，不敢以先父母之遺體行殆。壹出言而不敢忘父母，是故惡言不出於口，忿言不反於身。不辱其身，不羞其親，可謂孝矣。”［三］

［一］曾子聞諸夫子，述曾子所聞於孔子之言。

［二］頃，當爲“跬”，聲之誤也。予，我也。

［三］徑，步邪趨疾也。忿言不反於身，人不能無忿怒，忿怒之言，當由其直，直則人服，不敢以忿言來也。

（二十四·二十一）

昔者有虞氏貴德而尚齒，夏后氏貴爵而尚齒，殷人

貴富而尚齒，周人貴親而尚齒。^[一]虞、夏、殷、周，天
下之盛王也，未有遺年者。年之貴乎天下久矣，次乎事
親也。^[二]是故朝廷同爵則尚齒，七十杖於朝，君問則席；
八十不俟朝，君問則就之，而弟達乎朝廷矣。^[三]行，肩而
不併，不錯則隨，見老者則車、徒辟。斑白者不以其任行乎
道路，而弟達乎道路矣。^[四]居鄉以齒，而老窮不遺，強不犯
弱，衆不暴寡，而弟達乎州巷矣。^[五]古之道，五十不爲甸徒，
頒禽隆諸長者，而弟達乎蒐狩矣。^[六]軍旅什伍，同爵則尚齒，
而弟達乎軍旅矣。^[七]孝弟發諸朝廷，行乎道路，至乎州巷，
放乎蒐狩，脩乎軍旅，衆以義死之，而弗敢犯也。^[八]

> [一] 貴，謂燕賜有加於諸臣也。尚，謂有事尊之於其黨也。臣能
> 世祿曰“富”。舜時多仁聖有德，後德則在小官。
>
> [二] 言其先老也。
>
> [三] 同爵尚齒，老者在上也。君問則席^{〔一〕}，爲之布席於堂上，而
> 與之言。凡朝位立於庭，魯哀公問於孔子，命席。不俟朝，
> 君揖之即退，不待朝事畢也。就之，就其家也。老而致仕，
> 君或不許，異其禮而已。
>
> [四] 錯，鴈行也。父黨，隨行；兄黨，鴈行。車、徒辟，乘車、
> 步行皆辟老人也。斑白者，髮雜色也。任，所擔持也^{〔二〕}。不
> 以任，少者代之。
>
> [五] 老窮不遺，以鄉人尊而長之。雖貧且無子孫，無弃忘也。一
> 鄉者五州。巷，猶閭也。

〔一〕 君問則席　“席”，底本作“廣”，誤。余仁仲本、阮刻本作“席”，據改。

〔二〕 所擔持也　“擔”，底本作“擔”，誤。余仁仲本、阮刻本作“擔”，據改。

［六］四井為邑，四邑為丘，四丘為甸。甸，六十四井也，以為軍
　　田出役之法。五十始衰，不從力役之事也。“頒”之言“分”
　　也。隆，猶多也。及田者分禽，多其老者，謂竭作未五十
　　者。春獵為蒐，冬獵為狩。

［七］什伍，士卒部曲也。《少儀》曰：“軍尚左，卒尚右。”

［八］死之，死此孝弟之禮。

（二十四·二十二）

　　祀乎明堂，所以教諸侯之孝也。食三老、五更於大學，
所以教諸侯之弟也。祀先賢於西學，所以教諸侯之德也。
耕藉，所以教諸侯之養也。朝覲，所以教諸侯之臣也。五
者，天下之大教也。[一]

　　［一］祀乎明堂，宗祀文王。西學，周小學也。先賢，有道德，王
　　　　所使教國子者。

（二十四·二十三）

　　食三老、五更於大學，天子袒而割牲，執醬而饋，執
爵而酳，冕而揔干，所以教諸侯之弟也。是故鄉里有齒而
老窮不遺，強不犯弱，衆不暴寡，此由大學來者也。[一]

　　［一］割牲，制俎實也。冕而揔干，親在舞位，以樂侑食也。教諸
　　　　侯之弟，次事親。

（二十四·二十四）

　　天子設四學，當入學而大子齒。[一]

691

［一］四學，謂周四郊之虞庠也。《文王世子》曰："行一物而三善
　　皆得，唯世子而已。其齒於學之謂也。"

（二十四·二十五）

天子巡守，諸侯待于竟。天子先見百年者。^{［一］}八十、
九十者，東行，西行者，弗敢過；西行，東行者，弗敢
過。欲言政者，君就之可也。^{［二］}

　　［一］問其國君以百年者所在，而往見之。
　　［二］弗敢過者，謂道經之，則見之。

（二十四·二十六）

壹命齒于鄉里，再命齒于族，三命不齒。族有七十者，
弗敢先。^{［一］}

　　［一］此謂鄉射飲酒時也。齒者，謂以年次立若坐也。三命，列國
　　　　之卿也。不復齒，席之於賓東。不敢先族之七十者，謂既一
　　　　人舉觶乃入也。雖非族亦然。承"齒乎族"，故言"族"爾。

（二十四·二十七）

七十者，不有大故，不入朝。若有大故而入，君必與
之揖讓，而后及爵者。^{［一］}

　　［一］謂致仕在家者，其入朝，君先與之爲禮，而后揖卿、大
　　　　夫、士。

（二十四·二十八）

天子有善，讓德於天。諸侯有善，歸諸天子。卿、大夫有善，薦於諸侯。士、庶人有善，本諸父母，存諸長老。禄爵慶賞，成諸宗廟。所以示順也。[一]

[一] 薦，進也。成諸宗廟，於宗廟命之。《祭統》有十倫，六曰"見爵賞之施焉"。

（二十四·二十九）

昔者聖人建陰陽天地之情，立以爲《易》，易抱龜南面，天子卷冕北面，雖有明知之心，必進斷其志焉，示不敢專，以尊天也。善則稱人，過則稱己，教不伐，以尊賢也。[一]

[一] 立以爲《易》，謂作《易》。易抱龜，易，官名，《周禮》曰"大卜"。大卜主三《兆》、三《易》、三《夢》之占。

（二十四·三十）

孝子將祭祀，必有齊莊之心以慮事，以具服物，以脩宮室，以治百事。[一]及祭之日，顔色必温，行必恐，如懼不及愛然。[二]其奠之也，容貌必温，身必詘，如語焉而未之然。[三]宿者皆出，其立卑靜以正，如將弗見然。[四]及祭之後，陶陶遂遂，如將復入然。[五]是故慤善不違身，耳目不違心，思慮不違親。結諸心，形諸色，而術省之，孝子之志也。[六]

[一] 謂齊之前後也。

〔二〕如懼不及見其所愛者。

〔三〕奠之，謂酌尊酒奠之及酳之屬也。如語焉而未之然，如有所以語親而未見答。

〔四〕宿者皆出，謂賓助祭者事畢出去也。如將不見然^{〔一〕}，祭事畢，而不知親所在，思念之深，如不見出也。

〔五〕思念既深，如覬親將復入也。陶陶遂遂，相隨行之貌。

〔六〕術，當爲"述"，聲之誤也。

（二十四·三十一）

建國之神位，右社稷而左宗廟。^{〔一〕}

〔一〕周尚左也。

〔一〕 如將不見然 "不"，余仁仲本、阮刻本作"弗"。

祭統第二十五

（二十五·一）

凡治人之道，莫急於禮。禮有五經，莫重於祭。^{〔一〕}夫祭者，非物自外至者也，自中出，生於心也。心怵而奉之以禮，是故唯賢者能盡祭之義。^{〔二〕}

〔一〕禮有五經，謂吉禮、凶禮、賓禮、軍禮、嘉禮也。莫重於
　　祭，謂以吉禮爲首也。“大宗伯”職曰：“以吉禮事邦國之鬼
　　神祇。”

〔二〕怵，感念親之貌也。怵，或爲“述”。

（二十五·二）

賢者之祭也，必受其福，非世所謂“福”也。福者，備也。備者，百順之名也，無所不順者之謂備^{〔一〕}。言內盡於己，而外順於道也。忠臣以事其君，孝子以事其親，其本一也。^{〔一〕}上則順於鬼神，外則順於君長，內則以孝於親，如此之謂備。唯賢者能備，能備然後能祭。是故賢者之祭也，致其誠信，與其忠敬，奉之以物，道之以禮，安之以樂，參之以時，明薦之而已矣，不求其爲，此孝子之心也。^{〔二〕}

〔一〕無所不順者之謂備　“之謂”，唐石經、余仁仲本與底本同。阮刻本作“謂之”，誤。

[一] 世所謂“福”者，謂受鬼神之祐助也。賢者之所謂“福”者，謂受大順之顯名也。其本一者，言忠、孝俱由順出也。

[二] 明，猶絜也 [一]。爲，謂福祐爲己之報。

（二十五·三）

　　祭者，所以追養繼孝也。孝者，畜也。順於道，不逆於倫，是之謂畜。[一] 是故孝子之事親也，有三道焉：生則養，沒則喪，喪畢則祭。養則觀其順也，喪則觀其哀也，祭則觀其敬而時也。盡此三道者，孝子之行也。[二]

　　[一] 畜，謂順於德教。
　　[二] 沒，終也。

（二十五·四）

　　既內自盡，又外求助，昏禮是也。故國君取夫人之辭曰：“請君之玉女，與寡人共有敝邑，事宗廟、社稷。”此求助之本也。[一]

　　[一] 言“玉女”者，美言之也。君子於玉比德焉。

（二十五·五）

　　夫祭也者，必夫婦親之，所以備外內之官也，官備則具備。[一] 水草之菹，陸産之醢，小物備矣。三牲之俎，八簋之實，美物備矣。昆蟲之異，草木之實，陰陽之物備矣。[二]

―――――――――

〔一〕 明猶絜也　“絜”，阮刻本與底本同。余仁仲本作“潔”。

［一］具，謂所供衆物。

［二］水草之菹，芹、茆之屬。陸産之醢，蚳、蠯之屬。天子之祭
　　八簋。昆蟲，謂温生寒死之蟲也。《内則》可食之物，有蜩、
　　范。草木之實，蔆、芡、榛、栗之屬。

（二十五·六）

凡天之所生，地之所長，苟可薦者，莫不咸在，示盡
物也。外則盡物，内則盡志，此祭之心也。^{［一］}是故天子親
耕於南郊，以共齊盛。王后蠶於北郊，以共純服。諸侯耕於
東郊，亦以共齊盛。夫人蠶於北郊，以共冕服。天子、諸
侯非莫耕也，王后、夫人非莫蠶也，身致其誠信。誠信之謂
盡，盡之謂敬，敬盡然後可以事神明，此祭之道也。^{［二］}

［一］咸，皆也。

［二］純服，亦冕服也，互言之爾。純以見繒色，冕以著祭服。東
　　郊，少陽，諸侯象也。夫人不蠶於西郊，婦人禮少變也。
　　齊，或作“粢”^{〔一〕}。

（二十五·七）

及時將祭，君子乃齊。齊之爲言齊也，齊不齊以致齊
者也。是故君子非有大事也^{〔二〕}，非有恭敬也，則不齊。不
齊，則於物無防也，嗜欲無止也。及其將齊也，防其邪
物，訖其嗜欲，耳不聽樂，故《記》曰“齊者不樂”，言不

〔一〕　齊或作粢　“作”，余仁仲本、阮刻本作“爲”。
〔二〕　是故君子非有大事也　“故”，唐石經、余仁仲本與底本同。阮刻本作“以”，誤。

敢散其志也。心不苟慮，必依於道。手足不苟動，必依於
禮。[一] 是故君子之齊也，專致其精明之德也，故散齊七日
以定之，致齊三日以齊之。定之之謂齊，齊者，精明之至
也，然後可以交於神明也。[二] 是故先期旬有一日，宮宰宿
夫人，夫人亦散齊七日，致齊三日。[三] 君致齊於外，夫人
致齊於內，然後會於大廟。

[一] 託，猶止也。

[二] 定者，定其志意。

[三] 宮宰，守宮官也。宿，讀爲“肅”。肅，猶戒也，戒輕肅
　　重也。

（二十五·八）

君純冕立於阼，夫人副褘立於東房。君執圭瓚祼尸，
大宗執璋瓚亞祼。及迎牲，君執紖，卿、大夫從，士執
芻。宗婦執盎從，夫人薦涗水。君執鸞刀，羞嚌；夫人薦
豆。此之謂夫婦親之。[一]

[一] 大廟，始祖廟也。圭瓚、璋瓚，祼器也，以圭、璋爲柄，酌
　　鬱鬯曰“祼”。大宗亞祼，容夫人有故，攝焉。紖，所以牽
　　牲也，《周禮》作“絼”。芻，謂藁也，殺牲時用薦之。《周
　　禮·封人》：“祭祀，飾牲，共其水藁。”涗，盎齊也。盎齊，
　　涗酌也。凡尊有明水，因兼云水爾。嚌，嚌肺、祭肺之屬
　　也。君以鸞刀割制之。天子、諸侯之祭禮，先有祼尸之事，
　　乃後迎牲。芻，或爲“穗”。

698

（二十五·九）

及入舞，君執干戚就舞位。君爲東上，冕而摠干，率其羣臣，以樂皇尸。是故天子之祭也，與天下樂之。諸侯之祭也，與竟內樂之。冕而摠干，率其羣臣，以樂皇尸，此與竟內樂之之義也。[一]

　[一]君爲東上，近主位也。皇，君也。言君尸者，尊之。

（二十五·十）

夫祭有三重焉。獻之屬莫重於祼，聲莫重於升歌，舞莫重於《武宿夜》，此周道也。[一]凡三道者，所以假於外而以增君子之志也。故與志進退，志輕則亦輕，志重則亦重。輕其志而求外之重也，雖聖人弗能得也。是故君子之祭也，必身自盡也，所以明重也。道之以禮，以奉三重而薦諸皇尸，此聖人之道也。

　[一]《武宿夜》，武曲名也。周道，猶周之禮。

（二十五·十一）

夫祭有餕。餕者，祭之末也，不可不知也。是故古之人有言曰：“善終者如始。”餕其是已。是故古之君子曰：“尸亦餕鬼神之餘也。惠術也，可以觀政矣。”[一]是故尸謖，君與卿四人餕。君起，大夫六人餕，臣餕君之餘也。大夫起，士八人餕，賤餕貴之餘也。士起，各執其具以出，陳于堂下，百官進，徹之，下餕上之餘也。[二]凡餕之道，每變以衆，所以別貴賤之等，而興施惠之象也。是故以四簋

黍見其脩於廟中也。廟中者，竟內之象也。[三]祭者，澤之
大者也。是故上有大澤，則惠必及下，顧上先下後耳，非上
積重而下有凍餒之民也。是故上有大澤，則民夫人待于下流，
知惠之必將至也，由餒見之矣。故曰："可以觀政矣。"[四]

> [一] 術，猶法也。爲政尚施惠盡美，能知能惠。《詩》云："維此
> 　　惠君，民人所瞻。"
> [二] 進，當爲"餒"，聲之誤也。百官，謂有事於君之祭者也[一]。
> 　　旣餒，乃徹之而去，所謂自卑至賤。進、徹，或俱爲"餒"。
> [三] 鬼神之惠徧廟中，如國君之惠徧竟內也。
> [四] 鬼神有祭，不獨饗之，使人餒之，恩澤之大者也。國君有蓄
> 　　積，不獨食之，亦以施惠於竟內也。

（二十五·十二）

　　夫祭之爲物大矣，其興物備矣。順以備者也，其教之
本與![一]是故君子之教也，外則教之以尊其君長，內則教
之以孝於其親。是故明君在上，則諸臣服從。崇事宗廟社
稷，則子孫順孝。盡其道，端其義，而教生焉。[二]是故
君子之事君也，必身行之。所不安於上，則不以使下；所
惡於下，則不以事上。非諸人，行諸己，非教之道也。[三]
是故君子之教也，必由其本，順之至也，祭其是與！故曰：
"祭者，教之本也已。"[四]

〔一〕謂有事於君之祭者也　此句底本"之"字似爲後補。余仁仲本、阮刻本作"謂有
事於君祭者也"，"君"字下少一"之"字。

700

〔一〕爲物，猶爲禮也。興物，謂薦百品。

〔二〕崇，猶尊也。

〔三〕必身行之，言恕己乃行之。

〔四〕教由孝順生也。

（二十五·十三）

夫祭有十倫焉。見事鬼神之道焉，見君臣之義焉，見父子之倫焉，見貴賤之等焉，見親疏之殺焉，見爵賞之施焉，見夫婦之別焉，見政事之均焉，見長幼之序焉，見上下之際焉。此之謂十倫。〔一〕

鋪筵設同几，爲依神也。詔祝於室，而出于祊，此交神明之道也。〔二〕

君迎牲而不迎尸，別嫌也。尸在廟門外則疑於臣，在廟中則全於君。君在廟門外則疑於君，入廟門則全於臣、全於子。是故不出者，明君臣之義也。〔三〕

夫祭之道，孫爲王父尸。所使爲尸者，於祭者子行也。父北面而事之，所以明子事父之道也。此父子之倫也。〔四〕

尸飲五，君洗玉爵獻卿。尸飲七，以瑶爵獻大夫。尸飲九，以散爵獻士及羣有司。皆以齒，明尊卑之等也。〔五〕

夫祭有昭、穆。昭、穆者，所以別父子、遠近、長幼、親疏之序而無亂也。是故有事於大廟，則羣昭、羣穆咸在而不失其倫，此之謂親疏之殺也。〔六〕

古者明君，爵有德而禄有功，必賜爵禄於大廟，示不敢專也。故祭之日，一獻，君降，立于阼階之南，南鄉。所命北面。史由君右，執策命之。再拜稽首，受書以歸，而舍奠于其廟。此爵賞之施也。〔七〕

君卷冕立于阼。夫人副褘立于東房。夫人薦豆，執校。執醴授之，執鐙。尸酢夫人，執柄。夫人受尸[一]，執足。夫婦相授受，不相襲處，酢必易爵，明夫婦之別也。[八]

凡為俎者，以骨為主。骨有貴賤，殷人貴髀，周人貴肩。凡前貴於後。俎者，所以明祭之必有惠也。是故貴者取貴骨，賤者取賤骨。貴者不重，賤者不虛，示均也。惠均則政行，政行則事成，事成則功立。功之所以立者，不可不知也。俎者，所以明惠之必均也。善為政者如此，故曰："見政事之均焉。"[九]

凡賜爵，昭為一，穆為一，昭與昭齒，穆與穆齒。凡羣有司皆以齒，此之謂長幼有序。[一〇]

夫祭有畀煇、胞、翟、閽者，惠下之道也。唯有德之君為能行此，明足以見之，仁足以與之。畀之為言與也，能以其餘畀其下者也。煇者，甲吏之賤者也。胞者，肉吏之賤者也。翟者，樂吏之賤者也。閽者，守門之賤者也。古者不使刑人守門。此四守者，吏之至賤者也。尸又至尊，以至尊既祭之末而不忘至賤，而以其餘畀之。是故明君在上，則竟內之民無凍餒者矣。此之謂上下之際。[一一]

[一] 倫，猶義也。

[二] "同"之言"調"也。祭者以其妃配，亦不特几也。詔祝，告事於尸也。出於祊，謂索祭也。

[三] 不迎尸者，欲全其尊也。尸，神象也。鬼神之尊在廟中，人君之尊出廟門則伸。

〔一〕 夫人受尸　"受"，唐石經、余仁仲本與底本同。阮刻本作"授"。

［四］子行，猶子列也。祭祖則用孫列，皆取於同姓之適孫也〔一〕。
天子、諸侯之祭，朝事延尸於戶外，是以有北面事尸之禮。

［五］尸飲五，謂醊尸五獻也，大夫、士祭，三獻而獻賓。

［六］昭、穆咸在，同宗父子皆來。

［七］一獻，醊尸也。舍，當爲“釋”，聲之誤也。非時而祭曰奠。

［八］校，豆中央直者也。執醴，授醴之人。授夫人以豆，則執
鐙。鐙，豆下跗也。

［九］殷人貴髀，爲其厚者。周人貴肩，爲其顯也。凡前貴於後，
謂脊、脅、臂、臑之屬。

［一〇］昭穆，猶《特牲》《少牢饋食》之禮衆兄弟也。羣有司，
猶衆賓下及執事者。君賜之爵，謂若酬之。

［一一］明足以見之，見此卑者也。仁足以與之，與此卑者也。
煇，《周禮》作“䩾”，謂䩾䃡皮革之官也。翟，謂教羽舞
者也。古者不使刑人守門，謂夏、殷時。

（二十五·十四）

凡祭有四時，春祭曰礿，夏祭曰禘，秋祭曰嘗，冬祭
曰烝。〔一〕礿、禘，陽義也。嘗、烝，陰義也。禘者，陽
之盛也。嘗者，陰之盛也。故曰：“莫重於禘、嘗。”〔二〕古
者於禘也，發爵賜服，順陽義也。於嘗也，出田邑，發秋
政，順陰義也。〔三〕故《記》曰：“嘗之日，發公室，示賞
也。”草艾則墨，未發秋政，則民弗敢草也。〔四〕故曰：“禘、
嘗之義大矣！治國之本也，不可不知也。”明其義者，君
也；能其事者，臣也。不明其義，君人不全；不能其事，

〔一〕　皆取於同姓之適孫也　“孫”，底本作“子”，誤。余仁仲本、阮刻本作“孫”，據改。

爲臣不全。^[五]夫義者，所以濟志也，諸德之發也。是故其德盛者其志厚，其志厚者其義章，其義章者其祭也敬。祭敬，則竟内之子孫莫敢不敬矣。^[六]是故君子之祭也，必身親涖之；有故，則使人可也。雖使人也，君不失其義者，君明其義故也。^[七]其德薄者其志輕，疑於其義而求祭，使之必敬也，弗可得已。祭而不敬，何以爲民父母矣？

[一] 謂夏、殷時禮也。

[二] 夏者尊卑著，而秋萬物成。

[三] 言爵命屬陽，國邑屬陰^{〔一〕}。

[四] 發公室，出賞物也。草艾，謂艾取草也。秋，草木成，可芟艾給爨亨，時則始行小刑也。

[五] 全，猶具也。

[六] 濟，成也。發，謂機發也。竟内之子孫，萬人爲子孫。

[七] 涖，臨也。君不失其義者，言君雖不自親祭，祭禮無闕，於君德不損也。

（二十五·十五）

　　夫鼎有銘。銘者，自名也。自名以稱揚其先祖之美，而明著之後世者也。爲先祖者，莫不有美焉，莫不有惡焉。銘之義，稱美而不稱惡，此孝子孝孫之心也，唯賢者能之。^[一]銘者，論譔其先祖之有德善、功烈、勳勞、慶賞、聲名，列於天下，而酌之祭器，自成其名焉，以祀其先祖者也。顯揚先祖，所以崇孝也。身比焉，順也；明示

〔一〕 國邑屬陰　“邑”，余仁仲本、阮刻本作“地”，誤。

後世，教也。[二]夫銘者，壹稱而上下皆得焉耳矣。是故君子之觀於銘也，既美其所稱，又美其所爲。[三]爲之者，明足以見之，仁足以與之，知足以利之，可謂賢矣。賢而勿伐，可謂恭矣。[四]

故衞孔悝之鼎銘曰：“六月丁亥，公假于大廟。[五]公曰：‘叔舅！乃祖莊叔，左右成公。成公乃命莊叔隨難于漢陽，即宮于宗周，奔走無射。[六]啓右獻公，獻公乃命成叔纂乃祖服。[七]乃考文叔，興舊嗜欲，作率慶士，躬恤衞國。其勤公家，夙夜不解，民咸曰“休哉”。[八]公曰：‘叔舅！予女銘，若纂乃考服。’[九]悝拜稽首，曰：‘對揚以辟之。[一〇]勤大命，施于烝彝鼎。’”[一一]此衞孔悝之鼎銘也。[一二]

古之君子論譔其先祖之美，而明著之後世者也，以比其身，以重其國家如此。[十三]子孫之守宗廟、社稷者，其先祖無美而稱之，是誣也；有善而弗知，不明也；知而弗傳，不仁也。此三者，君子之所恥也。

[一]銘，謂書之刻之以識事者也。自名，謂稱揚其先祖之德，著己名於下。

[二]烈，業也[一]。王功曰“勳”，事功曰“勞”。酌之祭器，言斟酌其美，傅著於鐘鼎也。身比焉，謂自著名於下也。順也，自著名以稱揚先祖之德，孝順之行也。教也，所以教後世。

[三]美其所爲，美此人爲此銘。

[四]明足以見之，見其先祖之美也。仁足以與之，與其先祖之銘也。非有仁恩，君不使與之也。知足以利之，利己名得比於先祖。

〔一〕烈業也　“烈”，余仁仲本與底本同。阮刻本作“勳”。

［五］孔悝，衞大夫也。公，衞莊公蒯聵也。得孔悝之立己，依禮襃之，以靜國人，自固也。假，至也。至於大廟，謂以夏之孟夏禘祭。

［六］公曰“叔舅”者，公爲策書，尊呼孔悝而命之也。乃，猶女也。莊叔，悝七世之祖衞大夫孔達也。隨難者，謂成公爲晉文公所伐，出奔楚，命莊叔從焉。漢，楚之川也。即宮於宗周，後反得國，坐殺弟叔武，晉人執而歸之於京師，寘之深室也。射，厭也。言莊叔常奔走，至勞苦而不厭倦也。周既去鎬京，猶名王城爲宗周也。

［七］獻公，衞侯衎，成公曾孫也，亦失國得反。言莊叔之功流於後世，啓右獻公使得反國也。成叔，莊叔之孫成子蒸鉏也。右，助也。篡，繼也。服，事也。獻公反國，命成子繼女祖莊叔之事，欲其忠如孔達也。

［八］文叔者，成叔之曾孫文子圉，即悝父也。作，起也。率，循也。慶，善也。“士”之言“事”也。言文叔能興行先祖之舊德，起而循其善事。

［九］若、乃，猶女也。公命悝：“予女先祖以銘”，以尊顯之；“女繼女父之事”，欲其忠如文子也。成公、獻公、莊公，皆失國得反，言孔氏世有功焉，寵之也。

［一〇］對，遂也。辟，明也。言遂揚君命，以明我先祖之德也。

［一一］施，猶著也。言我將行君之命，又刻著於烝祭之彝鼎。彝，尊也〔一〕。《周禮》：“大約劑，書於宗彝。”

［一二］言銘之類衆多也，略取此一以言之〔二〕。

〔一〕 又刻著……彝尊也　此句底本作“又刻著於烝祭之彝尊也”，“彝尊”上脱“彝鼎”二字。余仁仲本、阮刻本作“又刻著於烝祭之彝鼎。彝，尊也”，據改。

〔二〕 略取此一以言之　“此”，余仁仲本、阮刻本作“其”。

［十三］如莊公命孔悝之屬也。莊公、孔悝，雖無令德以終其事，
　　　　於禮是，行之非。

（二十五・十六）

　　昔者周公旦有勳勞於天下，周公既没，成王、康王追
念周公之所以勳勞者，而欲尊魯，故賜之以重祭。外祭則
郊、社是也，内祭則大嘗、禘是也。^{［一］}夫大嘗、禘，升歌
《清廟》，下而管《象》，朱干玉戚以舞《大武》，八佾以舞
《大夏》，此天子之樂也。康周公，故以賜魯也。^{［二］}子孫纂
之，至于今不廢，所以明周公之德，而又以重其國也。^{［三］}

　［一］言此者，王室所銘，若周公之功。
　［二］《清廟》，頌文王之詩也。管《象》，吹管而舞《武》《象》之
　　　　樂也。朱干，赤盾。戚，斧也，此《武》《象》之舞所執也。
　　　　佾，猶列也。《大夏》，禹樂，文舞也，執羽籥。文、武之舞
　　　　皆八列，互言之耳。康，猶褒大也。《易・晉》卦曰：“康侯
　　　　用錫馬。”
　［三］不廢，不廢其此禮樂也。重，猶尊也。

礼記卷第十五

禮記卷第十五

經解第二十六

鄭　氏　注

（二十六·一）

孔子曰："入其國，其教可知也。^[一]其爲人也，溫柔敦厚，《詩》教也。疏通知遠，《書》教也。廣博易良，樂教也。絜靜精微，《易》教也。恭儉莊敬，禮教也。屬辭比事，《春秋》教也。^[二]故《詩》之失，愚；《書》之失，誣；樂之失，奢；《易》之失，賊；禮之失，煩；《春秋》之失，亂。^[三]其爲人也，溫柔敦厚而不愚，則深於《詩》者也。疏通知遠而不誣，則深於《書》者也。廣博易良而不奢，則深於樂者也。絜靜精微而不賊，則深於《易》者也。恭儉莊敬而不煩，則深於禮者也。屬辭比事而不亂，則深於《春秋》者也。"^[四]

［一］觀其風俗，則知其所以教。

［二］屬，猶合也。《春秋》多記諸侯朝聘、會同，有相接之辭、罪辯之事。

［三］失，謂不能節其教者也。《詩》敦厚，近愚。《書》知遠，近誣。《易》精微，愛惡相攻，遠近相取，則不能容人，近於傷害。《春秋》習戰爭之事，近亂。

［四］言“深”者，既能以教，又防其失。

（二十六·二）

　　天子者，與天地參，故德配天地，兼利萬物，與日月並明，明照四海而不遺微小。其在朝廷，則道仁聖禮義之序；燕處，則聽《雅》《頌》之音；行步，則有環佩之聲；升車，則有鸞和之音。居處有禮，進退有度，百官得其宜，萬事得其序。《詩》云：“淑人君子，其儀不忒。其儀不忒，正是四國。”此之謂也。[一]

　　［一］道，猶言也。環佩，佩環、佩玉也，所以爲行節也。《玉藻》曰：“進則揖之，退則揚之，然後玉鏘鳴也。”環取其無窮止，玉則比德焉。孔子佩象環，五寸。人君之環，其制未聞也。鸞、和，皆鈴也，所以爲車行節也。《韓詩內傳》曰：“鸞在衡，和在軾前。升車則馬動，馬動則鸞鳴，鸞鳴則和應。”居處，朝廷與燕也。進退，行步與升車也。

（二十六·三）

　　發号出令而民說，謂之“和”。上下相親，謂之“仁”。民不求其所欲而得之，謂之“信”。除去天地之害，謂之“義”。義與信，和與仁，霸王之器也。有治民之意，而無其器，則不成。[一]

　　［一］器，謂所操以作事者也。義、信、和、仁，皆存乎禮。

(二十六·四)

　　禮之於正國也，猶衡之於輕重也，繩墨之於曲直也，規矩之於方圓也。故衡誠縣，不可欺以輕重；繩墨誠陳，不可欺以曲直；規矩誠設，不可欺以方圓；君子審禮，不可誣以姦詐。^[一]是故隆禮、由禮，謂之"有方之士"；不隆禮、不由禮，謂之"無方之民"。敬讓之道也。故以奉宗廟則敬，以入朝廷則貴賤有位，以處室家則父子親、兄弟和，以處鄉里則長幼有序。孔子曰："安上治民，莫善於禮。"此之謂也。^[二]

　　［一］衡，稱也。縣，謂錘也。陳、設，謂彈畫也。誠，猶審也，或作"成"。

　　［二］隆禮，謂盛行禮也。方，猶道也。《春秋傳》曰："教之以義方。"

(二十六·五)

　　故朝覲之禮，所以明君臣之義也。聘問之禮，所以使諸侯相尊敬也。喪祭之禮，所以明臣子之恩也。鄉飲酒之禮，所以明長幼之序也。昏姻之禮，所以明男女之別也。夫禮，禁亂之所由生，猶坊止水之所自來也。故以舊坊爲無所用而壞之者，必有水敗。以舊禮爲無所用而去之者，必有亂患。^[一]

　　［一］春見曰朝，小聘曰問，其篇今亡。昏姻，謂嫁取也。婿曰昏，妻曰姻。自，亦由也。

（二十六·六）

故昏姻之禮廢，則夫婦之道苦，而淫辟之罪多矣。鄉飲酒之禮廢，則長幼之序失，而爭鬭之獄繁矣。喪祭之禮廢，則臣子之恩薄，而倍死忘生者衆矣。聘覲之禮廢，則君臣之位失，諸侯之行惡，而倍畔、侵陵之敗起矣[一]。[一]

[一] 苦，謂不至、不荅之屬。

（二十六·七）

故禮之教化也微，其止邪也於未形，使人日徙善遠罪而不自知也，是以先王隆之也。《易》曰：“君子慎始，差若毫釐，繆以千里。”此之謂也。[一]

[一] 隆，謂尊盛之也。始，謂其微時也。

〔一〕 而倍畔侵陵之敗起矣　此句唐石經、阮刻本與底本同。余仁仲本作“而倍畔侵陵之敗矣”，“矣”字前脫一“起”字。

哀公問第二十七

鄭　氏　注

（二十七·一）

哀公問於孔子曰：“大禮何如？君子之言禮，何其尊也？”

孔子曰：“丘也小人，不足以知禮。”[一]

君曰：“否！吾子言之也。”

孔子曰：“丘聞之，民之所由生，禮爲大。非禮無以節事天地之神也，非禮無以辨君臣、上下、長幼之位也，非禮無以別男女、父子、兄弟之親，昏姻、疏數之交也。君子以此之爲尊敬然。[二]然後以其所能教百姓，不廢其會節。[三]有成事，然後治其雕鏤、文章、黼黻以嗣。[四]其順之，然後言其喪筭，備其鼎俎，設其豕臘，脩其宗廟，歲時以敬祭祀，以序宗族。即安其居，節醜其衣服，卑其宮室，車不雕幾，器不刻鏤，食不貳味，以與民同利。昔之君子之行禮者如此。”[五]

公曰：“今之君子胡莫之行也[一]？”

孔子曰：“今之君子好實無厭，淫德不倦，荒怠敖慢，固民是盡。午其衆以伐有道，求得當欲不以其所。昔之用民者由前，今之用民者由後。今之君子莫爲禮也。”[六]

[一] 謙不答也。

〔一〕 今之君子胡莫之行也　“之行”，唐石經、余仁仲本與底本同。阮刻本作“行之”，誤。

715

〔二〕言君子以此，故尊禮。

〔三〕君子以其所能於禮教百姓，使其不廢此上事之期節。

〔四〕上事行於民有成功，乃後續以治文飾，以爲尊卑之差。

〔五〕言，語也。筭，數也。即，就也。醜，類也。幾，附纏之也。言君子旣尊禮，民以爲順，乃後語以喪祭之禮，就安其居處，正其衣服，教之節儉，與之同利者，上下俱足也。

〔六〕實，猶富也。淫，放也。固，猶故也。午其衆，逆其族類也。當，猶稱也。所，猶道也。由前，用上所言。由後〔一〕，用下所言。

(二十七·二)

孔子侍坐於哀公。哀公曰：“敢問人道誰爲大？”

孔子愀然作色而對曰：“君之及此言也，百姓之德也。固臣敢無辭而對？人道政爲大。”〔一〕

公曰：“敢問何謂爲政？”

孔子對曰：“政者，正也。君爲正，則百姓從政矣。君之所爲，百姓之所從也。君所不爲，百姓何從？”〔二〕

公曰：“敢問爲政如之何？”

孔子對曰：“夫婦別，父子親，君臣嚴。三者正，則庶物從之矣。”〔三〕

公曰：“寡人雖無似也，願聞所以行三言之道，可得聞乎？”〔四〕

孔子對曰：“古之爲政，愛人爲大。所以治愛人，禮爲大。所以治禮，敬爲大。敬之至矣，大昏爲大。大昏至

〔一〕由後 “由”，余仁仲本與底本同。阮刻本作“猶”，誤。

矣！大昏既至，冕而親迎，親之也。親之也者，親之也。是故君子興敬為親，舍敬是遺親也。弗愛不親，弗敬不正，愛與敬，其政之本與！”〔五〕

〔一〕愀然，變動貌也。作，猶變也。德，猶福也。辭，讓也。

〔二〕言君當務於政。

〔三〕庶物，猶衆事也。

〔四〕無似，猶言不肖。

〔五〕大昏，國君取禮也。至矣，言至大也。興敬為親，言相敬則親。

（二十七·三）

公曰：“寡人願有言然。冕而親迎，不已重乎？”〔一〕

孔子愀然作色而對曰：“合二姓之好，以繼先聖之後，以為天地、宗廟、社稷之主，君何謂已重乎？”〔二〕

公曰：“寡人固。不固，焉得聞此言也？寡人欲問，不得其辭，請少進。”〔三〕

孔子曰：“天地不合，萬物不生。大昏，萬世之嗣也，君何謂已重焉！”

孔子遂言曰：“內以治宗廟之禮，足以配天地之神明。出以治直言之禮，足以立上下之敬。物恥，足以振之；國恥，足以興之。為政先禮，禮，其政之本與！”〔四〕

〔一〕已，猶大也。愓親迎乃服祭服〔一〕。

〔一〕愓親迎乃服祭服　“愓”，余仁仲本、阮刻本作“怪”。

〔二〕先聖，周公也。

〔三〕固、不固，言吾由鄙固故也。請少進，欲其爲言以曉己。

〔四〕宗廟之禮，祭宗廟也。夫婦配天地，有日月之象焉。《禮器》
　　曰：“君在阼，夫人在房。大明生於東，月生於西，此陰陽
　　之分，夫婦之位也。”直，猶正也。正言，謂出政教也。政
　　教有夫婦之禮焉。《昏義》曰：“天子聽外治，后聽內職。教
　　順成俗，外內和順，國家理治，此之謂盛德。”物，猶事也。
　　事恥，臣恥也。振，猶救也。國恥，君恥也。君臣之行，有
　　可恥者，禮足以救之，足以興復之。

(二十七·四)

　　孔子遂言曰：“昔三代明王之政，必敬其妻、子也，有
道。妻也者，親之主也，敢不敬與？子也者，親之後也，
敢不敬與？君子無不敬也，敬身爲大。身也者，親之枝也，
敢不敬與？不能敬其身，是傷其親。傷其親，是傷其本。
傷其本，枝從而亡。三者，百姓之象也。身以及身，子以
及子，妃以及妃。君行此三者，則愾乎天下矣，大王之道
也。如此，國家順矣。”〔一〕

　　公曰：“敢問何謂敬身？”

　　孔子對曰：“君子過言則民作辭，過動則民作則。君子
言不過辭，動不過則，百姓不命而敬恭。如是，則能敬其
身。能敬其身，則能成其親矣。”〔二〕

　　公曰：“敢問何謂成親？”

　　孔子對曰：“君子也者，人之成名也。百姓歸之名，謂之
‘君子之子’，是使其親爲君子也，是爲成其親之名也已。”

［一］懆，猶至也。大王居豳，爲狄所伐，乃曰：「土地，所以養
　　人也。君子不以其所養害所養。」乃去之岐。是言百姓之身，
　　猶吾身也。百姓之妻、子，猶吾妻、子也。不忍以土地之故
　　而害之。去之岐而王迹興焉。

［二］則，法也。民者，化君者也。君之言雖過，民猶稱其辭。君
　　之行雖過，民猶以爲法。

（二十七·五）

　　孔子遂言曰：「古之爲政，愛人爲大。不能愛人，不能
有其身。不能有其身，不能安土。不能安土，不能樂天。
不能樂天，不能成其身。」［一］

　　公曰：「敢問何謂成身？」

　　孔子對曰：「不過乎物。」［二］

　　公曰：「敢問君子何貴乎天道也？」

　　孔子對曰：「貴其不已。如日月東西相從而不已也，是
天道也。不閉其久，是天道也。無爲而物成，是天道也。
已成而明，是天道也。」［三］

　　公曰：「寡人惷愚、冥煩，子志之心也。」［四］

　　孔子蹴然辟席而對曰：「仁人不過乎物，孝子不過乎物。
是故仁人之事親也如事天，事天如事親，是故孝子成身。」［五］

　　公曰：「寡人既聞此言也，無如後罪何！」［六］

　　孔子對曰：「君之及此言也，是臣之福也。」［七］

［一］有，猶保也。不能保身者，言人將害之也。不能安土，動移
　　失業也。不能樂天，不知己過而怨天也。

［二］物，猶事也。

［三］已，猶止也。是天道也者，言人君法之，當如是也。日月相
　　　從，君臣相朝會也。不閒其久，通其政教，不可以倦。無爲
　　　而成，使民不可以煩也。已成而明，照察有功。

［四］志，讀爲“識”。識，知也。冥煩者，言不能明理此事。子
　　　之心所知也，欲其要言使易行。

［五］蹴然，敬貌。物，猶事也。事親、事天，孝、敬同也。《孝
　　　經》曰：“事父孝，故事天明。”舉無過事，以孝事親，是所
　　　以成身。

［六］既聞此言也者，欲勤行之也，無奈後日過於事之罪何。爲
　　　謙辭。

［七］善哀公及此。此言，善言也。

仲尼燕居第二十八

鄭　氏　注

(二十八·一)

仲尼燕居，子張、子貢、言游侍，縱言至於禮。[一]

子曰：“居，女三人者。吾語女禮，使女以禮周流，無不徧也。”[二]

子貢越席而對曰：“敢問何如？”[三]

子曰：“敬而不中禮，謂之‘野’。恭而不中禮，謂之‘給’。勇而不中禮，謂之‘逆’。”

子曰：“給奪慈仁。”[四]

子曰：“師，爾過，而商也不及。子產猶衆人之母也，能食之，不能教也。”[五]

子貢越席而對曰：“敢問將何以爲此中者也。”

子曰：“禮乎禮！夫禮所以制中也。”[六]

[一] 言游，言偃，子游也。縱言，汎説事。

[二] 居，女三人者，女三人且坐也，使之坐。凡與尊者言，更端則起。

[三] 對，應也。

[四] 奪，猶亂也。巧言足恭之人，似慈仁，實鮮仁。特言是者，感子貢也。子貢辯，近於給。

[五] 過與不及，言敏、鈍不同，俱違禮也。衆人之母，言子產慈仁，多不矜莊，又與子張相反。子產嘗以其乘車濟冬涉者，

而車梁不成，是慈仁亦違禮。

[六] 禮乎禮，唯有禮也。

(二十八·二)

子貢退，言游進曰：“敢問禮也者，領惡而全好者與？”

子曰：“然。”[一]

“然則何如？”

子曰：“郊社之義，所以仁鬼神也。嘗禘之禮，所以仁昭穆也。饋奠之禮，所以仁死喪也。射鄉之禮，所以仁鄉黨也。食饗之禮，所以仁賓客也。”[二]

子曰：“明乎郊社之義、嘗禘之禮，治國其如指諸掌而已乎！是故以之居處有禮，故長幼辨也。以之閨門之內有禮，故三族和也。以之朝廷有禮，故官爵序也。以之田獵有禮，故戎事閑也。以之軍旅有禮，故武功成也。是故宮室得其度，量鼎得其象，味得其時，樂得其節，車得其式，鬼神得其饗，喪紀得其哀，辨説得其黨，官得其體，政事得其施，加於身而錯於前，凡衆之動得其宜。”[三]

[一] 領，猶治也。好，善也。

[二] 仁，猶存也。凡存此者，所以全善之道也。郊社、嘗禘、饋奠，存死之善者也。射鄉、食饗，存生之善者也。郊有后稷，社有句龍。

[三] 治國指諸掌，言易知也。郊社、嘗禘，尊卑之事，有治國之象焉。辨，別也。三族，父、子、孫也。凡言“得”者，得法於禮也。量，豆、區、斗、斛也。味，酸苦之屬也。四時有所多，及獻所宜也。式，謂載也，所載有尊卑。辨禮之

722

說，謂禮樂之官教學者。黨，類也。體，尊卑異而合同。

（二十八·三）

子曰：“禮者何也？即事之治也。君子有其事，必有其治。治國而無禮，譬猶瞽之無相與！倀倀乎其何之？譬如終夜有求於幽室之中，非燭何見？若無禮，則手足無所錯，耳目無所加，進退揖讓無所制。是故以之居處，長幼失其別，閨門、三族失其和，朝廷、官爵失其序，田獵、戎事失其策，軍旅、武功失其制，宮室失其度，量鼎失其象，味失其時，樂失其節，車失其式，鬼神失其饗，喪紀失其哀，辨說失其黨，官失其體，政事失其施，加於身而錯於前，凡眾之動失其宜。如此，則無以祖洽於眾也。”[一]

[一]凡言“失”者，無禮故也。策，謀也。祖，始也。洽，合也。言失禮無以爲眾倡始，無以合和眾。

（二十八·四）

子曰：“慎聽之，女三人者！吾語女。禮猶有九焉，大饗有四焉。苟知此矣，雖在畎畝之中，事之，聖人已。兩君相見，揖讓而入門，入門而縣興，揖讓而升堂，升堂而樂闋，下管《象》《武》，《夏》《籥》序興，陳其薦俎，序其禮樂，備其百官。如此而后，君子知仁焉。行中規，還中矩，和鸞中《采齊》，客出以《雍》，徹以《振羽》，是故君子無物而不在禮矣。入門而金作，示情也。升歌《清廟》，示德也。下而管《象》，示事也。是故古之君子，不必親相與言也，以禮樂相示而已。”[一]

［一］猶有九焉，吾所欲語女餘有九也，但大饗有四。大饗，謂饗
　　諸侯來朝者也。四者，謂金再作，升歌《清廟》，下管《象》
　　也。事之，謂立置於位也。聖人已者，是聖人也。縣興，金作
　　也。金再作者，獻主君又作也。下，謂堂下也。《象》《武》，
　　武舞也。《夏》《籥》，文舞也。序，更也。堂下吹管，舞文、
　　武之樂，更起也。知仁焉，知禮樂所存也。《采齊》《雍》《振
　　羽》，皆樂章也。《振羽》《振鷺》及《雍》，金作，示情也，
　　賓、主人各以情相示也。金性內明，象人情也。示德也，相
　　示以德也。《清廟》，頌文王之德。示事也，相示以事也。《武》
　　《象》，武王之大事也。

(二十八·五)

　　子曰：“禮也者，理也。樂也者，節也。君子無理不
動，無節不作。不能《詩》，於禮繆。不能樂，於禮素。
薄於德，於禮虛。”［一］
　　子曰：“制度在禮，文爲在禮。行之其在人乎！”［二］
　　子貢越席而對曰：“敢問夔其窮與？”［三］
　　子曰：“古之人與？古之人也！達於禮而不達於樂，謂
之‘素’。達於樂而不達於禮，謂之‘偏’。夫夔，達於樂
而不達於禮，是以傳於此名也，古之人也。”［四］

　　［一］繆，誤也。素，猶質也。歌《詩》，所以通禮意也。作樂，
　　　　所以同成禮文也。崇德，所以實禮行也［一］。《王制》曰：“樂
　　　　正崇四術，立四教，順先王《詩》、《書》、禮、樂以造士。

─────
〔一〕所以實禮行也　“實”，余仁仲本與底本同。阮刻本作“宴”，誤。

春秋教以禮、樂，冬夏教以《詩》《書》。王大子、王子、羣后之大子，卿、大夫、元士之適子，國之俊選，皆造焉。」則古之人，皆知諸侯之禮樂。

[二] 文爲，文章所爲。

[三] 見其不達於禮。

[四] 素與偏，俱不備耳。夔達於樂，傳世名。此賢人也，非不能，非所謂"窮"。

（二十八·六）

子張問政。

子曰："師乎！前，吾語女乎！君子明於禮樂，舉而錯之而已。"[一]

子張復問。

子曰："師，爾以爲必鋪几筵，升、降、酌、獻、酬、酢，然後謂之'禮'乎？爾以爲必行綴兆，興羽籥，作鍾鼓，然後謂之'樂'乎？言而履之，禮也。行而樂之，樂也。君子力此二者，以南面而立，夫是以天下大平也。諸侯朝，萬物服體，而百官莫敢不承事矣。禮之所興，衆之所治也。禮之所廢，衆之所亂也。目巧之室，則有奧阼，席則有上下，車則有左右，行則有隨，立則有序，古之義也。室而無奧阼，則亂於堂室也。席而無上下，則亂於席上也。車而無左右，則亂於車也。行而無隨，則亂於塗也。立而無序，則亂於位也。昔聖帝、明王、諸侯，辨貴賤、長幼、遠近、男女、外內，莫敢相踰越，皆由此塗出也。"[二]

三子者既得聞此言也於夫子，昭然若發矇矣。[三]

［一］言禮樂足以爲政也。錯，猶施行也。

［二］服體，體服也，謂萬物之符長皆來爲瑞應也。衆之所治，衆
之所以治也。衆之所亂，衆之所以亂也。目巧，謂但用巧目
善意作室，不由法度，猶有奧阼賓主之處也。自“目巧”以
下，古今常事，不可廢改也。

［三］乃曉禮樂不可廢改之意也。

孔子閒居第二十九

鄭　氏　注

（二十九·一）

孔子閒居，子夏侍。子夏曰："敢問《詩》云：'凱弟君子，民之父母。'何如斯可謂'民之父母'矣？"[一]

孔子曰："夫'民之父母'乎，必達於禮樂之原，以致'五至'而行'三無'，以橫於天下。四方有敗，必先知之。此之謂'民之父母'矣。"[二]

[一] 凱弟，樂易也。

[二] 原，猶本也。橫，充也。敗，謂禍災也[一]。

（二十九·二）

子夏曰："'民之父母'，既得而聞之矣，敢問何謂'五至'？"

孔子曰："志之所至，《詩》亦至焉。《詩》之所至，禮亦至焉。禮之所至，樂亦至焉。樂之所至，哀亦至焉，哀樂相生。是故正明目而視之，不可得而見也。傾耳而聽之，不可得而聞也。志氣塞乎天地，此之謂'五至'。"[一]

[一] 凡言"至"者，至於民也。志，謂恩意也。言君恩意至於民，則其《詩》亦至也。《詩》，謂好惡之情也。自此以下，皆謂

〔一〕 敗謂禍災也　"災"，余仁仲本、阮刻本作"裁"。

727

“民之父母”者，善推其所有，以與民共之。人耳不能聞，目不能見，行之在胷心也。塞，滿也。

(二十九·三)

　　子夏曰：“‘五至’既得而聞之矣，敢問何謂‘三無’？”

　　孔子曰：“無聲之樂，無體之禮，無服之喪，此之謂‘三無’。”

　　子夏曰：“‘三無’既得略而聞之矣，敢問何《詩》近之？”[一]

　　孔子曰：“‘夙夜其命宥密’，無聲之樂也。‘威儀逮逮，不可選也’，無體之禮也。‘凡民有喪，匍匐救之’，無服之喪也。”[二]

　　[一] 於意未察，求其類於《詩》，《詩》長人情。

　　[二]《詩》讀“其”爲“基”，聲之誤也。基，謀也。密，靜也。言君夙夜謀爲政教以安民，則民樂之，此非有鐘鼓之聲也。逮逮，安和之貌也。言君之威儀安和逮逮然，則民傚之，此非有升降、揖讓之禮也。救之，賙恤之。言君於民有喪，有以賙恤之，則民傚之，此非有衰経之服。

(二十九·四)

　　子夏曰：“言則大矣，美矣，盛矣！言盡於此而已乎？”

　　孔子曰：“何爲其然也？君子之服之也，猶有‘五起’焉。”[一]

　　子夏曰：“何如？”

　　孔子曰：“無聲之樂，氣志不違；無體之禮，威儀遲遲；無服之喪，内恕孔悲。無聲之樂，氣志既得；無體之

禮，威儀翼翼；無服之喪，施及四國。無聲之樂，氣志既
從；無體之禮，上下和同；無服之喪，以畜萬邦。無聲之
樂，日聞四方；無體之禮，日就月將；無服之喪，純德孔
明。無聲之樂，氣志既起；無體之禮，施及四海；無服之
喪，施于孫子。”〔二〕

〔一〕言盡於此乎？意以爲説未盡也。服，猶習也。君子習讀此
《詩》，起此之義，其説有五也。

〔二〕不違者，民不違君之氣志也。孔，甚也。施，易也。從，順
也。畜，孝也，使萬邦之民競爲孝也。就，成也。將，大
也。使民之傲禮，日有所成，至月則大矣。起，猶行也。

（二十九·五）

　　子夏曰：“三王之德，參於天地，敢問何如斯可謂‘參
天地’〔一〕矣？”

　　孔子曰：“奉三無私，以勞天下。”〔一〕

　　子夏曰：“敢問何謂‘三無私’？”

　　孔子曰：“天無私覆，地無私載，日月無私照。奉斯
三者，以勞天下，此之謂‘三無私’。其在《詩》曰：‘帝
命不違，至于湯齊。湯降不遲，聖敬日齊。昭假遲遲，上
帝是祗，帝命式于九圍。’是湯之德也。〔二〕天有四時，春
秋冬夏，風雨霜露，無非教也。地載神氣，神氣風霆，風
霆流形，庶物露生，無非教也。〔三〕清明在躬，氣志如神。

〔一〕參天地　此句唐石經、余仁仲本與底本同。阮刻本作“參於天地”，“天”字上多
一“於”字。

嗜欲將至〔一〕，有開必先。天降時雨，山川出雲。其在《詩》曰：'嵩高惟嶽，峻極于天。惟嶽降神，生甫及申。惟申及甫，惟周之翰。四國于蕃，四方于宣。'此文、武之德也。〔四〕三代之王也，必先其令聞〔二〕。《詩》云：'明明天子，令聞不已。'三代之德也。〔五〕'弛其文德，恊此四國〔三〕'，大王之德也。"〔六〕

　　子夏蹶然而起，負牆而立，曰："弟子敢不承乎？"〔七〕

〔一〕三王，謂禹、湯、文王也。參天地者，其德與天地爲三也。勞，勞來。

〔二〕帝，天帝也。《詩》讀"湯齊"爲"湯躋"。躋，升也。降，下也。齊，莊也。昭，明也。假，至也。祗，敬也。式，用也。九圍，九州之界也。此《詩》云殷之先君，其爲政不違天之命，至於湯升爲君。又下天之政教甚疾，其聖敬日莊嚴，其明道至於民遲遲然安和，天是用敬之命之，用事於九州，謂使王也。"是湯之德"者，是湯奉天無私之德也。

〔三〕言天之施化收殺，地之載生萬物，此非有所私也。"無非教"者，皆人君所當奉行以爲政教。

〔四〕清明在躬，氣志如神〔四〕，謂聖人也。嗜欲將至，謂其王天下之期將至也，神有以開之，必先爲之生賢知之輔佐，若天將降時雨，山川爲之先出雲矣。峻，高大也。翰，幹也。言周

〔一〕嗜欲將至　"嗜"，唐石經、阮刻本與底本同。余仁仲本作"耆"。
〔二〕必先其令聞　此句唐石經、余仁仲本與底本同。阮刻本作"必先令聞"，"令"字上脫一"其"字。
〔三〕恊此四國　"恊"，唐石經、余仁仲本作"協"。後仿此者不出校。
〔四〕氣志如神　"神"，阮刻本與底本同。余仁仲本作"伸"，誤。

道將興，五嶽爲之生賢輔佐仲山甫及申伯，爲周之幹臣，天下之蕃衞，宣德於四方，以成其王功。此文、武之德也，是文王、武王奉天地無私之德也。此宣王《詩》也。文、武之時，其德如此，而《詩》無以言之，取類以明之。

［五］令，善也。言以名德善聞，天乃命之王也。不已，不倦止也。

［六］弛，施也。恊，和也。大王，文王之祖，周道將興，始有令聞。

［七］承，奉承，不失隊也。"起負牆"者，所問竟，辟後來者。

坊記第三十

鄭　氏　注

（三十·一）

子言之："君子之道，辟則坊與？坊民之所不足者也。[一]大爲之坊，民猶踰之。[二]故君子禮以坊德，刑以坊淫，命以坊欲。"[三]

　　[一] 民所不足，謂仁義之道也。失道，則放辟邪侈也。

　　[二] 言嚴其禁尚不能止，況不禁乎？

　　[三] 命，謂教令。

（三十·二）

子云："小人貧斯約，富斯驕。約斯盜，驕斯亂。[一]禮者，因人之情而爲之節文，以爲民坊者也。故聖人之制富貴也，使民富不足以驕，貧不至於約，貴不慊於上，故亂益亡。"[二]

　　[一] 約，猶窮也。

　　[二] 此"節文"者，謂農有田里之差，士有爵命之級也[一]。慊，恨不滿之貌也。慊，或爲"嫌"。

〔一〕 士有爵命之級也　此句余仁仲本、阮刻本作"士有爵命之級"，"級"字下無"也"字。

（三十·三）

子云：“貧而好樂，富而好禮，衆而以寧者，天下其幾矣。[一]《詩》云：‘民之貪亂，寧爲荼毒。’[二]故制國不過千乘，都城不過百雉，家富不過百乘，以此坊民，諸侯猶有畔者。”[三]

[一]言如此者寡也。寧，安也。大族衆家，恒多爲亂[一]。

[二]言民之貪爲亂者，安其荼毒之行。惡之也。

[三]古者方十里，其中六十四井出兵車一乘，此兵賦之法也。成國之賦，千乘。雉，度名也，高一丈、長三丈爲雉。百雉，爲長三百丈，方五百步。子、男之城，方五里。百雉者，此謂大都，三國之一。

（三十·四）

子云：“夫禮者，所以章疑別微，以爲民坊者也。故貴賤有等，衣服有別，朝廷有位，則民有所讓。”[一]

[一]位，朝位也。

（三十·五）

子云：“天無二日，土無二王，家無二主，尊無二上，示民有君臣之別也。《春秋》不稱楚、越之王喪。禮，君不稱天，大夫不稱君，恐民之惑也。[一]《詩》云：‘相彼盍旦，尚猶患之。’”[二]

〔一〕恒多爲亂 “爲”，余仁仲本、阮刻本作“作”。

733

〔一〕楚、越之君，僭號稱王，不稱其喪，謂不書“葬”也。《春秋傳》曰：“吳、楚之君不書‘葬’，辟其僭號也。”臣者天君，稱天子爲天王，稱諸侯不言天公，辟王也。大夫有臣者，稱之曰主，不言君，辟諸侯也。此者，皆爲使民疑惑，不知孰者尊也。《周禮》曰：“主友之讎，視從父昆弟。”

〔二〕盍旦，夜鳴求旦之鳥也。求不可得也，人猶惡其欲反晝夜而亂晦明，況於臣之僭君，求不可得之類，亂上下，惑衆也。

（三十·六）

子云：“君不與同姓同車，與異姓同車不同服，示民不嫌也。以此坊民，民猶得同姓以弒其君。”〔一〕

〔一〕“同姓”者，謂先王、先公子孫，有繼及之道者也。其非此，則無嫌也。僕、右恒朝服，君則各以時事，唯在軍同服爾〔一〕。

（三十·七）

子云：“君子辭貴不辭賤，辭富不辭貧，則亂益亡。〔一〕故君子與其使食浮於人也，寧使人浮於食。”〔二〕

〔一〕亡，無也。

〔二〕食，謂祿也。在上曰浮。祿勝己則近貪，己勝祿則近廉。

〔一〕唯在軍同服爾　“爾”，余仁仲本與底本同。阮刻本作“于”，誤。

（三十·八）

　　子云："觴酒豆肉，讓而受惡，民猶犯齒。衽席之上，讓而坐下，民猶犯貴。朝廷之位，讓而就賤，民猶犯君。[一]《詩》云：'民之無良，相怨一方。受爵不讓，至于己斯亡。'"[二]

　　[一] 犯，猶僭也。齒，年也。禮，六十以上，籩豆有加。貴，秩異者。

　　[二] 良，善也。言無善之人，善遙相怨，貪爵禄，好得無讓，以至亡己。

（三十·九）

　　子云："君子貴人而賤己，先人而後己，則民作讓，故稱人之君曰君，自稱其君曰寡君。"[一]

　　[一] 寡君，猶言少德之君，言之謙。

（三十·十）

　　子云："利禄，先死者而後生者，則民不偝；先亡者而後存者，則民可以託。[一]《詩》云：'先君之思，以畜寡人。'[二]以此坊民，民猶偝死而號無告。"[三]

　　[一] 言不偷於死亡，則於生存信。

　　[二] 此衞夫人定姜之《詩》也。定姜無子，立庶子衎，是爲獻公。畜，孝也。獻公無禮於定姜，定姜作《詩》，言獻公當思先君定公，以孝於寡人。

〔三〕死者見俏，其家之老弱號呼稱寃。無所告，無理也。

（三十·十一）

子云：“有國家者，貴人而賤禄，則民興讓；尚技而賤車，則民興藝。〔一〕故君子約言，小人先言。”〔二〕

〔一〕言人君貴尚賢者、能者，而不吝於班禄賜車服，則讓道興。賢者、能者，人所服也。技，猶藝也。

〔二〕言人尚德不尚言也。“約”與“先”，互言爾。君子約則小人多矣，小人先則君子後矣。《易》曰：“君子以多識前言往行，以畜其德。”

（三十·十二）

子云：“上酌民言，則下天上施。上不酌民言，則犯也。下不天上施，則亂也。〔一〕故君子信讓以泣百姓，則民之報禮重。〔二〕《詩》云：‘先民有言，詢于芻蕘。’”〔三〕

〔一〕酌，猶取也。取衆民之言，以爲政教，則得民心。得民心，則恩澤所加，民受之如天矣。言其尊。

〔二〕泣，臨也。“報禮重”者，猶言能死其難。

〔三〕先民，謂上古之君也。詢，謀也。芻蕘，下民之事也。言古之人君將有政教，必謀之於庶民乃施之。

（三十·十三）

子云：“善則稱人，過則稱己，則民不爭。善則稱人，過則稱己，則怨益亡。《詩》云：‘爾卜爾筮，履無咎言。’”〔一〕

子云：“善則稱人，過則稱己，則民讓善。《詩》云：‘考卜惟王，度是鎬京。惟龜正之，<u>武王</u>成之。’”^[二]

子云：“善則稱君，過則稱己，則民作忠。《君陳》曰：‘爾有嘉謀嘉猷，入告爾君于內，女乃順之于外。曰：“此謀此猷，惟我君之德。”於乎！是惟良顯哉！’”^[三]

子云：“善則稱親，過則稱己，則民作孝。《大誓》曰：‘予克<u>紂</u>，非予武，惟朕文考無罪。<u>紂</u>克予，非朕文考有罪，惟予小子無良。’”^[四]

［一］爾，女也。履，禮也。言女鄉卜筮，然後與我爲禮，則無咎惡之言矣。言惡在己，彼過淺。

［二］度，謀也。鎬京，鎬宫也。言<u>武王</u>卜而謀居此鎬邑，龜則出吉兆正之，<u>武王</u>築成之。此臣歸美於君。

［三］<u>君陳</u>，蓋<u>周公</u>之子、<u>伯禽</u>弟也，名篇在《尚書》，今亡。嘉，善也。猷，道也。於乎，是惟良顯哉，美君之德。

［四］《大誓》，《尚書》篇名也。克，勝也。非予武，非我武功也。文考，<u>文王</u>也。無罪，則言有德也。無良，無功善也。此<u>武王</u>誓衆以伐<u>紂</u>之辭也。今《大誓》無此章，則其篇散亡。

（三十·十四）

子云：“君子弛其親之過而敬其美。^[一]《論語》曰：‘三年無改於父之道，可謂孝矣。’^[二]《高宗》云：‘三年其惟不言，言乃讙。’”^[三]

［一］弛，猶棄忘也。孝子不藏識父母之過。

［二］不以己善駮親之過。

〔三〕高宗，殷王武丁也，名篇在《尚書》。三年不言，有父小乙
　　　喪之時也。讙，當爲“歡”，聲之誤也。其旣言，天下皆歡
　　　喜，樂其政教也。

（三十·十五）

　　子云：“從命不忿，微諫不倦，勞而不怨，可謂孝
矣。〔一〕《詩》云：‘孝子不匱。’”〔二〕

　　〔一〕“微諫不倦”者，子於父母，尚和順，不用鄂鄂。《論語》曰：
　　　　“事父母幾諫，見志不從，又敬不違。”《內則》曰：“父母有
　　　　過，下氣怡色，柔聲以諫。諫若不入，起敬起孝，說則復
　　　　諫。”此所謂“不倦”。
　　〔二〕匱，乏也。孝子無乏止之時。

（三十·十六）

　　子云：“睦於父母之黨，可謂孝矣。〔一〕故君子因睦以
合族。〔二〕《詩》云：‘此令兄弟，綽綽有裕。不令兄弟，交
相爲瘉。’”〔三〕

　　〔一〕睦，厚也。黨，猶親也。
　　〔二〕合族，謂與族人燕，與族人食。
　　〔三〕令，善也。綽綽，寬容貌也。交，猶更也〔一〕。瘉，病也。

〔一〕　交猶更也　此句余仁仲本與底本同。阮刻本作“交猶更”，“更”字下少一“也”字。

（三十·十七）

　　子云：“於父之執，可以乘其車，不可以衣其衣，君子以廣孝也。”〔一〕

　　〔一〕父之執，與父執志同者也。可以乘其車，車於身差遠也，謂今與己位等。

（三十·十八）

　　子云：“小人皆能養其親，君子不敬，何以辨？”〔一〕

　　〔一〕辨，別也。

（三十·十九）

　　子云：“父子不同位，以厚敬也。〔一〕《書》云：‘厥辟不辟，忝厥祖。’”〔二〕

　　〔一〕同位，尊卑等，爲其相褻。
　　〔二〕厥，其也。辟，君也。忝，辱也。爲君不君，與臣子相褻，則辱先祖矣。君父之道，宜尊嚴。

（三十·二十）

　　子云：“父母在，不稱老，言孝不言慈，閨門之內，戲而不歎。〔一〕君子以此坊民，民猶有薄於孝而厚於慈〔一〕。”

〔一〕民猶有薄於孝而厚於慈　此句唐石經、余仁仲本與底本同。阮刻本作“民猶薄於孝而厚於慈”，“猶”字下少一“有”字。

　　〔一〕孝上施，言慈則嫌下流也。戲，謂孺子言笑者也。孟子曰：

　　　　"舜年五十而不失其孺子之心。"欷，謂有憂戚之聲也。

（三十·二十一）

　　子云："長民者，朝廷敬老，則民作孝。"〔一〕

　　〔一〕長民，謂天子、諸侯也。

（三十·二十二）

　　子云："祭祀之有尸也，宗廟之主也，示民有事也。脩宗廟，敬祀事，教民追孝也。〔一〕以此坊民，民猶忘其親。"

　　〔一〕有事，有所尊事。

（三十·二十三）

　　子云："敬則用祭器，〔一〕故君子不以菲廢禮，不以美沒禮。〔二〕故食禮，主人親饋，則客祭。主人不親饋，則客不祭。故君子苟無禮，雖美不食焉。《易》曰：'東鄰殺牛，不如西鄰之禴祭，寔受其福。'〔三〕《詩》云：'既醉以酒，既飽以德。'〔四〕以此示民，民猶爭利而忘義。"

　　〔一〕祭器，籩、豆、簠、鉶之屬也。有敬事於賓客，則用之，謂

　　　　饗食也。盤、盂之屬，爲燕器。

　　〔二〕言不可以其薄不及禮而不行禮，亦不可以其美過禮而去禮。

　　　　禮主敬，廢滅之，是不敬。

　　〔三〕東鄰，謂紂國中也。西鄰，謂文王國中也。此辭在《既濟》。

《既濟》，《離》下《坎》上，《離》爲牛，《坎》爲豕。西鄰
禴祭則用豕與？言殺牛而凶，不如殺豕受福。喻奢而慢，不
如儉而敬也。《春秋傳》曰“黍稷非馨，明德惟馨”，信矣！

［四］言君子饗燕，非專爲酒肴，亦以觀威儀，講德美。

（三十·二十四）

　　子云：“七日戒，三日齊，承一人焉以爲尸，過之者趨
走，以教敬也。^{［一］}醴酒在室，醍酒在堂，澄酒在下，示民
不淫也^{［一］}。^{［二］}尸飲三，衆賓飲一，示民有上下也。^{［三］}因其
酒肉，聚其宗族，以教民睦也。^{［四］}故堂上觀乎室，堂下觀
乎上。^{［五］}《詩》云：‘禮儀卒度，笑語卒獲。’”^{［六］}

［一］戒，謂散齊也。承，猶事也。

［二］淫，猶貪也。澄酒，清酒也。三酒尚質，不尚味。

［三］上下，猶尊卑也。主人、主婦、上賓獻尸，乃後主人降，洗
　　　爵，獻賓。

［四］言祭有酒肉，羣昭、羣穆皆至而獻酬之，咸有薦俎。

［五］謂祭時肅敬之威儀也。

［六］卒，盡也。獲，得也。言在廟中者，不失其禮儀，皆歡喜得
　　　其節也。

（三十·二十五）

　　子云：“賓禮每進以讓，喪禮每加以遠。浴於中霤，飯

〔一〕　示民不淫也　此句唐石經、余仁仲本與底本同。阮刻本作“示不淫也”，“示”字
下脫一“民”字。

於牖下，小斂於户内，大斂於阼，殯於客位，祖於庭，葬
於墓，所以示遠也。[一] 殷人弔於壙，周人弔於家，示民不
偝也。"[二]

[一] 遠之，所以崇敬也。阼，或爲"堂"。

[二] 旣葬，哀而哭踊，於是弔之。

(三十·二十六)

子云："死，民之卒事也，吾從周。[一] 以此坊民，諸
侯猶有薨而不葬者。"

[一] 周於送死尤備。

(三十·二十七)

子云："升自客階，受弔於賓位，教民追孝也。[一] 未没
喪，不稱君，示民不爭也。故魯《春秋》記晉喪曰：'殺其
君之子奚齊及其君卓。'[二] 以此坊民，子猶有弑其父者。"[三]

[一] 謂反哭時也。旣葬矣，猶不由阼階，不忍即父位也。

[二] 没，終也。《春秋傳》曰："諸侯於其封内，三年稱子。"至
　　其臣子，踰年則謂之君矣。奚齊與卓子，皆獻公之子也。獻
　　公卒，其年奚齊殺，明年而卓子殺矣。

[三] 弑父，不子之甚。

(三十·二十八)

子云："孝以事君，弟以事長，示民不貳也。故君子有

742

君不謀仕，唯卜之日稱二君。[一]喪父三年，喪君三年，示民不疑也。[二]父母在，不敢有其身，不敢私其財，示民有上下也。[三]故天子四海之内無客禮，莫敢爲主焉。故君適其臣，升自阼階，即位於堂，示民不敢有其室也。[四]父母在，饋獻不及車馬，示民不敢專也。[五]以此坊民，民猶忘其親而貳其君。”

[一]不貳，不自貳於尊者也。自貳，謂若鄭叔段者也[一]。君子有君，謂君之子父在者也。不謀仕，嫌遲爲政也。卜之日，謂君有故而爲之卜也。二，當爲“貳”。唯卜之時，辭得曰“君之貳某”爾。晉惠公獲於秦，命其大夫歸，擇立君，曰：“其卜貳圉也。”

[二]不疑於君之尊也。君無骨肉之親，不重其服，至尊不明。

[三]身及財皆當統於父母也。有，猶專也。

[四]臣亦統於君。

[五]車馬，家物之重者。

(三十·二十九)

　　子云：“禮之先幣帛也，欲民之先事而後禄也。[一]先財而後禮，則民利。[二]無辭而行情，則民爭。[三]故君子於有饋者，弗能見則不視其饋。[四]《易》曰：‘不耕穫，不菑畬，凶。’[五]以此坊民，民猶貴禄而賤行。”[六]

[一]此禮，謂所執之摯以見者也。既相見，乃奉幣帛以脩好也。

〔一〕謂若鄭叔段者也　“段”，底本作“叚”，誤。余仁仲本、阮刻本作“段”，據改。

　　　　或云："禮之先辭而後幣帛。"

　　〔二〕財，幣帛也。利，猶貪也。

　　〔三〕辭，辭讓也。情主利欲也。

　　〔四〕餽，遺也。不能見，謂有疾也。不視，猶不內也。

　　〔五〕言必先種之，乃得穫。若先菑，乃得畬也。安有無事而取利

　　　　者乎？田一歲曰"菑"，二歲曰"畬"，三歲曰"新田"。

　　〔六〕行，猶事也。言務得其祿，不務其事。

（三十·三十）

　　子云："君子不盡利以遺民。〔一〕《詩》云：'彼有遺秉，
此有不斂穧，伊寡婦之利。'〔二〕故君子仕則不稼，田則不
漁，食時不力珍。大夫不坐羊，士不坐犬。〔三〕《詩》云：'采
葑采菲，無以下體。德音莫違，及爾同死。'〔四〕以此坊民，
民猶忘義而爭利，以亡其身。"

　　〔一〕不與民爭利也。

　　〔二〕言穫者之遺餘，捃拾所以爲利。

　　〔三〕食時，謂食四時之膳也。力，猶務也。天子、諸侯有秩膳。

　　　　古者殺牲，食其肉，坐其皮。不坐犬、羊，是不無故殺之。

　　〔四〕葑，蔓菁也，陳、宋之間謂之"葑"〔一〕。菲，蕦類也〔二〕。下體，

　　　　謂其根也。采葑菲之菜者，采其葉而可食，無以其根美則并

　　　　取之，苦則棄之。并取之，是盡利也。此《詩》故親、今疏

　　　　者，言人之交，當如采葑采菲，取一善而已。君子不求備於

一人，能如此，則德美之音不離令名，我願與女同死矣。《論語》曰：“故舊無大故，則不棄也。”

（三十·三十一）

子云：“夫禮，坊民所淫，章民之別，使民無嫌，以爲民紀者也。^[一] 故男女無媒不交，無幣不相見，恐男女之無別也。^[二] 以此坊民，民猶有自獻其身。^[三]《詩》云：‘伐柯如之何？匪斧不克。取妻如之何？匪媒不得。’‘蓺麻如之何？橫從其畝。取妻如之何？必告父母。’”^[四]

[一] 淫，猶貪也。章，明也。嫌，嫌疑也。

[二] 重男女之會，所以遠別之於禽獸也。有幣者，必有媒；有媒者，不必有幣。仲春之月，會男女之時，不必待幣。

[三] 獻，猶進也。

[四] 伐柯，伐木以爲柯也。克，能也。蓺，猶樹也。橫從，橫行治其田也。言取妻之法，必有媒，如伐柯之必須斧也。取妻之道，必告父母，如樹麻，當先易治其田。

（三十·三十二）

子云：“取妻不取同姓，以厚別也。^[一] 故買妾不知其姓，則卜之。^[二] 以此坊民，魯《春秋》猶去夫人之姓曰‘吳’。其死，曰‘孟子卒’。”^[三]

[一] 厚，猶遠也。

[二] 妾言“買”者，以其賤，同之於衆物也。士、庶之妾恒多凡庸，有不知其姓者。

〔三〕吳，大伯之後，魯同姓也。昭公取焉，去“姬”曰“吳”而
已，至其死，亦略云“孟子卒”，不書“夫人某氏薨”。孟
子，蓋其且字。

（三十·三十三）

子云：“禮，非祭，男女不交爵。〔一〕以此坊民，陽侯
猶殺繆侯而竊其夫人。〔二〕故大饗廢夫人之禮。”〔三〕

〔一〕交爵，謂相獻酢。
〔二〕同姓也，以貪夫人之色，至殺君而立。其國未聞。
〔三〕大饗，饗諸侯來朝者也。夫人之禮，使人攝。

（三十·三十四）

子云：“寡婦之子，不有見焉，則弗友也，君子以辟遠
也。〔一〕故朋友之交，主人不在，不有大故，則不入其門。〔二〕
以此坊民，民猶以色厚於德。”

〔一〕有見，謂睹其才藝也。同志爲友。
〔二〕大故，喪、疾〔一〕。

（三十·三十五）

子云：“好德如好色，〔一〕諸侯不下漁色，〔二〕故君子
遠色，以爲民紀。故男女授受不親，〔三〕御婦人，則進左
手。〔四〕姑、姊妹、女子子已嫁而反，男子不與同席而坐。〔五〕

〔一〕大故喪疾 “喪”，余仁仲本、阮刻本作“病”。

寡婦不夜哭。^[六]婦人疾，問之，不問其疾。^[七]以此坊民，民猶淫泆而亂於族。”^[八]

[一] 此句似不足。《論語》曰“未見好德如好色”，疾時人厚於色
　　之甚，而薄於德也。

[二] 謂不內取於國中也。內取國中，爲下漁色。昏禮，始納采，
　　謂采擇其可者也。國君而內取，象捕魚然，中綱取之，是無
　　所擇。

[三] 不親者，不以手相與也。《內則》曰：“非祭非喪，不相授器。
　　其相授，則女受以篚。其無篚，則皆坐奠之，而後取之。”

[四] 御者在右，前左手，則身微背之^[一]。

[五] 女子十年而不出也。嫁及成人，可以出矣，猶不與男子共席
　　而坐，遠別。

[六] 嫌思人道。

[七] 嫌媚，略之也，問增損而已。

[八] 亂族，犯非妃匹也。

（三十·三十六）

　　子云：“昏禮，壻親迎，見於舅姑，舅姑承子以授壻，恐事之違也。^[一]以此坊民，婦猶有不至者。”^[二]

[一] 舅姑，妻之父母也。妻之父爲外舅，妻之母爲外姑。父戒女
　　曰“夙夜毋違命^[二]”，母戒女曰“毋違宮事”。

─────────────

〔一〕則身微背之　“背”，底本作“偝”，誤。余仁仲本、阮刻本作“背”，據改。

〔二〕父戒女曰夙夜毋違命　“毋”，余仁仲本、阮刻本作“無”。

［二］不至，不親夫以孝舅姑也。《春秋》成公九年春二月，伯姬歸於宋。夏五月，季孫行父如宋致女。是時宋共公不親迎，恐其有違而致之也。

禮記卷第十六

禮記卷第十六

中庸第三十一

鄭　氏　注

（三十一·一）

　　天命之謂性，率性之謂道，修道之謂教。^[一]道也者，不可須臾離也，可離非道也。^[二]是故君子戒慎乎其所不睹，恐懼乎其所不聞。^[三]莫見乎隱，莫顯乎微，故君子慎其獨也。^[四]喜怒哀樂之未發謂之"中"，發而皆中節謂之"和"。中也者，天下之大本也。和也者，天下之達道也。^[五]致中和，天地位焉，萬物育焉。^[六]

　　[一] 天命，謂天所命生人者也，是謂性命。木神則仁，金神則義，火神則禮，水神則信，土神則知。《孝經説》曰："性者，生之質。命，人所稟受度也。"率，循也。循性行之，是謂道。脩，治也。治而廣之，人放傚之，是曰教。

　　[二] 道，猶道路也，出入動作由之，離之惡乎從也？

　　[三] 小人閒居爲不善^[一]，無所不至也。君子則不然，雖視之無人，聽之無聲，猶戒慎恐懼自脩正，是其不須臾離道。

　　[四] 慎獨者，慎其閒居之所爲。小人於隱者，動作言語，自以爲

────────────

〔一〕 小人閒居爲不善　"閒"，阮刻本與底本同。余仁仲本作"間"，《經典釋文》云"間音閑"。

751

不見睹，不見聞，則必肆盡其情也。若有佔聽之者，是爲顯見，甚於眾人之中爲之。

[五] 中爲大本者，以其含喜、怒、哀、樂，禮之所由生，政教自此出也。

[六] 致，行之至也。位，猶正也。育，生也，長也。

(三十一·二)

仲尼曰：“君子中庸，小人反中庸。君子之中庸也，君子而時中。小人之中庸也，小人而無忌憚也。”[一]

[一] 庸，常也。用中爲常道也。“反中庸”者，所行非中庸，然亦自以爲中庸也。“君子而時中”者，其容貌君子，而又時節其中也。小人而無忌憚，其容貌小人，又以無畏難爲常行，是其反中庸也。

(三十一·三)

子曰：“中庸其至矣乎！民鮮能久矣。”[一]

[一] 鮮，罕也。言中庸爲道至美，顧人罕能久行。

(三十一·四)

子曰：“道之不行也，我知之矣。知者過之，愚者不及也。道之不明也，我知之矣。賢者過之，不肖者不及也。人莫不飲食也，鮮能知味也。”[一]

[一] 罕知其味，謂愚者所以不及也。過與不及，使道不行，唯禮

能爲之中。

（三十一·五）

子曰：“道其不行矣夫。”[一]

［一］閔無明君教之。

（三十一·六）

子曰：“舜其大知也與？舜好問而好察邇言，隱惡而揚善，執其兩端，用其中於民，其斯以爲舜乎！”[一]

［一］邇，近也。近言而善，易以進人，察而行之也。兩端，過與不及也。用其中於民，賢與不肖皆能行之也。斯，此也。其德如此，乃號爲“舜”。“舜”之言“充”也。

（三十一·七）

子曰：“人皆曰‘予知’，驅而納諸罟擭、陷阱之中，而莫之知辟也。人皆曰‘予知’，擇乎中庸，而不能期月守也。”[一]

［一］予，我也。言凡人自謂有知，人使之入罟，不知辟也。自謂擇中庸而爲之，亦不能久行。言其實愚，又無恒。

（三十一·八）

子曰：“回之爲人也，擇乎中庸，得一善，則拳拳服膺而弗失之矣。”[一]

〔一〕拳拳，奉持之貌。

（三十一·九）

子曰：“天下國家可均也，爵禄可辭也，白刃可蹈也，中庸不可能也。”〔一〕

〔一〕言中庸難，爲之難。

（三十一·十）

子路問強。〔一〕

子曰：“南方之強與？北方之強與？抑而強與？〔二〕寬柔以教，不報無道，南方之強也，君子居之。〔三〕衽金革，死而不厭，北方之強也，而強者居之。〔四〕故君子和而不流，強哉矯！中立而不倚，強哉矯！國有道，不變塞焉，強哉矯！國無道，至死不變，強哉矯！”〔五〕

〔一〕強，勇者所好也。

〔二〕言三者所以爲強者，異也。抑，辭也。“而”之言“女”也，謂中國也。

〔三〕南方以舒緩爲強。不報無道，謂犯而不校也。

〔四〕衽，猶席也。北方以剛猛爲強。

〔五〕此抑女之強也。流，猶移也。塞，猶實也。國有道，不變以趨時。國無道，不變以辟害。有道、無道，一也。矯，強貌。塞，或爲“色”。

（三十一·十一）

子曰："素隱行怪，後世有述焉，吾弗爲之矣。[一]君子遵道而行，半塗而廢，吾弗能已矣。[二]君子依乎中庸，遯世不見知而不悔，唯聖者能之。[三]君子之道，費而隱。[四]夫婦之愚，可以與知焉。及其至也，雖聖人亦有所不知焉。夫婦之不肖，可以能行焉。及其至也，雖聖人亦有所不能焉。[五]天地之大也，人猶有所憾。[六]故君子語大，天下莫能載焉；語小，天下莫能破焉。[七]《詩》云：'鳶飛戾天，魚躍于淵。'言其上下察也。[八]君子之道，造端乎夫婦。及其至也，察乎天地。"[九]

[一]素，讀如"攻城攻其所傃"之"傃"。傃，猶鄉也。言方鄉辟害，隱身而行佹譎〔一〕，以作後世名也。弗爲之矣，恥之也。

[二]廢，猶罷止也。弗能已矣，汲汲行道，不爲時人之隱行。

[三]言隱者當如此也。唯舜爲能如此。

[四]言可隱之節也。費，猶佹也。道不費則仕。

[五]與，讀爲"贊者皆與"之"與"。言匹夫、匹婦愚耳，亦可以其與有所知，可以其能有所行者，以其知行之極也，聖人有不能如此。舜好察邇言，由此故歟〔二〕？

[六]憾，恨也。天地至大，無不覆載，人尚有所恨焉，況於聖人能盡備之乎？

[七]語，猶説也。所説大事，謂先王之道也。所説小事，謂若愚、不肖夫婦之知行也。聖人盡兼行。

〔一〕隱身而行佹譎　"佹"，余仁仲本、阮刻本作"詭"。

〔二〕由此故歟　"歟"，余仁仲本、阮刻本作"與"。

〔八〕察，猶著也。言聖人之德至於天，則鳶飛戾天；至於地，則魚躍于淵。是其著明於天地也。

〔九〕夫婦，謂匹夫、匹婦之所知、所行。

（三十一·十二）

子曰：“道不遠人。人之爲道而遠人，不可以爲道。〔一〕《詩》云：‘伐柯伐柯，其則不遠。’執柯以伐柯，睨而視之，猶以爲遠。〔二〕故君子以人治人，改而止。〔三〕忠恕違道不遠，施諸己而不願，亦勿施於人。〔四〕君子之道四，丘未能一焉。所求乎子以事父，未能也。所求乎臣以事君，未能也。所求乎弟以事兄，未能也。所求乎朋友先施之，未能也。〔五〕庸德之行，庸言之謹，有所不足，不敢不勉，有餘不敢盡，言顧行，行顧言。〔六〕君子胡不慥慥爾？〔七〕君子素其位而行，不願乎其外。素富貴行乎富貴，素貧賤行乎貧賤，素夷狄行乎夷狄，素患難行乎患難。君子無入而不自得焉。〔八〕在上位，不陵下；在下位，不援上。〔九〕正己而不求於人，則無怨。上不怨天，下不尤人。〔一〇〕故君子居易以俟命，小人行險以徼幸。”〔一一〕

〔一〕言道即不遠於人，人不能行也。

〔二〕則，法也。言持柯以伐木，將以爲柯，近以柯爲尺寸之法。此法不遠〔一〕，人尚遠之，明爲道不可以遠。

〔三〕言人有罪過，君子以人道治之，其人改則止赦之，不責以人所不能。

〔一〕此法不遠　此句余仁仲本、阮刻本作“此法不遠人”，“遠”字下多一“人”字。

［四］違，猶去也。

［五］聖人而曰我未能，明人當勉之無已。

［六］庸，猶常也。言德常行也，言常謹也。聖人之行，實過於
　　　人。有餘不敢盡，常爲人法，從禮也。

［七］君子，謂衆賢也。慥慥，守實言行相應之貌。

［八］素，讀皆爲“傃”〔一〕。不願乎其外，謂思不出其位也。自得，
　　　謂所鄉不失其道。

［九］援，謂牽持之也。

［一〇］無怨，人無怨之者也。《論語》曰：“君子求諸己，小人求
　　　　諸人。”

［一一］易，猶平安也。俟命，聽天任命也。險，謂傾危之道。

(三十一·十三)

　　子曰：“射有似乎君子，失諸正鵠，反求諸其身。〔一〕
君子之道，譬如行遠必自邇〔二〕，譬如登高必自卑〔三〕。〔二〕《詩》
曰：‘妻子好合，如鼓瑟琴。兄弟旣翕，和樂且耽。宜爾室
家，樂爾妻帑。’”〔三〕子曰：“父母其順矣乎。”〔四〕

［一］反求於其身，不以怨人。畫曰正，棲皮曰鵠。

［二］自，從也。邇，近也。行之以近者、卑者始，以漸致之
　　　高遠。

［三］瑟琴聲相應和也〔四〕。翕，合也。耽，亦樂也。古者謂子孫曰

〔一〕　素讀皆爲傃　此句余仁仲本、阮刻本作“傃，讀皆爲‘素’”，誤。

〔二〕　譬如行遠必自邇　“譬”，唐石經與底本同。余仁仲本、阮刻本作“辟”。

〔三〕　譬如登高必自卑　“譬”，唐石經與底本同。余仁仲本、阮刻本作“辟”。

〔四〕　瑟琴聲相應和也　“瑟琴”，余仁仲本、阮刻本作“琴瑟”。

"帠"，此《詩》言和室家之道，自近者始。

[四] 謂其教令行，使室家順。

(三十一·十四)

子曰："鬼神之爲德，其盛矣乎！視之而弗見，聽之而弗聞，體物而不可遺。[一] 使天下之人齊明盛服，以承祭祀。洋洋乎如在其上，如在其左右。[二]《詩》曰：'神之格思，不可度思，矧可射思。'[三] 夫微之顯，誠之不可揜如此夫。"[四]

[一] 體，猶生也。可，猶所也。不有所遺，言萬物無不以鬼神之氣生也。

[二] 明，猶絜也[一]。洋洋，人想思其傍僾之貌。

[三] 格，來也。矧，況也。射，厭也。思，皆聲之助。言神之來，其形象不可億度，而知事之盡敬而已，況可厭倦乎？

[四] 言神無形而著，不言而誠。

(三十一·十五)

子曰："舜其大孝也與！德爲聖人，尊爲天子，富有四海之内，宗廟饗之，子孫保之。[一] 故大德必得其位，必得其祿，必得其名，必得其壽。[二] 故天之生物，必因其材而篤焉。[三] 故栽者培之，傾者覆之。[四]《詩》曰：'嘉樂君子，憲憲令德。宜民宜人，受禄于天。保佑命之，自天申之。'故大德者必受命。"[五]

────────

〔一〕　明猶絜也　"絜"，余仁仲本、阮刻本作"潔"。

　　〔一〕保，安也。

　　〔二〕名，令聞也。

　　〔三〕材，謂其質性也。篤，厚也。言善者天厚其福，惡者天厚其
　　　　毒，皆由其本而爲之。

　　〔四〕栽，讀如"文王初載"之"載"。栽，猶殖也。培，益也。
　　　　今時人名草木之殖曰"栽"，築墻立板亦曰"栽"。栽，或爲
　　　　"滋"〔一〕。覆，敗也。

　　〔五〕憲憲，興盛之貌。保，安也。佑，助也。

（三十一·十六）

　　子曰："無憂者，其唯文王乎！以王季爲父，以武王爲
子，父作之，子述之。〔一〕武王纘大王、王季、文王之緒，
壹戎衣而有天下，身不失天下之顯名。尊爲天子，富有四
海之内，宗廟饗之，子孫保之。〔二〕武王末受命，周公成文、
武之德，追王大王、王季，上祀先公以天子之禮。斯禮也，
達乎諸侯、大夫及士、庶人。父爲大夫，子爲士，葬以大
夫，祭以士。父爲士，子爲大夫，葬以士，祭以大夫。期
之喪，達乎大夫。三年之喪，達乎天子。父母之喪，無貴
賤，一也。"〔三〕

　　〔一〕聖人以立法度爲大事，子能述成之，則何憂乎？堯、舜之父
　　　　子，則有凶頑；禹、湯之父子，則寡令聞。父子相成，唯有
　　　　文王。

　　〔二〕纘，繼也。緒，業也。戎，兵也。衣，讀如"殷"，聲之誤

─────────

〔一〕栽或爲滋　"滋"，余仁仲本、阮刻本作"兹"。

也。齊人言"殷"聲如"衣"。虞、夏、商、周氏者多矣，今姓有衣者，殷之冑與〔一〕？"壹戎殷"者，壹用兵伐殷也。

〔三〕末，猶老也。"追王大王、王季"者，以王迹起焉。先公，組紺以上至后稷也。"斯禮達於諸侯、大夫、士、庶人"者，謂葬之從死者之爵，祭之用生者之禄也。言大夫葬以大夫，士葬以士，則"追王"者，改葬之矣。"期之喪，達於大夫"者，謂旁親所降在大功者，其正統之期，天子、諸侯猶不降也。大夫所降，天子、諸侯絶之不爲服，所不臣乃服之也。承葬、祭説期、三年之喪者，明子事父以孝，不用其尊卑變。

（三十一·十七）

子曰："武王、周公，其達孝矣乎！夫孝者，善繼人之志，善述人之事者也。春秋脩其祖廟，陳其宗器，設其裳衣，薦其時食。〔一〕宗廟之禮，所以序昭穆也。序爵，所以辨貴賤也。序事，所以辨賢也。旅酬下爲上，所以逮賤也。燕毛，所以序齒也。〔二〕踐其位，行其禮，奏其樂，敬其所尊，愛其所親，事死如事生，事亡如事存，孝之至也。〔三〕郊社之禮，所以事上帝也。宗廟之禮，所以祀乎其先也。〔四〕明乎郊社之禮、禘嘗之義，治國其如示諸掌乎！"〔五〕

〔一〕脩，謂埽糞也。宗器，祭器也。裳衣，先祖之遺衣服也，設之當以授尸也。時食，四時祭也。

〔二〕序，猶次也。爵，謂公、卿、大夫、士也。事，謂薦羞也。"以辨賢"者，以其事別所能也，若司徒"羞牛"、宗伯"共

〔一〕　殷之冑與　"冑"，底本作"賢"，誤。余仁仲本、阮刻本作"冑"，據改。

雞牲"矣。《文王世子》曰"宗廟之中，以爵爲位，崇德也。宗人授事以官，尊賢也"，"旅酬下爲上"者，謂若《特牲饋食》之禮，賓弟子、兄弟之子各舉觶於其長也。"逮賤"者，宗廟之中，以有事爲榮也。燕，謂既祭而燕也。燕以髮色爲坐，祭時尊尊也，至燕親親也。齒，亦年也。

［三］踐，猶升也。"其"者，其先祖也。踐，或爲"纘"。

［四］社，祭地神。不言"后土"者，省文。

［五］示，讀如"寘諸河干"之"寘"。寘，置也。物而在掌中，易爲知力者也。序爵、辨賢，尊尊、親親，治國之要。

（三十一·十八·一）

哀公問政。

子曰："文、武之政，布在方策。其人存，則其政舉；其人亡，則其政息。［一］人道敏政，地道敏樹。［二］夫政也者，蒲盧也。［三］故爲政在人，［四］取人以身，脩身以道，脩道以仁。［五］仁者，人也，親親爲大。義者，宜也，尊賢爲大。親親之殺，尊賢之等，禮所生也。［六］在下位，不獲乎上，民不可得而治矣。［七］故君子不可以不脩身。思脩身，不可以不事親。思事親，不可以不知人。思知人，不可以不知天。［八］天下之達道五，所以行之者三，曰：君臣也，父子也，夫婦也，昆弟也，朋友之交也。五者，天下之達道也。知、仁、勇三者，天下之達德也，所以行之者，一也。［九］或生而知之，或學而知之，或困而知之，及其知之，一也。［一〇］或安而行之，或利而行之，或勉强而行之，及其成功，一也。"［一一］

［一］方，版也。策，簡也。息，猶滅也。

［二］敏，猶勉也。樹，謂殖草木也。人之無政，若地無草木矣。
　　　敏，或爲“謀”。

［三］蒲盧，螺蠃，謂土蜂也。《詩》曰：“螟蛉有子，螺蠃負
　　　之〔一〕。”螟蛉，桑蟲也。蒲盧取桑蟲之子，去而變化之，以
　　　成爲己子。政之於百姓，若蒲盧之於桑蟲然。

［四］在於得賢人也。

［五］取人以身，言明君乃能得人。

［六］人也，讀如“相人偶”之“人”。以人意相存問之言。

［七］此句其屬在下，著脫誤重在此。

［八］言修身乃知孝，知孝乃知人，知人乃知賢、不肖，知賢、不
　　　肖乃知天命所保佑。

［九］“達”者常行，百王所不變也。

［一〇］困而知之，謂長而見禮義之事，己臨之而有不足，乃始學
　　　　而知之，此“達道”也。

［一一］利，謂貪榮名也。勉强，恥不若人。

(三十一·十八·二)

　　子曰：“好學近乎知，力行近乎仁，知恥近乎勇。知斯
三者，則知所以脩身。知所以脩身，則知所以治人。知所
以治人，則知所以治天下、國家矣。〔一〕

　　［一］言有知、有仁、有勇，乃知脩身，則脩身以此三者爲基。

<hr>

〔一〕　螺蠃負之　“負”，底本作“員”，誤。余仁仲本、阮刻本作“負”，據改。

（三十一・十八・三）

　　"凡爲天下、國家有九經，曰：脩身也，尊賢也，親親也，敬大臣也，體羣臣也，子庶民也，來百工也，柔遠人也，懷諸侯也。[一]脩身則道立，尊賢則不惑，親親則諸父、昆弟不怨，敬大臣則不眩，體羣臣則士之報禮重，子庶民則百姓勸，來百工則財用足，柔遠人則四方歸之，懷諸侯則天下畏之。[二]齊明盛服，非禮不動，所以脩身也。去讒遠色，賤貨而貴德，所以勸賢也。尊其位，重其禄，同其好惡，所以勸親親也。官盛任使，所以勸大臣也。忠信重禄，所以勸士也。時使薄斂，所以勸百姓也。日省月試，既廩稱事，所以勸百工也。送往迎來，嘉善而矜不能，所以柔遠人也。繼絶世，舉廢國，治亂持危，朝聘以時，厚往而薄來，所以懷諸侯也。[三]

　［一］體，猶接納也。子，猶愛也。遠人，蕃國之諸侯也。

　［二］不惑，謀者良也。不眩，所任明也。

　［三］同其好惡，不特有所好惡於同姓，雖恩不同，義必同也。尊重其禄位，所以貴之，不必授以官守，夫官不可私也[一]。官盛任使，大臣皆有屬官所任使，不親小事也。忠信重禄，有忠信者，重其禄也。時使，使之以時，日省月試，考校其成功也。既，讀爲"餼"。餼廩，稍食也。"稾人"職曰："乘其事，考其弓弩，以下上其食。"

（三十一・十八・四）

　　"凡爲天下、國家有九經，所以行之者一也。凡事豫則

――――――――
〔一〕　夫官不可私也　"夫"，余仁仲本、阮刻本作"天"。

763

立，不豫則廢。言前定則不跲，事前定則不困，行前定則不疚，道前定則不窮。^[一]在下位不獲乎上，民不可得而治矣。^[二]獲乎上有道，不信乎朋友，不獲乎上矣。信乎朋友有道，不順乎親，不信乎朋友矣。順乎親有道，反諸身不誠，不順乎親矣。誠身有道，不明乎善，不誠乎身矣。^[三]誠者，天之道也。誠之者，人之道也。誠者，不勉而中，不思而得，從容中道，聖人也。誠之者，擇善而固執之者也。^[四]

[一] 一，謂當豫也。跲，躓也。疚，病也。人不能病之。

[二] 獲，得也。言臣不得於君，則不得居位治民。

[三] 言知善之爲善，乃能行誠。

[四] 言“誠”者，天性也。“誠之”者，學而誠之者也。因誠身說有大至誠。

(三十一·十八·五)

“博學之，審問之，慎思之，明辨之，篤行之。有弗學，學之弗能，弗措也。有弗問，問之弗知，弗措也。有弗思，思之弗得，弗措也。有弗辨，辨之弗明，弗措也。有弗行，行之弗篤，弗措也。人一能之，己百之；人十能之，己千之。果能此道矣，雖愚必明，雖柔必強。^[一]

[一] 此勸人學誠其身也。果，猶決也。

(三十一·十八·六)

“自誠明，謂之‘性’；自明誠，謂之‘教’。誠則明矣，明則誠矣。^[一]唯天下至誠，爲能盡其性。能盡其性，則能盡人之性。能盡人之性，則能盡物之性。能盡物之性，則可以贊天地之化育。可以贊天地之化育，則可以與天地參矣。[二]　其次致曲，曲能有誠，誠則形，形則著，著則明，明則動，動則變，變則化。唯天下至誠爲能化。[三]　至誠之道，可以前知。國家將興，必有禎祥。國家將亡，必有妖孽。見乎蓍龜，動乎四體。禍福將至，善，必先知之；不善，必先知之。故至誠如神。[四]

［一］自，由也。由至誠而有明德，是聖人之性者也。由明德而有至誠，是賢人學以成之也[一]。有至誠則必有明德，有明德則必有至誠。

［二］盡性者，謂順理之，使不失其所也。贊，助也。育，生也。助天地之化生，謂聖人受命在王位，致大平。

［三］其次，謂“自明誠”者也。致，至也。曲，猶小小之事也。不能盡性而有至誠，於有義焉而已。形，謂人見其功也。盡性之誠，人不能見也。著，形之大者也。明，著之顯者也。動，動人心也。變，改惡爲善也。變之久，則化而性善也。

［四］“可以前知”者，言天不欺至誠者也。前，亦先也。禎祥、妖孽、蓍龜之占，雖其時有小人、愚主，皆爲至誠能知者出也。四體，謂龜之四足。春占後左，夏占前左，秋占前右，冬占後右。

(三十一·十八·七)

　　“誠者，自成也；而道，自道也。[一]　誠者，物之終始，

〔一〕　是賢人學以成之也　“成”，余仁仲本與底本同。阮刻本作“知”，誤。

不誠無物。^[二]是故君子誠之爲貴。^[三]誠者，非自成己而已也，所以成物也。成己，仁也。成物，知也。性之德也，合外内之道也。^[四]故時措之宜也。^[五]

　[一] 言人能至誠，所以自成也。有道藝，所以自道達。

　[二] 物，萬物也，亦事也。大人無誠，萬物不生。小人無誠，則
　　　事不成。

　[三] 言貴至誠。

　[四] 以至誠成己，則仁道立。以至誠成物，則知彌博。此五性之
　　　所以爲德也，外内所須而合也。外内，猶上下。

　[五] 時措，言得其時而用也。

（三十一·十八·八）

　“故至誠無息，不息則久，久則徵，徵則悠遠，悠遠則博厚，博厚則高明。^[一]博厚，所以載物也；高明，所以覆物也；悠久，所以成物也。博厚配地，高明配天，悠久無疆。^[二]如此者，不見而章，不動而變，無爲而成。天地之道，可壹言而盡也。^[三]其爲物不貳，則其生物不測。^[四]天地之道，博也，厚也，高也，明也，悠也，久也。^[五]

　[一] 徵，猶效驗也。此言至誠之德既著於四方，其高厚日以廣大
　　　也。徵，或爲“徹”。

　[二] 後言“悠久”者，言至誠之德，既至博厚、高明，配乎天地，
　　　又欲其長久行之。

　[三] 言其德化與天地相似，可一言而盡，要在至誠。

　[四] 言至誠無貳，乃能生萬物多無數也。

〔五〕此言其著見成功也。

（三十一·十八·九）

　　"今夫天，斯昭昭之多，及其無窮也，日月星辰繫焉，萬物覆焉。今夫地，一撮土之多，及其廣厚，載華、嶽而不重，振河、海而不洩，萬物載焉。今夫山，一卷石之多，及其廣大，草木生之，禽獸居之，寶藏興焉。今夫水，一勺之多，及其不測，黿鼉、蛟龍、魚鼈生焉，貨財殖焉。〔一〕《詩》曰：'惟天之命，於穆不已。'蓋曰天之所以爲天也。'於乎不顯，文王之德之純。'蓋曰文王之所以爲文也，純亦不已。〔二〕

〔一〕此言天之高明，本生"昭昭"；地之博厚，本由"撮土"；山之廣大，本起"卷石"；水之不測，本從"一勺"。皆合少成多，自小致大〔一〕。爲至誠者，亦如此乎〔二〕！昭昭，猶耿耿，小明也。振，猶收也。卷，猶區也。

〔二〕天所以爲天，文王所以爲文，皆由行之無已，爲之不止，如天地山川之云也。《易》曰"君子以順德，積小以成高大〔三〕"是與？

（三十一·十八·十）

　　"大哉！聖人之道。洋洋乎發育萬物，峻極于天。〔一〕

〔一〕本從一……小致大　此句余仁仲本與底本同。阮刻本作"本由一勺，言天地山川，積小致大"。

〔二〕亦如此乎　"亦"，余仁仲本與底本同。阮刻本作"以"，誤。

〔三〕積小以成高大　此句底本作"積小以高大"，"高"字前脱一"成"字，誤。余仁仲本、阮刻本作"積小以成高大"，據改。

優優大哉！禮儀三百，威儀三千，待其人然後行。故曰：
'苟不至德，至道不凝焉。'^[二]故君子尊德性而道問學，致
廣大而盡精微，極高明而道中庸。温故而知新，敦厚以崇
禮。^[三]是故居上不驕，爲下不倍。國有道，其言足以興。
國無道，其默足以容。^[四]《詩》曰：'既明且哲，以保其
身。'其此之謂與？"^[五]

[一] 育，生也。峻，高大也。

[二] 言爲政在人，政由禮也。凝，猶成也。

[三] 德性，謂性至誠者。道，猶由也。問學，學誠者也。廣大，
　　猶博厚也。温，讀如"燖温"之"温"，謂故學之孰矣。後
　　"時習之"謂之"温"。

[四] 興，謂起在位也。

[五] 保，安也。

（三十一·十九）

子曰："愚而好自用，賤而好自專，生乎今之世，反古
之道，如此者，烖及其身者也。^[一]非天子，不議禮，不
制度，不考文。^[二]今天下車同軌，書同文，行同倫。^[三]
雖有其位，苟無其德，不敢作禮樂焉。雖有其德，苟無其
位，亦不敢作禮樂焉。"^[四]

[一] 反古之道，謂曉一孔之人，不知今王之新政可從。

[二] 此天下所共行，天子乃能一之也。禮，謂人所服行也。度，
　　國家、宮室及車輿也。文，書名也。

[三] 今，孔子謂其時。

[四] 言作禮樂者，必聖人在天子之位。

（三十一·二十）

　　子曰：“吾説夏禮，杞不足徵也。吾學殷禮，有宋存焉。吾學周禮，今用之，吾從周。^[一]王天下有三重焉，其寡過矣乎！^[二]上焉者，雖善無徵，無徵不信，不信，民弗從。下焉者，雖善不尊，不尊不信，不信，民弗從。^[三]故君子之道，本諸身，徵諸庶民，考諸三王而不繆，建諸天地而不悖，質諸鬼神而無疑，百世以俟聖人而不惑。質諸鬼神而無疑，知天也。百世以俟聖人而不惑，知人也。^[四]是故君子動而世爲天下道，行而世爲天下法，言而世爲天下則。遠之則有望，近之則不厭。^[五]《詩》曰：‘在彼無惡，在此無射，庶幾夙夜，以永終譽。’君子未有不如此而蚤有譽於天下者也。”^[六]

　　［一］徵，猶明也。吾能説夏禮，顧杞之君不足與明之也。吾從周，行今之道。

　　［二］三重，三王之禮。

　　［三］上，謂君也。君雖善，善無明徵，則其善不信也。下，謂臣也。臣雖善，善而不尊君，則其善亦不信也。徵，或爲“登”。

　　［四］知天、知人，謂知其道也。鬼神，從天地者也。《易》曰：“故知鬼神之情狀，與天地相似。”聖人則之，百世同道。徵，或爲“登”。

　　［五］用其法度，想思若其將來也。

　　［六］射，厭也。永，長也。

（三十一·二十一）

　　仲尼祖述堯、舜，憲章文、武，上律天時，下襲水土。〔一〕譬如天地之無不持載〔一〕，無不覆幬。譬如四時之錯行〔二〕，如日月之代明。萬物並育而不相害，道並行而不相悖，小德川流，大德敦化，此天地之所以爲大也。〔二〕

〔一〕此以《春秋》之義説孔子之德。孔子曰："吾志在《春秋》，行在《孝經》。"二《經》固足以明之。孔子祖述堯、舜之道而制《春秋》〔三〕，而斷以文王、武王之法度。《春秋傳》曰："君子曷爲爲《春秋》？撥亂世，反諸正，莫近諸《春秋》。其諸君子樂道堯、舜之道與？末不亦樂乎堯、舜之知君子也？"又曰："是子也，繼文王之體，守文王之法度。文王之法無求而求，故譏之也。"又曰："王者孰謂？謂文王也。"此孔子兼包堯、舜、文、武之盛德而著之《春秋》，以俟後聖者也。律，述也。述天時，謂編年，四時具也。襲，因也。因水土，謂記諸夏之事，山川之異。

〔二〕聖人制作，其德配天地如此，唯五始可以當焉。幬，亦覆也。小德川流，浸潤萌牙〔四〕，喻諸侯也。大德敦化，厚生萬物，喻天子也。幬，或作"燾"。

（三十一·二十二）

唯天下至聖，爲能聰明叡知〔五〕，足以有臨也。寬裕溫柔，足以有容也。發強剛毅，足以有執也。齊莊中正，足以有敬也。文理密察，足以有別也。〔一〕溥博淵泉，而

〔一〕譬如天地之無不持載 "譬"，唐石經與底本同。余仁仲本、阮刻本作"辟"。
〔二〕譬如四時之錯行 "譬"，唐石經與底本同。余仁仲本、阮刻本作"辟"。
〔三〕孔子祖……春秋 "祖"，余仁仲本與底本同。阮刻本作"所"，誤。
〔四〕浸潤萌牙 "牙"，余仁仲本與底本同。阮刻本作"芽"。
〔五〕爲能聰明叡知 "叡"，唐石經、余仁仲本與底本同。阮刻本作"睿"。

時出之。[二] 溥博如天，淵泉如淵，見而民莫不敬，言而民莫不信，行而民莫不説。是以聲名洋溢乎中國，施及蠻貊。舟車所至，人力所通，天之所覆，地之所載，日月所照，霜露所墜[一]，凡有血氣者，莫不尊親，故曰配天。[三]

[一] 言德不如此，不可以君天下也。蓋傷孔子有其德而無其命。

[二] 言其臨下普徧，思慮深重，非得其時，不出政教。

[三] 如天，取其運照不已也。如淵，取其清深不測也。尊親，尊而親之。

（三十一·二十三）

唯天下至誠，爲能經綸天下之大經，立天下之大本，知天地之化育。[一] 夫焉有所倚？肫肫其仁，淵淵其淵，浩浩其天。[二] 苟不固聰明聖知達天德者，其孰能知之？[三]

[一] 至誠，性至誠，謂孔子也。大經，謂“六藝”，而指《春秋》也。大本，《孝經》也。

[二] 安有所倚，言無所偏倚也。人人自以被德尤厚[二]，似偏頗者。肫肫，讀如“誨爾忳忳”之“忳忳”，懇誠貌也。肫肫，或爲“純純”。

[三] 言唯聖人乃能知聖人也。《春秋傳》曰“末不亦樂乎堯、舜之知君子”，明凡人不知。

〔一〕 霜露所墜　“墜”，余仁仲本、阮刻本作“隊”。

〔二〕 人人自以被德尤厚　此句余仁仲本、阮刻本作“故人人自以被德尤厚”，“人人”上多一“故”字。

（三十一·二十四）

　　《詩》曰"衣錦尚絅"，惡其文之著也。故君子之道，
闇然而日章；小人之道，的然而日亡。^[一]君子之道，淡
而不厭，簡而文，溫而理，知遠之近，知風之自，知微之
顯，可與入德矣。^[二]

　　《詩》云："潛雖伏矣，亦孔之昭。"故君子内省不疚，
無惡於志。^[三]君子所不可及者，其唯人之所不見乎？

　　《詩》云："相在爾室，尚不愧于屋漏。"^[四]故君子不
動而敬，不言而信。

　　《詩》曰："奏假無言，時靡有爭。"^[五]是故君子不賞
而民勸，不怒而民威於鈇鉞。

　　《詩》曰："不顯惟德，百辟其刑之。"^[六]是故君子篤
恭而天下平。

　　[一]言君子深遠難知，小人淺近易知。人所以不知孔子，以其深
　　　　遠。禪爲絅，錦衣之美而君子以絅表之，爲其文章露見，似
　　　　小人也。

　　[二]淡，其味似薄也。簡而文，溫而理，猶簡而辨，直而溫也。
　　　　自，謂所從來也。"三知"者，皆言其睹末察本，探端知緒
　　　　也。入德，入聖人之德。

　　[三]孔，甚也。昭，明也。言聖人雖隱遁^[一]，其德亦甚明矣。疚，
　　　　病也。君子自省，身無怨病，雖不遇世，亦無損害於己志。

　　[四]言君子雖隱居，不失其君子之容德也。相，視也。室西北
　　　　隅，謂之"屋漏"。視女在室獨居耳^[二]，猶不愧于屋漏。屋

────────────

〔一〕言聖人雖隱遁　"遁"，余仁仲本、阮刻本作"居"。
〔二〕視女在室獨居耳　"耳"，余仁仲本與底本同。阮刻本作"者"。

漏非有人也，況有人乎？

[五] 假，大也。此《頌》也。言奏大樂於宗廟之中，人皆肅敬。
金聲玉色，無有言者，以時太平，和合無所爭也。

[六] 不顯，言顯也。辟，君也。此《頌》也〔一〕。言不顯乎文王之
德。百君盡刑之，謂諸侯法之也。

（三十一·二十五）

《詩》云〔二〕："予懷明德，不大聲以色。"〔一〕子曰："聲
色之於以化民，末也。《詩》曰：'德輶如毛。'〔二〕毛猶有倫。
'上天之載，無聲無臭。'至矣！"〔三〕

[一] 予，我也。懷，歸也。言我歸有明德者，以其不大聲爲嚴屬
之色以威我也。

[二] 輶，輕也。言化民當以德〔三〕，德之易舉而用，其輕如毛耳。

[三] 倫，猶比也。載，讀曰"栽"，謂生物也。言毛雖輕，尚有所
比。有所比，則有重。上天之造生萬物，人無聞其聲音者〔四〕，
無知其臭氣者。化民之德，清明如神，淵淵浩浩，然後善。

〔一〕 此頌也　"頌"，底本作"顯"，誤。余仁仲本、阮刻本作"頌"，據改。

〔二〕 詩云　"云"，唐石經與底本同。余仁仲本、阮刻本作"曰"。

〔三〕 言化民當以德　"當"，余仁仲本與底本同。阮刻本作"常"。

〔四〕 人無聞其聲音者　"者"，余仁仲本、阮刻本作"亦"，從下讀。

禮記卷第十七

禮記卷第十七

表記第三十二

鄭　氏　注

（三十二·一）

　　子言之："歸乎！君子隱而顯，不矜而莊，不厲而威，不言而信。"[一]

　　[一] 此孔子行應聘，諸侯莫能用己，心厭倦之辭也。矜，謂自尊大也。厲，謂嚴顏色。

（三十二·二）

　　子曰："君子不失足於人，不失色於人，不失口於人。是故君子貌足畏也，色足憚也，言足信也。"[一]《甫刑》曰：'敬忌而罔有擇言在躬。'"[二]

　　[一] 失，謂失其容止之節也。《玉藻》曰："足容重，色容莊，口容止。"

　　[二]《甫刑》，《尚書》篇名。"忌"之言"戒"也。言己外敬而心戒慎，則無有可擇之言加於身也。

（三十二·三）

　　子曰："裼、襲之不相因也，欲民之毋相瀆也。"[一]

［一］“不相因”者，以其或以裼爲敬，或以襲爲敬。禮盛者，以襲爲敬，執玉、龜之屬也。禮不盛者，以裼爲敬，受享是也。

（三十二·四）

子曰：“祭極敬，不繼之以樂。朝極辨，不繼之以倦。”［一］

［一］極，猶盡也。辨，分別政事也。《祭義》曰：“祭之日，樂與哀半。饗之必樂，已至必哀。”

（三十二·五）

子曰：“君子慎以辟禍，篤以不揜，恭以遠恥。”［一］

［一］篤，厚也。揜，猶困迫也。

（三十二·六）

子曰：“君子莊敬日強，安肆日偷。［一］君子不以一日使其躬儳焉如不終日。”［二］

［一］肆，猶放恣也。偷，苟且也。肆，或爲“褻”。
［二］儳焉，可輕賤之貌也。如不終日，言人而無禮，死無時。

（三十二·七）

子曰：“齊戒以事鬼神，擇日月以見君，恐民之不敬也。”［一］

［一］擇日月以見君，謂臣在邑竟者。

（三十二·八）

子曰：“狎侮，死焉而不畏也。”〔一〕

〔一〕忕於無敬心也。

（三十二·九）

子曰：“無辭不相接也，無禮不相見也，欲民之毋相褻也。〔一〕《易》曰：‘初筮告，再三瀆，瀆則不告。’”〔二〕

〔一〕辭，所以通情也。禮，謂摯也。《春秋傳》曰：“古者諸侯有
　　　朝聘之事，號辭必稱先君，以相接也。”
〔二〕“瀆”之言“褻”之〔一〕。

（三十二·十）

子言之：“仁者，天下之表也；義者，天下之制也；報者，天下之利也。”〔一〕

〔一〕報，謂禮也。禮，尚往來。

（三十二·十一）

子曰：“以德報德，則民有所勸；以怨報怨，則民有所懲。〔一〕《詩》曰：‘無言不讎，無德不報。’〔二〕《大甲》曰：‘民非后，無能胥以寧。后非民，無以辟四方。’”〔三〕

〔一〕瀆之言褻之　後“之”字，余仁仲本與底本同。阮刻本作“也”。

〔一〕懲，謂創艾。

〔二〕雠，猶荅也。

〔三〕大甲，湯孫也，《書》以名篇。胥，相也。民非君，不能以相安。

（三十二·十二）

　　子曰：“以德報怨，則寬身之仁也；以怨報德，則刑戮之民也。”〔一〕

　　〔一〕寬，猶愛也。愛身以息怨，非禮之正也。仁，亦當言“民”，聲之誤。

（三十二·十三）

　　子曰：“無欲而好仁者，無畏而惡不仁者，天下一人而已矣。是故君子議道自己，而置法以民。”〔一〕

　　〔一〕一人而已，喻少也。自己，自盡己所能行。

（三十二·十四）

　　子曰：“仁有三，與仁同功而異情。〔一〕與仁同功，其仁未可知也。與仁同過，然後其仁可知也。仁者安仁，知者利仁，畏罪者強仁。〔二〕仁者右也，道者左也。仁者人也，道者義也。〔三〕厚於仁者薄於義，親而不尊。厚於義者薄於仁，尊而不親。〔四〕道有至，義有考。至道以王，義道以霸，考道以爲無失。”〔五〕

[一]三，謂安仁也，利仁也，強仁也。利仁、強仁，功雖與安仁
　　者同，本情則異。

[二]功者，人所貪也。過者，人所辟也。在過之中，非其本情
　　者，或有悔者焉。

[三]右也、左也，言相須而成也。人也，謂施以人恩也。義也，
　　謂斷以事宜也。《春秋傳》曰：“執未有言舍之者，此其言舍
　　之何？人也。”

[四]言仁、義並行者也。仁多則人親之，義多則人尊之。

[五]此讀當言“道有至、有義、有考”，字脫一“有”耳。有至，
　　謂兼仁、義者。有義，則無仁矣。有考，考，成也。能取
　　仁、義之一成之，以不失於人，非性也。

(三十二·十五)

　　子言之：“仁有數，義有長短小大。中心憯怛，愛人之仁
也。率法而強之，資仁者也。[一]《詩》云：‘豐水有芑，武王
豈不仕？詒厥孫謀，以燕翼子。武王烝哉！’數世之仁也。[二]
《國風》曰：‘我今不閱，皇恤我後。’終身之仁也。”[三]

[一]資，取也。數與長短小大互言之耳。性仁義者，其數長大。
　　取仁義者，其數短小。

[二]芑，枸檵也。“仕”之言“事”也。詒，遺也。燕，安也。烝，
　　君也。言武王豈不念天下之事乎？如豐水之有芑矣，乃遺其
　　後世之子孫以善謀，以安翼其子也。君哉武王，美之也。

[三]閱，猶容也。皇，暇也。恤，憂也。言我今尚恐不能自容，
　　何暇憂我後之人乎？

（三十二·十六）

　　子曰："仁之爲器重，其爲道遠，舉者莫能勝也，行者莫能致也。取數多者，仁也。夫勉於仁者，不亦難乎？[一] 是故君子以義度人，則難爲人；以人望人，則賢者可知已矣。"[二]

　　[一] 取數多者[一]，言計天下之道，仁居其多。

　　[二] 言以先王成法儗度人[二]，則難中也，當以時人相比方耳。

（三十二·十七）

　　子曰："中心安仁者，天下一人而已矣。《大雅》曰：'德輶如毛，民鮮克舉之。我儀圖之，惟仲山甫舉之，愛莫助之。'[一]《小雅》曰：'高山仰止，景行行止。'"[二]

　　[一] 輶，輕也。鮮，罕也。儀，匹也。圖，謀也。愛，猶惜也。言德之輕如毛耳，人皆以爲重，罕能舉行之者。作此《詩》者，周宣王之大臣也。言我之匹謀之，仲山甫則能舉行之，美之也。惜乎時人無能助之者，言賢者少。

　　[二] 仰高勤行者，仁之次也。景，明也。有明行者，謂古賢聖也。

（三十二·十八）

　　子曰："《詩》之好仁如此。鄉道而行，中道而廢，忘身之老也，不知年數之不足也。俛焉日有孳孳，斃而后已。"[一]

〔一〕取數多者　此句余仁仲本、阮刻本作"取數多"，"多"字下少一"者"字。

〔二〕言以先王成法儗度人　"度"，阮刻本與底本同。余仁仲本作"庶"，誤。

　　〔一〕廢，喻力極罷頓，不能復行則止也。俛焉，勤勞之貌。斃，
　　　　仆也。

（三十二·十九）

　　子曰："仁之難成久矣！人人失其所好。^{〔一〕}故仁者之
過，易辭也。"^{〔二〕}

　　〔一〕言仁道不成，人所由不得其志。
　　〔二〕辭，猶解説也。仁者恭儉，雖有過，不甚矣^{〔一〕}。唯聖人無過。

（三十二·二十）

　　子曰："恭近禮，儉近仁，信近情。敬讓以行此，雖有
過，其不甚矣。夫恭寡過，情可信，儉易容也。以此失之
者，不亦鮮乎？^{〔一〕}《詩》曰：'温温恭人，惟德之基。'"

　　〔一〕言罕以此失之。

（三十二·二十一）

　　子曰："仁之難成久矣，唯君子能之^{〔二〕}。^{〔一〕}是故君子不
以其所能者病人，不以人之所不能者愧人。^{〔二〕}是故聖人之
制行也，不制以己，使民有所勸勉愧恥，以行其言。^{〔三〕}禮
以節之，信以結之，容貌以文之，衣服以移之，朋友以極
之，欲民之有壹也。^{〔四〕}《小雅》曰：'不愧于人，不畏于

〔一〕　不甚矣　此句余仁仲本、阮刻本作"不甚爲矣"，"甚"字下多一"爲"字。
〔二〕　唯君子能之　"唯"，唐石經、余仁仲本與底本同。阮刻本作"惟"。

天。'^[五]是故君子服其服，則文以君子之容；有其容，則文以君子之辭；遂其辭，則實以君子之德。^[六]是故君子恥服其服而無其容，恥有其容而無其辭，恥有其辭而無其德，恥有其德而無其行。^[七]是故君子衰絰則有哀色，端冕則有敬色，甲冑則有不可辱之色。^[八]《詩》云：'惟鵜在梁，不濡其翼。彼記之子，不稱其服。'"^[九]

　　[一]言能成仁道者少也^{〔一〕}。

　　[二]病、愧，謂罪咎之。

　　[三]以中人爲制，則賢者勸勉，不及者愧恥，聖人之言乃行也。

　　[四]移，讀如"禾汜移"之"移"^{〔二〕}。移，猶廣大也。極，致也。壹，謂專心於善。

　　[五]言人有所行，當慭怖於天人也。

　　[六]遂，猶成也。

　　[七]無其行，謂不行其德。

　　[八]言色稱其服也。

　　[九]鵜，鵜胡，污澤也。污澤善居泥水之中，在魚梁以不濡污其翼爲才^{〔三〕}，如君子以稱其服爲有德。

（三十二·二十二）

　　子言之："君子之所謂'義'者，貴賤皆有事於天下。天子親耕，粢盛、秬鬯以事上帝，故諸侯勤以輔事於天子。"^[一]

〔一〕言能成仁道者少也　"仁"，余仁仲本、阮刻本作"人"。

〔二〕移讀如禾汜移之移　"禾"，阮刻本與底本同。余仁仲本作"水"，誤。"汜"，底本、余仁仲本、阮刻本皆寫作"汜"，誤。"汜"乃"汜"字之訛，據《經典釋文》改。

〔三〕在魚梁以不濡污其翼爲才　"梁"，余仁仲本與底本同。阮刻本作"原"，誤。

［一］言無事而居位食禄，是"不義而富且貴"。

（三十二·二十三）

子曰："下之事上也，雖有庇民之大德，不敢有君民之心，仁之厚也。[一]是故君子恭儉以求役仁，信讓以求役禮，不自尚其事，不自尊其身。儉於位而寡於欲，讓於賢，卑己而尊人，小心而畏義，求以事君。[二]得之自是，不得自是，以聽天命。[三]《詩》云：'莫莫葛藟，施于條枚。凱弟君子，求福不回。'[四]其舜、禹、文王、周公之謂與！有君民之大德，有事君之小心。[五]《詩》云：'惟此文王，小心翼翼。昭事上帝，聿懷多福。厥德不回，以受方國。'"[六]

［一］庇，覆也。無君民之心，是思不出其位。

［二］"役"之言"爲"也。"求以事君"者，欲成其忠臣之名也。

［三］言不易道徼禄利也。

［四］凱，樂也。弟，易也。言樂易之君子，其求福脩德以俟之，不爲回邪之行以要之[一]，如葛藟之延蔓於條枚，是其性也。

［五］言此德當不回也。

［六］昭，明也。上帝，天也。聿，述也。懷，至也。言述行上帝之德[二]，以至於多福也。方，四方也。受四方之國，謂王天下。

〔一〕不爲回邪之行以要之　此句余仁仲本與底本同。阮刻本作"不爲回邪之行要之"，"要"字上少一"以"字。

〔二〕言述行上帝之德　此句余仁仲本與底本同。阮刻本作"言述行上帝德"，"德"字上脱一"之"字。

（三十二·二十四）

子曰："先王諡以尊名，節以壹惠，恥名之浮於行也。[一] 是故君子不自大其事，不自尚其功，以求處情。過行弗率，以求處厚。彰人之善而美人之功，以求下賢。[二] 是故君子雖自卑而民敬尊之。"[三]

> [一]"諡"者，行之迹也。"名"者，謂聲譽也。言先王論行以爲諡。"以尊名"者，使聲譽可得而尊言也。壹，讀爲"一"。惠，猶善也。言聲譽雖有衆多者，節以其行一大善者爲諡耳[一]。在上曰浮，君子勤行成功，聲譽踰行是所恥。
>
> [二]率，循也。過行[二]，不復循行，猶不貳過[三]。
>
> [三]言謙者，所以成行立德。

（三十二·二十五）

子曰："后稷，天下之爲烈也，豈一手一足哉？[一] 唯欲行之浮於名也，故自謂便人。"[二]

> [一]烈，業也。言后稷造稼穡，天下世以爲業。豈一手一足，喻用之者多無數也。
>
> [二]亦言其謙也。辟仁聖之名，云吾便習於此事之人耳[四]。

（三十二·二十六）

子言之："君子之所謂'仁'者，其難乎？《詩》云：'凱

〔一〕 節以其行一大善者爲諡耳 "節"，<u>余仁仲本</u>、<u>阮刻本</u>作"即"。

〔二〕 過行 "過行"，<u>余仁仲本</u>與底本同。<u>阮刻本</u>作"行過"，誤。

〔三〕 猶不貳過 "貳"，<u>余仁仲本</u>、<u>阮刻本</u>作"二"。

〔四〕 云吾便習於此事之人耳 "吾"，<u>余仁仲本</u>、<u>阮刻本</u>作"自"。

弟君子，民之父母。'凱以強教之，弟以説安之。樂而毋荒，有禮而親，威莊而安，孝慈而敬，使民有父之尊，有母之親，如此而后可以爲民父母矣，非至德其孰能如此乎？[一]今父之親子也，親賢而下無能。母之親子也，賢則親之，無能則憐之。母親而不尊，父尊而不親。水之於民也，親而不尊。火，尊而不親。土之於民也，親而不尊。天，尊而不親。命之於民也，親而不尊。鬼，尊而不親。"[二]

[一]有父之尊，有母之親，謂其尊親己如父母。

[二]或見尊，或見親，以其嚴與恩所尚異也。命，謂四時政令，
　　所以教民勤事也。鬼，謂四時祭祀，所以訓民事君也。

（三十二·二十七）

　　子曰："夏道尊命，事鬼敬神而遠之，近人而忠焉。先祿而後威，先賞而後罰，親而不尊。[一]其民之敝，惷而愚，喬而野，朴而不文。[二]殷人尊神，率民以事神，先鬼而後禮，先罰而後賞，尊而不親。[三]其民之敝，蕩而不靜，勝而無恥。[四]周人尊禮尚施，事鬼敬神而遠之，近人而忠焉。其賞罰用爵列，親而不尊。[五]其民之敝，利而巧，文而不慙，賊而蔽。"[六]

[一]遠鬼神、近人，謂外宗廟，内朝廷。

[二]以本不困於刑罰，少詐諼也。敝，謂政教衰失之時也。

[三]先鬼後禮，謂内宗廟，外朝廷也。禮者，君臣朝會，凡以摯
　　交接相施予。

[四]以本怵於鬼神虛無之事，令其心放蕩無所定，困於刑罰，苟

勝免而無恥也。《月令》曰：“無作淫巧，以蕩上心。”

　　［五］賞罰用爵列，以尊卑爲差。

　　［六］以本數交接以言辭，尊卑多獄訟。

（三十二·二十八）

　　子曰：“夏道未瀆辭，不求備、不大望於民，民未厭其親。殷人未瀆禮，而求備於民。周人強民，未瀆神，而賞爵、刑罰窮矣。”〔一〕

　　［一］“未瀆辭”者，謂時王不尚辭，民不褻爲也。不求備、不大望，言其政寬，貢税輕也。強民，言承殷難變之敝也。賞爵、刑罰窮矣，言其繁文備設。

（三十二·二十九）

　　子曰：“虞、夏之道，寡怨於民。殷、周之道，不勝其敝。”〔一〕

　　［一］勝，猶任也。言殷、周極文，民無恥而巧利，後世之政難復。

（三十二·三十）

　　子曰：“虞、夏之質，殷、周之文，至矣！〔一〕虞、夏之文，不勝其質。殷、周之質，不勝其文。”〔二〕

　　［一］言後有王者，其作質、文，不能易之。

　　［二］言王者相變，質、文各有所多。

（三十二·三十一）

子言之曰：“後世雖有作者，虞帝弗可及也已矣〔一〕。君天下，生無私，死不厚其子。子民如父母，有憯怛之愛，有忠利之教。親而尊，安而敬，威而愛，富而有禮，惠而能散。其君子尊仁畏義，恥費輕實，忠而不犯，義而順，文而靜，寬而有辨。〔一〕《甫刑》曰：‘德威惟威，德明惟明。’非虞帝，其孰能如此乎？”〔二〕

　〔一〕死不厚其子，言旣不傳位，又無以豐饒於諸臣也。恥費，不爲辭費出空言也。實，謂財貨也。辨，別也，猶寬而栗也。靜，或爲“情”。

　〔二〕德所威，則人皆畏之，言服罪也。德所明，則人皆尊寵之，言得人也。

（三十二·三十二）

子言之：“事君先資其言，拜自獻其身，以成其信。〔一〕是故君有責於其臣，臣有死於其言，故其受禄不誣，其受罪益寡。”〔二〕

　〔一〕資，謀也。獻，猶進也。言臣事君，必先謀定其言，乃後親進爲君言也。

　〔二〕“死其言”者，竭力於其所言之事，死而不負於事。不信曰“誣”。

（三十二·三十三）

子曰：“事君，大言入則望大利，小言入則望小利。”〔一〕

〔一〕　虞帝弗可及也已矣　“虞帝”，唐石經、阮刻本與底本同。余仁仲本作“虞舜”。

故君子不以小言受大禄，不以大言受小禄。^[二]《易》曰：‘不家食，吉。’”^[三]

[一] 大言，可以立大事也。小言，可以立小事也。入，謂君受之^[一]。利，禄賞也。入，或爲“人”。

[二] 言臣受禄，各用其德能也。

[三] 此《大畜·彖》辭也。《彖》曰：“不家食，吉，養賢也。”言君有大畜積，不與家食之而已，必以禄賢者，賢有大小，禄有多少。

（三十二·三十四）

子曰：“事君不下達，不尚辭，非其人弗自。^[一]《小雅》曰：‘靖共爾位，正直是與。神之聽之，式穀以女。’”^[二]

[一] 不下達，不以私事自通於君也。不尚辭，不多出浮華之言也。弗自，不身與相親。

[二] 靖，治也。爾，女也。式，用也。穀，禄也。言敬治女位之職事，正直之人，乃與爲倫友，神聽女之所爲，用禄與女。

（三十二·三十五）

子曰：“事君遠而諫，則諂也。近而不諫，則尸利也。”^[一]

[一] 尸，謂不知人事，無辭讓也。

〔一〕謂君受之　“謂”，《經典釋文》、余仁仲本、阮刻本作“爲”。

（三十二·三十六）

子曰："邇臣守和，宰正百官，大臣慮四方。"[一]

[一]邇，近也。和，謂調和君事者也。齊景公曰："唯據與我和。"宰，冢宰也。冢宰主治百官。

（三十二·三十七）

子曰："事君，欲諫不欲陳。[一]《詩》云：'心乎愛矣，瑕不謂矣。中心藏之，何日忘之。'"[二]

[一]陳，謂言其過於外也。

[二]"瑕"之言"胡"也。謂，猶告也。

（三十二·三十八）

子曰："事君，難進而易退，則位有序。易進而難退，則亂也。[一]故君子三揖而進，一辭而退，以遠亂也。"[二]

[一]亂，謂賢否不別。

[二]進難者，爲主人之擇己也。退速者，爲君子之倦也。

（三十二·三十九）

子曰："事君，三違而不出竟，則利祿也。人雖曰'不要'，吾弗信也。"[一]

[一]違，猶去也。利祿，言爲貪祿留也。臣以道去君，至於三而不遂去，是貪祿，必以其強與君要也。

（三十二·四十）

子曰：“事君，慎始而敬終。”[一]

[一] 輕交易絕，君子所恥。

（三十二·四十一）

子曰：“事君可貴可賤，可富可貧，可生可殺，而不可使爲亂。”[一]

[一] 亂，謂違廢事君之禮。

（三十二·四十二）

子曰：“事君，軍旅不辟難，朝廷不辭賤。[一]處其位而不履其事，則亂也。[二]故君使其臣，得志則慎慮而從之，否則孰慮而從之。終事而退，臣之厚也。[三]《易》曰：‘不事王侯，高尚其事。’”[四]

[一] 言尚忠且謙也。

[二] 履，猶行也。

[三] 使，謂使之聘問、師役之屬也。“慎慮而從之”者，此己志也，欲其必有成也。否，謂非己志也。孰慮而從之，又計於己利害也。終事而退，非己志者，事成則去也。事，或爲“身”。

[四] 言臣致仕而去，不復事君也。君猶高尚其所爲之事，言尊大其成功也。

（三十二·四十三）

子曰：“唯天子受命于天，士受命于君。^{〔一〕}故君命順，則臣有順命；君命逆，則臣有逆命。^{〔二〕}《詩》曰：‘鵲之姜姜，鶉之賁賁。人之無良，我以爲君。’”^{〔三〕}

〔一〕言皆有所受，不敢專也。唯，當爲“雖”，字之誤也。

〔二〕言臣受順，則行順；受逆，則行逆。如其所受於君，則爲君不易矣。

〔三〕姜姜、賁賁，爭鬭惡貌也。良，善也。言我以惡人爲君，亦使我惡，如大鳥姜姜於上，小鳥賁賁於下。

（三十二·四十四）

子曰：“君子不以辭盡人。^{〔一〕}故天下有道，則行有枝葉；天下無道，則辭有枝葉。^{〔二〕}是故君子於有喪者之側，不能賻焉，則不問其所費^{〔一〕}。於有病者之側，不能饋焉，則不問其所欲。有客不能館，則不問其所舍。^{〔三〕}故君子之接如水，小人之接如醴。君子淡以成，小人甘以壞。^{〔四〕}《小雅》曰：‘盜言孔甘，亂是用餤。’”^{〔五〕}

〔一〕不見人之言語則以爲善。言其餘行，或時惡也。

〔二〕行有枝葉，所以益德也。言有枝葉，是衆虛華也。枝葉依幹而生，言行亦由禮出。

〔三〕皆辟有言而無其實。

〔一〕則不問其所費　余仁仲本、阮刻本與底本同。唐石經作“則不問其費”，“費”字上脱一“所”字。

［四］水相得，合而已。酒、醴相得，則敗。淡，無酸酢，少味
也。接，或爲“交”。

［五］盜，賊也。孔，甚也。餤，進也。

（三十二·四十五）

子曰：“君子不以口譽人，則民作忠。^[一]故君子問
人之寒，則衣之；問人之飢，則食之；稱人之美，則爵
之。^[二]《國風》曰：‘心之憂矣，於我歸説。’”^[三]

［一］譽，繩也。
［二］皆爲有言不可以無實。
［三］欲歸其所説忠信之人也。

（三十二·四十六）

子曰：“口惠而實不至，怨菑及其身。^[一]是故君子與
其有諾責也，寧有已怨。^[二]《國風》曰：‘言笑晏晏，信誓
旦旦。不思其反，反是不思，亦已焉哉！’”^[三]

［一］善言而無信，人所惡也。
［二］已，謂不許也。言諾而不與，其怨大於不許。
［三］此皆相爲昏禮而不終也^[一]。言始合會，言笑和説，要誓甚信。
今不思其本，恩之反覆，反覆之不思，亦已焉哉！無如此
人，何怨之深也。

〔一〕 此皆相爲昏禮而不終也　此句余仁仲本、阮刻本作“此皆相與爲昏禮而不終也”，
“相”字下多一“與”字。

（三十二·四十七）

子曰："君子不以色親人。情疏而貌親，在小人則穿窬之盜也與？"

（三十二·四十八）

子曰："情欲信，辭欲巧。"[一]

[一] 巧，謂順而説也。

（三十二·四十九）

子言之："昔三代明王，皆事天地之神明，無非卜、筮之用，不敢以其私褻事上帝。[一] 是故不犯日月，不違卜、筮。[二] 卜、筮不相襲也。[三] 大事有時日。[四] 小事無時日，有筮。[五] 外事用剛日，內事用柔日，[六] 不違龜、筮。"

[一] 言動任卜、筮也。神明，謂羣神也。

[二] 日月，謂冬、夏至、正月及四時也。所不違者，日與牲、尸也。

[三] 襲，因也。大事則卜，小事則筮。

[四] 大事，有事於大神，有常時、常日也。

[五] 有事於小神，無常時、常日。有筮，臨有事筮之。

[六] 順陰陽也。陽爲外，陰爲內。事之外內，別乎四郊。

（三十二·五十）

子曰："牲牷、禮樂、齊盛，是以無害乎鬼神，無怨乎百姓。"[一]

〔一〕牷，猶純也。

（三十二·五十一）

子曰："后稷之祀易富也，其辭恭，其欲儉，其禄及子孫。〔一〕《詩》曰：'后稷兆祀，庶無罪悔，以迄于今。'"〔二〕

〔一〕"富"之言"備"也。以傳世之禄，共儉者之祭〔一〕，易備也。

〔二〕兆，四郊之祭處也。迄，至也。言祀后稷於郊以配天，庶幾其無罪悔乎？福禄傳世，乃至於今。

（三十二·五十二）

子曰："大人之器威敬。〔一〕天子無筮。〔二〕諸侯有守筮。〔三〕天子道以筮。〔四〕諸侯非其國，不以筮，卜宅寢室。〔五〕天子不卜處大廟。"〔六〕

〔一〕言其用之尊嚴。

〔二〕謂征伐、出師若巡守也。天子至尊，大事皆用卜也〔二〕《春秋傳》曰："先王卜征五年，歲襲其祥。"

〔三〕守筮，守國之筮。國有事，則用之。

〔四〕始將出，卜之。道有小事，則用筮。

〔五〕入他國，則不筮，不敢問吉凶於人之國也。諸侯受封乎天子，因國而國，唯宮室欲改易者，得卜之耳。

〔六〕卜可建國之處吉，則宮廟吉可知。

〔一〕共儉者之祭　"共"，余仁仲本與底本同。阮刻本作"恭"。

〔二〕大事皆用卜也　"事"，余仁仲本與底本同。阮刻本作"率"，誤。

（三十二·五十三）

　　子曰：“君子敬則用祭器。^[一]是以不廢日月，不違龜筮，以敬事其君長。^[二]是以上不瀆於民，下不褻於上。”^[三]

［一］謂朝聘待賓客崇敬，不敢用燕器也。

［二］用龜筮，問所貢獻也。

［三］言上之於下以直，則下應之以正，不褻慢也。

緇衣第三十三

鄭　氏　注

（三十三・一）

　　子言之曰：“爲上易事也，爲下易知也，則刑不煩矣。”[一]

　　[一] 言君不苛虐，臣無姦心，則刑可以措。

（三十三・二）

　　子曰：“好賢如《緇衣》，惡惡如《巷伯》，則爵不瀆而民作愿，刑不試而民咸服。[一]《大雅》曰：‘儀刑文王，萬國作孚。’”[二]

　　[一]《緇衣》《巷伯》，皆《詩》篇名也。《緇衣》首章曰：“緇衣之宜兮，敝予又改爲兮。適子之館兮，還予授子之粲兮。”言此衣緇衣者[一]，賢者也，宜長爲國君。其衣敝，我願改制，授之以新衣，是其好賢，欲其貴之甚也。《巷伯》六章曰：“取彼讒人，投畀豺虎。豺虎不食，投畀有北。有北不受，投畀有昊。”此其惡惡，欲其死亡之甚也。“爵不瀆”者，不輕爵人也。試，用也。咸，皆也。

　　[二] 刑，法也。孚，信也。儀法文王之德而行之，則天下無不爲

〔一〕 言此衣緇衣者　此句底本作“言此緇衣者”，“緇”字上脱一“衣”字，余仁仲本、阮刻本作“言此衣緇衣者”，據改。

798

信者也。文王爲政，克明德慎罰。

（三十三·三）

子曰：“夫民教之以德，齊之以禮，則民有格心。教之以政，齊之以刑，則民有遯心。^[一]故君民者，子以愛之，則民親之；信以結之，則民不倍；恭以涖之，則民有孫心。^[二]《甫刑》曰：‘苗民匪用命，制以刑，惟作五虐之刑曰法。’是以民有惡德，而遂絶其世也。”^[三]

[一]格，來也。遯，逃也。

[二]涖，臨也。孫，順也。

[三]《甫刑》，《尚書》篇名。匪，非也。命，謂政令也。高辛氏之末，諸侯有三苗者作亂，其治民不用政令，專制御之以嚴刑，乃作五虐蚩尤之刑，以是爲法。於是民皆爲惡，起倍畔也。三苗由此見滅，無後世，由不任德。

（三十三·四）

子曰：“下之事上也，不從其所令，從其所行。^[一]上好是物，下必有甚者矣。^[二]故上之所好惡，不可不慎也，是民之表也。”^[三]

[一]言民化行，不拘於言。

[二]甚者，甚於君也。

[三]言民之從君，如影逐表。

（三十三·五）

子曰：“禹立三年，百姓以仁遂焉，豈必盡仁？^[一]《詩》云：‘赫赫師尹，民具爾瞻。’《甫刑》曰^{〔一〕}：‘一人有慶，兆民賴之。’《大雅》曰：‘成王之孚，下土之式。’”^[二]

[一] 言百姓效禹爲仁^{〔二〕}，非本性能仁也。遂，猶達也。

[二] 皆言化君也。孚，信也。式，法也。

（三十三·六）

子曰：“上好仁，則下之爲仁爭先人。故長民者章志、貞教、尊仁，以子愛百姓；民致行己，以説其上矣。^[一]《詩》云：‘有梏德行，四國順之。’”^[二]

[一] 章，明也。貞，正也。“民致行己”者，民之行皆盡己心。

[二] 梏，大也，直也。

（三十三·七）

子曰：“王言如絲，其出如綸。王言如綸，其出如綍。^[一]故大人不倡游言。^[二]可言也，不可行，君子弗言也。可行也，不可言，君子弗行也。則民言不危行，而行不危言矣。^[三]《詩》云：‘淑慎爾止，不愆于儀。’”^[四]

[一] 言言出彌大也。綸，今有秩嗇夫所佩也。綍，引棺索也。

〔一〕 甫刑曰 “曰”，唐石經、阮刻本與底本同。余仁仲本作 “云”。

〔二〕 言百姓效禹爲仁 此句余仁仲本作 “百姓傚禹爲仁”，“百姓”上少一 “言”字。“效”，阮刻本作 “効”。

〔二〕游，猶浮也。不可用之言也。

〔三〕危，猶高也。言不高於行，行不高於言，言行相應也。

〔四〕淑，善也。愆，過也。言善慎女之容止，不可過於禮之威
　　儀也。

（三十三·八）

　　子曰："君子道人以言，而禁人以行。〔一〕故言必慮其
所終，而行必稽其所敝，則民謹於言而慎於行。〔二〕《詩》云：
'慎爾出話，敬爾威儀。'〔三〕《大雅》曰：'穆穆<u>文王</u>，於緝
熙敬止。'"〔四〕

〔一〕禁，猶謹也。

〔二〕稽，猶考也，議也。

〔三〕話，善言也。

〔四〕緝、熙，皆明也。言於明明乎敬其容止。

（三十三·九）

　　子曰："長民者，衣服不貳，從容有常，以齊其民，則
民德壹。〔一〕《詩》云：'彼都人士，狐裘黃黃。其容不改，
出言有章。行歸于周，萬民所望。'"〔二〕

〔一〕二，不一也〔一〕。

〔二〕黃衣，則狐裘大蜡之服也。詩人見而説焉。章，文章也。忠
　　信爲周。此《詩》，<u>毛氏</u>有之，三家則亡。

―――――

〔一〕　二不一也　此句<u>余仁仲</u>本、<u>阮</u>刻本作"貳，不壹也"。

(三十三·十)

子曰："爲上可望而知也，爲下可述而志也，則君不疑
於其臣，而臣不惑於其君矣。^[一]《尹吉》曰：'惟尹躬及湯，
咸有壹德。'^[二]《詩》云：'淑人君子，其儀不忒。'"

  [一] 志，猶知也。

  [二] 吉，當爲"告"。告，古文"誥"，字之誤也。《尹告》，伊尹
    之《誥》也。《書序》以爲《咸有壹德》，今亡。咸，皆也。
    君臣皆有壹德不貳，則無疑惑也。

(三十三·十一)

子曰："有國者章義癉惡^[一]，以示民厚，則民情不
貳。^[一]《詩》云：'靖共爾位，好是正直。'"

  [一] 章，明也。癉，病也。

(三十三·十二)

子曰："上人疑則百姓惑，下難知則君長勞。^[一]故君
民者，章好以示民俗，慎惡以御民之淫，則民不惑矣。^[二]
臣儀行，不重辭，不援其所不及，不煩其所不知，則君不
勞矣。^[三]《詩》云：'上帝板板，下民卒癉。'^[四]《小雅》曰：
'匪其止共，惟王之邛^[二]。'"^[五]

〔一〕有國者章義癉惡 "義"，唐石經、余仁仲本與底本同。阮刻本作"善"，誤。

〔二〕惟王之邛 "邛"，唐石經、《經典釋文》與底本同。余仁仲本、阮刻本作"邛"，誤。

〔一〕難知，有姦心也。

〔二〕淫，貪侈也。《孝經》曰：“示之以好惡，而民知禁。”

〔三〕儀，當爲“義”，聲之誤也。言臣義事則行也〔一〕。重，猶尚也。援，猶引也。引君所不及〔二〕，謂必使其君所行如堯、舜也。不煩以其所不知，謂必使其知慮如聖人也。凡告喻人，當隨其才以誘之。

〔四〕上帝，喻君也。板板，辟也。卒，盡也。癉，病也。此君使民惑之《詩》。

〔五〕匪，非也。邛，勞也〔三〕。言臣不止於恭敬其職，惟使王之勞。此臣使君勞之《詩》也。

（三十三·十三）

子曰：“政之不行也，教之不成也，爵禄不足勸也，刑罰不足恥也。故上不可以褻刑而輕爵。〔一〕《康誥》曰：‘敬明乃罰。’《甫刑》曰：‘播刑之不迪。’”〔二〕

〔一〕言政教，所以明賞罰。

〔二〕康，康叔也。作《誥》，《尚書》篇名也。播，猶施也。不，衍字耳。迪，道也，言施刑之道。

（三十三·十四）

子曰：“大臣不親，百姓不寧，則忠敬不足，而富貴

〔一〕言臣義事則行也　此句余仁仲本、阮刻本作“言臣義事則君行也”，“行”字前衍一“君”字。

〔二〕引君所不及　此句余仁仲本與底本同。阮刻本作“也引君所不及”，“引”字前衍一“也”字。

〔三〕邛勞也　“邛”，唐石經、《經典釋文》與底本同。余仁仲本、阮刻本作“卭”，誤。

已過也。大臣不治，而邇臣比矣。^[一]故大臣不可不敬也，是民之表也。邇臣不可不慎也，是民之道也。^[二]君毋以小謀大，毋以遠言近，毋以内圖外，^[三]則大臣不怨，邇臣不疾，而遠臣不蔽矣。^[四]葉公之《顧命》曰：‘毋以小謀敗大作，毋以嬖御人疾莊后，毋以嬖御士疾莊士、大夫、卿士。’”^[五]

[一] 忠敬不足，謂臣不忠於君，君不敬其臣。邇，近也。言近以見遠，言大以見小，互言之。比，私相親也^{〔一〕}。

[二] 民之道，言民循從也。

[三] 圖，亦謀也。言凡謀之，當各於其黨。於其黨，知其過，審也。大臣柄權於外，小臣執命於内，或時交爭，轉相陷害。

[四] 疾，猶非也。

[五] 葉公，楚縣公葉公子高也，臨死遺書曰《顧命》。小謀，小臣之謀也。大作，大臣之所爲也。嬖御人，愛妾也。疾，亦非也。莊后，適夫人齊莊得禮者。嬖御士，愛臣也。莊士，亦謂士之齊莊得禮者，今爲大夫、卿士。

（三十三·十五）

子曰：“大人不親其所賢，而信其所賤，民是以親失，而教是以煩。^[一]《詩》云：‘彼求我則，如不我得。執我仇仇，亦不我力。’^[二]《君陳》曰：‘未見聖，若己弗克見。既見聖，亦不克由聖。’”^[三]

〔一〕 比私相親也 “比”，阮刻本與底本同。余仁仲本作“此”，誤。

［一］親失，失其所當親也。教煩，由信賤也。賤者，無壹德也〔一〕。

［二］言君始求我，如恐不得我。既得我，持我仇仇然不堅固，亦
　　　不力用我，是不親信我也。

［三］克，能也。由，用也。

（三十三·十六）

　　子曰：“小人溺於水，君子溺於口，大人溺於民，皆在
其所褻也。[一]夫水近於人而溺人，德易狎而難親也，易以
溺人。[二]口費而煩，易出難悔，易以溺人。[三]夫民閉於
人而有鄙心，可敬不可慢，易以溺人。[四]故君子不可以不
慎也。[五]《太甲》曰：‘毋越厥命，以自覆也。若虞機張，
往省括于厥度，則釋。’[六]《兌命》曰：‘惟口起羞，惟甲
冑起兵，惟衣裳在笥，惟干戈省厥躬。’[七]《太甲》曰：‘天
作孽，可違也；自作孽，不可以逭。’[八]《尹吉》曰：‘惟
尹躬天，見于西邑夏，自周有終，相亦惟終。’”[九]

［一］言人不溺於所敬者。溺，謂覆没不能自理出也。

［二］言水，人所沐浴自絜清者〔二〕。至於深淵、洪波，所當畏慎也。
　　　由近人之故，或泳之游之，褻慢而無戒心，以取溺焉。有德
　　　者，亦如水矣。初時學其近者、小者，以從人事，自以爲
　　　可，則侮狎之。至於先王大道，性與天命，則遂扞格不入，
　　　迷惑無聞，如溺於大水矣。難親，親之當肅敬，如臨深淵。

［三］費，猶惠也。言口多空言，且煩數也。過言一出，駟馬不能

〔一〕　無壹德也　“壹”，余仁仲本與底本同。阮刻本作“一”。
〔二〕　人所沐浴自絜清者　“絜”，余仁仲本與底本同。阮刻本作“潔”。“沐”，余仁仲本
　　與底本同。阮刻本作“沭”，誤。

及，不可得悔也。口舌所覆，亦如溺矣。賁，或爲“哮”，或爲“悖”。

[四] 言民不通於人道，而心鄙詐，難卒告喻，人君敬慎以臨之則可。若陵虐而慢之，分崩怨畔[一]，君無所尊，亦如溺矣。

[五] 慎所可褻，乃不溺矣。

[六] “越”之言“歷”也。厥，其也。覆，敗也。言無自顛歷女之政教，以自毀敗。虞，主田獵之地者也。機，弩牙也。度，謂所擬射也。虞人之射禽，弩已張，從機間視括與所射，參相得，乃後釋弦發矢。爲政亦當以己心參於羣臣及萬民，可，乃後施也。

[七] 兌，當爲“説”，謂殷高宗之臣傅説也，作書以命高宗，《尚書》篇名也。羞，猶辱也。衣裳，朝祭之服也。惟口起辱，當慎言語也。惟甲胄起兵，當慎軍旅之事也。惟衣裳在笥，當服以爲禮也。惟干戈省厥躬，當恕己不尚害人也。

[八] 違，猶辟也。逭，逃也。

[九]《尹吉》，亦《尹誥》也。天，當爲“先”字之誤。忠信爲周。相，助也，謂臣也。伊尹言：尹之先祖見夏之先君臣，皆忠信以自終。今天絶桀者，以其自作孽。伊尹始仕於夏，此時就湯矣。夏之邑在亳西。見，或爲“敗”。邑，或爲“予”。

(三十三·十七)

　　子曰：“民以君爲心，君以民爲體。心莊則體舒，心肅則容敬。心好之，身必安之。君好之，民必欲之。心以體全，亦以體傷；君以民存，亦以民亡。^[一]《詩》云：‘昔吾有先正，其言明且清，國家以寧，都邑以成，庶民以生。誰能秉國成？不自爲正，卒勞百姓。’^[二]《君雅》曰：‘夏日暑雨，小民惟曰怨。資冬祁寒^[一]，小民亦惟曰怨。’”^[三]

［一］莊，齊莊也。

［二］先正，先君長也。誰能秉國成，傷今無此人也。成，邦之八成也。誰能秉行之，不自以所爲者正，盡勞來百姓憂念之者與？疾時大臣專功爭美。

［三］雅，《書序》作“牙”，假借字也。《君雅》，周穆王司徒作，《尚書》篇名也。資，當爲“至”，齊、魯之語，聲之誤也。“祁”之言“是”也，齊西偏之語也。夏日暑雨，小民怨天；至冬是寒，小民又怨天，言民恒多怨，爲其君難。

（三十三·十八）

子曰：“下之事上也，身不正，言不信，則義不壹，行無類也。”^[一]

［一］類，謂比式。

（三十三·十九）

子曰：“言有物而行有格也，是以生則不可奪志，死則不可奪名。^[一]故君子多聞，質而守之；多志，質而親之；精知，略而行之。^[二]《君陳》曰：‘出入自爾師虞，庶言

〔一〕資冬祁寒　“祁”，唐石經、阮刻本與底本同。余仁仲本作“祈”。

同。'〔三〕《詩》云:'淑人君子,其儀一也。'"

[一]物,謂事驗也。格,舊法也。

[二]質,猶少也。多志,謂博交汎愛人也。精知,孰慮於衆也。精,或爲"清"。

[三]自,由也。師、庶,皆衆也。虞,度也。言出内政教,當由女衆之所謀度,衆言同,乃行之,政教當由壹也〔一〕。

(三十三·二十)

子曰:"唯君子能好其正,小人毒其正。〔一〕故君子之朋友有鄉,其惡有方。〔二〕是故邇者不惑,而遠者不疑也。〔三〕《詩》云:'君子好仇。'"〔四〕

[一]正,當爲"匹",字之誤也。匹,謂知識朋友。

[二]鄉、方,喻輩類也。小人徼利,其友無常也。

[三]言其可望而知。邇,近也。

[四]仇,匹也。

(三十三·二十一)

子曰:"輕絕貧賤而重絕富貴,則好賢不堅而惡惡不著也。人雖曰不利,吾不信也。〔一〕《詩》云:'朋友攸攝,攝以威儀。'"〔二〕

[一]言此近徼利也。

〔一〕政教當由壹也 "壹",余仁仲本、阮刻本作"一"。

［二］攸，所也。言朋友以禮義相攝正，不以貧富貴賤之利也。

（三十三·二十二）

子曰：“私惠不歸德，君子不自留焉。^{［一］}《詩》云：‘人之好我，示我周行。’”^{［二］}

［一］私惠，謂不以公禮相慶賀，時以小物相問遺也。言其物不可以爲德，則君子不以身留此人也。相惠以褻瀆、邪辟之物，是爲不歸於德。歸，或爲“懷”。

［二］行，道也。言示我以忠信之道。

（三十三·二十三）

子曰：“苟有車，必見其軾；苟有衣，必見其敝。人苟或言之，必聞其聲；苟或行之，必見其成。^{［一］}《葛覃》曰：‘服之無射。’”^{［二］}

［一］言凡人舉事，必有後驗也。見其軾，謂載也。敝，敗衣也。衣或在內，新時不見。

［二］射，厭也。言己願采葛，以爲君子之衣，令君子服之無厭，言不虛也。

（三十三·二十四）

子曰：“言從而行之，則言不可飾也。行從而言之，則行不可飾也。^{［一］}故君子寡言而行，以成其信，則民不得大其美而小其惡。^{［二］}《詩》云：‘白圭之玷，尚可磨也。斯言之玷，不可爲也。’^{［三］}《小雅》曰：‘允也君子，展也大成。’^[四]《君奭》曰：‘昔在上帝，周田觀文王之德，其集大命于厥躬。’”^[五]

[一] 從，猶隨也。

[二] 以行爲驗，虛言無益於善也。寡，當爲“顧”，聲之誤也。

[三] 玷，缺也。言圭之缺，尚可磨而平之；言之缺，無如之何。

[四] 允，信也。展，誠也。

[五] 奭，召公名也，作《尚書》篇名也。古文“周田觀文王之德”爲“割申勸寧王之德”，今博士讀爲“厥亂勸寧王德^[一]”。三者皆異，古文似近之。“割”之言“蓋”也，言文王有誠信之德，天蓋申勸之，集大命於其身，謂命之使王天下也。

(三十三·二十五)

子曰：“南人有言曰：‘人而無恒，不可以爲卜筮。’古之遺言與？龜筮猶不能知也，而況於人乎？^[一]《詩》云：‘我龜既厭，不我告猶。’^[二]《兑命》曰：‘爵無及惡德。民立而正。事純而祭祀，是爲不敬。事煩則亂，事神則難。’^[三]《易》曰：‘不恒其德，或承之羞。’‘恒其德，偵。婦人吉，夫子凶。’”^[四]

[一] 恒，常也。不可爲卜筮，言卦兆不能見其情，定其吉凶也。

[二] 猶，道也。言褻而用之，龜厭之，不告以吉凶之道也。

[三] 惡德，無恒之德。純，猶皆也。言君祭祀，賜諸臣爵，無與

〔一〕 厥亂勸寧王德　此句余仁仲本、阮刻本作“厥亂勸寧王之德”，“王”字下多一“之”字。

惡德之人也〔一〕。民將立以爲正，言放傲之疾。事皆如是，而以祭祀，是不敬鬼神也。惡德之人使事煩，事煩則亂。使事鬼神，又難以得福也。純，或爲“煩”。

［四］差，猶辱也。偵，問也。問正爲偵。婦人，從人者也，以問正爲常德則吉。男子當專行幹事，而以問正爲常德，是亦無恒之人也。

〔一〕　無與惡德之人也　“無”，余仁仲本、阮刻本作“毋”。

礼記卷第十八

禮記卷第十八

奔喪第三十四

鄭　氏　注

（三十四·一）

奔喪之禮。始聞親喪，以哭荅使者，盡哀。問故，又哭，盡哀。[一]遂行，日行百里，不以夜行。[二]唯父母之喪，見星而行，見星而舍。[三]若未得行，則成服而后行。[四]過國至竟，哭，盡哀而止。[五]哭辟市朝。[六]望其國竟哭。[七]至於家，入門左。升自西階，殯東，西面坐，哭，盡哀。括髮，袒。[八]降，堂東即位，西鄉。哭，成踊。[九]襲、絰于序東，絞帶，反位。拜賓，成踊。[一○]送賓，反位。有賓後至者[一]，則拜之，成踊。送賓皆如初。衆主人、兄弟皆出門，出門哭止，闔門。相者告就次。[一一]於又哭，括髮，袒，成踊。於三哭，猶括髮，袒，成踊。[一二]三日成服，拜賓、送賓皆如初。[一三]

[一] 親，父母也。以哭荅使者，驚怛之，哀無辭也。問故，問親喪所由也。雖非父母，聞喪而哭，其禮亦然也。

[二] 雖有哀戚，猶辟害也，晝夜之分，別於昏明。哭則遂行者，不爲位。

〔一〕 有賓後至者 “賓”，底本作 “先”，誤。余仁仲本、阮刻本作 “賓”，據改。

〔三〕侵晨、冒昏，彌益促也。言“唯”，著異也。

〔四〕謂以君命有爲者也。成喪服，得行則行。

〔五〕感此念親。

〔六〕爲驚衆也。

〔七〕斬衰者也。自是哭且遂行。

〔八〕“括髮，袒”者，去飾也。未成服者，素委貌、深衣。已成服者，固自喪服矣。

〔九〕已殯者位在下。

〔一〇〕襲，服衣也。不於又哭乃絰者，發喪已踰日節，於是可也。其未小斂而至，與在家同耳。不散帶者，不見尸柩。凡拜賓者，就其位。旣拜，反位，哭、踊。

〔一一〕次，倚廬也。

〔一二〕又哭，至明日朝也。三哭，又其明日朝也。皆升堂，括髮，袒，如始至。必又哭、三哭者，象小斂、大斂時也。《雜記》曰：“士三踊。”其夕哭從朝。夕哭不括髮，不袒，不踊，不以爲數。

〔一三〕三日，三哭之明日也，旣哭，成其喪服〔一〕，杖於序東。

（三十四·二）

　　奔喪者非主人，則主人爲之拜賓、送賓。奔喪者自齊衰以下，入門左，中庭，北面，哭，盡哀。免、麻于序東，即位袒，與主人哭，成踊。〔一〕於又哭、三哭皆免、袒。有賓則主人拜賓、送賓。〔二〕丈夫、婦人之待之也，皆如朝夕哭位，無變也。〔三〕

〔一〕成其喪服　此句余仁仲本、阮刻本作“成其服喪服”，“喪”字前衍一“服”字。

［一］不升堂哭者，非父母之喪，統於主人也。麻，亦経帶也。於此言“麻”者，明所奔喪雖有輕者，不至喪所，無改服也。凡祖者於位，襲於序東，祖、襲不相因位。此麻乃祖，變於爲父母也。

［二］又哭、三哭，亦入門左，中庭北面，如始至時也。

［三］待奔喪者無變，嫌賓客之也。於賓客，以哀變爲敬，此骨肉，哀則自哀矣。於此乃言“待之”，明奔喪者至三哭猶不以序入也。

（三十四·三）

奔母之喪，西面，哭，盡哀。括髮，祖。降，堂東即位，西鄉。哭，成踊。襲、免、経于序東。拜賓、送賓，皆如奔父之禮。於又哭，不括髮。［一］

［一］爲母於又哭而免，輕於父也，其他則同。

（三十四·四）

婦人奔喪，升自東階，殯東，西面坐，哭，盡哀。東髽，即位，與主人拾踊。［一］

［一］婦人，謂姑、姊妹、女子子也。東階，東面階也。婦人入者由闈門。東髽，髽於東序。不髽於房，變於在室者也。去纚大紒曰“髽”。拾，更也。主人與之更踊，賓客之。

（三十四·五）

奔喪者不及殯，先之墓，北面坐，哭，盡哀。主人之

待之也，即位於墓左，婦人墓右，成踊，盡哀。括髮，東
即主人位。絰、絞帶，哭，成踊。拜賓，反位，成踊。相
者告事畢。^[一]遂冠，歸入門左，北面，哭，盡哀。括髮，
袒，成踊。東即位。拜賓，成踊。賓出，主人拜送。有賓
後至者，則拜之，成踊。送賓如初。衆主人、兄弟皆出門，
出門哭止。相者告就次。於又哭，括髮，成踊。於三哭，
猶括髮，成踊。三日成服。於五哭，相者告事畢。^[二]爲母
所以異於父者，壹括髮，其餘免以終事。他如奔父之禮。^[三]

> [一] 主人之待之，謂在家者也。哭於墓，爲父母則袒。“告事畢”
> 者，於此後無事也。

> [二] 又哭、三哭不袒者，哀戚已久，殺之也。逸《奔喪禮》説
> 不及殯曰：“於又哭，猶括髮，即位，不袒。”“告事畢”者，
> 五哭而不復哭也。成服之朝爲四哭。此謂旣期乃後歸至者
> 也。其未期，猶朝夕哭，不止於五哭。

> [三] 壹括髮，謂歸入門哭時也。於此乃言“爲母異於父”者，明
> 及殯、不及殯，其異者同。

(三十四·六)

齊衰以下，不及殯，先之墓。西面，哭，盡哀，^[一]免、
麻于東方，即位，與主人哭，成踊，襲。有賓，則主人拜
賓、送賓。賓有後至者，拜之如初。相者告事畢。^[二]遂冠，
歸，入門左，北面，哭，盡哀。免、袒，成踊。東即位，拜
賓，成踊。賓出，主人拜送。於又哭，免、袒，成踊。於三
哭，猶免、袒，成踊。三日成服。於五哭，相者告事畢。^[三]

［一］不北面者，亦統於主人。

［二］不言“袒”，言“襲”者，容齊衰親者或袒可。

［三］爲父，於又哭，括髮而不袒。此又哭、三哭，皆言“袒”。“袒”，衍字也。

（三十四·七）

聞喪不得奔喪，哭，盡哀。問故，又哭，盡哀。乃爲位，括髮，袒，成踊。襲，絰、絞帶，即位。^{［一］}拜賓，反位，成踊。賓出，主人拜送于門外，反位。若有賓後至者^{［一］}，拜之，成踊。送賓如初。於又哭，括髮，袒，成踊。於三哭，猶括髮，袒，成踊。三日成服。於五哭，拜賓、送賓如初。^{［二］}

［一］聞父母喪而不得奔，謂以君命有事。不然者，不得爲位。位有鄭列之處，如於家朝夕哭位矣。不於又哭乃絰者，喪至此踰節，日於是可也。

［二］不言“就次”者，當從其事，不可以喪服廢公職也。其在官，亦告就次。言“五哭”者，以迫公事，五日哀殺，亦可以止。

（三十四·八）

若除喪而后歸，則之墓，哭，成踊。東，括髮，袒，絰。拜賓，成踊。送賓，反位，又哭，盡哀。遂除。於家

〔一〕若有賓後至者　“至”，底本作“主”，誤。唐石經、余仁仲本、阮刻本作“至”，據改。

不哭。^{〔一〕}主人之待之也，無變於服，與之哭，不踊。^{〔二〕}自齊衰以下，所以異者，免、麻。

[一] 東，東即主人位，如不及殯者也。遂除，除於墓而歸。

[二] 無變於服，自若時服也。亦即位于墓左，婦人墓右。

(三十四·九)

凡爲位，非親喪，齊衰以下皆即位，哭，盡哀。而東，免、絰，即位，袒，成踊。^{〔一〕}襲，拜賓，反位，哭，成踊。送賓，反位。相者告就次。三日五哭，卒，主人出送賓。衆主人、兄弟皆出門，哭止。相者告事畢。成服，拜賓。^{〔二〕}若所爲位家遠，則成服而往。^{〔三〕}

[一] 謂無君事，又無故，可得奔喪，而以己私未奔者也。唯父母之喪^{〔一〕}，則不爲位，其哭之不離聞喪之處。齊衰以下，更爲位而哭，皆可行乃行。

[二] 卒，猶止也。“三日五哭”者，始聞喪訖夕爲位，乃出就次，一哭也。與明日、又明日之朝、夕而五哭。不五朝哭，而數朝、夕，備五哭而止。亦爲急奔喪，己私事當畢。亦明日乃成服。凡云“五哭”者，其後有賓，亦與之哭而拜之。

[三] 謂所當奔者，外喪也。外喪緩而道遠，成服乃行，容待齋也。

(三十四·十)

齊衰，望鄉而哭；大功，望門而哭；小功，至門而哭；

〔一〕 唯父母之喪　此句余仁仲本、阮刻本作“父母之喪”，“父母”前少一“唯”字。

緦麻，即位而哭。^[一]

［一］奔喪哭，親疏遠近之差也。

（三十四·十一）

哭父之黨於廟，母、妻之黨於寢，師於廟門外，朋友於寢門外，所識於野張帷。^[一]

［一］此因五服聞喪而哭，列人恩諸所當哭者也。黨，謂族類無服者也。逸《奔喪禮》曰：“哭父族與母黨於廟，妻之黨於寢，朋友於寢門外，壹哭而已，不踊。”言“壹哭而已”，則不爲位矣。

（三十四·十二）

凡爲位不奠。^[一]

［一］以其精神不存乎是。

（三十四·十三）

哭天子九，諸侯七，卿、大夫五，士三。^[一]

［一］此臣聞君喪而未奔，爲位而哭，尊卑日數之差也。士亦有屬吏，賤，不得君臣之名。

（三十四·十四）

大夫哭諸侯，不敢拜賓。^[一]

　　〔一〕謂哭其舊君，不敢拜賓，辟爲主。

（三十四・十五）

　　諸臣在他國，爲位而哭，不敢拜賓。^{〔一〕}

　　〔一〕謂大夫、士使於列國。

（三十四・十六）

　　與諸侯爲兄弟，亦爲位而哭。^{〔一〕}

　　〔一〕族親、昏姻在異國者。

（三十四・十七）

　　凡爲位者，壹袒。^{〔一〕}

　　〔一〕謂於禮正，可爲位而哭也。始聞喪，哭而袒，其明日則否。
　　　　父母之喪，自若三袒也。

（三十四・十八）

　　所識者弔，先哭于家，而後之墓，皆爲之成踊，從主
人北面而踊。^{〔一〕}

　　〔一〕從主人而踊，拾踊也。北面，自外來便也。主人墓左，西面。

（三十四・十九）

　　凡喪，父在，父爲主；^{〔一〕}父没，兄弟同居，各主其

喪。^[二]親同，長者主之；^[三]不同，親者主之。^[四]

　[一] 與賓客爲禮，宜使尊者。

　[二] 各爲其妻、子之喪爲主也。祔，則宗子主之。

　[三] 父母没，如昆弟之喪，宗子主之。

　[四] 從父昆弟之喪^[一]。

（三十四·二十）

　　聞遠兄弟之喪，既除喪而后聞喪，免、袒，成踊。拜賓，則尚左手。^[一]

　[一] 小功、緦麻不税者也。雖不服，猶免、袒。尚左手，吉拜也。逸《奔喪禮》曰：“凡拜，吉、喪皆尚左手。”

（三十四·二十一）

　　無服而爲位者，唯嫂、叔及婦人降而無服者，麻。^[一]

　[一] 雖無服，猶吊服加麻^[二]。袒、免，爲位哭也。正言“嫂、叔”，尊嫂也。兄公於弟之妻，則不能也。婦人降而無服，族姑、姊妹嫁者也。逸《奔喪禮》曰：“無服袒免爲位者，唯嫂與叔。凡爲其男子服，其婦人降而無服者，麻。”

（三十四·二十二）

　　凡奔喪，有大夫至，袒，拜之，成踊而后襲。於士，

〔一〕 從父昆弟之喪　“喪”，余仁仲本與底本同。阮刻本作“後”，誤。

〔二〕 猶吊服加麻　“吊”，余仁仲本、阮刻本作“弔”。

襲而后拜之。^{〔一〕}

> 〔一〕主人袒，降，哭，而大夫至，因拜之，不敢成己禮，乃禮尊
> 者。或曰："大夫後至者，袒，拜之，爲之成踊^{〔一〕}。"

〔一〕 爲之成踊 "爲"，阮刻本與底本同。余仁仲本作"謂"，誤。

問喪第三十五

鄭　氏　注

（三十五·一）

親始死，雞斯，徒跣，扱上衽，交手哭。惻怛之心，痛疾之意，傷腎、乾肝、焦肺，水漿不入口三日。不舉火，故鄰里爲之糜粥以飲食之。[一]夫悲哀在中，故形變於外也。痛疾在心，故口不甘味，身不安美也。[二]

[一] 親，父母也。雞斯，當爲“笄纚”，聲之誤也。親始死，去冠，二日乃去笄纚，括髮也。今時始喪者，邪巾貊頭，笄纚之存象也。徒，猶空也。上衽，深衣之裳前。五藏者，腎在下，肝在中，肺在上，舉三者之焦傷，而心、脾在其中矣。五家爲鄰，五鄰爲里。

[二] 言人情之中外相應。

（三十五·二）

三日而斂，在牀曰尸，在棺曰柩。動尸舉柩，哭踊無數。惻怛之心，痛疾之意，悲哀志懑氣盛，故袒而踊之，所以動體、安心、下氣也。婦人不宜袒，故發胷、擊心、爵踊，殷殷田田，如壞牆然，悲哀痛疾之至也。故曰“辟踊哭泣，哀以送之。送形而往，迎精而反”也。[一]

[一] 故袒而踊之，言聖人制法，故使之然也。爵踊，足不絕地。

辟，拊心也。哀以送之，謂葬時也。迎其精神而反，謂反哭
及日中而虞也。

（三十五・三）

其往送也，望望然，汲汲然，如有追而弗及也。其反
哭也，皇皇然，若有求而弗得也。故其往送也如慕，其反
也如疑。^[一]

［一］望望，瞻望之貌也。慕者，以其親之在前。疑者，不知神之
來否。

（三十五・四）

求而無所得之也，入門而弗見也，上堂又弗見也，入
室又弗見也。亡矣，喪矣，不可復見已矣！故哭泣，辟
踊，盡哀而止矣。^[一]心悵焉，愴焉，惚焉，愾焉，心絕
志悲而已矣。祭之宗廟，以鬼饗之，徼幸復反也。^[二]

［一］説反哭之義也。
［二］説虞之義。

（三十五・五）

成壙而歸，不敢入處室，居於倚廬，哀親之在外也。
寢苫枕塊，哀親之在土也。^[一]故哭泣無時，服勤三年，思
慕之心，孝子之志也，人情之實也。^[二]

［一］言親在外、在土，孝子不忍反室自安也。"入處室"，或

爲“入宮”。

［二］勤，謂憂勞。

（三十五·六）

　　或問曰：“死三日而后斂者，何也？”［一］曰：“孝子親死，悲哀志懣，故匍匐而哭之，若將復生然，安可得奪而斂之也？故曰：‘三日而后斂者，以俟其生也。’三日而不生，亦不生矣。孝子之心，亦益衰矣。家室之計，衣服之具，亦可以成矣。親戚之遠者，亦可以至矣。是故聖人爲之斷決，以三日爲之禮制也。”［二］

［一］怪其遲也。

［二］匍匐，猶顛蹶，或作“扶服”。

（三十五·七）

　　或問曰：“冠者不肉袒，何也？”［一］曰：“冠至尊也，不居肉袒之體也，故爲之免以代之也。［二］然則禿者不免，傴者不袒，跛者不踊，非不悲也，身有錮疾，不可以備禮也。故曰：‘喪禮唯哀爲主矣。’女子哭泣悲哀，擊胷傷心；男子哭泣悲哀，稽顙觸地無容，哀之至也。”［三］

［一］怪冠、衣之相爲也。

［二］言身無飾者不敢冠，冠爲褻尊服，肉袒則著免。免狀如冠，而廣一寸。

［三］將踊先袒，將袒先免，此三疾俱不踊、不袒、不免，顧其所以否者，各爲一耳。擊胷傷心，稽顙觸地，不踊者若此而

可。或曰“男女哭踊”。

（三十五·八）

　　或問曰：“免者以何爲也？”〔一〕曰：“不冠者之所服也。《禮》曰：‘童子不緦，唯當室緦。’緦者其免也，當室則免而杖矣。”〔二〕

　　〔一〕怪本所爲施也。
　　〔二〕不冠者，猶未冠也。當室，謂無父兄而主家者也。童子不杖，不杖者不免，當室則杖而免。免，冠之細〔一〕，以次成人也。緦者其免也，言免乃有緦服也。

（三十五·九）

　　或問曰：“杖者何也？”〔一〕曰：“竹、桐，一也。故爲父苴杖，苴杖，竹也。爲母削杖，削杖，桐也。”〔二〕

　　〔一〕怪其義各異。
　　〔二〕言所以杖者，義一也，顧所用異耳。

（三十五·十）

　　或問曰：“杖者以何爲也？”〔一〕曰：“孝子喪親，哭泣無數，服勤三年，身病體羸，以杖扶病也。〔二〕則父在不敢杖矣，尊者在故也。堂上不杖，辟尊者之處也。堂上不趨，示不遽也。此孝子之志也，人情之實也，禮義之經

―――――――――

〔一〕 免冠之細　此句余仁仲本、阮刻本作“免冠之細別”，“細”字下衍一“別”字。

也。非從天降也，非從地出也，人情而已矣。"^[三]

〔一〕怪所爲施。

〔二〕言得杖乃能起也。數，或爲"時"。

〔三〕父在，不杖，謂爲母喪也。尊者在，不杖。尊者之處^{〔一〕}，不
　　　杖。有事，不趨。皆爲其感動，使之憂戚也。

服問第三十六

鄭　氏　注

（三十六·一）

《傳》曰"有從輕而重"，公子之妻爲其皇姑。[一] "有從重而輕"，爲妻之父母。[二] "有從無服而有服"，公子之妻爲公子之外兄弟。[三] "有從有服而無服"，公子爲其妻之父母。[四]

[一] 皇，君也。諸侯妾子之妻，爲其君姑齊衰，與爲小君同。舅不厭婦也。

[二] 妻齊衰而夫從緦麻，不降一等，言非服差。

[三] 謂爲公子之外祖父母、從母緦麻。

[四] 凡公子厭於君，降其私親。女君之子不降也。

（三十六·二）

《傳》曰："母出，則爲繼母之黨服。母死，則爲其母之黨服。"爲其母之黨服，則不爲繼母之黨服。[一]

[一] 雖外親，亦無二統。

（三十六·三）

三年之喪既練矣，有期之喪既葬矣，則帶其故葛帶，絰期之絰，服其功衰。[一] 有大功之喪，亦如之。[二] 小功，無變也。[三]

［一］“帶其故葛帶”者，三年旣練，期旣葬，差相似也。經期之葛經，三年旣練，首經除矣。爲父旣練［一］，衰七升；母旣葬，衰八升。凡齊衰旣葬，衰或八升，或九升。服其功衰，服麤衰。

［二］大功之麻，變三年之練葛，期旣葬之葛帶，小於練之葛帶，又當有經，亦反服其故葛帶，經期之經，差之宜也。此雖變麻服葛，大小同耳，亦服其功衰。凡三年之喪旣練，始遭齊衰、大功之喪，經、帶皆麻。

［三］無所變於大功、齊、斬之服［二］，不用輕累重也。

(三十六·四)

麻之有本者，變三年之葛。［一］旣練，遇麻斷本者，於免、經之。旣免，去經。每可以經，必經。旣經，則去之。［二］

［一］有本，謂大功以上也。小功以下，澡麻，斷本。

［二］雖無變，緣練無首經，於有事則免、經如其倫。免無不經，經有不免，其無事則自若練服也。

(三十六·五)

小功不易喪之練冠，如免，則經其總、小功之經，因其初葛帶。總之麻，不變小功之葛；小功之麻，不變大功之葛。以有本爲稅。［一］

〔一〕　爲父旣練　此句余仁仲本、阮刻本作“爲父旣練，首經除矣，爲父旣練”，“首經除矣，爲父旣練”八字爲衍文，誤。

〔二〕　無所變於大功齊斬之服　“斬”，余仁仲本與底本同。阮刻本作“衰”，誤。

〔一〕稅，亦變易也。小功以下之麻，雖與上葛同，猶不變也。此
　　　要其麻有本者，乃變上耳。《雜記》曰："有三年之練冠，則
　　　以大功之麻易之，唯杖、屨不易也。"

（三十六·六）

　　殤長、中，變三年之葛，終殤之月筭，而反三年之葛。
是非重麻，爲其無卒哭之稅。下殤則否。^{〔一〕}

〔一〕謂大功之親，爲殤在緦、小功者也。可以變三年之葛^{〔一〕}，正
　　　親親也。三年之葛，大功變既練，齊衰變既虞、卒哭^{〔二〕}。凡
　　　喪卒哭，受麻以葛。殤以麻終喪之月數，非重之而不變，爲
　　　殤未成人，文不縟耳。下殤則否，言賤也。男子爲大功之
　　　殤，中從上，服小功。婦人爲之，中從下，服緦麻。

（三十六·七）

　　君爲天子三年，夫人如外宗之爲君也。^{〔一〕}世子不爲天
子服。^{〔二〕}

〔一〕外宗，君外親之婦也。其夫與諸侯爲兄弟服斬，妻從服期。
　　　諸侯爲天子服斬，夫人亦從服期。《喪大記》曰："外宗，房
　　　中，南面。"
〔二〕遠嫌也。不服，與畿外之民同也。

〔一〕可以變三年之葛　"可"，余仁仲本與底本同。阮刻本作"所"。
〔二〕齊衰變既虞卒哭　"齊"，余仁仲本與底本同。阮刻本作"麻"，誤。

（三十六·八）

君所主，夫人妻、大子、適婦。^[一]

[一]言“妻”，見大夫以下，亦爲此三人爲喪主也。

（三十六·九）

大夫之適子，爲君、夫人、大子，如士服。^[一]

[一]大夫不世子，不嫌也。士爲國君斬、小君期。大子君服斬，
　　臣從服期。

（三十六·十）

君之母，非夫人，則羣臣無服，唯近臣及僕、驂乘從
服，唯君所服服也。^[一]

[一]妾，先君所不服也。禮，庶子爲後，爲其母緦。言“唯君所
　　服”，伸君也。《春秋》之義，有以小君服之者。時若小君在，
　　則益不可。

（三十六·十一）

公爲卿、大夫錫衰以居，出亦如之，當事則弁絰。大
夫相爲亦然。爲其妻，往則服之，出則否。^[一]

[一]弁絰，如爵弁而素，加絰也。不當事則皮弁。出，謂以他
　　事，不至喪所。

（三十六·十二）

　　凡見人，無免経。雖朝於君，無免経。唯公門有税齊衰。《傳》曰："君子不奪人之喪，亦不可奪喪也。"[一]

　　［一］見人，謂行求見人也。無免経，経重也。税，猶免也。古者"説"或作"税"。有免齊衰，謂不杖齊衰也。於公門有免齊衰，則大功有免経也。

（三十六·十三）

　　《傳》曰："罪多而刑五，喪多而服五。上附、下附，列也。"[一]

　　［一］列，等比也。

閒傳第三十七

鄭　氏　注

（三十七·一）

斬衰何以服苴？苴，惡貌也，所以首其内而見諸外也。斬衰貌若苴，齊衰貌若枲，大功貌若止，小功、緦麻容貌可也。此哀之發於容體者也。[一]

　　[一]有大憂者，面必深黑。止，謂不動於喜樂之事。枲，或爲"似"。

（三十七·二）

斬衰之哭，若往而不反；齊衰之哭，若往而反；大功之哭，三曲而偯；小功、緦麻，哀容可也。此哀之發於聲音者也。[一]

　　[一]三曲，一舉聲而三折也。偯，聲餘從容也。

（三十七·三）

斬衰唯而不對，齊衰對而不言，大功言而不議，小功、緦麻議而不及樂。此哀之發於言語者也。[一]

　　[一]議，謂陳説非時事也。

（三十七·四）

斬衰三日不食，齊衰二日不食，大功三不食，小功、緦麻再不食，士與斂焉，則壹不食。故父母之喪，既殯食粥，朝一溢米，莫一溢米；齊衰之喪，疏食水飲，不食菜果；大功之喪，不食醯醬；小功、緦麻，不飲醴酒。此哀之發於飲食者也。

（三十七·五）

父母之喪，既虞、卒哭，疏食水飲，不食菜果；期而小祥，食菜果；又期而大祥，有醯醬；中月而禫，禫而飲醴酒。始飲酒者，先飲醴酒；始食肉者，先食乾肉。[一]

　　[一] 先飲醴酒、食乾肉者，不忍發御厚味。

（三十七·六）

父母之喪，居倚廬，寢苫枕塊，不說絰帶；齊衰之喪，居堊室，苄翦不納；大功之喪，寢有席；小功、緦麻，牀可也。此哀之發於居處者也。

（三十七·七）

父母之喪，既虞、卒哭，柱楣翦屏，苄翦不納；期而小祥，居堊室，寢有席；又期而大祥，居復寢；中月而禫，禫而牀。[一]

　　[一] 苄，今之蒲苹也。

（三十七·八）

斬衰三升；齊衰四升、五升、六升；大功七升、八升、

九升；小功十升、十一升、十二升；緦麻十五升去其半。有事其縷，無事其布，曰緦。此哀之發於衣服者也。[一]

　　[一] 此齊衰多二等[一]，大功、小功多一等。服主於受，是極列衣
　　　　服之差也。

（三十七·九）

　　斬衰三升，既虞、卒哭，受以成布六升，冠七升。爲母疏衰四升，受以成布七升，冠八升。去麻服葛，葛帶三重。期而小祥，練冠縓緣，要絰不除。男子除乎首，婦人除乎帶。男子何爲除乎首也？婦人何爲除乎帶也？男子重首，婦人重帶。除服者先重者，易服者易輕者。又期而大祥，素縞麻衣。中月而禫，禫而纖，無所不佩。[一]

　　[一] 葛帶三重，謂男子也，五分去一而四糾之。帶輕，既變，因
　　　　爲飾也。婦人葛絰，不葛帶。舊説云：“三糾之，練而帶去
　　　　一股。”去一股，則小於小功之絰，似非也。易服，謂爲後
　　　　喪所變也。婦人重帶，帶在下體之上，婦人重之，辟男子
　　　　也。其爲帶，猶五分絰去一耳。《喪服小記》曰：“除成喪者，
　　　　其祭也，朝服縞冠。”此素縞者，《玉藻》所云：“縞冠素紕，
　　　　既祥之冠。”麻衣，十五升布深衣也[二]。謂之“麻”者，純用
　　　　布，無采飾也。大祥，除衰、杖。黑經白緯曰“纖”。舊説：
　　　　“纖，冠者采纓也。”無所不佩，紛帨之屬，如平常也。纖，

〔一〕 此齊衰多二等　“二”，阮刻本與底本同。余仁仲本作“一”，誤。
〔二〕 十五升布深衣也　此句余仁仲本與底本同。阮刻本作“十五升布亦深衣也”，“布”
　　　字下衍一“亦”字。

或作“綬”。

（三十七·十）

易服者何爲易輕者也？^[一]斬衰之喪，旣虞、卒哭，遭齊衰之喪，輕者包，重者特。^[二]

> [一] 因上説而問之。
>
> [二] 説所以易輕者之義也。旣虞、卒哭，謂齊衰可易斬服之節也。輕者可施於卑，服齊衰之麻，以包斬衰之葛，謂男子帶，婦人絰也。重者宜主於尊，謂男子之絰，婦人之帶，特其葛不變之也。此言“包”“特”者，明於卑可以兩施，而尊者不可貳。

（三十七·十一）

旣練，遭大功之喪，麻、葛重。^[一]

> [一] 此言大功可易斬服之節也。斬衰已練，男子除絰而帶獨存，婦人除帶而絰獨存，謂之“單”。單，獨也。遭大功之喪，男子有麻絰，婦人有麻帶，又皆易其輕者以麻，謂之“重麻”。旣虞、卒哭，男子帶其故葛帶，絰期之葛絰，婦人絰其故葛絰，帶期之葛帶，謂之“重葛”。

（三十七·十二）

齊衰之喪，旣虞、卒哭，遭大功之喪，麻、葛兼服之。^[一]

> [一] 此言大功可易齊衰期服之節也。兼，猶兩也。不言

“包”“特”而兩言者，“包”“特”著其義。“兼”者，明有経、有帶耳。不言“重”者，三年之喪，既練，或無経，或無帶。言“重”者，以明今皆有，期以下固皆有矣。兩者，有麻、有葛耳。葛者亦特其重，麻者亦包其輕。

(三十七·十三)

斬衰之葛，與齊衰之麻同；齊衰之葛，與大功之麻同；大功之葛，與小功之麻同；小功之葛，與緦之麻同。麻同則兼服之。[一]兼服之服重者，則易輕者也。[二]

[一] 此竟言有上服，既虞、卒哭，遭下服之差也。唯大功有變三年既練之服，小功以下，則於上皆無易焉。此言“大功之葛，與小功之麻同；小功之葛，與緦之麻同”，主屬大功之殤長、中言之。

[二] “服重”者，謂特之也。“則”者，則男子與婦人也。凡下服，虞、卒哭，男子反其故葛帶，婦人反其故葛経。其上服除，則固自受以下服之受矣。

三年問第三十八

鄭　氏　注

（三十八・一）

三年之喪，何也？曰：稱情而立文，因以飾羣，別親疏、貴賤之節，而弗可損益也，故曰：“無易之道也。”[一]

> [一]稱情而立文，稱人之情輕重，而制其禮也。羣，謂親之黨也。無易，猶不易也。

（三十八・二）

創鉅者其日久，痛甚者其愈遲。三年者，稱情而立文，所以爲至痛飾也。斬衰，苴杖，居倚廬，食粥，寢苫枕塊，所以爲至痛飾也。[一]

> [一]飾，情之章表也。

（三十八・三）

三年之喪，二十五月而畢，哀痛未盡，思慕未忘，然而服以是斷之者，豈不送死有已、復生有節也哉！[一]

> [一]復生，除喪反生者之事也。

（三十八・四）

凡生天地之閒者，有血氣之屬必有知，有知之屬莫不知愛其類。今是大鳥獸則失喪其羣匹，越月踰時焉，則必反巡，過其故鄉，翔回焉，鳴號焉，蹢躅焉，踟蹰焉，然後乃能去之。小者至於燕雀，猶有啁噍之頃焉，然後乃能去之。故有血氣之屬者，莫知於人，故人於其親也，至死不窮。[一]

[一] 匹，偶也。言燕雀之恩不如大鳥獸，大鳥獸不如人。含血氣之類，人最有知而恩深也。於其五服之親，念之至死無止已。

（三十八·五）

　　將由夫患邪淫之人與？則彼朝死而夕忘之，然而從之，則是曾鳥獸之不若也。夫焉能相與羣居而不亂乎？[一] 將由夫脩飾之君子與？則三年之喪，二十五月而畢，若駟之過隙，然而遂之，則是無窮也。[二] 故先王焉爲之立中制節，壹使足以成文理，則釋之矣。[三]

[一] 言惡人薄於恩，死則忘之。其相與聚處，必失禮也。

[二] 駟之過隙，喻疾也。遂之，謂不時除也。

[三] 立中制節，謂服之年月也。釋，猶除也，去也。

（三十八·六）

　　然則何以至期也？[一] 曰：至親以期斷。[二] 是何也？[三] 曰：天地則已易矣，四時則已變矣，其在天地之中者，莫不更始焉，以是象之也。[四] 然則何以三年也？[五] 曰：加隆焉爾也。焉使倍之，故再期也。[六] 由九月以下，何也？

841

曰：焉使弗及也。^[七]故三年以爲隆，緦、小功以爲殺，期、
九月以爲閒。

[一]言三年之義如此，則何以有降至於期也？期者，謂爲人後
　　者，父在爲母也。

[二]言服之正，雖至親，皆期而除也。

[三]問服斷於期之義也。

[四]法此變易，可以期也。

[五]言法此變易，可以期，何以乃三年爲？

[六]言於父母，加隆其恩，使倍期也。下“焉”猶“然”。

[七]言使其恩不若父母。

(三十八·七)

　　上取象於天，下取法於地，中取則於人，人之所以羣
居和壹之理盡矣。^[一]故三年之喪，人道之至文者也。夫是
之謂至隆。^[二]是百王之所同，古今之所壹也，未有知其所
由來者也。^[三]孔子曰：“子生三年，然後免於父母之懷。”
夫三年之喪，天下之達喪也。^[四]

[一]取象於天地，謂法其變易也。自三年以至緦，皆歲時之數
　　也。言既象天地，又足以盡人聚居純厚之恩也。

[二]言三年之喪，喪禮之最盛也。

[三]不知其所從來，喻此三年之喪，前世行之久矣。

[四]達，謂自天子至於庶人。

深衣第三十九

鄭　氏　注

（三十九·一）

　　古者深衣，蓋有制度，以應規、矩、繩、權、衡。^[一] 短毋見膚，^[二]長毋被土。^[三]續衽，鉤邊，^[四]要縫半下。^[五] 袼之高下^{〔一〕}，可以運肘。^[六]袂之長短，反詘之及肘。^[七]帶，下毋厭髀，上毋厭脅，當無骨者。^[八]

　　[一] 言聖人制事，必有法度。

　　[二] 衣取蔽形。

　　[三] 爲汗辱也。

　　[四] 續，猶屬也。衽，在裳旁者也。屬連之，不殊裳前後也。鉤，讀如“鳥喙必鉤”之“鉤”。鉤邊，若今曲裾也。續，或爲“裕”。

　　[五] 三分要中，減一以益下，下宜寬也。要，或爲“優”。

　　[六] 肘不能不出入。袼，衣袂當掖之縫也^{〔二〕}。

　　[七] 袂屬幅於衣，詘而至肘，當臂中爲節。臂骨上下各尺二寸，則袂，肘以前尺二寸。肘，或爲“腕”。

　　[八] 當骨，緩急難爲中也。

（三十九·二）

　　制，十有二幅，以應十有二月。^[一]袂圜以應規，^[二]

〔一〕袼之高下　“袼”，底本作“袷”，誤。唐石經、余仁仲本、阮刻本作“袼”，據改。
〔二〕袼衣袂當掖之縫也　“袼”，底本作“袷”，誤。余仁仲本、阮刻本作“袼”，據改。

曲袷如矩以應方，^[三]負繩及踝以應直，^[四]下齊如權、衡以應平。^[五]故規者，行舉手以爲容。^[六]負繩、抱方者，以直其政、方其義也。故《易》曰"《坤》，六二之動，直以方也"。^[七]下齊如權衡者，以安志而平心也。^[八]五法已施，故聖人服之。^[九]故規、矩取其無私，繩取其直，權、衡取其平，故先王貴之。^[一〇]故可以爲文，可以爲武，可以擯相，可以治軍旅。完且弗費，善衣之次也。^[一一]

［一］裳六幅，幅分之，以爲上下之殺。

［二］謂胡下也。

［三］袷，交領也。古者方領，如今小兒衣領。

［四］繩，謂裻與後幅相當之縫也。踝，跟也。

［五］齊，緝。

［六］行舉手，謂揖讓。

［七］言深衣之直、方，應《易》之文也。政，或爲"正"。

［八］心平志安，行乃正。或低若仰^[一]，則心有異志者與？

［九］言非法不服也。

［一〇］貴此衣也。

［一一］完且弗費，言可苦衣而易有也。深衣者，用十五升布，鍛濯灰治，純之以采。善衣，朝、祭之服也。自士以上，深衣爲之次。庶人吉服，深衣而已。

（三十九·三）

具父母、大父母，衣純以繢。具父母，衣純以青。如

［一］ 或低若仰 "若"，余仁仲本、阮刻本作"或"。

孤子，衣純以素。^[一]純袂、緣、純邊，廣各寸半。^[二]

［一］尊者存，以多飾爲孝。繢，畫文也。三十巳下^{〔一〕}，無父稱孤。

［二］純，謂緣之也。緣袂，謂其口也。緣，緆也。緣邊，衣裳之側。廣各寸半，則表裏共三寸矣。唯袷廣二寸。

禮記卷第十九

禮記卷第十九

投壺第四十

鄭 氏 注

（四十·一）

投壺之禮。主人奉矢，司射奉中，使人執壺。[一] 主人請曰：“某有枉矢哨壺，請以樂賓。”賓曰：“子有旨酒嘉肴，某既賜矣，又重以樂，敢辭。”[二] 主人曰：“枉矢哨壺，不足辭也，敢固以請。”賓曰：“某既賜矣，又重以樂，敢固辭。”[三] 主人曰：“枉矢哨壺，不足辭也，敢固以請。”賓曰：“某固辭不得命，敢不敬從。”[四]

　[一]　矢，所以投者也。中，士則鹿中也。射人奉之者，投壺，射之類也。其奉之，西階上，北面。

　[二]　燕飲酒，既脫屨升坐，主人乃請投壺也。否則或射，所謂“燕射”也。枉、哨，不正貌，爲謙辭。

　[三]　“固”之言“如故”也。言如故辭者，重辭也。

　[四]　不得命，不以命見許。

（四十·二）

賓再拜受，主人般還，曰：“辟。”[一] 主人阼階上拜送，賓般還，曰：“辟。”[二] 已拜受矢，進即兩楹間。退，反

位，揖賓，就筵。^[三]

> ［一］賓再拜受，拜受矢也。主人旣辟，進授矢兩楹之間也。
>
> ［二］拜送，送矢也。辟亦於其階上。
>
> ［三］主人旣拜送矢，又自受矢。“進即兩楹間”者，言將有事於
> 此也。退乃揖賓即席，欲與偕進，明爲偶也。賓席、主人席
> 皆南鄉，間相去如射物。

（四十·三）

司射進度壺，間以二矢半。反位，設中，東面，執八
算，興。^[一]請賓，曰：“順投爲入，比投不釋，勝飮不勝
者。正爵旣行，請爲勝者立馬。一馬從二馬，三馬旣立，
請慶多馬。”請主人亦如之。^[二]命弦者曰：“請奏《貍首》，
間若一。”大師曰：“諾。”^[三]

> ［一］度壺，度其所設之處也。壺去坐二矢半，則堂上去賓席、主
> 人席邪行各七尺也。反位，西階上位也。設中，東面，旣
> 設中，亦實八算於中，橫委其餘於中西，執算而立，以請賓
> 俟投。
>
> ［二］請，猶告也。順投，矢本入也。比投，不拾也。勝飮不勝，
> 言以能養不能也。正爵，所以正禮之爵也。或以罰，或以
> 慶。馬，勝算也。請之馬者，若云技藝如此，任爲將帥乘馬
> 也。射、投壺，皆所以習武，因爲樂。
>
> ［三］弦，鼓瑟者也。《貍首》，《詩》篇名也，今逸。《射義》所云
> “《詩》曰‘曾孫侯氏’”是也。“間若一”者，投壺當以爲志，
> 取節焉。

（四十·四）

　　左右告矢具，請拾投。有入者，則司射坐而釋一筭焉。賓黨於右，主黨於左。[一]

　　[一]拾，更也。告矢具，請更投者，司射也。司射東面立，釋筭則坐。以南爲右，北爲左也。已投者退，各反其位。

（四十·五）

　　卒投，司射執筭，曰：“左右卒投，請數。”二筭爲純，一純以取，一筭爲奇。遂以奇筭告曰：“某賢於某若干純。”奇，則曰“奇”；鈞[一]，則曰“左右鈞”。[一]

　　[一]卒，已也。賓主之黨畢已投[二]，司射又請數其所釋左右筭，如數射筭。一純以取，實於左手，十純則縮而委之。每委異之，有餘則橫諸純下。一筭爲奇，奇則縮諸純下。兼斂左筭，實於左手，一純以委，十則異之。其他如右獲。畢則司射執奇筭，以告於賓與主人也。若告云“某賢於某”者，未斥主黨勝與，賓黨勝與？以勝爲賢，尚技藝也。鈞，猶等也。等，則左右手各執一筭以告。

（四十·六）

　　命酌，曰：“請行觴。”酌者曰：“諾。”[一]當飲者皆跪，奉觴曰：“賜灌。”勝者跪曰：“敬養。”[二]

〔一〕鈞　“鈞”，唐石經、余仁仲本與底本同。阮刻本作“均”，誤。

〔二〕賓主之黨畢已投　“主”，阮刻本與底本同。余仁仲本作“王”，誤。

［一］司射又請於賓與主人，以行正爵。酌者，勝黨之弟子。

［二］酌者亦酌奠於豐上。不勝者坐取，乃退而跪飲之。灌，猶飲
也。言"賜灌"者，服而爲尊敬辭也。《周禮》曰："以灌賓
客。"賜灌、敬養，各與其偶於西階上，如飲射爵。

（四十·七）

正爵既行，請立馬，馬各直其筭。一馬從二馬，以
慶。慶禮曰："三馬既備，請慶多馬。"賓、主皆曰：
"諾。"［一］正爵既行，請徹馬。［二］

［一］飲不勝者畢，司射又請爲勝者立馬，當其所釋筭之前。三立
馬者，投壺如射，亦三而止也。三者，一黨不必三勝。其
一勝者，并其馬於再勝者以慶之，明一勝不得慶也。飲慶爵
者，偶親酌，不使弟子，無豐。

［二］投壺禮畢，可以去其勝筭也。既徹馬，無筭爵乃行。

（四十·八）

筭多少，視其坐。［一］籌，室中五扶，堂上七扶，庭中
九扶。［二］筭，長尺二寸。［三］壺，頸脩七寸，腹脩五寸，
口徑二寸半，容斗五升。壺中實小豆焉，爲其矢之躍而出
也。壺去席二矢半。［四］矢，以柘若棘，毋去其皮。［五］

［一］筭用當視坐投壺者之衆寡爲數也。投壺者人四矢，亦人
四筭。

［二］籌，矢也。鋪四指曰扶，一指案寸。《春秋傳》曰："膚寸而
合。"投壺者，或於室，或於堂，或於庭，其禮襃，隨晏早

之宜，無常處。

〔三〕其節三扶可也。或曰：“筭長尺，有握。”握，素也。

〔四〕脩，長也。腹容斗五升，三分益一，則爲二斗，得圜囷之
　　　象，積三百二十四寸也。以腹脩五寸約之所得，求其圜周，
　　　圜周二尺七寸有奇，是爲腹徑九寸有餘也。實以小豆，取其
　　　滑且堅。

〔五〕取其堅且重也。舊説云：“矢大七分。”或言去其皮節。

（四十·九）

　　魯令弟子辭曰：“毋憮，毋敖，毋偝立，毋踰言。偝
立、踰言，有常爵。”薛令弟子辭曰：“毋憮，毋敖，毋偝
立，毋踰言。若是者浮。”〔一〕

〔一〕弟子，賓黨、主黨年稺者也。爲其立堂下相褻慢，司射戒令
　　　之。記魯、薛者，禮衰乖異，不知孰是也。憮、敖，慢也。
　　　偝立〔一〕，不正鄉前也。踰言，遠談語也。常爵，常所以罰人
　　　之爵也。浮，亦謂是也。《晏子春秋》曰：“酌者奉觴而進曰：
　　　‘君令浮！’”晏子時以罰梁丘據。浮，或作“匏”，或作
　　　“符”。踰，或爲“遙”。

（四十·十）

　　鼓〔二〕，○□○○○□○□○○○□。半，○□○□○○○

〔一〕偝立　“偝立”，余仁仲本與底本同。阮刻本作“偝者”，誤。
〔二〕鼓　“鼓”，唐石經與底本同。余仁仲本作“皷”。阮刻本作“皷”，俗字。

□□□○○。魯鼓^{〔一〕}。○□○○○□□□○○□□○○□□○○□□□半，○□○○○□□○。薛鼓^{〔二〕}。^{［一］}取“半”以下爲投壺禮，盡用之爲射禮。^{［二］}

　　［一］此魯、薛擊鼓之節也。圜者擊鼙，方者擊鼓。古者舉事，鼓
　　　　各有節。聞其節，則知其事矣。
　　［二］投壺之鼓半射節者，投壺，射之細也。射，謂燕射。

（四十·十一）

　　司射、庭長及冠士立者，皆屬賓黨。樂人及使者、童子，皆屬主黨。^{［一］}

　　［一］庭長，司正也。使者，主人所使薦羞者。樂人，國子能爲樂
　　　　者。此皆與於投壺。

（四十·十二）

　　魯鼓^{〔三〕}，○□○○○□□○。半，○□○□○○○□○□○□○^{〔四〕}。薛皷，○□○○○○□○□○○○○□○○□□○□○。半，○□○□○○○□○。^{［一］}

　　［一］此二者，記兩家之異，故兼列之。

〔一〕魯鼓　“鼓”，唐石經與底本同。余仁仲本作“鼓”。阮刻本作“皷”，俗字。
〔二〕薛鼓　“鼓”，唐石經與底本同。余仁仲本作“鼓”。阮刻本作“皷”，俗字。
〔三〕魯鼓　“鼓”，唐石經與底本同。余仁仲本作“鼓”。阮刻本作“皷”，俗字。
〔四〕半○□……○□○　此句唐石經、余仁仲本與底本同。阮刻本作“○□○○□○○○○□○□○”，誤。

儒行第四十一

郑 氏 注

（四十一·一）

　　魯哀公問於孔子曰：“夫子之服，其儒服與？”[一]

　　孔子對曰：“丘少居魯，衣逢掖之衣。長居宋，冠章
甫之冠。丘聞之也，君子之學也博，其服也鄉。丘不知儒
服。”[二]

　　[一] 哀公館孔子，見其服與士、大夫異，又與庶人不同，疑爲儒
　　　　服而問之。

　　[二] 逢，猶大也。大掖之衣，大袂襌衣也[一]，此君子有道藝者所
　　　　衣也。孔子生魯，長而之宋而冠焉。宋，其祖所出也。衣少
　　　　所居之服，冠長所居之冠，是之謂鄉。言“不知儒服”，非
　　　　哀公意不在於儒，乃今問其服。庶人襌衣[二]，袂二尺二寸，
　　　　袪尺二寸。

（四十一·二）

　　哀公曰：“敢問儒行？”

　　孔子對曰：“遽數之，不能終其物；悉數之，乃留。更
僕，未可終也。”[一]

〔一〕 大袂襌衣也　“襌”，底本作“禪”，誤。余仁仲本、阮刻本作“襌”，據改。
〔二〕 庶人襌衣　“襌”，底本作“禪”，誤。余仁仲本、阮刻本作“襌”，據改。

855

［一］遽，猶卒也。物，猶事也。留，久也。僕，大僕也，君燕、
　　朝則正位，掌擯相。“更”之者，爲久將倦，使之相代。

(四十一·三)

　哀公命席。^{［一］}孔子侍，曰：“儒有席上之珍以待聘，
夙夜強學以待問，懷忠信以待舉，力行以待取。其自立有
如此者。^{［二］}

　［一］爲孔子布席於堂，與之坐也。君適其臣，升自阼階，所在
　　如主。
　［二］席，猶鋪陳也，鋪陳往古堯、舜之善道，以待見問也。大問
　　曰聘。舉，見舉用也。取，進取位也。

(四十一·四)

　“儒有衣冠中，動作慎。其大讓如慢，小讓如僞；大則
如威，小則如愧。其難進而易退也，粥粥若無能也。其容
貌有如此者。^{［一］}

　［一］中，中閒，謂不嚴厲也。如慢、如僞，言之不惆怛也。如
　　威、如愧，如有所畏。

(四十一·五)

　“儒有居處齊難，其坐起恭敬，言必先信，行必中正，
道塗不爭險易之利，冬夏不爭陰陽之和。愛其死以有待也，
養其身以有爲也。其備豫有如此者。^{［一］}

　　　[一]齊難，齊莊可畏難也。行不爭道，止不選處，所以遠鬭訟。

（四十一·六）

　　　"儒有不寶金玉，而忠信以爲寶；不祈土地，立義以爲土地；不祈多積，多文以爲富；難得而易禄也，易禄而難畜也。非時不見，不亦難得乎？非義不合，不亦難畜乎？先勞而後禄，不亦易禄乎？其近人有如此者。[一]

　　　[一]祈，猶求也。立義以爲土地，以義自居也。難畜，難以非義久留也。勞，猶事也。積，或爲"貨"。

（四十一·七）

　　　"儒有委之以貨財，淹之以樂好，見利不虧其義。劫之以衆，沮之以兵，見死不更其守。鷙蟲攫搏，不程勇者。引重鼎，不程其力。往者不悔，來者不豫。過言不再，流言不極，不斷其威，不習其謀。其特立有如此者。[一]

　　　[一]淹，謂浸漬之。劫，劫脅也。沮，謂恐怖之也。鷙蟲，猛鳥、猛獸也，字從鳥鷙，省聲也。程，猶量也。重鼎，大鼎也。搏猛、引重，不量勇力堪之與否，當之則往也，雖有負者，後不悔也。其所未見，亦不豫備，平行自若也。不再，猶不更也。不極，不問所從出也。不斷其威，常可畏也。不習其謀，口及則言，不豫其説而順也。斷，或爲"繼"。

（四十一·八）

　　　"儒有可親而不可劫也，可近而不可迫也，可殺而不可

辱也。其居處不淫，其飲食不溽，其過失可微辨而不可面數也。其剛毅有如此者。[一]

[一] 淫，謂傾邪也。恣滋味爲溽，"溽"之言"欲"也。

（四十一·九）

"儒有忠信以爲甲胄，禮義以爲干櫓。戴仁而行，抱義而處，雖有暴政，不更其所。其自立有如此者。[一]

[一] 甲，鎧。胄，兜鍪也。干櫓，小盾[一]、大盾也[二]。

（四十一·十）

"儒有一畝之宮，環堵之室，篳門圭窬，蓬户甕牖，易衣而出，并日而食。上荅之，不敢以疑；上不荅，不敢以諂[三]。其仕有如此者。[一]

[一] 言貧窮屈道，仕爲小官也。宮，謂牆垣也[四]。環堵，面一堵也。五版爲堵，五堵爲雉。篳門，荊竹織門也。圭窬，門旁窬也，穿牆爲之，如圭矣。并日而食，二日用一日食也。上荅之，謂君應，用其言。

―――――――

〔一〕 小盾　"盾"，《經典釋文》、余仁仲本、阮刻本作"楯"。
〔二〕 大盾也　"盾"，余仁仲本、阮刻本作"楯"。
〔三〕 不敢以諂　唐石經、阮刻本與底本同。《經典釋文》云"諂，本又作'讇'，勅檢反"，當作"諂"無疑。余仁仲本作"韜"，誤。
〔四〕 謂牆垣也　"謂"，余仁仲本、阮刻本作"爲"。

（四十一·十一）

　　“儒有今人與居，古人與稽。今世行之，後世以爲楷。適弗逢世，上弗援，下弗推。讒諂之民，有比黨而危之者。身可危也，而志不可奪也。雖危，起居竟信其志，猶將不忘百姓之病也。其憂思有如此者。[一]

　　[一] 稽，猶合也。古人與合，則不合於今人也。援，猶引也，取也。推，猶進也，舉也。危，欲毀害之也。起居，猶舉事動作。信，讀如“屈伸”之“伸”，假借字也。猶，圖也。信，或爲“身”。

（四十一·十二）

　　“儒有博學而不窮，篤行而不倦，幽居而不淫，上通而不困。禮之，以和爲貴，忠信之美，優游之法。慕賢而容衆[一]，毀方而瓦合。其寬裕有如此者。[一]

　　[一] 不窮，不止也。幽居，謂獨處時也。上通，謂仕道達於君也。旣仕，則不困於道德不足也。忠信之美，美忠信者也。優游之法，法和柔者也。毀方而瓦合，去己之大圭角，下與衆人小合也。必瓦合者，亦君子爲道不遠人。

（四十一·十三）

　　“儒有内稱不辟親，外舉不辟怨。程功積事，推賢而進達之，不望其報。君得其志，苟利國家，不求富貴。其舉

〔一〕　慕賢而容衆　“慕”，唐石經與底本同。余仁仲本、阮刻本作“舉”。

賢援能有如此者。^{〔一〕}

〔一〕"君得其志"者，君所欲爲，賢臣成之。

（四十一·十四）

"儒有聞善以相告也，見善以相示也。爵位相先也，患難相死也。久相待也，遠相致也。其任舉有如此者。^{〔一〕}

〔一〕相先，猶相讓也。久相待，謂其友久在下位不升，己則待之乃進也。"遠相致"者，謂己得明君而仕，友在小國不得志，則相致達也^{〔一〕}。

（四十一·十五）

"儒有澡身而浴德，陳言而伏，靜而正之。上弗知也，麤而翹之，又不急爲也。不臨深而爲高，不加少而爲多。世治不輕，世亂不沮。同弗與，異弗非也。其特立獨行有如此者。^{〔一〕}

〔一〕麤，猶疏也，微也。君不知己有善言正行，則觀色緣事而微翹發其意使知之。又必訡而脫脫焉，己爲之疾，則君納之速。君納之速，怪妎所由生也。不臨深而爲高，臨衆不以己位尊自振貴也。不加少而爲多，謀事不以己小勝自矜大也。世治不輕，不以賢者並衆，不自重愛也。世亂不沮，不以道衰廢壞己志也。

〔一〕則相致達也 "達"，余仁仲本、阮刻本作"遠"，誤。

（四十一·十六）

　　"儒有上不臣天子，下不事諸侯。慎静尚寬〔一〕，強毅以與人，博學以知服。近文章，砥厲廉隅。雖分國，如錙銖，不臣不仕。其規爲有如此者。〔一〕

　　〔一〕強毅以與人，彼來辨言行而不正，不苟屈以順之也。博學以知服，不用己之知勝於先世賢知之所言也。雖分國，如錙銖，言君分國以禄之，視之輕如錙銖矣。八兩曰錙。

（四十一·十七）

　　"儒有合志同方，營道同術。並立則樂，相下不厭。久不相見，聞流言不信。其行本方、立義，同而進，不同而退。其交友有如此者。〔一〕

　　〔一〕同方、同術，等志行也。聞流言不信，不信其友所行如毀謗也。

（四十一·十八）

　　"温良者，仁之本也。敬慎者，仁之地也。寬裕者，仁之作也。孫接者，仁之能也。禮節者，仁之貌也。言談者，仁之文也。歌樂者，仁之和也。分散者，仁之施也。儒皆兼此而有之，猶且不敢言仁也。其尊讓有如此者。〔一〕

〔一〕慎静尚寬　此句底本作"慎静而寬"，誤。余仁仲本、阮刻本作"慎静而尚寬"，亦誤。唐石經作"慎静尚寬"，據改。

〔一〕此兼上十五儒〔一〕，蓋聖人之儒行也。孔子嫌若斥己，假仁以爲説。仁，聖之次也。

（四十一·十九）

"儒有不隕穫於貧賤，不充詘於富貴，不愿君王，不累長上，不閔有司，故曰'儒'。〔一〕今衆人之命儒也妄常，以儒相詬病。"〔二〕

〔一〕隕穫，困迫失志之貌也。充詘，喜失節之貌。愿，猶辱也。累，猶係也。閔，病也。言不爲天子、諸侯、卿、大夫、羣吏所困迫而違道，孔子自謂也。充，或爲"統"。閔，或爲"文"。

〔二〕"妄"之言"無"也。言今世名儒，無有常人。遭人名爲儒，而以儒靳，故相戲。此哀公輕儒之所由也。詬病，猶恥辱也。

（四十一·二十）

孔子至舍，哀公館之。聞此言也，言加信，行加義，"終没吾世，不敢以儒爲戲"。〔一〕

〔一〕《儒行》之作，蓋孔子自衛初反魯時也。孔子歸至其舍，哀公就而以禮館之〔二〕。問儒服，而遂問儒行，乃始覺焉。言没世不敢以儒爲戲，當時服。

〔一〕 此兼上十五儒　此句余仁仲本、阮刻本作"此兼上十有五儒"，"五"字上多一"有"字。

〔二〕 哀公就而以禮館之　此句余仁仲本、阮刻本作"哀公就而禮館之"，"禮"字上少一"以"字。

大學第四十二

鄭　氏　注

（四十二·一）

　　大學之道，在明明德，在親民，在止於至善。知止而后有定，定而后能靜，靜而后能安，安而后能慮，慮而后能得。物有本末，事有終始。知所先後，則近道矣。^{［一］}

　　［一］明明德，謂顯明其至德也。止，猶自處也。得，謂得事之
　　　　宜也。

（四十二·二）

　　古之欲明明德於天下者，先治其國。欲治其國者，先齊其家。欲齊其家者，先脩其身。欲脩其身者，先正其心。欲正其心者，先誠其意。欲誠其意者，先致其知。^{［一］}致知在格物。^{［二］}

　　［一］知，謂知善惡吉凶之所終始也。
　　［二］格，來也。物，猶事也。其知於善深，則來善物；其知於惡
　　　　深，則來惡物，言事緣人所好來也。此“致”，或爲“至”。

（四十二·三）

　　物格而后知至，知至而后意誠，意誠而后心正，心正而后身脩，身脩而后家齊，家齊而后國治，國治而后天下

平。自天子以至於庶人，壹是皆以脩身爲本，其本亂而末
治者否矣。其所厚者薄，而其所薄者厚，未之有也。此謂
知本，此謂知之至也。[一]

　　[一]壹是，專行是也。

（四十二·四）

　　所謂“誠其意”者，毋自欺也。如惡惡臭，如好好色，
此之謂“自謙”。故君子必愼其獨也。小人閒居爲不善，無
所不至，見君子而后厭然，揜其不善，而著其善。人之視
己，如見其肺肝然，則何益矣！此謂誠於中，形於外，故
君子必愼其獨也。[一]曾子曰：“十目所視，十手所指，其
嚴乎！”富潤屋，德潤身，心廣體胖，故君子必誠其意。[二]

　　[一]謙，讀爲“慊”，“慊”之言“厭”也。厭，讀爲“黶”。黶，
　　　　閉藏貌也。
　　[二]嚴乎，言可畏敬也。胖，猶大也。三者，言有實於內，顯見
　　　　於外。

（四十二·五）

　　《詩》云：“瞻彼淇澳，菉竹猗猗。有斐君子，如切如
磋，如琢如磨。瑟兮僩兮，赫兮喧兮。有斐君子，終不可
諠兮。”“如切如磋”者，道學也。“如琢如磨”者，自脩也。
“瑟兮僩兮”者，恂慄也。“赫兮喧兮”者，威儀也。“有斐
君子，終不可諠兮”者，道盛德至善，民之不能忘也。[一]

　　［一］此“心廣體胖”之《詩》也。澳，隈崖也。菉竹猗猗，喻美
　　　　盛。斐，有文章貌也。諠，忘也。道，猶言也。恂，字或作
　　　　“峻”，讀如“嚴峻”之“峻”，言其容貌嚴栗也。民不能忘，
　　　　以其意誠而德著也。

（四十二·六）

　　《詩》云：“於戲，前王不忘。”君子賢其賢而親其親，
小人樂其樂而利其利，此以没世不忘也。[一]

　　［一］聖人旣有親賢之德，其政又有樂利於民。君子、小人，各有
　　　　以思之。

（四十二·七）

　　《康誥》曰：“克明德。”《大甲》曰：“顧諟天之明命。”
《帝典》曰：“克明峻德。”皆自明也。[一]

　　［一］皆自明明德也。克，能也。顧，念也。諟，猶正也[一]。《帝
　　　　典》，《堯典》，亦《尚書》篇名也。峻，大也。諟，或爲“題”。

（四十二·八）

　　湯之《盤銘》曰：“苟日新，日日新，又日新。”《康誥》
曰：“作新民。”《詩》曰：“周雖舊邦，其命惟新。”是故君
子無所不用其極。[一]

〔一〕諟猶正也　“正”，底本作“止”，誤。余仁仲本、阮刻本作“正”，據改。

［一］盤銘，刻戒於盤也。極，猶盡也。君子日新其德，常盡心力
不有餘也。

（四十二·九）

《詩》云：“邦畿千里，惟民所止［一］。”《詩》云：“緡蠻
黃鳥，止于丘隅。”子曰：“於止，知其所止。可以人而不
如鳥乎？”［一］

［一］於止，於鳥之所止也。就而觀之，知其所止，知鳥擇岑蔚安
閒而止處之耳［二］，言人亦當擇禮義樂土而自止處也。《論語》
曰：“里仁為美。擇不處仁，焉得知？”

（四十二·十）

《詩》云：“穆穆文王，於緝熙敬止。”為人君，止於仁；
為人臣，止於敬；為人子，止於孝；為人父，止於慈；與
國人交，止於信。［一］

［一］緝熙，光明也。此美文王之德光明，敬其所以自止處。

（四十二·十一）

子曰：“聽訟，吾猶人也。必也使無訟乎？”無情者不
得盡其辭，大畏民志。［一］此謂知本。［二］

〔一〕 惟民所止 “惟”，余仁仲本、阮刻本與底本同。唐石經作“維”。
〔二〕 知鳥擇岑……之耳 “岑”，余仁仲本、阮刻本作“岑”，誤。

　　〔一〕情，猶實也。無實者多虛誕之辭。聖人之聽訟，與人同耳。

　　　　必使民無實者不敢盡其辭，大畏其心志，使誠其意，不敢訟。

　　〔二〕本，謂誠其意也。

（四十二·十二）

　　所謂“脩身在正其心”者，身有所忿懥，則不得其正；有所恐懼，則不得其正；有所好樂，則不得其正；有所憂患，則不得其正。心不在焉，視而不見，聽而不聞，食而不知其味。此謂“脩身在正其心”。〔一〕

　　〔一〕懥，怒貌也，或作“懫”，或爲“疐”。

（四十二·十三）

　　所謂“齊其家在脩其身”者，人之其所親愛而辟焉〔一〕，之其所賤惡而辟焉〔二〕，之其所畏敬而辟焉〔三〕，之其所哀矜而辟焉〔四〕，之其所敖惰而辟焉〔五〕。故好而知其惡、惡而知其美者，天下鮮矣。故諺有之曰：“人莫知其子之惡，莫知其苗之碩。”此謂身不脩，不可以齊其家。〔一〕

　　〔一〕之，適也。辟，猶喻也。言適彼而以心度之，曰：吾何以親愛此人，非以其有德美與？吾何以敖惰此人，非以其志行薄

〔一〕　人之其所親愛而辟焉　“辟”，唐石經與底本同。余仁仲本、阮刻本作“辟”。
〔二〕　之其所賤惡而辟焉　“辟”，唐石經與底本同。余仁仲本、阮刻本作“辟”。
〔三〕　之其所畏敬而辟焉　“辟”，唐石經與底本同。余仁仲本、阮刻本作“辟”。
〔四〕　之其所哀矜而辟焉　“辟”，唐石經與底本同。余仁仲本、阮刻本作“辟”。
〔五〕　之其所敖惰而辟焉　“辟”，唐石經與底本同。余仁仲本、阮刻本作“辟”。

與？反以喻己，則身脩與否，可自知也。鮮，罕也。人莫知
其子之惡，猶愛而不察。碩，大也。

（四十二·十四）

所謂“治國必先齊其家”者，其家不可教而能教人者，
無之。故君子不出家而成教於國。孝者，所以事君也；弟
者，所以事長也；慈者，所以使眾也。

《康誥》曰：“如保赤子。”心誠求之，雖不中，不遠矣。
未有學養子而后嫁者也。[一]一家仁，一國興仁；一家讓，
一國興讓；一人貪戾，一國作亂。其機如此。此謂一言僨
事，一人定國。[二]堯、舜率天下以仁，而民從之。桀、紂
率天下以暴，而民從之。其所令反其所好，而民不從。[三]
是故君子有諸己而后求諸人，無諸己而后非諸人。所藏乎
身不恕，而能喻諸人者，未之有也。故治國在齊其家。[四]

《詩》云：“桃之夭夭，其葉蓁蓁。之子于歸，宜其家
人。”宜其家人，而后可以教國人。

《詩》云：“宜兄宜弟。”宜兄宜弟，而后可以教國人。

《詩》云：“其儀不忒，正是四國。”其爲父子、兄弟足
法，而后民法之也。此謂治國在齊其家。[五]

[一] 養子者，推心爲之，而中於赤子之嗜欲也[一]。

[二] 一家、一人，謂人君也。“戾”之言“利”也。機，發動所
　　由也。僨，猶覆敗也。《春秋傳》曰：“登戾之。”又曰：“鄭
　　伯之車僨於濟。”戾，或爲“吝”。僨，或爲“犇”。

〔一〕 而中於赤子之嗜欲也　“嗜”，阮刻本與底本同。余仁仲本作“耆”。

[三]言民化君行也。君若好貨而禁民淫於財利，不能止也〔一〕。

[四]有於己，謂有仁讓也。無於己，謂無貪戾也。

[五]夭夭、蓁蓁，美盛貌。“之子”者，是子也。

（四十二·十五）

　　所謂“平天下在治其國”者，上老老而民興孝，上長長而民興弟，上恤孤而民不倍，是以君子有絜矩之道也。[一]所惡於上，毋以使下；所惡於下，毋以事上；所惡於前，毋以先後；所惡於後，毋以從前；所惡於右，毋以交於左；所惡於左，毋以交於右。此之謂“絜矩之道”。[二]

　　《詩》云：“樂只君子，民之父母。”民之所好好之，民之所惡惡之，此之謂“民之父母”。[三]

　　《詩》云：“節彼南山，惟石巖巖[二]。赫赫師尹，民具爾瞻。”有國者不可以不慎，辟則爲天下僇矣。[四]

　　《詩》云：“殷之未喪師，克配上帝。儀監于殷，峻命不易。”道得衆則得國，失衆則失國。是故君子先慎乎德。有德此有人，有人此有土，有土此有財，有財此有用。德者，本也；財者，末也。外本內末，爭民施奪。是故財聚則民散，財散則民聚。是故言悖而出者，亦悖而入；貨悖而入者，亦悖而出。[五]

　　《康誥》曰：“惟命不于常。”道善則得之，不善則失之矣。[六]

　　[一]老老、長長，謂尊老敬長也。恤，憂也。民不倍，不相倍棄

〔一〕不能止也　“止”，余仁仲本與底本同。阮刻本作“正”。
〔二〕惟石巖巖　“惟”，唐石經、余仁仲本、阮刻本作“維”。

869

也。絜，猶結也，挈也。矩，法也。君子有挈法之道，謂常執而行之^{〔一〕}，動作不失之。倍，或作“偝”。矩，或作“巨”。

〔二〕 絜矩之道，善持其所有，以恕於人耳。治國之要盡於此。

〔三〕 言治民之道無他，取於己而已。

〔四〕 嚴嚴，喻師尹之高嚴也。師尹，天子之大臣，爲政者也。言民皆視其所行而則之，可不慎其德乎？邪辟失道，則有大刑。

〔五〕 師，衆也。克，能也。峻，大也。言殷王帝乙以上，未失其民之時，德亦有能配天者，謂天享其祭祀也。及紂爲惡，而民怨神怒，以失天下。監視殷時之事，天之大命，持之誠不易也。道，猶言也。用，謂國用也。施奪，施其劫奪之情也。悖，猶逆也。言君有逆命，則民有逆辭也。上貪於利，則下人侵畔。《老子》曰：“多藏必厚亡。”

〔六〕 于，於也。天命不於常，言不專祐一家也。

（四十二・十六）

《楚書》曰：“楚國無以爲寶，惟善以爲寶。”^{〔一〕}舅犯曰：“亡人無以爲寶，仁親以爲寶。”^{〔二〕}《秦誓》曰：“若有一介臣斷斷兮^{〔二〕}，無他技，其心休休焉，其如有容焉。人之有技，若己有之。人之彥聖，其心好之，不啻若自其口出，寔能容之，以能保我子孫、黎民，尚亦有利哉！人之有技，媢疾以惡之^{〔三〕}。人之彥聖，而違之俾不通，寔不能容，

〔一〕 謂常執而行之 “常”，余仁仲本與底本同。阮刻本作“當”。

〔二〕 若有一介臣斷斷兮 “介”，唐石經與底本同。余仁仲本、阮刻本作“个”，誤。

〔三〕 媢疾以惡之 “疾”，唐石經、余仁仲本與底本同。阮刻本作“嫉”，誤。

以不能保我子孫、黎民，亦曰殆哉！」^{〔三〕}唯仁人放流之，迸諸四夷，不與同中國。此謂唯仁人爲能愛人，能惡人。^{〔四〕}見賢而不能舉，舉而不能先，命也。見不善而不能退^{〔一〕}，退而不能遠，過也。^{〔五〕}好人之所惡，惡人之所好，是謂拂人之性，菑必逮夫身。^{〔六〕}是故君子有大道，必忠信以得之，驕泰以失之。^{〔七〕}

〔一〕《楚書》，楚昭王時書也。言以善人爲寶。時謂觀射父、昭奚恤也。

〔二〕舅犯，晉文公之舅狐偃也。亡人，謂文公也，時辟驪姬之讒，亡在翟。而獻公薨，秦穆公使子顯弔，因勸之復國，舅犯爲之對此辭也。仁親，猶言親愛仁道也。明不因喪規利也。

〔三〕《秦誓》，《尚書》篇名也。秦穆公伐鄭，爲晉所敗於殽。還，誓其羣臣，而作此篇也。斷斷，誠一之貌也。他技，異端之技也。有技，才藝之技也。若己有之，不啻若自其口出，皆樂人有善之甚也。美士爲彥。黎，衆也。尚，庶幾也。媚，妎也。違，猶戾也。俾，使也。佛戾賢人所爲，使功不通於君也。殆，危也。彥，或作「盤」。

〔四〕放去惡人媢嫉之類者，獨仁人能之，如舜放四罪而天下咸服。

〔五〕命，讀爲「慢」，聲之誤也。舉賢而不能使君以先己，是輕慢於舉人也。

〔六〕拂，猶佹也。逮，及也。

〔一〕　見不善而不能退　此句唐石經與底本同。余仁仲本、阮刻本作「見善而不能退」，「善」字上脱一「不」字。

〔七〕道，行所由。

（四十二·十七）

　　生財有大道，生之者衆，食之者寡，爲之者疾，用之者舒，則財恒足矣。^{〔一〕}仁者以財發身，不仁者以身發財。^{〔二〕}未有上好仁而下不好義者也，未有好義其事不終者也，未有府庫財非其財者也。^{〔三〕}孟獻子曰：“畜馬乘，不察於雞豚。伐冰之家，不畜牛羊。百乘之家，不畜聚斂之臣。與其有聚斂之臣，寧有盜臣。”此謂國不以利爲利，以義爲利也。^{〔四〕}長國家而務財用者，必自小人矣。^{〔五〕}彼爲善之，小人之使爲國家，菑害並至，雖有善者，亦無如之何矣！^{〔六〕}此謂國不以利爲利，以義爲利也。

〔一〕是不務祿不肖，而勉民以農也。

〔二〕發，起也。言仁人有財，則務於施與以起身，成其令名。不仁之人有身，貪於聚斂以起財，務成富。

〔三〕言君行仁道，則其臣必義。以義舉事無不成者。其爲誠然，如己府庫之財爲己有也。

〔四〕孟獻子，魯大夫仲孫蔑也。畜馬乘，謂以士初試爲大夫也。伐冰之家，卿、大夫以上，喪、祭用冰。百乘之家，有采地者也。雞豚、牛羊，民之所畜養以爲財利者也。國家利義不利財，盜臣損財耳，聚斂之臣乃損義。《論語》曰：“季氏富於周公，而求也爲之聚斂，非吾徒。小子鳴鼓而攻之可也。”

〔五〕言務聚財爲己用者，必忘義，是小人所爲也。

〔六〕彼，君也。君將欲以仁義善其政，而使小人治其國家之事，患難猥至。雖云有善，不能救之，以其惡之已著也。

禮記卷第二十

禮記卷第二十

冠義第四十三

鄭　氏　注

　　凡人之所以爲人者，禮義也。禮義之始，在於正容體，齊顏色，順辭令。^[一]容體正，顏色齊，辭令順，而后禮義備。以正君臣，親父子，和長幼。^[二]君臣正，父子親，長幼和，而后禮義立。^[三]故冠而后服備，服備而后容體正，顏色齊，辭令順。^[四]故曰："冠者，禮之始也。"是故古者聖王重冠。

　　[一]言人爲禮，以此三者爲始。
　　[二]言三始旣備，乃可求以三行也。
　　[三]立，猶成也。
　　[四]言服未備者，未可求以三始也。童子之服，采衣紛。

　　古者冠禮，筮日、筮賓，所以敬冠事。敬冠事，所以重禮。重禮，所以爲國本也。^[一]故冠於阼，以著代也。醮於客位，三加彌尊，加有成也。^[二]

　　〔一〕國以禮爲本。

　　〔二〕阼，謂主人之北也。適子冠於阼。若不醴，則醮。用酒於客
　　　　位，敬而成之也。戶西爲客位。庶子冠於房戶外，又因醮
　　　　焉，不代父也。冠者，初加緇布冠，次加皮弁，次加爵弁。
　　　　每加益尊，所以益成也。

（四十三·三）

　　已冠而字之，成人之道也。〔一〕見於母，母拜之。見於
兄弟，兄弟拜之。成人而與爲禮也。玄冠、玄端，奠摯於
君，遂以摯見於鄉大夫、鄉先生，以成人見也。〔二〕

　　〔一〕字，所以相尊也。

　　〔二〕鄉先生，同鄉老而致仕者。服玄冠、玄端，異於朝也。

（四十三·四）

　　成人之者，將責成人禮焉也。責成人禮焉者，將責爲
人子、爲人弟、爲人臣、爲人少者之禮行焉。將責四者之
行於人，其禮可不重與？〔一〕

　　〔一〕言責人以大禮者，已接之，不可以苟。

（四十三·五）

　　故孝弟、忠順之行立，而后可以爲人；可以爲人，而
后可以治人也。故聖王重禮。故曰：“冠者，禮之始也，嘉
事之重者也。”是故古者重冠。重冠，故行之於廟。行之於
廟者，所以尊重事。尊重事而不敢擅重事。不敢擅重事，

所以自卑而尊先祖也。^[一]

[一]嘉事，嘉禮也。宗伯掌五禮，有吉禮，有凶禮，有賓禮，有軍禮，有嘉禮。而冠屬嘉禮。《周禮》曰："以昏、冠之禮，親成男女也。"

昏義第四十四

鄭　氏　注

（四十四·一）

　　昏禮者，將合二姓之好，上以事宗廟，而下以繼後世也，故君子重之。是以昏禮納采、問名、納吉、納徵、請期，皆主人筵几於廟，而拜迎於門外，入，揖讓而升，聽命於廟，所以敬愼重正昏禮也。[一]

　　［一］聽命，謂主人聽使者所傳壻家之命。

（四十四·二）

　　父親醮子而命之迎，男先於女也。子承命以迎，主人筵几於廟，而拜迎于門外。壻執鴈入，揖讓，升堂，再拜，奠鴈，蓋親受之於父母也。降，出，御婦車，而壻授綏，御輪三周，先俟于門外。婦至，壻揖婦以入，共牢而食，合巹而酳，所以合體、同尊卑，以親之也。[一]

　　［一］酳而無酬酢曰醮。醮之禮，如冠醮與？其異者，於寢耳。壻御婦車輪三周，御者代之，壻自乘其車，先道之歸也。共牢而食，合巹而酳，成婦之義。

（四十四·三）

　　敬愼重正，而后親之，禮之大體，而所以成男女之別，

878

而立夫婦之義也。男女有別，而后夫婦有義。夫婦有義，而后父子有親。父子有親，而后君臣有正。故曰："昏禮者，禮之本也。"[一]

[一]言子受氣性純則孝，孝則忠也。

（四十四·四）

夫禮始於冠，本於昏，重於喪、祭，尊於朝、聘，和於射、鄉。此禮之大體也。[一]

[一]始，猶根也。本，猶幹也。鄉，鄉飲酒。

（四十四·五）

夙興，婦沐浴以俟見。質明，贊見婦於舅姑。婦執笲棗、栗、段脩以見[一]。贊醴婦。婦祭脯醢，祭醴。成婦禮也。[一]舅姑入室，婦以特豚饋，明婦順也。[二]厥明，舅姑共饗婦以一獻之禮，奠酬。舅姑先降自西階，婦降自阼階，以著代也。[三]

[一]成其爲婦之禮也。贊醴婦，當作"禮"，聲之誤也。
[二]以饋明婦順者，供養之禮，主於孝順。
[三]言旣獻之，而授之以室事也。降者，各還其燕寢。婦見及饋饗於適寢。《昏禮》不言"厥明"，此言之者，容大夫以上禮

〔一〕婦執笲棗栗段脩以見　"段"，底本作"叚"，誤。唐石經、余仁仲本、阮刻本作"段"，據改。此句余仁仲本、阮刻本作"執笲棗栗段脩以見"，"執"字前脱一"婦"字，誤。

879

多，或異日。

（四十四·六）

　　成婦禮，明婦順，又申之以著代，所以重責婦順焉也。婦順者，順於舅姑，和於室人，而后當於夫，以成絲麻、布帛之事，以審守委積蓋藏。[一] 是故婦順備而后內和理，內和理而后家可長久也。故聖王重之。[二]

　　［一］室人，謂女妐、女叔、諸婦也。當，猶稱也。後言“稱夫”
　　　　　者，不順舅姑，不和室人，雖有善者，猶不爲稱夫也。
　　［二］順備者，行和當，事成審也。

（四十四·七）

　　是以古者婦人先嫁三月，祖廟未毀，教于公宮；祖廟既毀，教于宗室。教以婦德、婦言、婦容、婦功。教成，祭之，牲用魚，芼之以蘋藻，所以成婦順也。[一]

　　［一］謂與天子、諸侯同姓者也。嫁女者，必就尊者教成之。教之
　　　　　者[一]，女師也。祖廟，女所出之祖也。公，君也。宗室，宗
　　　　　子之家也。婦德，貞順也。婦言，辭令也。婦容，婉娩也。
　　　　　婦功，絲麻也。祭之，祭其所出之祖也。魚、蘋藻，皆水
　　　　　物，陰類也。魚爲俎實，蘋藻爲羹菜。祭無牲牢，告事耳，
　　　　　非正祭也。其齊盛用黍云。君使有司告之宗子之家。若其祖
　　　　　廟已毀，則爲壇而告焉。

〔一〕教之者　此句余仁仲本、阮刻本作“教成之者”，“教”字下多一“成”字。

（四十四·八）

　　古者天子后立六宮、三夫人、九嬪、二十七世婦、八十一御妻，以聽天下之內治，以明章婦順，故天下內和而家理。天子立六官、三公、九卿、二十七大夫、八十一元士，以聽天下之外治，以明章天下之男教，故外和而國治。故曰：“天子聽男教，后聽女順。天子理陽道，后治陰德。天子聽外治，后聽內職。教順成俗，外內和順，國家理治，此之謂‘盛德’。”〔一〕

　　〔一〕天子六寢，而六宮在後，六官在前，所以承副，施外內之政也。三夫人以下，百二十人，周制也。三公以下，百二十人，似夏時也〔一〕。合而言之，取其相應，有象天數也〔二〕。內治，婦學之法也。陰德，謂主陰事、陰令也。

（四十四·九）

　　是故男教不脩，陽事不得，適見於天，日爲之食。婦順不脩，陰事不得，適見於天，月爲之食。是故日食，則天子素服而脩六官之職，蕩天下之陽事。月食，則后素服而脩六宮之職，蕩天下之陰事。故天子之與后，猶日之與月，陰之與陽，相須而后成者也。〔一〕天子脩男教，父道也。后脩女順，母道也。故曰：“天子之與后，猶父之與母也。”故爲天王服斬衰，服父之義也。爲后服資衰，服母之義也。〔二〕

〔一〕似夏時也　“似”，阮刻本與底本同。余仁仲本作“以”。

〔二〕有象天數也　“天”，余仁仲本與底本同。阮刻本作“大”，誤。

［一］“適”之言“責”也。食者，見道有虧傷也。蕩，蕩滌去穢
　　惡也。

［二］父母者，施教令於婦子者也，故其服同。資，當爲“齊”，
　　聲之誤也。

鄉飲酒義第四十五

鄭　氏　注

（四十五·一）

鄉飲酒之義。主人拜迎賓于庠門之外，入，三揖而后至階，三讓而后升，所以致尊、讓也。^[一]盥洗揚觶，所以致絜也。^[二]拜至、拜洗、拜受、拜送、拜既，所以致敬也。^[三]尊、讓、絜、敬也者，君子之所以相接也。君子尊、讓則不爭，絜、敬則不慢。不慢不爭，則遠於鬬、辨矣。不鬬、辨，則無暴亂之禍矣。斯君子之所以免於人禍也^[一]。故聖人制之以道。^[四]

　　[一]庠，鄉學也。州、黨曰序。

　　[二]揚，舉也，今《禮》皆作"騰"。

　　[三]拜至，謂始升時拜，拜賓至。

　　[四]道，謂此禮。

（四十五·二）

鄉人、士、君子，尊於房中之閒，賓、主共之也。尊有玄酒，貴其質也。^[一]羞出自東房，主人共之也。^[二]洗當東榮，主人之所以自絜而以事賓也。^[三]

〔一〕　斯君子之所以免於人禍也　此句唐石經與底本同。余仁仲本、阮刻本作"斯君子所以免於人禍也"，"所以"上少一"之"字。

　　〔一〕鄉人，鄉大夫也。士，州長、黨正也。君子，謂卿、大夫
　　　　也〔一〕。卿、大夫、士飲國中賢者，亦用此禮也。共尊者，人
　　　　臣卑，不敢專大惠。

　　〔二〕羞，燕私可以自專也。

　　〔三〕絜，猶清也。

（四十五·三）

　　賓、主，象天、地也。介、僎，象陰、陽也。三賓，
象三光也。讓之三也，象月之三日而成魄也。四面之坐，
象四時也。〔一〕

　　〔一〕陰陽，助天地養成萬物之氣也。“三賓，象天三光”者，繫
　　　　於天也。古文《禮》“僎”皆作“遵”。

（四十五·四）

　　天地嚴凝之氣，始於西南而盛於西北，此天地之尊嚴
氣也，此天地之義氣也。天地溫厚之氣，始於東北而盛於
東南，此天地之盛德氣也，此天地之仁氣也。〔一〕主人者尊
賓，故坐賓於西北，而坐介於西南以輔賓。賓者，接人以
義者也，故坐於西北。〔一〕主人者，接人以仁、以德厚者
也〔二〕，故坐於東南，而坐僎於東北，以輔主人也。〔三〕仁義
接，賓主有事，俎豆有數，曰聖。聖立而將之以敬曰禮，

〔一〕謂卿大夫也　此句余仁仲本、阮刻本作“謂卿、大夫、士也”，“大夫”下多一
“士”字。
〔二〕接人以仁以德厚者也　此句唐石經與底本同。余仁仲本、阮刻本作“接人以德厚
者也”，“接人”下脱“以仁”二字。

禮以體長幼曰德。[四]德也者，得於身也。故曰："古之學術道者，將以得身也。"是故聖人務焉。[五]

[一] 凝，猶成也。

[二] 賓者，接人以義，言賓來以成主人之德〔一〕。

[三] 以僕輔主人，以其仕在官也。

[四] 聖，通也，所以通賓主之意也。將，猶奉也。

[五] 術，猶藝也。得身者，謂成己令名，免於刑罰也。言"學術道"，則此說賓賢能之禮。

（四十五·五）

祭薦，祭酒，敬禮也。嚌肺，嘗禮也。啐酒，成禮也。於席末，言是席之正，非專爲飲食也，爲行禮也，此所以貴禮而賤財也。卒觶，致實於西階上，言是席之上，非專爲飲食也。此先禮而後財之義也。先禮而後財，則民作敬讓而不爭矣。[一]

[一] 非專爲飲食，言主於相敬以禮也。致實，謂盡酒也。酒爲觴實。祭薦、祭酒、嚌肺於席中，唯啐酒於席末也。

（四十五·六）

鄉飲酒之禮，六十者坐，五十者立侍，以聽政役，所以明尊長也。六十者三豆，七十者四豆，八十者五豆，九十

〔一〕 言賓來以成主人之德 "來"，余仁本與底本同。阮刻本作"故"，誤。"德"，余仁本與底本同。阮刻本作"惠"，亦誤。

者六豆，所以明養老也。民知尊長養老，而后乃能入孝弟。民入孝弟，出尊長養老，而后成教。成教而后國可安也。君子之所謂“孝”者，非家至而日見之也，合諸鄉射，教之鄉飲酒之禮，而孝弟之行立矣。[一]孔子曰：“吾觀於鄉，而知王道之易易也。”[二]

> [一]此説鄉飲酒，謂《黨正》“國索鬼神而祭祀，則以禮屬民而飲酒于序，以正齒位”之禮也。其鄉射，則《州長》“春秋以禮會民而射于州序”之禮也。謂之“鄉”者，州、黨，鄉之屬也。或則鄉之所居州、黨，鄉大夫親爲主人焉。如今郡國下令、長於鄉射、飲酒，從大守相臨之禮也。

> [二]鄉，鄉飲酒也。易易，謂教化之本，尊賢尚齒而已。

(四十五·七)

　　主人親速賓及介，而衆賓自從之，至于門外，主人拜賓及介，而衆賓自入。貴賤之義別矣。[一]

> [一]速，謂即家召之。別，猶明也。

(四十五·八)

　　三揖至于階，三讓以賓升，拜至，獻酬，辭讓之節繁；及介，省矣。至于衆賓，升受，坐祭，立飲，不酢而降。隆殺之義辨矣。[一]

> [一]繁，猶盛也。小減曰省。辨，猶別也。尊者禮隆，卑者禮殺，尊卑別也。

（四十五·九）

　　工入，升歌三終，主人獻之。笙入三終，主人獻之。間歌三終，合樂三終。工告樂備，遂出。一人揚觶，乃立司正焉。知其能和樂而不流也。[一]

　　　　[一] 工，謂樂正也。樂正既告備而降，言“遂出”者，自此至去，不復升也。流，猶失禮也。立司正以正禮，則禮不失可知。一人，或爲“二人”。

（四十五·十）

　　賓酬主人，主人酬介，介酬衆賓，少長以齒，終於沃洗者焉。知其能弟長而無遺矣。[一]

　　　　[一] 遺，猶脫也，忘也。

（四十五·十一）

　　降，説屨，升坐，脩爵無數。飲酒之節，朝不廢朝，莫不廢夕。賓出，主人拜送，節文終遂焉。知其能安燕而不亂也。[一]

　　　　[一] 朝、夕，朝、莫聽事也。不廢之者，既朝乃飲，先夕則罷，其正也。終遂，猶充備也。

（四十五·十二）

　　貴賤明，隆殺辨，和樂而不流，弟長而無遺，安燕而不亂，此五行者，足以正身安國矣。彼國安而天下安。故曰：“吾觀於鄉，而知王道之易易也。”

（四十五·十三）

　　鄉飲酒之義，立賓以象天，立主以象地，設介、僎以象日、月，立三賓以象三光。古之制禮也，經之以天地，紀之以日月，參之以三光，政教之本也。[一]

　　[一]日出於東，僎所在也。月生於西，介所在也。三光，三大辰也。天之政教，出於大辰焉。

（四十五·十四）

　　亨狗於東方，祖陽氣之發於東方也。[一]洗之在阼，其水在洗東，祖天地之左海也。[二]尊有玄酒，教民不忘本也。[三]

　　[一]祖，猶法也。狗，所以養賓。陽氣，主養萬物。
　　[二]海，水之委也。
　　[三]大古無酒，用水而已。

（四十五·十五）

　　賓必南鄉，東方者春，春之爲言蠢也，産萬物者聖也。南方者夏，夏之爲言假也，養之、長之、假之，仁也。西方者秋，秋之爲言愁也，愁之以時察，守義者也。北方者冬，冬之爲言中也，中者藏也。是以天子之立也，左聖鄉仁，右義偝藏也。[一]介必東鄉，介賓、主也。[二]主人必居東方，東方者春，春之爲言蠢也，産萬物者也。主人者造之，産萬物者也。[三]

〔一〕春，猶蠢也。蠢，動生之貌也。“聖”之言“生”也。假，大也。愁，讀爲“揫”。揫，斂也。察，猶察察，嚴殺之貌也〔一〕。南鄉，鄉仁，貴長大萬物也。察，或爲“殺”。

〔二〕獻酬之禮，主人將西，賓將南，介覜其間也。

〔三〕言禮之所共，由主人出也。

（四十五·十六）

月者，三日則成魄，三月則成時。是以禮有三讓，建國必立三卿。三賓者，政教之本，禮之大參也。〔一〕

〔一〕言禮者〔二〕，陰也，大數取法於月也。

〔一〕嚴殺之貌也　此句余仁仲本與底本同。阮刻本作“嚴之貌也”，“嚴”字下脱一“殺”字。

〔二〕言禮者　“者”，阮刻本與底本同。余仁仲本作“也”。

射義第四十六

鄭　氏　注

(四十六·一)

古者諸侯之射也，必先行燕禮。卿、大夫、士之射也，必先行鄉飲酒之禮。故燕禮者，所以明君臣之義也。鄉飲酒之禮者，所以明長幼之序也。[一] 故射者，進退周還必中禮。内志正，外體直，然後持弓矢審固。持弓矢審固，然後可以言中。此可以觀德行矣。[二]

[一] 言別尊卑、老稺，乃後射，以觀德行也。

[二] 内正外直，習於禮樂有德行者也。"正、鵠"之名，出自此也。

(四十六·二)

其節，天子以《騶虞》爲節，諸侯以《貍首》爲節，卿、大夫以《采蘋》爲節，士以《采繁》爲節。《騶虞》者，樂官備也。《貍首》者，樂會時也。《采蘋》者，樂循法也。《采繁》者，樂不失職也。是故天子以備官爲節，諸侯以時會天子爲節，卿、大夫以循法爲節，士以不失職爲節。故明乎其節之志，以不失其事，則功成而德立。德行立，則無暴亂之禍矣。功成則國安。故曰："射者，所以觀盛德也。"[一]

［一］《騶虞》《采蘋》《采繁》，今《詩》篇名〔一〕。《貍首》逸，下云“曾孫侯氏”是也。“樂官備”者，謂《騶虞》曰“壹發五豝〔二〕”，喻得賢者多也。“于嗟乎騶虞”，歎仁人也。“樂會時”者，謂《貍首》曰“小大莫處，御于君所”。“樂循法”者，謂《采蘋》曰“于以采蘋，南澗之濱”。循澗以采蘋，喻循法度以成君事也。樂不失職者，謂《采繁》曰“被之童童，夙夜在公”。

（四十六·三）

是故古者天子以射選諸侯、卿、大夫、士。射者，男子之事也，因而飾之以禮樂也。故事之盡禮樂，而可數爲以立德行者，莫若射。故聖王務焉。〔一〕

　　［一］選士者，先考德行，乃後決之於射。男子生而有射事，長學禮樂以飾之。

（四十六·四）

是故古者天子之制，諸侯歲獻貢士於天子，天子試之於射宮。其容體比於禮，其節比於樂，而中多者，得與於祭。其容體不比於禮，其節不比於樂，而中少者，不得與於祭。數與於祭而君有慶，數不與於祭而君有讓。數有慶而益地，數有讓而削地。故曰：“射者，射爲諸侯也。”〔一〕是以諸侯君臣盡志於射，以習禮樂。夫君臣習禮樂而以流

〔一〕　今詩篇名　“今”，余仁仲本與底本同。阮刻本作“毛”。
〔二〕　壹發五豝　“豝”，余仁仲本、阮刻本作“豝”。

亡者，未之有也。^[二]

> ［一］歲獻，獻國事之書及計偕物也。三歲而貢士，舊説云：“大
> 　　　國三人，次國二人，小國一人。”
> ［二］流，猶放也。《書》曰：“流共工于幽州。”

（四十六·五）

　　故《詩》曰：“曾孫侯氏，四正具舉。大夫君子，凡以
庶士，小大莫處，御于君所。以燕以射，則燕則譽。”言
君臣相與盡志於射，以習禮樂，則安則譽也。是以天子制
之，而諸侯務焉。此天子之所以養諸侯而兵不用，諸侯自
爲正之具也。^[一]

> ［一］此“曾孫”之詩，諸侯之射節也。四正，正爵四行也。四行
> 　　　者，獻賓、獻公、獻卿、獻大夫，乃後樂作而射也。莫處，
> 　　　無安居其官次者也。御，猶侍也。以燕以射，先行燕禮乃射
> 　　　也。則燕則譽，言國安則有名譽。譽，或爲“與”。

（四十六·六）

　　孔子射於矍相之圃，蓋觀者如堵牆。^[一]射至於司馬，
使子路執弓矢出延射，曰：“賁軍之將，亡國之大夫，與爲
人後者，不入。其餘皆入。”蓋去者半，入者半。^[二]又使
公罔之裘、序點揚觶而語。公罔之裘揚觶而語曰：“幼壯孝
弟，耆耋好禮，不從流俗，脩身以俟死者不？在此位也。”
蓋去者半，處者半。序點又揚觶而語曰：“好學不倦，好禮
不變，旄期稱道不亂者不？在此位也。”蓋廑有存者。^[三]

［一］矍相，地名也。樹菜蔬曰圃。

［二］先行飲酒禮，將射，乃以司正爲司馬。子路執弓矢出延射，則爲司射也。延，進也。出進觀者、欲射者也。貢，讀爲“償”。償，猶覆敗也。亡國，亡君之國者也。與，猶奇也。後人者，一人而已。既有爲者，而往奇之，是貪財也。子路陳此三者，而觀者畏其義，則或去也。延，或爲“誓”。

［三］之，發聲也。射畢，又使此二人舉觶者，古者於旅也語。語，謂説義理也。三十曰“壯”。耆、耋，皆老也。流俗，失俗也。處，猶留也。八十、九十曰“耄”，百年曰“期頤”。稱，猶言也，行也。者不，言有此行不？可以在此賓位也。序點，或爲“徐點”。壯，或爲“將”。耄期，或爲“旄勤”。今《禮》“揚”皆作“騰”。

(四十六·七)

射之爲言者，繹也。或曰：“舍也。”繹者，各繹己之志也。故心平體正，持弓矢審固。持弓矢審固，則射中矣。故曰：“爲人父者，以爲父鵠。爲人子者，以爲子鵠。爲人君者，以爲君鵠。爲人臣者，以爲臣鵠。”故射者各射己之鵠。故天子之大射，謂之“射侯”。射侯者，射爲諸侯也。射中則得爲諸侯，射不中則不得爲諸侯。[一]

［一］大射，將祭，擇士之射也。以爲某鵠者，將射，還視侯中之時。意曰：此鵠乃爲某之鵠，吾中之則成人，不中之則不成人也。得爲諸侯，謂有慶也。不得爲諸侯，謂有讓也。

（四十六·八）

　　天子將祭，必先習射於澤。澤者，所以擇士也。已射
於澤，而后射於射宮。射中者得與於祭，不中者不得與於
祭。不得與於祭者，有讓，削以地。得與於祭者，有慶，
益以地。進爵、絀地是也。[一]

　　　[一] 澤，宮名也。士，謂諸侯朝者、諸臣及所貢士也。皆先令習
　　　　　射於澤，已乃射於射宮，課中否也。諸侯有慶者，先進爵；
　　　　　有讓者，先削地。

（四十六·九）

　　故男子生，桑弧蓬矢六，以射天地四方。天地四方者，
男子之所有事也。故必先有志於其所有事，然後敢用穀也，
飯食之謂也。[一]

　　　[一] 男子生則設弧於門左，三日負之，人爲之射，乃卜食子也。

（四十六·十）

　　射者，仁之道也。射求正諸己，己正而后發。發而不
中，則不怨勝己者，求反諸己而已矣[一]。[一]

　　　[一] 諸，猶於也。

（四十六·十一）

　　孔子曰：“君子無所爭，必也射乎！揖讓而升，下而

〔一〕 求反諸己而已矣　“求反”，唐石經與底本同。余仁仲本、阮刻本作“反求”。

飲，其爭也君子。”［一］

　　［一］必也射乎，言君子至於射則有爭也。下，降也。飲射爵者，
　　　　　亦揖讓而升降。勝者袒、決、遂，執張弓。不勝者襲，説
　　　　　決、拾，卻左手〔一〕，右加弛弓於其上而升飲。君子恥之，是
　　　　　以射則爭中。

（四十六·十二）

　　孔子曰：“射者何以射？何以聽？循聲而發，發而不失正
鵠者，其唯賢者乎！若夫不肖之人，則彼將安能以中？”［一］

　　［一］何以，言其難也。聲，謂樂節也。畫曰正。棲皮曰鵠。“正”
　　　　　之言“正”也。“鵠”之言“梏”也。梏，直也，言人正直
　　　　　乃能中也。發，或爲“射”。

（四十六·十三）

　　《詩》云：“發彼有的，以祈爾爵。”祈，求也，求中
以辭爵也。酒者，所以養老也，所以養病也。求中以辭爵
者，辭養也。［一］

　　［一］發，猶射也。的，謂所射之識也。言射的必欲中之者，以求
　　　　　不飲女爵也。辭養，讓見養也。爾，或爲“有”。

────────────

〔一〕　卻左手　“卻”，阮刻本與底本同。余仁仲本作“郤”，誤。

燕義第四十七

鄭　氏　注

（四十七・一）

　　古者周天子之官，有庶子官。庶子官職諸侯、卿、大夫、士之庶子之卒，掌其戒令與其教治，別其等，正其位。^[一]國有大事，則率國子而致於大子，唯所用之。若有甲兵之事，則授之以車甲，合其卒伍，置其有司，以軍法治之，司馬弗正。^[二]凡國之政事，國子存游卒，使之脩德學道，春合諸學，秋合諸射，以考其藝而進退之。^[三]

　[一] 職，主也。庶子，猶諸子也。《周禮》諸子之官，司馬之屬也。卒，讀皆爲“倅”，諸子副代父者也。戒令，致於大子之事。教治，脩德學道。位，朝位也。

　[二] 國子，諸子也。軍法，百人爲卒，五人爲伍。弗，不也。國子屬大子，司馬雖有軍事，不賦也。

　[三] 游卒，未仕者也。學，大學也。射，射宮也。《燕禮》有庶子官，是以《義》載此以爲説。

（四十七・二）

　　諸侯燕禮之義，君立阼階之東南，南鄉，爾卿、大夫皆少進，定位也。

　　君席阼階之上，居主位也。君獨升立席上，西面特立，莫敢適之義也。^[一]

　　設賓主，飲酒之禮也。使宰夫爲獻主，臣莫敢與君亢禮也。

不以公、卿爲賓，而以大夫爲賓，爲疑也，明嫌之義也。賓入中庭，君降一等而揖之，禮之也。[二]

君舉旅於賓，及君所賜爵，皆降，再拜稽首。升，成拜。明臣禮也。

君荅拜之，禮無不荅，明君上之禮也。臣下竭力盡能以立功於國，君必報之以爵禄，故臣下皆務竭力盡能以立功，是以國安而君寧。禮無不荅，言上之不虛取於下也。

上必明正道以道民，民道之而有功，然後取其什一，故上用足而下不匱也，是以上下和親而不相怨也。和寧，禮之用也。

此君臣上下之大義也。故曰：“燕禮者，所以明君臣之義也。”[三]

[一] 定位者，爲其始入踧踖，揖而安定也。

[二] 設賓主者，飲酒致歡也。宰夫，主膳食之官也。天子使膳宰爲主人。公，孤也。疑，自下上至之辭也。公卿尊矣，復以爲賓，則尊與君大相近。

[三] 言聖人制禮，因事以託政。臣再拜稽首，是其竭力也。君荅拜之，是其報以禄惠也。

（四十七·三）

席，小卿次上卿，大夫次小卿，士、庶子以次就位於下。獻君，君舉旅行酬；而后獻卿，卿舉旅行酬；而后獻大夫，大夫舉旅行酬；而后獻士，士舉旅行酬；而后獻庶子。俎豆、牲體、薦羞，皆有等差。所以明貴賤也。[一]

[一] 牲體，俎實也。薦，謂脯醢也。羞，庶羞也。

聘義第四十八

（四十八·一）

聘禮，上公七介，侯、伯五介，子、男三介，所以明貴賤也。[一]

　　[一] 此皆使卿出聘之介數也。"大行人"職曰："凡諸侯之卿，其禮各下其君二等。"

（四十八·二）

介紹而傳命，君子於其所尊弗敢質，敬之至也。[一]

　　[一] 質，謂正自相當。

（四十八·三）

三讓而后傳命，三讓而后入廟門，三揖而后至階，三讓而后升，所以致尊讓也。[一]

　　[一] 此揖、讓，主謂賓也。三讓而後傳命，賓至廟門，主人請事時也。賓見主人陳擯，以大客禮當己，則三讓之。不得命，乃傳其君之聘命也。三讓而後入廟門，讓主人廟受也。"小行人"職曰："凡四方之使者，大客則擯，小客則受其幣，聽其辭。"

（四十八・四）

君使士迎于竟，大夫郊勞。君親拜迎于大門之內而廟受，北面拜貺。拜君命之辱，所以致敬也。[一]

　　［一］貺，賜也。賓致命，公當楣再拜。拜聘君之恩惠[一]，辱命來
　　　　聘者也。

（四十八・五）

敬讓也者，君子之所以相接也。故諸侯相接以敬讓，則不相侵陵。[一]

　　［一］君子之相接，賓讓而主人敬也。

（四十八・六）

卿爲上擯，大夫爲承擯，士爲紹擯。君親禮賓，賓私面、私覿，致饔餼，還圭璋，賄贈，饗、食、燕，所以明賓客、君臣之義也。[一]

　　［一］設大禮，則賓客之也。或不親而使臣，則爲君臣也。

（四十八・七）

故天子制諸侯，比年小聘，三年大聘，相厲以禮。使者聘而誤，主君弗親饗食也，所以愧厲之也。諸侯相厲以

〔一〕　拜聘君之恩惠　此句余仁仲本與底本同。阮刻本作"聘君之恩惠"，"聘"字上脱一"拜"字。

禮，則外不相侵，內不相陵。此天子之所以養諸侯，兵不
用而諸侯自爲正之具也。[一]

> [一] 比年小聘，所謂“歲相問”也。三年大聘，所謂“殷相
> 聘”也。

（四十八·八）

以圭、璋聘，重禮也。已聘而還圭、璋，此輕財而重
禮之義也。諸侯相厲以輕財重禮，則民作讓矣。[一]

> [一] 圭，瑞也。尊圭、璋之類也。用之、還之，皆爲重禮。禮必
> 親之，不可以己之有，遙復之也。財，謂璧、琮、享幣也。
> 受之爲輕財者，財可遙復，“重賄反幣”是也。

（四十八·九）

主國待客，出入三積。餼客於舍，五牢之具陳於內；
米三十車，禾三十車，芻薪倍禾，皆陳於外。乘禽日五
雙，羣介皆有餼牢。壹食，再饗，燕與時賜無數，所以厚
重禮也。[一]

> [一] 厚重禮，厚此聘禮也。

（四十八·十）

古之用財者，不能均如此，然而用財如此其厚者，言
盡之於禮也。盡之於禮，則內君臣不相陵，而外不相侵，
故天子制之，而諸侯務焉爾。[一]

[一] 不能均如此，言無則從其實也。言"盡之於禮"，欲令富者
　　不得過也。

(四十八·十一)

　　聘、射之禮，至大禮也。質明而始行事，日幾中而后
禮成，非強有力者，弗能行也。故強有力者，將以行禮
也。[一] 酒清，人渴而不敢飲也；肉乾，人飢而不敢食也。
日莫人倦，齊莊正齊而不敢解惰，以成禮節，以正君臣，
以親父子，以和長幼。此衆人之所難，而君子行之，故謂
之"有行"。有行之謂有義，有義之謂勇敢。故所貴於勇敢
者，貴其能以立義也。所貴於立義者，貴其有行也。所貴
於有行者，貴其行禮也。故所貴於勇敢者，貴其敢行禮義
也。故勇敢強有力者，天下無事則用之於禮義，天下有事
則用之於戰勝。用之於戰勝則無敵，用之於禮義則順治。
外無敵，內順治，此之謂"盛德"。故聖王之貴勇敢強有力
如此也。勇敢強有力而不用之於禮義、戰勝，而用之於爭
鬬，則謂之"亂人"。刑罰行於國，所誅者，亂人也。如
此，則民順治而國安也。[二]

[一] 禮成，禮畢也。或曰："行成。"
[二] 勝，克敵也，或爲"陳"。

(四十八·十二)

　　子貢問於孔子曰："敢問君子貴玉而賤碈者，何也？爲
玉之寡，而碈之多與？"[一]

　　孔子曰："非爲碈之多，故賤之也；玉之寡，故貴之

也。夫昔者，君子比德於玉焉。温潤而澤，仁也。^[二]縝密
以栗，知也。^[三]廉而不劌，義也。^[四]垂之如墜^[一]，禮也。^[五]
叩之，其聲清越以長，其終詘然，樂也。^[六]瑕不揜瑜，瑜
不揜瑕，忠也。^[七]孚尹旁達，信也。^[八]氣如白虹，天也。
精神見于山川，地也。^[九]圭璋特達，德也。^[一〇]天下莫不
貴者，道也。^[一一]《詩》云：‘言念君子，温其如玉。’故君
子貴之也。”^[一二]

　　[一] 瑉，石似玉，或作“玟”也。

　　[二] 色柔温潤，似仁也。潤，或爲“濡”。

　　[三] 縝，緻也。栗，堅貌。

　　[四] 劌，傷也。義者，不苟傷人也。

　　[五] 禮尚謙卑。

　　[六] 樂作則有聲，止則無也。越，猶揚也。詘，絶止貌也。《樂
　　　　記》曰：“止如稾木。”

　　[七] 瑕，玉之病也。瑜，其中間美者。玉之性，善惡不相揜，似
　　　　忠也。

　　[八] 孚，讀爲“浮”。尹，讀如竹箭之“筠”。浮筠，謂玉采色也。
　　　　采色旁達，不有隱翳，似信也。孚，或作“莩”，或爲“扶”。

　　[九] 精神，亦謂精氣也。虹，天氣也。山川，地所以通氣也。

　　[一〇] 特達，謂以朝聘也。璧、琮則有幣，惟有德者，無所不
　　　　　達，不有須而成也。

　　[一一] 道者，人無不由之。

　　[一二] 言，我也。貴玉者，以其似君子也。

〔一〕 垂之如墜　“墜”，余仁仲本、阮刻本作“隊”。

喪服四制第四十九

鄭　氏　注

（四十九·一）

　　凡禮之大體，體天地，法四時，則陰陽，順人情，故謂之“禮”。訾之者，是不知禮之所由生也。[一]

　　[一]“禮”之言“體”也，故謂之“禮”。言本有法則而生也[一]。口毀曰訾。

（四十九·二）

　　夫禮，吉凶異道，不得相干，取之陰陽也。[一]喪有四制，變而從宜，取之四時也。有恩有理，有節有權，取之人情也。恩者，仁也；理者，義也；節者，禮也；權者，知也。仁、義、禮、知，人道具矣。[二]

　　[一]吉禮、凶禮異道，謂衣服、容貌及器物也。
　　[二]取之四時，謂其數也。取之人情，謂其制也。

（四十九·三）

　　其恩厚者，其服重。故爲父斬衰三年，以恩制者也。[一]

〔一〕言本有法則而生也　“本”，底本作“大”，誤。余仁仲本、阮刻本作“本”，據改。

〔一〕服莫重斬衰也。

（四十九·四）

　　門內之治，恩揜義；門外之治，義斷恩。資於事父以事君，而敬同。貴貴、尊尊，義之大者也。故為君亦斬衰三年，以義制者也。^{〔一〕}

　　　〔一〕資，猶操也。貴貴，謂為大夫、君也。尊尊，謂為天子、諸侯也。

（四十九·五）

　　三日而食，三月而沐，期而練，毀不滅性，不以死傷生也。

（四十九·六）

　　喪不過三年，苴衰不補，墳墓不培。祥之日，鼓素琴，告民有終也，以節制者也。

（四十九·七）

　　資於事父以事母，而愛同。天無二日，土無二王，國無二君，家無二尊，以一治之也。故父在為母齊衰期者，見無二尊也。^{〔一〕}

　　　〔一〕食，食粥也。沐，謂將虞祭時也。補、培，猶治也。鼓素琴，始存樂也。三年不為樂，樂必崩。

（四十九·八）

杖者何也？爵也。三日授子杖，五日授大夫杖，七日授士杖。或曰“擔主”，或曰“輔病”。婦人、童子不杖，不能病也。百官備，百物具，不言而事行者，扶而起。言而后事行者，杖而起。身自執事而后行者，面垢而已。禿者不髽。傴者不袒。跛者不踊。老、病不止酒肉。凡此八者，以權制者也。[一]

　　[一]五日、七日授杖，謂爲君喪也。扶而起，謂天子、諸侯也。
　　　　杖而起，謂大夫、士也。面垢而已，謂庶民也。髽，婦人
　　　　也。男子免而婦人髽。髽，或爲“免”。

（四十九·九）

始死，三日不怠，三月不解，期悲哀，三年憂，恩之殺也。聖人因殺以制節。[一]此喪之所以三年，賢者不得過，不肖者不得不及，此喪之中庸也，王者之所常行也。《書》曰：“高宗諒闇，三年不言。”善之也。[二]王者莫不行此禮，何以獨善之也？曰：高宗者，武丁。武丁者，殷之賢王也。繼世即位，而慈良於喪。當此之時，殷衰而復興，禮廢而復起，故善之。善之，故載之《書》中而高之，故謂之“高宗”。三年之喪，君不言。《書》云：“高宗諒闇，三年不言。”此之謂也。然而曰“言不文”者，謂臣下也。[三]

　　[一]不怠，哭不絕聲也。不解，不解衣而居，不倦息也。
　　[二]諒，古作“梁”。楣，謂之“梁”。闇，讀如“鶉鷯”之

905

“鵒”。闇，謂廬也。廬有梁者，所謂“柱楣”也。

[三]“言不文”者，謂喪事辨不，所當共也。《孝經説》曰：“‘言不文’者，指小民也〔一〕。”

（四十九·十）

禮，斬衰之喪，“唯”而不對；齊衰之喪，對而不言；大功之喪，言而不議；緦、小功之喪，議而不及樂。[一]

[一]此謂與賓客也。“唯”而不對，侑者爲之應耳。言，謂先發口也。

（四十九·十一）

父母之喪，衰冠、繩纓、菅屨，三日而食粥，三月而沐，期十三月而練冠，三年而祥。比終兹三節者，仁者可以觀其愛焉，知者可以觀其理焉，強者可以觀其志。禮以治之，義以正之。孝子、弟弟、貞婦，皆可得而察焉。[一]

[一]仁，有恩者也。理，義也。察，猶知也。

〔一〕 指小民也 “小”，余仁仲本、阮刻本作“士”。

圖書在版編目（CIP）數據

禮記注：全二册 /（東漢）鄭玄注；徐淵整理 . —北京：
商務印書館，2023（2024.1 重印）
（十三經漢魏古注叢書）
ISBN 978 – 7 – 100 – 21660 – 9

Ⅰ.①禮… Ⅱ.①鄭… ②徐… Ⅲ.①禮儀—中國—古
代 ②《禮記》—注釋 Ⅳ.① K892.9

中國版本圖書館 CIP 數據核字（2022）第 165566 號

封面題簽　陳建勝
特約審讀　李夢生

禮記注（全二册）

〔東漢〕鄭　玄　注

徐　淵　整理

商　務　印　書　館　出　版
（北京王府井大街 36 號　郵政編碼 100710）
商　務　印　書　館　發　行
蘇州市越洋印刷有限公司印刷
ISBN 978 – 7 – 100 – 21660 – 9

2023 年 3 月第 1 版　　　開本 890×1240　1/32
2024 年 1 月第 2 次印刷　　印張 29

定價：158.00 元（全二册）